작가 · **솔뫼 김영훈** 모습 · 1983년
- 맹주석 화백이 그리다 -

솔뫼 김영훈 작가 근영 (2009년)

솔뫼 김영훈의 독서 모습 (자택 서재에서 · 1983년)

왼쪽 부터 아동문학가 김영수 · 김신철 · 우순남 · 김영일 · 김숙희 · 박진용과 함께 (남원 광한루·1982년)

아동문학가 송명호 · 박화목 · 김신철 · 이진호 · 김선태 등과 함께 찍은 김영훈 부부의 모습 (서울·1993년)

제4회 해강아동문학상을 받고 수상인사를 하는 솔뫼 김영훈 (1984년)

제15회 한국아동문학작가상 수상모습 (1993년)

제11회공산교육상을 수상한 후의 솔뫼부부 모습 (동아재단 · 1996)

제18회 대전광역시문화상 수상하는 솔뫼 부부 모습 (문학부문 · 2006년)

소설 '화해론'으로 제13회 호서문학상을 받고 있는 모습 (2008)

제2회 문학시대문학대상 수상모습 (2009년)

제2회 대한아동문학상을 받은 후 하객들과 함께 찍은 기념사진 (2009년)

제11회 김영일아동문학상을 수상하는 솔뫼 부부 모습 (2010년)

제11회 천등아동문학상을 받고 있는 김영훈 (2011년)

▲ 아동문예작가회 세미나에서
주제 발표를 하는 김영훈 (유성 무궁화관광호텔·1993년)

◀ 꿈을 파는 가게 출판기념회 (1983년)

한국아동문학회 세미나 후에 박경리 묘소 참배 (2009년)

동화작가 김영훈 · **동심**

〈'지역작가 테마기행'〉 (중도일보 · 1996년)

동화 「달섬에 닻을 내린 배」 삽화 중에서(1986년) | 그린이 : 맹주석 화백

정년퇴직 기념으로 작품집을 발간하다 (2009년)

김영훈 교감 직무모습 (대덕초등학교 · 2002년)

김영훈 교장 직무모습 (대전동광초등학교 · 2004년)

◀ 굿네이버스 교육전문위원으로서 방글라데시국 현지 봉사활동을 하는 김영훈 교장의 모습 (2008년)

◀ 교감으로서 가을 운동회를 총연출 하는 모습 (대덕초등학교 · 2000)

김영훈 교장, 오병철 교감 6학년 학생대표들과 함께 (대전변동초등학교 · 2008년)

김영훈 교장 정년퇴임식 및 기념비 제막식 겸 출판 기념회 (2009년)

훈장전수식 (황조근정훈장 · 대전광역시교육청 · 2009년)

훈장 전수식 후 - 송두정 교사 · 김태원 교감 안성원 교감과 함께 (2009년)

책을 펼치면 생각이 자라요 미래가보여요 - 기념비 제막식을 마치고 가족(친가 · 처가)과 함께 (2009년)

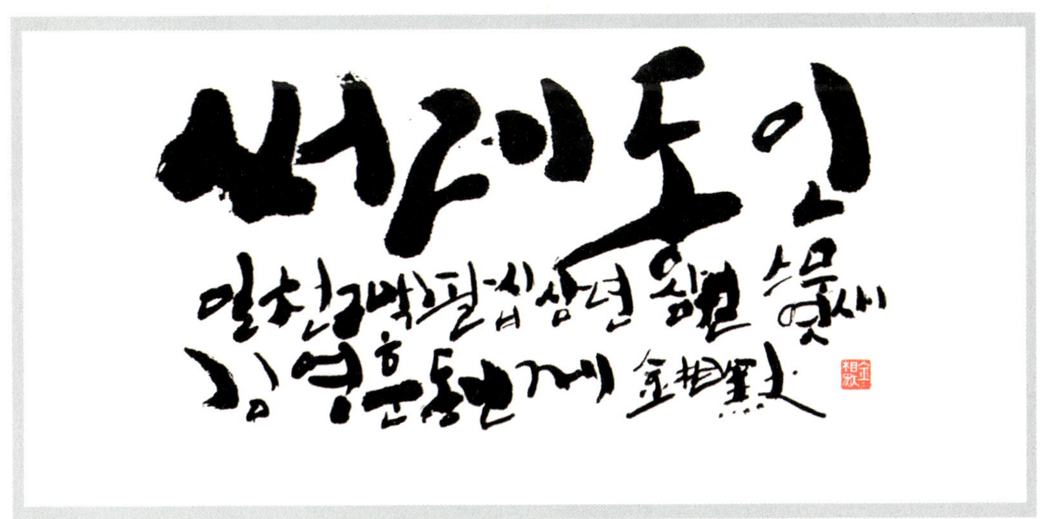

김상묵 서예가에게 받은 '써레 동인' 휘호(1983년)

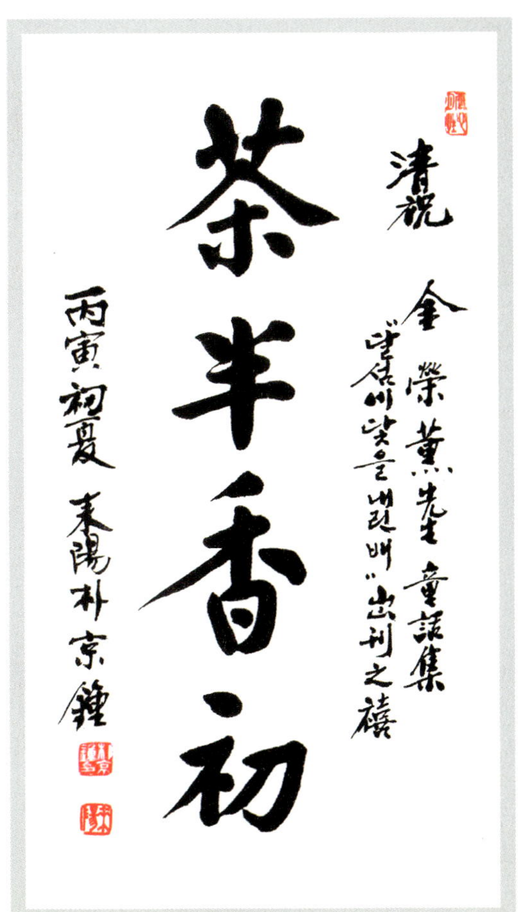

아동문학가 박경종 선생님의 휘호 (1986년)

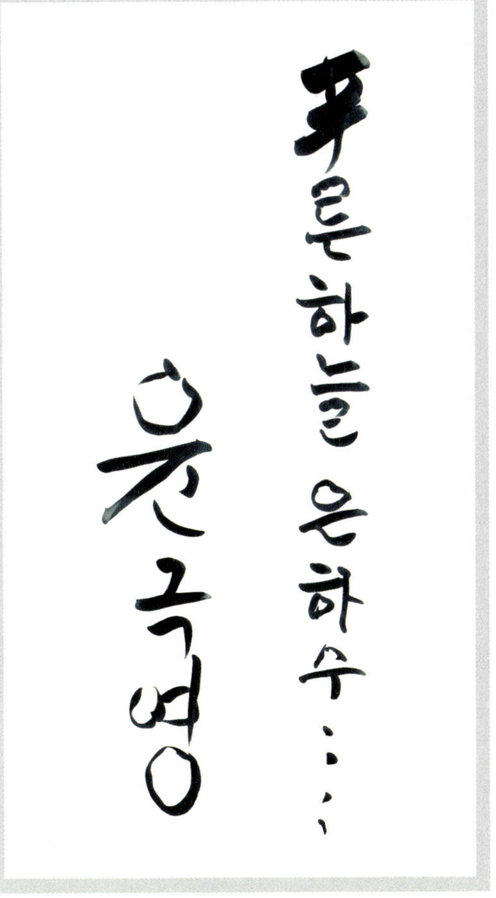

작곡가 윤극영 선생님께 받은 사인 (1984년)

「솔뫼마을」 현판으로 받은 서예가 김영목 휘호 (2002년)

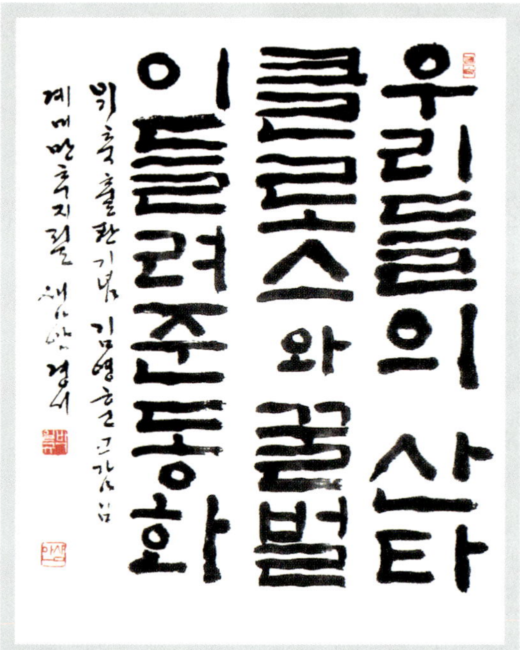

동화집 출간을 축하하는 박일규 서예가의 휘호 (2003년)

'예원'이 써 준 계간 「열린 아동문학」 게재 기념 휘호 (2011년)

아름다운마무리새로운시작
기축팔월 김영훈교장선생님의퇴임을축하드리며 석야

신웅순 박사학위 지도교수의 정년퇴임 기념 휘호 (2009년)

할머니는가으내남새밭이랑에나가시어푸성귀를
기르시다가마디굵어진손가락으로또김장독속에
겨울도담그셨읍니다그리고도쉬지않으시는당신얼
얼한손닦으시고문풍지틈으로찾아드는냉바람을이
불자락휘렵크고포근한손으로혼자도말아쓸어내
셨읍니다할머니긴긴겨울밤이이슥한데흰눈이
내리는이추운밤에도털옷보다더따뜻한당신의가슴
팍은늘참숯불담은질화로보다더이글거렸읍니다
기사 입춘 김영훈선생시할머니를쓰다 화산

임길환 서예가의 휘호 (김영훈 시 「할머니는」 · 1989)

솔뫼 김영훈 가족 (본인 · 아내 · 큰 아들(창겸) · 둘째 아들(준겸) · 딸(소현) · 1989년)

손녀 재은이와 함께한 김영훈 부부 (2011)

사위와 딸 그리고 외손자 준서 (2010년)

손녀 재은이의 돌잔칫날 부모, 외조부님 그리고 외삼촌들과 함께 (2012년)

습작 20년 · 등단 30년

솔뫼의 삶과 문학 이야기

YH · Kim's Life & Literature Story

김영훈

Orum Edition

습작 20년 · 등단 30년

솔뫼의 삶과 문학 이야기

YH · Kim's Life & Literature Story

박은날_2013년 7월 1일
펴낸날_2013년 7월 5일
지은이_김영훈
펴낸이_김태웅
펴낸곳_기획출판 오름
등록번호_동구 제 364-1999-000006호
등록일자_1999년 2월 25일
주소_대전광역시 동구 삼성1동 122-2
전화_042.637.1486
팩스_042.637.1288
E-mail _ orumplus@hanmail.net

ISBN _ 978-89-90151-95-7

값 25,000원

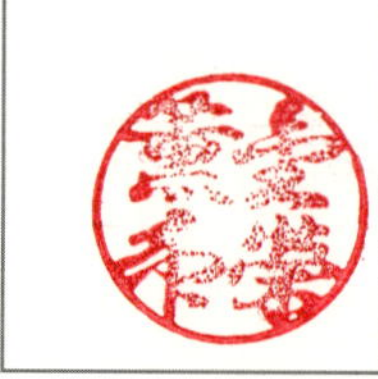

책머리에

내 삶의 바탕이 되어 준 문학, 그리고 교육자의 길

오늘로서 나는 월간 「아동문예」에 아동소설 『꿈을 파는 가게』 당선으로 문단에 얼굴을 내민 지, 만 30년이 된다. 40년을 넘게 몸담아 왔던 교직에서 정년을 한지도 벌써 여러 해 지나고 있다. 그리고 중 3때 한국 근대 단편 소설을 만난 후에, 문학의 길로 갈 것을 다짐하며 뜻을 세운지도 어느 새 50년이 지나고 있다.

나는 그동안 내 삶을 의미 있게 펼친답시고 스스로 정진해왔다. 그러나 돌이켜보면 지금까지 나의 이 삶의 근원은, 출생 이후 혈연을 중심으로 한 가족과 혼인으로 이루어진 가정이 바탕이 되었음을 깨닫는다. 또한 나를 아껴준 이웃들이 있어 가능했다. 그들이 없었으면 현재의 내 존재는 없다.

물론 나의 삶을 구축하는 데 몇 개의 줄기는 있었다. 양육되어지는 일련의 과정과 성장하면서 점진적으로 형성된 인성, 세상을 분명하게 살고자 뜻을 세웠던 의지, 마음을 닦는 수련, 지적 능력을 축적하려는 노력, 그리고 젊은 시절의 좌절과 방황까지가 모두 합쳐져 현재의 나를 형성한 바탕이 되었다.

결국 나를 현존하게 한 것은 내 주위를 둘러싼 이들의 세심한 보살핌과 따뜻한 사랑, 게다가 자기실현을 위한 집념 그리고 이를 구축하기 위한 노력이라고 말할 수 있다. 때로는 갈등과 고뇌도 있었다. 이 속에서 지금까지 나는 전 생애를 걸쳐 교육자로서 후진 양성의 길과 문학인으로서 창작의 길을 흔적도 희미한 채 걸어왔는데, 이 두 궤적이 '오늘의 나를 나로 표출'하고 있는 셈이다.

다시 돌이켜보지만 나는 청소년 시절에 읽은 몇 편의 단편소설을 통해 문학의 길을 걷자고 스스로에게 다짐하면서 시작한 창작의 길을, 교육자로서의 삶과 함께 아우르면서 나를 둘러싼 이들과 관계를 형성하면서 걸어온 셈이다. 이제 그동안의 두 삶을 정리하고 싶은 마음으로 지워질 발자국에 불과하다는 걸 뻔히 알면서도, 이 책을 세상에 내놓는다.

차제에 나는 밝힌다. 많은 사람들 중에 지금까지 나의 삶에 바탕이 되어 준 이는 조모님과 중백부모님이라는 것을…. 또 한 사람은 옆에서 결혼 이후, 뒷바라지하면서 일생을 동행해 준 아내이다. 문학 혼을 일깨워 주고, 그 방향을 제시하신 은사님 최상규 소설가도 잊을 수 없다. 이 책을 위 다섯 분에게 드리고 싶다. 아울러 옆에서 울타리가 되어 준 나의 아들과 딸, 며느리와 사위에게도 고마움을 표한다.

나는 이제 노년에 들어서며 빈 마음으로, 잃었던 동심을 회복하면서 손주들의 재롱 속에서 행복한 몸짓으로 세상을 바라보며 살려고 한다. 그동안은 친척과 이웃들, 그밖에도 많은 분들에게 빚만 지고 살았는데, 여생은 그들을 소중하게 여기고 보답하는 마음으로 살고 싶다. 하지만 앞으로도 독자들을 향한 나의 붓끝은 멈추지 않을 것이다.

2013. 3. 1

솔뫼마을에서 **김영훈**

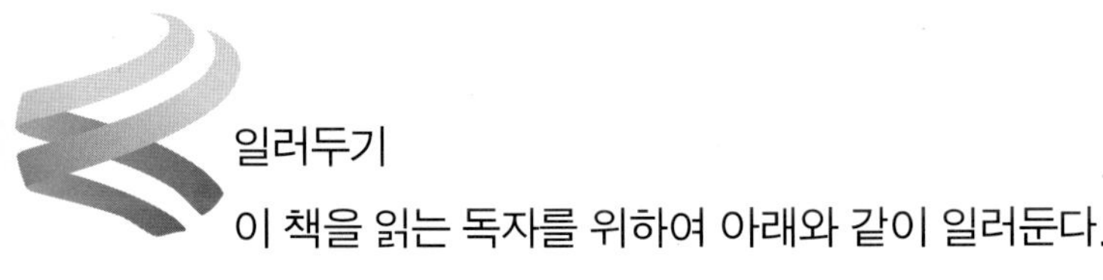

일러두기

이 책을 읽는 독자를 위하여 아래와 같이 일러둔다.

* 이 책의 구성은, 뒤돌아본 나의 삶 · 삶과 문학 · 자천 작품 몇 편 · 김영훈 평전 순으로 짜여있는데 그 속에는 교육자로서 걸어온 편린도 엿볼 수 있게 편집되어 있다.

* 이 책에 담겨 있는 내용은 주로 문학이 중심이 되지만 문학 외적인 생애, 교육 활동 등 나의 삶의 전 영역에 걸쳐 전기론적인 자료를 함께 제시했다.

* 이 책에 담겨 있는 각 분야 별 내용인 생애 · 문학 · 교육 등 세 영역에 걸쳐 독자의 이해를 돕기 위해 필자는, 먼저 개관을 하거나 목록을 제시했다. 다만 지면 관계로 대표성을 가진 흔적들, 또는 몇 편의 작품만을 장르 별로 선별해 수록했다.

* 이 책에는 본 저자의 주 활동 분야로서의 아동문학 하위 장르인 동화 · 아동소설에만 머물지 않고, 청소년 소설을 포함해 그동안 발표한 소설 · 시 · 수필 · 평론 등 문학 전반에 걸친 분야의 내용도 함께 수록되어 있다.

* 이 책을 읽는 중에 등재된 주요 인물이나 사건 또는 난해한 부분은 따로 하단에 주석을 달아서 독자에게 참고할 수 있게 꾸몄다.

차례

헌시

할머니는

나의 할머니는,
가으내 남새밭 이랑에 나가시어
푸성귀를 기르시다가
마디 굵어진 손가락으로
김장독 속에 겨울을 담그셨습니다.

얼얼한 손 닦으시고
다시
문풍지 틈으로 찾아든 냉 바람을
이불자락처럼 크고 포근한 손으로
혼자 도맡아 쓸어내리셨습니다.

아! 긴- 긴~ 겨울밤은 이슥한데…….
흰 눈이 내리던 그 추운 밤에도
털옷보다 더 따뜻했던
할머니,
당신의 그 가슴팍은
참숯불 담은 질화로보다
더 이글거렸습니다.

제1부

뒤돌아본 나의 삶

나의 가계, 나의 뿌리

나는 옛 금관가야를 개국하신 김수로왕의 후손이다. 그 후로 중시조이신 석성공파의 후예로 내려오다가 조선 중기에 난을 피하여 낙향한 13대 할아버지 국보공께서 현 충남 청양군 중앙에 위치한 칠갑산 동편 기슭에 삶의 터전을 삼으신 이후, 대대로 살아온 김해김씨 집안의 집성촌에서 태어났다.

칠갑산 기슭인 우리 마을은 전통적인 유교사회 속에서 대대로 농사를 지으며 살아왔다. 나의 유년 시절에는 40여 호가 자리했었는데 타성박이는 두서너 집 밖에 안 되고 모두 우리 김씨 집안이었다.

나는 두 살 때 돌아가신 조부에 대한 기억은 거의 없고, 우리 집안을 일으키신 증조부에 대한 기억은 뚜렷하다. 중학교 때 세상을 뜨신 증조부[1] 슬하에는 3남 1녀가 계셨는데 나의 조부가 맏이이셨다. 그리고 조부모는 슬하에는 5남 1녀의 자녀를 두셨는데, 나의 아버지는 셋째아들로 태어나셨다. 지금은 고모님 한 분만 생존해 계시고 모두 세상을 뜨셨다.

솔뫼 선친의 어린시절 가족사진 (1937)
(뒷줄 왼쪽으로 부터 백모, 조모, 막네 숙부, 종형, 조부
앞줄 오른쪽 부터 백부, 중백부, 부, 고모, 네째 숙부)

부모와 함께 찍은
김영훈의 돌 사진 (1948)

아버님 젊은시절 모습
(1944)

1) 김학배(1870-1961), 나의 증조부임. 젊은 시절 상경하여 상업에 종사하다가 화신백화점 부근에서 큰 여관 경영하여 재산을 많이 모았고, 큰아들인 내 조부님에게 농토를 마련할 돈을 보냈으며, 서울 부자들의 토지를 관리하도록 주선하였다. 손자들 중에 나의 중백부(김상태)님을 서울에서 교육시키셨으며. 낙향하여 둘째 종조부댁에서 여생을 보내시다가 92세로 생을 마감하였는데 우리 집안이 경제적으로 넉넉했던 것은 증조부의 덕이었다. 증조부께서는 노후에 '내가 사는 동안 많이 이루었다. 하지만 고을 원이 되지 못한 것이 대장부로서 원통하다.'고 애석하게 생각할 만큼 조선 말기를 살면서 출세욕과 함께 자의식도 강하신 풍운아이셨다.

출생과 성장

나는 정해년(1947) 정월 열 아흐렛날(음력), 충남 청양군 장평면 미당리 290번지에서 태어났다. 그해 6월 5일 출생신고를 해 법적인 생일을 얻었다. 바로 해방이 된 2년 후였고, 1950년 한국전쟁이 발발하기 세 해전이었다. 난 5살이 되던 해 6.25 한국전쟁 중 아버지[2]를 여의고, 어머니[3]와는 여덟 살에 잠시 인연을 멈추고 조모[4]의 슬하에서 성장했다. 또 중백부[5]와 중백모[6]의 돌보심에 힘입어 양육되고, 교육을 받았다.

6.25는 나의 가정을 해체하는 원인이 되었으며, 그 전쟁은 씻을 수 없는 상처를 내게 주었다. 그렇게 전쟁은 나의 유년을 앗아갔다. 당시 우리 마을은 UN에서 주는 구호물자를 미당성결교회를 통해 얻어먹었거나 입었고, 학교에서 나누어주는 전지분유를 먹기도 하면서 절대 빈곤 속에서 살았다. 그런 중에도 나의 유소년기를 조모와 중백부모님이 평안하게 돌보아 주셨다. 당시로는 우리 집안의 경제 형편이 비교적 넉넉했던 편이었지만, 그래도 나의 어린 시절은 내내 슬픈 색깔이었다.

---

2) 나의 부친이신 김선태(1926-1952)는 청남보통공립학교를 마치고 대전공업전수학원(교)에서 측량 기술을 배운 후에 만주에서 측량기사로 일하였다. 해방 후에 고향으로 돌아와 경찰이 되어 부여 경찰서 홍산 지서에 근무를 한 적도 있으나 6.25전쟁 중에 역사의 소용들이 속에서 27세라는 젊은 나이로 세상을 떠나셨다.

3) 어머니 조애연(1927-2008)은 나와 1956년 3학년 때 헤어졌다가 성장 후 고1때 연락이 닿았다. 기독교에 귀의하여 신앙심으로 일생을 살다가 세상을 뜬 2008년에 청양 미당 선산에 남편(나의 부친)과 함께 합장하여 안장되었다.

4) 조모님 김애순(1895-1971)은 내 성장에 절대적인 영향을 끼친 분이다. 불같은 성격이면서도 이웃에게 베푸는 성품이 강했다. 소작을 내줄 만큼의 부농 안주인답게 마을 사람들에게 평소에 후한 일을 많이 하셨다. 할머니는 내가 교대를 졸업하고 충남 홍성군에 소재한 반계초등학교로 발령받아 근무하는 걸 보고 세상을 떠나셨다.

5) 나의 중백부님 김상태(1921-2011)는 서울 조부(나에게는 증조부)댁에서 기거하면서 동성상업학교를 졸업한 후에 제일은행에 근무를 하였고, 김사건(백모님)과 결혼했다. 6.25전쟁으로 인해 낙향하여 청양군 금융조합(현 농협)에 잠시 근무하다가 장평면사무소에서 오래도록 재직한 후에 부면장으로 정년을 했다. 노년을 둘째 딸이 살고 있는 경기도 파주에 거처를 옮겨서 보내다가 세상을 떴다.

6) 김사건(1925-2010), 나의 중백모이다. 배화여고를 나와 조선총독부 통계국에 근무를 하다가 중백부님 김상태와 결혼했다. 독립운동가 김사국, 박원희의 딸로 태어났으며, 박정희 대통령 부인 육영수 여사와 동기 동창으로 나의 어린 시절에는 자주 청와대 출입을 하기도 했다. 서양화와 서예에 조예가 깊었고, 한국 역사와 유럽의 근대 사상가들에 대해 잘 알고 있었다. 중백모님은 살아온 발자취를 칠순 때 발간한 고희 문집에 정리하였고, 회혼 때는 회혼문집을 발간하기도 했다. 생전에 친정부모를 명예 회복시키신 후에 영면한 중백모님은 나의 유년시절 정신적 지주였다.

유 · 소년기의 삶[7)]

나는 만 6살에 4킬로미터 쯤 떨어진 청남면 청소리에 위치한 청남국민학교(현: 초등학교)에 입학했다. 지금은 기억이 희미하지만 어린 나이에 까마득히 먼 길을 걸었던 추억은 있다. 문둥이가 잡아간다는 말에 정신없이 달려 학교에 가기도 했다. 당시 학교 건물이 6.25 전쟁으로 비행기 폭격에 불타 있어서 재건축 중이었다. 학교에 인민군이 주둔하고 있어 유엔군 측 공격에 의해 파괴되었다는 이야기를 전해 들었다. 우리는 1학년이었는데도 학교 옆 금강으로 흘러드는 시냇가에 가서 찍어놓은 벽돌과 기와를 날라야 했다.

초등학교 입학 전의 기억 중 아버지에 대한 추억은 아주 까마득하다. 전쟁 중에 비행기, 당시 우리는 그 비행기를 호주기라고 했었는데, 급히 그 비행기를 피했던 기억이 희미하게 떠오른다. 운명 전, 몸이 많이 편찮았던 아버지에게 옛날이야기를 해달라고 졸랐던 기억도 있다. 아버지가 돌아가셨을 때 모두들 슬프게 울었었다. 그게 아버지에 대한 기억의 전부였다.

어머니에 대한 기억도 나에게는 가난할 수밖에 없다. 부친 사후에 나는 어머니와 태어난 집에서 얼마쯤 떨어져 있는 같은 부락 작은 초가삼간으로 제금을 나 살았다. 큰 감나무가 서 있었고, 텃밭이 제법 넓었다. 뒤란에 앵두나무가 있었으며, 그 초가삼간은 밤나무 섶 울타리로 둘러싸여 있었다. 나는 이 집에서 학교 입학 전에 한글을 해득하느라 한글 음절표를 읽고, 또 읽으며 반복해서 자꾸 외울 때까지 읽었던 기억이 아주 분명하게 떠오른다.

우리 집은 길가에 위치해 있었는데 여름이 가고 찬바람이 불기 시작하면 십리, 아니

---

7) 나는 중농의 집안에서 비교적 유복하게 태어났으나, 6.25 한국전쟁이 내 유년을 앗아갔다. 그 무렵 나는 중백부댁에서, 객지에 나가 있던 넷째 삼촌, 또 당시 고등학교에 다녔던 다섯째 막내 삼촌에다가 7남매나 되는 종형제들 속에 섞여 살았다. 게다가 조부가 거처했던 지번이 다른 별채에서는 백모님이 3남매를 데리고 살으셨는데, 이 대가족들과 한 마당 안에서 마지막 유교사회의 전통과 가치관 속에서 어울려 성장했다. 이때부터 우리 가정은 넷째 삼촌과 미션스쿨에서 공부한 중백모, 그리고 구호물자를 나누어 주었던 '미당성결교회'의 영향 등으로 기독교에 점진적으로 입문하게 된다.

이십 리 밖에서 나무꾼 행렬이 이어졌다. 금강 건너에서까지 수백 명이 칠갑산으로 나무를 하러 드나들었다. 이듬해 정월 대보름이 되어야 끝나는 우리 집 앞의 나무꾼 행렬은 나에게 지금도 특별한 기억으로 각인되어 있다.

또한 우리 마을은 광산촌이기도 했다. 금광이 두 곳 있었는데 두 사업자가 각각 금을 팠다. 마을에 금방앗간도 있었다. 나는 어린 시절 광산 현장에 놀러 가 수평 또는 수직 갱구 속을 자주 들어가 보았다. 굴속은 칠흙같이 어두웠다. 금이 많이 나온 날은 마을이 온통 들떴었던 기억도 난다. 우리 산에는 굴을 뚫을 때 사용하던 다이너마이트 폭약을 보관했던 저장고도 있었다.

하지만 난 금광 경기로 들떠 흥청거리는 마을 분위기가 아닌 전통적인 유교사회의 농경제 속에서 성장했다. 우리 마을은 인심이 후했으며, 광업보다는 농업 위주의 산업이었다. 아울러 칠갑산이 일 년 내내 사시사철 마르지 않고 흐르는 수자원과 땔감 그리고 산나물, 약초 등을 대주어 산촌 분위기도 짙게 창출되던 마을이었다. 가을이면 산밤, 으름, 다래가 지천으로 깔려 있었다.

어린시절 백부댁사촌
김영인·김혜숙과 함께 (1956)

초등학교 4학년 강희갑 담임 선생님을
모시고 학우들과 함께 (1957)

유년기 중백부댁 사촌
김영렬·김영덕과 함께 (1956)

초등학교 때 사진 (6.25후 복학한 세살 위
친구 김수부, 엄승섭과 함께 · 1959)

■ 유·소년 시절을 회상하며 발표한 소설 한 편

헤헴훈장님이 준 복[8)]

1

1959년 늦여름 어느 날, 아니다. 어느 날이 아니다. 더 정확하게 말해 그 날은 음력으로 7월 스무나흘 날인 할아버지 제삿날이었다. 언제나 그랬듯이 그날 할머니는 전에도 그랬었던 것처럼 할아버지 제사를 아주 분명하게 추억하고 싶어 했고, 성대하게 치르려고 했었다. 할머니는 할아버지의 제사를 일가친척들이 다들 기억해 주길 바랐다. 그래서 그날 밤은 많은 사람이 몰려들었었다. 하지만 그날만 바쁜 게 아니었다. 다음날인 스무닷새 날까지 법석을 떨어야 했다.

할머니는 제사를 지내고 난 다음 날 손자와 손녀들에게 부여하는 임무가 있었다. 그러니 스무닷새 날까지도 부산 할 수 밖에 없었다. 할머니는 이른 아침에 마을의 위뜸 아래뜸은 물론 양지쪽 마을까지 집집마다 제사 음식을 나누어주고 싶어 했다. 그러니 할아버지 제삿날을 맞으면 덩달아 나도 바쁠 수밖에 없었다. 나는 그 스무닷새 날 아침 떡 접시를 들고 종종걸음으로 이집 저집을 드나들어야만 했었다. 그런데 그날 아침에 내가 떡을 거의 다 돌리고 나서 헤헴훈장님이 계신 영전이형네 글방을 찾아갔을 때였다.

헤헴훈장님은 마침 뒷산 양지 뜸 약수터를 한 바퀴 도는 새벽 산책에서 마악 돌아오

---

8) 이 소설 '헤햄훈장님이 준 복'은 나의 유·소년 시절을 추억하며 소재를 택해 사실적으로 쓴 소설이나 플로트를 갖추어 생성한 허구임을 밝힌다. 1987년 월간 「아동문예」지에 '나를 주인공'으로 발표한 작품이다.

고 있던 중이었다. 그렇다고 내가 헤헴훈장님을 오랜만에 만나는 것은 아니었다. 거의 매일 만났다. 헤헴훈장님은 나를 만날 때마다 아주 귀한 말씀도 해주었고 더러는 역사에 관한 이야기도 해주셨다. 하지만 그날 아침 훈장님이 하신 한 마디가 사춘기에 접어들고 있는 나에게, 나의 주변을 처음으로 돌아보게 하여 자아의 눈을 뜨게 해준 셈이다.

나는 그날 방으로 들어가는 헤헴훈장님께 떡접시를 불쑥 내밀었다. 난 마음이 급했었다. 아직도 떡을 돌릴 집이 몇 집 더 남았었기 때문이었다. 아침에 제사 음식을 마을 집집마다에 돌리는 일은 즐겁기는 했지만 그리 만만하지도 않았었다.

"저의 할머니께서 이 제사떡을 훈장님께 드리라고 하셨어요."

나는 제사 음식을 든 접시를 헤헴훈장님께 불쑥 내밀면서 한 마디를 했다. 그러자 헤헴훈장님은 아주 반가운 모습으로 음식을 받으시며 대꾸를 하셨다.

"음, 그래? 어젯밤이 너의 할아버님 제삿날이었더냐? 고맙게 먹겠다고 할머니께 전해 드려라. 그런데 너 말이야. 너 좀 게 서 있어라."

그 말씀에 나는 헤헴훈장님의 말씀을 들으면서 고개를 갸웃했다. 그러면서도 버릇인양 열적은 미소를 던졌다. 헤헴훈장님도 수줍은 듯한 모습의 나에게서 떡을 받으며 아주 잔잔한 눈길로 나를 한참이나 바라보며 헴헴하고 헛기침을 하고 있었다. 헤헴훈장님의 눈길은 언제나 그랬듯이 따사로웠다. 내가 전쟁 중에 아버지를 여의고 외롭게 자라는 것을 잘 알고 계시기도 했지만 그날따라 헤헴훈장님의 눈길이 더욱 인자하게 다가들었다. 다정하기까지 한 모습에서 연민의 정을 보내는 듯한 느낌이었다. 바로 그런 헤헴훈장님이 잠시 나를 불러 세운 것이다.

나는 훈장할아버지가 두 번 헛기침을 할 때 이미 내게 뭔가 할 말이 있다는 것을 알아차렸다. 훈장할아버지는 말을 하기 전에 언제나 헤헴거렸고, 그래서 우리들 사이에서는 그를 헤헴훈장님이라고 불렀지만 헤헴훈장님은 우리처럼 어린아이들과 이야기하는 것을 아주 좋아했던 분이었다.

그러나 나는 다른 때 같으면 훈장할아버지와 이야기를 즐거운 마음으로 나누었겠지만 오래도록 이야기하기에는 걸맞지 않은 꼭두새벽이었고, 또 제사떡을 더 돌려야 했기 때문에 그 곳에서 길게 머물 수가 없었다. 그런데도 훈장님이 나를 불러 세웠다.

"바쁜가 보구나. 그런데 네가 몇 살이라고 했던가?"

나는 별스럽지도 않은 헤헴훈장님의 물음에 처음에는 의아스럽게 생각했었다. 그런데도 헤헴할아버지는 오히려 기대 이상으로 정색을 하셨다.

"열두 살입니다만……."

나는 쭈삣거리며 말끝을 흐렸다.

"그려? 그럼 해방 다음 다음해 태어난 셈인가?"

"예."

"그렇다면 넌 참 복이 있는 셈이로구나. 일본 놈 세상을 벗어나 태어났으니…"

"예?"

나는 헤헴훈장님의 그 말뜻을 바로 알아차릴 수가 없었다. 그리고 나는 지금까지 한 번도 내가 복을 타고 난 아이라고 생각한 적도 없었다. 그냥 천방지축으로 뛰어 놀려고 산으로 들로 헤매고는 다녔지만 난 늘 외로웠다. 그리고도 아이들과 멧새 알을 꺼내거나 너분들 오소리 굴을 뒤지는 정도로 신나게 산판을 헤매고 다녔지만 그건 그냥 흔한 일이라서 그 정도를 복이라고 생각하지도 않았다.

"네 생일도 좀 알고 싶구나."

"예? 정해년 정월 열아흐레 미시입니다만 훈장님, 제 사주를 보시려고 그러시지요?"

"오, 넌 역시 똑똑하구나. 헌데 어떻게 내가 네 사주를 볼 걸 알았지?"

"똑똑하기는요……. 저의 둘째 큰어머님이 사주를 잘 보아주시기 때문에 눈치를 채고 있었을 뿐이에요"

"그래? 역시 넌 복을 타고 난 것이 확실해. 커서 문사가 될 사주인 걸."

"문사요?"

"그래. 글로 세상을 이끌어나갈 문사 말이다."

나는 헤헴훈장님의 말에 귀가 솔깃했다. 그렇지만 아버지 복도 타고나지 못한 나로서는 좀 귀에 거슬리게 들린 것도 사실이었다.

"둘째 큰어머님은 제 사주에 복을 타고 나지는 않았다고 하셨는데요?"

"그래? 하지만 내가 보기에는 넌 그 못된 왜놈들의 게다짝을 보지 않고 태어난 것도 우선은 복중에 큰 복이고……. 또 재복만 복은 아니니까 말이다."

"재복요? 재복은 돈을 모으는 복이죠? 그런데……?"

나는 둘째 큰어머니의 사주보는 이야기를 까내려다 입을 다물었다. 둘째 큰어머니는 분명 나에게 액운이 있다고 말했었기 때문이다. 그런데 헤헴훈장님은 달랐다. 액운이야기는 하지 않으셨다.

"내가 어린 너를 붙잡고 엉뚱한 말을 했나? 자, 우선은 그렇다는 말이다. 네게 먼 훗날 문명(文名)을 떨칠 복이 올 테니 열심히 아주 열심히 살아라."

헤헴훈장님은 나의 궁금증에는 아랑곳하지도 않고 그냥 아리송한 대답을 하면서 빙그레 웃기만 했다. 헤헴 훈장님은 검버섯이 잔뜩 핀 쪼골쪼골한 얼굴이었지만 그 말씀을 하시며 웃는 얼굴이 아이처럼 맑았다. 나는 궁금증이 풀리지 않아 헤헴훈장님과 더 오래도록 이야기하고 싶었지만 제사떡을 돌리는 일 때문에 그럴 수 없어 아쉬웠다.

"할아버지, 떡을 다 돌리고 다시 올 테니 복 이야기를 더 해주시겠어요?"

나는 헤헴훈장님의 복 이야기에 귀가 솔깃했다.

"그러렴. 언제든지 오렴."

할아버지는 여전히 잔잔하게 웃고 계셨다. 나는 정말로 생각지도 않았었는데 뜻밖에 듣게 된 복 이야기를 다시 듣고 싶다고 생각하며 집을 향해 바쁘게 발걸음을 옮겼다.

2

내가 집에 도착했을 때 할머니는 나를 기다리고 계셨다.

"이제 몇 집 남았느냐?"

내가 영전이 형네 글방에서 헤헴 훈장님 때문에 한참 동안을 축내다가 돌아왔을 때, 할머니는 내게서 빈 떡 접시를 받으며 물으셨다. 할머니 얼굴에는 미소로 가득했다. 할머니는 이, 아침까지 할아버지를 추억하고 있는 것이 확실했다.

"우리 마을은 다 돌리고, 양지쪽 영준이형네랑, 윤태아저씨 그리고 막골할머니댁과 산지기 아저씨 댁에만 돌리면 되는 것 같아요."

"그래? 그럼 됐다. 그 쪽은 네 사촌 현숙이가 갔느니라."

"그래요? 그럼 영덕이는요?"

"영덕이? 그 녀석은 아마 지금도 그 새맨가 뭔가를 붙들고 있을 게다. 아니? 개구리를 잡는다고 밖으로 나가던가? 그러니 넌 떡이나 먹으렴."

할머니는 떡바구니를 송두리째 내 앞으로 밀며 말씀하셨다. 나는 소문 난 떡보였다. 떡을 하는 날이면 숫제 끼니를 떡으로 때우는 것을 아는 할머니인지라 내게 통째로 바구니를 안겨 준 셈이었다.

우리 집은 그 당시 떡이 흔한 편이었다. 한 두 분도 아닌 여덟 분이나 제사를 모셔야 하기 때문에 설과 추석, 게다가 많은 식구들의 생일 떡까지 합치면 떡 찌꺼기가 일 년 내 집 구석구석에 뒹군다고 해도 지나친 말이 아닐 정도로 떡이 흔했었다. 그러니 여름 내내 꽁보리밥이 고작이었고, 아직까지도 호박풀때나 삭수제비로 끼니를 잇는 집이 많은데, 흰쌀 서너 말을 펑펑 절구통에 찧어 제사를 지내는 날은 어쩌면 마을의 잔칫날이라고 해도 좋았다.

제삿날은 푸짐했다. 마을 잔치 날이라고 해도 좋을 정도였다. 영남이 형네 형수 말고도 아랫집 당숙모도 그리고도 모자라 감나뭇골 아주머니에다가 머슴아저씨까지 거들어야 떡방아를 찧을 수 있었다. 나도 더러 끼어들어 떡방아를 찧어야 했는데, 그때마다 떡가루는 절구통에서 흰 눈처럼 흩날리고 있었다. 그러고도 한쪽에서 철질을 하랴, 안성맞춤 놋 식기와 제수를 올릴 목기를 닦으랴, 음식을 장만하랴, 그렇게 분주한 하루가 지나고도 우리는 밤 12까지 기다려야 했다. 그러니 우리 가족도 분주했고, 마을 사람들도 바빴다. 그렇게 보면 우리집 제삿날은 마을 잔치날임이 분명했다.

그런데 제삿날 밤, 나와 영덕이는 제사를 기다리지 못하고 늘 꼬박꼬박 졸다가 잠에 곯아떨어지기 마련이었다. 하지만 할머니는 기어이 우리를 깨워 제사 참례를 하도록 강요하셨다. 할머니에게 제사는 대단히 의미가 있었고, 그중에서도 할아버지 제사는 더했다. 나 역시 제사가 싫은 것은 아니었다. 푸짐하게 과일을 먹을 수도 있었고, 게다가 새벽공기를 가르며 떡을 나르면 집집마다 환대해 주었기 때문에 우쭐해질 수도 있었다.

나는 할머니가 내밀어 주신 떡 바구니의 떡으로 아침을 때우고는 곧장 영전이형네 사랑방에 차려놓은 글방으로 향했다. 시간이 늦으면 글공부가 시작되기 때문에 서둘러야 했다. 게다가 새벽에 혜휌훈장님께서 하신 밑도 끝도 없는 복 이야기는 나를 설레게 하기도 했기 때문에 마음이 급해 그냥 앉아 있을 수가 없었다.

나는 그동안 한 번도 내가 복이 있는 아이라고 생각해 본 적은 없었다. 내게 복이 있었다면 난리 통에 나의 아버지가 돌아가시지 않았어야 했다. 그 전에 실시된 토지분배에서도 우리 땅이 잘려나가지 않았어야 했다. 할아버지도 일찍 돌아가셔서는 안 되었다. 역시 나는 복이 있는 아이는 아니었다. 왜놈의 게다짝을 보지 않고 태어난 것만으로 복이 있다고는 말할 순 없었다. 그것은 혜휌훈장님의 생각일 뿐이다.

내가 그런 생각을 하며 영전이형네 집에 들어갔을 때는 다행히 글공부가 시작되기 전이었다. 글 읽는 소리가 늘 우리 집까지 들릴 만큼 낭랑하게 울려 퍼지기 마련이었는데 아주 조용했고, 대신에 고샅길 밤나무 섶 울타리를 끼고 선 참죽나무에서 철늦은 아침매미가 울고 있을 뿐이었다. 나는 서둘러 글방 문 앞으로 다가섰다.

“훈장님, 저 왔습니다.”

“오, 그래? 어서 들어오너라. 아무래도 네가 새벽에 들은 나의 말이 마음에 걸리나 보구나.”

글방으로 들어오는 나를 바라보며 혜휌훈장님이 먼저 말문을 열었다.

“예, 제게 복이 있다고 하셨는데……. 훈장 할아버지…….”

나는 혜휌훈장님이 보통분이 아니라는 것을 잘 알고 있었기 때문에 뭔가 확실한 이야기를 듣고 싶은 기대에 부풀어 있었다. 정말 그 당시 혜휌훈장님은 우리 마을 모두에게 존경을 받는 분이었다. 그만큼 한문에 통달한 분이었다. 제사 축도 써 주셨고, 집을 지을 때는 대들보에 상량문도 써 주셨다.

“어허, 내가 무심코 한 말이 너의 가슴에는 못이 되어 박히는 모양이구나.”

“예?”

나는 그 훈장님의 말에 실망했다.

“그놈들의 게다짝을 보지 않고 태어난 것만도 큰 복이기에 한 말이었는데….”

“하지만…….”

나는 조금이 아니라 아주 실망스러웠다. 그래서 눈을 아래로 떨구었다.

"안다. 알아, 그러나 복이란 한 사람에게 내리는 복도 있고, 집안이나 또는 나라나 우리 민족과 겨레 모두에게 내리는 복도 있느니라."

"그것만으로는……."

"안다니까. 너의 아버지를 전쟁 중에 잃었지만, 그런 중에도 이 어려운 때에 남들처럼 네가 어려움을 겪지 않는 것은 큰 복이고, 또 네가 이 근동에서 소문날 만큼 공부를 열심히 해서 칭송을 받고 있는 것은 더 큰 복이 내릴 징조니라."

3

나는 그날 혜헴훈장님의 말씀을 들은 후부터 내내 복이라는 걸 계속 골똘히 생각하기 시작했다. 정말 꽁보리밥을 먹지 않는 게 복은 복이다. 삭수제비를 먹지 않아도 되는 것도 복은 복이다. 멀리 금강을 건너서까지 많은 사람들이 아침만 먹으면 칠갑산으로 먼산나무를 하러 우리 마을을 지났지만, 그런 중에도 낫 한번 잡아 보지 않는 것도 복은 복이었다. 하긴 그것도 복은 복이다. 일꾼아저씨의 꼴짐을 따라 커다란 암소나 더러 끌고 용못골에 올라가 풀을 뜯길 때마다 아이들이 부러워하는 것도 복이라면 복이었다. 우리 마을에 하나 밖에 없는 일제 트렌지스터에서 울려 퍼지는 김정구아저씨의 '눈물 젖은 두만강'을 들을 수 있는 것도 복은 복이었다.

하지만 소꼴을 뜯기느라 용못골 절터에 올라가면 소꼴이나 뜯기면 되었지 절터의 돌탑을 돌며 아버지를 생각해야 하는 것은 복이 아니었다. 어머니가 툭하면 외갓집으로 가시어 달포나 머물다 올 때마다 기다림에 지쳐 목을 길게 빼고 있는 것은 더구나 복이 아니다. 나는 어머니를 떠올린다. 문득 나의 어머니가 낯설다.

나는 고래를 설레설레 흔든다. 어머니가 낯설어도 할 수가 없다 그 대신 둘째 큰어머니를 떠올린다. 어머니보다 가깝게 다가든다. 하긴 나의 둘째 큰어머니께서 다른 아이들처럼 들판에 나가 거머리를 뜯기면서 일하는 것을 바라지 않으니 그것은 복이다. 더러 부엌에 들어가 군불을 때기도 했고, 남새밭에 나가 일꾼아저씨를 도와 잡풀을 뽑기도 했지만, 둘째 큰어머니는 내가 일하는 것보다는 열심히 공부해 주기를 바랐다. 어머니보다 더 그걸 원했고, 늘 부추겨 주었으니 그렇다면 혜헴할아버지 말대로 복을 타고 난 셈이었다.

"너 아침도 제대로 먹지 않고 어딜 갔다가 이제 오는 길이니?"

영전이형네 글방에서 돌아오는 나에게 어머니는 역정을 내면서 걱정을 했다.

"글방에 다녀오는 길입니다."

"글방?"

나의 어머니는 시큰둥한 표정을 지었다. 그러나 둘째 큰어머니는 좀 달랐다.

"오라, 훈장님께 뭐 재미있는 말씀이라도 듣고 오나보구나."

둘째 큰어머니는 성급하게 호기심을 보이는 것이다. 그러나 나는 글방에서의 혜헴훈장님에게 걸었던 기대가 별로였었는지라 그저 헤부죽이 웃고는 머리만 흔들어댔다.

"왜 저 녀석이 저러는 거여?"

둘째 큰어머니는 나의 기분이 가라앉아 있는 것을 느꼈는지 빙긋이 웃으며 고개를 갸우뚱했다.

"그저 저에게 혜헴훈장님이 복된 세상에 태어났다고 말씀하시길래 무슨 뜻인지 알고싶어 갔었을 뿐이에요."

"복된 세상? 이렇게 나라가 어수선하고 '못 살겠다 갈아보자'고 하는 세상 이 무슨 복된 세상이어?"

"그러게 말이요. 이대통령이 어서 물러나야 나라가 좀 안정될 것 같잖아요?"

"글세말이유. 그렇지만 내놓고 할 말은 아니니까 입 조심을 해야지."

어머니는 큰어머니 그리고 둘째 큰어머니와 셋이서 갑자기 목소리를 낮추며 소근거렸다. 나는 무슨 말을 하는지 알아들을 수가 없어 어리둥절했다. 그러는 나에게 둘째 큰어머니는 또 아침의 그 떡 바구니를 쑥 내밀었다.

"떡이나 먹으렴. 복 타령은 그만하고."

"아니야. 밥을 먹어야지. 식전에도 넌 떡이었잖여?"

나의 어머니는 급히 부엌으로 나갔다. 그러나 아침에 먹은 떡 탓인지 밥 생각은 별로 없었다. 여전히 복 이야기가 더 입맛을 당겼다.

"큰어머니, 정말 복이란게 사람에게 마다 정해져 있을까요?"

"있지, 정해져 있지. 네 둘째 큰어머니를 봐라. 부모님이 독립운동을 하고도 그 공이 모두 그림자에 가린지라 그 공이 솟아나지 못하고 있잖니? 그게 다 복을 타지 못함이 아니겠니?"

그건 그랬다. 맞다. 둘째 큰어머니의 친정아버지는 알만 한 사람은 다 아는 독립운동가요 개화기에 청년 운동을 한 분이었다. 친정어머니도 경기여고를 나온 후, 일본에 유학하고 돌아와 여성운동을 편 분이었다. 두 분이 모두 옥살이를 하다가 둘째 큰어머니가 아주 어렸을 때 세상을 떴다고 하였다.

최초의 여기자 최은희가 생전에 두 분의 활동 상황을 분명히 기억해 추모하고 회고할 만한 분들이었다. 더구나 친정어머니는 암행어서 박문수의 7대 종손집 며느리기도 했기에 이를 늘 자랑스럽게 생각하고 있는 둘째 큰어머니였다. 하긴 조실부모했으나 둘째 큰어머니는 외가에서 자라며, 배화여고를 나와 한때 조선통독부 통계국에 근무한 경력도 있었다. 우리 마을 사람들은 그 둘째 큰어머니를 곧잘 군수라 불렀다. 그러나 지금은 시골에 푹 파묻혀 있을 뿐이었다. 그렇게 보면 타고난 복이 그리 많은 편은 아니었다.

"둘째 큰어머니, 큰어머니 말씀대로라면 둘째 큰어머니께서도 복이 없어서 이곳에 묻혀 계시는 건가요?"

나는 떡을 한 조각 집어 입에 넣으면서 다시 복 이야기를 꺼냈다. 아무래도 혜혬훈장님의 말씀이 마음에 걸렸다.

"그렇지, 큰어머니 말씀이 맞는다고 생각한다. 복이란 애써 구하는 자에게 더러 찾아와 주기도 하지만 그것은 대개 어느 한 사람의 뜻으로는 이렇게 저렇게도 할 수 없단다. 그게 다 운명이지."

운명이란 말은 둘째 큰어머니에게서 툭하면 듣는 소리라서 이미 내 귀에도 익숙해 있었다. 그러니 나 역시 어떤 운명 속에 갇혀서 내가 살고 있는 것이 아닐까 생각한 것은 어쩌면 당연한지도 모른다.

4

내가 밥숟갈을 두어 수저 뜨다 말고 사랑채로 나왔을 때, 영덕이는 아직까지도 새매에게 매달리고 있었다. 영덕이는 그런 아이였다. 새매뿐만 아니라 툭하면 새알을 꺼내려고 나무를 타고 후루룩 올라갔고, 사다리를 놓고 처마 밑을 뒤지며 참새 새끼를 꺼내곤 했다.

"아직까지 새매에게 먹이를 못 준 거야?"

"응, 이제 겨우 개구리를 잡아왔는걸."

"영덕아, 넌 새벽부터 이 새매에게 매달려 있었다며?"

"아니야, 증골 산으로 갔더니 마침 상수리나무 위로 다람쥐가 올라가길래 그걸 쫓다가 늦어진 거야."

"그랬어? 다람쥐는 잡았어?"

"잡긴……. 괜히 허탕만 친 거지 뭐."

영덕이는 개구리 다리를 갈기갈기 찢으며 말했다. 새매는 개구리 냄새를 맡았는지 눈을 빛내며 쏘아보고 있었다.

"이제 새매가 제법 날만큼 컸는데?"

"그으럼! 어제는 새장에서 나와 마루까지 날았었어."

"그래? 밖으로 도망치지 않던?"

"아니야, 떠날 생각도 않고 주위를 맴돌기만 하는데? 꺼내 볼까?"

영덕이는 새매우리의 문을 열고 새매를 꺼내어 제 어깨에 올려놓았다. 그러나 영덕이 말처럼, 새매는 날아가려고 하지 않았다. 오히려 영덕이의 어깨 위에서 떠날 줄을 몰랐다. 참 신기했다.

"얼른 개구리를 주어 봐. 이젠 입을 벌려 먹이를 넣지는 않겠지?"

"그럼, 제가 다 찍어 삼키는 걸."

"그래?"

영덕이가 새매를 새장 위에 내려놓자 새매는 새장 위에 놓인 개구리 다리를 정말 콕콕 쪼고 있었다. 나는 새매를 물끄러미 바라보며 영덕이가 새매 새끼를 처음 잡아왔던 날을 떠올렸다.

"영덕아."

"응? 형, 왜 불러?"

영덕이는 새매에게 개구리를 찢어주느라 나를 뒤돌아보지도 않았다.

"너 혹시 이 새매를 제 어미에게 돌려주기로 했던 게 생각나니?"

"하지만 지금은 생각이 달라졌는데…."

"가엾은 생각이 들지 않아?"

"하지만 내가 얼마나 정성을 들여 키운다고. 이 녀석은 복도 많은 셈이야. 나 같은 일등 엄마를 두었으니 말이야."

영덕이는 툭 삐져나온 이마 아래로 초롱초롱 눈빛을 빛내며 싱긋 웃었다.

"그래도 저희들끼리 살아야 행복할 텐데?"

그러나 영덕이는 내 말에 더 이상 대꾸를 하지 않으며, 시큰둥한 표정을 지었다. 영덕이는 새매를 놓아 줄 생각이 전혀 없는 모양이었다.

"그러지 말고 생각을 바꾸는 게 어때?"

"아니야, 내가 어미가 될 때까지 키워 새들을 잡아오게 훈련을 시킬 거야."

"네가 어떻게 새매를 훈련시킬 수 있겠어?"

"형은 보기만 해, 내가 해낼 테니까."

영덕이는 내가 금방 날려 보낼 줄 것 같아서인지 부리나케 새매를 새장 안에 넣었다. 나는 그러는 영덕이를 바라보며 문득 헤헴훈장님의 복이야기를 생각했다.

'새매는 영덕이에게 걸려들은 것이 복이 있는 것일까? 그렇지 못한 걸까?'

어머니는 전에 더러 그랬던 것처럼 할아버지 제사를 지낸 그 다음 다음 이튿날 아침 일찍 외가를 향해 떠나고 있었다. 할아버지 제사를 지내고 이내 외할머니 생신이 다가오기 때문이기도 했지만, 그렇다고 아침 일찍 급히 떠날 줄을 나는 눈치를 채지 못했었다.

"엄마 없는 동안 할머니 말씀을 잘 듣고 특히 둘째 큰어머니에게 말썽을 부려서는 안된다. 일꾼아저씨를 도와 소꼴을 뜯기는 일을 게을리 해서도 안 되고……."

"예……."

나는 풀이 죽은 채로 대답하며 어머니의 뒤를 따라 별채 쪽으로 갔다. 어머니는 별채 제일 오른쪽에 붙어 있는 마굿간을 지나다 문득 걸음을 멈추었다. 그러더니 마굿간을 향해 잠깐 시선을 돌렸다. 빈 마굿간에는 집 더미가 덥수룩하게 쌓여 있을 뿐이지만 난 어머니가 무엇을 바라보고 있는지 잘 알고 있었다. 어쩌면 어머니의 머릿속은 지금 백마를 타고 장가를 들러 어머니께 왔던 아버지인 남편을 생각하고 있는 것이 분명했다.

"너의 아버지가 백마를 타고 외갓집에 오시던 날은 근동이 다 요란했었지."

어느 날인가 딱 한번 어머니는 자신이 시집오던 날의 말씀을 한 적이 있었다. 그러나 나는 어머니에게보다는 막내 삼촌과 그리고 큰집 종형에게 그 마굿간 이야기를 더 많이 들었다. 나는 그 후부터 더러 아버지가 생각날 때는 마굿간 근처에서 놀았다. 마굿간 바로 옆에는 큰아버지께서 옛날에 마을 사람들을 가르치던 야학당 건물도 그대로 남아 있었는데, 마당도 아주 넓었다. 우리들이 어울려 땅뺏기나 진지 빼앗기를 하기에 적당한 곳이었다.

"어머니, 빨리 길을 떠나세요."

나는 그대로 서 있는 어머니를 향해 재촉했다. 그제서야 어머니는 천천히 걸음을 옮겼다. 나도 어머니를 따라 마굿간을 지나 큰큰 아버지가 운영하던 야학당 아래쪽으로 걸음을 옮겼다.

"내 빨리 다녀오마."

어머니가 이젠 잰걸음으로 고샅길을 빠져나가고 있었다. 외갓집까지는 40리 길이었다. 아침 일찍부터 걸어도 점심때가 훨씬 지나야 도착할 수 있었다. 구드렛나루와 거기부터 휘둘러 흐르는 금강의 엿바위나루를 다시 건너야 하는 것 말고도 장주 펄을 가로질러 흐르는 샛강까지 합쳐 강을 세 번이나 건너야 했다. 그리고도 산을 둘 넘어야 하는 길을 걷는 다는 것이 쉽지 않은 나들이인지라 어머니는 길을 재촉할 수밖에 없었다.

나는 외갓집으로 떠나는 어머니의 뒷모습을 바라보며 얼마 동안을 혼자서 있었다. 그런 내 모습이 문득 스스로 외로웠다. 나는 어머니가 떠나버린 빈 고샅길에 혼자 동그마니 나동그라져 있는 것 같았다. 게다가 끝내 둘째 큰어머니와 할머니께서 어머니가 길을 떠나는데도 모습을 나타내지 않으신 점이 나를 몹시 궁금하게 만들었다. 왤까? 혹시 이 길로 어머니가 영 다시 돌아오지 않는 것인가? 나는 괜한 두려움도 느껴졌다.

하긴 전에도 어머니는 가끔 외가에서 오래도록 머물며 그때마다 길쌈을 해 짜낸 세모시를 들고 오곤 했었다. 그러니 이번에도 그러는 것이겠지 하고 스스로 위로하며 나는 집 쪽으로 돌아섰다. 그때였다. 나와 있지 않을 줄 알았던 할머니가 저만큼 뒤쪽에서 멍하니 고샅길을 바라보고 계셨다.

"네 어민 길을 떠났느냐?"

"예."

"언제쯤 온다더냐?"

"이내 오신대요."

"어휴, 박복한 것……. 하지만 제 사주팔자는 다 짊어지고 사는 법이니 어쩔 수 있겠니. 복이 그만인 걸."

"예?"

"아니다. 넌 몰라도 된다. 어서 들어가 일꾼아저씨가 멍석을 펴는 일이나 도와주어라."

난 할머니 말씀에 헤헴훈장님의 복 이야기를 떠올렸다. 그러면서 마당 안으로 들어섰을 때, 일꾼아저씨는 멍석을 다 펴고 볏 나락이 들어 있는 토광 문을 열고 있었다. 그 큰 토광 안에는 음력으로 7월이 다 지나가고 있는데 아직도 벼 나락이 그들먹했다.

5

역시 내 짐작대로 어머니는 할아버지 제사 후에 떠난 어머니는 그 7월이 다 가고 머지않아 8월 한가위가 다가오는데도 돌아오지 않았다. 어머니가 떠날 때 잘잘했던 풋감알이 아주 숙성해지며 잘 여물어 가고 있었지만 어머니는 여전히 기다리고 또 기다려도 오지 않았다. 나는 목을 길게 빼고 시시때때로 어머니를 기다렸지만, 어머니는 여전히 오지 않고 있었다. 그러나 할머니는 이제 어머니를 기다리지도 않았다. 어머니를 기다리는 것은 나밖에 없었다.

여름이 다 기울고 이제는 가을빛이 완연했다. 그러던 어느 날이었다. 그러니까 추석을 닷새 앞둔 대목이었다. 뒤늦게 어머니에게서 전갈이 왔다. 그동안 외갓집에서 짜 놓았던 세모시를 인편에 보낸 것이었다. 그러면서 어머니가 열나흘 날 온다는 소식도 함께 보냈다.

나의 가슴은 설레었다. 아니 가슴이 뛰었다. 나는 다른 날보다 일찍 학교에서 돌아왔다. 그날은 마침 토요일이었기 때문에 다행이었지만 평일이라도 어쩌면 일찍 조퇴를 했을지도 몰랐다. 나는 점심밥도 제대로 먹히지 않았다. 두어 수저 뜨다 말고 수저를 놓자 할머니는 걱정이 대단했다.

"아이고, 이 자슥아. 허기져 헛것 뵈면 어쩌려고 그러는 거여?"

"많이 먹었어요."

"아따, 이놈아, 네 어민 이따 해가 질 녘이나 올 거여."

"알아요. 저도……."

"그러니 집에 붙어 있으란 말이여."

"엄마 마중을 나가겠어요. 집에 있으면 답답해요."

"답답혀? 너 말 잘한다. 이 할미 속보다 더 답답혀?"

"……."

나는 아차 했다. 할머니에게 아버지 생각을 하도록 만들었기 때문이다.

"너 그러지 말고 용뭇골에 올라가 송아지나 끌고 오너라."

"송아지요? 머슴아저씨가 끌어 온다고 했는데요."

"그럼 숫제 그곳에 가 돌탑이나 돌아라. 네 애비 넋이나 편하게."

"돌탑요? 소꼴을 뜯길 때마다 더러 도는 걸요."

"더러? 더러 라니 매일 돌아야지."

아버지가 돌아가신 것은 전쟁이 끝나던 해이니 6년도 넘었지만 할머니의 가슴 속에는 여전히 어제 일처럼 사무치는 모양이었다. 그런 마음으로 사는 할머니는 나 이상으로 며느리를 기다린다는 것을 당시 어린 내가 알 수는 없었다. 역시 어머니가 온 것은 할머니 말씀대로 어둑어둑해서였다. 할머니의 꾸중은 대단했다. 그까짓 세모시 몇 필에 눈을 돌릴 분이 아니었다.

"출가한 여자의 들어오고 나감은 분명해야 하지 않겠느냐? 넌 어째 제멋대로인 겨? 다 제 복은 제가 짊어지고 다니는 거니까 알아서 하란 말이여."

할머니의 노여움 앞에서 어머니는 떨고 있었다.

"……."

어머니는 계속 고개를 떨구고 있을뿐 대답을 하지 못하고 있었다.

"뭐라고 말을 해봐라."

"죄송합니다. 어머님."

어머니는 그제야 입을 열면서 할머니께 용서를 빌고 있었다.

"죄송한 게 문제가 아니다. 아무리 복이 없다 해도 너는 나머지 복까지 박차버릴 셈이니?"

"……."

"자기 자식까지 누구에게 떠밀려고 하는 거여?"

"죄송합니다. 어머님, 친정어머니께서도 그동안 편찮으셨고……."

"좋다. 그러나 이후로는 절대로 네게 친정나들이를 허락하지 않을 테니 그리 알아라."

할머니의 말씀은 아주 단호했다.

나는 그날 밤 오랜만에 어머니 곁에서 잘 수 있었다. 그러나 좀처럼 잠이 오지 않았다. 어머니 역시 잠이 오지 않기는 마찬가지인 모양이었다. 어머니는 드러눕지도 않았다. 말도 없었다. 그대로 오래도록 돌부처처럼 앉아만 있었다.

나는 그런 모습의 어머니를 바라보며 문득 할머니의 말씀을 떠올렸다.

'어휴, 박복한 것……. 하지만 제 사주팔자는 다 짊어지고 사는 법이니 박복한 것을 어찌 할 수 있겠어.'

나는 어머니의 얼굴을 슬쩍 곁눈질로 바라보았다. 어머니의 얼굴 눈가는 촉촉이 젖어 있었다. 나는 어머니 곁으로 갔다. 어머니는 나의 손을 잡았다. 나도 어머니의 손을 잡았다.

"어머니, 저는 앞으로 헤헴할아버지가 제게 복이 있다고 하신 말씀을 믿기로 했어요."

"복? 넌 아직도 복 타령이냐?"

"예, 이제 전쟁이 끝난 지도 오래잖아요? 제가 대신 열심히 공부할게요. 복을 받을 수 있게…."

"그래주렴. 하지만 전쟁이 끝났다고 해서 모든 사람 하나하나에게까지 어떻게 슬픔이 가시겠니?"

그 말씀을 하시는 어머니의 입술이 바르르 떨고 있었다. 어머니 눈에서는 좀 전보다 진한 눈물이 흐르고 있었다.

나는 그런 어머니의 모습을 바라보며 함께 슬픔에 젖을 수밖에 없었다. 다행히 밖에서 가을벌레 소리가 맑게 들려왔기 때문에 기분이 좀 가벼워졌다. 나는 그 풀벌레 소리에 이끌리듯 밖으로 나갔다.

"밤 기온이 차다. 곧 들어오너라."

"예."

나는 그대로 꼿꼿이 앉아 있는 어머니를 뒤로 하고 밖으로 나왔다. 추석을 이틀 앞둔 가을밤은 매우 찼다. 오싹하니 한기가 몰려왔다. 그러나 나는 참으며 마당으로 내려왔다. 휘엉청청 밝은 달빛에 펼쳐진 마당은 더욱 덩그러니 넓어 보였다. 별빛도 초롱초롱했다. 나는 그 별들이 내가 서 있는 뜰로 송두리째 쏟아지면 좋겠다고 생각했다. 어쩌면 아버지도 하늘나라에 가 별이 되었다가 지금 이 밤에 별이 되어 내려오리지도 모른다고 생각했다. 더구나 풀벌레 소리는 더욱 또르륵거리고 있어 나의 가슴 속까지 뚫으려고 했다.

나는 아버지가 어렸을 때, 할아버지가 심었다는 감나무 밑으로 발걸음을 옮겼다. 내가 걸음을 옮기는 소리에 놀랐는지 흙담 위 용구새 그 위에 앉아 잠자던 작은 새 한 마리가 후루룩 날고 있었다.

"얘야, 그만 들어오너라."

나는 어머니의 소리에 깜짝 놀라 고개를 돌렸다. 언제 나왔는지 어머니가 나의 곁으로 오고 있었다.

"밤바람이 차구나. 어서 들어가자."

나는 어머니에게 손목을 잡힌 채로 따라 들어갔다.

6

가을도 가고 겨울이 왔다. 그렇게 한 해가 저물고 있었다. 길고 칙칙한 겨울도 또 가고 있었다. 아이들은 더러 뒷논 둠벙배미에 나와 얼음을 지치거나 언덕에 올라 꼬리 연을 날렸지만 모두 새봄이 돌아오길 기다리고 있었다. 그 당시 어른들은 정부통령 선거를 앞두고는 혼란해져 가는 세상이 이젠 정말로 바뀌어져야 할 때라고 수군거렸다.

하지만 우리들은 그런 것과는 거리가 멀었다. 날이 풀리자 냉이를 캐러 다니는 아이들이 늘었고, 양지쪽 임천할머니댁 옆 빈터에서 자치기를 하느라 정신을 팔고 있었다. 영덕이처럼 새매에게 줄 개구리를 잡는다고 아직은 언 땅을 파헤치기도 했다. 그러나 「역사」는 이대통령 할아버지의 마지막을 삼태기에 담아 흔들어대고 있는 중이었기에 우리들은 몰랐으나 어른들은 거센 소용돌이 속에 빠져 있었던 것이 확실했다.

드디어 3월이 왔다.

우리는 미당국민학교를 떠날 준비를 하고 있었고, 마을 어른들은 더욱 혼란 속에 빠져들었다. 특히 우리 마을은 이 대통령 할아버지에게 끝까지 버티고 있었던 옥수 외삼촌이 있었기 때문에 충청도 칠갑산 깊은 산골짜기까지 크게 흔들리고 있었다. 밤마다 형사들이 와 논둑 밑에 숨어서 지키고 있다는 둥, 아무리 그래뵈도 그 사람은 국회의원 한자리쯤 할 사람이라는 둥하며, 닷새 만에 한 번 서는 미륵댕이 장터에 모인 사람들은 제각기 한마디씩 떠들어댔다.

그런 중에도 우리는 여전히 찬바람을 쏘이며 물을 막아 송사리를 잡았다. 용못골로 올라가 가재를 잡기도 했으며, 수렁논에 들어가 바지가랭이를 적시며 미꾸라지를 잡는 일에 정신을 팔았기 때문에 어른들이 하는 일들과는 아무 상관도 없었다.

어쩌다 활동사진이 들어와 우리들은 가슴을 설레었고, 그런 중에는 영덕이는 여전히 멧새를 따라, 다람쥐를 따라 앞·뒷산을 오르내렸다. 그랬는데도 철없이 노는 우리들이지만 갸륵해 보였는지 하느님은 우리를 별 탈 없이 무럭무럭 자라게 해주었다.

그 중에서 나는 더욱 키가 장대같이 크고 있었다. 지난해까지만 해도 나는 우리 반에서 겨우 중간을 웃돌던 키였다. 그러더니 갑자기 숙성해지면서 콩나물 자라듯이 늘어나고 있었다. 이제는 전쟁 통에 학교를 쉬었다가 복학한 상복이나 점새, 수부, 승섭이들

만큼 커졌을 뿐만 아니라 그 너댓 살이나 더 먹은 그래서 코밑의 솜털이 아주 시커매진 아이들과 어깨를 겨룰 수도 있었다. 더구나 지난겨울엔 어머니가 친정나들이를 하지 않아 더욱 안정될 수 있었다.

중학교 입학시험 결과가 발표되던 날은 정말 어깨를 으쓱일 수 있을 만한 성적으로 중학교에 들어갈 수 있었다. 혜헴훈장님이 내게 예언한대로 후에 커서 문사가 될 수 있지 않겠느냐고 우리 식구들은 모두 기뻐했다. 그것도 복이라면 복이었다.

이제 나는 어엿한 중학생이 되었다.

정산중학교는 미륵댕이에서 꼭 6km를 걸어야 했지만 나는 아이들과 새벽 공기를 가르며 학교로 즐겁게 향하곤 했다. 4월로 접어들며 세상은 더욱 소란했지만 우리는 토정바위라 붙여진 넓고 평평한 바위에 올라가 날라리 춤을 추다가는 벌떡 일어나 학교로 향하곤 했다. 그러던 어느 날이었다. 담임인 이두행 선생님이 교무실로 불렀다. 나는 바싹 얼어붙은 채로 교무실로 들어갔다.

"1학년 1반 3번 김영훈, 교무실에 용무가 있어 왔습니다."

거수경례를 붙이고 들어간 나에게 이두행 선생님은 아주 인자하게 웃었다.

"너 말이야. 내일 충남도내 중학교 우수 입학생들이 함께 모여 대전고등학교에서 장학생 시험을 치루는 날이다. 잘 치루고 오너라. 꼭 합격해야 한다. 알았지?"

나는 선생님의 그 말씀에 가슴이 두근거렸다. 그러나 내가 정작 대전 보문산 밑의 대사동에 살고 있는 넷째 숙부댁에서 하룻밤을 지낸 이튿날, 대전 고등학교 교문 앞에 도착했을 때, 정문 창살에는 한 장의 쪽지만이 붙어 있을 뿐이었다.

「오늘 치룰 예정인 장학생 선발 시험은 긴급한 사정으로 인해 무기 연기함」

나는 그 문구를 바라보면서 어리둥절하며 뒤로 돌아섰다. 그때 마침 도청 쪽에서 완전 무장을 한 군인들을 가득 실은 차량이 열 대도 더 넘게 대전 고등학교 앞에서 좌회전을 하여 대흥동 사거리 쪽으로 빠져 나가고 있었다. 그날이 바로 4월 19일이었다. 나는 4.19를 대전에서 맞았다. 아, 하느님이 우리에게 어떤 복을 주시려고 하는 걸까? 나는 심장이 뛰는 것을 느끼면서 군인 차량 행렬을 바라보았다.

'그래, 맞아 어른들은 늘 세상이 바뀌어야 한다고 했었지'

나는 무심코 군인들의 차량을 뒤따르기 시작했다. 문득 헤헴훈장님의 말씀이 떠올리면서 말이다.

'왜놈들이 쫓겨나고, 전쟁도 끝나고, 이 어수선함도 물러나면 대통령이 하야를 하면 복이 우리 모두에게 내릴까? 그렇다면 왜 나는 시험도 못 치르고 마는 걸까? 복이 없어서일까? 그건 아닐 텐데 복, 복, 복……. 후에 시험은 다시 치르게 될까?'

드디어 나는 군인 차량의 뒤를 따라 더욱 잰걸음으로 걷기 시작했다. 막막한 심정을 떨궈버리고 싶어서이다. 정말 우리나라에 복이 내리려는 걸까? 그랬다. 나는 저 군인들과 처음 보는 군인차량이 신기해서만은 아니었다. 어떤 복을 주려고 하는 것인지를 확인하고 싶어서였다.

"너 길을 잃으면 어쩌려고 그려?"

어머니가 등 쪽에서 나를 다급하게 부르고 있었다.

"아녀요. 걱정을 하지 마셔요. 길을 잃어버리지는 않을 테니까요."

나는 어머니를 뒤로 하고 대흥동 사거리 쪽으로 계속 달렸다. 집에 가면 영덕이에게 새매를 풀어주라고 말하리라 생각하면서 점점 힘을 내어 달렸다. 헤헴훈장님이 웃고 있었다. 우리 모두에겐 「자유」라는 복을 그리고 어쩌면 나에게도 「문사」가 될 복을 하느님이 주실 거라고 말씀할 훈장님이 웃고 있었다. 검버섯이 잔뜩 핀 얼굴이 아이처럼 웃고 있었다. 나는 그 헤헴훈장님을 생각하며 대흥동 사거리를 향해 마구 달렸다.

좌절, 방황하는 삶[9] 속에서

나는 초등학교 2학년에 올라가 한 달쯤 지나 청남초등학교에서 새로 세운 미당초등학교로 전입학을 했다. 인근에 있는 정산·청남·적곡(현재: 장평)초등학교 아이들이 학구에 의해서 학교를 옮겼는데, 처음에는 한 반 60명이었다. 그러나 그 후에 인원이 늘어 한 학년이 두 반씩 완성학급으로 편성되었다. 그 당시 인연을 맺은 초등학교 친구로서 지금까지 자주 만나는 친구는 박종운, 신용식, 엄선호, 윤원형, 이문규, 한상구 등이다.

초등학교 5학년 때 사진 (단기 4291년)

중학교 수학여행 사진 (1960년 당시 속리산 법주사 보수공사로 사진을 따로 찍어 붙임)

9) 나는 사춘기에 접어들면서 부모님에 대한 그리움이 커지는 아픔을 겪으면서도 한편으로는 이성에 눈을 뜨게도 되었지만 비교적 안정되게 학업에 정진하며 중학교를 마친다. 그러나 두 번의 고등학교 입시 실패로 대학을 마칠 때까지 5년 넘게 방황과 좌절을 겪는다. 그런 중에도 다행히 고교시절과 대학 재학 중 독서와 창작을 시작하면서 문학이라는 버팀목으로 고독을 이겨내었고, 자신의 삶을 지탱했다. 이 무렵 생모와 실낱같은 인연의 끈을 다시 맺는다.

고교 졸업때 백모, 고모, 내 육촌(신옥·수옥)과 함께(1967)

나는 미당초등학교로 옮긴 1년 후인 3학년 때, 어머니와 잠시 헤어지게 되는데, 이때부터 중백부모님 댁으로 옮겨 성장했다. 그 후 나는 중학교를 거쳐 어머니와 인연이 닿은 고교 시절 이후에도 공주교육대학을 졸업하고 교사가 된 후인 스물일곱에 결혼을 해 독립할 때까지도 중백부모님의 보살핌을 받았다. 공주로 유학을 한 5년간을 포함하여 참으로 긴 세월 동안을 두 분과 인연을 같이했다.

지금 돌이켜보면 나는 사춘기 동안 마음 둘 데가 없어 방황을 했었고, 고교입시에 두 번 실패하는 좌절의 삶을 살았지만 그렇다고 마냥 불행했던 것만은 아니었다. 나는 당시 유소년기와 청소년기에 이르기까지 조모님과 중백부모님을 비롯해 그 때마다 학교에서 만난 참 좋은 스승님들의 보살핌을 받았다. 그리고 마을 분 등 돌보아 주는 이들의 따뜻한 사랑 속에서 실족하지 않고 초·중·고등학교 과정을 마치는 동안 나름대로는 현상을 유지하며 살았다.

중학교 학창 시절

내가 초등학교를 졸업하고 중학교에 들어간 해는 1960년이었다. 3.15부정선거가 실시되고, 뒤이어 4.19 혁명이 일어나던 해였다. 돌이켜 보면 8.15 해방과 6.25 전쟁에 이어지는 역사적인 사건들의 연속이었다.

중학교 학창 시절 친구들과 함께 (1962)

그러나 나는 시대의 소용돌이를 느끼기에는 아직 어린 나이인 중 1이었을 뿐이었다. 아침을 먹으면 난 그냥 먼 등굣길을 따라 휭-하니 달리듯이 학교로 향했다. 중학교 등교 길은 6km가 훨씬 넘었다. 지각을 하지 않으려면 부지런히 걸어야 했다. 돌이켜보면 고개를 둘이나 넘어야 하는 길을 난 참으로 열심히 걸어서 통학했다.

중학교 시절 (속리산 수학여행 · 1960)

하루에 한 번 새벽에 미당 장터 정류장에서, 서울로 떠나는 버스와 대전으로 가는 버스가 각각 한 대씩 있었을 뿐이었다. 우리는 그 버스에 감히 탈 생각을 할 수가 없었다. 그 버스는 마을 사람들이 긴한 일로 서울이나 대전에 가는 경우 겨우 타는 차였기 때문이었다. 그러니 열심히 등·하교 길을 달릴 수밖에 없었다. 자전거를 타는 이들도 거의 없었었다.

그런 중에도 세월은 나를, 유·소년기를 벗어나 청소년기로 접어들게 했다. 어느새 나는 사춘기를 맞으며 몸도 마음도 성장하고 있었다. 아버지와 어머니를 그리워하는 그리움과는 또 다른 그리움이 있다는 것도 알게 되었다. 한편으로는 아이러니컬하게도 하늘을 찌를 듯한 꿈과 희망이 용솟음을 친 때도 그 시절이었다. 성적도 양호해 늘 앞에 섰다.

내가 1학년을 마치고 난 그 이듬해인 2학년 때인 1961년 5월, 다시 세상이 바뀌고 있었다. 그 때 나는 의식이 깨기 시작하면서 다시 세상이 바뀌게 된다는 것을 알게 되었다. 중백모님의 영향이긴 했지만 새로운 역사가 시작된다는 걸 인식했다. 또 세상은 누구인가의 힘에 의해 자꾸 바뀔 수 있다는 것도 인식했다.

그런 나에게 1962년 3학년이 되어 한국단편 문학을 접하면서부터는 예전의 어린 내가 아니었다. 거듭나는 나 자신을 스스로 돌아보았고, 문학 작품에 대해서 중백모님과 대화를 할 수 있게 되었다. 조선의 역사나 삼국 이야기도 할 수 있게 되었다. 그때부터 프랑스 시민혁명도 알게 되었다. 유관순도 프랑스의 잔다르크도 알게 되었다. 게다가 공부도 더욱 열심히 하면서 학력을 다져나갔던 날들이었다. 한 소녀를 좋아해 플라토닉한 사랑을 하게도 되었다. 그 중학교 시절은 지금까지도 내게 아주 소중한 날들이다. 중학교 시절 친구로서 지금까지 교분을 맺고 있는 이는 김성업, 김정환 남상준, 윤병전, 이정복, 이철우, 정 영, 조종필, 최관규, 함영준, 허천회 등이다.

고등학교로 진학하다.

중학교를 졸업하고 나는 입시에 두 번 실패했다. 재수한 후에 고등학교로 진학하는 처지가 되었다. 바로 공주에 소재한 공주영명고등학교[10]이다. 나는 여기서 어린 시절에 우리 마을 뒷동산에 자리한 교회에 다니던 기억을 되살리면서 다시 교회에 나갔다. 공주제일감리교회에서 세례도 받았다. 학교에서는 종교부에 들었다. 공주영명고등학교는 감리교 계통인 미션스쿨이었기 때문에 학교에서 예배를 보았고, 교목실장인 목사님도 만날 수 있었다.

고등학교 학창 시절 학우들과 함께 (교문 앞에서 · 1966)

그러나 나의 신앙은 늘 제자리였다. 고등학교 입시 실패, 부모님에 대한 그리움과 가정 형편에 대한 곤혹스러움, 게다가 부추기는 것은 아직도 끝나지 않은 사춘기와 주변 상황으로 인한 사색과 허무주의가 나를 아프게 하기 시작했다. 신앙심은 이를 극복하지 못했다.

그러니까 고등학교 3년 세월은 번민과 함께 고뇌하고 또 아픔을 겪는 계절이었다. 공부도 소홀해졌다. 게다가 점점 '나는 왜 이 세상에 태어나 고된 삶을 살아야 하는가?' 라는 명제에 대해 골똘해질 수밖에 없었다.

그런 까닭에서인지 나는 언제부터인가는 기독교가 아닌, 불교를 생각하게 되었다. 그런 날이면 갑사[11]가 자리한 계룡산엘 자주 올라가 자신의 삶에 대한 물음표를 달고

10) 대한제국 말기 미국에서 온 선교사 샤프 엘리스와 프랭크 윌리엄스가 1906년에 세운 충남 최초의 감리교 계통의 사립 고등학교로서 3.1독립운동에 적극 가담했다. 유관순여사가 수학했고, 정치가 조병옥, 소설가 방인근, 국악인 황용주 등이 졸업했다. 일제 탄압에 의해 폐교되었다가 1948년 8년 만에 다시 개교했다. 현재 개교 107주년을 맞고 있으며 나는 구제로는 47회로, 신제로는 14회 졸업생이다.

11) 계룡산에 위치한 절로 서기 887년에 무염대사가 중창한 것이 고려시대까지 이어졌으며, 임진왜란 와중에도 융성하였으나 1597년 정유재란으로 많은 전각들이 소실된 것을 1604년에 대웅전과 진해당을 중건했다. 갑사는 임진왜란 때 승병장 영규대사를 배출한 호국불교 도량으로도 유명한 유서 깊은 고찰이다. 나는 이곳 대적전에서 교대 2학년 겨울 방학 때, 스님과 40일을 기거하며 불교를 공부했고 자신을 성찰했다.

또 달았다. 한 마디로 방황과 좌절의 계절이었다. 다행이도 그 무렵 나를 붙잡아 준 것은 문학이었다. 문학이라는 좌표가 나를 존재하게 해주었고, 쓰러지지 않게 몸을 지탱해 주었다. 당시 문학은 나의 삶이었고, 존재의 이유였다.

고등학교 재학시절의 솔뫼

공주교대 2년, 일락산의 추억은 없었다

대학시절 무전여행 (설악산 대청봉에서 이선범, 오병철과 함께 · 1968)

나는 고등학교를 졸업한 후 공주교육대학으로 진학했다. 그러나 대학 캠퍼스를 감싸 안고 있는 일락산에서의 추억은 없었다. 내가 2년간의 대학 시절 중에 가장 기억이 남는 것은 동아리 '청림[12)]' 말고는 무전여행이었다. 나는 나의 삶을 부정하면서도 한편으로는 존재감을 획득하고 싶어 무전여행을 떠났다. 내 마음 갈 곳을 잃어 방황한 것이었지만 지금 돌이켜보면 스스로의 삶을 연단하고자 했던 몸부림이었지 않나 싶다.

난 일락산 기슭에 위치한 공주교육대학교의 2년 재학 중에 두 여름방학과 한 겨울 방학을 무전여행을 했다. 세 차례였다. 마지막 겨울 방학 40일은 계룡산 갑사로의 잠적이었다.

1학년 때 여름은 혼자서 남도를 훑으며 도보로 한 20일간의 여행이었고, 다른 한

12) '청림'은 공주교육대학 재학 시에 만든 동아리로서 재학 시에는 우정을 다졌고, 현직에 나와서는 교육 정보를 공유했으며, 현재는 가정의 애경사를 함께하면서 노년을 공유하고 있다.

번은 고등학교 동기이면서 함께 같은 교육대학으로 진학한 이선범[13], 오병철[14]과 함께 한 여행이었다. 나는 여행을 떠나면 20일 이상을 헤매었다. 1학년 여름은 수레 밑에서도 밤을 새우고, 바위 위에서도 별을 바라보며 잠을 자기도 했던 무전 걸식 여행이었다. 겨울 방학 때는 하얀 눈을 밟고 혼자서 걸으며 자칫 동사(凍死)를 할 수도 있었던 참담한 20일 간의 여행이었다.

2학년 때, 여름 여행은 셋이서 공주를 출발해 대전, 대구, 부산, 울산, 삼척, 설악산까지 거기서 다시 공주로 올 때까지 장장 3주를 도보로, 버스로, 기차로 또 화물선을 얻어 타면서 어려운 삶을 체험한 여행이었다. 2학년 때 겨울 방학은 5촌 고모님의 천거를 받아 계룡산 갑사 대적전으로 잠적했다. 세례 교인인 내가 불교에 귀의한답시고 40일간 승려 체험을 한 귀중한 시간이었다. 그래서인지 나는 지금도 불교적 성향이다.

이렇게 나는 어렵게 교육대학 공부를 하는 중에도 한국문학, 세계문학 작품을 접하는 독서에 빠졌고, 소설가 최상규[15] 은사님을 만나 소설 창작을 했다. 나는 나를 불사르는 특별한 체험을 한 이 무전여행을 하면서 대학 2년을 보낸 셈이다. 일락산의 추억은 없었고, 그 시절의 내 청춘은 그저 여행과 문학뿐이었다.

그런데도 지금 정년을 한 후에는 그때 인연을 맺은 학우들과 만난다. 최이현, 이영하, 오병철, 김덕상, 이진훈, 강현창, 길병원, 박만원, 안성원, 정장순, 신인식, 나도창, 유재풍, 김대성, 서헌식, 정효영, 주기식, 김기용, 안계상, 신인식, 장형, 최종복,

---

13) 이선범(1946 -) 충남 공주 출생. 회계학 박사, 단국대 외 강사, 교육대학 졸업 후에 당진군 면천초등학교에 부임했으나 대전으로 옮겨 한남대학으로 학사편입 후 졸업하고, 고려대학교 석사과정을 거친 후에 단국대학교 박사 과정을 수료했으며 단국대학교 등 여러 대학교에 출강하여 강의를 했다. 나와 인간적 교분이 가장 두터운 친구 관계를 유지해 왔으며, 같은 청림회원이기도 하다.

14) 오병철(1948 -) 충남 공주 출생, 41년 6개월을 초등 교단에 서서 교사, 교감, 교장을 역임하다가 대전 대흥초등학교장을 마지막으로 정년퇴직을 하였다. 나와는 깊은 인연으로 우정을 맺으며 지금까지 살고 있으며 대전변동초등학교에서 함께 근무하기도 했고 지금도 주 1회 정도 만나 산에 오른다.

15) 최상규(1934 - 1994) 소설가, 공주교육대학교 교수, 연세대학교졸업, 1956년 「문학예술」지에 소설 '포인트'가 추천되어 문단에 나왔다. 대표작으로 '악령의 늪', '유리의 성', '겨울 잠행' 등이 있다. 현대문학상, 대한민국문학상, 대전시문화상 등을 수상했다. 나는 공주교육대학에 들어가 그와 인연을 맺었으며, 최상규 교수는 대학문예작품공모전에 나의 소설 '도토리깍지'를 선해주었다. 근무지를 대전으로 옮긴 후에는 그 스승을 말년까지 자주 찾아뵈었고 암으로 세상을 뜰 때 임종을 하기도 했다.

이기석, 임신영, 윤석준, 문충식 등은 일주일에 한번씩 만난 등산을 한다. 이제는 가슴을 허물 수 있는 이들이다. 학연이란 참 질긴 것이라는 것을 새삼 깨닫는다.

그래도 「청림」은 있었다.

동아리 「청림」 하계연수 (대천해수욕장에서 · 1968)

동아리 「청림」의 산행 (속리산에서 · 1969)

나의 대학 생활에 활력소가 된 것은 동아리 청림이었다. 지금 생각해도 참으로 아름다운 인연이다. 고교 시절부터 친구였던 나의 단짝 이선범을 포함해서 김정신[16], 김중기[17], 유영희[18]와 뭉쳤다. 여기에 여자 회원 이종화[19], 이순덕[20], 류정숙[21], 송정락[22]을 확보해 모두 아홉이었다.

16) 김정신 (1947 -) 전남고흥 출생, 공주교대 졸업 후 교단에 선 이후 공주군 계룡초등학교장을 마지막으로 하여 41년을 근무하다가 정년했고, 장로로서 신앙심이 깊은데, 유일하게 동아리 청림 회원인 이종화와 결혼해 모임의 구심점 역할을 한다.

17) 김중기 (1948 -) 충남 예산 출생, 공주교대 졸업 후 교사로 시작하여 교감, 장학사, 장학관, 교장을 거쳐 예산군교육장을 마지막으로 하여 정년을 했다.

18) 류영희 (1949 -) 충남 부여 출생, 공주교대 졸업 후 교사로 출발하여 세도초등학교장을 마지막으로 하여 정년했다.

19) 이종화 (1948 -) 충남공주출생, 공주교대 졸업 후 교사로 첫발을 디딘 후에 교감을 거쳐 공주군 수촌초등학교장을 마지막으로 정년했다. 현재는 서예가로 활동하고 있다.

20) 이순덕 (1948 -) 충남 천안출생, 교대 졸업 후, 대전에 첫 발령을 받았으나 바로 퇴직하고 천안에서 약국을 경영하는 남편을 돕고 있다. 1999년 이후 10여년 간 초등학교 기간제 교사로 근무한 적이 있다.

21) 류정숙 (1949 -) 충남서산 출생, 공주교대 졸업하고 교사로 선 후에 대전에서 근무하다가 서울로 옮겨 재직하던 중 국회의원인 남편의 재선을 돕느라 퇴직했는데 당시 선거에 다시 승리했다. 현재는 장애인자립센터 '문화날개' 사무국장으로 일하고 있다.

22) 송정락 (1948 -) 충남부여 출생, 공주교대를 졸업하고 교단에 선 이후에 경기도 과천 초등학교 교사를 마지막으로 명예퇴직하고, 현재는 서울과 당진을 오가며 사업하는 남편을 돕고 있다.

우리 아홉은 인생 후반기에 와 있는 현재까지도 관계가 돈독하다. 대학시절 처음에 모일 때는 정작 뚜렷한 이슈는 없었다. 문학도 아니고 그렇다고 다른 예술적 성향이 같은 것도 아니었다. 사회참여나 종교적으로 구심점이 있었던 것도 아니었는데

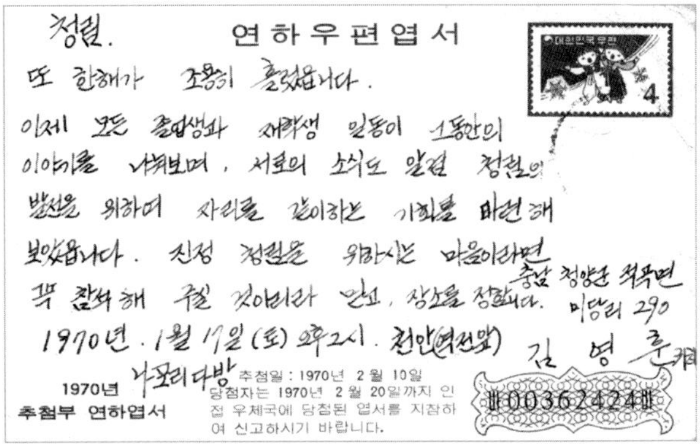
청림.
연하우편엽서
또 한해가 조용히 흘렀읍니다.
이제 모든 졸업생과 재학생 일동이 그동안의 이야기를 나눠보며, 서로의 소식도 알겸 청림의 발전을 위하여 자리를 같이하는 기회를 마련해 보았읍니다. 진정 청림을 위하시는 마음이라면 꼭 참석해 주실 것이리라 믿고, 장소를 정합니다.
1970년. 1월 17일(토) 오후2시. 천안(역전앞) 나포리다방
충남 청양군 적곡면 미당리 290
김영훈 계
1970년 추첨부 연하엽서
추첨일 : 1970년 2월 10일
당첨자는 1970년 2월 20일까지 인접 우체국에 당첨된 엽서를 지참하여 신고하시기 바랍니다.
00362424

청림 모임 안내 (1970)

인간적인 결속이 우리를 단단하게 했다. 초등교사가 될 이들이 교육 현장에 나가 교육 정보를 나눌 수 있다는 생각과 스무 살 청춘을 함께 하겠다는 의지가 우리를 꽁꽁 뭉치게 했다.

재학시절에 어려운 대학공부를 서로 돕고, 공동으로 워크샵을 했으며, 자주 계룡산에 올랐다. 여러 축제에도 참여하고 속리산, 마곡사 등 인근 명승지를 찾으며 호연지기를 키웠다. 함께 모여 찹쌀떡도 해먹었다.

청림 회원은 물론 모두 초등교사로 출발을 했다. 그러나 중도에서 자리를 떠난 사람이 넷이고, 끝까지 정년을 한 사람이 다섯이다. 현재는 경조사 때를 포함해 늘 상부상조하고, 함께 여행도 하면서 인생 후반기를 상호 부추기며 살고 있다. 청림이 있어 나의 대학 시절은 그나마 행복했었다. 2013년 청림 정기모임은 김중기 예산 교육장(전)이 살고있는 충남 도청 소재지 내포시와 용봉산에서 가졌다.

▣ '인생설계'를 주제로 한 수필 한 편

계룡산에 오르며[23)]

그날 일찍부터 서둘렀지만 내가 아내와 계룡산 입구 주차장에 도착한 것은 10시가 좀 넘어서였다. 오랜만에 계룡산을 찾은 셈이다. 바쁜 일상에 쫓겨 여유롭지 못한 삶을 살다보니 한가하게 산을 오르기도 어렵다. 그래서 내가 늘 그리워하는 이 계룡산에도 자주 오질 못했다. 아내는 틈만 있으면 건강을 위해서라도 산에 오르기를 권하고 있지만, 현실은 그렇질 못했었다. 그런데 그 날은 오랜만에 짬을 내어 그 동안의 내 삶을 뒤돌아보면서 내 인생의 좌표를 다시 설정하는 계기로 삼아야 하겠다고 다짐하고 산행을 결심했다.

나는 승용차에서 내리자마자 아내와 산을 향해 걸음을 재촉했다 제법 날씨가 쌀쌀한데도 계룡산을 찾는 사람들은 꽤 있었다. 나는 사람들 속에 섞여 절로 들어가는 입구 쪽으로 향했다. 앙상하게 드러낸 벚꽃 가지에는 벌써 새봄을 맞아 그 화려함을 드러낼 꽃망울들이 추위 속에서도 안으로 내연(內燃)하고 있었다. 멀리 계룡산 정상이 바라보인다. 삼불봉도 보이고, 연천봉 쪽으로 까마득한 봉우리들도 점점이 보인다.

---

23) 이 수필 '계룡산에 오르며'는 고등학교 시절에 좌절과 방황을 하면서 오르기 시작한 계룡산 등산기를 쓴 글이다. 이 계룡산에는 대학시절에도 혼자, 또는 동아리 회원인 '청림'과 자주 올랐다. 나는 삶이 고되고 마음이 우울할 때는 스스로를 추스르기 위해 지금도 자주 이 계룡산을 찾곤 한다. 문학시대 제29호(2012)에 발표했다.

나는 그 봉우리들을 바라보며 마음이 푸근해짐을 느꼈다. 어린 시절 유년의 꿈이 묻혀 있는 산도 아닌데, 이 계룡산 속에 들어오면 마음이 푸근해진다. 왜까? 내 삶의 방황과 좌절을, 그리고 다시 일어섬을 알고 품어주던 산이라서 일까? 그렇다. 나는 아주 오래 전부터 이 산을 찾았었다. 그 때마다 계룡산은 나를 품어주었고…….

그러니까 내가 계룡산을 처음 찾은 것은 공주에서 고등학교에 다닐 때였다. 그 무렵 나의 좌절과 시련을, 어린 나로서는 감당하기 어려웠었다. 두 번에 걸친 입시의 좌절, 그래서 방황하고 흐느적거리다가 찾은 산이 바로 계룡산이었다. 나는 틈만 있으면 공주에서 거의 도보로 계룡산을 찾았다. 한 두 번이 아니다. 갑사로, 연천봉으로, 삼불봉으로, 남매탑으로, 다시 계룡산 상봉으로 이렇게 온 산을 헤매며 젊은 날의 좌절과 고뇌를 치유하려 했다. 봄, 여름, 가을, 겨울 계절에 상관없이 찾고 싶으면 찾고, 오르고 싶으면 오르던 산이 계룡산이다. 그 때마다 계룡산은 침묵으로 나를 품어주었다.

계룡산은 꾸준히 나의 문학에 대한 집념의 불씨가 되어 주기도 했다. 작품을 빚는 산실이 되어 준 셈이다. 공주교육대학으로 진학해 소설가 최상규 교수를 은사로 맺는 귀한 인연과 함께 나는 내가 그렇게도 열망하던 소설 쓰기에 불을 붙여 준 곳도 계룡산이었다. 이미 나는 고등학교 때 '포도원의 회상' 등 어줍지 않은 소설들을 이 계룡산에서 구상하며 습작을 하고 있었다. 그리고 대학에서 공모하는 소설 부문에서 '도토리 깍지'로 당선하여 대학이 주는 문학상을 수상한 소설도 이 계룡산 산행을 하면서 구상한 작품이다.

그 무렵, 문학은 내 삶의 전부였다. 난 계룡산에 올라 내 삶을 설계하면서 지표를 세웠었다. 나는 죽어 흙에 묻혀도 내가 쓴 작품은 흙 위에 남아 영원하기를 두 손 모아 빌던 곳도 계룡산에서였으니까 말이다. 그러다가 결국 나는 대학 2학년 겨울에는 방학과 때를 맞추어 아예 계룡산 갑사 속으로 숨어버렸다. 갑사 별채인 대적전에 스님들과 기거하면서 절 방에서 죽비 소리에 맞춰 함께 공양을 올렸다. 불경도 익혔다.

40일간의 칩잠은 내게 정신적인 성숙을 더 해주었다. 그것이 예수가 겪은 광야에서의 시련과 결코 비견되는 것은 결코 아니겠지만, 계룡산의 골짜기와 봉우리들, 그리고 그 곳에 선 나무와 천년을 묵묵히 앉아 산신령이 되어버린 바위들은 늘 나를 안아 주며 방황하는 젊은이를 오히려 지탱하게 해 주었고, 감싸주었다.

나는 그 후로 틈만 있으면 계룡산에 올랐다. 계곡마다 새로운 등산로를 찾아 여기저기를 헤집었다. 그러니 그 날, 나의 젊은 시절 좌절과 시련 속에서 나를 일으켜 준 이 계룡산에 올라 지금까지의 삶을 다시 되돌아보며 남은 인생을 설계할 곳으로 삼는 것은 참으로 의미 있는 일이라 생각했었다.

나는 사찰로 들어가는 입장권을 검표원에게 내고는 집찰구를 통과했다. 물론 아내와 어깨를 나란히 한 채였다. 그렇게 한참을 동학사를 향해 걸었다. 아내가 가만히 내 손을 잡는다. 아내의 손이 참 따뜻했다. 나는 아내에게 손목을 잡힌 채 말없이 걸으며 회상의 늪에 빠졌다.

내가 대학을 졸업하고, 홍성 벽지에 있는 반계초등학교에 발령을 받아 부임한 것은 1969년 3월이었다. 지금부터 43년 전 내 나이 스물두 살 때였다. 그곳에 근무하는 동안 혼기에 찬 나이로 나는 아내와 만났다. 내가 1981학년도 대전으로 자리를 옮기면서부터는 난 나 혼자가 아니라 아내와 그리고 내 아이들과 함께 계룡산엘 오를 수 있었다.

물론 나는 방황했던 젊은 시절의 방황과 시련을 극복하기 위한 등산은 아니었다. 물론 그 때보다 안정되고 행복된 마음이었지만, 일상에서 오는 미세하고도 자질구레한 삶이 더러 흐트러진 마음이 될 때 계룡산에 오르면, 난 더 차분해지고 편안한 마음으로 새롭게 되어 거듭난 채로 하산할 수 있었다.

나는 소설 쓰기에서 동화로 장르를 바꾸고 나서 더욱 부지런히 정말 몸을 바쳐서 고등학교 때, 이 계룡산에서 다짐한대로 열심히 글을 썼다. 아직도 미흡하고 부끄러운 작품으로 일관되고 있지만, 그 옛날 계룡산에 올라 와 죽어 흙에 묻혀도 내가 쓴 작품은 흙 위에 남아 영원하기를 두 손 모아 빌었던 그 자세로 동화를 썼다. 소설에 대한 향수를 잊을 수 없어 간간히 소설도 발표했다. 그 때의 초심(初心)은 아직도 변하지 않았다. 지금도 계룡산에 오르면 한결같은 자세로 나가야 하겠다고 다짐하고 있으니 말이다.

동화집을 꽤 여러 권 출판하는 기회를 얻을 수도 있었다. 첫 작품집 『꿈을 파는 가게』 등 열두 권의 창작 동화집을 출간했다. 또한 『마해송동화 주제연구』와 『동화를 만나러 동화 숲에 가다』 등 아동문학의 이론을 다룬 평론집과 학술서를 두 권 출간한 보람도 있었다. 간간이 발표한 소설을 모아 머지않아 소설집을 출간할 계획도 가지고 있다.

그뿐만이 아니다. 이 땅의 어린이를 가르치면서 그들의 미래를 밝게 열어 주는 초석을 닦아줄지언정 아름다운 유년을 훔치지 말게 해달라고 교육자로서의 소망도 함께 띄워 보냈었다. 참교육자로서는 늘 부족하지만, 최선을 다해 교단을 지키면서 교수-학습 방법 개선, 현장 교육 연구, 독서지도와 창작 실기 지도, 학교 교육 과정 개발에 노력해 왔다. 그렇게 꾸준히 교단을 지킨 덕으로 내가 한 학교의 최고 경영자로서의 위치에 와 교육을 실천하다가 정년을 했는지 모르지만 말이다.

내 삶을 뒤돌아보다보니 문득 쑥스러워진다. 한 발만 물러서서 관조하는 자세로 보면 내 삶이 참으로 부질없는 일상인데도, 그리고 내가 땅에 묻히면 다 지워질 발자국인 걸 잘 알면서도 지나간 추억들을 나는 그걸 애써 붙잡으려 하고 있는 것이었다.

어떻든 그 때마다 찾았던 계룡산, 내 삶이 구겨질 때마다 찾아와 새 삶을 설계하던 곳을 그 날 나는 또 찾아 간 것이다. 이제 인생의 내리막길에서 어떻게 삶을 정리해야 할지를 골똘히 생각하며 나는 나의 반려자인 아내와 이 계룡산에 오른 것이다.

문득 바람이 분다. 아직은 초봄이라 찬바람이었다. 낙엽이 다 떨어진 빈 가지가 잔바람에 흔들린다. 머지않아 초록색 이파리가 돋아날 빈 가지였다. 이름 모를 산새가 운다. 등산객도 더 많아진다. 그러는 사이에 우리도 벌써 동학사를 지나 은선 폭포로 향하는 길로 접어들고 있었다. 우리는 그 때까지 손을 놓지 않았다. 등산객이 스쳐 지나고 있는데도 아내는 여전히 내 손을 놓기 싫어한다.

나는 아내의 손을 잡은 채로 마음을 굳힌다. 열심히 곁에서 아내가 도와주는 내조의 힘을 바탕으로 이제 정말 내가 하고 싶은 일을 해야 할 때라고 생각한다. 늙어 가는 나이에 난 아직도 소망이 많다. 욕심이 많은 것일까? 그러기 위해선 내 곁에서 걷고 있는 아내를 설득해야 하지만 말이다. 그렇게 생각하며 나는 그 날 많은 소망 중에 두 가지를 띄어 보냈었다.

첫 번째 소망은, '김영훈 동화 마을'을 만드는 일이다. 이것은 사실 오래 전부터의 꿈이었다. 처음에는 고향 마을 칠갑산 기슭에 만들기로 했었는데, 지금도 그 마음은 굳어져 가고 있다. 그러나 최근에 생각이 흔들리고 있다. 대전에 자리를 잡을 수 있었으면 좋겠다. 아담하게 공간을 두 곳 마련하고 싶다. 그래서 박일규[24] 서예가에게 청하여 현

24) 박일규(1950-) 충남공주출생, 서예가, 대전·충남 미술대전 초대 작가 겸 심사위원 및 운영위원을 역임했고, 대전둔산초등학교장으로 정년함. 국전 및 대전·충남 미술대전 입·특선을 여러 번 했다.

판을 만들 수 있도록 휘호도 받아 둔 바 있다.

한 곳에는 나 개인의 작품과 문학 생활의 흔적, 그리고 대전·충남 그리고 우리나라 아동문학을 한 눈에 볼 수 있도록 자료를 정리해본다. 다른 한 곳에는 어린이 도서관을 꾸며 이 땅에서 자라나는 어린이들에게 읽을거리를 제공하면서 한편으로는 문학적 소양을 넓혀 주고 싶다. 생각만 해도 가슴이 설렌다.

다행이 내가 살고 있는 건물에 공간이 넉넉하게 있어 마음만 먹으면 그리 어렵지만도 않을 것 같다. 때 묻고 찌들은 삶을 사는 어른들에게도 잃었던 동심을 회복하는 '김영훈 동화 마을'을 꼭 만들고 싶은 마음을 나는 오래도록 간직해 왔었다. 이것이 내 인생을 정리하고 싶은 첫 번째 설계이다.

두 번째 소망은, '김영훈 문학전집'을 발간하는 일이다. 그 동안 열심히 써 펴낸 작품집, 그리고 앞으로 창작할 동화들을 정리하여 환상 동화, 생활 동화, 소년 소설, 중편 동화, 장편 동화, 소설, 문학평론, 수필로 분류해 내 작품을 총 결산하는 전집을 내고 싶다. 그러면서 동시 나의 삶과 문학을 교육과 연계하면서 '기념문집'도 출판하리라 희망해본다. 그러면서 지워질 발자국이지만 인생을 총정리하고 싶다.

물론 나는 아직 나의 인생을 정리할 만큼 노년에 와 있지는 않다. 그러나 지금까지 가꾸어 온 나의 삶을 뒤돌아보면서, 새로운 좌표를 설정할 수 있는 계기를 마련하기 위한 그 날의 계룡산 등정을 난 귀하게 생각한다. 물론 젊은 시절의 꿈이 절반도 이루어지지 못한 상태이다. 정말 주옥같은 문학 작품을 한 편만이라도 남기고 싶었던 꿈, 그리고 한 때는 국어학자가 되어보고 싶었던 꿈도 있었다. 그러나 변변히 이룬 것이 없고 변죽에도 가지 못하고 있다.

'헛되고 헛되니 모든 것이 헛되다.'는 구약 성서의 전도서에 있는 한 구절을 굳이 인용하지 않더라도 삶이 헛되고 부질없음을 이제는 알게 된 육십대 중반이지만 나는 앞으로의 인생을 더 헛되지는 않게 하려고 새로운 설계를 하고 있으니 이 또한 헛되지 않는가? 참 역설적이다. 하지만 소망했던 이 두 가지 일은 꼭 이루고 싶다고 생각한다.

사람에 따라서 추구하는 바가 다 다르다. 또한 가치관도 다를 수밖에 없다. 따라서 자신의 특기나 적성 그리고 소망에 따라 하고 싶은 일에 의미를 크게 부여하는 것이 상식이다. 그런 선상에서 나는 교육과 문학 이 두 가지가 내 삶을 지탱하게 해 주는 버팀목이 될 수밖에 없다. 이런 차원에서도 이 두 가지의 소망은 꼭 이루고 싶은 마지막 인생 설계가 아닌가 한다.

나는 그 동안 생각해 왔던 바를 머릿속에 다시 정리하면서 부지런히 산에 오른다. 말도 잊은 채 말이다. 그런 사이에 난 어느 새 은선 폭포에 다 와 있었다. 바로 앞 산장이 있는 쪽에서는 제법 사람들이 웅성거리며 휴식을 취하고 있다. 나도 저쯤에 가 쉬면서 아내에게 따뜻한 커피를 한잔 얻어먹으며 내 마지막 인생 설계를 털어놓아야 하겠다고 다짐하며 아내를 바라보았다.

교단에 서서 – 제자들과의 만남[25)]

나는 공주교육대학교를 졸업한 후, 1969년 3월 1일 충남 홍성군 장곡면에 소재한 반계초등학교 교사로 첫 부임을 했다. 그 때부터 반계, 광신 두 학교에 12년을 근무하다가 대전으로 이동해 대전성남, 대전유천, 대전도마 대전대신, 대전중앙초등학교를 거치면서 교사 생활 30년 6개월 동안 제자들을 직접 가르쳤다. 1999년에는 교감으로 승진해서 대덕초등학교에서 4년 6개월 근무했다. 그 후 교장으로서 대전동광, 대전 변동초등학교에서 5년 6개월을 근무를 하다가 정년 퇴임을 했다. 총 교직 생활은 40년 6개월간이었다.

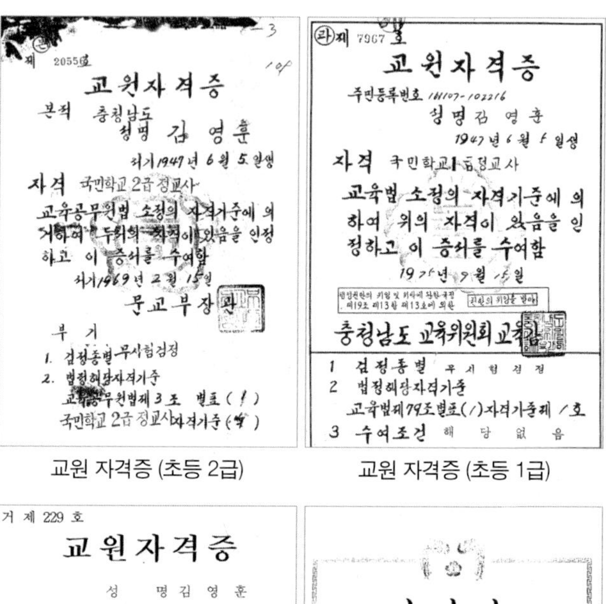

제 2055호

교원자격증

본적 충청남도
성명 김 영 훈
서기1947년 6월 5일생

자격 국민학교 2급 정교사

교육공무원법 소정의 자격기준에 의거하여 위의 자격이 있음을 인정하고 이 증서를 수여함

서기1969년 2월 15일

문교부장관

부기
1. 검정종별 무시험검정
2. 법정해당자격기준
교육공무원법제3조 별표(1)
국민학교 2급 정교사자격기준(4)

교원 자격증 (초등 2급)

제 7967호

교원자격증

주민등록번호 141107-102216
성명 김 영 훈
1947년 6월 5일생

자격 국민학교1급정교사

교육법 소정의 자격기준에 의하여 위의 자격이 있음을 인정하고 이 증서를 수여함

197 년 9월 15일

충청남도 교육위원회 교육감

1 검정종별 무시험검정
2 법정해당자격기준
교육법제79조별표(1)자격기준제1호
3 수여조건 해당없음

교원 자격증 (초등 1급)

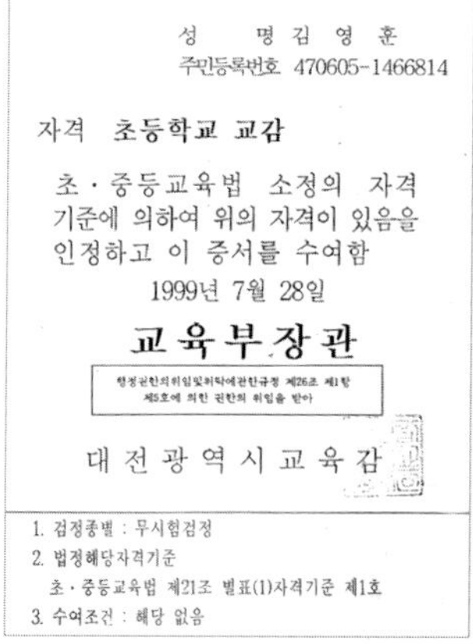

거 제 229 호

교원자격증

성 명 김 영 훈
주민등록번호 470605-1466814

자격 초등학교 교감

초·중등교육법 소정의 자격기준에 의하여 위의 자격이 있음을 인정하고 이 증서를 수여함

1999년 7월 28일

교육부장관

대전광역시교육감

1. 검정종별 : 무시험검정
2. 법정해당자격기준
초·중등교육법 제21조 별표(1)자격기준 제1호
3. 수여조건 : 해당 없음

교원 자격증 (초등 교감)

임명장

교감 김 영 훈

2004년 3월 1일

대통령 노무현

임명장 (초등 교장)

25) 나는 공주교대를 졸업하고 2급 정교사가 되어 충남홍성군 반계초등학교에 부임한 이래 교사, 교감을 거쳐 대전변동초등학교 교장을 마지막으로 퇴직하기까지 많은 제자들을 길러내면서 교육자로서의 일생을 살았다. 스승으로서 나는 부족했지만 제자 중에는 사업가, 공무원, 아나운서, 교사, 의사, 기자 등을 배출하여 스스로 자아실현을 하는 한편 국가와 사회에 공헌을 하는 이들이 많이 있다. 특히 많은 제자들과 현재도 전화와 편지는 물론 카페와 이메일과 페이스북으로 근황을 전하며 정보를 나누며 살고 있다.

교육 활동 모습 (교사 시절)

교직원과의 연수, 아산 현충사 체험학습 인솔 등 교사로서 교육 활동 모습을 담은 사진들

창조적 생활인을 위한 교양지

2

1986년 (통권 제136호)

특별기획 · 경전의 세계 · 회업경의 세계

제자의 결혼

김 영 훈

(동화작가)

제자의 결혼 - 이춘화[26] 수필

26) 이춘화, 반계초등학교 재직 시 연을 맺은 제자로서 그녀는, 유년시절 조부모의 슬하에서 성장한다. 학교를 졸업한 후에 직장에 근무하다가 결혼 후에는 친정할머님을 시어머님과 함께 모시고 산 효녀요, 효부였다. 현재는 충북 제천에서 영어강사를 하고 있다. 40년이 넘는 동안 수많은 제자들 중에 1970년대 초, 두 번 담임을 한 특별한 인연을 맺은 이춘화 제자와는 지금도 소식을 자주 주고받으며 가깝게 지내고 있다.

제자들이 준 편지

To: 김영호 선생님께.
선생님. 안녕하세요? . 저 보경이예요.
~~졸업을 한다는게~~ 참 서운한 것인것 같아요.
그동안 전 상을 3개 탔어요. 그것도 금상이 2개나요.
엄마께선 제가 상타게 된 것이 선생님의 가르침 때문이래요.
저도 그렇게 된것 같아요.
문예부, 5학년때
제가 받은것은 아마 100,000,000은 될거에요.
제 꿈은 외교관이예요.
외교관이며 동화 작가요.
선생님께선 아이들을 가르치시며 동화를 쓰시잖아요.
전 외교관 활동을 하며
영어로 동화를 써서 세계로 퍼트릴 거예요.
그리고 타고르 처럼 "노벨 문학상"을 받을 거예요
하긴, 못 받을게 확실하지만,,
그래도 꿈은 크게 꾸고 싶어요.
전 가끔 심심할때 글을 써요.
글을 쓰면 제 마음이 후련해져요.
저 하늘 끝까지 날아가는것 같아요.
중학교 가서도 글을 쓸거예요.
시간이 없으니까 많이는 못쓸것 같아요
그래도 일기 정도는 쓸 수 있을거예요.
선생님을 존경했단 이야기도 쓰고요.
이만, 펜을 줄여야 겠군요.
그럼, 다시 연락할때 까지 안녕히 계세요.
February. 19th. 92
From: 보경. 올림

이보경[28]의 편지

선생님께 편지 올립니다.
선생님, 그 동안 안녕하셨어요?
저는 잘 있습니다.
제가 편지가 너무 늦었지요?
죄송합니다.
편지를 쓴다 쓴다 하면서도 자꾸 게
으름을 피웠습니다.
용서해 주십시오.
선생님께서는 방학 때 별 일 없으셨어요?
저는 지난 1월 18일날 전라남도 여수 할아버지 댁에 다녀왔어요
여수는 바닷가가 있는 곳이라서 거기에 가기만 하면 기분이
상쾌해지는 것 같습니다.
그러나, 사람들은 여수를 잘 모르는 것 같아요.
제가 살던 이 곳 대전보다 여수가 더 좋다고 생각합니다.
배를 타고 바다를 건너 돌산도에 있는 고모 댁에도
돌산도는 여수와 가까운 조그마한 섬인데 경치가 참 좋습니다.
기들을 보면 기분이 상쾌해지고 좋습니다.
이순신 장군이 사용하셨던 거북선도 타 보았습니다.
오늘날의 배와는 비교할 수가 없었습니다.
돌산 고모댁에 가서 산을 올라가면 공원이 있는데 거기서
롤라 스케이트, 축구, 자치기 등을 하였습니다.
무척 신이 나고 재미있었습니다.
선생님께서는 방학을 어떻게 보내셨나요?
궁금한데요?
겨울 방학이 끝나고 3월달이 되면 6학년이
되지요?
그동안 정들었던 선생님과 친구들과 헤어
지니 섭섭 하군요.
그렇지만 새학기, 새 선생님, 새 친구들
그리고 이 학교 학생 중에 가장 높은 6학년
이 되니 어깨가 무거워지는 것 같습니다.
선생님 얼마 남지 않은 방학 즐겁게 보내시고 건강하세요.
이만 줄일께요. 안녕히 계세요.
1991년 1월 28일
민영 올림.

김민영[29]의 편지

---

27) 대전대신초등학교 재직 시에 인연을 맺은 제자임. 관세청에서 근무를 하고 있고, 결혼해 슬하에 딸 하나를 두었으며, 지금 대전에서 살고 있다.

28) 대전대신초등학교 재직 시에 인연을 맺은 제자임.

제자 홍기철[29]과의 교신

선생님 안녕하세요. 대관령은 봄이 막 시작되었어요. 벚꽃, 진달래, 개나리가 이제 피기 시작했거든요. 겨우내 억눌렸던 마음들이 봄소식과 함께 자유를 찾아, 봄의 정취를 실컷 느끼고 있지요. 강풍과 혹한 속에서도 생명을 지켜낸 그 것들이 대단하게 느껴지거든요.

마치 고난을 이기고 승리의 함성을 지르는 우리들의 삶의 모습과 같아요. 그동안 하찮게 여겼던 냉이 꽃이 오늘은 유난히 아름답네요.

선생님,

작은 것을 크게 생각하시고 기쁘게 받아 주시니 감사합니다. 이곳에서 나는 특산물입니다. 늘 건강하시고 가정에 평안하시기 바랍니다.

자택 :강원도 평창군 도암면 횡계308-4번지 11리 삼한 편의 슈퍼

직장 :강원도 평창군 도암면 횡계리 365-2 대관령종합고등학교

------Original Message------

From: "김영훈"〈hoon0113@hanmail.net〉

To: "홍기철"〈snowtown@naver.com〉;

Sent: 2012-05-01 (화) 21:32:39

Subject: 김영훈의 편지

홍기철군

오늘 자네가 보내준 황태, 귀한 선물 잘 받았네. 감사하네.

어느 선물보다도 의미가 있는 선물로 소중한 선물이군.

---

29) 홍기철, 반계초등학교 재직 시 인연을 맺은 제자로서 현재 강원도 대관령종합고등학교 교사로서 후진을 양성하고 있다. 베트남에서 근무하고 있는 홍기현과는 형제이며. 나는 이 두 사람과 다 사제의 연을 맺고 있고, 현재도 자주 연락이 닿는다.

제자가 정성껏 보내준 선물보다 귀한 것이 어디 있겠나. 고맙네.

새학기를 맞아 학생들 가르치느라 정신이 없을 텐데…. 옛스승까지 챙겨주는 마음 고맙게 받겠네. 자네의 하루하루가 보람이 있는 날이기를 비네.

오늘은 이만 안녕히.

김영훈

베트남에서 온 이메일

안녕하세요? 홍기현[30]입니다.

오랫만에 인사드립니다.

확장되는 사업만큼이나 일도 많아 매우 분주하게 생활하고 있습니다.

지금은 태국방콕에 출장 중입니다.

지난 주에 (주)락앤락베트남법인에 한국기자단 22명이 우리법인을 방문하여 베트남과 동남아시장에서 락앤락의 활동모습을 취재하고, 인터뷰한 내용이 오늘 조간신문에 게재되어 소식을 전해드릴 겸해서 기사내용을 모아 보내드립니다.

사업 설명회와 인터뷰는 베트남 내 각 법인을 방문하면서 당사 회장님과 제가 인터뷰한 내용들이 담겨있습니다.

덜 바쁘실 때 읽어주시면 제 안부도 대신할 수 있을 겁니다.

다음에 또 좋은 소식 있으면 다시 전해드리겠습니다.

안녕히 계십시요.

– 베트남 (주)락앤락법인 본부장 홍기현 드림

30) 홍기현, 반계초등학교 재직 시 인연을 맺은 제자로서 현재 베트남에서 근무하고 있다. 홍기철과는 형제이다.

제자 진영[31]의 편지

선생님 먼저 용서를 빌어야겠습니다!

그 동안 많은 시간이 흘렀습니다. 제가 8살 때 학교에 입학했고, 그 첫해를 선생님과 보냈습니다. 지금 제 나이가 스물 아홉이니, 꼬박 20년이 흐르고 나서야 다시 인사를 드리는 것 같습니다.

대전 유천국민학교 1학년 12반이었던 것으로 기억합니다. 기억이 납니다. 유독 선생님 성함만이 머릿 속에 남아 있습니다. 가끔 매맞던 기억도 나고(옆 짝궁 오한미를 짝사랑했는데, 괜스리 괴롭히다가 우왁스런 작대기로 그만…. 그 땐 조금 아팠던것 같습니다. 칭찬도 많이 받았던 것 같습니다.

그 무렵 선생님께서 막 출간하셨던 동화집 〈꿈을파는 가게〉를 기억합니다. 전 그 이후로, 여러 가지 이유로, 국어가 좋아, 철학이 좋아, 대학에서도 국어를 전공했습니다.

지금은 공군 중위로 근무 중입니다. 5년 근무를 지원하는 바람에, 이제 2년이 조금 덜 남았습니다. 중위 말 고참으로 마름모 하나 더 붙이려고 아둥거리고 있는 모양새가 그렇긴 해도 절대 말뚝은 박지 않을 겁니다. 대학원에서 신학을 공부하던 중 입대했습니다. 제대 후 계속하려고 생각중입니다.

오늘 문득 선생님이 왜 생각이 났는지 모르겠습니다. 아! 신춘문예를 전전긍긍하는 미등록(?) 시인 주제에 어릴 절 저를 이렇게 만들어놓으신 선생님께 투정이라도 하고 싶었던가 봅니다. 선생님 혹시 기억하십니까?

다 커버린 몸뚱이와 생각을 아이의 순수함으로 다시 태어나게 하시던 선생님의 고된 시간과의 씸박질을 기억합니다. 지금 얘기론 도무지 믿어주질 않지만, 전 그때 그 광경 속에 죽음, 사랑, 이별. 뭐 이딴 것들을 고민했습니다. 구체적이지도 않고, 체계적이지도 못했겠지만, 나름대론 결사적이었던 것 같습니다. 아마 지금도 선생님 아래 이런 친구들이 있지 않을까 합니다.

혹시 기억하실까 기대도 해보지만, 그러지 못하실까 두려워 제 이름 석자 드리기가 죄송스럽습니다.

---

31) 이진영, 대전유천초등학교 재직 시에 인연을 맺은 제자임. 지금은 미국 한인교회에서 목회를 하고 있다.

서대전 중앙교회 전도사로 있던 아버지의 아들이었던 제 이름은 이진영이었습니다.
혹시 기억하실까 기대도 해보지만, 그러지 못하실까 두려워 제 이름 석자 드리기가 죄송스럽습니다.
한동안은 계속 신춘문예를 전전긍긍하려고 합니다. 지금 뱃속에 있는 제 아들놈이 9살이 되면 저도 선생님처럼 글사랑하는 모양을 보여주려고 말입니다!!! 아무쪼록 건강하시면 좋겠습니다! 감사합니다.

진영 올림

학교장으로서 솔뫼 김영훈의 학교경영 모습

갓골 도서관 개관 등 학교장으로서의 교육 활동 모습을 담은 모습들

돌비 '책을 펼치면 생각이 자라요 미래가 보여요'[32]를 세우다

정년퇴직을 하면서 나는 대전변동초등학교에 돌비를 세웠다. 일생을 창작교육과 독서교육에 중점을 두면서 교육을 베풀어 온 것을 기념으로, 많지 않은 기금을 스스로 출현하여 마지막으로 떠나는 학교 교정에 돌비를 세워 독서 교육의 방향을 제시했고, 그 중요성을 강조했다. 임길환[33] 국전특선 작가인 서예가가 나의 글을 예술적으로 써 주었다.

정년퇴임 기념 「독서비」 (2009)

정년퇴임 기념 「독서비」 제막식 (2009)

책을 펼치면
생각이 자라요 미래가 보여요

사람은 책을 만들지만 그 책은 사람을 만듭니다. 갓골동산 어린이 여러분, 지식과 정보를 전달하는 글·설득하는 글·정서표현의 글·상호작용하는 글을 두루 읽어 지식과 교양을 갖춤은 물론 논리적이고, 정서적으로 아름다워지며, 원만하게 인간관계를 맺을 수 있는 사람으로 자라나기 위하여 자, 우리 지금부터 책을 좀 더 열심히 읽읍시다.

–김영훈교장 말씀 중에서–

32) 본 책의 편저자 김영훈이 정년퇴임을 하던 2009년 8월 31일 대전변동초등학교 교정에 세운 독서기념탑

33) 임길환(1946 -) 아호 화산. 충남 예산 출생, 서예가, 대한민국초대작가, 대전·충남 미술대전 초대 작가 겸 심사위원 및 운영위원 역임, 가수원초등학교 교감으로 정년했다. 대한민국미술대전 서예부문 특선을 비롯해 입선을 여러 번 했고, 대전 충남 미술대전 대상을 비롯하여 다수 입상함.

결혼, 그리고 가족이야기[34)]

나는 스물일곱 나던 해인 1973년 1월 20일, 동갑나기인 아내 이기순과 결혼하여 창겸, 준겸 두 아들과 딸 소현을 낳았다. 1975년 청주에 집을 구입해 어머니가 사시면서 관리하도록 부탁드렸다. 나는 초임지인 홍성 반계에서 12년을, 그리고 1981년 대전으로 옮겨 와 33년 째 살고 있다. 청주 집을 매매하여 1982년에 구입한 집을 2003년에 5층 상가 원룸 주택으로 개축해서 본 저서의 '제자'를 써 준 김영목[35)] 서예가에게 '솔뫼마을'이라는 휘호를 받아, 새기어 걸고 현재 거주한다. 지금은 낳아주신 분이나 길러주신 분들 모두 세상을 떠나시고, 아들과 딸도 각기 자기 삶을 살고 있다.

솔뫼부부 결혼사진 (1973.1.20)

솔뫼의 아들 창겸, 준겸과 아내 (자택 · 1983)

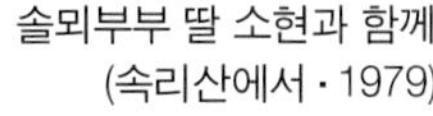

솔뫼부부 딸 소현과 함께
(속리산에서 · 1979)

---

34) 1973. 1. 20일 나는 전주이씨 명字의字, 광주 안씨 정字환字의 장녀 이기순과 결혼했다. 2남 1녀(창겸, 소현, 준겸)를 슬하에 두었고, 그동안 아내와 가정을 꾸려나가면서 자녀를 출산·양육하며 가정생활을 영위했다. 나는 교육자의 길이라는 한 축과 문학(창작)을 하는 다른 한 축의 삶을 사는 동안 희로애락이 교차되는 두 일을 하는 인생을 살아왔다. 그러나 그 근간이 된 것은 나의 가정이었다.

35) 김영목(1954 -) 아호 봄빛, 충남공주출생, 서예가, 충남대전 미술대전초대작가 겸 심시위원 및 운영위원 역임. (현)대전대신초등학교 교장, 국전 특선 및 입선과 충남·대전미술대전에도 수회 입선 특선을 했음.

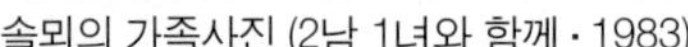

솔뫼의 가족사진 (2남 1녀와 함께 · 1983)

제주도를 찾아온 솔뫼부부 모습 (1991)

아버님 선영에서 (딸, 아내, 아들 · 2001)

솔뫼부부의 중국여행 (백두산 천지 · 2006)

큰아들 창겸[36]이 준 편지

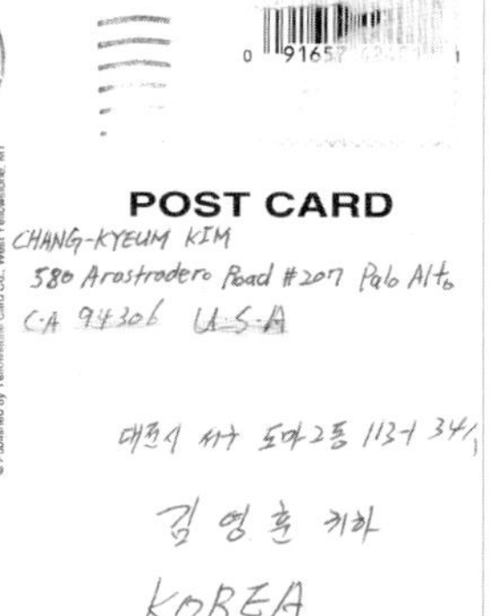

미국 영어연수중 집으로 보낸 편지

군에 입대하여 병영에서 보낸 편지

36) 김창겸(1973 -) 2남 1녀 중 장남, 성균관대학교를 졸업 후 충대 대학원을 수료 하고 현재 농어촌공사에 근무 중이며, 초등학교 교사인 강소라와 결혼해 가정을 꾸리고 있고, 슬하에 딸 재은이가 있다.

학위 취득(학사 · 석사 · 박사)을 하다

나는 공주육대학교 2년을 졸업한 후, 현직에 근무하다가 학사 편입을 해서 1988학년도에 졸업을 했고, '02년에는 동대학원에서 초등국어교육 전공으로 석사과정을 수료했다. '08년도에는 중부대학교에서 아동문학을 세부 전공으로 하여 신웅순[37] 지도교수 밑에서 수학하면서 마해송[38] 동화를 연구한 논문을 써 문학박사 학위를 얻었다. 이 논문을 쓴 후엔, 조대현[39] 동화작가의 주선으로 큰 아들 마종기 시인을 만나 논문집을 증정했다.

학사 졸업식때 (아내와 함께 1998)

박사학위 수여식을 마치고 (중부대학교 대학원 2008)

37) 신웅순(1952 -) 충남 서천 출생, 시인, 문학박사, 서예가, 개인적으로는 공주 교대 후배이며, 초등학교 교사로 시작하여 명지대학교에서 박사 학위를 획득한 후에 현재는 중부대학교 교수로 재직하고 있다. 1985년 시조문학을 통해 문단에 나왔으며, 시조집으로 「황산벌의 닭울음」과 수핍집으로「못부친 엽서 한 장」, 학술서로 「시조예술론」, 「한국시조창작원리론」등 여러 권이 있다. 나는 그를 지도 교수로 모시고 수학했다.

38) 마해송(1905 - 1966) 경기도 개성 출생, 동화작가·수필가, 1923년 박홍근 주간의 '새벗'지에 한국 최초의 동화 「바위나리와 아기별」과 「어머님의 선물」 등을 발표했다. 1924년에 색동회에 가입했고, 방정환과 손을 잡고 어린이 문화운동을 펼쳤다. 그 이후의 주요 작품으로는 「토끼와 원숭이」, 「떡배단배」,「모래알고금」, 「꽃씨와 눈사람」 등이 있으며 동화집으로 , 『해송동화집』이 있다, 많은 수필을 발표하기도 했으며, 6.25 때는 종군기자단장으로 활약하기도 했다. 12세 때 결혼 했으나 가정은 끝내 이루어지지는 않았고, 일본 유학 중 후일 이화여대에서 정년퇴임을 한 무용가 박외선을 만나 결혼 2남 1녀를 두었는데 시인이며 의사인 '마종기'가 그의 큰아들이다. 제1회 한국문학상과, 고마우신 선생님 상을 받기도 했다.

39) 조대현(1939 -) 강원도 횡성 출생, 아동문학가, 1966년 서울신문신춘문에 동화 '영이의 꿈'이 당선되어문단에 나왔으며, 동화집으로 『거울의 집』, 『범바위골의 매』, 『잠깨는 산』, 『아스팔트 위의 촌닭』, 동화선집 『돌 속의 새』등이 있다. 마해송아동문학상 운영위원이며, 한국아동문학상, 한국어린이 도서상, 소천아동문학상, 방정환문학상 등을 받았다.

석사 학위식을 마치고 수료생과 함께 (2002)

공주교대 학사졸업 사진 (1988)

2001년 석사 과정중 연수중에 찍은 사진 유병학, 강병륜 교수와 함께 (여수에서)

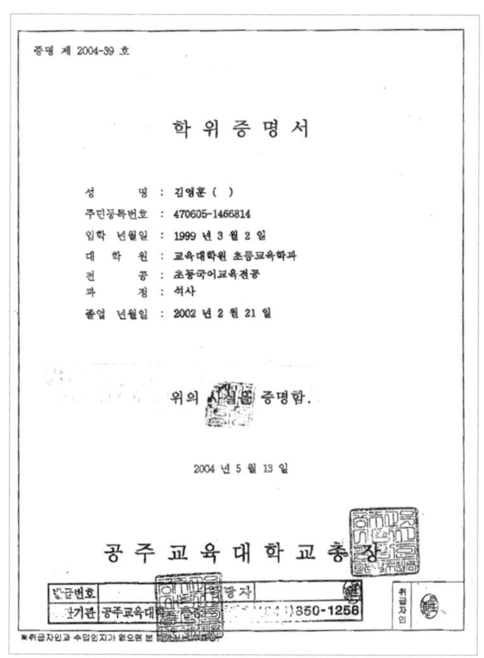

증명 제 2004-39 호

학 위 증 명 서

성　　명 : 김영훈 (　)
주민등록번호 : 470605-1466814
입학 년월일 : 1999 년 3 월 2 일
대 학 원 : 교육대학원 초등교육학과
전　　공 : 초등국어교육전공
과　　정 : 석사
졸업 년월일 : 2002 년 2 월 21 일

위의 사실을 증명함.

2004 년 5 월 13 일

공 주 교 육 대 학 교 총 장

석사학위증

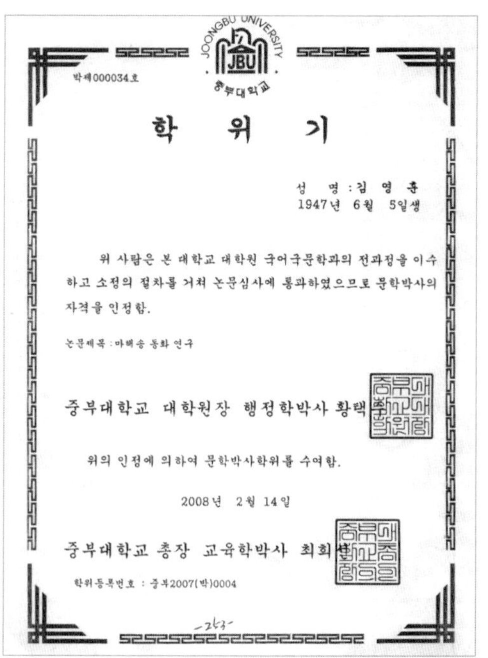

박제000034호

학 위 기

성　명 : 김 영 훈
1947년 6월 5일생

위 사람은 본 대학교 대학원 국어국문학과의 전과정을 이수하고 소정의 절차를 거쳐 논문심사에 통과하였으므로 문학박사의 자격을 인정함.

논문제목 : 마해송 동화 연구

중부대학교 대학원장 행정학박사 황택주

위의 인정에 의하여 문학박사학위를 수여함.

2008년 2월 14일

중부대학교 총장 교육학박사 최희선

학위등록번호 : 중부2007(박)0004

박사학위증

마해송 동화 연구[40)]

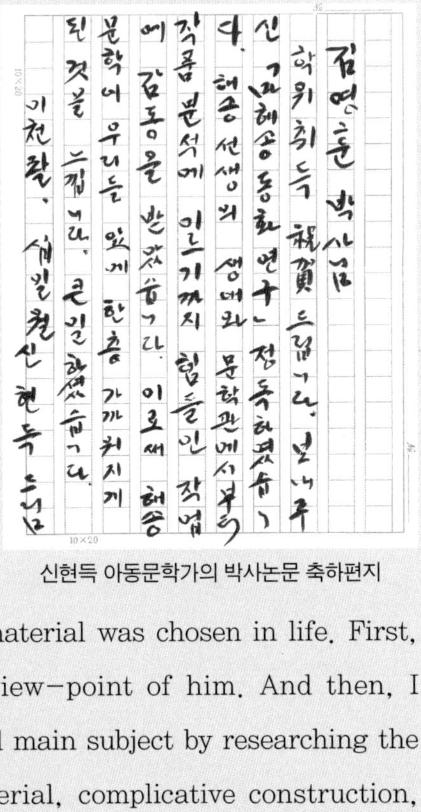

김영훈 박사님
학위 취득 祝賀 드립니다. 보내주
신 「마해송 동화 연구」는 정독하였습니
다. 해송 선생의 생애와 문학관에서부터
작품 분석에 이르기까지 힘들인 작업
에 감동을 받았습니다. 이로써 해송
문학이 우리들 앞에 한층 가까워지게
된 것을 느낍니다. 큰일 하셨습니다.
[illegible] 신현득 올림

신현득 아동문학가의 박사논문 축하편지

This study is written in order to grasp the main idea of Ma Hae-Song's fairy tales. The purpose of this study is to grasp the main idea by researching the aspect of forming text and creating the main subject on the course of writing the fairy tales,its material was chosen in life. First, I researched the life and the literary view-point of him. And then, I analyzed his fairy tales, relate to intended main subject by researching the whole course of creation; choosing material, complicative construction, forming contents by creating characters, and expression; in order to 'The study on main subject' among the literary characteristics.

40) 감영훈의 박사 학위 논문으로서 마해송동화의 생성과정과 그 작품 속에 담긴 주제를 연구하였다. 이 논문을 수정 보완하여 「마해송 동화의 주제 연구」(정인출판사)라는 제호로 출판을 했다. 이 논문의 주제를 선정하는 데는 이재철 교수의 자문을 받았고, 논문을 완성한 후에는 미국에 거주하고 있는 큰 아들로서 의사이고, 동시에 시인인 마종기를 상면한 후 그에게 논문을 증정했고. 아울러 마해송에 대한 영상 자료 등을 그 아들에게서 증여받은 바 있다.

Ma Hae-Song has been estimated a children's cultural activist on the basis of respect children in his lifetime, and he had wrote fairy tales for children in his life, in addition to literary achievements. In other words, he wrote fairy tales, he made an effort to children's cultural movement. In addition, he was an author of fairy tales, and he did movement of respect of children's human rights with Bang Jung-Hwan and others, during the Japan's colonial. After liberated from Japan's colonial, he leaded to made the children's charter, and so on. Because of that, many of his literary works was included resistant subject reflecting social contradiction. His debut, the masterpiece, 'the rocklily and the smallstar' is also belong to that category. This work has been estimated as the fairy tale containing of new and high artistic sense which overcame the form of the old story of the instructive content. Like this, he contributed to improving of juvenile literary works as the leader of Korean creative fairy tales.

Therefore, this study focused on research which traces his life and the fairy tales creation's world, centers on the main idea. At first, I considered in the concrete the fairy tales which focus on 'resistance', 'free will', 'criticize reality', 'respect children', and story material that is chosen on the purpose of creating various works which main idea is human's natural virtue, and an aspect of structure, set up of characters or create of contents. The last, I investigated how to reflect the main idea into the work related expression techniques of the fantastic story.

In result, the aspect of choosing the subject matter, Ma Hae-Song set up the main idea, properly. The main idea was that respect children's rights, increase children's roles at the legendary · allegorical fantastic fairy tales. The legendary material of the story was borrowed from the works of the early days, which is written by him. After midterm, it was possible to recognize the expression of resistant subject at the fairy tales emphasized on recognition of reality in situation of a period. And it is available to consider how to set up the main idea of fairy tales of kind of a fable to readers. With this subject matter, created contents and organized, and then the fairy tales were written by using techniques of fantastic · satirical expression, there was the impressive main idea.

He was opposited to the system of 'the father is best at home' of traditional Confucian society when he was childhood. Because of that, he revealed Oedipus complex, and trauma. He leaded to children's rights and loving children, Because of his growth circumstance and opposition to the traditional Confucian society lack of loving children. After childhood, he lived a time of gloomy conditions and political pressure, so he published works of resistant main idea and many kind of main idea.

With that reason, the world of Ma hae-song's stories has focused on respecting children and set up 'resistance' to challenge his reality on the other hand. That's why he was recognized as a writer to look forward to Korean's national identity and free will for democracy. Beside of this kind of stereotype his stories have plenty messages.

To look into this specific, he set up more than 2 subjects in his juvenile story in complex concepts which are consciousness in the traditional society, resistance for the pressure and idea of respect for children. He had also emphasized that children are the hopeful existence to open the gate of the future through increasing their role in the society. His idea of respect for children had been a topic in the academic world all the time.

There are two more types in his fairy tales on the situation of his period of the time. When Korea was a colony of Japan, he wrote his fairy tales focusing on resistance and independence of Koran. After liberation from

Japan, he wrote again his fairy tales focusing on 'resistance' against dictatorship with his political ideology, after being embossed to readers he was recognized as a writer of 'resistance'

In the fairy tales like allegories, the main idea on the surface is kind of animals or plants giving an instruction to live normal life wiser with national sentiment and intelligence. However, there is irony which it set up the hidden idea using metaphor with animals or plants to express two different people who rule or ruled. The weak always win the stronger in the story to express suppression.

He wrote his stories without difference which distinguish real and fantasy; he used irony to express real life like patriarchy instead of indicative mood. But he never forgot giving some instructions like 'resistance', 'free will', 'respect children'. He wrote his stories adequately describing a rapidly changing Korean situation with a satire for the national absurdity, also there were interest and artistry in his stories, and he didn't make a compromise with reality and be a coward. Nevertheless his stories were regarded as a bad story to educating children because he expressed 'war', 'death' directly.

His stories reflect his character by his base environment like birth, growth, education and job, and there are some evidences in his stories. Especially when he was young, a small piece of memory about colonial life and traditional Confucius life sublimates allegories to criticize his society. In conclusion this thesis is to applaud his literary works. In that point I am looking into Ma hae-song's stories, I want to find the process which make main idea from text, moreover the expression main idea using irony and patriarchy.

대학 강단에 서다[41]

나는 공주교육대학교에서 석사과정을 마치면서 2002학년도부터 모교 강단에 서서 후진들을 가르치는 일을 시작했다. 국어 교재 연구론과 교수·학습 방법론에 걸친 '초등국어교육' 강좌를 맡았다. '아동문학의 이해' 강의 과목은 박사학위를 획득하면서부터 강의를 했다. 중부대학교에서는 2004학년도부터 학부 학생들을 대상으로 하여 '아동문학론'을 강의했다. 대학에 출강해 후진 양성을 하는 일은 지난해인 2012학년도까지 지속되었다. 중부대학교 강의는 물론 모교에서 후배들을 대상으로 한 강의는 내게 뜻이 있었고 보람이었다. 그 중에 대전중앙초에서 인연을 맺은 제자 이민철을 공주교대에서 다시 가르쳤고, 그는 지금 충남 홍성군 소재 광신초등학교 교사로 재직하고 있다.

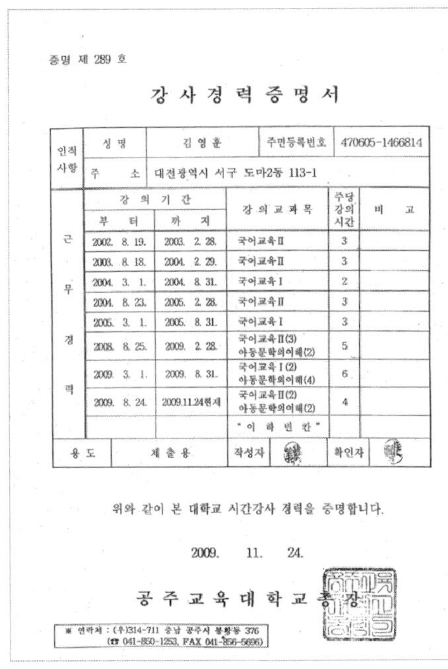

증명 제 289 호

강 사 경 력 증 명 서

인적사항	성 명	김 영 훈	주민등록번호	470605-1466814
	주 소	대전광역시 서구 도마2동 113-1		

근무경력	강의기간 부터	강의기간 까지	강의교과목	주당 강의 시간	비 고
	2002. 8. 19.	2003. 2. 28.	국어교육II	3	
	2003. 8. 18.	2004. 2. 29.	국어교육II	3	
	2004. 3. 1.	2004. 8. 31.	국어교육 I	2	
	2004. 8. 23.	2005. 2. 28.	국어교육II	3	
	2005. 3. 1.	2005. 8. 31.	국어교육 I	3	
	2008. 8. 25.	2009. 2. 28.	국어교육II(3) 아동문학의이해(2)	5	
	2009. 3. 1.	2009. 8. 31.	국어교육 I (2) 아동문학의이해(4)	6	
	2009. 8. 24.	2009.11.24현재	국어교육II(2) 아동문학의이해(2)	4	
			"이 하 빈 칸"		

용 도	제 출 용	작성자		확인자	

위와 같이 본 대학교 시간강사 경력을 증명합니다.

2009. 11. 24.

공 주 교 육 대 학 교 총 장

※ 연락처 : (우)314-711 충남 공주시 봉황동 376 (☎ 041-850-1253, FAX 041-856-5696)

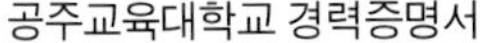

공주교육대학교 경력증명서

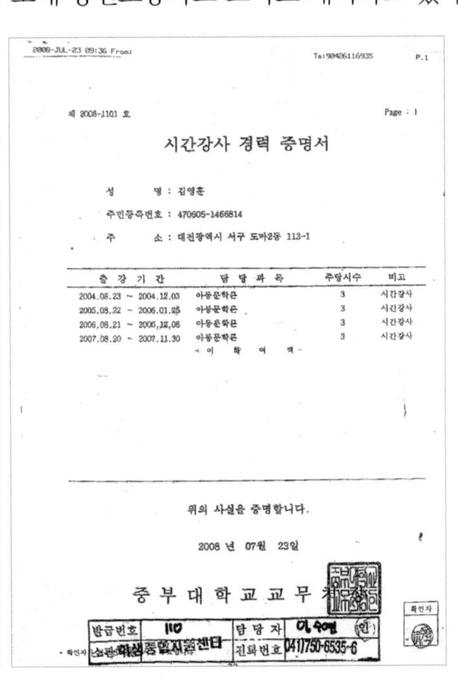

2008-JUL-23 09:36 From: To:90426116935 P.1

제 2008-1101 호 Page : 1

시간강사 경력 증명서

성 명 : 김영훈

주민등록번호 : 470605-1466814

주 소 : 대전광역시 서구 도마2동 113-1

출 강 기 간	담 당 과 목	주당시수	비고
2004.08.23 ~ 2004.12.03	아동문학론	3	시간강사
2005.08.22 ~ 2006.01.25	아동문학론	3	시간강사
2006.08.21 ~ 2006.12.08	아동문학론	3	시간강사
2007.08.20 ~ 2007.11.30	아동문학론	3	시간강사
	- 이 하 여 백 -		

위의 사실을 증명합니다.

2008 년 07월 23일

중 부 대 학 교 교 무 처 장

발급번호	110	담 당 자	이수연 (인)
소관부서	학생종합지원센터	전화번호	041)750-6535-6

확인자

중부대학교경력증명서

41) 나는 공주교대 대학원을 졸업한 이후인 2002년부터 공주교육대학교에서 '국어교수학습방법론'과 박사학위를 취득한 이후인 2008년부터는 '아동문학의 이해' 강좌도 맡아 강의 했고, 2004년부터는 중부대학교에서 '아동문학론'을 맡아서 강의해 왔다. 대학 출강이 끝난 시점은 2012년이다.

정년퇴직 이후의 삶

나는 2009년 8월 31일 40년 6개월의 교직을 마무리하고 정년을 했다. 후진을 길러내는 교육의 길과 창작, 이 두 길을 걸어온 나는, 나를 받치고 있던 두 기둥 중 한 기둥을 내려놓은 셈이다. 이제는 공직에서 벗어난 자연인이다. 그래서 4년 전부터 지금은 몸을 가볍게 하며 전보다는 더 많이 이웃들과 어울려 살고 있다.

그 중에서도 대학입학 동기들 모임(회장 나도창)과 함께 그 내부에 육금산악회를 긴밀하게 조직 현 육금회에 참여해 주 1회 대전 둘레 길과 월 1회 전국의 명산대천을 순례하고 외국여행도 하는 일을 시작한 것이 의미가 있다. 건강을 위해서도……. 퇴직 교장 동기들과의 모임인 청송회(회장 최왕섭)회원 간의 관계도 돈독하다. 이 모임은 그동안 교장이 될 때까지 40년이 넘도록 뒷바라지만 하던 아내들도 함께 뭉쳐서 회동을 한다. 월례회와 함께 벌써 해외 나들이를 비롯해 국내 여행을 여러 번했다. 물론 대학 시절 동아리인 '청림' 모임도 강화되었다.

공주교대 동기 '육금회' 산행 (도솔산 정상에서 · 2013)

그 밖에도 나는 초등학교 동기모임인 미이회(회장 박종운), 중학교 동기 모임인 열친회(회장 허천회) 고등학교 모임인 영우회(회장 박해상) 등 친구들과 섞여 사람 냄새를 맡으며 살고 있다. 여기에 초임지인 반계초등학교 재직교사 모임인 반우회(회장 윤길준)를 비롯해 대전유천초등학교 재직 당시 모임인 버들회(회장 송예석), 대전도마초등학교 재직 모임인 도마상조회(회장 신희범), 대전중앙초등학교 재직 모임인 서우회(회장 김영훈) 등이 나를 외롭지 않게 하는 사조직(?)이다. 그들이 있어 난 적적하지 않다. 그 뿐이 아니다. 교감연수 동기모임인 육삼장학회(회장 노승동), 교장연수 동기모임인 청일회(회장 이종윤) 등이 있어 늘 즐겁다.

이렇게 나를 둘러싸고 있는 모임들 하나하나가 나를 행복하게 한다. 그동안 혈족과 스승 그리고 이웃들에게 사랑만 받고 살던 지난날의 삶이었었는데, 이제는 자연인으로서 현존하는 그 모임과 함께 아름다운 기억들이 나의 삶의 후반기에 큰 의미를 부여하고 있는 셈이다. 나는 일찌기 유년 시절 한국전쟁으로 인해 부모와 함께 할 수 없었던 역경이 있었지만 그 빈자리를, 나를 사랑한 조모님을 비롯한 가족과 함께 이웃들, 그리고 교육계에 몸담으면서부터는 그들과의 인관 관계 속에서의 레포 형성이 그 공백을 메꾸어 주었다. 난 그들 속에 섞여 행복하게 살았다. 게다가 은퇴 후인 지금도 이렇게 나는 주위 사람들에 의해 즐거울 수 있는 것이다.

마지막으로 빼놓을 수 없는 귀착지가 또 하나 있다. 바로 나의 핏줄이 연결된 김해김씨 석성공파의 분파인 국보공 종친회이다. 나는 정년 후 더욱 나의 뿌리를 소중히 여기며 숙항인 윤태 아저씨와 동항인 영돈 아우를 도우면서 종친회 일에 열과 성을 다하고 있다.

여기에다가 나에게는 여느 사람과는 다른 한 길이 더 있어 삶에 활력소가 된다. 바로 문학이 있어 나의 삶은, 그 질이 향상되고 있다. 열정이 넘쳤던 젊은 날보다는 창작에 몰두 할 수 있는 감이 좀 떨어진 것은 사실이다. 하지만 대전아동문학회(회장 채정순)를 비롯한 대전문인총연합회(회장 김용재), 호서문학회(회장 전 민)와의 끈이 끈끈하다. 그 단체들은 나의 창작욕을 자극하고 있다.

뿐만 아니라 한국문인협회(이사장 정종명) 이사직을 맡아 더 바빠진 날들에다가 한국아동문학회(회장 김선태)와 (사)한국아동문예작가회(이사장 박종현), 한국아동문학연구회(회장 엄기원)의 참여로 늘 작가로서의 문학적인 삶이 활기차다.

요즈음 들어서는 동인 '써레'와 대전문인협회, 서구문학회, 그리고 교단문학회 활동이 좀 뜸해진 것은 사실이지만 소설, 동화, 평론, 수필 등의 창작과 평설 및 각종 문학상 심사 참여, 문학상 수상, 그리고 시상식 참여와 문인들이 갖는 세미나와 심포지엄 행사, 대학 강의, 게다가 간헐적으로 기회를 갖는 거지만 각급 청중들을 대상으로 한 문학 강의 및 강연, 작가와의 대화 등으로 바쁘게 하루하루를 살고 있다.

또한 손주 재은이와 외손주 준서의 재롱을 지켜보는 재미는 그 어디에 비할 바가 아니다. 누구나가 다 내 나이쯤 되면 손주 바라보는 것이 즐겁다고 한다. 나도 예외가 아니다. '손자 사랑'은 사람이 살아가는 노년의 과정 중 즐거움의 절정인가 보다.

부산 오륙도를 찾은 솔뫼 김영훈 (2012)

요람에서 무덤에 이르는 동안 사람에게는 그 때마다 살아가는 과정 과정이 있다. 출생하고 성장하고 교육을 받고, 일을 할 직장을 얻는 일 등이, 삶의 한 주기이며 일련의 프로세스이다. 그렇다. 이쯤해서 짝을 찾아 결혼하고, 자식을 낳아 키우고, 살림을 꾸려나가면서 살 집을 마련하는 동안 희로애락을 느끼는 것이 인간의 삶이다. 이제는 다시 자식들이 장성해 배우자를 만나 자신을 계승해주는 삶을 살면서 2세를 낳아 기르는 시점에 내가 서 있다. 그 손주들의 재롱이 나를 기쁘게 하고 있는 것이다.

사람의 목숨은 하늘의 뜻을 거스릴 수 없다. 나도 이제 신이 이승에서의 삶을 허락하는 날까지 살아 갈 수밖에 없는 운명의 범주 안에 있다. 그러니 이제부터는 욕심을 부리지 않고 살면 된다. 그동안 많은 이들에게 빚진 것들을 기억하면서 갚을 수 있다면 갚으며 살고 싶다. 그럴수록 나는 욕심을 내려놓고 모태로부터 떨어져 이 세상에 나올 때 받았던 천심인 '동심'을 회복하면서 살고 싶다. 그동안 때 묻고, 더러워진 마음을 다 닦아내고 싶다. 그러면서도 다른 한편으로는 부족한 작품일지라도 독자를 향한 붓끝은 놓지 않으려고 한다. 이것이 나의 마지막 소원이며 할 일이다.

제2부
삶과 문학

습작 20년

할머니와 증조부의 추억, 그리고 구전동화
중백모님 그리고 중백부님
한국단편문학작품을 만나다
문학회 「팔각정」과 영명 학우, 그리고 은사님
소설가 최상규를 만나다
습작시절, 그 긴 터널
『교육자료』와 『새교실』 추천
새벗아동문학상 장편동화 부문 응모와 신진 시인 · 작가들의 만남으로 결성한 「써레」

등단 30년

월간 「아동문예」 신인상 당선
저서 현황
문학상 수상 현황
김영훈의 문학회 참여현황
작품 발표 지면
문인들과 주고받은 글
심사에 참여해 신인을 키우다
문학과 저널리즘
심포지엄 · 세미나 · 포럼 주제 발표 상황
평론가가 본 김영훈 작가 · 작품론
문학과 교육의 연계
동광 개교 70주년 기념비에 글을 새기다
문인 · 학부모와 함께 하는 문학기행
교육 · 창작 및 독서 관련 수상 · 감사패 · 공로패
교육 · 문학 관련 현장연구 논문
교육과정 편성 · 집필 및 교육자료 개발

대전 중앙초등교 金榮薰교사

▲창작동화 작가인 金榮薰교사는 그동안 9권의 창작동화집을 발표하며 어린이들에게 꿈과 희망,동심을 심어주고 있다. <金鎔□ 기자>

꿈 · 희망 심어주는 동화창작가

창작집 9권 발표… 아동 정서교육 강조

「뿌우웅－뿌우웅. 남쪽으로 향하는 열차가 밀여오는 어둠을 뚫고 마음 앞으로 길게 달리고 있었습니다.지금쯤 역 대합실에는 올망졸망한 조무래기들이 한 쪽 몰려 길다랗게 목을 느리고…」

초등학생이면 한번쯤 읽어 봤음직한 동화 「꿈을 파는 가게」중 「뚱수소리」의 처음 부분이다.

현직교사이자 창작동화작가인 대전 중앙초등학교 金榮薰교사(49)는 창작동화집 「꿈을 파는 가게」를 시작으로 지난 83년부터 동화를 써오며 아이들의 순수한 동심을 키워주고 있다.

金교사는 대학때부터 소설을 써오다 초등학교 교사를 시작하며 어린이 잡지등에 창작동화를 기고해오다 「아이들에게 꿈을 주고 어른들에게는 동심을 회복시켜 주자」는 생각에 83년 불우한 산동네 아이들의 꿈과 희망을 그린 창작동화집 「꿈을 파는 가게」로 정식으로 문단에 데뷔했다.

또 그동안 「바람과 구름과 달님」,「달섬에 닻을 내린 배」,「생활속의 발명이야기」,「위인전－장영실」등 9권의 창작동화를 발표했다.

이러한 활동이 알려지며 해강아동문학상, 한국아동문학작가상, 공산교육대상등을 수상했으며 대전일보 신춘문예 심사위원을 3번 역임했다.

金교사는 자신의 창작동화집을 모교인 신양군 비당초등학교와 고향마을에 보내는등 동화보급에도 열성을 보였다.

또 학생들의 글짓기 지도등 인성교육에 중점을 두고 교육자의 길을 걸어왔다.

요즘에는 비디오,만화물등이 범람하며 초등학생들이 동화를 멀리하는데 아쉬움을 느끼며 동화읽기를 적극 권장하고 있다.

「그래도 초등학생들은 책을 많이 읽는 편입니다. 아직은 희망이 있다는 것을 의미합니다.」

金교사는 동화를 읽으면 동화속에서 순수한 동심을 되살려서 어린이들에게 순수한 꿈과 희망을 줄 수 있다고 강조한다.

이를 위해 金교사는 퇴근후나 방학때는 동화창작에 몰두한다.학교에서 보내는 시간외에는 대부분의 시간을 동화와 함께 보내고 있다.

「현재의 동심을 어른이 될 때까지 지켜가면 순수하고 착하게 살아갈수 있게 됩니다. 바로 이런 동심은 동화속에서 얻어지는 것입니다」라며 동화읽기를 재차 강조하는 金교사는 「앞으로도 더 좋은 창작동화를 만들기 위해 최선을 다하겠다」고 밝혔다. <金在喆 기자>

■ 습작 20년

할머니와 증조부의 추억, 그리고 구전 동화[43)]

나의 유년에 대한 기억은 6.25 한국전쟁으로 인한 가정적인 사연과 함께 할머니에 대한 추억으로 구분된다. 누구나 자기의 가족사(家族史)가 있고, 성장 배경을 갖기 마련이지만 나의 가족사는 전쟁으로 인하여 평범하지 않은 편이었다. 따라서 이에 대한 이야기는 앞으로도 간헐적으로 천명될 것이고, 나의 작품 속에서도 편편이 엿볼 수 있게 될 것이다.

그래서 이 곳에서는 전쟁으로 인한 상실의 기억보다는 주로 할머니와 증조부에 대한 추억 속으로 들어가기로 한다. 지금도 눈을 감으면 가슴 속에 잠재된 할머니의 모습이 아니, 내 의식 속에 각인된 '조모의 모습'이 또렷하다. 동시에 할머니는 '그리움'이 되어 나의 가슴팍을 헤집는다. 나는 할머니의 사랑으로 성장했다. 불러도, 불러도 다시 부르고 싶은 할머니이다. 할머니를 부르다 보면 어느 새 내 눈 가는 촉촉해진다.

내가 전쟁으로 아버지를 여의고 어머니와 잠시 헤어져 할머니 슬하로 들어온 것은 앞에서 이미 밝혔지만 여덟 살 때였다. 초등학교 3학년에 막 올라온 늦봄 어느 날이었다. 그날부터 나는 할머니의 가슴에 박힌 못이 되어 성장했다. 그러나 할머니는 그 못을 내 가슴에 직접 박지는 않으셨고 혼자 삭히셨다.

사실 당시 철이 없던 나는 할머니가 나의 슬픔을 다 감싸 안은 걸 모른 채 성장했다. 어찌 보면 나는 조모의 덕에 외롭지 않았고 유년을 넉넉하게 보낼 수 있었다. 게다가 신교육을 받은 중백부모의 보살핌 속에서 오르지 학업에만 열중했을 뿐이다. 당시 배를 곯지 않고 산 것만 해도 다행이었던 시절이었지만, 난 비교적 넉넉한 형편에서 많은 종형제들과 어울려 비교적 무난하게 성장했다.

그 무렵 정말 나는 어려서 낫질을 하거나 호미를 들지 않았다. 당시, 우리 또래는 어려

43) 나는 어린 시절 내내 할머니의 구전동화를 들으며 성장했다. 지금도 기억이 나는 것은 '구렁덩덩서선비', '까치의 보은', '황부자집 며느리'. '소가 된 게으름장이' 게다가 '장화홍련전', '콩쥐팥쥐', '심청전' '도깨비 이야기' '달걀귀신이야기' 등 의 수없이 많은 옛날이야기의 늪 속에 갇혀 살았다. 내가 소설로 문학을 알게 되었고 습작을 시작했으나 현재는 동화를 주로 쓰게 된 까닭도 유년에 형성된 동화에 대한 환상이 잠재의식으로 숨어 있다가 표출되었지 않나 싶다.

서부터 남의 산에 몰래 올라가 땔나무를 해오거나 모내기, 벼베기, 콩밭매기 보리베기 등 쌩(?)일을 하는 것이 일상사였는데 난 오르지 공부만 하면 되었다. 그건 큰 행운이었다.

또 나의 유년 시절에서 빼놓은 수 없는 분이 있다. 지울 수 없는 기억이다. 바로 앞에서 잠깐 언급했었던 증조부이시다. 난 91세에 세상을 뜨신 증조부의 산신령 같은 모습을 바라보며 자랐는데, 우리 가정은 그 증조부가 일구어 주신 터전으로 인해 넉넉한 생활을 할 수 있었다. 50대 중반에 세상을 뜨신 조부님을 기억할 수 없지만 중학교 2학년 때 세상을 떠나신 증조부의 모습은 지금도 내 기억에 선하다.

그 증조부께서 서울에 가셔서 자리를 잡고 큰 재산을 모으셔서 우리 후손들은, 당시 절대 빈곤 시대에 경제적으로 행복할 수 있었다. 해방 이후 농지 개혁으로 농토를 일부 잃었지만 우리가 어렸을 때, 아니 지금도 전답 특히 산과 마을의 대지들 중에 상당 부분이 돌아가신 우리 집 할아버지의 소유였다. 그 덕에 지금도 고향에 가면 아주 적으나마 유산으로 받은 집터와 농토가 있고, 숲이 우거진 선산도 나를 맞아준다.

할머니는 그 토지들을 잘 관리하셨다. 그리고 해방 전 서울 증조부댁(중백부에게는 조부댁임)에서 기거하면서 동성상업고등학교를 졸업 한 후에 제일은행에 근무하시다가 6.25 난리 통에 낙향해서 면사무소에 근무하시던 중백부가, 다시 집안을 일으키셨다. 난 그 상황 속에서 유년을 보낸 셈이었는데, 그런 사실들을 소상하게 알게 된 것은 내가 성장한 후였다.

다만 어렸을 때 할머니에 대한 나의 많은 기억 중에 하나는 우리 할머니가 인심이 넉넉하셨다는 것이었다. 할머니는 이웃들에게 음식을 후하게 돌려야 직성이 풀리셨다. 일철에 들어서면 마을 사람들이 거의 우리 집을 드나들어야 했다. 그 때마다 먹는 인심이 아주 후했다.

할머니에 대한 기억이 또 한가지가 있다. 조모께서는 거의 매일 저녁밥은 유별난 별식을 즐기신다는 것이다. 무밥, 콩나물 밥, 팥죽, 호박죽, 뚝수제비 등 그 음식도 다양했다. 지금 생각하면 웰빙식이다. 게다가 4대 봉사를 하는 기제사와 대가족의 생일 때마다 하는 떡, 일을 다 마친 후에 동네 찬치를 하는 가을철 철무리 등 참으로 다양한 음식이 별나기도 했었다. 가족들이 생일때마다 떡을 해 먹기도 했다.

또 다른 할머니에 대한 기억은 기막히게 옛날이야기를 잘 하신다는 것이다. 나는 종형제들과 할머니의 옛날이야기를 무진장 들으며 성장했다. 겨울에는 화롯가에서, 여름에는 마당에 깔아놓은 밀대방석 위에서 별빛 속에 묻혀 재미있게 아주 재미있게 들었다.

그랬다. 할머니의 이야기는 끝이 없었다. 겨울에는 화롯가에 고구마와 알밤을 구웠고, 더러는 이를 잡으면서도 옛날이야기를 들었다. 여름에는 삶은 감자나 노오란 옥수수를 먹으면서 달걀귀신, 도깨비 이야기 그리고 그 외에도 수많은 구전 동화를 들었다. 지금도 옛날이야기를 해주시선 할머니의 모습이 선하다.

나는 소설 장르로 문학을 시작하며 소설쓰기에 오래도록 몰두했다. 하지만 중도에 장르를 바꾸어 정작 문단에 나올 때는 동화로 얼굴을 내밀었다. 그것은 초등학교 교사라서 아이들의 동심속에서 살다보니 그랬다고 생각한다. 그러나 한 편으로 곰곰이 따져보면 유년 시절에 들은 할머니 이야기 등이 무의식적으로 머릿속에 잠재되어서 그랬지 않나 싶다. 그러나 어린이에게 꿈과 희망을, 어른에게는 잃었던 동심을 회복시킬 수 있는 동화를 쓰는 일은 그리 쉽지 않았다.

이제 무상하기만 세월 속에서 나도 어느 새 노년으로 가는 길목에 서는 나이가 되었지만, 지금도 할머니가 그립기만 하다. 할머니를 생각하면 생각할수록 그리움이 푸른 하늘의 뭉게구름처럼 피어오른다.

중백모님, 그리고 중백부님

김사건 중백모님은 신여성이셨고, 지식인이었다. 그리고 여장부였다. 말씀이 달변이었고, 상식이 넓었으며 엘리트 의식이 강했다. 그 중백모님은 독립운동가의 딸로 태어났다. 친정부모님은 독립운동을 하다가 투옥되셨다. 감옥을 지주 드나들던 두 분이 옥사하다시피 돌아가시어 중백모님은 아주 어렸을 때 조실부모했다. 다행히 외가로 거처를 옮겨 그 곳에서 성장하셨는데 유·소녀기는 비교적 유복했다 한다. 그 덕분에 신식교육을 받은 신여성이 될 수 있었다. 그래서인지 중백모님은 자부심은 눈에 띌 만큼

청와대를 찾은 배화여고 동창생들 (육영수 여사와 함께 · 196?)

『꿈을 파는 가게』 출판기념회에 참석한 중백부님 (가운데 · 1983)

중백부모님의 결혼사진 (1944.1.7)

대단했다. 이에 비해 중백부님은 늘 겸손하셨다. 오히려 여성스러운 인상이었다.

중백모님은 조선총독부 통계국에 근무하던 시절에 당시 제일은행에 다니시던 나의 중백부님을 만나 결혼했다. 그러나 6.25전쟁으로 인하여 두 분은 충남 청양군 장평면 미당리로 낙향하여 일생을 살았다. 중백모님은 늘 그게 불만이었다. 결국 노후에는 부부가 둘째 딸[44]이 사는 파주에서 사시다가 중백모님은 2010년 12월 5일 그리고 중백부께서는 1년이 늦은 2011년 12월 14일에 세상을 뜨셨다.

중백모님은 생전에 독립유공자인 김사국[45]아버지와 박원희[46]어머니를 정부에 청원하여 애족장(훈장)을 추서하게 했고, 미아리 공동묘지에 묻혀 있던 두 분의 유골을 대전

---

44) 나의 중백부모 김상태, 김사건의 둘째 딸 김윤숙(1851-)은 신학대학을 졸업한 후, 결혼해 현재 파주 영태성결교회 사모로 있으며 목회를 하고 있는 남편 양상규 목사를 도와 선교 활동을 하고 있다.

45) 김사국(1892-1926) 충남 논산 출생, 독립유공자로 애족장이 추서됨, 아버지, 보성학교를 다니다가 한성학교를 졸업한 것으로 추정됨 서울청년회를 조직하고 사회주의입장에서 독립운동을 하다 투옥되어 고초를 당하다 순국했다.

46) 박원희(1899-1927) 충남 대전 출생, 사회운동가, 독립유공자로서 애족장이 추서되었다. 중백모 김사건의 어머니이시다. 경성여고(현 경기 여고) 제1회 졸업생으로서 학교 선생님으로도 근무한 바가 있는데 남편 김사국과 독립운동을 하다 체포되어 감옥 생활을 했다. 독립운동 중에 숨을 거두었다.

국립현충원에 안장시키면서 마침내 소원을 이루게 된다. 그 중백모님은 젊은 시절부터 청양군 칠갑산 기슭 시골 마을 '벌터' 자택에서 야학을 개설해 문맹퇴치를 하였고, 시어머니와 함께 중농의 큰 살림살이를 꾸려나갔다.

중백모님은 언제나 마을 사람들에게 교육을 강조했으며, 스스로도 칠남매를 모두 고등교육을 시키는 열정을 보였는데 특히 7남매 중에 큰아들[47]을 사랑했다. 딸들까지 대학에 진학하게 했고, 조카인 나에게도 교대 진학의 길을 터주었다. 자식도 아닌 조카를 재수시켜 학교에 보내는 일은 당시에도, 지금도 흔치 않은 일이었다. 그에 비하여 중백부님께서는 늘 조용하며 바라보시는 형이었다.

그러니까 중백부모님 두 분은 전쟁으로 허물어져가는 집안을 일으켜 세우는데 절대적인 공헌자이셨다. 막내 삼촌[48]이 중학교를 졸업하고, 6.25전쟁 때문에 진학을 못한 채 집에서 쉬고 있을 때 공주에 있는 고등학교에 진학시키면서까지 교육을 강조한 분들이었다. 촉탁 목회를 시작하기 시작해 후일에 한국 감리교단의 거목으로 자리매김을 한 넷째 삼촌[49]에게도 삶의 방향을 제시해 주는 멘토 역할을 하셨다.

앞에서 이미 언급한 바 있지만 나는 이 두 분과 여덟 살 때부터 인연이 닿았다. 전적으로 중백모님의 의지에 의해 교육되었으며, 문학의 길에도 접어들었고, 책을 사랑하게 된 것도, 자의식이 형성된 것도 중백모의 영향력이 컸다고 보아도 좋았다.

그러니까 중백모님 교육열에 힘을 입어 나의 인생관이나 철학적 기반을 닦을 수 있었다고 봐야 한다. 어쩌면 칠갑산에 드나들면서 버섯과 으름과 다래 그리고 산나물을

---

47) 김영렬(1945-)은 중백모님의 사랑을 독차지 했는데 물론 나의 종형이며 유·소년기를 공유했다. 단국대학교체육과를 나와 경기도에서 중등체육교사로 교직에 몸을 담은 후 장학사, 장학관을 거쳐 수성고등학교장으로서 정년을 했다. 현재는 수원에서 영어권과 일본에서 온 외국 관광객을 상대로 해 문화해설사로 하고 있다. 젊어서는 씨름으로 날렸는데 난장에 나가서 황소를 타기도 한 장사였다.

48) 막내 숙부님 김항태(1936-2005)는 결혼 후까지 한동안을 나와 함께 살면서 전쟁 중에 요절한 형님을 대신해서 지극한 사랑을 조카인 내게 주셨다. 막내 숙부는 고등학교 졸업 후에 청양군 미당 향리에서 농사지으며 일생을 보내셨는데 큰아들을 중등학교 교원으로, 작은 아들을 소방공무원으로 키워냈으나 당뇨병으로 일찍 세상을 떴다.

49) 나의 넷째 숙부님 김규태(1933 - 2011)는 대전신학교, 상지대와 중앙대학교 대학원을 나왔고, 감리교회 목사, 감리사, 감독, 목원대학교재단이사장, 목원대학교 학장(직무대리), 감리교 남부신학교장을 역임하면서 감리교단에 큰 기둥으로서 자리매김을 했다. 함석헌 옹에게 은둔하는 거처를 마련해 주는 등 민주화 운동에도 동참하였다. 나에게는 중백모님 김사건과 함께 정신적 지주 노릇을 해 주신 분이다.

캐먹으면서 시골에 안주할 수도 있었던 상황을 극복한 지도 모른다. 중백모님은 나 스스로를 자기실현을 할 수 있게 해 준 바탕이셨다.

게다가 중백모님은 타고난 이야기꾼이셨다. 그러나 전래동화가 아닌 역사이야기를 잘해 주신 분이었다. 특히 조선 시대의 왕조사에 밝으셨다. 슬픈 단종이야기나, 사도세자, 그리고 대원군과 민비이야기를 비롯한 장희빈 이야기는, 듣고 또 들어도 재미가 있었다. 삼국 시대 계백장군과 의자왕이야기도 우리를 잠을 못 이루게 했다. 중국의 역사에도 밝으셨다.

나는 지금 이 글을 쓰면서 세상을 뜨신 중백모님과 중백부님을 떠올린다. 지금은 나의 곁을 떠나 하늘나라로 가셨고, 고향 선산에서 두 분이 편히 누워계시지만 나의 의식 속에서는 늘 함께 살아계실 분들이다.

한국 단편문학 작품을 만나다

한국단편문학전집 3권[50]을 읽고

나는 중학교 3학년 늦은 봄 어느 날 시골에 위치한 정산중학교 교문 근처의 서점에서 우연히 한국단편문학전집을 만난다. 세 권으로 만들어진 한 질이었는데, 이 책이 나의 의식과 함께 정서까지도 바꾼다. 꿈과 희망을 제시해주었다. 전에 읽던 교과서류나 학습에 도움을 주는 참고서 글들이 아니었다.

나는 앞에서도 밝힌 바 있지만 일본으로부터 독립되고 난 2년 후인 1947년에 태어났다. 세 살 때인 1950년에는 한국 전쟁이 일어났다. 어수선한 시대의 소용돌이 속에서

50) 이 「한국단편문학전집」은 1962년 정산중학교 앞 서점에서 구입한 책으로서 후일에 폐본 되었지만 나에게 문학에 처음 눈을 뜨게 한 책이다. 신문학 이후 이광수의 작품을 비롯한 김동인, 전영택, 유진오, 김유정, 이상, 염상섭, 주요한 등 많은 작가의 작품이 수록되어 있으며, 나는 이 소설을 당시에 3,4회 정독하면서 문학에 대한 꿈과 함께 깊은 자의식을 갖게 되었다. 바로 뒤 94쪽에 수록된 〈대전일보 제13546호 '이 한 권의 책'〉참조.

태어난 셈이다. 더구나 내가 태어난 곳은 충남의 알프스라고 지칭되는 칠갑산 기슭 시골이었다. 고향은 농촌이면서도 산촌이었다.

나의 유년 시절은 시대적으로나 지역적으로 또 문화적 혜택을 받기에는 너무나 열악했다. 고백하지만 나는 초등학교에 교과서 말고는 변변한 독서를 하지 못하며 성장했다. 당시 유네스코에서 발간해주는 교과서가 제때 공급되지 못할 정도의 상황에서 책을 보기란 참 어려운 상황이었다. 할머니의 구전동화나 중백부모의 역사와 사상가 이야기가 전부 다였다.

그런 나에게 한국단편문학전집과의 만남은 충격적이었다. 중백부께서 면사무소에서 다달이 가져오시는 월간 「지방행정」 뒷편에 나오는 소설과 맥을 같이 하고 있었는데 그것과는 또 다른 느낌이었다. 나는 이 책을 통해 이광수와 김동인을 알았다. 이효석도 알았고, 김유정도 알았다. 이상의 '날개'도 읽을 수 있었다. 1962년 그러니까 지금부터 만 50년도 더 전이다. 나는 이를 계기로 해서 문학의 길을 걸을 수 있는 계기를 마련했다.

내가 굳이 이 책에서 '습작 20년'이라고 기점을 세운 것도 이 『한국단편문학전집』을 만나 의식이 깨이고 나서 20년 후인 1983년에 월간 「아동문예」에 아동소설 '꿈을 파는 가게'로 문단에 나온 연륜을 의식해서였다. 소설로 시작해서 지금은 주로 아동문학의 하위 장르인 동화, 아동소설, 청소년 소설들을 주로 쓰고 있지만 나의 문학의 시작은 한국단편문학전집에 수록되어 있는 단편 소설에서부터 비롯된다. 그 작품들이 나의 문학의 뿌리이다.

아무튼 나는 당시에 이 단편문학전집에 게재된 김동인의 '감자', 전영택의 '화수분'을 반복해 읽었다. 염상섭의 '표본실의 청개구리' 현진건의 'B사감과 러브레터'도 읽었다. 이때부터의 세상은, 전과 확실히 달랐다. 새로운 세계가 펼쳐졌다. 그건 순전히 '문학'의 힘이었다.

물론 할머니에게서 들은 전래동화와 중백모님께 듣는 역사 이야기, 위인들의 이야기가 내 의식을 깨워주었다. 여기에다가 새로 접한 창작 소설의 세계는 내게 신선한 충격을 주었으며 자아의 눈을 뜨게 했다. 그래서 나의 문학의 기점을 이 책을 읽은 독서 시점인 1962년으로 잡고 있는 것임을 다시 한 번 밝힌다.

부모 슬하에서 성장하지 못한 고로 조금쯤 정신적으로 조숙했었지만 나는 이 책들 속에서 제시해준 상황이나 담겨 있는 문학적 의미가 더욱 나를 확실히 철들게 해주었다. 인생의 봄인 사춘기도 확 당겨져 깊숙한 곳으로 빠져들 수밖에 없었다. 같은 반 여학생 중 눈빛이 맑은 여자 친구를 얻는데도 그 영향이 컸다. 나의 인생관은 물론 세계관도 넓어졌으며 앞으로 일생을 문학의 길로 가리라 마음을 다잡고 다잡은 것이다.

다시 말하지만 나는 중학교 3년 시절을, 3.15 부정선거 · 4.19 학생혁명 · 5.16 군사혁명 등의 시대적 소용돌이 속에서 지냈다. 특히 4.19는 입학한지 얼마 안 되는 중1 때에 일어났다. 나는 마침 그날 충남도내 우수입학자를 대상으로 한 장학생 선발고사를 치르기 위해 대전고등학교 교문을 들어섰었다. 그러나 '장학생 시험 무기연기'라는 방을 보고 마악 내가 돌아섰을 때 대전전신전화국 쪽에서 완전무장을 한 군 트럭 대여섯 대가 대고 5거리 쪽으로 시가지를 장악하면서 서서히 질주하고 있었다. 그 날의 '4.19의 아침'은 내게 각인이 되어 있다.

第13546號 대전일보

출판 문학

소박한 抒情 꽃물결처럼 넘실

이 한권의 책

이효석 「메밀꽃 필 무렵」

어린 마음에 문학魂 일깨워줘

金榮薰 <동화작가>

동화작가 金榮薰씨는 중학교1학년때 이효석의 「메밀꽃 필 무렵」등을 읽고 글쓰는 사람이 되기를 결심했다고 한다. <梁敬錫 기자>

대전일보 게재된 '이 한권의 책'에 초대된 솔뫼 김영훈

하지만 이러한 외적인 시대 상황보다 나는 한국단편소설집을 통해, 이 책속에 담긴 의미와 인연을 맺기 시작하면서부터 부모에 대한 그리움에서 조금쯤 벗어나 안으로 삼킬 수 있게 되었다. 또 미래에 대한 꿈과 희망을 키울 수 있게 되었다. 사춘기적 사랑을 느낄 수 있었으며, 문학을 알게도 되었다. 3학년 때는 학도호국단장도 했었던 그 시절은 지금 돌이켜보아도 여러 면에서 아름다웠고, 찬란했다. 나름대로 내 삶에 대한 인식의 폭도 크게 확장된 시절이었다.

문학회 「팔각정」[51] 과 영명 학우 그리고 은사님

정산중학교 졸업 후에 나는 대전고등학교와 경복고등학교에 연이어 두 번의 입시 실패를 마감하고, 1964년 공주영명고등학교로 진학한다. 그러나 나에게 고등학교 3년간의 세월은 그동안 전쟁으로 아버지를 잃고, 어머니와 잠시 헤어지는 결손 상태의 가정환경과는 또 다른 방황과 좌절의 시간들이었다. 정착할 수 없어 나는 한동안을 많이 헤맸다.

그러나 지금 돌아보면 고교시절은 내 인생에서 나를 스스로를 연단하고 좌표를 설정할 수 있는 세월이기도 했다. 다 독(毒)이 된 것만은 아니고 약(藥)이 된 세월이기도 했다. 오히려 청소년 시절에 인생의 경험을 확장했다고 스스로에게 위로하며, 나는 지금 살고 있다. 긍정적인 사고를 하는 나이가 된 것이다.

그랬다. 나는 그 무렵 번민과 좌절 속에서도 점진적이나마 마음을 추스리면서 중학교 때와는 차원이 조금은 다른 독서를 하기 시작했다. 그러나 학과 공부는 아니었다. 늘 월간 「현대문학」등의 문학지를 옆구리에 끼고 다녔다. 한국문학과 세계문학 작품들을 본격적으로 대하기 시작한 때도 이 때였다. 중학교 때 접했던 한국단편문학을 상기하면서…. 그러다가 마음이 울적할 때는 자주 계룡산에 올라가 사색하면서 자신을 달래고 또 달랬다.

그런 중에 나는 재학 중에 임강빈[52] 시인을 은사로 만날 수 있었다. 임강빈 시인은 우리에게 국어를 가르치셨는데 지금도 대전 지역에서 함께 거주하면서 사제관계를 유지하고 있다. 내가 임지를 대전으로 옮긴 1982년 이후부터 지금은 원로 시인이신 임강빈은사님을 자주 뵐 수 있게 된 것이다. 현재 임선생님께서는 대전에서 강령하게 계시면서 여전히 시 창작에 몰두하신다.

---

51) 충남 공주시에 소재한 영명고등학교가 위치한 앵산공원에 세워진 정자로서 벚꽃이 피어 있는 공원의 상징 중의 하나이다. 현재는 옮겨졌지만 나의 고교 시절에는 국립공주박물관과 함께 공주 시민의 자주 찾는 정자였던 건축물이다. 교정 앞에 세워진 이 정자의 이름을 따서 나는 '팔각정문학화'를 주도적으로 조직했다.

52) 임강빈(1931-) 시인, 용전중학교장으로 정년, 1956년 월간 「현대문학」을 통해 등단했으며, 시집으로 '당신의 손', '동목', '매듭을 풀며', '조금은 쓸쓸하고 싶다', '버들강아지', '버리고 싶은 날의 반복', '이삭줍기' 등 여러 권이 있다. 충남문인협회장을 역임했고, '충남도문화상', '요산문학상', '정훈문학상' 등을 수상했다.

또 한 분이 더 있다. 평생을 옆에서 돌보아 준 스승 유병학[53] 교수님을 은사로 만난 것이다. 유병학 교수님도 수필가이며 시인이시지만 문학 쪽보다는 학문적으로 나를 이끌어주신 분이다. 나는 유병학 교수님이 당시 공주사범대학을 졸업한 후에 잠시 발령 전에, 임강빈 선생님 후임으로 자신의 모교에 근무를 하게 된 까닭으로 사제지간의 연은 맺게 된다. 그 후 나는 유병학 교수님을 평생 동안을 지근에서 은사님으로 모시게 된다.

'팔각정'문학 동인들 (유병학선생님과 팔각정에서 · 1966)

그 뿐만이 아니다. 고등학교 시절 문학동인 「팔각정」을 주도적으로 조직한 것은 내게 제일 큰 보람이고 사건(?)이었다. 여기서 1년 후배인 동시인 전영관[54] 을 만나 함께 동인으로 활동했고, 4년 후배인 시인 리헌석[55], 엄기창[56]도 팔각정 문학회를 통해 정작 문학을 시작했다고 후일에 고백하는 걸 듣고 나는 흐뭇했었다. 수필가요, 시인인 문희봉[57]도 여기서 만났

53) 유병학(1942-) 경기도 개성 출생. 공주교대 명예교수, 문학박사, 시인, 수필가, 나와는 영명고등학교 시절 은사로 인연을 맺었다. 공주교육대학 학사과정에 편입해 다시 스승으로 만났고, 동대학원에서 석사과정 지도 교수와 그후 중부대학교에서의 박사과정 논문 심사위원으로 깊은 인연을 맺는 등 사제관계를 평생 동안을 지속해왔다. 1984년 「心象」지 신인문학상에 당선하여 문단에 나왔으며, 시집으로는 「門 하나 사이」와 수필집「네들의 등불이 되어」등 여러 권이 있다.

54) 전영관(1950-) 충남 서천 출생. 시인, 문학박사, 1982년 경향신문 신춘문예 동시 당선으로 문단에 나왔다. 시집으로는 「아가와 아기별」, 「나무들도 걸었을 거야」, 「별이 풀벌레에게」, 「바람의 전입신고」 등이 있다. '한국아동문학작가상', '박경종아동문학상', '대전시문화상' 등을 수상했다.

55) 리헌석(1951-) 충남 공주출생, 시인, 문학평론가, 대전문인협회 회장역임, 시집 '사부별곡', '식장산 편지' '섬바위' 수필집 '혼자 알기가 미안하여' 등이 있고 '정훈문학상', '대전시문화상', '호승시문학상' '진로문학상' 등을 수상했다. 현재는 사단 법인 문학사랑협의회를 이끌고 있다.

56) 엄기창:(1951-) 충남 공주 출생, 시인, 고등학교 국어교사, 1975년 시문학을 통해 등단해 문단에 나왔으며 시집으로「서울의 천둥」등 여러 권이 있으며 '호승시문학상'을 받았다.

57) 문희봉(1948-) 충남 당진 출생, 시인, 수필가, 대전문인협회장(현), 수필집 「수채화와 같은 세상」. 시집 「일출」,「지천명의 노래」등이 있다. 대전문학상, 진로문학상, 소운문학상 등을 수상했다.

다. 그러니까 영명고등학교 3년 동안은 문학의 꿈을 키워준 산실의 역할을 해준 셈이었다.

당시에 나는 유병학 은사와 함께 영명고등학교 설립 60주년 기념문집을 만들기 위해 애썼으며 그 때부터 직접 소설 쓰기에 첫발을 들여놓기도 한 것이다. 소설 '포도원의 회상'이 그 해 발행된 교지에 실려 있는데 그 작품이 인쇄된 내 최초의 소설인 셈이다.

그 외에도 그때 인연을 맺은 당시 학우들과의 관계가 돈독하다는 사실을 빼놓을 수 없다. 좌절과 방황을 거듭했던 학창시절과는 달리 지금까지도 지속적으로 인연을 맺은 학우들과 아주 잘 어울리고 있다. 동창회도 활성화 되고 있다. 120명이 채 못 되는 졸업생 중 '영우회'라는 이름으로 동기동창들의 모임이 아주 긴밀하다. 오병철, 김동욱[58] 등 교육계에 진출하여 각급 학교 교사, 교감은 물론 교장, 교육장으로 있다가 정년을 한 친구들만 해도 15명이 넘고, 박선우[59] 등 각급 공무원은 물론 건설회사를 만들어 크게 성공한 박해상[60]과, 출판사를 설립해 국내 유수의 출판사로 부각한 친구 신원영[61], 공주영명고등학교총동창회장을 역임한 서광훈[62], 용역회사 '(주)진웅' 대표 이효웅[63] 등이 사업에서 나름대로 자기 포지션에서 두각을 나타내고 있다. 그 중에 최근에는 공주분회 업무에 리더십을 보이며 열심인 조재열[64] 친구와의 인간적인 관계도 돈독해지고 있으며, 동기 모임에 리더십을 보이며 헌신적인 임제수[65] 친구에게도 나는 경의를 표한다.

---

58) 김동욱(1947 -) 충남공주출생, 공주교대 졸업 후 교사, 교감, 교장으로서 충청남도 내 초등학교에서 41년간을 재직하였는데 의당초등학교장을 마지막으로 정년퇴직을 하였다.

59) 박선우(1946 -) 충남청양출생, 매일경제신문 기자로 잠시 몸을 담고 있다가 경찰공무원으로서 정년퇴임을 하였는데 공주경찰서 우성파출소장과 반포지구대장 등을 역임했다.

60) 박해상(1949 -) 충남 논산 출생, 우석건설 회장, 대전시 및 충청남도와 세종시 아파트 건설과 각급 관급공사를 맡아 시공하고 있으며, 현재는 충청남도 건설협회장을 맡고 있고 전국건설협회 부회장직도 수행하고 있다.

61) 신원영(1948 -) 충남 공주 출생, 종합출판사 신원문화사 대표로서 일반도서, 청소년교양도서, 용어사전 및 논술시리즈 등 우량도서 출판 실적을 거두고 있다.

62) 서광훈(1948 -) 충남 공주 출생, 신성전기 대표로서 각종 전구 및 필라멘트 생산을 하는 중소기업을 경영하고 있음.

63) 이효웅(1949 -) 충남공주출생, 부사관 출신으로 전역 후에 요식업 등을 하다가 용역회사 '진웅'을 설립했고 영고 (재)대전동창회장을 맡은 바 있음.

64) 조재열(1948 -) 충남공주출생, 약대를 졸업한 후에 공주에서 약국 경영을 하다가 현재는 자연과 더불어 살고 있다. 고교 동창회 일을 주도적으로 하고 있는 열의를 보이고 있음.

65) 임제수(1948 -) 충남공주출생, 경찰에 몸담고 있다가 퇴직을 한 후에는 대전·충남 유류협회 사무국장을 역임하면서도 동창회 임원을 맡아 회원 간의 인화에 힘쓰며 헌신적으로 봉사하고 있음.

그런데 7, 8년 전부터 나에게 귀하고 소중하게 여기며 의미까지를 부여하는 일이 생겨났다. 동기들의 자녀들이 성장해 결혼을 하면서부터 주례를 맡은 일이다. 나는 동기들의 아들, 딸들 결혼식에 나가서 아주 여러 번 주례를 맡아 혼례를 집전해주었다. 자식의 성혼을 위해 주례를 부탁한 친구와 나 사이에 이루어진 신뢰였고, 상호 존경이었다. 그리고 자식들의 장래를 위한 기도였다. 함께 근무한 젊은 교사들의 혼인 주례나 자식 친구의 결혼식 주례, 친척이 부탁한 주례 못지않게 내게는 큰 의미로 다가왔다.

비록 좌절과 시련 속에서 다녔던 고등학교 시절이었지만 의미 있는 두 은사님과의 만남과 문학 세계를 구체적으로 구축하기 시작했다는 면, 또 학우들과의 우정의 연속이란 면에서 볼 때도 아주 고맙기만 하다. 돌이켜보면 까마득한 추억이지만 나는 지금 그 시절의 '좌절과 방황'을 아이러니하게도 붙들고 살고 있는 셈이다.

고교 동기중 지금까지 자주 만나는 학우는 오병철, 박해상, 김동욱, 임제수, 이효웅, 박선우, 유기호. 이상옥, 임헌성, 임정수, 최장규, 황규영, 임명순, 조상기, 최경호 등이다.

소설가 최상규를 만나다

소설가 최상규 은사님 이야기

공주영명고등학교를 졸업하고, 나는 그해 3월 1일 그러니까 1967년 공주교육대학에 진학했다. 나의 대학 진학은 어쩌면 초등교사로 키우겠다는 중백모님의 의지가 절대적으로 작용했다. '조카를 얼른 경제적으로나 정신적으로 독립' 시키려는 뜻이 숨어 있는 것을 나는 이내 알아챘다. 다만 당시 교육대학이 2년제 초급과정인 것이 마음에 걸렸다. 서울에 소재한 4년제 대학교에 진학하고 싶은 욕심이 있었지만 나는 번민을 하다가 내 상황을 인식하면서 바로 중백모님의 뜻에 따르기로 했다. 그럴 수밖에 없었다.

그런데 사실 초등학교 교사는 여러 면에서 다재다능해야 한다. 그런데 난 초등학교 교사로서 많이 부족했다. 그렇다. 나는 초등학교 교사로는 참으로 부족하고 또 부족한 사람이다. 전 교과를 다 가르칠 수 있는 능력이 나에게 실제로 없었다. 특히 음악, 미술, 체육 등 예체능 부문에서 많이 뒤떨어져 있었기 때문에 자신이 없었다. 대학 시절 그 과목을 수강하기도 힘들었고, 기능을 익히기는 더욱 어려웠다.

지금도 많은 사람들이 초등학교 교사를 어떻게 인식하고 있는지 알 수 없다. 하지만 정년을 한 현재도 나는 초등학교 교사로는 퍽 부족한 사람이라고 생각한다. 초등교사는 교과를 가르치는 수업의 어려움도 있지만 교육 입문기에 처한 한 개인의 인생을 가름하는 맨토로서의 어려운 일을 해야 한다. 대부분의 사람들이 이를 간과하고 있는데, 아무나 초등 교사를 해서는 안 된다고 하는 생각은, 지금도 변함이 없다. 인성이 아름답고, 교육에 관한 철학도 확실히 정립된 사람이어야 한다. 물론 실력도 있어야 한다. 취업의 수단이 되어서는 안 된다고 본다.

어떻든 나는 교육대학생이 되었다. 교육과정이 아주 빡빡하여 입시에 매달려야 하는 고등학생 이상으로 힘든 공부를 할 수박에 없었다. 그런 중에도 나는 무전여행 쪽으로, 독서 쪽으로, 그리고 문학 창작에 열심히 정진했다. 그 길만이 살길이라 생각했다. 어쩌면 난 그 쪽으로 돌파구를 찾으려 했는지도 모른다. 앞에서도 이미 밝힌 바 있지만, 방학만 되면 찢어진 청바지에 빈약한 배낭을 메고, 가난한 무전여행을 떠났다. 내게 달라붙고 있는 고독과 번민 그리움을 업보처럼 등에 지고서 말이다.

그러던 중 나는 여기서 소설가 최상규 은사님 만나게 된다. 소설을 습작하는 나에게 온 큰 행운이었다. 최상규 교수님은 국어교육과가 아닌 영어 교육과에 재직하고 계셨다. 학생들에게 영어강독을 담당하셨다. 당시에 공주교대에는 박철희[66], 원종린[67], 한상각[68] 교수님 등이 젊은 나이에 문학적으로 자기 세계를 펼치고 있어 나는 그분들의 가르침을 받기도 했

66) 박철희(1937-) 제주도 출생. 평론가, 서강대명예교수, 젊은 시절 공주교대에 몸담았으며 국문학자요, 평론가로 활동하고 있다. 인산시조평론상, 조연현문학상 등을 받았다. 나는 박교수님과 공주교대 재학시에 사제의 연을 맺은 적이 있다.

67) 원종린(1923-2011) 충남공주출생, 공주교육대학교수, 1965년 월간 「현대문학」에 수필이 천료되어 문단에 나왔다. 저서로는 「하늘 높이 차 올리는 구두」, 「사랑과 미움」, 「스치고 지나가는 바람」 등 여러 권이 있고, 월간수필문학대상을 수상했다. 생전에 기금을 출현해 '원종린수필문학상'을 제정하여 해마다 수필가들을 대상으로 하여 시상을 하고 있다.

68) 한상각(1931-1996) 충남청양출생, 시인, 교수. 충남문입협회장, 공주교육대학과 공주대학에서 교수로 재직하였음, 1975년 월간 「현대문학」을 통해 문단에 나왔으며 시집으로 「타인의 얼굴」과 유고시집 「강둑에 부는 바람」 등이 있고, 공산문화상, 충청남도문화상 등을 받았다.

지만, 그 중에서도 최상규 소설가를 은사로 만난다는 것은 큰 기쁨이었다. 나는 이미 고등학교 시절 월간 「현대문학」을 통해 '소설가 최상규'를 작품 속에서 자주 만나고 있었다.

실제의 최상규 교수님에 대한 첫인상은 드라이했다. 짧고, 긴박한 그의 문장과 비슷한 분위기였다. 깡마른 편이었고, 감정을 얼굴에 잘 드러내지 않는 분이었다. 그가 내 작품을 우연한 기회에 읽고 나서 '글이 좋구먼, 내 문체를 닮고 싶은 거야? 쓰면 될 것 같애.' 라고 건조한 한마디를 던지셨다.

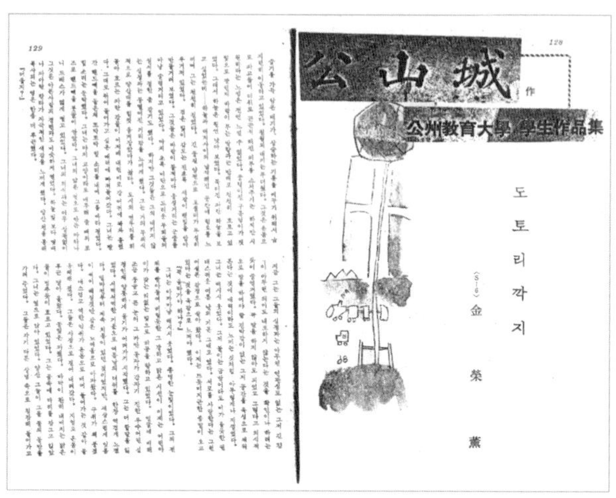

소설부문 당선작 『도토리 깍지』가 게재 되어있는 교지(1968)

나는 최교수님의 칭찬에 고무되지 않을 수 없었다. '소설가 최상규'는 당시 '현대문학신인상'을 수상한 작가였다. 그 상은 등단 신인이 아닌 기성작가에게 주는 대단한 것이었는데 이미 그때 최상규 소설가는 이 상을 수상한 작가였다. 그런 인연이 있어서였는지 나는 대학에서 공모하는 문예작품 소설부문에서 소설 '도토리깍지'가 최교수님에 의해 당선되는 영광을 안을 수 있었다.

대학을 졸업하고나서도 난 아주 이따금 최상규 교수님을 뵐 수 있었는데 내가 뵐 때마다 식사를 하자고 하면 두세 번을 사양하다가 응하셨다. 그 분은 언제나 중국집에 가 짜장면 한 그릇과 중국술 빼갈 한 병만을 고집하셨다. 그러다가 한동안 인연이 끊어졌다. 그것은 참으로 아쉬운 일이었다. 계속 끈이 연결되었다면 아마 지금쯤 나는 소설가로 확실하게 자리를 잡았을 지도 모른다.

그 후로 내가 소설가 최상규 은사님을 다시 만난 것은 대전으로 근무처를 옮긴 80년대 중반이었다. 이미 동화로 문단에 나온 후였다. 공주교대를 떠난 최상규 은사님은 당시에 대전 변두리인 학하리에 거주하고 계셨다. 사모님이 경영하고 있는 교회의 사택이었던 걸로 기억된다. 그 무렵 최교수님은 목원대학교 등에 출강하면서, 창작에만 전념을 하고 있다고 하셨다. 하지만 독자에게 아부하지 않는 창작 태도는 변함이 없다고 하셨다. 그랬다. 최상규는 원래부터 독자에게 아부하는 작가가 아니었다.

나는 오랜만에, 아주 오랜만에 인사를 드린 후 최상규 은사님께 동화를 쓰고 있다고 말씀드렸다. 그분은 나를 바라보며 싱긋 웃으셨다. 그리고는 짧게 아주 짧게 한 마디 하셨다. "동화는 시(詩)지." 그게 전부였다. 나는 그 때 그 말 속에 어떤 뜻이 함유되어 있는 알 수 없어 한동안 멍하니 먼 산만을 바라보았다. 그러다가 스스로에게 결심했다. 다시 소설을 써보자고….

그 후 최상규 교수님은 병을 얻어 결국 1994년에 만으로 육십을 살다가 세상을 뜨셨다. 지나친 음주 때문에 간이 안 좋아지셨다고 했다. 나는 슬프게 을지병원에서 마지막 임종을 했다. 한국문학사에 남을 좋은 작품을 쓰셨던 '포인트'의 작가는 그렇게 애석하게도 우리 곁을 떠나 영면하셨다.

그 후로도 나는 여전히 동화와 아동소설, 청소년 소설을 썼지만 원고를 탈고할 때마다 "동화는 한편의 시지." 하던 최교수님의 말씀과 함께 그 분이 짓던 미소가 하얗게 떠올라 마음이 울적했다. 그 때마다 나는 간간히 소설을 썼다. 그리고 대전 지방에서 발간되고 있는 문학지에 소설을 발표하기 시작했다. 「오르라의 왕초」, 「상실」, 「아버지와 아들」 등 이었다. 그러한 노력으로 나는 동화가 아닌 소설 작품 「화해론」으로 2008년에는 제13회 호서문학상을 수상하게 된다.

지금도 동화를 쓰면서 소설에 대한 향수 때문에, 그리고 최교수님의 하얀 미소 때문에 제한 된 지면이지만 소설을 더러 발표하고 있다. 이 순간도 나는 동화와 함께 소설을 써야하겠다고 다짐하며 다시 한 번 소설가 최상규 은사님의 명복을 빌어본다. 그분의 문학정신을 그리고 '하얀 미소'를 가슴 속에 품어 본다.

다행인 것은 최근에 문을 연 대전문학관(관장 박헌오) 상설관에 정훈 시인, 한성기 시인, 박용래 시인, 권선근 소설가와 함께 소설가 최상규의 자료가 전시되고 있어 다시 살아나고 있다는 점이다. 안명숙 사모님이 간직했던 유품인 최상규 소설가에 관한 전 자료를 대전문학관에 기증해 주신 것이다. 작가 최상규 자신에게나 그를 사랑했던 많은 이들 모두에게 참으로 고마운 일이다.

14 2012년 12월 17일 월요일 제19448호 기 획

인간 자의식 탐구 '한국 실존주의 소설' 대부

대전 대표문인 발자취를 따라서 - ④ 최상규 작가

동족끼리 남과 북으로 나뉘어 총부리를 겨누고 무고한 이들을 학살했던 한국전쟁. 그로 인한 상처는 지금도 아물지 않은 채 우리들을 지배하고 있을 정도로 한국전쟁은 민족 최대의 비극이었다. 전쟁의 부조리함 속에서 개인들은 삶의 의미를 잃어버린 채 정신적인 방황을 거듭했다. 작가들도 마찬가지였다. 도저히 희망을 찾을 수 없는 현실 속에서 인간의 존재란 무엇인지, 우리들은 이렇게 부조리한 사회 속에서 무엇에 의미를 둬야 하는지 고민하고 또 고민했다. 이러한 고민의 흔적들은 제2차 세계 대전으로 황폐화된 유럽 대륙에서 건너온 실존주의라는 철학을 만나 한국의 실존주의 문학을 탄생시켰다.

굳이 실존주의 작가로 규정 지을 수는 없지만 우리 지역 출신으로 자아의 존재탐구와 사회 속에서 개인의 삶의 의미에 대해 끊임없이 질문을 던진 작가가 있었다. 바로 1950년대 한국의 대표적인 작가로 평가 받고 있는 소설가 최상규가 그 주인공이다.

그는 1950년대에 등단한 이후 1980년대 말까지 쉬지 않고 창작활동을 할 만큼 열정이 넘치는 작가였다. 줄기차게 인간 자의식의 문제를 탐구, 한국문학사에서 '내면 탐구 소설'의 대표주자로 평가 받고 있다.

◇작가의 생애=작가는 1934년 5월 5일 충남 보령군 천북면 낙동리 644번지에서 7남매 중 장남으로 태어났다. 한때 그의 집안은 천북면 일대 대부분의 땅을 소유할 만큼 가세가 튼튼했지만 그가 홍성고등학교에 다니던 시기 한국전쟁과 화폐개혁을 거치면서 급격히 몰락하게 된다. 지겨운 가난 속에서 연세대학교 영문학과에 입학한 그는 1956년 문학예술에 단편소설 '포인트'를 발표하고 황순원 작가의 추천을 받아 본격적인 소설가의 길을 걷게 된다. 그때가 그의 나이 겨우 22살이었다. 이때부터 그는 창작에 몰두해 수많은 단편과 중편을 발표한다. 이후 1966년 공주교육대학교 교수로 부임해 1977년까지 교직생활을 한 후 평생 전업 작가의 길을 걷게 된다.

교단을 떠나 전업 작가의 길을 걷는 그에게 다시 불청객 가난이 찾아왔다. 그에게 수입이란 부정기적인 원고료와 번역료에 불과 했기 때문에 노모와 부인 및 자녀의 생활과 학비를 감당하기 버거웠던 것이다. 셋방살이도 공주교대 제자가 빌려준 학하동 집에 정착하며 살아야 했던 형편이었다. 그래도 그는 결코 돈을 위해 글을 쓰지 않는 곳대 높은 지조를 지니고 있었다. 유성 학하동에 거주하면서 그는 중편 '타조의 꿈', '한밤의 목소리'와 장편 '새벽기행', '악령의 늪' 등 수많은 소설을 집필했다. 이들 작품들은 '그 어둠의 종말', '겨울잠행', '나방과 거품' 등과 함께 그의 대표작으로 손꼽히고 있다.

지독한 가난 속에서도 창작과 번역 일에 몰두하며 술과 함께 살던 그는 슬하에 두 딸과 아들 하나를 남겨두고 1994년 1월 16일 별세한다.

생전에 1966년 현대문학신인상과 1983년 대한민국문학상을 수상했다.

◇작품 세계=작가의 작품에 대한 가장 큰 특징은 인간 존재의 내면 탐구에 있다. 한국전쟁 이후 우리 사회의 극심한 변화 속에서 제기되는 분단문제와 빈곤문제, 근대화와 민주화 운동, 경제 발전과 노사문제 등 다양한 사회적 이슈에 대해 작가는 의도적으로 거리를 두고 오직 자아의 존재탐구와 사회 속에서의 삶의 의미 추적에 초점을 맞췄다.

그의 문학의 독창성은 주제적인 측면 뿐만 아니라 그 주제를 형상화하는 탁월한 창작기법이 균형을 이루면서 빚어내는 예술성에 있다고 할 수 있다. 그는 짧은 단문을 통해 등장인물의 내면을 훌륭하게 묘사하고, 단문과 명사문, 문장사이의 많은 생략 등을 사용함으로써 작품을 환상적인 분위기로 이끌어낸다. 이러한 문체는 인간의 일반적 본성에 대한 탐구를 가능하게 한다는 평을 받기도 한다.

최상규 작가의 대표작 '포인트'와 '타조의 꿈' 책 표지.

부조리한 사회 삶의 의미 고찰
단문·문장사이 생략 문체 특징

세상서 소외된 개인 고뇌 표현
철학적 모티브 지적문학 개척

이 같은 그의 작품 세계는 작가의 데뷔작이라고 할 수 있는 '포인트'와 중편소설 '타인의 꿈'에서 대표적으로 발견할 수 있다.

단편소설 '포인트'에서는 문체에 대한 그의 각고한 노력과 실험정신을 엿볼 수 있다.

"장작을 끌어냈다. 석 단에서 한 단을 빼니 두 단이 남는다. 또 한단을 빼면 한 단밖에 남지 않는다. 그놈을 또 빼면 없게 된다. 고의가 아니라 못 있게 된다. 그는 산술을 배웠다. 그래서 3-1=2, 2-1=1, 1-1=0을 자꾸 되풀이 한다. - '포인트' 中

이 소설에 대해 서울대학교 김윤식 교수는 다음과 같이 평가를 한 적이 있다. "영장을 받아 놓은 대학생이 동거중인 여인과 그를 미워하는 장차 장모될 여인 사이에서 일어나는 의식의 변화를 짤막한 감각적 문체로 이끌어 나간 '포인트'는 당시의 많은 실험적인 창작 속에서 단연 이채롭고 빛났다고 할 수 있다"

그의 중편소설 '타조의 꿈'에서는 작가가 평생 붙잡았던 주제의식을 확인할 수 있다. 특히 이 소설은

한국의 실존주의 문학을 탄생시킨 최상규 작가의 젊은 시절 모습.

이문열 작가의 1987년도 작품 '우리들의 일그러진 영웅'과 비슷하면서도 다른 모습으로 인해 많이 비교되곤 한다.

"세상에는 두 부류의 사람이 있어요. 그 한쪽 극에는 남을 지배하지 않고는 사는 맛을 느낄 수 없는 사람이 있고, 그 반대쪽 극에는 남에게 지배당하거나 무엇에 통제되지 않고는 몸둘 바를 모르는 부류의 사람이 있지. 이 두 부류는 천생연분으로 결합되어 있어요. 참으로 놀랍고도 기막힌 생태적 공생관계지. 이 두 부류가 결합해 공동체를 이룰 때 그것은 강력한 조직을 갖게 되고, 1+1=2가 적용되지 않는 강력한 힘을 발휘하게 돼. 그렇게 되면 그 힘을 어디다 쓸 것인가 하는 것이 문제가 되지." - '타인의 꿈' 中

두 소설은 집단의 형식적인 조건이 하필 학교 교실이라는 공통점을 지녔고 한 교실에서 여러 학생들을 노예처럼 부리는 한 폭군의 교활하고 잔혹한 행패의 질이 또한 같으며 그런 폭군에 맞서 대결하는 주동인물의 고뇌와 방황이 박진감 있게 그려지고 있다는 점에서도 이 두 작품들은 서로 닮은 쌍을 이루고 있다. 하지만 이 두 작품은 분명 차이점이 존재한다. 이 차이점 속에서 작가의 특징이 또 한 번 드러난다고 할 수 있다. 즉, 비슷한 소재와 배경을 갖고 주제와 현상을 해석하는 두 작가의 눈 혹은 철학이 완전히 다른 것이다.

이문열 작가는 영웅주의적 해석으로 역사 쪽에 가까운 사실주의를 지니고 있다면 최상규 작가는 실존주의적이고 개인주의적으로 자기 탐색적인 모더니즘을 지니고 있는 것이다.

이에 대해 평론가 정현기는 "최상규 소설의 특징은 그의 작품 주인공들이 대부분 개인의 개인적 성격에 머물러 있으면서 주로 가족과의 관계(아내, 자식)의 내밀한 심리적 갈등을 추적하고 있고, 모든 세계로부터 소외된 개인의 실존적 고뇌를 그리고 있다"고 말했다.

◇최상규 문학의 이정표 '새벽기행'=한 작가 있어서 어떤 작품은 그의 많은 작품 중에서 의미를 가진다고 할 수 있다. 그런 측면에 작가의 문학을 이해하는 이정표와 같은 가 말년에 발표한 장편소설 '새벽기행'이 있다.

1989년 8월 문학사상사에서 간행한

최상규 작가의 노년시절.

프카의 '변신'이란 작품처럼 개인의 존재론적 의미를 집요하게 탐구하는 소설이라고 할 수 있다.

대학 강사인 '나'는 서울로 출강하기 위해 고속버스 터미널에 간다. 표를 사기 위해 줄을 서 있는데 자신과 너무 닮은 한 사나이를 만난다. 그리고 믿기지 않는 일들이 벌어진다. 나를 닮은 그는 서울에서 나를 대신해 강의를 하고 집에 돌아와 마치 나인 것처럼 행동을 한다. 더욱 놀라운 것은 가족들이 나를 나로 받아들여 주지 않는 다는 것이다. 이런 상황 속에서 나는 나의 집을 나서면서 "그럼 나는 누구인가?"하는 근본적인 물음을 던지기 시작하는 것이다.

이 작품에 대해 소설가 김정하는 "환상소설로서의 '새벽기행'은 자아의식과 자아정체성으로 현재의 갈등과 문제를 되 감싸 안는 구조를 보여주고 있다. 복잡다단한 현실에서 자아를 상실하기 쉬운 중년의 인식과 정서를 일탈과 방종으로 미끄러지지 모한 점에

▲ 최상규 자료 (대전일보·2013)

대전문학관 최상규 자료실 앞에 서있는 솔뫼 ▶

■ 교대공모소설부문당선작 (1968)

도토리 깍지[69]

칠월의 한낮이 무덥다. 습기를 가득 담은 대기가, 상승하는 기류를 메꾸기 위해 부지런히 이동하고 있다. 둑길 아래 강변에 서 있는 미루나무 잎이 팔랑거리며 손을 잘게 흔들고 있음이 그 증거이다. 후덥지근한 바람이 더위로 끈적끈적해진 나의 목덜미를 스쳐간다. 구름은 바람이 부는 방향과는 반대로 아주 천천히 흐르고 있다. 하늘 상층부와 지상 쪽의 하층부 기류의 흐름이 다른가 보다. 그래서인지 하늘은 훨씬 낮아 보인다. 난 툭 터진 파란 하늘을 보고 싶었는데 그게 좀 불만스럽다.

지금 나는 소영이와 구름 탓으로 납작해진 그 공간으로 난 둑길을 나란히 걷고 있다. 역시 이런 날은 구름 한 점 없이 청명해야 했다. 그럼 기분이 조금은 호전됐을 텐데 말이다. 그 중에서도 좀 다행인 것은 미루나무 숲이 무성하게 우거져 있다는 사실이다. 검은 빛이 감도는 잎의 진초록 색깔이, 구름 사이를 겨우 투과해 닿는 엷은 햇살을 받고 있는데도, 반들거려 보인다. 그건 정말 다행이다. 그 미루나무 나뭇잎들은 바람이 불적마다 웅성거리는 군중들 마냥 술렁거린다. 마치 초록 비단으로 드리운 무희들의 질서를 결한 춤 같기도 하다.

하지만 가만히 생각해보면 저 미루나무 잎들의 팔랑거림 역시 나의 심정과는 거리감

69) 1968년 공주교육대학 문예공모 소설부문 당선작으로 그해 공주교대 교지에 게재되었다. 이 작품 '도토리 깍지'를 극히 일부분을 교정하여 계간 「문학시대」(2012)에 게재했는데 여기에 옮겨 다시 수록한다.

이 있다. 다만 오늘 나는 의식적으로 소영이와의 데이트를 하면서 감정을 공유하고 싶어 안간힘을 쏟을 뿐이다. 다른 한편으로는 떠나는 이를 위한 나름대로의 노력을 하고 있다는 강한 의지를 보이고 싶을 뿐이다. 지금 나는 그녀에게 넉넉함을 보여야 한다. 하지만 그건 마음뿐이다. 실제로는 미세한 동작으로 무기력하게 그녀의 양산 그늘 속에 묻혀서 기죽은 채로 둑길을 걸을 뿐이다.

오늘이 소영과의 마지막 조우임을 나는 잘 알고 있다. 그녀와 헤어져야 한다는 강박감이 나를 지금 궁지로 몰고 있다는 사실도 인지하고 있다. 그래서 이 경색된 마음을 풀기 위해서 초연한 마음으로 이번에는 강을 바라보기로 한다. 미루나무 숲 건너편으로 도시의 변두리를 크게 휘돌아 흐르는 강물을 바라보기로 한다. 오늘 같은 날, 강이 바로 곁에 있다는 것은 더욱 고마운 일이다. 저 강물은 유년 시절 그녀와 함께 했던 고향의 시냇물보다 훨씬 넓고 크다.

그러나 나에게 유년시절의 그 시냇물은 샛강이 아니었다. 저 강처럼 넓고 길었다. 칠봉산 계곡에서부터 발원하여 마을 앞쪽 들을 적시며 흐르는 시냇물이었다. 하지만 유년의 의식 속에선 지금 내 눈 앞에 펼쳐지는 저 강보다 오히려 더 넓었다. 우리 둘의 어린 시절 추억을 가둬놓은 큰 강이었다. 나는 갑자기 고향의 시내를 닮은 저 강물로 뛰어 들어가고 싶다고 생각한다.

하지만 옆에서 걷는 소영이의 기분은 전혀 나처럼 착잡한 기분이 아닌 것이 확실하다. 다만 그냥 조심스러워 할 뿐이다. 어쩌면 그건 마음속에 가득 차 있는 자기 남자 때문일 거다. 그러니 그녀는 오히려 자기 마음을 감추고 일상적인 데이트이기나 하듯이 저렇게 태연한 모습이다.

소영이는 아예 양산을 내게 맡기고는 마치 고양이라도 애무해 줄 때의 포즈로 자기 핸드백을 끌어안는다. 가느다란 미소까지를 흘리고 있다. 게다가 그녀의 하늘색 드레스가 이따금 습기 찬 바람이 불어올 때마다 엷게 떨고 있다. 그 드레스의 떨림은 하늘색보다 몇 배나 진한 파란 칼라가 되어 자극적으로 다가온다. 하지만 나는 외면한다. 만약에 나의 마음이 지금 기쁨으로 충일되어 있었다면 그녀의 드레스의 색감은 아마도 훨씬 더 아름다운 유혹으로 다가왔을 것이다. 하지만 지금은 아니다. 가증할만한 무더위가 나를 짓누르고 있을 뿐이다. 날씨까지도 전혀 도움을 주지 않는다.

"날이 더웁지? 참 덥지? 소나기라도 한 줄금 올 것 같지?"

"……."

나는 마침내 입을 연다. 극장에서 나온 이후 오랫동안의 침묵을 깨고 싶어 입을 연다. 그러나 소영이는 그 말에 대답을 하지 않는다. 대신 조금 전에 흘린 미소를 또 다시 흘릴 뿐이다. 물론 나는 그게 자기 남자 때문에 보호막을 치기 위해 짓는 표정이라는 것을 잘 안다. 그러니 당장은 아침나절부터 가라앉은 이 분위기를 둘이서 전환시킬 수는 없다. 지금 그녀는 분명 나의 마음을 꿰뚫고 있다. 나 역시도 차라리 이럴 때는 다른 말보다는 날씨를 화두로 삼는 것이 적당할 것 같았다. 그래서 그냥 입을 그냥 열었을 뿐이고….

이렇게 나의 기분은 착잡하다. 그러나 소영이의 입장에서 상대에 대한 일말의 배려가 전제되어 있다면 이렇게 복선이 깔린 웃음을 흘릴 수는 없다. 조금 서운하다. 아니, 그녀가 밉다. 하지만 나는 마지막 헤어지는 입장에서 자제력을 발휘해야 한다. 그것이 지금 현재 내가 그녀를 수용할 현실이다.

그런데, 그런데…? 소영이가 다가와 나의 손을 살그머니 잡는다. 의외롭다. 뜻밖이다. 다이어리 분화 사건 이후 처음 있는 일이다. 나는 뜻밖의 상황에 긴장을 하며 그녀를 바라본다. 그녀는 안색까지 환하게 바꾼다. 나를 빤히 바라보며 좀 전과는 다른 색깔로 웃는 것이다. 하긴 그녀는 어려서부터 웃음덩이였다. 할 수 없이 나도 그녀의 웃음을 따라 피식 웃는다. 그러면서 그 웃음의 의미를 생각하기로 한다. 그 웃음도 복선이 깔린 것일까 하고 생각하고 있는데 둘의 웃음을 문득 불어오는 회오리바람이 훔쳐간다. 어차피 그녀는 지금 나에게 결별을 고하려 왔으니까. 이 마당에서 웃을 필요는 처음부터 없었다. 우리는 지금 유년의 삶이 찐득찐득 늘어 붙어있는 그 추억을 종식시키고 있을 뿐이다. 이 마지막 데이트로 그동안의 추억을 매듭 지으려고 하는 마당에, 나는 그녀에게 웃음대신 검은 장갑 낀 손만을 내밀면 된다. 이제 와서 무슨 웃음이 필요한 거냐고 나는 반문한다. 그렇다면 회오리바람이 웃음을 거두어 간 것은 아주 잘한 일이다.

이별. 그렇다. 우리에게 이 헤어짐이 물론 상쾌하지는 않다. 우리 둘이는 유년시절 이후 마음 밑바닥에서 서로를 세심하게 배려한다는 그런 감정으로 오래도록 관계를 유지해온 것은 사실이다. 그걸 이 마당에선 잠시 추억이라는 이름으로 상기할 마지막 순간이고 말이다. 그동안 우리는 서로 사랑하고 있었을까? 아니다. 어쩌면 그것은 사랑이 아니고 우정이었다. 우정도 아니고 일종의 신뢰이고 서로를 생각해주던 아름다운 배려였다. 그녀가 자신의 어머니를 시켜 나의 마지막 의사를 확인하기 전까지는 말이다. 그러나 이 상황에선 이제 그 신뢰가 수반된 일종의 사랑이라 할지라도 종말을 고해야 한다는 것을 알고 있다.

"정말 오늘 꼭 올라가야 하나? 외가에도 안 들리고…?"

"……."

나는 소영의 외조모가 생존해 계신 걸 떠올리면서 문득 입을 연다. 침묵하기로 작정해놓고도 5분도 참지 못하고 입을 연다. 지금 내가 몸담고 있는 이 소읍을 훌쩍 떠나, 그녀와 둘이서 유년을 공유하고 있는 산촌 마을로, 향하고 싶다는 마음으로 입을 연다. 나의 말에 그녀는 이번에도 대답을 하지는 않는다. 그동안도 그녀를 꽉 잡지도 못하고, 의미 있는 메시지 한 번 분명하게 쏘지도 못한 채, 이렇게 번번이 엉거주춤하는 모습을 여러 번 취해 왔던 나였다. 그 바람에 결국 그녀를 잃었지만….

그러니 지금 그 말도 이 마당에 하나마나 한 말이다. 그런 나의 미적지근함 때문에 그녀를 결국 놓쳤으면서 또 그런 말을 한다. 난 나 자신이 참 못마땅하다. 그러면서도 또 입을 연 것은 그녀를 향해 굳이 이런 아픔을 주며 매몰차게 나를 떠날 수밖에 없느냐 하는 항의였다. 아니, 조금 전 잡힌 손에 느껴진 체온 때문에 결심이 허물어진지도 모른다.

소영이는 대답 대신에 조금쯤 미안한 듯이 나를 향해 배시시 웃는다. 눈빛을 반짝인다. 그 웃음 속에는 역시 유년시절에 간직했던 화사함이 배어있다. 게다가 나의 전체를 빨아들여 버릴 듯 했었던 그 강하고 맑은 시선이, 아직도 유년 시절 그 티 없이 영롱한 눈빛이 되어 나에게 달려들고 있다. 맞다. 역시 그녀는 그 옛날 유년 시절부터 웃음덩이라는 애칭을 가지기에 충분한 여자였다.

그런 소영이의 둥글고 큰 눈이, 그 까만 눈동자가 갑자기 진한 우수가 어리고 있다. 지금까지 짓던 미소가 반전되는 순간이다. 아마도 지금 그녀는 나를 떠나서 자기 남자에게 가는 것에 대한 미안함을 마지막 퍼포먼스로 연출하려고 하나보다. 그걸 알면서도 나는 조금 긴장한다. 나는 그녀의 표정을 훔쳐보며 할 말을 잃는다. 다만 서먹서먹

한 기분으로 이 여름날의 더위를 한창 역겹게 느낄 수밖에 없다고 생각한다. 하지만 그녀의 우수어린 표정이 계산된 제스츄어라 한다더라도 지금 그녀를 그냥 받아들이고 싶다. 그게 나의 현재 심정이다.

그런데 이 순간에 문득 치통이 온다. 진통제 덕으로 가라앉았던 치통이 다시 온다. 며칠 전부터 계속 치통이 있던 것이었지만, 갑자기 지금 또 잇몸이 아프다. 점점 더 이가 빠질 것만 같은 노여움으로 쑤셔온다. 나는 오른손을 볼에 대고 자근자근 누른다. 매스껍고 역한 악취가 온몸으로 배어 들어가는 것 같아 불유쾌해진다. 이 순간에 그녀 앞에서 하필 치통이 오다니…. 그러나 나의 치통을 감지할 리 없는 그녀는 아무 표정도 없이 걷기만 한다. 좀 전에 짓던 우수에 찬 그 모습으로…. 다시 화가 난다. 역시 헤어짐을 전제로 한 이 마당에서는 소영이에게 예전의 그 배려를 기대할 수는 없는가 보다. 그러니 얼른 치통이나 그치게 하고 싶다. 입을 시원한 물에 헹구기라도 해야 할 것 같다.

그래서 나는 진로를 바꾸기로 한다. 내심으로 그렇게 의사결정을 하면서 둑길을 놔두고 미루나무 숲이 있는 강 쪽으로 방향을 튼다. 다행이 소영이가 나의 갑작스런 행동을 탓하지 않고 따라온다. 그건 신통하다. 그녀는 지금 나의 기분을 거스르지 않으려 하는 최소의 배려를 하는 모양이다.

모래사장으로 내려오니 더욱 지열이 후끈 달아오른다. 나는 양산을 소영이에게 건네주고 앞서서 뚜벅뚜벅 걷는다. 어느 사이에 미루나무 숲을 지나 물이 흐르는 강가에 닿는다. 물빛은 잿빛 하늘을 품고 있는 데도 파랗다. 바닥이 환히 내비치는 맑은 물이 멈추듯이 흐르고 있다. 역시 이곳은 유년의 강인 고향마을 앞 시냇물을 회상할만한 곳이다. 물가에 도착하자마자 어린 시절에 그랬던 것처럼 나는 물속에 발을 잠그고 앉는다. 시원한 물에 발을 담그니 치통이 좀 그치는 듯하다. 그녀도 나의 옆으로 와 엉거주춤한 채로 앉는다. 그리고는 등 쪽에 양산을 받쳐준다.

하지만 우리 둘은 약속이라도 한 듯이 강을 바라보면서 다시 침묵한다. 어쩌면 둘이 다 유년을 불러일으키는 늪 속으로 빠져드는 지도 모른다. 아니다. 소영이는 자기 남자를 생각할 거다. 지금 그녀는 자기의 남자에게로 가기 전에 전 생애의 극히 짧은 일부를 나에게 할애하고 있는 셈이니까 말이다. 그런데도 갈증으로 목마른 나는, 아니 치통이 시작된 나는 이 순간만이라도 샘솟듯이 흘러넘치는 그녀의 관심이 오늘처럼 가해지면 참 좋겠다고 생각한다. 미련을 버리지 못한다.

물론 지금 소영이는 아주 짧은 만남을 선물하려고 내 곁에 와 있다. 그러니 양산 그늘을 만들어주는 배려에 나는 흡족해 해서는 안 된다. 이까짓 행동은 아무런 도움도 되지 않지 않는다. 갈증이 올 뿐이다. 나는 고개를 돌려 그녀를 바라본다. 그녀를 마시고 싶다. 그녀의 물먹은 듯이 윤기 있는 눈빛 속에 흠뻑 빠져 멱을 감고 싶다. 흙빛의 머리칼 하나하나를 헤고 싶다.

소영이는 그런 나의 속마음을 아는지 모르는지 장난기를 부리며 물장구를 치고 있다. 그리고는 조금 전 우수에 찬 모습에서 벗어나 엷은 미소를 흘린다. 미소가 잔인하게 느껴진다. 다시 치통이 온다. 날은 이렇게 더운데…. 참을 수가 없다. 이 상태로는 참을 수가 없을 것 같은 위기감이 든다. 삼십 도를 훨씬 더 올라가는 수은주의 위세가, 아니 금방이라도 소나기가 한 줄금 할 것은 날씨가…. 이 더운 날에 치통까지 느끼고 있는 나에게 헤어지자는 말을 고하려고 오다니 참 가혹하다.

지금 나는 소영이의 잔인한 미소를 바라보면서 갑자기 이 강가에서 그녀를 소유하고 싶다는 충동을 느낀다. 이율배반이다. 점점 더 소유욕이 극한점으로 치닫고 있다. 유년시절 그녀의 집 헛간 속 상수리와 도토리 깍지 더미 위에서 그녀에게 깔린 채 올려보았던 해맑은 웃음을 떠올린다. 그때 그랬었던 것처럼 이 순간에도 그녀를 콱 안고 싶다. 물론 그녀를 소유한다는 것은, 지금 나에게 현실적으로 허용되지 않는다. 그녀는 이미 다른 사내에게 마음을 주어버렸으니까 말이다. 그런데도 나는 그녀를 갈구한다. 이 더위에, 게다가 후줄근히 비가 올 듯한 날씨인데도 그 욕망을 이기지는 못한다. 왜 진작 이런 열정을 발휘하지 못하고 사내에게 그녀를 넘겨주고 나서야 이렇게 아쉬워하는 것인지 나 자신이 밉다. 아니…, 슬프다.

"역시 비가 올 것 같네. 그렇지?"

한동안 강을 바라보던 소영이가 눈길을 하늘로 향하면서 마침내 내 마음을 진정시키기라도 할 듯이 입을 연다. 하루 종일 입을 벌리지 않을 것 같던 그녀가 오늘 주도한 첫 발언이다. 나는 그녀의 말에 흠칫 놀란다. 그래서 그녀에게 자신의 마음을 들키지 않기 위해 얼른 소영이를 따라 하늘 쪽으로 시선을 던진다. 하늘엔 여전히 잿빛 구름이 바람이 부는 반대 방향으로 흐르고 있었다.

나는 대답 대신에 자리에서 벌떡 일어선다. 쭈욱 팔을 올리고 기지개를 켠다. 그리고 급히 옷을 벗는다. 이건 또 다른 나의 돌출행동이다. 훌훌 옷을 벗어 그녀에게 맡긴다. 유년 시절, 마을 앞 시냇가에서도 나는 더러 그녀 앞에서 철없이 옷을 훌러덩 벗은 적이 있었다. 팬티 바람으로 멱을 감으면서 물장구를 쳤었다. 그 때나 지금 이 자리에서나 팬티 차림이다. 다만 지금은 옛날의 가난한 팬티가 아니다. 오렌지색과 하늘색 문양이 알록달록 디자인된 고급 팬티라서 화려하다. 그것이 다를 뿐이다.

나는 반라이다. 벗은 몸의 근육질이 나를, 소영이 앞에서 강건해 보일 거라는 치기어린 심정으로 마구 달리기 시작한다. 강물을 거꾸로 하여 역 방향으로 뛴다. 그렇게 한동안을 질주한다. 그러다가 천천히 강물에 들어간다. 시원하다. 물이 점점 깊어진다. 그럴수록 물살이 점점 거세어진다.

그 찬 강물 속으로 들어가며 강물을 손으로 한 움큼 펴 올려 양치질을 한다. 거짓말처럼 치통이 멈춘다. 난 이 강물을 마시듯이 그녀를 마시고 싶다고 또 생각한다. 그녀가 사내의 여자라고 생각되지 않는다. 그 사내에게 빼앗기고도 아직도 그녀를 포기하지 못한 나였다. 한심하다. 갑자기 슬퍼진다. 조모가 천명을 다하고 세상을 떠날 때의 슬픔과는 전혀 다른 깊은 슬픔이 갑자기 나의 가슴을 저미게 하고 있다. 왜 하필이면 이 마당에 조모가 떠오르지…? 이 강물 속에서…? 나는 고개를 살래살래 흔든다.

"엄마가 우리 집에 잠깐 다녀가라시는데….

두 해전. 아니, 정확하게는 13개월 전이었다. 그날도 오늘처럼 무더운 여름이었다. 소영이는 나에게 처음이자 마지막 메시지를 전달했다. 의미 있는 전언이었다.

"날? 나를…? 날 오라하셨어?"

"응. 우리 어머니가 자길 보고 싶다고 하셨어."

그러나 나는 얼른 소영이가 한 말의 진의를 깨닫지 못하고 있었다. 묵집 아주머니인 그녀의 어머니가 왜 날보고 싶다 하셨지? 결국 나는 엉거주춤하고 말았다. 어린 시절부터 보아온 묵집 아주머니의 예사로운 말로 생각했을 뿐이었다. 그러고 나서 지금에서야 그녀를 잃으면 당장 가난하고 궁색해질 것 같다고 생각하니 난 참 한심하다. 그 후 얼마 뒤에 그녀는 사내에게 갔다. 그러니 오늘의 이 상황은 다 내 책임이다. 그 누구도 탓할 수 없다.

어! 어느새 물은 가슴팍 위까지 차오른다. 나는 모래바닥에 힘껏 힘을 주고 물 위로 떠오른다. 물살이 더욱 세다. 시원스럽게 헤엄을 친다. 소영이와의 헤어진다는 사실을 잊기라도 하려는 듯이 물을 박차고 앞을 향해서 헤엄치고 있다. 몸이 자꾸 아래로 떠 밀려간다. 나는 힘을 다한다. 물은 거세다. 뒤를 돌아본다. 그녀가 손을 흔들고 있다. 나도 마구 손을 흔든다. 허공을 향해 두 주먹을 불끈 내 저으며 나의 미적지근함을 구타하듯이 손사래를 친다. 이 순간만은 그 사내를 생각하지 않기로 한다.

"위험해. 빨라 나와요. 빨리 나와."

소영이가 갑자기 벌떡 일어나며 소리를 지른다. 그녀는 나의 신변에 갑자기 위험을 느끼는 것 같았다. 그녀의 다급한 그 외침이 오히려 나를 기쁘게 한다. 나는 물살을 타면서 서서히 그녀 쪽으로 헤엄을 치며 차츰차츰 가깝게 접근한다. 그제야 그녀가 안도한다. 그녀의 배려에 나는 작은 희열을 느낀다. 하지만 이 마당에 그 배려가 우리의 헤어짐과는 사실 아무 상관없는 일이다.

내가 다시 소영이가 있는 곳으로 헤엄쳐 나왔을 때는 실제로는 몸이 많이 지쳐 있었다. 온몸의 피가 역류하는 듯 했고 심장이 할딱였다. 그런 나에게 그녀는 무사 귀환이 다행이라는 듯이 다시 유년시절의 그 웃음덩이가 되어 생글생글 웃는다. 나는 기분이 조금쯤 전환되고 있다. 그것은 그녀도 마찬가지인가보다. 자기 핸드백에서 손수건을 얼른 꺼내 나의 몸을 닦아준다. 작은 손수건으로 내 몸에 묻어 있는 물기를 닦기엔 어림턱도 없었지만 잠시 행복을 느낀다.

"우리 어서 둑길로 올라가요"

소영이는 물에 휩쓸려 떠내려가지 않은 게 천만다행이라는 듯한 표정으로 나에게 재촉한다. 나는 순순히 응한다. 그녀는 내 바지와 티셔츠를 챙겨든다. 우리는 얼른 일어나 복사열로 달아오른 백사장을 걷는다. 난 그냥 팬티 차림이다. 물에 들어갔다 와서인지 한결 덜 덥다. 시원하다. 우리 둘이는 바짝 붙어 밀착한 채로 걷는다. 하지만 둘 다 얼른 입을 열지는 않는다. 다시 헤어짐을 생각해야 하기 때문이다. 이별을 생각하면 할수록 우리의 대화가 궁해진다. 강물에서의 기분 전환은 잠깐이었다. 하긴 이 가라앉은 분위기는 내가 그녀를 오늘 서로 처음 만났을 때부터였었다. 그런 무거운 침묵이 계속

되었었기에 오전에 상영 프로그램도 고려하지 않고는 극장에 습관적으로 갈 수밖에 없었다.

나는 소영이가 나에게 언제인가는 이별을 고하러 한 번쯤 올 줄은 알고 있었다 하지만 오늘 같이 무더운 날의 갑작스런 출현은 나를 당황스럽게 했다. 마음을 비운 채 무심한 심정으로 그녀를 맞이하고 싶었다. 하지만 마음이 무겁게 내려앉아 그게 잘 안되었다. 그래서 그녀를 만난 순간 극장엘 갈 것을 제안했었다. 할 말이 많은 것 같았지만 대화가 궁해진 탓이다. 차라리 스스로 어둠 속으로 몸을 감추고 싶었다. 밝음을 외면한 채 검은 장막을 드리우고 싶었다. 극장 안, 그랬다. 그 어둠은 그녀 앞에서 한 남자로 인해 허물어진 자존심을 잠시나마 감추어 줄 거로 생각했었다.

첫 상영은 아침 11시부터였다. 극장 안은 텅 비어 있었다. 쓸쓸했다. 스물이 겨우 넘을까 하는 사람들이 뜨무딱 뜨무딱 앉아 영화 상영 시간을 기다리고 있었다. 나는 영화 감상에 대한 기대감보다는 고독이 해일처럼 밀려드는 것을 느껴야 했다. 순전히 그 사내 때문이다. 나는 주위를 둘러보았다. 조조할인으로 들어온 사람들, 그들에게 연민의 정을 느꼈다. 아니다. 사실 그 연민은 나 자신을 향하고 있었다. 그 허탈함을 참고 나는 그녀와 나란히 앉아 영화를 보았다. 어설픈 스크린의 장면에 하나도 재미를 느끼지 못했다. 스토리도 따라잡을 수가 없었다. 우리는 극장 안에서 이렇게 시시한 하루를 보내서는 안 된다는 생각이 들었다. 얼른 극장 밖으로 나와야 했다. 영화는 애당초 보지 말았어야 했는데…. 그래서 서둘러 극장 밖으로 나왔다. 오늘 그녀를 처음 만났을 때 나의 의사결정이 너무 성급했든 셈이다.

나는 둑에 올라오자마자 소영이에게서 얼른 옷을 받아든다 그리고는 급히 옷을 입는다. 둑으로 올라오면 그 때부터 그곳은 강이 아니다. 사람들이 왕래하는 길이다. 허니 옷을 챙겨 입어야 한다. 내가 옷을 입는 걸 바라보며 그녀는 다시 버릇인 양 배시시 웃는다. 그녀도 옛날 함께 했던 유년이 순간적으로 되살아오나 보다. 하지만 나는 지금 그녀의 웃음 속 저 뒤편의 속마음을 유추하고 있다. 그녀는 아침나절 나를 처음 만났을 때부터 속마음을 드러내지 않고 있다. 그냥 웃기만 했다. 나의 곁에 여전히 머물 사람의 미소 같은데 사내에게 간다는 것이 믿겨지지 않을 만큼의 해맑은 미소였다. 유년시절의 그 웃음덩이였었음을 다시 한 번 상기하게 하는 웃음이었다. 그런데도 그녀의 미소에 주눅이 드는 것은 오히려 나 자신이다.

둑길 건너편에서는 도로 포장 공사가 한창이다. 나와 소영이는 일을 하는 그 사람들 쪽으로 천천히 걸어 나간다. 우리는 얼른 그 곳을 빠져나가기 위해 계속 걷는다. 무더움 속의 깊은 상념은 노여움에 떨고 있었지만 우리는 그걸 감추고 아무렇지도 않다는 듯이 그냥 걷는다. 새로 옮긴 우회도로 옆 버스 정류장 쪽을 향하여 부지런히 걷는다. 이별의 장소가 바로 그곳이니까.

소영이가 어머니를 시켜 자기 집에 다녀가라고 하고나서 6개월이 지난 후인 겨울이었다. 신안동 골목집에서 나는 그녀와 긴 시간동안 자리를 같이 했다. 그날 우리는 산꿩 갈비살로 만든 꼬지를 뜯어가면서 술을 마셨다. 나는 그날 그녀와 한 사나이의 만남의 기록이 다이어리 속에서 추억으로 담겨 있음을 처음으로 알았다.

소영이의 마음속에 다른 사내가 하나 더 있음을, 난 그날 기록을 통해 최초로 인지한 것이다. 나 말고도 감추어 둔 사내가…? 그렇담 그녀가 양자택일을 하기 위해 나를 자기 집으로 불러들인 셈이다. 그건 아닐 거라고 애써 변명을 해본다. 혼기를 앞둔 여자 아니, 그 어머니의 당연한 결단일 수도 있다 생각하면서도 나는 그녀의 다이어리를 번쩍 쳐들었다. 우유부단했던 나도 그 날만은 가슴이 참담하게 무너진 채로 분노했다. 난 당장에 그 기록을 연탄 불화로에 내던져 버렸다. 다이어리는 앞쪽부터 불에 탔다. 맨 처음 비닐 커버가 그 특유의 냄새를 내가면서 오그라들었다. 그러다가 차츰 종이가 타기 시작했다. 지금까지 내가 그녀에게 한 행동 중 가장 저돌적인 행동이었다.

소영이와 사나이의 기록—. 그 기록이 연소되는 다이어리를 그녀는 그날 쳐다보고만 있었다. 그녀는 결코 나를 나무라지는 않았다. 아주 담담한 표정이었다. 잡아주지도 않는 남자를 단념하는 초연한 모습이었다. 그녀의 그 표정을 바라보며 나는 오히려 패배를 의식했다. 그때부터 나는 사나이에게 무너지기 시작했다. 다이어리는 탔지만 그녀는 그 남자와 공고해진 셈이니까….

그렇다. 그 날 다이어리가 불탐과 동시에 우리 간격을 허물며 친밀하게 해주었던 소박한 소꿉놀이와 유년의 강과 그리고 함께 뛰놀았던 참나무랑 도토리나무 숲이 모두 함께 불탄 셈이다. 그녀와 감상한 몇 편의 스크린 영상의 아름다움도 모두 불탔다. 그날은 날씨가 무척 추웠었다. 헌데 지금은 너무 덥다. 끈덕진 혹서가 나를 목마르게 했고,

더구나 그녀가 지금 이별이라는 키워드로 기갈의 상태로 몰고 있다.

"우리 뭘 좀 마실까?"

나는 소영이의 동의를 받지도 않고 길옆 간이휴게소로 불쑥 들어간다. 이렇게라도 지금까지의 상황을 아니 기분을 전환하고 싶었기 때문이다. 이번에도 그녀는 순순히 따라 들어온다. 나의 뜻을 끝내 거슬리지 않으려나 보다. 홀 안은 그리 시원하지는 않았다. 실망이다. 게다가 실내는 아무런 장식도 없다. 탁자와 거기에 딸린 의자가 몇 개 정돈되지 않은 채 자리하고 있을 뿐이다. 테이블의 중간 천정에 설치되어 있는 선풍기는 있으나 마나였다. 외부와의 공간은 조립식 건축자제로 차단되어 있을 뿐이었다. 밖의 소음도 들린다. 애당초 방음벽이 설계되지 않은 간이휴게소이니까 당연하다. 자동차 소리랑 또 칼을 가는 듯한 금속성의 파찰음도 들려온다. 생각보다 훨씬 조악한 곳이다. 공사장의 인부들이 잠시 휴식을 취하는 간이휴게소라는 것을 이내 알아차릴 수 있었다.

나와 소영이는 선풍기 바로 아래 의자에 앉았다. 팥빙수 둘을 주문했다. 이내 팥빙수가 왔다. 스푼으로 젓고는 한 숟갈을 떠서 마셨다. 생각보다는 시원했다. 팥내음이 야무지게 확 풍기며 창자벽까지 냉각되는 듯하다. 그러나 그녀는 팥빙수를 마시지 않고 플라스틱 티스푼으로 천천히 젓고만 있었다.

나는 팥빙수 그릇을 탁자에 내려놓으면서 머리를 들었다. 그리고 소영이를 바라보며 멋적게 웃는다. 그녀 역시 그 옛날의 웃음덩이로 돌아가기나 할 것처럼 다시 미소를 흘린다. 그녀의 천진스런 미소, 게다가 양쪽으로 가늘게 흘렀던 볼의 경련, 나는 그것을 보고 또 당혹한다. 그랬다. 그 미소가 유년시절 그 어느 날부터 나에게 지속적으로 던져진 바로 그 웃음이었다. 그녀의 미소는 화려하지는 않았었다. 늘 실팍하고도 얄푹했다. 지금 바로 옛날의 그 미소를 다시 그녀에게서 보는 것이다. 나는 까마득히 잊어버렸던 지난날을 회상한다.

그러니까 그날은 우리 둘만의 가을이었다. 한 낮이 기운 오후, 그날 소영이의 집 마당엔 빨간 고추가 발 위에서 건조되어 가고 있었다. 그녀의 집안은 지극히 고요했다. 암탉 두 마리만이 헛간을 좔좔 헤치고 있었다. 측백나무 울타리 가운데 서 있는 둥치 큰 호두나무에서 쓰르라미가 목청껏 울어댈 뿐이었었다.

하지만 가을 하늘빛은 언제나 그랬듯이 그날도 청자 빛으로 투명했다. 바위와 물과 수목들뿐인 적막한 산촌에 내리쬐는 햇살도 풍요로웠다. 나와 그녀는 고샅길을 지나서 쪼르르 사립문을 열었다. 우리는 시냇가에서 들고 온 조약돌을 좌르르 쏟았다. 우리가 살던 산촌에서는 그 무렵에도 조약돌이 껄정한 플라스틱 완구보다 더 유용한 놀이기구였었다. 우린 반들반들한 마루 위에 그 조약돌들을 와르르 쏟아놓았다.

그리곤 곧바로 헛간으로 들어갔다. 그곳엔 도토리 깍지와 상수리 깍지가 수북이 쌓여 있었다. 그녀의 어머니가 묵을 하느라 속살을 빼고서 버린 깍지더미였다. 그녀의 할머니가 만든 묵은 당시에 마을에서 제일가는 먹거리였다. 나 역시 어렸을 때부터, 그 묵 맛에 길들여져 있었다.

우리는 헛간으로 들어가 도토리와 상수리 깍지를 성한 것으로 고르기 시작했다. 산에 흔하게 널린 도토리나무와 상수리나무엔 다닥다닥 붙어 있는 것이 도토리였고, 상수리였는데 우리에게 정작 필요했던 것은 묵을 하고나서 불쏘시개로 쓰였던 깍지들이다.

바로 그날, 우리는 그 깍지들을 챙겨 주워 담다가 그만 산더미처럼 쌓인 깍지 무덤 속으로 함몰되어 버렸다. 소영이가 미끄러져 넘어지는 바람에 나도 함께 넘어졌다. 헌데도 그녀는 당황하지 않고 오히려 생글거렸다. 그녀는 눈빛을 빛내면서 나를 꼭 끌어안았다. 그녀는 나보다 성숙했다. 그렇게 그날 우리의 유년이 헛간에서 각인되고 있었다.

나는 상념에서 벗어나 소영이를 바라본다. 그녀는 그제에서야 팥빙수를 작은 스푼으로 떠서 마시고 있다. 조그만 아이처럼 홀짝홀짝 팥빙수를 먹는다. 나는 떠나는 그녀를 바라보면서 마지막으로 던져 줄 알맞은 이야깃거리를 찾아야 하겠다고 생각한다. 속마음으로는 지금 이 순간 침묵하는 미지근한 상태보다 무언가 말을 하고 싶었다. 그러나 입이 열리지 않는다. 역시 그 사내 때문이다. 그래도 뭔가 떠나는 이를 위하여 말을 해야 한다고 생각한다.

하지만 시시한 이야기를 해서는 안 될 것 같았다. 의미 있는 말을 하고 싶다. 예사 때 말하던 것 같은 소박한 말거리는 지금 알맞지 않다. 그렇다면 차라리 침묵해야 한다. 각기의 상념에 젖은 채, 이 자세로 그냥 있어야 한다. 그게 가벼운 이야기보다 몇 배나 나을 것 같다. 맞았다. 시시껄렁한 말보다 그 쪽이 차라리 났다. 나는 생각을 바꾼다. 영원을 쪼개먹는 순간순간의 틈 사이에 끼어서 서로 맞바라보고만 있으면 된다.

여자나이 스물아홉이면 이제 완숙 단계를 지난 여인이다. 아이를 둘쯤은 낳고도 남을 여인이다. 하지만 나는 그녀가 남자의 손을 타지 않아서 아직도 순결한 여자라고 단정해왔다. 하긴 이미 마음을 정한 사내가 있다면 그녀의 순결은 가식이다. 그래도 그녀 몸에서 풍기는 신선한 느낌의 체취는 유년시절과 한결같다. 지금 그 체취가 홀 안에 그윽하다. 더구나 그녀는 아직도 유년의 그 순수한 눈빛을 간직하고 있지 않은가! 그래서 이 순간도 나는 스물아홉의 그녀가 순결하다고 단정하기로 한다.

이제 정말 잠시 후엔 소영이가 떠난다. 스물아홉까지 기다렸던 남자에게 복수를 하기나 할 듯이, 그래서 그녀는 나에게 마지막에 아픈 추억을 남겨주려고 이렇게 계속 자기만의 체취를 쏟아내고 있지만 말이다. 나는 상념에서 벗어나려는 듯이 팥빙수가 담긴 유리그릇을 다시 든다. 팥빙수를 주욱 마신다. 좀 전보다 많이 식었다. 시원하지 않다. 이제는 빙수라고 할 수 없을 만큼 미적지근하다.

"더 식기 전에 한 수저 더 떠봐."

나는 무심한 표정으로 팥빙수를 소영이에게 권한다. 그녀는 팥빙수를 마실 생각을 하지 않고 있는 듯했었는데 나의 말에 마지못해 한 수저를 퍼 입에 넣는다. 그 팥빙수는 나의 것처럼 마찬가지로 식었을 것이 분명하다. 그런데 그녀는 뜻밖에도 팥빙수 수저를 입술로 쪽쪽 빨아댄다. 그 모습이 섹시하다. 나는 그녀의 입술 위에 자신의 입술을 포개본다. 그 옛날 유년 시절 그녀의 집 헛간 도토리랑 상수리 깍지 무덤에서처럼….

"이제는 떠날 시간이 되었네."

난 소영이의 말에 환상에서 문득 깨어난다. 그리고 지긋이 그녀를 응시한다. 그녀는 다시 엷은 미소를 짓는다. 그러나 그 미소가 여전히 잔인하게 느껴진다. 속상하다. 그녀는 아무렇지도 않아 하며 미소를 짓는데 나만 속상해 한다. 그 속상함이 나의 목덜미를 경련하게 한다.

가만히 생각해보니 지금 떠나는 자가 떠나보내려 자보다 더 여유가 있다. 소영이에게 버려지기 때문에 나는 그럴 수밖에 없다고 생각한다. 떠나는 그녀는 사내를 획득하지만 떠나보내는 나 자신은 그녀를 상실하기 때문이다. 그렇게 생각하니 숨이 막힌다. 갑자기 휴게실 바깥에서 느꼈던 더위보다 아니, 조조할인의 극장 속에서의 재미없었던 영화를 볼 때보다 더 막막하고 답답해진다.

그런데도 소영이는 나의 기분과는 상관없이 여전히 밝은 표정이다. 미소를 머금는 웃음덩이이다. 다시 밉다. 그런 그녀가 또 밉다. 나는 계속 원망하는 눈빛으로 그녀를 바라보고 있는데도 내 기분과는 상관없이 그녀는 여전히 웃음덩이로 앉아 있으니 미울 수밖에 없다. 마음의 동요가 느껴지지 않는 사람 같다. 유년 시절부터 강렬했던 그 미소를 지속적으로 던질 수 있다니! 나는 시선을 탁자에 떨어뜨린다.

그 순간 또 치통이 온다. 아프다. 두 손으로 볼을 어루만진다. 나만 이렇게 마음도 몸도 아프다. 하지만 갈 시간이 되면 소영이는 의자에서 일어나 자기 사내에게 갈 것이다. 이가 아픈, 아니 슬픈 나를 놔두고 말이다. 이제 와서 나는 그녀를 많이 아주 많이 사랑한다는 걸 확인한다. 하지만 이미 늦었다. 역시 나는 다이어리가 불탔을 그 때부터 이미 사내에게서 그녀에 대한 기득권을 완전히 잃은 셈이다.

"일어설까?"

나는 소영이에게 선수를 빼앗기지 않으려고 얼른 자리에서 일어선다. 이제 버스가 오면 어차피 그녀는 떠나야 한다. 나도 이곳을 얼른 나가야 한다. 그녀는 나의 말에 손목에 걸친 시계를 바라보면서 일어선다. 그녀가 갑자기 냉정해 보인다. 그러나 할 수 없다. '좀 더 있다 가요. 외가에서 머물다가 내일 가도 돼요.' 이 한 마디쯤 그렇게 말해도 괜찮을 텐데…. 그녀를 오늘 처음 만났을 때부터 기대했던 말이다. 그러나 내가 일어서기를 바라기나 했던 것처럼 그녀는 오뚝 일어서더니 서둘러 밖으로 나간다. 끝내 그 말은 하지 않는다.

나도 얼른 소영이를 따라 나간다. 밖으로 나오니 역시 덥다. 게다가 습기 찬 바람이 우리를 질식이라도 시킬 것인 양 밀려든다. 그녀가 오늘로 서울에 가려면 지금 떠나는 버스를 서둘러 타야 한다. 서울로 가는 마지막 차는 이 차 말고 밤에 떠나는 게 한 대 있을 뿐이다. 어차피 그녀는 밤까지 머물지 않을 게 분명하다. 정류장은 휴게실에서 그리 멀지는 않다. 우리는 정류소 쪽으로 향한다. 이내 버스가 서 있는 정류장에 도착한다. 하지만 그녀는 곧바로 버스에 타지 않았다. 우뚝 멈춰 선다. 그리고는 이내 돌아서서 나를 빤히 바라본다. 긴장이 된다. 이별의 순간이 다가올수록 나는 기가 죽을 수밖에 없다.

"이거…? 그날 올 수 있었으면 해."

말을 잃고 있는 나에게 소영이가 입을 연다. 그리곤 사각봉투를 내민다. 전해질 메시지가 마침내 전해져 온 셈이다. 그녀는 담담한 표정이다. 미소를 거둔 담담한 표정이다. 나는 그녀의 얼굴을 뚫어지게 바라본다. 다시 사내에게 향한 질투가 꿈틀거림을 느낀다.

다행이도 그 때 버스가 시동을 걸고 있다. 소영이는 손을 내민다. 나는 그녀의 손을 잡는다. 예정된 이별이 현실화 되는 순간이다. 그녀의 손은 참 따뜻하다. 그녀가 버스에 가뿐하게 올라탄다. 그리고는 차창 쪽으로 고개를 돌리어 그녀를향해 다시 가늘게 웃는다. 손도 흔든다. 그게 신호인양 버스는 출발한다. 악수를 한 내 손바닥엔 아직도 그녀의 체온이 그대로 남아 있는데 차는 벌써 저만큼 간다.

나는 멀거니 서서 버스 동체 뒤꽁무니를 쳐다본다. 어느 새 버스는 시야에서 멀어진다. 공허하다. 다시 치통이 온다. 이를 뽑아버리고 싶다. 이빨 뺀 후의 갖는 공허를 맛보고 싶다. 지금 난 많이 슬프다. 역시 조모를 선산에 안치하던 날의 생자와 사자의 이별보다 더 아픈 슬픔이 가슴 속까지 저미어온다. 그날은 사랑하는 조모와 이승과 저승을 사이에 두고 갈라졌던 순간이었다. 그날도 많이많이 슬펐었다. 하지만 천명을 다한 조모를 하늘로 보내드리면서 가슴은 평안했었다. 헌데 지금은…. 비가 내린다. 지금까지 참았던 비가 내린다. 나는 비를 피하지 않으면서 걷는다. 그러면서 다짐을 한다. 오늘 방금 그녀와의 헤어짐처럼 아픈, 이승에서의 이별이 다시 있어서는 안 된다고…….
연습이라도 또 이런 이별을 되풀이 하면 안 된다고 말이다.

습작 시절[70], 그 긴 터널

나는 교육대학을 졸업하고 초등학교 교사가 되었다. 그 후 한동안을 교사로서 적응을 한다면서, 아니 그 핑계를 대면서 '학교 교육'이라는 동굴로 들어가 반달곰이 잠을 자듯이 '문학 동면'을 시작한다. 처음에는 '잠깐만' 했는데 그 동굴에서의 '문학 동면'은 꽤 길었다. 오래도록 깨어나지 못하고 깊은 잠을 자게 되었다. 창작 대신에 어린 제자들인 나의 귀여운 '참새'들에게 '글쓰기 교육'과 '독서 지도'를 포함하는 전인교육을 하면서……. 나는 그들의 유년을 풍성하게 해주기 위하여 최선의 노력을 했다. 열정을 불태우면서…….

나는 지금도 그 제자들을 소중히 가슴에 묻고 산다. 그들 중 나를 잊을 수 없는 스승으로 기억해주는 이들이 조금은 있다. 그래서 행복하다. 한동안의 '문학 동면'으로 '문학'의 한 부분을 잃었지만 그 대신에 '제자'들을 얻는 삶을 살 수 있었다. 지금도 나는 이따금 그들과 만난다. 글 카페에서, 이메일 편지로, 그리고 직접 얼굴을 마주 보고 면대 면하면서……. 습작 시절, 그 긴 터널 속에는 잠시 잃어버린 '문학' 대신에 그 안에는 '제자'들이 있다. 그들이 지금도 나를 보며 웃어준다.

당시 기억나는 제자들로는 강영일, 정대숙, 백석현, 정성영, 오재학, 이윤자, 김용희, 노한숙, 강은식, 이경자, 송흥분, 최숙자, 유명숙, 염보선, 이태규, 박주경, 임선옥, 임현자, 이윤숙, 정진우, 송민숙, 윤숙영, 이원재, 이응우, 염정선, 전순이, 최순희, 황원구, 황원우, 최용자, 정운만, 이강이, 정문희, 정양희, 주재도, 주재권, 조홍식, 임석창, 김용원, 이원규, 이대행 등이다.

---

70) 1969년 3월 교단에 서면서 나, 김영훈의 문학 습작은 동면을 하기 시작한다. 공주교대 졸업을 하고 홍성의 시골 학교에 근무면서 제자들을 만나는 기쁨과 가르치는 일에 오히려 마음을 썼다. 어린이 독서지도와 창작지도, 학교신문 발행 등에 열성을 다했다. 게다가 결혼과 자녀 출산 등 가정생활에 마음을 쓰는 동안 문학에 대한 열정이 좀 식어갔다. 그러면서부터 점진적으로 소설에서 아동문학 쪽 동화 창작으로 관심의 축이 기울기 시작한 것도 그 때부터였다.

습작 시절의 투고 작품들

保險·뉴스

꽁트

키다리 할아버지

金榮薰 <충남홍성군광천국민학교>

西紀1978年 2月15日

보험뉴스에 투고한 동화 '키다리할아버지'

大田日報

1978년11월17일 (금요일)

바른말 고운노래를…

김 영 훈

젊은이 陽地

漢字모르는 젊은世代 무식하대서야

어린이 입에서 流行歌·욕설…슬픈일

바른말 고운노래를… (대전일보 78. 11. 17)

〈꽁트〉

병희엄마

김 영 훈 (홍성 광천국교 교사)

忠南敎育

1978년10월1일(월간)

충남 교육에 투고한 콩트작품 '병희엄마'

『교육자료』와 『새교실』[71] 추천

誌 友 文 藝　　　詩選/李 東 柱

<창작 추천 1회>

어린 꿈나무

김 영 훈

첫째 시간의 수업이 거의 끝날 무렵이었다.

"똑똑똑……"

아이들도 남 옥희 선생도 공부에 너무 열중했었기 때문에 미처 교무 주임인 정 선생의 그 노오크 소리를 곧 바로 듣지 못했었다.

"실례하겠어요. 남 옥희 선생"

정 선생은 이제 살며시 출입문을 두 손으로 잡아 밀었고, 그 마찰음은 그들의 주위를 갑자기 환기시켜 주었다. 그때서야 남 옥희 선생도 아이들도 일제히 출입문 쪽으로 시선을 던졌다.

그곳엔 교무 주임인 정 선생이 자기 반의 아동 하나를 데리고 서 있지 않은가? 그녀는 황

7月의 詩 審査評

이달에는 다른 달에 비해 대단히 質과 量이 풍성했다.

역시 계절이 가져다 주는 詩心은 다른 季節보다 예민한가 보다.

마지막 남은 作品으로는 정 하나의 <웅달샘>, 주 전이의 <갈매기>, 김 진광의 <해송>, 이 길옥의 <復活>, 그리고 장 사도의 <바다의 교향곡>, 이 국재의 <책읽는 아이들>, 이 은용의 <나비> 등이었다.

대체적으로 수준은 상승되었으나 너무 기교에 흐른 감이 있다.

가령 <옹달샘>이나 <復活>은 너무 테크닉에 치우친 감이 있어 오히려 담으려는 내용이 선명치 않았다.

또 한편으로 <갈매기>나 <해송>은 作品을 쓰고자하는 의도보다 어렵게 전개되어 作品 전체가 산만함마저 불러 일으키는 것은 평소 作詩 태도부터 쉽게 쓰는 습관을 길러야겠다.

본란의 의도는 역시 대상이 학교이니만치 習作 자체부터 약간의 교육적인 면이 내포되어야 하지 않을까.

이번달 추천은 세 편으로 정했다. 장 사도씨의 <바다의 교향곡>은 전연 나무랄 데 없는 作品이었다. 찬찬히 의도한대로 展開될 뿐 아니라 작품을 매만지는 태도가 진지하고 앞으로 계속 전진하면 훌륭한 作品을 빚을 수 있다.

다음으로 이 국재의 <책 읽는 아이들>은 소재가 흔하면서도 이만한 作品을 구사할 수 있다는 것을 높이 산다. 위의 두 분은 마지막 남은 치료를 더 좋은 작품으로 장식하기 바란다.

마지막 추천작으로 이 은용씨의 <나비>는 한 송이 꽃으로 비유한 참적한 발상이었다. 아직은 이 한 편으로 그 수준을 저울질 할 수는 없지만 앞으로 노력하면 충분히 좋은 작품을 낳을 수 있지 않을까 싶다.

선자의 욕심같아선 지면의 제약이 없다면 두어 편 더 추천할 수 있었는데 사실은 못내 아쉬웠다.

李 東柱(本誌 文藝審査委員 · 詩人)

새교실 1회 추천작 '어린 꿈나무'가 게재된 월간 「새교실」지

내가 교육 현장으로 들어간 이후에 새 생활에 적응하면서 문학의 열정이 잠시 식었던 시절, 문득 그 동면을 깨고 소설에서 전향해서 본격적으로 동화 습작 쪽으로 집념을 보이기 시작한 것은 월간 「교육자료」와 「새교실」에 작품을 내놓으면서부터였다. 이 두 잡지는 전국 초등학교 교사들의 교수·학습 방법을 개선하기 위한 정보와 각종 자료와 교육 이론을 게재해 매달 발행하던 잡지였다.

월간 「교육자료」는 개인 회사가 발행했고, 월간 「새교실」은 한국교원단체총엽합회가 발행했다. 이 두 잡지는 달마다 참신한 교육계 소식과 다양한 교육 이론을 소개했다. 주목적은 각 교과별 교육과정에 따라 교수·학습과정안을 수록해 현장 교사들로 하여금 수업의 질을 개선하도록 하는데 목적이 있었다.

나 역시 동화 천료 후에 국어과 교수·학습 과정 안을 월간 「교육자료」에 3년간 집필을 했지만 말이다. 그런데 이 두 잡지의 말미에 '교원문예란'을 두고 있었다. 습작기에 있는 교사들로 하여금 문학열을 충족시켜 주었고, 다른 한편으로는 등단하려는 이들에

71) 「교육자료」 와 「새교실」 : 초등교사의 교수·학습방법을 제고하기 위한 교육 전문 잡지로서 교육에 관한 이로과 현장교사들의 수업 매체 등 정보를 제공해 주었고 문예란을 두어 습작을 하도록 배려했다.

게 습작의 기회를 제공해주고 있던 제도였다.

기성 작가들을 심사위원으로 초빙해 3회 추천으로 천료를 하는 시스템이었다. 문단 등단의 과정은 아니었지만 많은 이들, 그 중에서도 아동문학에 뜻을 둔 이들이 문단으로 나가기 전에 자기를 연마하는 수단으로 활용했던 지면이었다. 아동문단의 많은 현역 작가와 시인들이 그 옛날에 이 두 잡지를 통해 습작기를 보낸 것으로 나는 알고 있다. 이 두 잡지에 나도 동화 작품을 내기 시작했다. 결과적으로 월간 「교육자료」는 이원수[72] 와 엄기원[73] 두 분의 추천으로 3회 추천을 완료했고, 월간 「새교실」에는 2회 추천까지만 받았다.

이원수 선생님에 대한 추억

'고향의 봄' 시인인 이원수 선생님을 내가 찾아 뵌 것은 1980년쯤이었다. 그러니까 내가 홍성에서 대전으로 근무지를 옮기기 직전이었다. 선생님에 대한 나의 첫인상은 담백함이었다.

그때 나는 초등 교사를 위한 교육 잡지인 월간 「교육자료」 교원 문예란을 통해 선생님에게 동화 작품 2회 추천을 받고 있는 중이었다. 이원수 선생님은 당시 사당동(?)에 살고 계셨던 걸로 기억된다. 나는 선생님 댁을 찾아갔다. 선생님께서는 생면부지인 나를 반갑게 아주 반갑게 맞아주셨다. 앨범을 보여 주셨는데, 마침 그때 대한민국예술원상을 수상하셨던 때가 아닌가 한다. 나는 수상 모습이 담긴 사진첩을 넘기며 선생님의 모습을 찬찬히 살펴보았다.

이원수 선생님은 동요 '고향의 봄'을 통해 널리 알려지신 분이었지만 나는 지면으로만 뵙던 분이었다. 동화 쓰기에 가르침을 받기 위한 나의 태도는 공손할 수밖에 없었

72) 이원수(1911-1981) 경남 양산 출생, 아동문학가. 1926년 '어린이' 지에 동시 '고향의 봄'을 발표하면서 등단했다. 한국문인협회 이사, 한국아동문인협회장 역임했으며, 대학 강단에서 아동문학론을 강의하기도 했다. 동화집으로 「숲속나라」 동시집으로 「빨간 열매」, 「종달새」등이 있으며 고마우신 선생님상, 대한민국문학상, 대한민국 예술원상 등을 수상했다.

73) 엄기원(1937 -) 강릉 출생, 아동문학가, 한국아동문학연구회장. 1963년 한국일보에 신춘문예동시부문 당선으로 문단에 나왔다. 지은 책으로 '개구쟁이 편지 쓰는 날', '대장과 졸병', '앞장 선 꼴찌', '이상한 청진기' 등 여러 권이 있고, 박경종아동문학상과 한정동아동문학상 운영을 주도 하고 있으며, 당신은 한국문학상, 방정환문학상, 펜문학상 등을 수상했다.

다. 그 날 선생님은 나의 문학적 열정이나 습작기의 태도에 대하여 자상하게 물으셨다.

내가 두 번째로 선생님을 뵌 것은 술자리였는데 종로2가 에서였다. 혼자가 아니셨다. 박홍근[74] 선생님과 함께였다. 난 술을 못하는 편이었는데 노년에 처해있는 두 선생님은 술을 즐기셨다. 술자리에서 박홍근 선생님은 이원수 선생님의 '고향의 봄'에 대한 이야기를 화재로 삼으셨다. 나는 얼마 후에 술을 다 마시고 나올 때 술값을 치르려고 했다. 그러나 이원수 선생님께서 들어가실 때 술값을 이미 미리 내시어 주인은 내게서 술값을 받지 않았다. 나는 무안해서 얼굴이 많이 붉어졌다.

그 후로 나는 아랫사람들과 회식자리에 갈 때는 더러 내가 먼저 음식 값을 치르는 버릇이 생겼다. 글을 가르쳐주는 스승일 뿐만 아니라 이원수 선생님은 인간의 삶을 어떻게 살아야 하는 지를, 몸소 그 처세술을 가르쳐주신 셈이다.

그 후, 나는 3회 천료는 이원수 선생님이 아닌 엄기원 선생님께 받았지만 이 선생님과의 짧은 인연을 소중히 여기고 있다. 동화를 쓸 때마다 내 가슴 속에서 살아나고 있는 분이다. 말년의 친일 행적 때문에 조금은 매도되는 면이 있지만, 나는 이원수 선생님을 많이 아주 많이, 존경한다. 순수한 작품으로, 그리고 어린이 사랑으로 일생을 바친 분이기 때문이다.

다만 국권을 빼앗긴 슬픈 시대 속에서 살다가 흠을 남길 수밖에 없는 삶을 살으셨던 처지가 안타까울 뿐이다. 언제 한 번 마산(창원시)에 들려 이원수 문학관을 탐방하고 또 선생님이 누워 계신 묘소에 찾아가 절을 올리고 싶다.

---

74) 박홍근(1919 - 2006) 함북 성진시 출생, 아동문학가, 1946년 동시 '고무총'을 한길신문에 쓰면서 문단에 나왔다. 작품집으로 「날아간 빨간 풍선」, 「눈을 뜨고 꿈꾼 아이」, 「이를 뽑기 싫어」, 「나뭇잎 배」, 「해를 보며 달을 보며」등이 있다. 소천문학상, 이주홍문학상, 대한민국 문학상 등을 수상했다.

새벗아동문학상 장편동화부문 응모와 신진 시인·작가들과의 만남으로 결성한 「써레」[75)]

오랜 동면에서 깨어난 나의 창작욕에 대한 열정은 점점 더 끓기 시작했다. 소설에서 장르를 바꾸어 동화 또는 아동·청소년 소설 쪽이었지만 난 여러 편의 작품을 탈고했다. 대전으로 근무처를 옮기면서 나의 창작열은 더욱 끓어올랐다. 사화산에서 활화산으로 변하고 있었다. 문학성은 차치 하다라도 나의 창작욕이 되살아 난 것은 큰 다행이었다.

그 무렵이었다. 그러니까 나는 1982년도에 월간 「새벗」에서 공모하는 제1회 새벗아동문학상 장편부문에 응모하였다. 그러나 당선을 하지는 못했다. 다만 최종심에 올랐을 뿐이다. 결선에 오른 작품 중에서는 제일 돋보인다는 짧은 심사평이 다였다. 그 심사평이 나에게 큰 용기를 주었다. 나를 부양시켰다. 그러나 이듬해에 나는 이쪽에 다시 응모를 하지는 않았다.

하지만 이 새벗아동문학상에 응모하는 바람에 월간 「아동문예」[76)] 박종현[77)] 주간을 만날 수 있었다. 구진서[78)] 동화 작가께서 박종현 주간을 한 번 만나보라는 말씀을 듣긴

---

75) 「써레」: 1983년 김영훈, 이상배, 이영, 손기원, 이창건 양점열, 조명제, 김관식, 송남선이 만든 문학 동인이다.

76) 「아동문예」: 1976년 광주에서 박종현 주간 겸 발행인이 창간한 아동문학 월간 전문 잡지이다. 그 후 서울 인사동으로 사옥을 옮겨 발행하다가 현재는 서울 도봉구에서 잡지를 발행하고 있다. 이 잡지는 순수아동문학을 추구하고 있으며 동화 소년소설, 동시 동시조 동수필, 동극, 아동문학평론 장르 등에 지면을 할애하고 있다. 창간 이래, 지금까지 수 백명의 동화작가와 동시인, 동극작가, 아동문학평론가를 배출하여 한국아동문단 발전에 크게 기여했는데 나도 이 잡지 출신이다. 지금은 격월간으로 발행하고 있다.

77) 박종현(1939 -) 전남 구례 출생, 동시인, 월간 「아동문예」주간 겸 발행인, 한국문협아동분과위원장, 1965년 동시집 「빨강 자동차」를 발간하면서 문단에 나왔다. 작품집으로는 「손자들의 숨박꼭질」, 「구름 위에 지은 집」, 「별빛이 많은집」, 「아침을 위하여」등 여러 권이 있으며, 대한민국문학상, 한정동아동문학상 등을 수상했다.

78) 구진서(1939 - 2001) 충남 논산 출생, 한국아동문학회 부회장, 1959년 국도일보신춘문예로 문단에 나왔으며, 192년에는 조선일보 신춘문예에 당선하기도 했다. 동화집으로 「산울림」, 「갈대숲의 노래」, 「별님이 흘린 눈물」, 「빨간 털구두」등이 있고, 한국아동문학작상을 받았다. 나와는 충남아동문학회원으로 함께 활동했다.

했지만 나는 아동문예사엘 찾아갈 용기를 내지는 못했었다. 그랬었는데 새벗아동문학상 최종심에 오른 것에 용기를 얻는 계기가 되어 당시 인사동에 있는 아동문예사를 처음 찾아 간 것이다.

그 자리에서 나는 뜻밖에도 나에게 동화 창작에 아주 중요한 전환기를 만들 수 있는 이들을 만났다. 바로 그 곳에서는 「써레 동인」의 태동을 알리는 모임이 한창 진지하게 진행 중이었기 때문이었다. 나는 그 날 아동문예사에서 서울의 이상배[79], 경기도의 이 영[80], 경북의 손기원[81], 서울의 이창건[82], 광주의 양점열[83], 김관식[84], 서울의 송남선[85], 부산의 조명제[86]를 만났다. 신진들로서 전국구였다. 그날 다 모두 모인 것은 아니었지

---

79) 이상배(1949 -) 충북 괴산 출생, 동화작가. 써레 동인, 1982년 아동문예 신인상 당선으로 문단에 나왔으며, 1983년 월간문학 신인상에 당선되기도 했고, 현재한국아동학협회장을 맡고 있다. 작품집으로 「꽃이 꾸는 나비 꿈」, 「옛날의 은행골」, 「아버지의 고향」, 「엄마 열목어」등이 있고 대한민국문학상, 김동리문학상 등을 받았다.

80) 이 영(1943 -) 일본 오사카 출생, 동화작가, 본명 이영호임, 써레동인, 1982년 아동문예에 동화 '징검다리'로 문단에 나왔으며, 새벗아동문학상, 소년중아아동문학상 공모 동화 등에도 당선되었다. 작품집으로 「물빛 눈동자」, 「벌거벗은 임금님」, 「징검다리」, 「13살의 봄」등 50여권을 가지고 있다. 한국아동문학상, 오늘의 작가상 등을 받았고, 현재 한국문인협회 이사로 활동한다.

81) 손기원(1948 -) 경북 안동 출생, 동화작가 써레동인, 1981년 아동문예신인문학상에 동화가 당선되어 문단에 나왔으며 새벗문학상에도 당선되었다. 작품집으로는 「물그림자」, 「다시 나는 새」, 「석굴암」, 「빛을 찾는 아이」 등이 있고. 대한민국 문학상을 받았다.

82) 이창건(1951 -) 강원도 철원 출생, 동시인, 써레동인, 1982년 아동문예 신인상을 받아 문단에 나왔다. 동시집을 「풀씨를 위해」, 「소망」 등이 있으며 소천아동문학문학상. 어효선아동문학상 등을 받았다.

83) 양점열(1953 -) 전남 나주 출생, 동화작가, 써레동인, 1979년 전남일보 신춘문예 당선으로 문단에 나왔으며, 1981년 아동문예 신인상 동화부분에 당선되었다. 작품집으로 「진달래 빛 가슴」, 「나비는 향기를 산고」, 「반장없는 교실」, 「다시 찾는 날개」등 여러 권이 있다. 한국아동문학상을 받았으며 현재 전남 나주시 소재 문평초등학교장으로 재임하고 있다.

84) 김관식(1955 -) 전남 나주 출생, 동시인, 1976년 전남일보에 평론 부문에 당선으로 문단에 나왔으며, 1979년 원간 아동문예신인상에 동시가 천료되었다. 동시집으로 「토끼 발자국」, 「꿀벌」, 「꽃처럼 산다면」, 「바람개비 돌리던 날」등이 있고, 한국아동문예작가상, 전남아동문학작가상, 교단문학상, 고문원작가상 등을 받았다. 현재 경기도애서 삼삼서초등학교 교사로 재직하고 있다.

85) 송남선(1952 -) 경북 영풍 출생, 동시인, 써레동인, 1982년 아동문예신상 동시 부문에 당선되어 문단에 나왔다. 동시집으로 「문무대왕」, 「그리움 한 조각 남기 때문에」 등이 있고 현재 사울 신경여자상업고등학게 재직하고 있다.

86) 조명제(1954 -) 부산 출생, 동시인, 써레 동인, 1982년 「월간 문학」과 월간「아동문예」신인상 동시부문에 당선되어 문단에 나왔다. 동시집으로 「갈숲의 노래」, 「날고 싶어요」, 「나비야 나비야 너는 어디 있니」, 「꽃씨의 겨울잠」등이 있고, 한정동아동문학상, 대한아동문학상 등을 받았다. 현재는 부산대청초등학교에 재직하고 있다.

만 거명된 이들이 그들이었다. 그 말석에 내가 끼었다.

아직 등단을 못했지만 그동안 소설을 쓰던 습작기의 삶이나 「새교실」 2회 추천과 이원수, 엄기원의 추천으로 월간 「교육자료」지에 동화가 3회 천료가 되었고, 새벗아동문학상 장편동화 부문 최종심에 오를 수 있는 저력이라면 함께 해보자는 권유였다. 바로 그 자리로, 내 문학의 길에 행운의 여신이 찾아온 셈이랄까?.

나는 그 이듬해인 1983년 「아동문예」 3월호에 아동소설 「꿈을 파는 가게」가 당선되면서 「써레 동인」결성에 한 구성원으로서 일원이 되어 합류했다. 더구나 의미가 있었던 것은 창립 모임을 국토의 중심인 대전, 그것도 나의 자택에서 가졌다는 것이다. 마침 내가 새 집을 구입한 직후였는데 엄청난 집들이가 된 셈이엇다.

그 자리에는 물론 박종현 주간도 참석했다. 뿐만이 아니었다. 대전에서 정만영[87], 부산에서 김문홍[88], 광주에서 김 목[89] 등 중견 작가들이 초청되었다. 써레 동인의 결성을 축하하며 동시에 증인(?)의 자격으로 참석을 한 것이다.

87) 정만영(1946 -) 충남부여 출생, 동화작가, 1974년 동아일보 신춘문예 당선으로 문단에 나왔으며 저서로는 「꿈이 피는 나무」, 「신비의 거울」, 「감따는 날」, 「별나라왕자」등이 있다. 한국동화문학상, 대전시 문화상 등을 받았다. 그는 본 책에 김영훈 작가·작품론을 게재해 주었다.

88) 김문홍(1945 -) 전남 완도 출생, 문학박사, 아동문학가, 1976년 소년중앙문학상 동화부문 당선으로 문단에 나왔으며, 월간문학신인상(동시)과 한국문학(소설)에 당선도 되었다. 작품집으로 「움직이는 산」, 「하늘을 나는 열차」, 「머나먼 나라」, 「누나와 흰나비」등이 있고, 한국동시동화문학상, 동백예술문학상 등을 받았다. 80년대초 나에게 월간 「아동문예」에 관란 정보를 알려 주었으며, 2011년 제1회 열린아동문학상 시상식에서 그와 조우한 적이 있다.

89) 김목(1951 -) 전남 함평 출생, 동화작가, 전남 교육위원, 1974년 전남일보 신춘문예에 시가 당선되어 문단에 나왔으며 소년 중앙에 동시, 동화가 당선되었다. 동화집으로 「날개 달린 장사」, 「미리안」, 「아기풀꽃」, 「은하 1호의 비밀」등이 있으며, 한국동시동화 문학상 등을 수상했다. 나, 김영훈과는 얼마 전 전남 신안군 소재 임자초등학교에서 개최된 '작가와의 대화' 시간에서 다시 만났다.

■ 등단 30년

월간 아동문예신인상[90] 당선

나는 오랜 습작기를 거치는 동안에 공주교육대학교 문예공모전에서 소설 「도토리 깍지」가 최상규 선생님의 선(選)으로 당선되었고, 월간 「교육자료」에 이원수·엄기원 선생님에 의해 동화가 3회 천료되었다. 그 이후인 1983년 3월에 아동소설 「꿈을 파는 가게」가 월간 「아동문예」 신인문학상 동화 부분(심사위원 장수철[91], 박종현)에 의해 당선되어 문단에 얼굴을 내밀었다. 나는 습작기 말기부터 창작의 불이 차츰 붙고 있었다. 소설이 아닌 아동문학의 하위 장르인 동화·아동소설이었다.

당선패

박종현 주간으로부터 당선패를 받고 있는 솔뫼 김영훈

당선패를 받고 기념촬영사진
(박종현, 이창건, 박진용이 보인다)

90) 월간 「아동문예」(현재는 격월간)에서 문인 양성을 위한 신인을 배출하는 제도로서 처음에는 3회 천료제를 하였고, 현재는 신인상 제도를 거쳐 신인 문학상으로 명칭을 변경해 운영하고 있다.

91) 장수철(1916 -1993) 아동문학가, 1932년 어린이지에 동요가 입선되고, 1933년 조선중앙일보를 통해서 문단에 나왔으며 한국아동문학회 부회장, 한국동요 동인회장들을 역임했다. 저서로는 「해바라기의 노래」, 「휘파람부는 소년」, 「짱구의 이상한 우주여행」, 「천사들의 약속」등 여러 권이 있다. 한국크리스천 문학상, 눈솔상(문학부문), 대교문학상 등을 받았다.

꿈을 파는 가게

석이가 사는 산동네에도 크리스마스 캐럴이 울려 퍼지고 있었습니다. 크리스마스 캐럴은 며칠 전부터, 산동네 구석구석까지 울려 퍼졌습니다. 오늘은 마침 겨울방학이 시작되는 날입니다. 아이들은 신이 나서, '와아' 하고 함성을 지르면서 들뜬 기분으로 교문을 나서고 있었습니다.

석이의 얼굴에도, 겨울방학을 맞이하는 즐거움이 가득 차 있었습니다. 석이는, 산동네에서도 제일 양지바른 공터로 은주, 혜숙, 현빈, 수영이를 모두 모이게 했습니다. 그곳은 언제나 석이가 친구들과 함께 떼 지어 노는 곳이었습니다. 구슬치기, 숨바꼭질, 땅뺏기 놀이를 하는 곳도 여기였습니다. 군밤장수 아저씨랑 쥐포장수 아주머니들이 리어카를 끌고 이리저리 다니다가 마지막에 전을 펴는 곳도 바로 이곳이었습니다.

아이들은 이번 겨울방학에 아주 큰일을 하기로 했기 때문에 모두들 잔뜩 기대에 부풀어 있었습니다.

"자, 오늘부터 당장 시작하는 거야."

아이들 중에 키가 제일 크면서도 의젓한 석이가 친구들을 둘러보며 말했습니다.

"좋아, 좋아."

아이들은 손뼉을 치며 좋아했습니다.

은주도 혜숙이도 현빈이도 그밖에 다른 아이들도 모두 당장 시작하자고 야단들이었습니다. 공터가 아이들의 목소리로 가득 찼습니다.

"그럼, 지금부터 가게를 짓기 시작하자."

"그래, 그래."

아이들은 모두 찬성했습니다. 그리고는 모두들 집으로 돌아가 가게를 지을 재료들을 가지고 이내 다시 모였습니다.

석이는 톱과 망치를, 은주는 나무도막과 판자를, 그리고 현빈이는 비닐포장을 들고 왔고 혜숙이와 수영이는 못과 진열장을 날라 왔습니다. 아이들은 신이 났습니다.

"뚝딱, 뚝딱."

"뚝딱, 뚝딱."

힘이 센 석이가, 판자에 못질을 시작했습니다. 은주와 혜숙이도 질세라 끙끙대며 판자를 날랐습니다. 현빈이와 수영이는 뒷담에 기대어 서서 기둥을 박고 비닐포장을 둘렀습니다.

지붕을 올리기가 조금 어려웠지만 그일은 수영이가 가지고 온 천막으로 석이가 아주 멋지게 해 올렸습니다. 쉬운 일은 아니었지만, 모두 힘을 합치니까 금세 가게가 다 지어졌습니다. 마지막으로 석이의 생각대로 「꿈을 파는 가게」 라고 이름도 지었습니다.

가게 간판을 달았을 때, 아이들은 모두 환호성을 질렀습니다. 때맞추어 공터 맞은편의 레코드 가게에서 크리스마스 캐럴이 흘러 나왔습니다. 석이는 일을 시작하기 전까지만 해도 자기네들이 이렇게 훌륭한 가게를 지르리라고는 생각하지 못했습니다.

석이네는 가게에 물건을 들여 놓기 시작했습니다. 하얀 털모자, 토끼털로 만든 귀걸이, 스카트에서부터 석유곤로, 연탄난로, 그리고 따뜻하게 물을 넣어 마실 수 있는 보온병까지 있었습니다. 그동안 애써 모은 것들 이었습니다.

"이만하면 되겠는데?"

"그래, 이만하면 충분해."

석이의 말에 현빈이가 맞장구를 쳤습니다.

"이 정도로는 아직 부족하잖아?"

은주가 말하자, 혜숙이도 말없이 고개를 끄덕였습니다. 의논 끝에 석이 친구들은 다시 한 번 집으로 달려갔다 왔습니다. 그 때 그림에 소질이 있는 수영이가 미술시간에 만든 크리스마스카드를 백 장도 넘게 가져왔습니다. 은주와 혜숙이, 현빈이와 석이도 가지고 놀던 장난감 인형, 우주열차, 비행기, 세발자전거 등을 가지고 왔습니다.

그제야 비로소 가게 안이 꽉 찼습니다. 꿈을 파는 가게에만 오면 웬만한 물건은 다 구할 수 있을 만큼 되었습니다. 스케이트, 썰매, 연, 팽이, 구슬, 딱지까지 무엇이든지 있기 때문입니다. 심지어 현빈이는 소아마비를 앓는 동생이 쓰던 목발까지도 들고 나왔습니다.

이제 가게 안은, 물건을 더 놓을 자리가 없었습니다. 석이네들은 겨울방학이 시작되기 전부터 서로의 약속대로 물건들을 모아왔지만 이처럼 많은 물건이 모아지리라고는 생각하지 못했습니다. 그들은 저금통을 털어서 새 상품을 사오기도 했습니다. 하지만 엄마들이 주신 헌옷가지를 비롯한 중고품들이 더 많았습니다.

석이는 친구들과 가게 안팎을 말끔하게 청소했습니다.

"자, 내일부터 가게 문을 여는 거야."

석이의 말에 모두들 손뼉을 치며 좋아했습니다. 아이들은 다시 한 번 간판을 쳐다보았습니다.

「꿈을 파는 가게」

다음 날, 아침 석이가 제일 먼저 가게에 나왔습니다. 아침 햇살이 환한 얼굴로 가게 안을 기웃거렸습니다. 해님도 웃은 듯했습니다. 석이네들은, 꿈을 파는 가게에 많은 손님이 찾아오게 해달라고 해님께 빌었습니다.

햇빛이 잘 드는 공터에 아이들이 꿈을 파는 가게를 냈다는 소문을 들은 사람들이 하나, 둘 찾아오기 시작했습니다. 손님은 아이들이 대부분이었지만 엄마랑 아빠들도 한 분, 두 분 가게에 들렀습니다.

아이들의 소꿉장난 정도로 생각하고 지나던 길에 들렀던 손님들은 가게가 생각보다도 훨씬 오밀조밀하고 알찬 데에 적이 놀라는 얼굴들이었습니다.

"이 털모자, 예쁜데!"

"이 우주열차를 타면 정말로 은하수까지 갈 수 있겠는데!"

"이 스케이트는 오히려 새 것보다도 더 좋은데!"

꼬마손님들은 가을 들판의 참새 떼들처럼 조잘거렸습니다. 그리고 마지막에는 물건 값이 얼마냐고 물었습니다. 그러나 석이는 물건 값을 말하지 않았습니다. 은주, 혜숙이, 현빈 그리고 수영이까지도 입가에 맑은 미소만을 머금은 채, 아무 말이 없었습니다. 한참동안을 그렇게 서 있던 석이가 입을 열었습니다.

"이 물건들은 값이 없습니다. 누구든지 꼭 필요한 사람에게 그냥 드립니다."

"그럼 공짜란 말이에요."

"그렇습니다. 대신에 저희들에게 아름다운 꿈을 주시면 됩니다."

"아름다운 꿈?"

손님들은 알 수 없다는 표정을 지으며 돈을 내밀었습니다. 그러나 꿈을 파는 가게에서는 끝내 돈과 물건을 바꾸지 않았습니다. 처음부터 물건을 팔 생각을 안했습니다. 그래서인지 꼬마손님들은 물건을 사지 못하고 그대로 구경만 하다 돌아갔습니다.

"세상에 물건을 팔지 않고 공짜로 주려고 문을 여는 가게도 다 있군."

대부분의 손님들이 고개만 갸우뚱거리다가 돌아가는 것입니다. 첫날 하루 온종일 가게 안이 술렁거렸지만 물건은 좀 체로 팔리지 않았습니다. 그래도 석이네는 즐거웠습니다.

"머지않아 이 물건들이 다 팔릴 거야. 꼭 필요한 사람들이 줄을 잇게 될 거야."

아이들은 이튿날도 모두들 일찍 나와서 꿈을 파는 가게를 지켰습니다.

아침부터 다시 손님이 밀리기 시작했습니다. 그들은 하나같이

"아이들이 연 가게가 이렇게 짜임새 있고 잘 정리되어 있을 줄은 몰랐는걸."

하고 말했습니다.

석이와 친구들은 생글생글 웃으며 손님들을 맞이했습니다. 언제나 제일 먼저 상냥한 은주가 손님을 보며 인사합니다.

"어서 오세요."

"……."

"필요하신 물건이 어느 것인가요?"

꼬마손님들은 가게 안을 빙 둘러보면서 물건들을 하나하나 훑어보았습니다. 어떤 손

님은 수영이가 그린. 카드를 한참동안 들여다보기도 했고, 또 어떤 손님은 은주가 가지고 온 인형을 오랫동안 만지작거리기도 했습니다. 점심때가 지나고부터는 더욱 손님이 밀리기 시작했습니다. 손님들이 공터의 뒤까지 줄을 서지 않으면 안 되었습니다.

아이들은는 부지런히 움직였습니다. 어제 왔던 손님들이 다시 오기도 했습니다. 그들 중에는 양손에 보따리를 가득 들고 오는 어른도 몇명이나 있었습니다.

"어제 살펴보니 가게에 이런 물건들이 없어서 가지고 왔어요."

아이들은 놀랐습니다. 아이들은 물론 많은 어른들이 이렇게 없는 물건들을 가지고 오리라고는 생각지 못했던 일이었습니다.

보따리 속에는 하모니카가 들어있는가 하면 탬버린이 들어있기도 했고, 깜찍한 마스코트랑 그림책이랑 동화책도 있었습니다. 아이들은 모두 즐거워 소리를 질렀습니다.

이제는 정말 가게 안이 꽉 차 손님들이 도저히 발을 들여 놓을 곳이 없었습니다. 석이네는 물건이 필요한 손님들에게 열심히 물건을 나누어 드리기로 했습니다. 그랬습니다. 몸이 아픈 이들에게는 직접 찾아가서 나누어 주기도 하였습니다. 어느새 털모자도, 털장갑도, 귀여운 인형도 나갔습니다.

장난감 우주열차는 은주네 집에서 세를 사는 돌이에게 나갔고, 털스웨터는 아이들에게 곧잘 이야기를 해주시는 할머니에게 직접 배달되었습니다. 아이들에게 꿈과 용기를 주셨던 그 할머니를 아이들은 모두 좋아했습니다. 지금은 나이가 많아 도저히 밖에 나오실 수가 없어서 석이네 아이들이 찾아간 것입니다.

사흘이 지나면서부터 이제는 더욱 물건들이 정말 필요한 사람들에게 기쁨의 선물이 되어서 전해지기 시작했습니다. 보드라운 솜이불은 산꼭대기 판자집에서 혼자 사시는 군고구마 장수 할아버지께로 갔고, 아들 없이 사는 벙어리 할머니께는 라면을 한 상자 배달해 드렸습니다.

물건 값은 하나도 받지 않은 것은 물론입니다. 그래서인지 물건은 점점 날개달린 듯 멀리까지 나갔습니다. 소문을 듣고 손님이 몰려들기 시작합니다. 손님들이 점점 많아져서 석이와 친구들 자전거로 배달을 하고 있는데도 일손이 달렸습니다. 이웃 동네에 사는 보리와 수민이 그리고 희진이와 보현이까지도 자진해서 일을 도우러 왔습니다. 한 아름 선물을 들고 말입니다.

몸은 피곤했지만 아이들의 마음만은 기쁨으로 샘솟았습니다. 누구 하나 고달프다고 짜증을 내지 않았습니다.

가난한 사람들에게 겨울을 따뜻하게 보내도록 기쁨과 용기를 배달하고 있다고 생각하니까 모두 즐거웠습니다. 어린 아우들에게는 아롱진 꿈을 심어주려고 예쁜 엽서를 보냈습니다.

가게를 연 지 닷새가 되자 물건이 더 많이 나갔습니다. 헌 연탄집게도, 석유곤로도 나가기 시작하면서 가게 안의 물건이 차츰 바닥이 나기 시작했습니다.

그동안에도 엄마 아빠들이 꾸러미꾸러미 물건들을 대주셨기 때문에 가게 문을 열 수가 있었습니다. 그만큼 아이들도 열심히 뛰었습니다. 꿈을 파는 가게를 시작하고부터 석이네 들은 동네 구석구석가지 찾아다니지 않은 곳이 없었습니다.

아이들은 꿈을 파는 가게를 연 것을 정말 잘한 일이라고 생각했습니다.

어느 사이에 꿈을 파는 가게는 아주 유명해졌습니다. 선생님들께서 다녀가시고부터는 예쁜 상품들이 더 많이 들어왔습니다. 소문을 들었는지 동장님께서도 들르셨습니다.

"꿈을 사려고 이 가게에 들렀는데……."

돋보기를 쓰신 동장님이 껄껄 웃으며 가게 안으로 들어오자 아이들은 짝짝 손뼉을 쳐서 환영했습니다.

"수고들 많구나."

"고맙습니다. 동장님."

석이네 아이들은 신바람이 났습니다. 동장님이 다녀가신 날은 마침 크리스마스를 이틀 앞둔 날이었습니다. 그날따라, 레코드 가게에서 유난히도 크게 크리스마스 캐럴이 울려 퍼졌습니다.

다음 날도 손님이 붐볐습니다. 역시 손님은 아이들이 대부분이었습니다. 예쁜 카드가 많이 나갔습니다. 아침나절에 파출소 소장님이 내놓으신 물건들을 정리하면서 산동네의 누구에게 어떤 물건이 더 필요한가를 조사했습니다.

아이들은 이 산동네에 사는 모든 이웃들이 즐거운 크리스마스를 맞이하기를 바랐습니다. 그래서 아직까지 가게에 나오지 않은 친구들의 집으로 예쁘게 상품을 포장해서 보냈습니다. 꿈과 정성으로 버무린 아름다운 마음을 담아서 보냈습니다.

이제 가게 안에 남아있는 물건은 거의 아무것도 없었습니다. 다만 짙은 어둠 속에서 여러가지 빛깔의 깜박 전구들이 빛날 뿐입니다. 이젠 꿈을파는 가게보다 오히려 거리거리에 아기 예수를 맞이하는 사람들로 붐비기 시작했습니다. 아이들도 이제는 집으로 돌아가 엄마 아빠와 함께 크리스마스이브를 맞아야겠다고 생각했습니다.

그 때였습니다. 손님 한 분이 불쑥 가게 안으로 들어섰습니다.

"어서 오세요."

아이들이 모두 일어서며 손님을 맞이했습니다. 텁수룩한 잠바차림의 어른이었습니다. 석이네가 이 산동네에서 한 번도 본 적이 없는 낯선 얼굴이었습니다.

새로 이사 온 사람이 아니라면 산동네에서 사는 사람이 아닌 것 같았습니다. 가게 안에 들어선 손님이 조금 머뭇거리다가 물었습니다.

"여기가 꿈을 파는 가게인가요?"

"예, 그런데…이제……."

석이네 아이들은 속으로 큰일이라고 생각했습니다. 쓸만한 물건이라곤 하나도 없이 다 나가고 이제 가게도 아주 문을 닫아 버리려고 하던 참이었기 때문입니다. 아이들은 손님이 구하려는 물건을 주지 못하고 서운하게 발길을 돌리게 할 생각을 하니 안타까운 생각이 들었습니다.

"무슨 물건이 필요하신가요?"

석이가 용기를 내어 망설이는 손님에게 물었습니다.

"저, 아이에게 맞는 목발을 구할 수 있을까요?"

"네? 목발요!"

아이들이 합창하는 개구리처럼 되물었습니다.

정말 신기한 일이었습니다. 지금까지 목발을 찾을 사람이 있으리라고는 생각하지 못했었습니다. 현빈이가 자기 집에서 휠체어를 산 이후로 필요가 없게 되었다고 목발을 가져 왔을 때만 해도 아이들은 그 목발을 거들떠보지도 않았었습니다. 그리고 아직껏 아무도 찾는 이가 없었습니다. 그래서 다른 물건들이 다 주인을 찾아가는 동안에도 목발은 그대로 버려져 있었습니다.

"난, 이틀 전에 이곳으로 이사를 왔어요. 내 딸아이가 이번 크리스마스엔 꼭 그걸 갖고 싶다고 입버릇처럼 말했는데……. 워낙 내 벌이가 시원치 않아서 이번 약속도 지킬 수가 없게 되었어……. 누가 이곳에 오면 구할지도 모른다고 해서 혹시나…"

"참, 잘 오셨어요, 아저씨."

현빈이가 싱글벙글거리며 뒷편으로 가서 목발을 내왔습니다.

"정말 고마워요…. 우리 아이에게 꼭 맞을 것 같네요."

잠바차림의 손님은 아이들에게 몇 번이나 머리를 숙이며 감사하다고 인사를 했습니다.

"안녕히 가세요."

아이들이 모두 합창을 하듯이 손님을 배웅했습니다. 잠바차림의 그 텁수룩한 아저씨는 얼굴에 가득 밝은 웃음을 띠고 가게를 나섰습니다. 레코드 가게에서 흘러나오는 크리스마스 캐럴이 하늘 높이 높이까지 울려퍼지고 있었습니다.

(월간 「아동문예」 · 1983.3.1)

* 이 아동소설은 1980년대 초, 어느 대도시의 변두리 산동네를 배경으로 하여 어려운 이웃들에게 꿈을 나누어주는 이야기를 주제로 하여 쓴 작품입니다.

저서 현황

저서명	출판사	출판 연도	구분	비고
『꿈을 파는 가게』	아동문예사	1983	단편동화집	·해강아동문학상 수상 ·문공부 우수도서 지정 ·수록작품 중 「주워온 아이」 대한미국예술원 선정 '한국예술지' 게재 동화 지정
『달섬에 닻을 내린 배』	써레	1986		작품 '달섬에 닻을 내린 배' KBS 드라마 극화 방영
『솔뫼마을에 부는 바람』	아동문예사	1988	아동소설(장편)	문공부 우수도서
『바람과 구름과 달님』	대교출판	1990	단편동화집	문공부 우수도서
『공포의 유령대소동(공저)』	지경사	1990	귀신동화집	전국베스트 셀러 2위 랭크
『생활 속의 발명이야기』	지경사	1990	과학동화집	과학학습동화
『퉁소 소리』	(주)웅진	1993	단편동화집	한국아동문학작가상 수상
『공해는 정말 싫어요』	한국서적공사	1995	환경동화집(장편)	환경단체 독후감쓰기 지정 도서
『아기토끼의 달님』	그랑프리	2001	단편동화집	한국아동문학회 추천도서

저서명	출판사	출판 연도	구분	비고
『우리들의 산타클로스』	아동문예사	2003	아동소설집	수록작품 중'14세의 외출' 한국문화예술진흥원 게재작품 선정
『꿀벌이 들려 준 동화』	아동문예사	2003	단편동화집	
『마해송 동화의 주제연구』	정인출판사	2009	학술서	박사논문을 수정보완 출간한 이론서
『동화를 만나러 동화 숲에 가다』	문경출판사	2009	아동문학평론집	문학시대문학대상 수상
『밀짚모자는 비밀을 알고 있다』	아동문예사	2009	아동소설집	김영일아동문학상 수상
『별이 된 꽃상여』	아동문예사	2009	동화집	대한아동문학상 수상 천등아동문학상 수상
『솔뫼의 삶과 문학 이야기』	오름기획	2013	기념문집	김영훈의 습작20년, 등단30년사
『오르라의 왕초』		2014	소설집	게재작품 「화해론」이 호서문학상 수상 (출판예정)

동화집 : 『꿈을 파는 가게』(1983)

등단작품 '꿈을 파는 가게' 외 열 네 편의 동화가 수록되어 있으며 '아동문예사'에서 발간된 첫 동화집으로서 동화작가 정만영이 발문을 썼으며, 제4회 해강아동문학상을 수상했다. 문공부 우수도서로 선정되었고, 수록 작품 중 「주워 온 아이」가 대한민국예술원 선정 '한국예술지' 게재 동화로 지정되었다. 표지 · 삽화는 맹주석 화백이 그렸다. 맹화백은 그 당시 대전일보에 근무하고 있었다.

출판기념회에 참석해 축하하는 백종현 주간 (1983)

출판기념회에 참석한 「청림」 회원들 (1983)

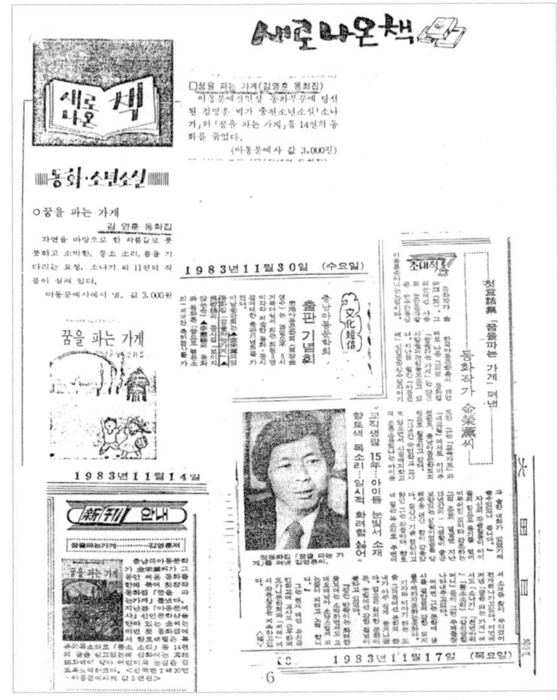

새로 나온 책

□꿈을 파는 가게(김영훈 동화집)
아동문예신인상 동화부문에 당선된 김영훈 씨가 중편소년소설「소나기」와「꿈을 파는 가게」등 14편의 동화를 묶었다.
(아동문예사 값 3,000원)

동화·소년소설

○꿈을 파는 가게
김 영훈 동화집
자연을 바탕으로 한 이야기로 풋풋하고 소박한, 풍소 소리, 봄을 기다리는 요정, 소나기 외 11편의 작품이 실려 있다.
아동문예사에서 냄, 값 3,000원

1983년11월14일

1983년11월30일 (수요일)

1983년11월17일 (목요일)

新刊 안내

꿈을 파는 가게

출판 기념회

첫 童話集 「꿈을 파는 가게」 펴낸 동화작가 金榮薰씨

첫 동화집 출간보도자료 (대전일보 외)

『꿈을 파는 가게』 책표지

『달섬에 닻을 내린 배』(1986)

동화 「모가비 애견원」 외 17편의 작품이 수록되어 있는 두 번째 동화집으로서 도서출판 '쌔레'에서 만들었다. 표지·삽화는 맹주석이 그렸다. 수록 작품 중 「달섬에 닻을 내린 배」가 KBS 2에서 드라마로 극화되어 '책나라 탐험' 시간에 1986년도 크리스마스 특집 프로그램으로 방영이 되었다.

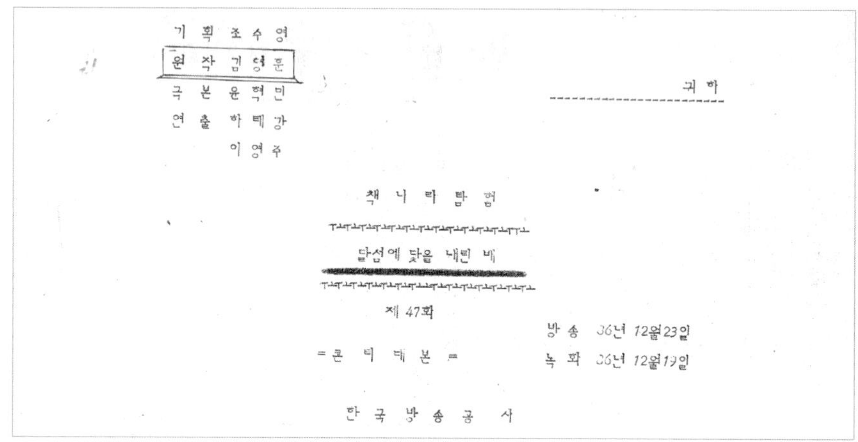

기 획 조 수 영
원 작 김 영 훈
극 본 윤 혁 민
연 출 하 태 강
이 영 주

귀 하

책 나 라 탐 험

달섬에 닻을 내린 배

제 47화

방 송 86년 12월23일
녹 화 86년 12월19일

=콘 티 대 본 =

한 국 방 송 공 사

KBS 2 드라마 극본 표지 「달섬에 닻을 내린 배」

김영훈 제 2 동화집

달섬에 닻을 내린 배

순수하고 깨끗한 동심의 승화

그윽한 흙냄새, 물씬한 동화의 향기

「달섬에 닻을 내린 배」는 아주 잘 읽히는 소설 수법의 동화다. 이작품에서 높이 사는 것은 겉으로 드러나지 않은 진실을 높이 추켜올린 점이다.

바라보는 시각이 날카로우면서도 테레사 수녀님과 아이들의 따뜻한 교감이 작품을 동화답게 하고 있다.

(이효성 : 동화작가)

도서출판 「쌔레」 발행 값 3,000원

「달섬에 닻을 내린 배」 출간 신문기사

『달섬에 닻을 내린 배』 책표지

『솔뫼마을에 부는 바람』(1988)

장편 동화집으로서 향토적인 전원 속에서 살아가는 아이들의 생활모습에서 소재를 선정해 조직 과정을 거쳐 생성한 장편인데 아동문예사에서 출간했다. 표지 및 내용 그림은 맹주석 화백이 그렸다. 이 동화는 서정적인 정서와 함께 인간적으로 순수하게 살아가는 소년기 어린이의 사람 냄새를 주제로 담고 있는데 문공부 우수도서로 선정되었으며, 작가 김영훈의 아호[92]를 이 동화집 명에서 따와 확정했다. 그가 운영하고 있는 동화마을 '솔뫼마을'도 이 책명으로부터 왔다.

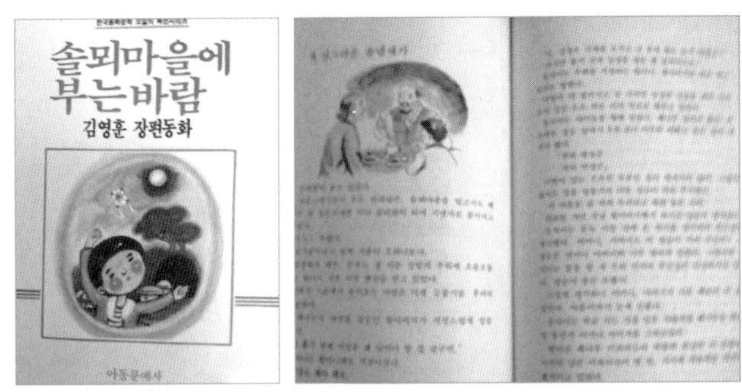

동화집 『솔뫼 마을에 부는 바람』 표지　　　　　내용 및 삽화

『바람과 구름과 달님』(1990)

작품 '육손이 아저씨의 노래' 외 15작품이 수록되어 있는 네 번째 동화집이다. 그 중에 작품 "바람과 구름과 달님"은 중편 동화로서 바람과 구름과 달님의 긴 여행을 하면서 맞부딪히는 농촌의 평화로운 모습과 남북문제 그리고 고구려 광개토대왕비 등에서 민족적인 문제와 사람들의 삶을 역사적인 관점에서 다루고 있다. 표지 및 내용 그림은 맹주석 화백이 그렸다.

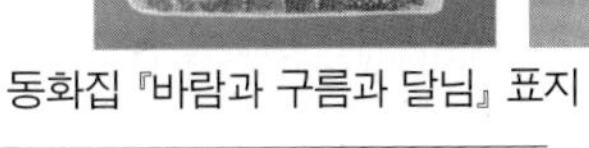

동화집 『바람과 구름과 달님』 표지　　　　　내용 및 삽화

---

92) 김영훈의 아호 '솔뫼'

『생활속의 발명 이야기』(1990)

과학동화 '윤호중선생님의 환영사' 등 총 20작품이 수록되어 있는 첫 인세 출판한 과학 동화집으로서 지경사에서 발간했다. 과학적 사고력을 확장시키고 상상력을 키워 다가오는 미래사회에 대처할 수 있는 창의력 신장을 염두에 두고 집필했는데, 문공부 우수도서로 선정되었으며 독자들의 반응이 좋아 판을 거듭해 출판되었다. 표지 및 내용 그림은 임성은 화백이 그렸다.

과학동화집 『생활속의 발명이야기』 표지　　　　내용 및 삽화

『퉁소 소리』(1993)

동화 「퉁소소리」 외 6작품이 수록되어 있는 다섯 번째 동화집이다. 이 작품집으로 한국아동문학회(당시 회장 박화목[93])가 주는 1993년 제15회 한국아동문학작가상을 수상했다.

동화집 『퉁소 소리』 표지　　　　한국아동문학 작가상 수상 (채유경 부모님과 함께 · 1993)

93) 박화목(1924-2005) 황해도에서 태어나 평양에서 성장함, 아동문학가, 시인, 1941년 동시 '아이생활'에 동시'겨울밤'이 천료되어 문단에 나왔으며, 동요 '가수원길, 가요곡 '보리밭'으로 널리 알려졌다. 동시집 「초롱불」, 동화집 「부엉이와 할아버지」, 시집으로「시인과 산양」, 이론서로 「신 아동문학론」등 여러 권이 있으며, 대한민국문학상, 한정동문학상 등을 받았다. 김영훈은 박화목이 한국아동문학회장일 때 부회장을 맡은 바 있다.

『공해는 정말 싫어요』(1995)

환경 정화와 자연 보호를 주제로 한 장편 아동 소설로서 한국서정공사에서 발간했다. 환경단체 지정수도서로 선정되어 많은 독자들에 의해 관심 있게 읽혀졌으며 저자 김영훈은 수백 통의 독서 감상 편지를 우편으로 전달 받아 독자들과의 공감대를 확장했다. 표지 및 내용 그림은 조영철 화백이 그렸다.

환경동화집『공해는 정말 싫어요』 표지 / 독자들이 준 편지

『아기토끼의 달님』(2001)

작품 '아기토끼의 달님' 등 총 5편의 작품이 수록되어 있는 동화집으로서 지은이의 글맛 다지기와 4Q논술 다듬기로 꾸며져 출판되었는데, 논술 학습 교재로 활용하기에 용이하게 편집되어 있다. 도서출판 '한국 파스퇴르'에서 발간되었는데, 한국아동문학회 추천도서로 선정되었다. 표지 및 내용 그림은 조준성 화백이 그렸다.

동화집『아기토끼의 달님』 표지와 내용

『꿀벌이 들려 준 동화』(2003)

작품 '꿀벌이 들려준 동화' 외 20작품이 수록되어 있는 순수 판타지기법으로 창작된 동화집으로서 아동문예사에서 발간하였다. 표지 및 내용 그림은 이규경 화백이 그렸다.

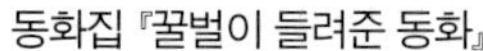

동화집 『꿀벌이 들려준 동화』

출판기념패를 전달하는
이광희 대덕초등학교장선생님 (2003)

『우리들의 산타클로스』(2003)

작품 '우리들의 산타크로스' 외 11작품이 수록되어 있는 생활 동화 중심의 고학년을 대상으로 한 아동 소설로서 아동문예사에서 발간하였다. 이 책에 수록 작품 중 「14세의 외출」은 한국문화예술원 선정 '한국예술지' 게재 동화로 게재되었다. 동화집 『꿀벌이 들려준 동화』와 동시 출간해 함께 대덕초등학교 강당에서 출판기념회를 가졌다. 표지 및 내용 그림은 이규경 화백이 그렸다.

동화집 『우리들의 산타클로스』

김영훈 출판기념회에 참석한 류인걸 시인 (2003)

출판기념회에 참석한 박종현 주간,
손명호 회장, 홍재헌 수필가, 송근영시인 (2003)

출판기념회에 참석한
나태주 시인 (2003)

김영훈 동화집 「우리들의 산타클로스」와 「꿀벌이 들려준 동화」 출판기념회를
축하하기 위해 축가를 부르고 있는 대전 KBS어린이 합창단 (2003)

출판기념회 참석소감

노란 은행잎이 참으로 아름다운 곳 대덕초등학교 강당에서

열린 동화 작가 김영훈 선생님의 어제 출판기념회는 대단히 훌륭했습니다.

고향 선배 문인의 문학세계를 다시금 이해하는

좋은 기회였을 뿐만 아니라, 다양하게 준비한

행사 이벤트에서도 깊은 감명 받았습니다.

특히 KBS어린이 합창단의 노래는 정말 아름다웠습니다.

남녀 어린이들의 혼성 합창이 이처럼 사람의 감정을 뭉클하게 할 줄은 몰랐습니다.

무어라 표현하기 어려울 지경으로 황홀했습니다.
이런 아름다운 출판기념회를 정서가 고갈된 이 세상 많은 사람들에게 보여주었으면
더욱 좋았을 것을 하는 생각까지 하게 되었습니다.
〈꿀벌이 들려준 동화〉와 〈우리들의 산타클로스〉 보석 처럼 빛나는
이 두 권의 동화집 귀하게 간직하렵니다.
선생님의 옥고 출간을 거듭 축하합니다.
초대해 주셔서 감사합니다.
------ 청촌 윤승원[94] 올림

『밀짚모자는 비밀을 알고 있다』(2009)

작품 「애벌레 사육장」 외 16편의 작품이 수록되어 있는 열 한번째 동화집으로서 아동문예사에서 발간했다. 김영훈은, 이 작품집으로 김영일아동문학상운영위원회가 주는 제11회 김영일아동문학상(동화부문)을 수상했다. 표지 및 내용 그림은 김승연 화백이 그렸다.

동화집 『밀짚모자는 비밀을 알고있다』

출판기념회 및 김영훈 정년퇴임식 모습(2009)

94) 윤승원(1951 -) 충남 청양출생, 수필가, 컬럼니스트, '한국문학' 지령 200호 기념 백일장에서 수필 '구식남자'로 등단한 뒤 '삶을 가슴으로 느끼며', '덕담만 하고 살 수 있다면'을 쓰면서 수필가로 활동함. 경찰공무원으로 있다가 퇴직을 하였고. 현재는 금강일보 논설위원으로 있다. 저서로는 「평촌수필」등 여섯 권이 있으며, 인터넷 문학상을 타기도 했다. 나와는 동향, 동 면 후배 문인으로서 같은 '청양군 장평면'이 고향이다.

『별이 된 꽃상여』(2009)

작품 「도치, 숲으로 사라지다」 등 총 여섯 편의 중편동화가 수록되어 있는데 아동문예사에서 발간했다. 김영훈은 이 작품집으로 아동문예사가 주는 제2회 대한아동문학상(동화부문)과 천등아동문학상운영위원회가 주는 제11회 천등아동문학상을 수상했다. 표지 및 내용 그림은 안선영, 이성희 화백이 그렸다.

동화집 『별이 된 꽃상여』

출판기념회 및 김영훈 정년퇴임식
(학부모 대표에게 기념품을 받고 있는 모습 2009)

아동문학평론집 : 『동화를 만나러 동화 숲에 가다』(2009)

이 평론집에는 '남북한 동화 · 소년소설의 교육적 수용 실태에 대한 비교 연구' 외 다수의 평론과 '월평', '계평'이 수록되어 있다. 문경출판사에서 발간하였는데 이 평론집으로 김영훈은 대전문인총연합회가 주는 2009년에 주는 제2회 문학시대문학상을 수상했다.

아동문학 평론집
『동화를 만나러 동화 숲에 가다』

"학교 떠나도 동화로 학생들 만나겠다"

김영훈 대전 변동초 교장 이달말 퇴직-동화마을 만들계획

"퇴직 후엔 집에 '동화마을'을 만들어 학생들에게 독서·창작에 대해 교육하는 공간으로 사용할 생각이에요. 정든 학생들을 떠나는 게 슬프지만 전 아직 꿈을 꾸고 있습니다."

이달 말이면 40여 년의 교직생활을 접고 '야인'으로 돌아가는 대전 변동초 김영훈(62) 교장.

그는 동화 쓰는 선생님으로 유명하다. 지금까지 그가 직접 쓴 장편 동화만 12권에 달하기 때문이다. 단편 동화까지 더하면 그 수는 더욱 늘어난다.

특히 어떤 동화들은 베스트셀러 2위에까지 진입하며 50만 이상의 독자를 확보하기도 했다.

김 교장은 교직생활을 수행하며 자신이 갖고 있는 이러한 독서·창작에 대한 남다른 능력을 학생들을 지도하는 데 여지없이 쏟아부었다.

90년대 대전중앙초에 근무할 당시엔 교감으로 재직하면서 퇴근 후 시간을 활용, 글짓기·독서 야간공부방을 5년 내내 운영하기도 했다.

도서관 개선사업이나 독서 교육자료 개발에 있어서도 그는 독보적인 업적들을 남겼다.

그는 대전 관내에 있는 대부분의 공공도서관에 강사로 참여해 운영방안이나 독서지도법들을 전수했고 공주교대 등에서 강의활동도 진행 중에 있다.

학교신문 발행에도 적극적으로 참여해 그는 초임지였던 홍성지역부터 지금까지 대부분의 학교에서 교내 신문을 만들도록 유도했다.

그리고 김 교장은 학교에서 쏟아왔던 이런 오랜 열정을 이젠 학교를 벗어나 발휘하려고 한다.

그는 퇴직 후에도 대학이나 학교를 돌아다니며 교육활동을 펼칠 계획이고 집 2층 사무실에도 '김영훈 동화마을'을 만들어 아동문학연구와 초등학생 대상 강연에 활용할 생각이다.

더 많은 저작활동을 펼치는 것 또한 퇴직을 앞둔 그가 꿈꾸는 미래다.

"아직 많은 꿈이 있기 때문에 퇴직이 아쉽지만은 않다"는 그는 "많은 동화들을 만들어 학생들과 꾸준히 만나고 교육활동에도 적극적으로 참여해 아이들과 헤어지는 아픔을 승화시키겠다"고 말했다.

진창현 기자

정년퇴임 기사 (충청투데이)

학술서 : 『마해송 동화의 주제 연구』(2009)

이 학술서는 김영훈의 박사 학위 수여 논문인 「마해송 동화 연구」를 수정 보완하여 정인출판사에서 인세 출판을 하였다. 이 학술서는 마해송이 발표한 단편, 장편 동화 등 전 동화를 대상으로 하여 소재의 선택과 조직을 통한 내용 생성과정과 담긴 주제를 심층적으로 연구한 결과를 수록하고 있는데 그 내용이 대전 일보 등에 보도 되었다.

마해송 선생 동화연구 첫 박사학위

김영훈 대전변동초 교장

김영훈 대전변동초 교장(사진)이 우리나라 최초의 현대 동화작가인 마해송 선생의 동화를 연구해 박사학위를 받는다. 마해송 선생을 주제로 한 석사 논문은 있었지만 박사 논문은 최초다.

김 교장은 중부대 국어국문학과 대학원에서 '마해송 동화 연구'라는 논문으로 2007학년도 졸업식에서 박사학위를 받게 됐다. 김 교장은 공주교대를 졸업하고 교육자의 길을 걸으면서 지금까지 동화책 10여편을 출간할 만큼 동화에 남다른 관심을 가져왔다. 대학 시절 등단해 계룡문학상을 수상하기도 했다.

그는 "'바위나리와 아기별'로 최초의 현대적 동화를 쓴 마해송 선생의 소재 선택, 인물 설정, 갈등관계 등 표현방법과 주제를 도출하는 과정 등 시대상황을 반영할 수 밖에 없는 상황을 연구했다"고 말했다.

〈백운희 기자〉

김영훈 박사 학위취득 기사 (대전일보・2008)

「마해송 동화의 주제연구」 표지

2009년 8월 13일 목요일 제18440호 13

창작집 네 권 잇단 출간 '동화쓰는 교장선생님' 김영훈씨

"재미·교훈 주기위해 스토리 고심 책 읽어야 감성과 사고력 등 '쑥쑥'"

'동화 쓰는 교장선생님'으로 유명한 김영훈(61·사진) 동화작가(대전 변동초등학교 교장)가 최근 중편 동화집 '별이 된 꽃상여', 단편동화집 '밀짚모자는 비밀을 알고 있다'(이상 아동문예 간) 두 권을 동시에 냈다.

그는 또 같은 시기에 아동문학평론집 '동화를 만나러 동화 숲에 가다'(문경출판사 간), 자신의 박사학위 논문 증보판인 '마해송 동화의 주제 연구'(정인 간)도 출간했다.

박사학위 논문 증보판이 포함되기는 했지만 교단에 재직 중이거나 재직했던 충청권 문인들 가운데 한꺼번에 네 권의 작품집·저서를 내기는 김영훈 작가가 처음이다.

이전에는 역시 초등학교 교장으로 정년퇴임한 나태주 시인이 퇴임을 전후해 한번에 세 권을 낸 게 가장 많은 케이스였다.

중편동화 여섯 작품이 게재된 '별이 된 꽃상여'는 사춘기를 맞는 청소년들에게 권할 만한 책으로, 서사구조가 탄탄하고 치밀한 줄거리를 통해 어린이들이 감성이 풍부해지는 한편 사고력과 창의력 향상을 꾀할 수 있는 작품집이다.

동화평론집 '동화를 만나러…'는 마해송을 비롯해 이영두 김미숙 김정옥 이효성 박종현 등 동화작가들의 창작동화를 비판적으로 분석하는 한편 동화의 문체와 문장, 판타지가 갖는 효과 등에 대한 논리를 적지 않은 비중을 배정해 정연하게 전개하고 있다.

이 책에서 눈길을 끄는 것은 또 남·북한 동화 비교를 정면으로 시도한 것.

"적지 않은 나이에 욕심이 나서 짬짬이, 퇴근 후에도 새벽 한두 시까지 책을 썼습니다. 어린이들을 위한 동화는 재미도 있어야 하고 교훈적인 면도 갖춰야 하는데, 글감을 찾고 구상을 하고 쓰는데 퇴근 후 집에서 집중적으로 쓰긴 했습니다. 개인시간에 달리 하고 싶은 다른 것은 없었구요."

그도 어린이와 청소년들이 요즘 동화를 잘 읽지 않는 경향을 인정한다.

그는 그래도 감성과 사고력, 창의력을 길러주기 위해서는 동화를 권하지 않을 수 없다며 어린이들에게 읽히는 동화가 되려면 교훈적인 이야기 못지않게 탄탄한 스토리에서 오는 재미도 커야 한다고 강조한다.

공주교대를 나온 그는 "대학 재학시절 소설가인 최상규 교수 문하에서 소설을 썼지만 교편을 잡고 보니 좋은 동화가 많이 필요함을 절실히 느껴 직접 동화를 쓰기 시작했다"고 말했다.

1983년 월간 '아동문예'를 통해 문단에 나온 그는 그동안 '달섬에 닻을 내린 배' '솔뫼 마을에 부는 바람' 등 열한 권에 달하는 창작집을 냈다. '달섬에 닻을…'는 한 방송사에서 드라마로도 만들어진 바 있다.

대전·충남 아동문학회장과 한국아동문학회 부회장 등을 역임했으며 현재 대전교단문학회장을 맡고 있다. 해강아동문학상과 한국아동문학작가상, 호서문학상 소설부문을 수상했다.

교단에서 40년 6개월을 재직한 그는 글쓰기 지도에 열성이었던 선생님으로도 유명하다. 글쓰기 지도를 위해 대전일보를 비롯해 충청권, 전북권 등지까지 다닌 경력은 일일이 헤아리기 힘들 정도로 많다. 동화 창작과정에도 강사로 나갔고 많은 관련 논문과 저서를 출간하기도 했다.

그런 그는 오는 31일 정년퇴임식을 갖는다. "퇴임 후에도 계속 글을 쓸 작정입니다. '그동안 10만 독자를 만났는데 100만 독자를 만나고 싶다'고 말했더니 아내가 상당히 서운해 하네요."

류용규 기자 realist@daejonilbo.com

대전일보 게재 기사 - 저서 4권 출간한 김영훈 교장

문학상 수상 현황

수상명	수상작품집 및 작품명(영역)	수상 년도	수상기관	비고 (수상부문)
해강아동문학상 (제4회)	『꿈을 파는 가게』	1984	해강아동문학상 운영위원회	동화
한국아동문학 작가상 (제15회)	『퉁소 소리』	1993	한국아동문학회	동화
공산교육상 (제11회)	예술(문학)교육 영역	1996	공산교육상 운영위원회	예술
대전광역시문화상 (제18회)	문학부문	2006	대전광역시	아동문학 분야
호서문학상 (제13회)	『화해론』	2008	호서문학상 운영위원회	소설
문학시대문학대상 (제2회)	『동화를 만나러 동화 숲에 가다』	2009	대전문인총연합회	아동문학평론
대한아동문학상 (제2회)	『별이 된 꽃상여』	2009	아동문예사	동화
김영일[95]아동문학상 (제11회) (본책 148쪽 하단참조)	『밀짚모자는 비밀을 알고 있다』	2010	김영일아동문학상 운영위원회	소년소설
천등[96]아동문학상 (제11회) (본책 148쪽 하단참조)	『별이 된 꽃상여』	2011	천등아동문학상 운영위원회	동화

제4회 해강아동문학상(동화) 수상(1884)

등단하던 첫해 데뷔작품 「꿈을 파는 가게」를 비롯해 그해 신문. 잡지에 발표한 동화와 그동안 습작기에 써 놓았던 작품들을 모아 첫 동화집 『꿈을 파는 가게』를 발간했다. 이 동화집이 독자들의 반응이 좋아 재판에 들어갔고, 이듬해인 1984년에는 해강아동문학상을 수상하게 되었다.

「해강아동문학상」 상패

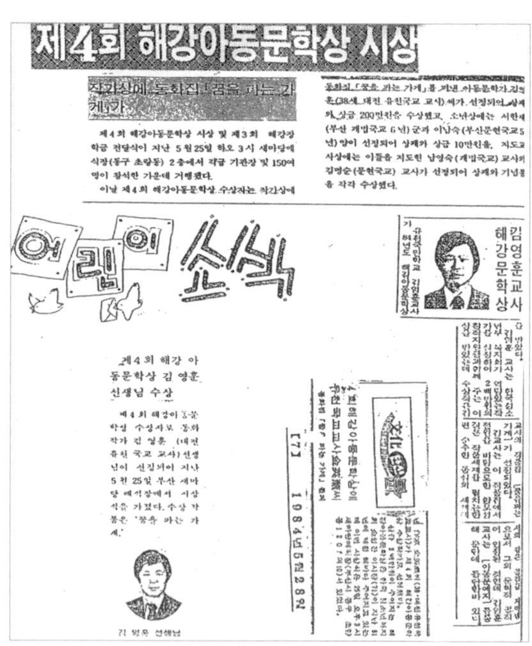

제4회 해강아동문학상 시상

작가상에 동화집 「꿈을 파는 가게」가

제4회 해강아동문학상 시상 및 제3회 해강장학금 전달식이 지난 5월25일 하오 3시 새마당예식장(동구 초량동) 2층에서 각급 기관장 및 150여명이 참석한 가운데 거행됐다.

이날 제4회 해강아동문학상 수상자는 작가상에 동화집 「꿈을 파는 가게」를 펴낸 아동문학가 김영훈(38세. 대전 유천국교 교사)씨가 선정되어 상패와 상금 200만원을 수상했고, 소년상에는 서한세(부산 개법국교 6년)군과 이남숙(부산문현국교5년)양이 선정되어 상패와 상금 10만원을, 지도교사상에는 이들을 지도한 남영숙(개법국교) 교사와 김명순(문현국교) 교사가 선정되어 상패와 기념품을 각각 수상했다.

어린이 소식

김영훈교사 해강문학상

제4회 해강 아동문학상 김 영훈 선생님 수상

제4회 해강아동문학상 수상자로 동화작가 김 영훈 (대전 유천 국교 교사) 선생님이 선정되어 지난 5월 25일 부산 새마당 예식장에서 시상식을 가졌다. 수상 작품은 '꿈을 파는 가게.'

김 영훈 선생님

1984년 6월 28일

「해강아동문학상」 수상 기사들

95) 김영일(1914 - 1984) 황해도 신천 출생, 아동문학가, 아호는 석촌, 한국아동문학회를 창립했고 회장을 역임했으며, 1934년 매일신보에 '반딧불;과 '방울새'가 당선되어 문단에 나왔으며, 30년대 〈아이생활〉 동인으로 활동했다. 동시집으로 「다람쥐」, 동요집으로 「밤톨 3형제」, 소년소설집으로 「혹부리 선생」, 「꿈을 낚는 아이들」등 여러 권이 있다. 대한민국아동문학상, 이주홍아동문학상 등 여러 상도 탔다. 석촌의 사후에 둘째아들 김철민이 주도해 김영일 아동문학상을 제정하여 시상해오고 있다.

96) '천등'은 아동문학가 이진호(1937-)의 아호임, 충북 중원 출생, 1970년 월간 소년에 동시가 천료되고, 1971년 소년중앙 문학상에 당선되어 문단에 나왔다. 시집으로 「날줄과 씨줄」, 「생각 속에서」와 동화집 「금빛 날개를 단 아기코끼리」등 여러 권이 있으며, 새마을 노래〈좋아졌네〉작사가로 널리 알려져 있다. 한정동문학상을 받았으며, 천등아동문학상, 백목련상 등을 제정해 시상해오고 있다.

제15회 한국아동문학작가상(동화부문) 수상(1993)

네 번째 동화집 『통소 소리』로 한국아동문학회(당시 회장 박화목)가 주는 제15회 한국아동문학작가상을 수상하였다.

「한국아동문학작가상」 상패

「한국아동문학작가상」 시상식에 참석한 하객들
(처가족 · 청림 · 대전아동문학회원 · 1993)

제 15회 한국아동문학작가상 시상식

수상자 충남아동문학회장 김영훈씨

한국아동문학회(회장 박화목)는 지난 6월5일 오후5시 서울 한국출판문화회관 4층 강당에서 박화목회장, 김정일 부회장을 비롯한 전국아동문학회원, 가족, 친지 등 2백여명이 참석한 가운데 〈통소소리〉로 제15회 한국아동문학 작가상을 수상한 김영훈씨에 대한 시상식을 가졌다.

제15회 한국아동문학 작가상을 수상한 김영훈씨

이날 시상식에서 김영훈씨는 수상소감을 통해 「이제까지는 이 세상 모든 사람들에게 빚만지고 살아왔으나, 앞으로는 원초적 동심을 일깨워 주는 작업을 통해 어린이는 물론 점점 현대화 되면서 인간성을 상실하고 있는 성인에 이르기까지 끊임없이 정신적 자양분을 공급해 아름다운 세상을 만들어 나가는데 최선의 노력을 다하겠다」는 견해를 피력했다.

이날 아동문학의 불모지 충남에서 〈통소소리〉의 작품성과 문학단체의 공헌도로 한국아동문학작가상을 수상한 김영훈씨는 지난 83년3월에 아동문예 신인상 (동화) 당선으로 등단, 84년5월 「꿈을 파는 가게」로 제4회 해강아동문학 작가상을 수상했으며, 통소소리 등 6권의 동화집을 발간한 중견아동문학가로 현재 충남아동문학회장과 한국아동문학회 이사, 한국문인 협회회원으로 대신국교에 재직중이다.

김영훈씨가 한국아동문학회장 박화목씨로부터 상패를 수여받고 있다.

「한국아동문학작가상 수상」 기사 자료 (월간 「청풍」)

제11회 공산교육상 수상(1996)

김영훈은 2006년 월간 〈아동문예〉 신인상 당선 이후 출간된 단편 동화집 『꿈을 파는 가게』등 여러 권의 저서를 통해 어린이에게 꿈과 희망을 주는 읽을거리를 제공했고, 교육 현장에서 글쓰기와 독서 교육을 한 공적으로 동아재단(이사장 최원석[97])이 주는 공산교육대상(체육 · 예술 부문)을 수상하였다.

내빈으로 오신 박경원 대전시 교육감과 함께 (1996)

심사위원으로 오신 송근영 교장선생님과 함께 (1996)

공산교육상 상패

97) 최원석(1941 -) 대전시 출생, 동아그룹회장, 선대부터 대전에서 사업체의 기반을 세웠고, 공산학원을 설립해 육영사업도하고 있다. 선친의 아호인 '공산'에서 따와 교육상을 제정하고, 대전·충난 지역에서 교육에 공헌한 교원을 대상으로 공산교육상을 해마다 시상해왔다.

제18회 대전광역시문화상(문학부문) 수상(2006)

김영훈 1982년 이후의 창작활동, 문학 단체의 기여도를 포함한 문학과 함께 전반적인 문화 발전을 위해 애쓴 공로로 대전광역시가 주는 제18회 대전시문화상을 수상했다.

「대전문화상」 상패

대전문화상을 수상하는 김영훈 부부 (2006)

박승범씨등 6명 '대전시문화상'

29일 한발문화제서 시상

대전시는 19일 대전시문화상 심사위원회를 열고 학술부문에 **박승범**씨(61·충남대 산업대학원장)를 비롯해 부문별 문화상 수상자 6명을 선정했다.

수상자는 예술부문 **이정애**씨(55·한국무용협회 대전시지회), 문학부문 **김영훈**씨(59·대전동광초등학교 교장), 언론부문 **최상수**씨(49·중도일보 편집국장), 체육부문 **김수중**씨(62·전 대전체고 교장), 지역사회봉사부문 **조종국**씨(63·한국예총 대전시연합회장) 등이다.

학술부문의 박 교수는 33년간 충남대 공과대 교수로 재직하며 40건의 발명특허 및 기술 이전을 통해 지역 발전에 기여했고, 예술의 이정애씨는 우리 춤 찾기, 무용후진 양성 등 지역 무용계에 이바지해왔다.

문학의 김영훈씨는 지난 83년 등단 이후 24년간 동화 창작에 전념, 어린이 정신 문화 발전에 공헌해 왔다.

언론의 최 국장은 '신 금강시대', '이젠 충청시대다' 등 공익기사 발굴 보도로 지역 발전에 힘썼고, 체육의 김수중씨는 35년간 교직에 몸담으면서 체육 영재 양성과 체육 발전에 헌신해왔다.

지역사회봉사의 조 회장은 88올림픽, 93대전 엑스포, 2002 한일 월드컵 등 각종 행사와 국제교류에 기여한 공로를 인정받았다.

수상자들은 29일 서대전시민공원에서 열리는 제24회 한밭문화제 개막행사에서 문화상을 받는다.

〈權成夏 기자〉

박승범씨

이정애씨

김영훈씨

최상수씨

김수중씨

조종국씨

대전광역시문화상 기사 (대전일보)

제13회 호서문학상(소설) 수상(2008)

김영훈은 1968년 공주교육대학 재학 중에 대학공모전에서 소설 「도토리 깍지」가 당선된 이후 아동문단 나와서 동화와 아동소설과 청소년 소설을 써 오다가 뜻을 다시 세운 후, 호서문학지 등에 본격 소설 「오르라의 왕초」를 비롯하여 다수의 작품을 발표했는데 그 중 소설 「화해론」이 제13회 호서문학상에 선정되어 수상의 영광을 안았다.

「호서문학상」 상패

수상인사를 하는 김영훈의 모습 (2008)

수상 후 하객들과 함께 한 기념촬영 (2008)

수상을 축하하는 대전아동문학회원들과 함께 (2008)

양 쪽 날을 잡고 선 올곧은 문학정신

올해의 호서문학상 선정 모임은 출발부터 아주 색다른 합의가 이루어졌다. 무엇보다도 유사한 상들이 연출하고 있는 상식으로부터 벗어나 보자는 것이다. 즉, 사람과 사람 사이의 친소(親疎)나 고정관념에 치우치지 말고, 〈상〉이라는 절차의 격려를 통해 당사자의 작품 활동에 기를 불어넣는 것을 최우선으로 하자는 합의가 아주 명료하게 매듭지어졌다는 사실이다. 그리하여, 여기에 해당되는 몇몇 분의 이름과 작품을 놓고 의견을 나누던 중 '김영훈' 선생의 성함에 당도하자 문득 논의가 멈추어졌고 자연스럽게 올해의 수상자로는 이 분이 적합하다는 쪽으로 아주 손쉽게 결론이 내려졌다.

그런데 이번 심사에서 벌어진 특이한 일 중의 하나는, 심사위원 다섯 중 2인이 김훈 선생이 누구인지 전혀 모르고 단지 그간의 작품 활동과정만을 염두에 두고 심사에 임했다는 점이다. 그리하여 수상자가 환갑을 넘긴 대전 시내 일선 초등학교의 현직 교장 선생님이며, 수십 년간 작품 활동을 해왔을 뿐 만 아니라, 현재 문협 기관지인 ≪월간문학≫의 아동문학 월평을 담당하고 있고, 늦은 나이에 박사학위까지 취득하는 등 문학에 관한 한 전 방위적 정통파라는 점에서 비로소 안도할 정도로 엄정했던 것이다.

그러나, 김영훈 선생은 아동문학 분과 소속이지만 이미 제41호 ≪호서문학≫에 단편소설 「오르라의 왕초」를 발표하여 근래 문학정신의 가열이 녹록치 않음을 보여 분 바가 있다. 오랜 교육 경력을 쌓은 끝에 마침내 일선학교장의 지위에 오른 이들의 특징은 현실안주의 휴지(休止) 성향을 보이건만, 김영훈 선생은 달랐다.

김영훈 선생은 1983년 ≪아동문예≫를 통해 등단했고, 그 이후 아동문학에 정진해 온 것이 사실이다. 『꿈을 파는 가게』, 『달섬에 닻을 내릴 배』 등을 비롯해서 『우리들의 산타클로스』까지 12여권의 작품집을 간행했으며, 「동화를 만나러 동화숲에 가다」 등 2권의 평론집을 출간했다. 한국아동문학회 부회장을 비롯해서 대전·충남 아동문학회장 등 관련 단체의 일에도 헌신적이었고, 해강아동문학상. 한국아동문학작가상과 대전시문화상 공산교육상 등 많은 상을 수상하여 아동문학인으로서의 위상을 든든하게 축조해왔다.

그러나 수상자가 아동문학과 함께 소설에서도 내공을 분출하는 것은, 결코 심심파적의 여기(餘技)가 아니다. 수상자는 일찍이 1969년 공주교대 공모 문학상에서 소설부문으로 당선했던 전력이 있을 뿐만 아니라, 한국 단편소설의 명편인 「포인트」의 작가 최상규 선생으로부터 재능을 인정받은 문학청년으로서의 저력이 아직도 펄펄 살아있다. ≪호서문학≫ 41호에 의욕적인 단편소설을 「오르라의 왕초」등을 발표하고, 이번에 수상작으로 다시 단편소설 「화해론」을 수록하는 것만으로도, 지치지 않는 문학정신의 올곧은 기상을 유감없이 보여주고 있는 것이다.

지금까지의 경위에서 드러난 바와 같이 우리 심사위원들은, 올해의 수상자인 김영훈 선생이 아동문학과 소설 창작의 양안(兩岸)을 함께 걸어온 의욕을 치하함과 함께 장차의 문학적 도정에 응원을 보내다는 데에 기쁜 마음으로 의견을 모았다. 수상자가 앞으로 아동문학과 소설 부문 양쪽에서 더욱 심화된 진경을 이루시기를 진심으로 기원드린다.

〈심사위원 : 최송석[98] 정상순[99] 김용재[100] 이진우[101] 홍순갑[102]〉

98) 최송석(1937 -) 충남예산출생. 시인, 충남교총사무국장, 한국문협대전문인협회 지회장을 맡았고, 1984년 '詩와 意識'을 통해 문단에 나왔으며, 시집으로 「그림자를 위한 향연」, 「풀빛 바람 곁에서」, 「우리는 절망을 탄핵할 수 있다」, 「사랑은 별빛이다」 등이 있고, 호서문학상, 대전시문화상(문학부문) 등을 받았다.

99) 정상순(1937 -) 충북 영동 출생. 시인, 1952년 자유문학 추천으로 문단에 나왔으며, 시집으로 「막사발 주린 그리움」외 여러 권이 있고, 호서문학상을 수상했다.

100) 김용재(1944 -) 대전 출생. 시인, 대전대 명예교수, 호서문학회장역임, 대전문인총협회장(현), 3.8의거 기념사업회 공동의장, 1975년 월간 '시문학'을 통해 문단에 나왔으며 시집으로 「저기 어둠의 실루엣 허물어진다」, 「겨울 산책」, 영문시집 「The Lost Sumer」등 여러 권이 있고, 한국현대시인상, 대전시문화상, 호서문학상 , 국제계관시인상 등을 받았다.

101) 이진우(1945 -) 대전 출생. 소설가, 대전대학교 명예교수, 1964년 공보부 신인문학상과 1967년 한국일보 신춘문예 소설부문 당선으로 문단에 나왔으며 작품집으로 「우리는 하나가 아니다」, 「얘기좀 하실까요」등이 있고, 호서문학회장을 역임했으며, 호서문학상 등을 받았다.

102) 홍순갑(1949 -) 충남 연기(현 세종시)출생. 시인, 호서문학회장역임, 1990년 호서문학신인상(시부문) 당선으로 문단에 나왔으며, 시집으로 「깊이들여다 보다가」, 「조용히 빛나는 것은 붉다.」, 「빛과 그림자에 대한 명상」,「저 달을 보라」등이 있고, 호서문학상을 받았다.

■ 수상소감 (호서문학 42호 · 2008)

소설 창작, 가슴에 불을 지피우고 싶다

제13회 호서문학상을 받게 되었다는 뜻밖의 소식을 듣고는 매우 당황했다. 나는 상을 탈만한 소설을 쓴 사람이 아니다. 그저 열정에 넘쳐 쓰지 않고는 가슴이 답답해 범작 수준에서 동화와 함께 소설을 쓰고 있는 사람이다. 나는 젊은 시절에 소설로 문학을 시작했지만 지금은 동화를 쓰는 사람으로 알려졌다. 소설을 습작하는 과정이 길어 동화 장르에서도 소년소설이 많이 있는 나는 최근 들어 부쩍 소설을 쓰고 싶었었다. 그래서 느지막한 이 나이에 그동안 숨겨 놓았던 작품 몇 편을 동인지에 선보였다.

소설이나 동화나 모두 서사구조가 확실해야 하고 조직력이 있게 써야 독자를 감동시킬 수 있는 글이다. 물론 소재 선택이나 주제 설정 면에서 읽는 대상이 아동과 성인의 차이가 있기 때문에 약간은 차별화되어야 하겠지만 문학의 본질적 속성으로는 다르지 않다고 본다. 그래서 나는 앞으로 동화와 함께 소설을 더 열정적으로 발표하려고 한다. 그래야 내 꺼져가는 문학혼이 되살아날 것만 같다.

지금 나는 시인이나 소설가가 동시나 소설을 발표하는 것처럼 아동문학을 하는 입장에서 그런 심정으로 성인을 대상으로 한 소설 '화해론'을 내놓는다. 이 작품을 『호서문학상』으로 정한다는 소식에 중압감을 느낀다. 이 작품이 상을 탈만해서가 아니라 그동안 동화집 등 12권 저서를 낸 공적도 함께 평가된 것이 아닌가 하여 마음이 무겁다. 그러나 나는 이 작품이 동화가 아닌 소설로 평가를 받고 싶다.

나는 오늘따라 소설가 최상규 교수님이 그립다. 나를 소설을 쓸 수 있는 사람으로 인정해주신 최초이자 마지막 분이시다. 그분 생전에 찾아가 소설에서 동화로 장르가 바뀌었다고 고하니 '동화는 한편의 시지.' 하면서 엷은 웃음을 내게 던져 주셨다. 나는 지금도 그 엷은 웃음의 의미를 헤아리지 못하고 있지만 마냥 그립기만 하다. 하늘나라에 가셔서 요즈음도 그 좋아하시던 술을 잡수시는지 모르겠다.

나는 앞으로 더욱 소설 창작에 정진을 하고자 한다. 그래서 시공간을 초월해 기억될 만한 가작을 남기고 싶다. 그게 글 쓰는 사람들의 마지막 소원이니 나도 그쪽에 동참하여 가슴이 불을 지피면서 살려고 한다. 끝으로 용기를 주신 심사위원 여러분께 심심한 감사를 드린다. 그리고 이렇게 영광된 자리를 마련해주신 동인지 ≪호서문학≫에게도 깊은 애정을 보낸다.

■ 수상작

화해론[103)]

오늘은 내가 고향 석촌마을로 귀향을 한지 사흘째 되는 날이다. 나는 귀향한 그 날부터 지금까지 아버지를 지속적으로 관찰하고 있는 중이다. 아주 찬찬히 아버지의 행동거지 하나하나를 살피고 있다. 어머니 말씀으로는 아버지가 요즈음 들어 부쩍 동구밖 느티나무 밑으로 나간다는 것이다. 나는 그 말을 확인이나 하듯이 귀향하면서부터 지금껏 아버지의 행동반경 하나하나를 추적하고 있다. 역시 어머니의 말씀이 틀림없었다. 아버지는 아침을 먹고 집에 잠깐 머물다가는 새참 때쯤 느티나무 밑으로 나가는 것이다.

아버지는 흙바닥으로 솟아 올라온 느티나무 뿌리가 자연스럽게 앉을 자리를 만들어 준 그 그루터기 위에 앉는다. 아버지는 거의 온 종일을 그 곳에서 머물고 있었다. 나는 지금 아버지가 그렇게도 일생 동안을 가고 싶지 않았던 그 곳 느티나무 밑 금단의 땅으로 가서 앉는 이유를 분명히 알고 싶었다. 아버지는 거의 하루 동안을 넋을 내놓은 듯이 그 곳에 앉아서는 안산 쪽을 하염없이 바라보고 있었다. 아버지에게는 아버지이고, 나에게는 조부인 묘 쪽을 향해 시선을 집중하고 있는 것이다.

하지만 아버지는 조부의 묘만을 바라보고 있는 것은 아니다. 어쩌면 그는 지금 일곱 살 적의 아픈 기억을 더듬고 있을 게다. 내가 어렸을 때 앉아 고누를 두었었던 바로 그

103) 和解論. 2008년 호서문학 제42호(겨울호)에 발표하여 제13회 호서문학상에 수상된 작품.

자리에서 말이다. 난 지금부터는 아버지의 미세한 얼굴 표정까지를 면밀히 관찰하려고 한다. 그러기 위해 나는 귀향해서 머무는 동안, 아버지 행동에 내 여력을 다 소진하려고 작정했다. 휴가를 피서지에서 보내자고 약속했던 아내에게는 좀 미안했지만 어쩔 수 없다.

내가 급히 고향으로 내려 온 이유는 아버지의 행동거지가 점점 예사롭지 않아 걱정스럽다는 전갈을 어머니로부터 들었기 때문이다. 그래서 서둘러 귀향을 결심했다. 아내도 동의는 했다. 물론 세 살짜리 아들 녀석과 함께 고향을 찾았다. 역시 어머니 말씀대로 내가 도착한 그 날 역시 아버지는 거의 하루를 느티나무 밑으로 나가 소일하고 있었다. 내가 봐도 아버지는 더위를 피하려고 그늘을 찾아 느티나무 밑으로 나가는 것 같지는 않았다. 마을 어른들과도 별 대화도 없이 그냥 혼자였다.

어쩌면 아버지는 지금 자신의 임종이 머지않은 것을 예감하고 있는 지도 모른다. 맞다. 그는 죽음의 그림자가 드리우고 있는 걸 무의식 속에서 인지하고 있을지 모른다. 젊은 시절부터의 그 지긋지긋한 해소에다가 기관지 천식이 이제는 폐암까지 덮쳐 중병이 든 아버지이다. 역시 그랬다. 아버지는 이미 향후 6개월의 시한부 삶이 예고되고 있었다.

그러나 이건 너무 야속한 일이다. 아버지는 지금 그대로 임종해서는 안 된다. 자신의 의식에 갇혀 있는 이념의 늪에서 빠져 나와야 한다. 아버지는 자신이 일생동안 처해 있던 암울한 상황에서 주목받는 자로서 고통을 감내하며 살아온 분이다. 거기에서 해방되려면 시간이 필요하다. 6개월 가지고는 좀 부족하다. 아쉽다. 그러니 나도 지금 부터 아버지와 좀더 시간을 두고 대화를 나누어야 한다.

어머니 말씀에 의하면 아버지는 내가 귀향하기 사흘 전부터 종일토록 나를 기다렸다고 한다. 그건 어머니의 말씀이 맞는 것 같다. 하지만 나는 사립문을 들어서면서 예상보다는 아버지의 건강이 많이 악화된 것은 아닌 것으로 판단했다. 병색이 짙은 모습이었지만 생각보다 아버지는 그렇게 야윈 얼굴도 아니었다. 죽음을 직전에 둔 사람처럼 혈색이 아주 창백하지도 않았다. 그런 모습의 아버지가 눈빛을 빛내며 나의 귀향을 그 어느 때보다 반겼다.

"우리 한 교수, 잘 왔네."

사흘 전 아버지는 귀향하는 나의 손을 덥석 잡았다. 아버지는 내가 학위를 받으면서, 아니다. 내 기억으로는 아주 어렸을 때부터 한번도 나의 이름을 함부로 부른 적이 없었다. 늘 한 박사였다. 아니면 한 장군이었다. 어느 때는 북극성이라고도 했다. 태몽에서 북극성을 보고 얻은 아들이라고 추켜세워도 주었다. 자성 예언으로 성취동기를 심어주기 위해서라는 걸 나중에서야 알았지만, 지금까지도 아버지에게는 내가 그냥 영원한 박사였고, 늘 소중한 존재였으며, 그래서 내내 의미 있는 호칭으로 부르고 싶어 했다.

천신만고 끝에 지방대학교 인문사회과학 대학 교수로 임용된 내가 아버지에게는 하늘과 같은 존재였다. 아버지는 삼십 대 초반에 학위를 받은 후, 전임강사로 교편을 잡게 된 아들이 자랑스러운 게 틀림없었다. 자신의 일생의 삶을 회상할 때 아버지 입장에서 보면, 그 사실은 아주 눈물겨운 일이었다. 그만큼 아버지는 자신의 삶을 나에게 몽땅 이양시킨 분이다. 뿐만 아니라 스물여섯에 역사의 소용돌이 속에서 그냥 이름 없이 스러져간 자신의 아버지의 생애까지도 다 내게 함유시키려 했다. 그래서 차마 내 이름을 가볍게 부르지도 않았던 아버지였다.

아버지, 그가 지금 갑자기 무얼 생각하며 느티나무 그루터기에 와 앉기 시작한 걸까가 나는 그것이 매우 궁금했다. 강인한 체력을 가졌던 아버지였었지만 이제는 암으로까지 번진 상태에서 생애를 마감하려는 직전에 와 있는 것은 사실이다. 나는 안다. 해마다 찬바람이 불기 시작하면 숨이 끊길 듯이 자지러지는 아버지의 해소 기침이, 아버지를 얼마나 아프게 했는지를 나는 아주 잘 안다. 아버지는 해소와 기관지 천식을 일생동안 짊어지고 살았다. 해방되던 해, 백일해에서 비롯되었다는 기관지 천식, 거기다 해소 기침은 그의 운명과 함께 한 업보였다.

그런 아버지가 얼마 전 폐암으로 판명이 났다. 그렇다면 진단 결과를 당신에게 통고하지 않았는데도 스스로 자신의 삶을 정리하기 위해 이 금단의 땅인 느티나무 밑으로 나온 것일까? 그렇다. 신으로부터 폐암으로 인해 생애를 마감하라는 계시를 받았는지도 모른다. 그래서 아버지는 유언이라도 하고 싶어 자신의 생애의 전부인 나를 골똘히 기다린 건지도 모른다.

그러나 내가 이틀 동안 관찰한 바에 의하면 역시 아버지의 임종이 바로 올 것 같지는 않았다. 아버지가 꼿꼿한 모습으로 느티나무 밑 그루터기에 앉아서 거의 하루 종일을 명상하고 있는 걸 보면 말이다. 어머니는 그런 아버지를 생뚱맞다고 오늘 아침에도 핀잔을 해댔었다. 평생을 무너진 가슴으로 살아왔는데 이제 와서 엉뚱한 모습을 보이는 아버지가 새삼스럽다는 것이다. 어머니는 아버지의 사유의 세계나 이념보다는 그의 건강을 훨씬 염려한다. 어머니로서는 당연하다.

하지만 아버지는 그 전과는 전혀 다른 태도로 변해 있었다. 몸이 쇠잔해지면서도 지금까지 어머니의 말씀을 듣지 않았었는데 이제는 많이 의지하는 것이다. 나는 아버지 몸의 쇠약해짐과 함께 심경의 변화가 온 까닭을 곰곰이 생각했다. 아무래도 예사롭지 않다. 나는 아버지의 가슴을 열고 싶었다. 아버지는 적어도 내게만은 가슴속을 다 헤치고 내밀한 속살을 보여 줄 분이다. 그래서 아버지는 나를 기다린 것으로 판단해도 틀리지 않을 것이다.

그동안 아버지는 내가 알고 있었던 것처럼 허허로운 가슴으로 빈 마당에 서서, 잦은 기침을 해대며 별을 헤아렸을망정 동구밖 느티나무 밑에는 결코 나가지 않았었다고 한다. 그랬다. 여름밤 감나무 밑에 앉아 저 별은 할아버지 별, 저 별은 네 아버지 별, 저 별은 우리 한 박사 별 하며 별을 세었을망정 느티나무 밑에는 결코 나가지 않을 분이었다. 두레를 열었을 때나, 칠월칠석 마을 잔칫날도 누가 볼세라 서둘러 돌아왔던 아버지였다. 그러면서 일생을 굴절된 삶이 빚은 질곡 속에서도 숱한 아픔을 참아온 아버지였다.

나는 지금 아버지를 연민의 정으로 바라보고 있다. 만 예순 셋이 된 아버지이다. 아버지가 태어난 것은 광복이 되기 두 해 전이었다. 그는 축복 속에서 부농의 집안에서 둘째 아들로 태어났다. 그러나 이 이승의 삶이 그에게 결코 평탄하지만은 않았다. 해방의 기쁨도 잠시였고, 6.25사변이라는 남북전쟁은 남들도 다 그랬지만 특히 아버지의 유년을 몽땅 앗아갔다. 아버지는 계속 연좌제의 틀 속에서 소년기를 몸살하며 시달려야 했다.

"너의 아버지는 사과 빨갱이였어? 수박 빨갱이였어? 그렇지 않으면 토마토 빨갱이였어?"

난리 통에 피를 튀기며 서로 맞섰던 집안인 남참봉집 손주들이, 그리고 아랫마을 또래 아이들이 아버지를 그렇게 몰아붙였다고 한다. 따라서 아버지는 전후에도 오랜 동안 전쟁의 그늘에서 가슴에 상처를 안고 살아야 했다. 그만큼 아버지가 유년을 살면서 가졌던 인식의 세계는 늘 좌우 이념이 그림자가 되어 업보로 진하게 따라붙었었다. 그뿐만이 아니다. 아버지의 작은아버지, 그러니까 나에게는 종조부가 아버지를 늘 옥죄었다.

"너 말여, 내 말 잘 들어야 혀. 내가 널 너의 아버지가 한때 몸담았던 직업군인이 되게 하겠냐? 그렇지 않으면 경찰이 되게 하겠냐? 그렇다고 고시를 패스하여 고급 공무원이 될 수가 있냐? 이게 다 우리 집안의 운명이여. 세상 잘못 만난 운명이라니께. 운명의 수레바퀴가 돌아가는 동안에는 어이없게 깔려 죽는 사람들이 좀 많은감. 그 중에 네 아버지가 포함된 거여."

"……."

작은 할아버지는 틈이 있을 때마다 말을 잃은 채 말대답조차 못하고 우울한 사춘기를 보내는 아버지를 설득했다고 한다.

"넌 절대로 세상에 나갈 생각은 말어. 이곳에 깊숙이 파묻혀서 그냥 땅을 파는 거여. 땅은, 우리를 속이지도 배반하지도 않으니께. 땅에는 사상도 좌우 이념도 없다는 걸 너도 알게 될 거여. 콩 심은 데 콩 나고, 팥 심은 데 팥 나지 않는감. 땅은 진실한 거여. 우리가 흙을 파며 진실 속에 산다는데 누가 누굴 잡아갈 건감. 그러니께 말여, 그냥 사는 거여."

아버지 말씀대로라면 종조부는 전쟁을 겪으며 살아남는 지혜를 나름대로 터득한 셈이었다. 이념의 대립 속에서는 서로가 서로에게 냉엄했다. 그러니 아버지는 종조부의 말씀을 운명으로 받아들일 수밖에 없었다. 아버지는 종조부의 말씀에 순종하면서 이곳에서 중학교까지 졸업하고 난 후, 잠깐 공주에 나가 고등학교에 다니느라 3년을 보낸 것 말고는 이곳 석촌에서 일생 동안을, 땅을 파고 산 셈이다. 하지만 아버지는 자식인 나에게만은 이 아픈 삶을 대물림해 주려고 하지 않은 것이 분명했다. 종조부와는 전혀 상반되었다.

"우리 한 박사 말여, 대처에 나가 살아야 혀. 이곳은 우리에게 약속된 땅이 아니여. 조선조 중엽에 임금에게 반역한 무리와 연루되어 궁지에 몰리다가 낙향한 조상 할아버지 이후, 대대로 350년을 대물림하며 살아온 역사는 자네 할아버지가 철퇴를 맞은 것으로 끝내야 혀. 그 슬픔을 끌어 앉는 것은, 자네 아버지인 나로 충분하다니께. 알았는감?"

내가 대학교에 입학했을 무렵만 해도 나는 아버지의 좌파에 대한 편견과 사상적인 피해의식에 같이 할 수는 없었다. 그래서인지 나는 아버지의 슬픔에 함유될 수 없었다. 오히려 나는 그때 금강가에서 성장한 탓으로 인해 선사 유적이며, 백제 유물의 출토를 자주 접했기 때문에 오히려 역사를 연구하는 학자가 되고 싶었다. 그래서 그쪽에 정열을 쏟았다. 이념에 치우치거나, 한 시대 상황에 대항하는 참여와 운동에 동참하고 싶은 생각은 전혀 없었다.

나는 조부님 형제가 꿈꾸어 오던 사상과 이념으로 이 세상을 평정하고 싶은 생각은 정말 없었다. 내가 추구하는 것은 현실을 바라보며 개혁하고 자유를 찾는다든지 소득을 재분배하기 위한 것이 아니었다. 평등 사회 구현을 위해 가진 자로부터 뭔가를 탈취하고, 또 쟁취하는 것보다는 과거를 살펴보고 인식하면서 오늘을 직시하여 내일의 삶의 방향을 설정해야 한다는 역사의식이 강하게 자리 잡고 있었다.

그랬던 내가 아버지의 참담한 가슴을 헤아리기 시작한 것은 더 성장한 후였다. 아버지의 일생 중에, 일곱 살 그 가슴을 할퀴고 간 상처가 평생을 짓누르고 있는 것이 확실하며, 그 때문에 큰 고통을 겪고 있다는 걸 안 것도 실상은 성장 후 훨씬 뒤였다. 그러니까 내가 대학을 휴학하고, 군에 입대할 무렵이었다. 그때 종조부는 당시의 상황을 자세히 알려 주었다. 아버지도 그 때서야 마지못해 내게 부연 설명을 해 주었다.

아버지는 그날 자식인 나와 대화를 나누는 동안 내가 자신의 아픈 삶을 대물림하려 하지 않고 있음을 알고는 다행스러워 했다. 그러나 얼마 후 나는 특수정보부대 요원으로 군복무를 마친 후에서야 아버지의 아픔과, 그 아프게 산 아버지의 일생에 대해 마침내 동의할 수 있었다. 그래서 제대 후에 나는 더욱 아버지가 원하는 삶에 푯대를 맞추기로 했다. 바로 내가 꿈꾸어온 대로 역사학자가 되기로 한 것이다. 하지만 정작 아버지 자신은 아직도 확 바뀐 세상을 수용하지 못하고 있었다. 지금 아버지는 좌파가 득세하는 세상을 맞으면서도 여전히 혼란에 빠져 있는 것이 분명했다.

"한 박사 말여, 북녘의 동포는 한 핏줄이란 말은 맞지. 그렇지? 그들을 감싸안아야 한다는 거여. 미제는 물러가야 하고, 주체사상은 포용해야 한다는 걸 자네는 인정할 수 있겄어?

"……."

나 역시 옛날 아버지가 종조부에게 그랬듯이 언제나 아버지 말씀에 침묵했다. 그러면 아버지는 더욱 소리를 높이며 부르짖었다. 다른 이들에게는 진부한 넋두리였지만 아버지에게는 한 맺힌 피울음이었다.

"맞어. 굶어 죽어 가는 북녘동포 그들을 그냥 보고만 있어서는 안 된다는 거지. 하지만 소 떼를 몰고 가고, 쌀을 주고, 돈을 주어 그 걸로 핵을 만들어도 괜찮다는 거여? 하기사 나는 좌파의 아들이니까 그걸 쌍수를 들어 환영하고수용해야 허것구먼. 허허허. 누가 그런 신통한 생각을 해냈을까? 신기헌디……. 그런데 말여 좌파의 아들인 내가 얼른 동의할 수 없으니 어쩌지? 수용이 안되니, 이게 문제구먼. 왜 그렇지? 이 애빈 억울한 거여. 그 이념의 틀에 갇히지 않았었다면 자네 할아버지는 천명을 다 하시며 사셨을거 아녀? 안 그려? 내 생각이 근시안적인가?"

그랬다. 아버지는 여전히 혼돈에 빠지고 있었다. 아버지는 또래 아이들의 놀림대로 수박 빨갱이가 되고, 사과 빨갱이도 되고, 토마토 빨갱의의 자식이 되면서 살아온 지난날이 서러운 것이다. 그게 아버지의 슬픔이다. 그게 아버지를 혼란에 빠지게 하는 거다. 그러면서도 한편으로 아버지는 지금까지 자신이 산 세상과는 너무 궤적이 다르다는 걸 이제야 확실히 인식하고 있는 것 같았다.

그렇다. 아버지는 지금 얼마 남지 않은 생애의 마지막 무렵에서 갑자기 당하는 혼란을 여전히 수용하지 못하는 게 분명했다. 아버지는 그동안 계속 너는 좌파의 아들이라는 환청에 시달리며 피해의식 속에서 살아온 사람이었다. 하지만 나는 아버지의 귀청을 두드리는 그 소리, 그것은 지금 여전히 아버지에게도 환청이어야 한다고 생각한다. 사실이라면 참혹하다. 한데도 그 환청은 환청이 아니고 아버지에게는 엄연한 현실이었다. 만 일곱 살 초등학교 2학년 가슴을 할퀴고 간 엄청나게 아픈 현실이었다.

그동안 이렇게 아버지의 가슴이 수천 번 무너진 걸 인식하게 되면서부터 나 역시도 오래도록 괴로워했었다. 나는 유년 이후 밤하늘에 수없이 떠 있는 별을 보고 그리워했다는 아버지의 아버지에 대한 회상을 알고는, 그 아픈 추억을 알고는 나도 한때 별을 예사로 바라볼 수가 없었던 적이 있었다. 아버지가 외로운 아이였을 때, 밤마다 자기 아버지별을 찾으며 헤아렸던 적이 과연 몇 번이었을까? 유년 시절 아버지 품에 안기어 별을 헤아린 적이 나 역시도 참 많았었으니까.

"너 말여, 네 성의 세상이 왔는데 언제까지 그대로 있는 거여? 우리 집안의 대를 이어갈 대주인 네 성이 억울하게 갔잖여. 어이구 억울혀. 이 웬수를 안 갚고 너는 무얼 하는 거여? 네가 지금 군인여? 성을 잡아가던 군인이 그리도 좋은 겨? 그건 애시당초 너의 성이 말렸었던 일이었잖여?"

그건 그랬다. 나의 아버지가 만 일곱 살 때, 그의 어머니에게 들었던 그 말이 가슴을 할퀴고 또 할퀴고 있었던 것이다. 증조모 입장에서 보면 그 외침은 그 당시 붉은 사상이 장악을 한 상황에서 당연히 외칠 만한 부르짖음이었다. 세상이 확 바뀌었으니까. 맏자식을 이념의 대립으로 빼앗긴 슬픔을 가진 한 여인네의 울부짖음이지만 그러나 그 말은 역시 개인의 것이 아니라 당시 시대적 상황이었다. 아버지의 유년이 만든 기억으로는 내내 아픈 추억이 되어 큰 멍울로 남아 있었을 그 말들의 편린들이 지금 분명 내 가슴에까지도 각인되어 아픔으로 기억되고 있으니 말이다.

아버지의 아버지는 몽둥이를 들고 나간다. 당시 조부도 자기 형의 세상이 온 걸로 확신했을까? 어머니의 성화에 못 이겨서였을까? 자신의 자유 의지 때문이었을까? 남참봉네 둘째 아들 남원형을 개패듯이 팬 것이……?

역시 그랬다. 그때부터였다. 지금까지 반세기가 넘게 동구밖 느티나무 밑에서 새빨간 피가 흐르는 역사가 시작 된 것은 그때부터였다. 몽둥이를 들고 정자나무 밑에서, 한때 시냇가에서 함께 멱을 감았던 유년 시절의 동무인 남참봉의 아들을 무참하게 개 패듯이 때려서 시뻘건 피가 흐르게 했던 이의 아들이 바로 나의 아버지이다. 맞다. 하지만 그건 남참봉의 아들도 마찬가지가 아닌가? 아버지의 아버지 형, 그러니까 나에게는 큰할아버지를 똑같은 방법으로 이 느티나무 밑에서 개 패듯 팬 후, 당국에 고발했으니…….

결국 조부의 이념이 살의로까지 연결되는 그 피 흐름의 머리랑 가슴에 담아둔 기억은 나의 아버지 한상운씨의 유년의 아픈 상처였다. 나는 지금 당시의 상황을 머릿속으로 상상하며 몸서리를 친다. 그건 확실히 가슴을 도려내는 아픔이었다. 그 아픈 아버지의 유년을, 내가 원죄로 안고 있어 지금도 그 원죄는 내 핏줄로 흐르고 있다. 그 몽둥이를 들었던 이의 아들의 아들이 나니까. 그게 바로 서른네 살의 나니까. 육군 병장으로 대한민국의 체제수호를 위해 공군 특수 정보부대 임무를 수행한 나였으니까 말이다. 평양에서, 신의주에서, 원산에서 뜨는 비행기를 추적하며 복무해 온 나의 현역 시절의 임무는 조부의 이념과는 상반된다. 그러면서도 나는 그 이후부터 오히려 나의 아버지의 일곱 살의 아픔을 이해하게 되었고, 그에게 역성을 들어 줄 수 있는 연민의 정도 가질 수 있었다. 그건 아이러니였다.

나는 지금 아버지의 옆모습을 찬찬히 바라본다. 두 달 전에 내려왔을 때보다도 마을 정자인 느티나무 밑에 앉아 있는 아버지는 확실히 더 늙어 있었다. 병색도 짙어 보였다. 그러나 아직도 암세포가 폣속 깊은 곳에서 자라고 있는 걸 알지 못하는 아버지이다. 그는 그저 해소와 기관지 천식에게 일생을 시달려서 그런 줄로 안다. 나는 그것 역시 속상하다. 초등학교 동기인 옆집 병직이 아버지는 아버지와 동갑인데도 건장하다. 아버지보다 열 살은 더 젊어 보일 만큼 생기가 돈다. 그이는 청년 같은 장년이지 노인이 아니다. 그런데 아버지는 쇠락해 있다. 소싯적 난장이 서던 닷새장날 장터에서 씨름을 할 때는 병직이 아버지쯤은 너끈히 이겼던 아버지였다고 한다.

피바다가 되었던 이 느티나무 밑에서의 추억을 외면하느라 움츠리며 일생을 산 아버지였지만, 그는 그동안 분명 근육질이 단단한 사내였다. 해소기침과 기관지 천식에 시달리면서도……. 그랬던 아버지였는데 병직이 아버지에 비해 팍 늙어버렸다. 그 아버지가 마침내 금기시했던 금단의 땅, 이 곳 느티나무 밑으로 마침내 나오기 시작한 것이다. 정말 예사롭지 않다. 아버지는 올 겨울쯤에는 정말 고단한 삶에 종말을 고할 수밖에 없는 분이다. 그래서 아버지의 심경에 변화가 온 걸까? 나는 다시 안타깝다. 그리고 겁이 난다. 그렇게 겁이 나면서도 나는 지금 아버지가 이곳 느티나무 밑으로 나온 것은 잘한 일이라고 생각했다.

아버지는 향리에서 농사를 지으면서 한 평생을 살았기 때문에 '천하대장군 지하여장군'이 마을의 수호신이 되어 지켜주던 장승이 서 있던 이곳을 드나들지 않을 수 없었다. 두레도 하고, 품앗이를 하면서 습관적으로 낮잠을 한 숨씩 자야 할 판에 이 정자나무인 느티나무 그늘을 피한다는 것은 엄청난 고통이었다. 더구나 한번도 이 평촌마을을 떠나본 적도 없었던 아버지가 마을의 쉼터요, 그늘 막이 되어주던 이곳에 나와 머물지 못하는 것은 인내요, 고난일 수밖에 없었다.

마을 사람들도 아버지가 이곳 느티나무 밑에 오는 걸 스스로 금기시하고 있다는 걸 안다. 아버지가 상처를 받을까봐 말을 하지 않았을 뿐이다. 그랬는데 얼마 전부터인가 아버지가 느닷없이 느티나무 밑으로 스스로 나가더니 요즈음 들어서는 그 횟수가 더욱 잦아졌다는 어머니 말씀이고, 이를 내가 지금 확인하고 있는 중이다.

내가 귀향을 한 지 이틀째가 되는 날은 남북이산가족 화상 상봉이 이루어지고 있었다. 바로 어제였다. 그러나 아버지는 그 화면을 보지 않고 느티나무 밑으로 나갔다. 북측의 8.15 경축 사절단이 남쪽 이곳저곳을 기활 좋게 다니면서 판을 치던 날도 아버지는 무성하게 자라 검푸르러진 느티나무 이파리들을 향해 시선을 던진 채로 우두커니가 되어 있었다.

그 아버지가 지금 이 느티나무 밑 내 앞에서 눈물을 흘린다. 그동안 무던히도 참았던 눈물을 나에게 보인다. 지금까지 나는 아버지의 눈물을 본 적이 없었다. 아버지는 가슴으로 울었을망정 눈물을 내게 직접 보이지는 않았었다. 그런 아버지가 나에게 눈물을 보였다. 맞다. 아버지는 머지않아 삶을 마감하려고 할 것이 확실하다.

"한 교수 말여, 내 말을 듣게나. 스물여섯 살에 세상을 등진 자네 조부보다 이 애비는 지금 예순 셋이니 한참을 더 산 셈이지. 그렇지 않은감?"

아버지는 다시 눈물을 흘리고 있었다. 전에도 그 말만은 자주 한 편이었다. 그만큼 젊은 나이에 불행한 시대의 희생물이 된 조부를, 아버지는 애석해 하고 있다는 증좌였다.

나는 지금 아버지로부터 그 말을 들으며 아버지가 마을 정자인 이 느티나무 밑에 나온 진짜 이유를 적어도 오늘 중에는 이야기하려고 한다는 걸 알아차렸다. 아버지는 내가 군복무를 마치고 돌아오던 날도 이 느티나무 밑으로 나를 데리고 와서 시뻘건 피가 흐를 수밖에 없었던 그 사연의 자초지종을 확실히 밝혔었다. 나는 아버지에게 당시 상황을 확인한 후에 많은 충격을 받았다. 그 때서야 아버지의 고뇌를 이해할 수도 있었다.

하지만 나는 어린 시절 성장을 하면서 아버지와는 달리 오래도록 느티나무 밑을 놀이터로 삼았었던 것은 사실이었다. 물론 그때, 느티나무 밑에서의 시뻘건 피 흐름의 역사를 알 리는 없었다. 유년 시절 내내 마을 아이들과 함께 나무 밑에서 신나게 놀았을 뿐이다. 고누를 두기도 하고 계집아이들과 어울려 공기놀이도 했다. 더러는 사방치기도 했다. 아버지는 나까지 그곳, 느티나무 밑으로 나가 놀지 못하게 하지는 않았다. 그렇기 때문에 나에게는 이 느티나무 밑은 마냥 즐거운 곳이었다. 증조모의 목소리가 환청이 되어 나의 귀속으로 파고든다.

"이 세상이 뒤집혔어. 이 사람아, 네 성의 원수를 갚아야 할 거 아녀?"

내가 역사라는 걸 인식하고부터 증조모가 할아버지에게 했다는 이 목소리는 늘 내게 큰 아픔이 되어 다가왔다. 하지만 아버지에게는 아예 처음부터 좌절이었다. 내가 대전지방법원 홍성지원에서 어렵게 재판 자료를 수집한 것은 군대를 제대한 후, 석 달이 지났던 여름이었다. 그 무렵이었던가? 제대 직전에 군부대에서 지시받았던 중령의 목소리도 함께 들려온 것이…….

"너희들의 임무는 실로 막중하다. 정보. 그래 맞다. 너희들이 수집하는 정보는 대한민국의 존립을 좌우한다. 알겠나?"

허윤 중령은 버릇처럼 나의 혁대 쪽을 지휘봉으로 툭 건드린다. 중령의 지휘봉은 나의 혁대 바로 위 배꼽 밑 부분 삼겹살에 찡하게 꽂힌다. 예리한 지휘봉 끝이 나의 뱃살을 아프게 건드린 것이다. 아리다. 통증이 왔다. 바로 그 아린 느낌이 북녘의 비행기 행방을 추적하라고 다시 강하게 명한다.

"북한 전역의 비행기가 어떤 목적으로 그리고 행선지는 어디로 향하는지를 인지하기 위한 정보 수집이 너희의 임무다. 국외로 뜨는 민간 항공기까지도 인지해야 한다. 수집된 이 정보는 곧바로 펜타곤으로 간다는 사실을 분명히 인식하기 바란다. 좌파가 득세하는 듯 하지만 이 나라 뒤에는 여전히 미국이 있다는 아니, 자유민주주의가 있다는 사실을 인식하기 바란다. 자, 오늘은 이만 끝이다."

그렇다. 내가 학업 중 휴학을 하고는 서둘러 군 복무를 마치기 위해 최전방에 배치를 받았을 때, 지시하던 허윤 중령의 말이 지금도 나의 귀를 두드린다. 그 말은 증조모의 말씀처럼 환청이 아니다. 내가 직접 들었던 실제다. 그 후, 제대하고 나서 느티나무 밑에서 아버지에게서 시뻘건 피 흐름의 역사를 확인한 후 한 때는 그 중령의 말에 나 스스로도 좌우 이념에 갇혀 버린 적도 있었다.

당시 조부에 대한 죄목은 대전지방법원 홍성지원 재판기록에 자세하게 기록되어 있었다. 조부인 한 봉수는 우익 청년인 남원형을 마을 동구밖 느티나무 밑에서 몽둥이로 때렸다. 그때, 느티나무 밑에는 우익 청년인 남원형이 흘린 피가 흥건했었다. 물론 직전에 남참봉의 아들 남원형에 의해 큰 종조부가 고발된 걸 앙갚음하려 했다는 조부의 진술이 자세하게 기록된 내용도 함께 있었다. 기록상으로만 보아도 차마 눈뜨고는 바라볼 수 없었던 피바다의 상황이 연출되고 있었다. 조부는 유년시절 내내 진달래꽃을 함께 꺾으러 다녔던 추억을 공유한 친구를 형의 원수라면서 두들겨 팼다. 함께 황새보 안에서 멱을 감고 다슬기를 잡았던 유년시절의 그 친구를 세상이 바뀐 걸로 확신하고 두들겨 팼다. 그것이 나의 조부 한 봉수의 죄목이었다.

하지만 조부의 병보석 판결문은 엉뚱했다. 서류 상 폐결핵으로 인해 병보석 판정을 받고 가석방된 것으로 나타나고 있었다. 그렇다면 아버지의 폐암 판정도 조부로부터 대물림되는 건가? 나는 퍼뜩 놀란다. 조부는 병보석 당시 이미 죽음이 예약되어 있었다. 그러나 병보석 출감이라고 해서 마을 사람들에게 느티나무 밑의 피 흐름의 죄상이 감형된 것은 아니었다. 여전히 느티나무 밑에서는 붉은 피가 흐를 뿐이었다. 그 피 흐름 속에서 결국 조부는 병보석으로 출옥한 지 2개월 만에 운명을 한다.

"아버지, 이제 그만 집으로 들어가시지요?"

나는 아버지를 향해 조심스럽게 입을 열었다. 이제 해가 지고 곧이어 어둠이 내리면, 서러운 가슴이 더욱 서럽게 내려앉을 거 같아서 아버지에게 집으로 들어갈 것을 권했다. 그러나 아버지는 아무 말도 없이 나를 응시할 뿐이다. 그러나 나를 향하는 아버지의 그 시선은 어느 때보다도 따뜻했다. 그 눈길에서 나는 내가 여전히 아버지의 삶의 전부임을 다시 한번 느낀다. 아버지는 지금도 변함없이 나에게 전 생애를 걸고 있는 것이었다. 아버지는 갑자기 나의 손을 덥석 잡는다. 손아귀 힘이 엄청나다. 아버지의 손. 이게 얼마 만인가! 참으로 오랜만이다. 그렇게 감격하고 있는 나에게 아버지는 문득 입을 열었다.

"우리 말여, 소주 한 잔 할까?"

"소주요? 소주는 좀……."

아버지의 제안은 참 엉뚱했다. 전혀 예기치 않았던 제안이다. 나는 고개를 살래살래 흔들며 아버지 청을 거절했다. 아무래도 술은 안 될 것 같았다.

"그려?"

"예, 그건 안 됩니다."

그러자 아버지는 강경한 어투로 내게 명령이라도 하듯이 자기 뜻을 분명히 하며 지시한다.

"아녀. 괜찮여. 나 이승의 삶을 마감해도 괜찮은 사람이여. 한교수, 어이 일어나서 한잔하게 가져와."

나는 아버지의 말씀에 놀란다. 그렇다면 정말 아버지는 이승에서 삶이 얼마 남지 않았다는 걸 알고 있는 것인가? 그래서 소주로 마지막 향연을 하자는 건가? 나는 또 아버지에게 연민의 정을 느낀다. 어제까지 꼿꼿했다고 느껴지던 아버지의 자세가 갑자기 와해되고 있는 듯한 모습으로 보였다.

"딱 한잔 만 할겨."

아버지가 재촉을 한다. 나는 아버지의 요청을 더는 거절하지 못하고 부스스 일어난다. 아버지의 의지를 읽었기 때문이다. 난 느티나무 옆 바로 동구 밖에 있는 농협구판장으로 가서 소주 한 병과 납작하게 누른 오징어포 한 마리를 사왔다. 일회용 컵을 곁들여 산 것은 물론이다. 아버지는 소주를 바라보며 빙그레 웃는다. 젊어서부터 농주로 마시던 끼가 있어 주량이 대단한 아버지임을 나는 이미 잘 알고 있다. 그러기 때문에 이번에는 오히려 술친구가 되어 대작을 하는 것도 아버지의 마지막 속마음'임을 헤아릴 수 있었다. 술을 마시면 병이 더 악화될 수도 있다는 걸 감안하지 않은 것은 아니지만 말이다. 나는 아버지에게 술잔을 내민다. 아버지는 내가 내민 소주잔을 선뜻 받는다.

"자, 한교수 자네도 한 잔 하지."

아버지는 나에게도 소주 한 잔을 권한다. 나는 황급히 아버지가 건네주는 소주잔을 받아든다. 그때 기울던 해가 완전히 서산으로 넘어가고 있었다. 소주잔에 비추는 황혼이 아름답다. 게다가 바람까지 분다. 해넘이와 함께 시냇가 쪽에서 바람이 불어온다. 그래서 아주 시원하다. 문득 솔내음까지 묻어온다. 아버지는 소주를 단숨에 들이마신다. 나도 소주를 한잔 입에 넣자마자 잔을 비운다. 오늘 같은 날은 소주가 좀 써야 할 텐데 달콤하다. 나는 소주잔을 비우면서 시냇물 저쪽까지를 바라본다. 시냇물이 보인다. 흐르는 물소리가 들린다. 아버지도 안산 쪽으로 시선을 던진다. 둘이는 아무 말도 없다. 그러나 눈과 눈이 향하는 쪽이 일치한다. 조부의 묘소가 있는 쪽으로, 그 쪽으로 시선을 향한다. 스물여섯의 나이에 세상을 하직하고 영면하신 그 자리가 아버지와 나의 눈높이가 딱 만나고 있는 곳이다.

아버지는 지금 겉으로는 자신의 부친의 묘소를 바라보고 있다. 그러면서 마음으로는 시대의 소용돌이 속에서 다시 조부가 이 느티나무 바닥을 피로 빨갛게 물들였던 자리에서, 좌파 정부가 들어서선 이후, 확 달라진 또 다른 세상을 바라보고 있는 지도 모른다. 나는 그런 아버지의 모습을 바라보면서 가슴이 다시 무너지고 있음을 느낀다.

"한잔 더 하지."

아버지는 나의 일회용 컵에 소주를 가득 채운다. 나도 아버지 잔에 소주를 따른다. 그러나 여전히 조심스럽다. 마음이 조마조마하다.

"아버지, 아무래도 집으로 들어가셔야 하지 않겠어요."

나는 연민의 눈빛을 더하면서 아버지에게 간절히 말한다.

"그려? 내 건강이 염려되남?"

"예. 그래요. 아버지."

나는 정말 아버지 몸이 걱정이 되었다. 조부의 묘를 바라보다가 그냥 지금이라도 몸이 함몰될 것만 같았다. 그러면 어쩌나 싶었다. 하지만 아버지는 늘 아니었다.

"나 괜찮다니께 자꾸 그러네. 나는 살만큼 산 사람이여. 한 교수, 그리고 말여. 설혹 나 이제 이 이승을 떠나도 원이 없어. 이렇게 오래 살었잖여. 이만하면 스물여섯 살에 생을 마감한 자네 조부의 명을 내가 조금은 더 이어드린 셈이니까. 나 예순셋이잖여?"

아버지는 또 버릇처럼 그 말씀을 하면서 엷은 미소를 머금는다. 나도 아버지를 가만히 올려다보며 따라 웃는다. 그런데, 그런데……. 웃던 모습의 아버지의 얼굴이 사라지고 순간 눈가에 패인 듯이 잡힌 주름살 사이로 주르르 눈물이 흐른다.

"……."

나는 또다시 아버지가 가엾어진다. 눈시울이 뜨거워진다. 나도 모르게 두 줄기 눈물이 주르르 나의 양 볼을 타고 내린다.

"한 교수 말여, 오늘 밤은 우리 어렸을 때 감나무 밑에서 그랬던 것처럼 오랜만에 여기서 자네 조부님 별을 찾아볼까나?"

아버지는 잔에 남은 소주를 비우면서 여유롭게 내게 다시 제안을 한다.

"할아버지 별을요?"

나는 아버지가 집으로 들어갈 생각을 하기는커녕 갑작스런 제안을 하는데 다시 놀라 할아버지 별을 요하면서 외친다.

"그려, 그보다 말여. 한 교수, 내가 자네 오길 간절히 기다렸다는 걸 아남? 나는 오래전부터 이곳에 나와서 자네와 함께 자네 할아버지별을 찾아보고 싶었거든. 자네는 어린 시절 내 품에서 별을 헤아리는 걸 참 좋아했잖여."

그렇게 말씀을 하는 아버지의 얼굴이 석양에 붉게 물든다. 활활 불탄다. 병색이 짙은 모습이지만 좀 전보다는 얼굴이 평온해 보인다. 이제 나는 아버지의 속마음을 알 것도 같았다.

"아버지, 정말 할아버지 별을 찾고 싶으세요?"

나는 진정을 하면서 아버지를 조용히 바라보며 나지막한 소리로 물었다.

"아니여. 이제 와서 할아버지 별이 무슨 소용이여?"

아버지는 뜻밖에도 고개를 살래살래 내저었다. 조금 전과는 전혀 상반된 말씀이다. 나는 당황스러워진다. 그렇다면 아버지가 이 느티나무 밑으로 나오는 진짜 이유가 뭔가? 궁금하다. 나는 다시 혼란스럽다. 왜 아버지는 방금한 말을 부정하고 있는 걸까?

"아버지, 그럼 왜 할아버지별을 찾자고 하셨어요? 저는 조부님을 추억하고 싶어서 그런 제의를 하시는 걸로 생각했는데요?"

나는 아버지의 빈 잔에 소주를 따른다. 그러면서 겸연쩍은 웃음을 흘리면서 묻자, 아버지는 담담하게 대답한다.

"맞어, 자네 할아버지가 그리웠지. 아냐. 그냥 자네가 그리웠다고나 할까나? 그래서 한 박사 자네하고 같이 이곳에 잠시나마 머물러 있고 싶었던 거여. 아마 그런 나의 뜻을 자네 어머니가 알아차리고 자네에게 기별을 한 걸 거여."

그때였다. 마침 땅거미가 찾아 드는 어둠으로 인하여 별들이 선명하게 드러나고 있다. 사립문 옆 마당가에 서 있던 감나무 밑에서 유년 시절에 바라보던 바로 그 별들이다. 유·소년기를 지내면서 좌파의 아들이 된 죄목으로 인하여 그 아버지를 잃고 나서, 가슴에 그리움으로 찾던 아버지의 별들이었다.

"아! 아버지, 별을 찾았어요. 할아버지별이 보여요."

나는 의식적으로 오버 액션을 취하면서 남쪽으로 손을 쭉 뻗어 빛나기 시작하는 별을 하나 정해 손가락으로 가리켰다. 유년시절에 아버지가 할아버지 별로 지목해 준 바로 그 별이다. 그러나 아버지는 별을 바라보지는 않았다. 그 대신에 잔에 든 소주를 들이마신다. 그리고는 의미심장하게 입을 연다.

"한 박사, 자네는 용서라는 걸 아남?"

"예? 용서요?"

아! 그거였다. 아버지기 마지막으로 남기고 싶은 말이었다. 아니다. 내가 아버지에게 부탁하고 싶은 말이기도 했다. 순간 나는 긴장을 한다.

"그렇지. 용서 말여. 이제 와서 누가 누굴 미워하고 증오하겠남."

"……?"

아버지는 확실히 심경에 변화를 일으키고 있었다. 역시 마지막 말을 하려는 것이 확실하다. 닫힌 마음의 문이 열리고 있다. 이제야 아버지는 이념의 틀에서 벗어나려나 보다.

"한 박사, 우리가 증오하며, 또 미워하고 산 세월이 얼마여? 이유야 어떻든 자네의 큰 종조부도 자네 조부도 역사의 수레바퀴에 깔려버렸지. 그래서 다 밉고 야속하지. 살아 있는 나도 연좌제에 걸려 좌파의 아들로 온갖 수모를 당했지만, 그 걸 이제는 다 용서 해야겠어. 용케도 그 와중에서도 그들 중에서는 득세한 놈도 여럿 있지만, 그건 다 그들 운이고……. 나는 이제 마음을 비울 거여. 그 말을 하고 싶어 자네를 불렀으면 했었지."

아버지는 잠시 말을 쉬었다. 그리고는 반쯤 남은 소주잔을 입에 밀어 넣으면서 한 모금으로 입을 축였다.

"아버지, 잘 생각하셨어요."

나는 우선 그 말씀이 반가웠다. 아버지의 의식이 더는 혼란을 겪거나 추락하지 않는 것 같아 반가웠다.

"잘 생각혔어? 아녀. 그건 아녀. 북녘에 벌써 수년간을 용서와 화해라는 이름으로 쌀을 보내고, 비료를 보내고 있지만 말여. 난 그걸 용납할 수 없었거든. 그들은 내 아버지를 죽인 웬수였으니께. 그들이 전쟁만 일으키지 않았더라면 자네 조부가 돌아가셨건남? 한 박사 자네는 학자로서 이 역사를 규명해 주어야혀. 나는 일단 용서하고 화해하는 마음으로 갈 거여. 이제 나는 마지막 삶을 정리해야 하겠지만 자넨 역사학자로서 이 세상을 바로 직시할 수 있어야 혀. 혹 내 생각이 잘못되었으면 내 사후에 날 꾸짖게나."

아버지는 남은 술을 입에 톡 털어 넣듯이 들이마신다.

"아니에요. 아버지, 잘 생각하셨어요. 이제는 혼란을 겪지 마세요. 일단 닫혔던 마음도 여시고, 모두를 용서하세요. 북쪽도 용서하시고, 좌파도 용서하고……. 특히 지금 마음 속으로 남참봉댁하고도 화해하세요. 그러면서 저와 함께 밤하늘의 저 별들을 바라 보세요."

난 다시 손을 번쩍 들어 할아버지별을 가리켰다.

"알았어. 전에는 원한과 미움으로 바라보며 자네 할아버지별을 찾고 있지만 지금은 이 애비에게 불행을 주었던 자네 할아버지까지도 다 용서할껴."

아버지의 그 말에 가슴이 다시 울컥해진다. 나는 지금 그런 채로 무수히 뜬 밤하늘의 별을 새삼스럽게 헤아린다. 그러나 밤하늘엔 별똥별이 흐르지는 않았다. 유년 시절에 바라보던 그 밤하늘에서는 참으로 별똥별들이 찬란하게 흐르곤 했었는데…….

제2회 대한아동문학상(동화) 수상(2009)

김영훈은 2009년 아동문예사에서 발간된 중편 동화집 『별이 된 꽃상여』로 격월간 '아동문예'가 주는 제2회 대한아동문학상을 수상하였다.

「대한아동문학상」 상패

문학상 수상식 전심포지엄 주제발표자
손동연 시인, 박명희 작가 모습

제2회 문학시대문학대상(아동문학평론)수상(2009)

김영훈은 2009년 문경출판사에서 발간된 아동문학평론집 『동화를 만나러 동화숲에 가다』로 대전문인총연합회가 주는 제2회 문학시대문학대상을 수상하였다.

「문학시대 문학대상」 상패

문학상 수상식의 이모습 저모습

제11회 김영일아동문학상(동화) 수상(2010)

김영훈은 2009년 아동문예사에서 발간된 단편 동화집 『밀짚모자는 비밀을 알고 있다』로 김철민[104]이 주관하고 김영일아동문학상운영위원회가 주는 제11회 김영일아동문학상을 수상하였다.

「김영일아동문학상」 상패

시상식에서 인사하는 김철민 운영위원장

시상식장의 김영훈 부부

시상식에 참석한 처제 (이기숙, 이미현)

아동문학가 김영훈, 제11회 김영일문학상 수상

아동문학가로 활동하고 있는 김영훈(64) 전 대전변동초 교장이 제11회 김영일문학상 수상자로 선정됐다.

김 전 교장은 지난 1983년 월간 '아동문예'를 통해 문단에 등단한 이후 '꿈을 파는 가게'를 비롯해 문단의 주목을 받은 12권의 동화집을 간행하는 등 아동문학 발전에 기여한 공로를 인정받아 수상의 영광을 차지하게 됐다.

수상자로 선정된 김 전 교장은 충남·대전아동문학회 사무국장과 부회장, 회장, 한국아동문학회 대전지회장 및 부회장 등으로 왕성하게 활동하며 지역 아동문학 활성화에도 크게 기여한 인물이다.

학교 재임기간에는 지속적인 학생과 학부모, 교사 등을 대상으로 지속적인 독서운동을 펼쳤으며 한밭도서관과 대전시립도서관, 갈마도서관 등에서

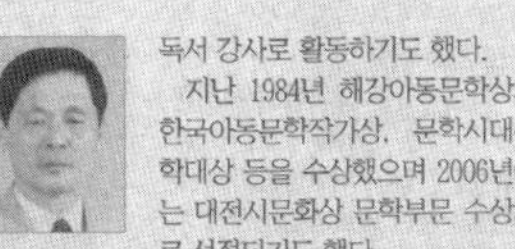

독서 강사로 활동하기도 했다.

지난 1984년 해강아동문학상과 한국아동문학작가상, 문학시대문학대상 등을 수상했으며 2006년에는 대전시문화상 문학부문 수상자로 선정되기도 했다.

한편, '김영일문학상'은 지난 1954년 우리나라 최초 문학단체인 한국아동문학회를 창립해 아동문학 활성화에 헌신했던 석촌 김영일 선생의 문학정신을 기리기 위해 지난 2000년 제정됐다.

우리나라 아동문학 1세대를 이끌었던 김영일 선생은 동요 '다람쥐'와 '방울새', '구두 발자국' 등 어린 시절 모두가 즐겨 불렀던 노랫말들을 작사했다.

김대환 기자

top7367@cctoday.co.kr

김영일아동문학상 수상 기사 (충청 투데이)

---

104) 김철민(1948 -) 서울 출생, 시인, 고 김영일 아동문학가의 둘째 아들로 김영일아동문학상운영위원장이며, 경남 통영시 소재 도산중학교장으로 정년함. 시집으로 『언제나 내게 소중한 당신』, 『소꿉친구랑 웃음』 등이 있으며, 해강아동문학상, 한국아동문학작가상등을 받았다. 현재는 한국아동문학회 수석부회장이다.

제11회 천등아동문학상 수상(2011)

김영훈은 2009년 아동문예사에서 발간된 중편 동화집 『별이 된 꽃상여』로 이진호가 주관하고 천등아동문학상운영위원회가 주는 제11회 천등아동문학상을 수상하였다.

hankooki.com

홈 · 한국일보 · 스포츠한국 · 서울경제 · 소년한국일보 · 주간한

소년한국일보

어린이뉴스 배움터 놀이터 비둘기기자

알림 · 이벤트 : [알립니다] 병무청과 함께하는 그림·글짓기 대회

어린이뉴스

- 최신기사
- 어린이세계
- 정보통신
- 환경 · 나눔
- 게임
- 인물
- 문화

어린이만화
애니메이션
토요놀이터
엄마생각
나도한마디
말풍선
고객센터

팔방이

뉴스 스폰서
자서전대필 글마당 자서전, 기업사사, 디자인, 윤문, 서적출판대행.
유아도서대여 위드북 유아전집대여, 교과연계도서, 교육청 추천도서, 영어동화권동500 대여.
준공도서 설계도서 준공도면 LH/도로공사/시설공단/CD제작&웹제출/도면100장/문서1000장당...

소년한국 > 어린이뉴스

크게 | 작게 | 프린트 | 기사메일보내기

제11회 천등아동문학상 김영훈 선생 선정

제11회 천등아동문학상 수상자로 동화작가 김영훈 선생(대전 변동초등학교 교장 · 사진)이 선정됐다.

수상작은 중편 동화 여섯 작품이 실린 동화집 '별이 된 꽃상여'. 김 교장은 월간 '아동문학'으로 문단에 나온 뒤, 해강아동문학상 · 한국아동문학작가상 등을 수상했다. 이제껏 동화집 '밀짚모자는 비밀을 알고 있다' 등 13권을 펴냈다. 시상식은 4월 8일(금) 오후 5시 서울 도봉구민회관 회의실에서 열린다.

천등아동문학상은 아동 창작과 보급에 힘써 온 천등 이진호 선생의 뜻을 기리기 위해 제정된 문학상이다.

천등문학상 수상 기사 (소년한국일보)

천등문학상을 받던 날의 이모습 저모습

「천등아동문학상」 상패　　　　시상식 사회를 보는 유종슬 시인

수상축하를 하러 온 처제 이기숙, 이현숙과 함께　　　　주관자 천등 이진호 시인의 인사 모습

수상을 하고 이준구 교수·엄기원 회장과 함께　　　　수상 축하 공연의 모습

문학상 수상의 영광을 안는 기쁨

1984년 4월 어느 날이었다. 당시 나는 유천초등학교에 근무하고 있었다. 등단한지 1년도 못되어 동화집 『꿈을 파는 가게』를 낸 이듬해였다. 수업 중에 인터폰이 울렸다. 부산에서 시외전화가 왔다는 연락이었다. 그 무렵 우리나라의 통신 사정은 그랬다. 핸드폰은 물론 삐삐도 없었던 때였다. 교실에 전화도 설치되 않을 때였으니까 말이다. 당시에 '시외 통화'는 매우 긴박한 전화로 여겨져 수업 중에도 전해주는 것이 관례였다. 통신 기술의 엄청난 수혜를 받고 있는 현재 상황에서는 '호랑이 담배 먹던 시절'이랄까?

나는 쉬는 시간에 교무실로 급히 내려가 교무실에서 알려준 전화번호에 전화를 걸었다. 대전의 김영훈 임을 밝히자 전화기를 통해 상대편의 첫 목소리가 "축하합니다. 선생님께서 내신 동화집 『꿈을 파는 가게』가 제4회 해강아동문학상을 수상하게 되었습니다."라는 멘트였다. 나는 깜짝 놀랐다. 어안이 벙벙했다. 내가 말을 못하고 머뭇거리자 전화기 속에서 해강아동문학상의 제정 배경, 심사 경위 상금액수 등을 자세히 알려주면서 5월 25일 상을 타러 내려오라는 것이었다.

나는 붕– 뜨는 기분이었다. 36세라는 나이로 문단에 데뷔한 탓에 마음이 급해 등단 1년도 안되어 그 해 10월에 낸 동화집이 『꿈을 파는 가게』였다. 늦은 나이를 생각해 습작해둔 동화들까지 모아 급히 낸 동화집을 펼쳐 내자마자 반응이 좋아 기뻤었는데 수상의 영광까지 안게 된 것이다. 그것도 자신은 모르고 있었는데 누군가의 추천에 의해 문학성이 높아서 수상이 결정되었다는 소식이니 작가로서는 기쁘지 않을 수가 없었다.

돌이켜보면 나는 참 문운이 있는 사람이다. 문단에 나오면서 바로 '써레 동인' 결성에 합류하게 되었고, 바로 동화집 출간에 수상의 영광까지 안게 되었으니 말이다. 그

뿐이 아니었다. 그로부터 2년 뒤인 1986년에 발간한 동화집 『달섬에 닻을 내린 배』는 드라마로 극화되어 크리스마스 이브에 전국 방영이 되는 기쁨도 맛보았다. 이 모든 게 나도 모르게 이루어진 영광이요, 기쁨이었다.

나는 그동안 등단 30년 만에 김영일아동문학상, 천등아동문학상, 대전시 문화상 등 여덟 번의 문학상을 받았다. 그리고 문학예술 분야의 공적으로 받은 공산교육상까지 합치면 아홉 번이나 영광을 안았다. 그 중에 내가 정식으로 서류를 제출해 절차를 밟아 받은 상은 대전시 문화상과 공산교육상 그리고 김영일문학상이다. 나머지 여섯 번은 전혀 나도 모르는 사이에 수상이 결정되어 받은 문학상이었다. 호서문학상이나 문학시대 문학상도 해강아동문학상처럼 어느 날 갑자기 연락을 받았다. 한국아동문학상도 주위 분들이 추천해 주어서 받았다. 대한 아동문학상도 마찬가지였다 모두 두 세 번이나 사양을 했었으나 진정으로 권해서 가까스로 수락한 상들이다.

그렇게 보면 볼수록 정말로 나는 문운이 있었던 사람이다. 상금이 엄청 많아 기분 좋은 상도 타보았고, 문학성이나 명예 쪽만을 기억하는 상도 탔다. 그러나 어느새 나이가 들고 문단 경력도 30년이 지난 지금, 이런 문학상에 관해서는 좀 더 초연해지고 싶다. 그럼에도 불구하고 그 옛날 해강아동문학상을 탈 때처럼 자연스럽게 어느 날 갑자기 전율이 느껴지는 '한통의 전화'가 다시 온다면 가슴에 또 전율이 느껴질 것만 같은 그 기분은, 나의 인간적인 욕심일까?

김영훈의 문학회 참여 현황

참여동인 및 문학회	가입 기간	역할	활동내용	비고
써레동인	1983 ~	동인	1983년 이상배, 이영, 손기원, 이창건. 양점열, 김관식, 송남선, 조명제등과 조직하여 써레동인집 발간, 세미나 및 합평회. 시 운동 등을 하면서 아동문단 발전을 위해 노력하고 있다.	
충남아동문학회	1982~1989	회원-사무국장	1982년 회원으로 참가한 후에 사무국장, 부회장, 회장을 역임하는 동안 본학작품 발표의 산실로 여기면서 동인지 발간, 세미나 발표, 합평회, 어린이 백일장, 5월의 문학축전, 시낭송대회, 문학기행 들을 주도했다. 꾸준히 작품의 질 개선과 회원간의 친목도모를 하였고, 회원의 작품 활동, 문단진출을 위하여 노력했다.	행정구역의 분리로 과도기적 현상이나 맥은 도일함
대전·충남 아동문학회	1989~1996	부회장-회장		
대전아동문학회	1997~현재	고문 (전임회장단)		
한국아동문학회	1983~현재	회원-이사-부회장-지도위원	동인지 발간, 세미나 발표, 회의 문학상 시상식 합동출판기념회 등에 참가하면서 동화 및 아동소설작품의 질 개선과 함께 회원 간의 결속을 적극 도왔다.	
한국문협 충남지회	1983~1989	회원	회지 발간, 회의 문학상 시상식 합동출판기념회 등에 참가하면서 작품의 질 개선과 함께 회원 간의 결속을 적극 도우며 충남문학발전을 위해 공헌했다.	
한국문협 대전지회	1989~현재	회원-이사	회지 발간, 회의 문학상 시상식 합동출판기념회 등에 참가하면서 작품의 질 개선과 함께 회원 간의 결속을 적극 도우며 대전문학발전을 위해 공헌했다.	

참여동인 및 문학회	가입 기간	역할	활동내용	비고
한국문인협회	1990~현재	회원-이사(현)	작품 발표, 심포지엄 및 문학 축전 참가, 이사회 참석 등을 하면서 정보를 공유하였고, 스스로의 작품 질 개선을 위해 노력한다.	
대전문인 총연합회	1989~현재	회원-이사-감사-부회장(현)	1989년 대전 중심의 문인 단체인데 작품 발표 및 작품집 발간, 심포지엄, 문학축전, 회의, 문학상 시상식, 문학행사 참가에 주도적 역할을 해왔다.	
호서문학회	1989~현재	회원	대전을 중심으로 1952년 설립된 범장르 문학회로인네 나는 소설 및 평론 수필을 발표하면서 작품 세계의 다양성을 추구해왔다.	
서구문학회	1994~현재	회원-사무국장-부회장	작품 발표 및 회원 상호간의 유대를 공고히 해왔으나 현재는 휴면 상태이다.	휴면 상태
대전교단문학	1997~현재	회장	카페운영, 방송출연 등의 활동으로 교단문학을 활성화하기 위해 회장으로서 노력하였으나 교직에서 퇴직한 후에는 휴면 상태이다.	휴면 상태
도가니문학회	1983~1986	회원	작품 발표, 세미나 참가 등을 하면서 작품의 질 개선과 함께 회원 간의 친목을 도모하다가 탈퇴했다.	탈퇴

동인 《써레》와 김영훈

1983년 3월 26일 대전에서 김영훈은 김관식, 손기원, 송남선, 양점열 이상배, 이영, 이창건, 조명제와 함께 동인 '써레'를 결성하였다. 아홉 동인은 뜻을 모아 동화·동시 창작의 새 방향을 모색했고, 아동문학을 이론적으로 접근했다. 사업으로 동인지 발간, 아동문학 발전에 관한 주제 발표 및 토론, 써레 시운동 등을 펼쳐나갔다.

써레 동인이 펴낸 동인지들

양점열 동인의 한국아동문학상 시상식에

써레 담양 세미나를 마치고 나서 찰칵!

써레 동인들의 이모습 저모습을 담은 사진들

써레 동인들의 활동 보도자료

소천아동문학상에 이창건·오은영씨

동시 작가 이창건(57·사진 왼쪽)씨와 동화 작가 오은영(49·사진 오른쪽)씨가 제40회 소천아동문학상 본상 및 신인상 수상자로 각각 선정됐다.

소천아동문학상 운영위원회는 4일 "이창건씨 동시집 《소망》은 '어린이들에게 삶의 고결한 가치를 알려주는 수작', 오은영씨 장편동화 《모자 쓴 고양이 따로》는 '구성에 무리가 없는 완성도 높은 환상동화'로 높이 평가했다"고 올해 수상작 선정 이유를 밝혔다.

이 상은 아동문학가 소천(小泉) 강용률(1915~63) 선생의 업적을 기리려 1965년 배영사가 제정한 것으로, 계몽사를 거쳐 2000년 이후 교학사가 주관하고 있다. 신인상 부문은 2006년 신설됐다.

시상식은 다음달 6일 오후 5시 서울 도화동 서울가든호텔에서 열린다. 박영석 기자

교원복지 신문기사

소천아동문학상을 수상한 이창건 동인

月刊文學

써레동인 童話·童詩

써레동인 9명의 중편분량의 창작동화 5편과동시작품들이수록됐고 해외작품으로 自由中國동시 여러편이 소개됐다.

西紀 1983年 8月 13日

아동문학동인 「써레」 첫 작품집 발표

새소년 10월호

소년 1983.9

본지 자료실에 보내온 책

써레 동인 활동기사 (조서일보 외)

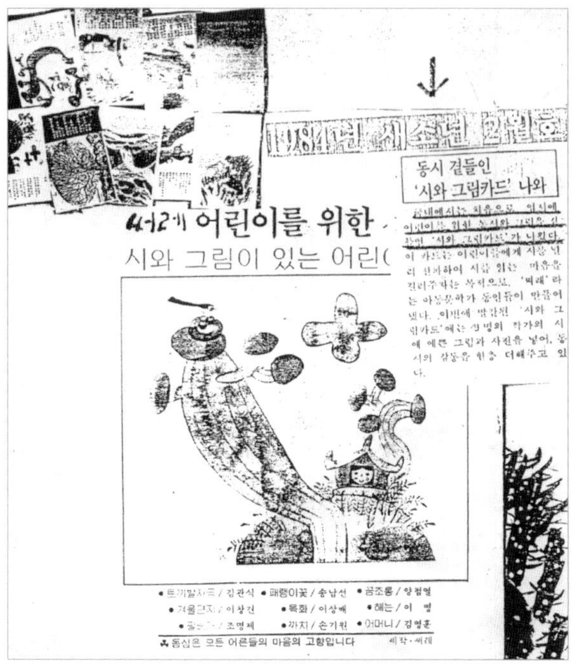

써레 어린이를 위한 시와 그림이 있는 시운동 전개 카드 발행

이달의 동화문학 서평

김 문 홍

어른들을 향한 풀냄새 향긋한 동화

'다시 부르는 노래'

써레 동인 11집
'다시 부르는 노래'

실로 오랜만에 '써레' 동인의 작품을 만난다. 1982년에 창립되어 1990년 7월까지 10집의 동인지를 발간해 오다가, 그 이후에는 8년여 침묵을 지키다가 1998년 8월에 제11집을 상재하고 있다. 원래 동인들 중 동화는 다섯 명이었는데 이번에는 손기원이 빠지고 양점열, 이상배, 이영, 김영훈 등 네 사람의 작품만 수록하고 있다. 모두들 초기의 그 순수한 열정과 풋풋함을 내비치기라도 하듯, 시류에 물들지 않고 잃어버린 고향 이야기들을 수록하고 있다. 네 사람의 작품을 읽어 보니 동인 출발 당시의 동화적 순수함과 열정을 확인하는 것 같아 흐뭇한 마음을 금할 수 없다.

①

다음날 아침이었습니다. 해님이 바다 안개를 모두 큰산으로 내쫓은 후에도 두견이는 깨어날 줄을 몰랐습니다. 행복한 얼굴로 진달래 품에서 영원히 잠들었습니다. 전에도 그랬고 오늘도 그렇지만 아무도 꽃섬에서 두견이가 살았다고 생각한 이는 없었습니다. 그것은 한 번도 두견이가 울지 않았기 때문이었습니다.

-양점열의 〈연분홍 치마 향기〉

②

—새들은 하늘을 나니까 작은 게지. 그리고 새들은 집 걱정이 없어. 숲이 새들의 집이니까. 우리 사람도 옛날에는 난쟁이였단다. 지금처럼 세상의 주인도 아니었구.

그럼 새가 주인이었어요?

—아니, 새는 예나 지금이나 새지. 그저 자유롭게 날아다니지. 우리 사람은 노예였지.

-이상배의 〈새처럼 자유롭게〉

③

새벽 공기를 타고 울던 뻐꾸기, 푸드덕 어둠을 털고 새벽을 가르던 산비둘기, 그리고 밤 사이에 달빛이 걸러낸 숲의 맑은 공기, 낮달이라도 보일 것 같은 눈부시고 상쾌한 하늘……, 이 모든 고향의 것들과의 이별이었다.

"아! 내 고향은 어디인가?"

나는 흐르는 눈물을 주체할 수 없었다.

-이영의 〈고향 수채화〉

④

느리적느리적 걷던 우리 암소는 나의 갑작스런 행동에 놀라며 뛰기 시작했다. 그바람에 나는 당황했다.

"와, 와."

나는 우리 집 암소에게 질질 끌려가며 밧줄을 세게 당겼다. 그리고는 벅벅 소리만 질러댔다. 신발이 질질 끌릴 만큼 우리 암소와 서로 힘겨루기를 하고 나서야 겨우 진정이 되었다.

-김영훈의 〈지애의 탑돌이〉

위에 인용한 글은 요즈음 어린이들의 상업적 호기심에 편승함이 없이 탄탄한 주제의식을 염두에 두고 쓴 작품들로, 서사 구조의 입체성에서 오는 극적 재미보다는 후기 산업사회의 산문적 비정함 속에서 우리 모두가 잃고 있는 모성처럼 포근한 고향의 아름다운 풍경들을 수채화처럼 담백하게 그리고 있다.

그런 만큼 위의 작품들은 요즈음 아이들보다는 동심을 잃고 사는 어른들을 위한 동화라고 하는 것이 더 어울릴 것 같다. 양점열과 이상배의 작품은 주제의식의 폭이 너무 넓어져 재미성을 잃고 있지만, 이영과 김영훈의 작품은 주제의식과 그에 걸맞은 서사구조, 그리고 재미성이 적절히 결합되어 가슴 뭉클한 감동을 창출하고 있다.

다시 70년대와 80년대의 그 순수한 동화적 열정과 인간적 신뢰, 그리고 동인들의 작품에 대한 매서운 질타로 일관하던 질풍노도의 시대로 돌아가야 할지도 모른다. 눈앞의 세속적 명예와 현실적 물욕에 탐닉하는 나를 버리고, 문학보다는 인간적 믿음이 더 최상의 가치였던 시대로 돌아가야 할 것이다.

그런 의미에서 〈써레〉 동인의 이번 동인지는 큰 의미를 갖지 않을 수 없다.

써레 동인들의 작품평 (김문홍의 평론)

써레 동인들과 이메일로 오간 편지

보낸 날짜 : Fri, 20 Oct 2006 13:05

From : "김영훈" 〈hoon0113@hanmail.net〉

To : 〈20nara@hanmir.com〉

이형

바쁘신데 강의를 부탁드려 죄송합니다. 계원 선생님이 원하는대로 원고 자유롭게 작성해서 보내주십시오 협회 세미나 시에 뿌리공원에서 만납시다.

김영훈 드림

보낸사람 : 이영 〈20nara@hanmir.com〉

받는사람 : "김영훈" 〈hoon0113@hanmail.net〉

보낸날짜 : 2006년 10월 22일 일요일,

오랜만에 비가 오는군요. 좀 흡족하게 내리면 좋을 텐데...

좀 전에 이미경 선생에게 원고 보냈습니다.보낸 원고와 관계없이 재미있게 들려주려 합니다. 부족한 나를 불러줘서 고맙습니다.

28일 세미나장에서 만납시다. 김관식, 손기원, 조명제, 양점열은 사정이 있어서 못 온답니다.우리끼리 오순도순 만납시다.

그런데 뿌리공원이 어디에 있는지요?

건강하십시오.

2006.10.22 행복한 글쟁이 씀

보낸사람 : 이상배 05.10.05 20:27 주소추가 〈leebooks@hanmail.net〉 05.10.05 20:

받는사람 : "김관식" 〈KKS419@chollian.net〉, "양점열-새" 〈yangsons@hanmail.net〉, "이영" 〈20nara@hanmir.com〉," 김영훈〈hoon0113@hanmail.net〉

보낸날짜 : 2005년 10월 05일 수요일.

동인님들께

드디어 동인지 원고가 모두 접수되었습니다. 그런데 조금 아쉬운 점이 있습니다.

동화는 80장 이상의 작품으로 무게가 있습니다. 동시는 각자 7편 정도여서, (중략) 내는 동인지인데 무게를 담지 못하는 것 같습니다.

그리고 동시의 제목들이 서로 겹치는게 많습니다. 광개토대왕 등, 역사인물을 소재로 하다보니 동일 제목이 나오는데,개인적인 생각으로 너무 교과서적인 인물 제목보다는 인물에 대한, 아니면 줄거리 중에서 상징성이 있는 구절로 제목을 다는 것이 좋을 것 같습니다. 이 두 가지 작업을 보강하여, 넉넉하게 12월 중에 동인지를 발간하고 겨울방학에 출간기념 모임을 갖는 게 좋을 것 같습니다.

이상배 씀

새로운 만남을 위해

to. 김영훈

추워지는 날씨에 건강을 문안드립니다.

지난여름 우리의 만남을 추진하지 못해 미안한 마음 가득합니다.

올 겨울에는 꼭 만납시다. 세상일일랑 잠시 접어두고, 그리운 얼굴 잠시 보아야 할 것 아닙니까? 우리가 살면 얼마나 살겠습니까? 벌써 반평생이 훌쩍 지나가버린 것을….

겨울 방학 동안 자신들의 한가한 일정을 보내주시면 조정하여 다시 연락드리겠습니다.

올 겨울에는 처음 만났던 대전 그곳에서 만날까 합니다.

좋은 소식 기다립니다. 늘 건강하십시오.

점열개 드림

이영이 보낸 편지

보낸날짜 : 2004년 2월 08일 일요일, 11시 13분 39초 +0900

답장받는 주소 : "이영" 〈20nara@hanmir.com〉 주소추가

대전 모임 주선하고 주최하느라 수고 많았어요. 정말이지 가슴 뿌듯하고 정겨운 만남이

었소.역시 우리들 마음은 따뜻하오. 끈끈한 정도 변함 없고 말이오.
이번 대전 모임은 더 성숙한 써레로 재탄생하는 계기였소.
써레의 태동이 김형네서 시작됐듯이 재탄생도 김형네서 이루어졌구려.
참으로 축복받은 대전이오.
신학기와 함께 영광스러운 승진 그리고 영전을 진심으로 축하합니다.
내조해 주신 사모님께는 두 배의 축하를 보내드립니다.
부디 건강합시다. 건강보다 더 귀한 보물도 없다오.
특히 우리 나이엔 건강이 최우선이지요. 학교가 결정되면 바로 연락 주기 바랍니다.
또 소식 보내리다. 흰눈 내리던 6일 밤이 그립구려.

2004.2.8 행복한 글쟁이 이 영

송남선 동인께

송형, 안녕하세요? 올해는 내가 문단에 나온지 20년이고,
첫동화집을 낸지도 20년이 되는 해입니다.
그런 뜻에서 제9동화집인 팬터지 동화집과 제 10동화집인 아동소설 2권을 동시에 출간하고 기념회도 성황리에 맞추었습니다. 동인 중에 이영 형이 왔고, 박종현 주간, 송명호 회장님도 오셔서 축사를 해 주셨습니다.
송형, 참 오랜만이오. 나는 그동안 그럭저럭 살았습니다.
참, 우리 써레가 태동했던 첫모임 장소인 우리 집이 헐리고 5층상가 건물로 개축되었습니다. 그리고 교장 연수를 마치고 발령대기 중입니다.다른 한 가지는 대학원을 하고 작년부터 공주교대에 출강하여 국어과 교수학습방법을 강의하고 있습니다. 근황을 전합니다.
송형, 어느 새 오랜 세월이 흘렀군요. 나도 많이 늙어버렸습니다. 이제부터 살아 있는 날까지 열심히 글을 쓰겠습니다. 이번 겨울에는 꼭들 다 모입시다. 안녕히.

김영훈 드림

대전아동문학회

〈충남아동문학회 → 대전 · 충남아동문학회 → 대전아동문학회〉

충남아동문학회는 충청남도 거주 아동문학인들이 중심이 되어 1973년에 발족하였다. 1989년 대전과 충남의 행정구역이 나뉘면서 대전충남아동문학회로 명칭이 변경되었으며, 그 후에 충남아동문학회와 대전아동문학회로 분리되어 오늘에 이르고 있다. 솔뫼 김영훈은 1982년부터 충남아동문학회에 가입하여 활동했으며, 사무국장, 부회장, 회장을 역임했다. 여기서 발행하는 「푸른 메아리」지에는 솔뫼 김영훈은 주로 동화와 평론 작품을 수록하고 있고 수차례의 주제 발표를 했다. 지금은 전임 회장단과 함께 회의 운영의 자문을 하고 있는데 현 회장은 채정순[105]동시인이다.

동인지 (푸른메아리)

대전아동문학회가 펴낸 회지 (푸른메아리)

세미나 후의 기념촬영

세미나행사 사진

105) 채정순(1948 -) 경북 문경 출생, 동시인, 1994년 월간 「아동문예」 동시부문에 당선하여 문단에 나왔으며, 동시집으로 「바람개비는 바람을 좋아하나봐」, 「신나는 우산」, 「새싹들의 잔치」등이 있다. 한국현대동시조문학상을 받았다.

대전아동문학회 하계 세미나를 하는 이모습 저모습

대전문인협회

〈충남문인협회 → 대전문인협회〉

대전문인협회는 충남문인협회는 1989년 대전과 충남의 행정구역 분리로 독립하였으며 김영훈은 1982년부터 가입·활동하였고, 아동문학분과 이사를 역임했으며 여기서 발행하는 계간 「대전문학」에는 주로 동화를 발표해 왔는데 현 지회장은 문희봉 수필가이다.

동인지 - 대전문인협회

동인지 - 충남문인협회

서구문학회

서구문학회는 1994년 조직되었으며, 솔뫼 김영훈은 창립 회원으로서 사무국장, 부회장을 역임했고, 주로 「서구문학」에는 동화를 발표하였다. 현재는 활동이 미약하다.

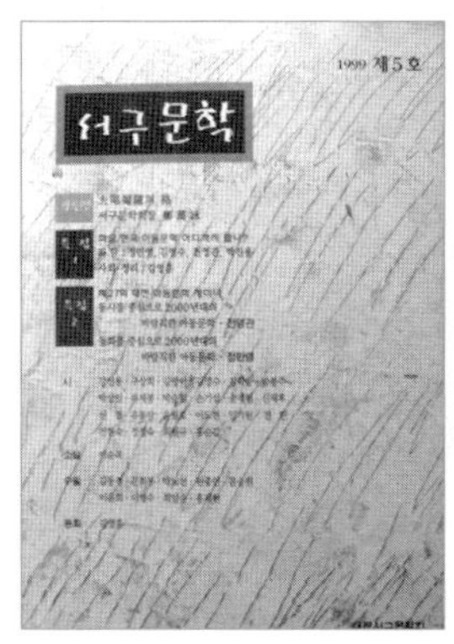

서구문학회가 발간한 회지
『서구문학』(1998)

서구문학출판기념회 모습

대전문인총연합회

대전문인총연합회는 대전이 충남에서 분리된 1989년에 조직된 범 장르 문학단체이다. 김영훈은 창립과 함께 참여하였고, 아동문학분과 이사, 감사를 역임했다. 현재는 부회장으로 활동하고 있으며 여기서 발행하는 계간 「문학시대」에는 동화 소설, 평론, 수필을 발표하고 있는데 현임 회장은 김용재 시인이다.

대전 문인총연합회가 펼쳐낸 회지

대전문인총연합회 문학기행

문인들이 모인 단체는 범속한 사람들의 모임과 달랐으면 좋겠다

사람은 누구든지 혼자 살 수 없다. 사람들은 어떤 분야에서 활동하든지 모두가 공동체를 형성하면서 살아가고 있다. 문인들도 사람이다. 따라서 문인도 다른 일을 하는 이들처럼 함께 어울려 창작 활동을 한다. 작가는 생활 경험을 바탕으로 하되 상상력을 동원하여 있을 수 있는 가능성의 세계를 형상화하는 작업을 한다. 이때 사상과 감정을 이입시켜 이를 주제로 담아 작품을 빚어낸다. 이러한 일련의 과정을 거쳐 완성되는 창작 행위는 극히 개인적이다.

그런데도 문인들은 장르별로, 또는 범장르별로 단체를 조직한다. 작가나 시인들은 여기서 스스로의 문학적 역량을 키우고 연단시키며, 작품의 완성도를 높이기 위하여 합평회도 갖는다. 습작기에 있는 이들을 위해 도움도 준다. 또 서로 친교를 하면서 인간다운 품격을 유지하고 정을 나누기 위한 교류도 한다. 이렇게 서로가 서로의 작품을 인정해주고, 고무해주면서 문학 발전을 위한 디딤돌을 삼기 위해 만들어진 모임이 바로 문학 단체이다.

이렇게 문인들은 극히 개인적인 활동인 창작 작업자임에도 불구하고 구심점을 같이하는 문인들과 함께 호흡하는 것이 일반적이다. 그중에 시나 소설, 수필 또는 아동문학과 같은 하위 장르별로 10인 내외의 작가나 시인들이 모여 활동하는 '동인'이 출발점이다. 문인은 이 활동을 통해 내적 욕구를 발흥시키거나 창작의욕을 높인다. 새로운 창작 기법이나 문학 사조를 표방하기도 한다. 그뿐만 아니다. 더 나아가서는 '○○문학회'라는 이름으로 일단의 조직력을 갖춘 단체를 만들기도 한다. 장르별 모임이 기본이지만 인원수가 점점 늘어나면서 모든 장르를 포괄하는 범 장르 문학 단체로 확대되기도 한다.

우리가 알고 있는 문학 단체로는 한국 문단을 아우르고 있는 '한국문인협회'가 제일 큰 단체이다. 한국문인협회는 광역시·도 별로 지회를 둔다. 시·군·구별로는 지부도 두고 있다. 그 지회·지부 수가 상당하다. 회원도 일만 명이 넘는다. 시, 시조, 소설, 수필, 희곡, 아동문학, 청소년문학, 번역, 평론 등 다양한 장르를 포괄하는 방대한 조직이다.

대한민국이라는 한 나라에 머물지 않고 세계적으로 모든 국가들이 다 참여하는 '국제펜클럽'도 존재한다. 그 국제펜클럽은 물론 한국에 지부를 두고 있다. 이러한 조직의 출발점은 역시 문학에 뜻을 같이 한 '동인' 활동이 첫 시작이다. 이 동인 활동이 장르별 '문학회'로 발전되고, 거기서 차츰 더 커진 것이 범장르 문인이 함께 참여하는 문학 단체이다.

우리 대전에도 문학 발전을 위해 형성된 문단 활동이 뚜렷한 곳이다. '대전시인협회'를 비롯해 동일 장르끼리 모이는 단체들이 아주 많이 있다. 또 범장르 문학단체로는 한국문협 대전지회와 국제 펜클럽 대전 지회가 대표적이다. 자생적으로 모인 문인들의 모임 중 대전 지역에서 가장 역사가 깊은 문학회는 '호서문학회'이다. 올해로 60년의 역사를 가지고 있다. 대전의 웬만한 문인은 거의가 이 호서문학을 거쳐지 않은 이가 없을 정도이다. 금년에 제14회째로 호서문학상을 운영하고 있는 중이며, 역량 있는 신인들을 계속 배출하고 있다.

또한 대전이 충남으로부터 분리되어 직할시로 승격하는 시점에 맞추어 지방화 시대를 표방하면서 탄생한 '대전문인총연합회'가 있다. 장르를 모두 포괄하는 대전의 대표적인 문학 단체이다. 잡지 등록을 마치고, 반 연간이었던 기관지 '문학시대'를 올해부터는 계간으로 바꾸어 발행하고 있다. 여류중심으로 모이는 '여성문학'도 건재한 상태이다. 이들은 시, 수필, 시조, 아동문학 등을 주로 발표하는 것으로 알고 있다. 전·현직 공무원 출신 문인들이 만든 '공무원 문학회'도 활동을 하고 있다.

구성원이 반드시 대전 출생이거나 이 지역에 근거를 두고 있는 문인들에게만 한정된 것은 아니지만 주로 대전 및 충청권을 중심으로 한 '(사)문학사랑협의회'도 있다. 이 모임은 최초에는 '도가니'라는 이름으로 젊은 문인들을 중심으로 탄생된 문학단체였다. 중간에 '오늘의 문학회'라 칭하기도 했던 문학 모임인데 현재도 이 단체에 속한 문인들은 왕성한 문학 활동을 하는 것으로 알려져 있다. '상상의 힘'을 표방하고 있는 '한밭문학회'도 있다. 그들은 풋풋함으로 대전문단에 아주 신선한 충격을 주고 있는 문학단체이다.

이렇게 형성된 범장르 문인 단체들의 활동 목적은 분명하다고 볼 수 있다. 개인적으로는 문인들과 교류를 하는 동안 내적 동기유발을 통해 창작의욕을 높이는 담금질 역할을 해주는 일이다. 나아가서는 문인 상호간에 친목을 도모하고 화합하며 궁극적으로는 작품성을 인정해 주고 격앙시키는 아름다운 활동을 한다. 이들은 글자 그대로 문인이다. 말로 하지 않고 글로, 작품으로 승부를 내도록 고양해주고 조장을 해 주고 있다. 먼 훗날까지 남을 수 있는 작품에 박수로 치고 찬사를 보내는 분위기를 창출한다. 또 그러한 작품이 나올 수 있도록 모두가 부단히 노력을 하고 있다.

그러함에도 문인단체가 변질되는 경우가 종종 있다. 글로 말하지 않고, 말을 앞세우면서 문단 지배구조를 형성하려고 한다. 단체를 이끄는 데에만 마음을 쓰면서 이권과 함께 명예욕을 채우는 수단으로 문학 활동이 변질된다면 그것은 참 슬픈 일이다. 세상에서 이룬 문학외적인 업적으로 문단에 들어와서 어깨를 으쓱거려서도 안 된다고 본다.

필자가 속한 '대전아동문학회'의 경우는 불문율이 있다. 모임을 이끄는 지도자, 즉 회장이 되려면 우선은 작품성이 높아야 한다. 다음으로 사무국에서 반드시 봉사를 하던지 임원을 거쳐야 한다. 그리고 문단 활동의 연륜이 깊어야 한다. 마지막으로 단체를 이끌어가는 지도력이다. 이 네 조건이 충족되는 분 중에서 회장으로 추대된다. 요즈음은 젊은 피가 수혈되지 않고, 게다가 문협 회장 선거라는 과정에서 보이지 않는 틈이 생겨 조금은 상처를 입고는 있지만 아직도 이 불문율은 지켜지고 있다.

문인도 사람이다. 욕심이 없을 수 없다. 그러나 문인의 욕심은 세상 사람들과 같은 류의 욕심이어서는 안 된다. 우리 문인은 이 세상을 선도하는 의식 있는 사람이다. 이 세상을 바꾸는 힘이 우리 문인들과 같은 의식 있는 엘리트들에게 있다. 범속한 명예욕이 판을 치는 사람들이 모인 단체와 똑같은 곳이 문단이라면 그건 참 슬픈 일이다.

필자는, 우리 대전 문단이 내년 2월에 있을 선거에서 모시고 싶은 지회장상을 그려본다. 이미 현 문지회장께서 대전문단의 화합을 위한 대승적인 차원에서 임기를 1년 앞당겨 사임을 한다고 천명한 바 있다. 문지회장은 대전문인들 모두에게 그렇게 약속했다. 모(母) 단체인 한국문인협회에서도 불협화음을 제거하려는 과정에서 조정에 나선 바 있었고, 문지회장의 고마운 뜻은 그 쪽에도 보고된 사항이다. 그러니 내년 2월에는 선거를 통해 대전문협지회장이 선출되는 것은 확실하다.

차제에 필자는 이런 분을 지회장으로 모실 수는 없을까하고 기도도 해본다. 글을 잘 써 작품을 읽으면 저절로 머리가 숙여지는 분, 문단 경력이 깊고 인간성이 원만해 믿고 따를 수 있는 분, 그리고 우리 대전문협지회에서 봉사를 한 경험이 있는 분, 게다가 지도력을 확실히 갖추고 있어 우리 대전 문단에서 존경을 받을 수 있는 분을 지회장로 모셨으면 한다.

그런 분으로 합의만 된다면 선거라는 수단이 아니고 추대도 가능하리라 본다. 이런 지회장을 만나 개인 창작 활동의 활성화는 물론 나아가서 우리 대전 문단이 화합하고 결속할 수 있는 길은 없을까? 대전 문단이 거듭날 수 있기 위하여…. 그건 욕심일까? 필자는 내년 2월에는 글 쓰는 이들의 모임인 우리 대전 문단이 범속한 세상 모임과는 달라질 수 있기를 기대해본다.

호서문학회

호서문학회는 1952년 대전·충남을 중심으로 하여 지역문인을 중심으로 조직된 60년의 역사를 자랑하는 문학단체이다. 김영훈은 1980년대 후반부터 참여하였고, 여기서 발행하는 반 년간 「호서문학」에는 주로 동화·소설·평론·수필을 발표하고 있다. 현재는 전민[106] 시인이 회장을 맡고 있는데 2008년에 호서문학상운영위원회가 주는 소설 '화해론'으로 제13회 호서문학상을 수상한 바 있다.

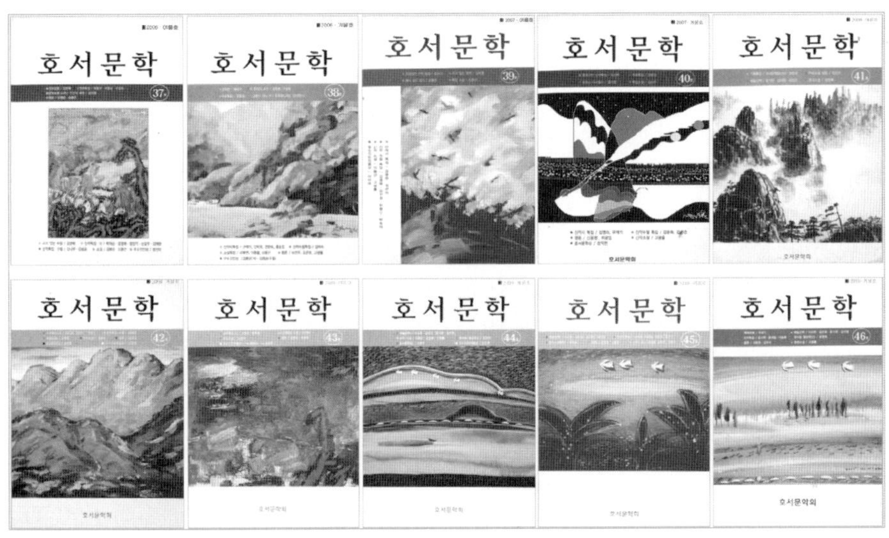

동인지-호서문학 60주년 (2012)

호서문학 출판기념회 및 호서문학상 수상식 (가운데·전 민 회장·2012)

106) 전민(1950 -) 본명 전병기, 충남 홍성출생, 시인, 1985년 월간 「시문학」 추천으로 문단에 나왔으며, 시집 『주민등록증을 갱신하며』, 『가을비 곱게 내리는 저녁나절에는』 등이 있다. 대전문학상, 대전시문화상 등을 받았고 현재 호서문학회장을 맡고 있다.

'소설쓰기'에 불을 지펴 준 『호서문학』

나는 1983년 월간 「아동문예」신인상에 어린이(아동) 소설 『꿈을 파는 가게』가 당선되면서 문단에 얼굴을 내민 사람이다. 지금은 동화집 「밀집모자는 비밀을 알고 있다」등 열두 권의 작품집과 「동화를 만나러 동화 숲에 가다」 등 두 권의 아동문학평론집을 출간하면서 아동문학 문단의 한 귀퉁이를 차지하고 있지만 사실은 습작기의 젊은 시절 대부분을 소설 쓰기에 매달리어 온 사람이다.

굳이 내가 이 글을 쓰면서, 첫부분에 이 이야기를 화두로 내놓는 것은 좀 새삼스럽게 생각하는 이가 있을 것이다. 하지만 호서문학회 출범 60주년을 맞이하는 기념호에 이를 밝히고 싶은 마음에 들어서 뜬금없는 짓을 하고 있다. 거기에는 이유가 있다. 등단 이후 대부분의 세월을 동화, 어린이 소설, 그리고 청소년 소설을 발표해 왔고 더러는 유년 동화도 써온 사람으로서 말년에 이를 밝히는 것이 좀 엉뚱한 면은 있다. 하지만 소설쓰기에 다시 불을 지펴 준 잡지가 『호서문학』이라는 점에서 용기를 낸 것이다.

내가 호서문학회의 존재를 안 것은 1980년대 중반대의 일이다, 그러나 직접 『호서문학』과 인연을 맺은 것은 1990년대 초이다. 당시 나는 대전대신초등학교에서 근무를 하고 있었는데, 이 무렵 학교 신문 '다람쥐골'을 고인이 되신 신정식 시인이 경영하시던 출판사인 호서문학사에서 발간하게 된 것이 동기였다. 지금 기억으로는 지금 이분 역시 고인이 되셨지만 수필가요, 시조시인이었던 김영배 선생님의 소개였지 않은가 싶다.

그 당시에 『호서문학』은 호서출판사에서 자주 발간되었고, 신정식 시인은 호서문학 회원으로서의 중심축을 이루고 있었다. 호서문학회장도 역임하셨던 신정식 시인께서는 내게 호서문학회원이 될 것을 권하시고 호서문학회에 대한 안내도 자세히 해주셨다. 물론 동화를 썼던지라 아동문학 장르 쪽으로 참여를 권하셨다.

내가 지금 이 글을 쓰면서 신정식 시인을 회상하니 우리 곁을 떠나신 그 분이 더욱 그리워진다. 참으로 소박하셨던 시인, 그 분은 막걸리 한잔에 멸치 한 움큼을 집어 안주를 삼으셨던 분이셨다. 어느 때는 김치 한 가닥이 안주였다. 난 지금도 그런 편이지만 당시에는 술을 전혀 입에 대지도 않았던 시절이었는데도 신 시인께서는 내게 술 한 잔을 굳이 권하시면서 시를 이야기 하시고 문학을 논하셨다. 또 인간의 삶을 이야기하셨다. 신정식 시인은 요즈음처럼 인간성이 메말라가고, 점점 정 줄 사람을 찾기 어려운 세상이 되어갈수록 더욱 생각나는 분 중의 한 분인 선배 문인이시다.

그러나 나는 당시 호서문학회에 열정을 바치지는 못했다. 아동문학 중심으로 형성된 문인들과 함께하는 대전아동문학회 회원들과 아동문단의 중심축을 이루면서 한편으로는 대전문인협회 쪽을 드나들었을 뿐이었다. 역대 회장님들인 박명용, 김용재, 최송석, 신 협 지회장님들이 꾸려나갔던 시절에는 대전문인협회 자주 드나들면서 열심히 심부름도 하고, 그 쪽에 함께 참여도 했다. 그러면서도 호서문학회에는 자주 얼굴을 내밀지는 못한 사람이었다.

그랬던 내가 호서문학회와 인연이 깊어진 것은 최근 5, 6년 사이에 『호서문학』지면에 소설을 발표하면서 부터였다. 나는 앞에서도 말했지만 문단에 나온 이후 30년 가까운 세월을 동화 집필에만 몰두해온 사람이다. 청소년 시절 소설 쓰기에 목말라 하면서 살았던 나였었는데 장르를 아동문학으로 바꾼 셈이다. 교육대학을 졸업하고 초등교단에 몸을 담으면서 자연스럽게 동심 속에서 묻혀 살게 되었고, 어린이들의 맑은 미소 속에 갇혔던지라 글의 장르가 동화 쪽으로 정착했다고 지금도 생각하고 있다.

헌데, 어느 날 나는 『호서문학』 지면에만은 소설을 발표하겠다는 선언을 스스로에게 하게 된다. 젊은 시절 공주교대에 봉직하고 계셨던 소설가 최상규 선생님의 그늘에서 소설에 대한 열정을 불태우면서 간간히 써 왔던 소설을 다시 마음에 담으면서 『호서문학』에 발표하기 시작한 것이다. 주위에서 아직도 나를 소설 쓰는 사람으로 인식하지도 않고 있으며, 나 자신 스스로 생각해보아도 그동안 발표한 소설들이 변변치 못했던 작품들이었다.

그랬는데 주위에서 나의 소설에 몇 분들이 관심을 가져주기 시작했다. 소설 '오르라의 왕초'에 주목해 주었고, 월간 「문학세계」에 발표했던 '상실'에 대해서도 눈길을 주었다. 마침내는 소설 '화해론'을 발표하면서 호서문학은 내게 분에 넘치는 점을 찍어주었다. 바로 호서문학회에서 해마다 범 장르에 걸쳐 한 작품만을 선정해 주는 수상의 영광을 안게 된 것이다. 바로 2008년 제13회 호서문학상의 수상이 바로 그 상이다. 나는 여러 번을 사양하다가 수상에 응했다. 소설로 상을 탄다는 것이 겁이 났고, 그래서인지 나는 아주 작은 몸집으로 움츠러들었다.

하지만 한 편으로 그 호서문학상 수상은 나의 소설 집필에 불을 더욱 지펴 준 셈이다. 그 후에도 '익명의 섬에 서다'과 '전화벨 두 번 울리다', '이별연습' 등의 작품을 세상에 내보냈으니까 말이다. 어느새 나는 지금까지 10여 편이 넘는 소설을 발표했다. 발표 지면을 넓혀 대전문이총연합회에서 발간하는 계간 「문학시대」까지도 소설을 선보일 수 있었다. 이렇게 『호서문학』은 내 의식의 내면세계 속에서 잠자던 소설 창작의 욕망을 분출하게 해준 셈이었다.

난 지금 이 소설들을 모아 작품집으로 출간할 수는 없을까 하는 정도로 엉뚱한 고민을 하는 중이다. 참으로 제 주제를 파악하지 못하는 것 같아 스스로를 질타하고 있다. 그러면서도 매듭지어 보고 싶은 것도 또한 사실이다. 이렇게 내게 소설 쓰기에 대해 다시 불을 붙여준 『호서문학』에게 감사를 드린다. 중학교를 다닐 무렵에 접하게 되었던 이효석이나, 김유정, 이상, 현진건 등의 소설들이었다. 그 소설들을 읽으면서 꿈꾸기 시작한 '소설 쓰기'라는 내 젊은 날의 꿈꾸었던 소망과 창작욕을 아니, 내재되었던 문학혼을 일깨워 준 『호서문학』은 앞으로도 나의 소설발표 글 마당이 되어 주리라 믿는다. 난 지금 『호서문학』을 많이많이 사랑한다. (호서문학 60주년기념호 · 2013)

한국아동문학회

한국아동학회에 김영훈은 1982년부터 참여하였고. 그동안 이사와 부회장을 역임했다. 현재는 지도위원로 활동하고 있으며, 매년 발행되는 회지에 동화 소년소설을 발표하고 있다. 그동안 1993년 한국아동문학 작가상을 수상했으며, 1994년에는 충남 동학사에서 개최한 제24회 세미나에서 「인격형성을 위한 아동문학의 역할」이라는 주제 발표를 했고, 백령도에서 개최된 제34회 세미나에서는 「남북한 창작동화 소년소설의 교육적 수용 실태 비교연구」라는 주제로 논문을 작성해 발표한 바 있다. 현 회장은 전회장 김완기[107]시인에 이어 김선태[108]아동문학가이다.

한국아동문학회 발행회지

한국아동문학회 하계 세미나 현장의 모습

한국아동문학회 세미나에 참석한 대전회원들

제34회 한국아동문학회 주제발표를 하는 김영훈 (백령도)

107) 김완기(1938 -) 강원도 강릉출생, 한국아동문학회장 역임, 동시인.1968년 서울신문 신춘문에 당선으로 문단에 나왔으며, 시집으로 「하늘을 달리는 새떼」와 동화집 「어깨동무 삼총사」 등 여러 권이 있다. 한정동아동문학상, 한국동요대상, 김영일아동문학상, 박경종아동문학상 등을 받았다.

108) 김선태(1944 -) 전남보성출생, 아동문학가, 1975년 월간 「교육자료」에 동화가 천료되어 글을 쓰기 시작했으며, 동화집으로는 「시계탑 속에 들어간 임금님」, 「은행잎 하나」등이 있다, 현재 한국아동문학회장이며, 그동안 한국아동문학작가상 등을 받았다.

한국아동문학회 여름세미나를 마치고 찍은 기념사진 (두 장면)

한국아동문학연구회

엄기원 동시인이 주도하고 있는 한국아동연구회는 회지'아동문학세상' 발간, 세미나 발표 및 동화창작, 아동문학의 이론 정립은 물론 동화구연대회, 각종문학상 시상식 등의 행사를 주도하고 있다. 김영훈은 1990대부터 참여하였고, 세미나 발표회와 연구회가 주관하는 박경종아동문학상 및 한정동아동문학상 시상식 등에 자주 참석했으며, 현재는 이사로 위촉되어 활동 중이다.

한국아동문학연구회가 발행하는 회지

제8회 박경종문학상 수상자 김완기 시인 (2012)

모임을 주관하고 있는 엄기원 한국아동문학 연구 회장

세미나에 참석한 김숙자 시인과 신용숙 작가의 모습

한국문인협회

한국문인협회는 순수문학을 지향하고 있는 대한민국의 작가, 시인 소설가, 평론가들을 아우르는 모임이다. 김영훈은 1990년대부터 참여하였고, 현재는 이사(아동문학분과)로 활동하고 있다. 여기서 발간하는 「월간문학」과 「계절문학」에 동화, 소년소설을 발표했고, 세 차례 집필진으로 들어가 동화부문 월평을 쓴 바 있으며, 제123회 월간문학신인문학상(동화부문)심사위원으로도 활동했다. 현재 문협 이사장은 정종명[109]소설가이다.

「월간문학」과 「계절문학」

한국문인협회 정종명 이사장과 함께 (2012)

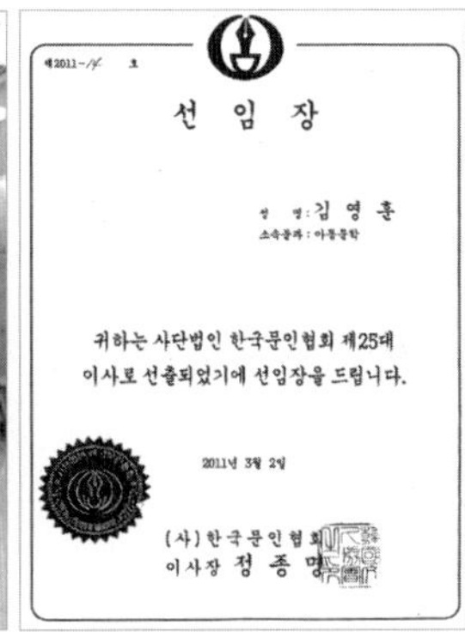
선 임 장

성 명: 김 영 훈
소속분과: 아동문학

귀하는 사단법인 한국문인협회 제25대 이사로 선출되었기에 선임장을 드립니다.

2011년 3월 2일

(사)한국문인협회
이사장 정 종 명

한국문인협회 이사 선임장

한국문인협회 이사로서 제32차문인협회
대표자회의에 참석한 김영훈 (2012)

한국문인협회백령도 안보체험행사에
참여한 김영훈 (2012)

109) 정종명(1945 -) 경북봉화 출생, 소설가, 현대문학, 월간문학에서 근무했고 현재는 한국문이들을 대표하는한국문인협회 이사장으로 있으며 작품집으로 《거인》이 연재되면서 독자들에게 좋은 평가를 받았고, 소설집으로 《이명》, 《숨은 사랑》, 《의혹》, 《아들 나라》, 《의혹》, 《대상(大商)》, 《신국(新國)》, 《올가미》등이 있다.

(사)한국아동문예작가회

(사)한국아동문예자가회는 아동문예출신 작가 시인들로 구성된 모임이다. 김영훈은 등단 이후 1983년부터 계속 참여하였고, 현재는 격월간 「아동문예」 기획위원으로 있다. 1993년 아동문예작가회가 주관한 대전 유성 라이프 호텔에서의 열린 하계 세미나에서 「동화문학에서의 첨단과학 수용」이라는 주제 발표를 했고, 세 차례 집필진으로 들어가 회지에 수록된 동화작품의 평을 쓴 바 있으며, 2013년 8월 아동문학포럼에서 「한국동화의 진화 과정」이라는 주제로 발표가 예정되어 있다.

아동문예가 주관하는 문학상 행사에 참여한 솔뫼 김영훈

한국동화문학상을 받는 박진용 작가와 함께

아동문학인의 날 행사에 참가한 솔뫼 김영훈

한국동시조문학상수상자 채정순시인과 함께

아동시조문학신인상 당선인과 함께

부산에서 개최된 아동문예 주관 아동문학인 배구대회

내 문학의 고향 「아동문예」

올해로서 내가 월간 「아동문예」를 통해 문단에 얼굴을 내민 지 벌써 30년이 된다. 1983년 3월호에 아동소설 '꿈을 파는 가게'를 통해서였다. 30년이면 적지 않은 세월이다. 나는 당시 30대 중반이었었는데 그 무렵에 써레 동인을 만났고, 그 구성원이 되면서부터 부족한 작품이지만 열심히 동화 창작을 해왔다.

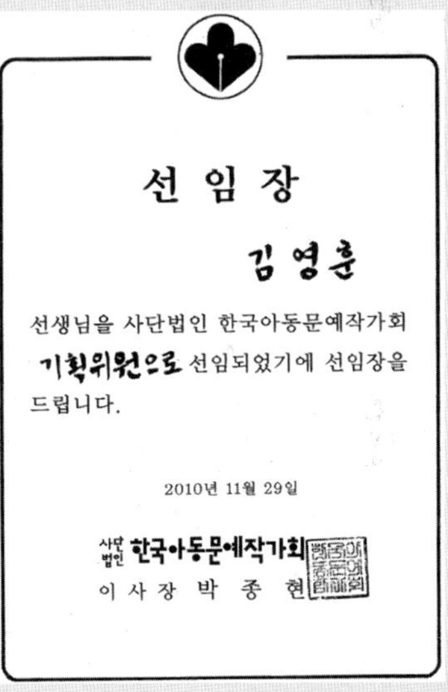
선 임 장

김 영 훈

선생님을 사단법인 한국아동문예작가회 기획위원으로 선임되었기에 선임장을 드립니다.

2010년 11월 29일

사단법인 한국아동문예작가회

이 사 장 박 종 현

아동동문예 기획위원 선임장

대전아동문학회를 비롯한 각종 문학단체에서도 적극적으로 활동했다. 그동안 동화집 12권, 평론집 2권을 발간했고 해강아동문학상을 비롯해 여러번 상을 받는 기쁨도 누렸다. 작품 '달섬에 닻을 내린 배'가 KBS2에서 극화 방영되기도 했다. 이게 모두 아동문예를 친정집으로 둔 덕에 얻은 문운이다.

1976년 광주에서 창간 된 「아동문예」는 서울 인사동 시절을 거쳐 지금 수유리에 이르기까지 37년간 우리나라의 순수 아동문학을 선도해온 잡지이다. 이를 누구도 인정한다. 또한 온갖 어려움을 이겨내고, 우리 아동문단의 중심에 서온 박종현 주간은 참으로 대단한 분이라는 사실도 인정한다.

나는 바로 그 「아동문예」와 인연을 맺은 사람이다. 인사동 시절이었다. 좁은 계단을 올라가 2층에 자리를 잡고 있던 편집실에 들어섰을 때의 첫 기억이 지금도 눈에 선하다. 그 무렵 나는 소설 습작을 하던 중에 아동문학과 인연이 되면서 동화 창작을 본격적으로 하기 시작했다. 그 계기를 마련해준 곳이 바로 「아동문예」였다.

지금은 사단법인 아동문예작가회라는 이름을 걸고 출판 활동을 강화 하고 있다. 하지만 '월간'에서 '격월간'으로 발행할 수밖에 없는 현실이 안타깝다. 나는 그동안 문단과 교육계에서 부지런히 살면서도 이 핑계 저 핑계로 정작 친정집 「아동문예」와는 깊은 관계를 맺지 못했다. 기획위원으로 위촉되었지만 공헌한 바가 없다. 앞으로 기회가 주어진다면 좀 더 적극적으로 친정을 돌아보는 마음으로 살아야 하겠다고 다짐해본다. 「아동문예」는 나의 영원한 문학의 고향이니 말이다.

(한국아동문예 작가회 회보 · 2013.3.1)

작품 발표지면[110)]

발표 지면의 면면들

작품이 게재된 지면 사진자료

110) 작품 발표 지면은 경향 각지에 소재한 순수문예잡지, 사보, 종합지 등을 확보하면서 발표의 기회를 가졌고, 신문, 연갑 등의 지면도 확보했다. 이 책에는 잡지에 발표한 작품은 제외하고 신문에 발표된 몇 작품만을 자료화하여 수록한다.

원고 청탁서 및 계약서

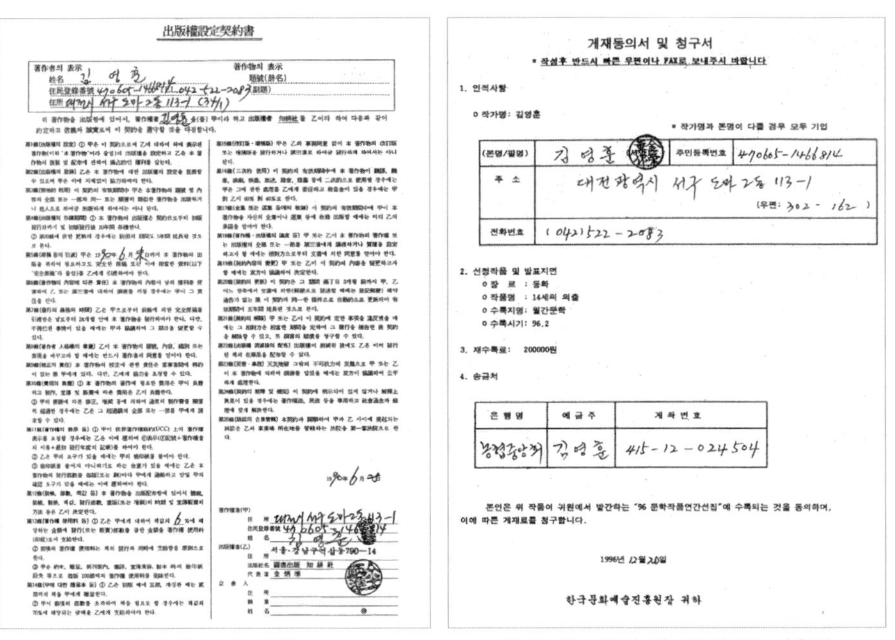

出版權設定契約書

著作者의 表示 姓名 김영훈

著作物의 表示 題號(副名)

住民登録番號 470605-1466814 042-522-2083

住所 대전시 서구 도마2동 113-1 (341)

게재동의서 및 청구서

※ 작성후 반드시 빠른 우편이나 FAX로 보내주시기 바랍니다

1. 인적사항

o 작가명: 김영훈

※ 작가명과 본명이 다를 경우 모두 기입

(본명/필명)	김영훈	주민등록번호	470605-1466814
주 소	대전광역시 서구 도마2동 113-1 (우편: 302-162)		
전화번호	(042)522-2083		

2. 선정작품 및 발표지면

o 장 르 : 동화

o 작품명 : 14세의 외출

o 수록지명: 월간문학

o 수록시기: 96.2

3. 재수록료: 200000원

4. 송금처

은 행 명	예 금 주	계 좌 번 호
농협중앙회	김영훈	415-12-024504

본인은 위 작품이 귀원에서 발간하는 "96 문학작품연간선집"에 수록되는 것을 동의하며, 이에 따른 게재료를 청구합니다.

1996년 12월 20일

한국문화예술진흥원장 귀하

출판계약서 (지경사)

게재동의 요구서 (한국문화예술 진흥원)

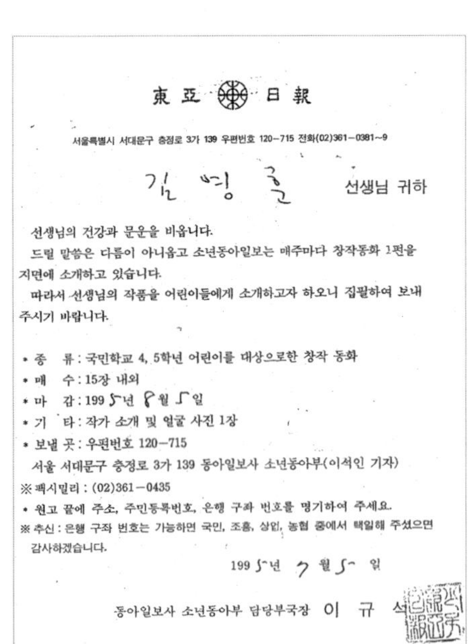

東亞日報

서울특별시 서대문구 충정로 3가 139 우편번호 120-715 전화(02)361-0381~9

김영훈 선생님 귀하

선생님의 건강과 문운을 비옵니다.

드릴 말씀은 다름이 아니옵고 소년동아일보는 매주마다 창작동화 1편을 지면에 소개하고 있습니다.

따라서 선생님의 작품을 어린이들에게 소개하고자 하오니 집필하여 보내 주시기 바랍니다.

- 종 류 : 국민학교 4, 5학년 어린이를 대상으로한 창작 동화
- 매 수 : 15장 내외
- 마 감 : 1995년 8월 5일
- 기 타 : 작가 소개 및 얼굴 사진 1장
- 보낼 곳 : 우편번호 120-715

서울 서대문구 충정로 3가 139 동아일보사 소년동아부(이석인 기자)

※ 팩시밀리 : (02)361-0435

- 원고 끝에 주소, 주민등록번호, 은행 구좌 번호를 명기하여 주세요.

※ 추신 : 은행 구좌 번호는 가능하면 국민, 조흥, 상업, 농협 중에서 택일해 주셨으면 감사하겠습니다.

1995년 7월 5일

동아일보사 소년동아부 담당부국장 이 규 석

청탁서 (동아일보)

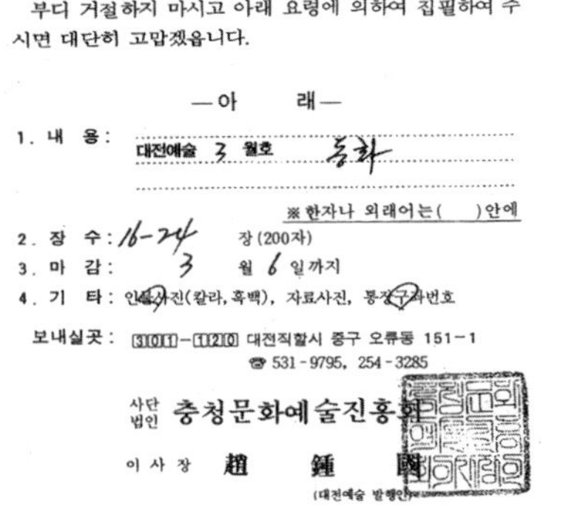

원 고 청 탁 서

1995년 1월 20일

김영훈 선생님께

우리지역의 전통예술문화 계승 발전에 늘 관심을 가져 주셔서 고맙습니다.

찾아뵙고 옥고를 부탁드려야 도리일 줄 아오나 서신으로 청탁케 됨을 이해하시기 바랍니다. 저희 충청문화예술진흥회에서 발행하는 격월간「대전예술」에 선생님의 옥고를 게재, 우리 고장 문화예술진흥과 활성화에 커다란 주춧돌을 삼고자 합니다.

부디 거절하지 마시고 아래 요령에 의하여 집필하여 주시면 대단히 고맙겠읍니다.

— 아 래 —

1. 내 용 : 대전예술 3월호 동화

※ 한자나 외래어는( )안에

2. 장 수 : 16~24 장(200자)

3. 마 감 : 3 월 6 일까지

4. 기 타 : 인물사진(칼라, 흑백), 자료사진, 통장구좌번호

보내실곳 : 301-120 대전직할시 중구 오류동 151-1 ☎ 531-9795, 254-3285

사단법인 충청문화예술진흥회

이사장 趙 鍾 國

(대전예술 발행인)

청탁서 (충청문화 예술진흥회)

각종 신문에 게재된 김영훈의 다양한 작품들

동화극장

김영훈

개들이 보신탕집에 팔려갈때마다 울었던 준이는 아빠에게 「예쁜 개를 기르자」…

모가비 애견원

京鄉新聞

1983년12월21일

동화 「모가비애견원 (경향신문)」

대전일보 西紀1988年3月5日 土曜日 (16)

바람과 구름과 달님. 3

『어서 작별을 하고 오렴.』

망설이는 바람을 향해 구름이 재촉했읍니다.

『좀더 이곳에 머물면 안될까?』

바람은 내키지 않는 듯 망설였읍니다.

『더 머물다니? 달님께서 그렇게 당부를 했는데도 그래?』

『하지만 이 동산을 떠나기가 섭섭하단말야?』

『그렇다고 그들을 그냥 버려 둘 수는 없잖아? 해님께서도 그들을 위해 햇살을매일 쪼개고계시다던데…』

『하긴 그래. 그들을 돌봐줄 이는 우리밖에 없으니까.』

바람은 그제서야 겨우 몸을 빙그르르 돌며 동산을 향해내려 갔읍니다.

동산은 이제 봄기운이 완연했읍니다. 울긋불긋 물들은동산은 잔칫날처럼 푸짐했읍니다.

『아! 바람님, 또 오셨군요.』

『매일 들러 주셔서 감사합니다.』

새싹들이 제일 먼저 바람을 맞았읍니다. 기쁜 표정입니다.

『아휴, 몰라보게컸구나.』

『그럼요. 바람 아저씨께서 엊그제 주신 모자가 딱맞을만큼 자랐는걸요.』

『그래?』

바람은 자기가 나누어준 선물로 아기자기하게 치장한 동산을 다시한번 바라보며 싱글벙글 웃었읍니다.

새싹말고도 분홍 드레스를 입으려는 진달래, 칙칙한 어둠을 뚫고 기운차게나오는 산나리가 활짝웃었읍니다.

『아휴, 달님께서 그런 말들을 하시다니.』

바람은 달님이미웠읍니다. 그렇다고 언제나 이곳에 머물수도 없었읍니다. 꽁꽁 언 땅을 녹여 주어야할 임무가 있는 걸 잘 압니다.

바람은 섭섭한 마음으로 새싹을 포옥감싸 안았읍니다.

『아휴, 포근해.』

새싹들이 바람에게 와락 달려들었읍니다. 너무 흡족해워

『싫어요. 싫어.』

새싹들의 눈에서는 눈물이라도 금방 떨어질 듯한 표정이었읍니다.

『바람아저씨를 보내드리자 그곳에도 우리 형제들이 사는데…. 어제밤 달님의 말을 못들었어?』

곁에서 잠자코 서 있던 소나무가 새싹들을 조용히 타일렀읍니다.

『싫어 싫어.』

그때 마침 저쪽에서 흙을헤치고 나오던 쑥부쟁이가 그소리를 듣고는 고개를 흔들었읍니다. 등 굽은 할미꽃도 설레설레 고개를 내저었읍니다.

깊은 잠에서 깬 산골짜의물들도 야단이었고, 산새들도포르르포르르 날며 법석을 떨어댔읍니다.

바람은 그들의 귓볼을 일일

김 영 훈

▲「아동문예」신인상당선
▲84년 해람아동문학상수상
▲작품집 「꿈을파는 가게」「달섬에 닻을 내린배」 등발간
▲현 도마국민학교재직

"바람아저씨, 안녕히가셔요. 북쪽 형제들에게도 따뜻한 사랑과 희망을 주셔요."

『바람아저씨, 떠나신다며요? 정말이셔요?』

『아니, 누가 그런 말을 하던?』

바람은 갑작스런 새싹의 말에 깜짝놀라며 그들에게 다가들었읍니다.

『지난 밤 달님께서 그러셨다던데…?』

『아마 북쪽은 아직도 얼어있나보죠?』

『아, 그런 속셈이 있으셔 마지막 선물몇 개를 남겨두셨었구나!』

바람은 새싹들이 이렇게 속속들이 알아 차린 줄은 몰랐읍니다.

은 미소까지 흘렸읍니다. 바람의 마음이 약해집니다. 그렇다고 석별의 인사를 늦출수는 없읍니다.

『자, 이제 우리는 떠나야 한단다.』

『아, 정말이셨군요!』

행복하게 웃던 새싹들의 얼굴에서 웃음기가 싹 걷혔읍니다.

『이제 겨우 우리 잠을 깨어 놓시고는 떠나시다니… 우린 너무 추워요.』

『염려 말아라. 내가 길을 터 놨으니 그 길따라 이제 화사한 나들이 웃음 선물할 친구들이 와 줄 거야.』

이 어루만져 주며 위로했읍니다. 그러나 그들은 바람이 처음 이 동산에 왔을 때의 모습이 아니었읍니다. 빛나는 얼굴들이었읍니다. 이 정도라면 떠나도 염려를 놓을것 같았읍니다.

이미 어둠이 내려 앉았지만 동산은 어둡지도않았읍니다. 그들이 내뿜는 봄기운이 반짝이는 별빛을 끌어 당기기 때문입니다. 각시 붓처럼 예쁜 꽃망울들이 별빛을 받아 영롱하게 빛나기 때문입니다.

동산 식구들이 내뿜는 찬란한 빛은 확실히 동산을 불태울만큼 밝아올라있었읍니다.

바람은 안심이었읍니다. 꽁꽁 언 동산에들어왔던 첫 이 되살아나 바람은 빙그레 었읍니다.

『아, 달님.』

그때 하늘을 향해 긴 팔 펴고 별을세던 산동백이 소 쳤읍니다. 그 말에 모두들 늘을 바라보며 함께 소리쳤 니다. 그 외침에 놀라 하마 면 산동백 가지 끝에 매달 듯 앉아 있던 산새가 떨어 뻔했읍니다.

덩그런 달님은 그들의 환 에 기분이 좋은지 환한 웃 을 지으며 구름 사이로 덩 덩실 춤추듯 다가왔읍니다.

『안녕하세요.』

동산에서 작별을 나누고 던 식구들이 소리쳐 인사했 니다. 달님도 자기 몸을 모 녹여 봄동산을 밝히기라도 듯이 쏟아져 내렸읍니다. 바람에 동산은 더욱 대낮처 밝게 빛났읍니다.

『자, 이제 바람 너는 떠 아지.』

달님의 말은분명했읍니다. 정에만 얽매이지않았읍니다. 그말에 바람은 할수없다는 이 동산을 박차고 하늘로 구쳐 올랐읍니다. 동산의풀 나무들이 흔들렸읍니다. 꽃 새들이 놀라 일어섰읍니다. 아직도 얼어 있던 바윗돌이 구르르 끝짜기로굴렀읍니다.

『바람아저씨, 안녕히 가 요.』

『북쪽의 형제들에게도 리에게마냥 따뜻한 사랑 희망을 주셔요.』

동산 식구들은 바람과의 어짐이 너무 아쉬웠읍니다. 좀처럼 돌아설줄몰랐읍니다.

『어서 달려가자꾸나.』

잠시 달님을 가리어 동산 구름과 바람의 작별을 은밀 게 해주었던 구름이, 때를 난듯 서둘렀읍니다.

동산 식구들은 그 구름이 알짝 뿌려준 단비를 머금으 모두 손을 치켜들어 흔들었 니다. 새싹들도 고사리 같 손을 살래 살래 흔들었읍 다. 그들의 마음 속에는 지 해 풍선에 실려 바람따라 으로 간 민들레와 멘드라미, 봉숭아 씨들의 모습으로 가 찼읍니다. 바람과 구름은 들의 전송을 받으며 달님이 리켜 준 길을 따라 북으로 으로 달리기 시작했읍니다.

단숨에 백두산까지라도 듯이 마구 달렸읍니다.

<끝>

한발제참가를 비롯, 86년 「아시안·게임」 성화봉송행사에도 참여, 농악의 우수성을 펼쳐 보이기도 했읍니다.

<금년졸업생 이은창>

동화 「바람과구름과 달님 (대전일보)」

第7117號 中都日

콩트

思秋期

김영훈

해맑은 토요일 오후 문득 날아든 便紙한통
日常서 벗어난 가슴은 새삼 설레임으로…

박동규씨가 한장의 러브레터를 받은것은 어제 낮 퇴근 무렵이었다. 그는 두리봉 약수터에 가자는 아내의 성화에 못이겨 서둘러 직장을 빠져 나오려던 참이었다. 그 때 그의 책상 위에 누군가가 풀써 던져 준 것이 한장의 편지였다. 그러니 하마터면 오전 근무뿐인 토요일이 이 달콤한 사연을 꿈꿔 삭혀 버렸을지도 모른다. 그러니 운좋게도 박동규씨는 부풀한 사연을 접할수 있게 된 셈이다.

처음에 박동규씨는 더러 날아 온는 고지서겠지. 그래 틀림없이 돈 만원이나 부조하라는 고지서일거야, 하며 예사로 생각했었다. 그러나, 그러나… 김소희? 어허, 전혀 생소한 이름이었다. 이제 아물아물해지는 기억력이긴 하지만 아직까지는 정정하다고 장담을 해대는 박동규씨다. 헌데 영 머리에 떠오르지 않는 이름? 박동규씨는 문득 호기심이 일었다. 이름이 너무 예쁘고 야한 여자. 그렇게 생각하니 가슴까지 뛰었다. 누굴까?

『예민하게 터질 것 같은 감정의 늪을 헤매는 가을 여인, 그러나 순수하고 맑았던 젊은 날의 감상이 아닌 「위기의 여자」임을 지금 실감합니다.』

박동규씨가 회사를 나오며 겉봉을 조심조심 뜯어봤을때 눈에 와 박히는 활자는 처음부터 그를 압도하고 있었다. 어쩐지 나에게도 이런 가을의 행운이…. 그는 마누라가 눈이 빠지게 기다릴 것이 뻔했지만 전혀 마음 쓰지 않았다. 『저는 혼자 있는 시간이 고독을 이기기 위해서는 차라리 좋은것을 압니다. 그러나 선생님과 함께라면 [illegible] 이 고독을 더 쉽게 이기리라….』 읽어 내려 갈수록 짜릿하게 전율이 왔다. 박동규씨는 어린 소년시절에 겪었던 설레임이 참으로 오랜만에 내부에서 꿈틀거리고 있음을 느끼면서도 마음을 애써 다독거렸다. 혹시 사내에서 장난질을 하는 것이 아닐까? 그럴리가 없다. 농도짙은 장난을 칠만큼 가까운 사이도 없잖은가? 그렇다면 이 여인은 누구일까?

그는 천천히 공중전화 박스에 들어갔다. 이 기분으로 마누라와 함께 약수터에 터덜거리며 올라가긴 싫었다. 십원짜리 동전 두개를 집어 넣은 그는 힘있게 다이얼을 돌렸다. 신호가 가자마자 이내 마누라의 목소리가 전선을 타고 왔다.

『예, 변동인데요.』

『여보, 나야 나.』

『아니, 빨리 오신다더니 뭐하셔요?』

『응, 나 갑자기 특근할 일이 생겨서….』

『그래요? 그럼 할 수 없지요, 뭐.』

마누라의 볼멘 목소리였다. 하지만 박동규씨는 마누라가 더 뭐라기 전에 송수화기를 얼른 전화통에 걸었다. 그리고는 저녁 내내 거리를 서성였다. 찻집에도 들르고, 번화가 나염이 되우는 플라타너스 숲길로 걸었다. 그러면서 편지의 주인공을 상상했다. 그러다 두어번쯤 심심풀이로 극장엘 함께 가본 여인이 아주 없는 것은 아니었지만 짐작이 안갔다. 계절에 대한 감각을 이만큼 델리케이트하게 묘사할 수 있는 여인이라면 지적 수준도 그렇고 문장력도 상당한 편이 아닌가.

『시간이 허락되신다면 두리봉 약수터에서 이번 일요일 아침 11시에 뵙고 싶어요.』

그의 가슴이 파르르 떨렸다. 요즈음 박동규씨는 마누라에 이끌려 두리봉 약수터에 다녔다. 마누라는 호젓한 소나무숲에 들어서면 그의 등을 휘감는다. 아이들을 낳고부터 틀림만큼 대담해진 아내지만 요즈음에 부쩍 더 적극적인셈이다. 그러고 싶어 약수터에 간다는 표정이었다.

그때문에 지금 박동규씨는 고민이다. 아침을 먹고 나서 11시에 시간을 내야 할텐데 마누라가 따라 나서면 어쩌지? 무슨 좋은 묘수가 없나? 박동규씨는 조간을 펼쳐 들었지만 타이틀 조차 눈에 들어오지 않았다. 어쩌지? 어쩌지? 아하, 됐어. 제 언니 집에 다녀 오라고 하는거야. 그러면 입이 헤 벌어지겠지. 모처럼 정원을 돌보며 월동 준비나 하겠다면 마누라는 퍽 대견스러워 할 거야. 박동규씨는 혼자서 기발한 생각을 했다며 쾌재를 외쳤다.

『여보, 아침 드셔요. 석이랑 현이도 어서 내려 오렴.』

주방쪽에서 마누라의 긴 목소리가 들려 왔다. 이내 아이들이 쪼르르 제방에서 나오고 있었다.

『아빠, 빨리 오시라니까요.』

다시 마누라의 재촉이었다. 박동규씨는 그제서야 천천히 주방으로 들어갔다. 그를 바라보며 마누라가 씩 웃었다.

웬 웃음이야?

하지만 자신의 음흉한 계획을 말할때는 바로 이때다 싶었다. 그래 바로 이때다.

『오늘 당신 아이들하고 오정동에나 다녀 오지 그래.』

『예, 언니한테요? 당신도 함께 가려고요? 그러잖아도 한번 갈까 했는데….』

마누라는 반색을 했다. 박동규씨는 자신의 마음을 들킨 것이 아닌가 싫어 짜증냈다.

『아, 난 피곤해서…. 그리고 정원 손질도 해야 하고….』

『그럼 싫어요. 당신도 함께 가요.』

마누라는 토라지는 표정이었다. 그러자 아이들이 야단이었다.

『우리끼리라도 이모댁에 가요.』

『아냐 약수도 받아와야 하고….』

마누라는 박동규씨가 속이 타는줄 모르고 여전히 미적지근한 태도였다.

『약수? 약수라면 내가 정원일 끝나는대로후딱 다녀오지뭐….』

『그럼, 그래주실래요?』

『염려 말라니까. 어서 갈 준비나 해.』

박동규씨는 그제서야 흐뭇하며 마음이 놓였다.

마누라와 아이들이 떠나고 난 후의 집안은 텅 비어 있었다. 박동규씨는 갑자기 속아 넘어간 마누라를 생각하니 고소했다. 이렇게 쉽게 넘어갈 줄은 몰랐다. 지금 시각이 10시. 시간은 충분하다. 천천히 출발해도 늦지 않다. 40분이면 약수터에 도착하겠지. 정원을 돌보는 일쯤이야 오후에 해도 늦지 않다.

마누라는 어차피 어둘 무렵이나 돼서야 돌아 올테니 말이다. 오늘은 모처럼 모시러 가 볼까? 고마와서마누라의입이째지겠지. 박동규씨는 신이 나 킥킥거리며 웃었다. 콧노래까지 나왔다.

『따르릉- 따르릉-.』

아니, 웬 전화일까? 이 참나에, 혹시 편지의 주인공이 나오지 못하겠다는 전화가 아닐까? 그럼 어쩌지? 박동규씨는 얼른 달려들어 수화기를 들었다.

『예, 변동입니다만….』

『아 박서방이요? 나요 나.』

『예, 처형이셔요. 제 집사람이 도착했나요? 제가 보냈는데….』

『그래요. 방금. 그런데 웬일를 이여?』

『웬일이라니요?』

『사추기에 접어들은 거요.』

『사추기!?』

『석이 에미가 아무래도 요지음 박서방이 수상하다며 대필을 해 달라기에….』

『예!?….』

박동규씨는 수화기를 그만 방바닥에 떨어뜨리고 말았다.

"석이 에미가 아무래도…" 박동규씨는 수화기를 그만 방바닥에 떨어뜨리고 말았다.

콩트 「사추기 (중도일보)」

교육단상

대통령의 아들들

김 영 훈

초등학교에 다닐 무렵으로 기억된다. 신문 지상이 온통 가짜 이강석 사건으로 뒤덮여 있었다. 아들이 없었던 이승만 대통령의 양자로 들어간 이강석의 기세가 등등했던 시절이다. 이를 틈타 어느 지방에 가짜 이강석이 나타나 지방 고위층에게 융숭한 대접을 받고 다녔다. 국부로 떠받들던 이 대통령의 독재가 절정에 달했던 시절에 있었던 해프닝이다.

요즈음은 김 대통령의 차남 김현철씨와 관련된 온갖 추문들이 세상을 떠들썩하게 하고 있다. 권력 지향적인 사회에서 최고의 권력을 장악한 대통령의 측근에게 얼마나 많은 유혹의 손길이 뻗쳤을까를 생각하면 연민의 정이 가기도 하지만 신문을 펼쳐들면 분노를 금할 수가 없다.

초롱초롱 빛나는 눈망울을 가진 순진무구한 어린이들에게 이런 상황들을 어떻게 설명해 주어야할지, 일선 교단에 선 교사의 입장에서 당혹감을 느끼지 않을 수 없다.

전에도 그렇지 않았던 것은 아니었지만 요즘 벌어지는 일련의 정치적 경제적 사태들을 보고 있노라면 숨이 막힐 것 같다. 참으로 걱정스럽다. 어떻게 대통령의 아들이 마음대로 세상을 흔들어버리는 사태를 연출하고 있는 것일까?

1960년대 말 교단에 첫 발을 내디딘 그 무렵, 박 대통령이 국민에게 제시해 준 비전을 열심히 교육현장에 투입했었다. 조국을 근대화하여 가난을 몰아내고 선진국으로 발돋움한다는 소망이 당시 국민들을 감동시켰던 것이 사실이었다.

그러나 박 대통령은 장기 집권과 유신독재라는 오명과 함께 불운하게 세상을 떠났다. 그러면서 「가엾은 아들」을 우리 곁에 남겼다.

현대사를 꺼내면 박대통령을 이야기하게 되고, 그 때마다 박지만씨가 떠올려진다. 그럴 때 애써 •지만씨의 가련한 얼굴을 지워버린다. 그랬던 것처럼 오늘은 오만한 얼굴을 가진 김 대통령의 아들 현철씨의 얼굴도 지워버릴 수밖에 없다.

보이지 않는 곳에서 조용히 썩는 밀알로, 미래사회를 이끌어 갈 새싹들에게 진실과 정의를 가르쳐야 할 입장에서 대통령의 아들들의 행적을 바라보는 것이 참으로 안타까울 뿐이다.

〈대전 중앙초등학교 교사〉

교육단상 「중도일보」

전자통신연구소

아기토끼의 달님

깊은 숲속 나라에 아기 토끼가 살고 있었습니다.

아기 토끼는 달구경을 매우 좋아했습니다. 그래서 오늘밤도 아기 토끼는 엄마 토끼와 함께 달구경을 가고 싶었습니다.

"엄마, 달구경을 가요."

아기 토끼는 엄마 토끼에게 다가가서 말했습니다.

"그래? 그러자꾸나. 그까짓 청쯤이야 엄마가 못들어 주겠니."

엄마 토끼는 빙그레 웃으며 귀여운 아기 토끼를 데리고 동산에 올랐습니다. 마침 둥근 달님이 저 동쪽 산마루 위로 덩그렇게 떠오르고 있었습니다. 달님은 방싯방싯 웃으며 숲속 나라를 환히 비추어 주고 있었습니다.

"야, 달님!"

아기 토끼는 반가워 두 앞발을 치켜 올리곤 만세라도 부르듯이 외쳤습니다.

"참, 달님이 밝기도 하구나."

엄마 토끼도 아기 토끼를 번쩍 들어 올리면서 함께 들뜨는 기분이 되었습니다. 아기 토끼는 달님을 가리고 있는 도토리나무 이파리를 제치면서 엄마 토끼와 함께 달구경을 했습니다.

"엄마, 저 달님은 누구 거야?"

"누구 거? 누구 거긴…. 우리 아가거지."

엄마 토끼는 아기 토끼가 귀엽기만 한지 그저 얼굴을 두발로 싹싹 부벼 주었습니다.

"정말?"

"그럼, 저 달님은 우리 아가 거지."

엄마 토끼는 여전히 아기 토끼의 볼에 뽀뽀를 해대며 꼬옥 안아 주었습니다.

"엄마, 그럼 저 달을 따 주어. 갖고 싶단 말이야."

드디어 아기 토끼는 욕심을 부리기 시작하며 엄마 토끼에게 졸라댔습니다.

"그러렴, 따 주고 말고… …."

엄마 토끼는 생각할 겨를도 없이 먼저 대답부터 했습니다. 아기 토끼는 그 말에 입이 함박만해졌습니다.

"아, 저 달님을 내 목에 건다면… …."

아기 토끼는 가슴이 설레이는 모양입니다. 입까지 벌어졌습니다.

"이 세상에서 가장 아름답고 빛나는 목걸이가 되겠지."

"그러니까 어서 따 줘."

아기 토끼는 계속 졸라댔습니다.

"알았다니까. 아빠에게 얼른 따 달라고 부탁드리자구나."

엄마 토끼는 집 쪽을 향해 아빠 토끼를 크게 불렀습니다.

"아빠, 이리 나와 보세요. 우리 아가가 달님을 갖고 싶어해요."

엄마 토끼가 부르는 소리에 아빠 토끼는 급히 뛰어 왔습니다. 아빠 토끼는 어느 새 장대까지 들고 나왔습니다. 그리고는 나오자마자 장대를 휘둘렀습니다. 그러나 달님까진 한참이나 멀었습니다. 그런데도 자꾸 장대를 휘둘렀습니다.

"아빠, 굴참나무 위로 올라가야 할 것 같아요. 달님까지는 장대가 닿지 않잖아요?"

엄마 토끼는 안타까운가 봅니다.

"그래요, 아빠. 달님은 저 굴참나무가지 끝에 매달려 있는 걸요."

아기 토끼도 동동거리며 야단입니다. 그 말에 아빠 토끼는 굴참나무를 타고 올라가려고 장대를 놓곤 급히 나무밑으로 다가들었습니다. 아기 토끼는 그러는 아빠 토끼를 바라보면서 신이나는지 손뼉을 짝짝짝 쳐댔습니다.

그 때였습니다. 수염이 하얀 산령님이 소리도 없이 나타났습니다. 숲속 나라를 지켜 주는 산령님입니다.

"너희들 지금 무얼 하고 있느냐?"

"아! 산령님, 여기까지 나오셨군요."

아빠 토끼는 굴참나무에 오르려다 말고는 산령님께 머리를 조아렸습니다. 엄마 토끼도 황

•글/김영훈
아동문예 신인상 당선
해강아동문학상 수상
동화집 「꿈을 파는 가게」 외4권
충남아동문학회 회장
현 대전 대신국민학교 교사
•그림/이동회

「전자통신연구소」 사보 게재 동화

한밭春秋

童心의 回歸

金榮薰
<동화작가>

우연히 버스자에서라도 낯선노인의 미소를 대하는 날이면, 나는 마음이 편해짐을 느낀다. 배재대학 뒷산에 위치한 약수터에 오르는 노인들의 얼굴과 마주칠 때는 더욱 나의 마음이 소박해진다. 왜일까? 노인의 모습은 꾸밈이 없어서이다. 그러면서도 모든 것을 다 수용할 듯한 모습이다. 너그럽고 관대하다. 촌노의 표정은 더욱 그렇다.

노인의 말은 직설적인데도 전혀 노엽게 들리지 않는다. 젊은이들이 갖는 영욕은 물론, 헛된 욕심까지 다 버리고 한는 말이기 때문이다. 건너야 할 강을 다 건너고, 넘어야 할 산을 다 넘은노인앞에서 나는 문득 경건해진다. 패기에 찬 얼굴도 아니고, 자신감이 넘치는 얼굴도 아닌데, 이 세상을 모두 등에 진 듯한 무게를 느끼게 한는 노인, 그 앞에서 나말고도 누가 오만해질 수 있으랴. 겸손할 수 밖에 없다.

시로 버티고 으스대며 서로가 서로를 견제할때 느껴지는 우리의 감정은 그 색깔이 진하다. 복잡하다. 가식이 있다. 그러나 노인에게는 그것이 없다. 차이라면 그것이 아닐까?

자연과 합치되는 소박한 정서 자연속으로 귀의하려는 순수한마음, 그 마음들이 마치 어린아이와 각기 때문이 아닐까?

아이가 짓는 것과는 전혀 재이있는 미소인데도 아이의 미소처럼 밝고 깨끗한 것은 노인이 벌써 오래전 아주 오래전, 모태에서 출산될 때부터 가지고있던 원초적인 미소가 살아났기 때문이다. 그동안 헛되고 헛된(?) 것에 쏟았던 정열과 애착과 미워하며 사랑했던 애증에 가려 보이지 않았던 동심의 세계가 참으로 오랜만에 표출되고 있음이다. 어찌면 동심에로의 회귀다.

그 맑고 깨끗한 동심이 인간의 본래 모습임을 전혀 잊은채, 난 오늘도 많은 사람들속에 섞여 부질없이 내달리며, 부산스럽게 도심속에서 살고 있다. 빌딩숲을 헤치며 명멸하는 가로등 아래서 취하고있다. 적당한 이권과 알맞는 자리를 지키면서….

오늘부터 한밭춘추 필진이 바뀝니다. 앞으로 2개월동안 오현봉(과학기술대 교수 국문학) 김수평(서양화가 한남대 미술교육과교수) 김영훈(동화작가 대전도마국교교사) 최범호(서산성연중학교장) 윤창열(대전대한의학부교수) 최변훈씨(청주병원 기회관리실장)〈무순〉께서 집필합니다.

동심의 회귀 〈한밭춘추 · 대전일보〉

(15) 第11993號

한밭春秋

갈래론

金榮薰
<동화작가>

문학을 분류함에 있어 사용되는 갈래라는 용어는 보통 우리에게 그동안 장르 또는 유형·형태 등으로 通用되어 왔다. 金수업에 依해 이말은 처음쓰이게되었고이제는 학계에서 널리 사용되고 있다. 문화 胎動期인 원시 시대부터 문학을 분류하는 이 갈래론은 학자에 따라 조금씩 견해를 달리하고 있지만 지금까지 나타난분류방법을 보면 詩歌와 散文으로 2分하고있다. 서정·敍事·劇또는 詩·小說·隨筆로 3分하기도 하고 근래에 들어 어느학자는 서정·서사·희곡이외 敎述이라는 새로운 용어를 등장시켜 4分法에 의한 나름대로의 학설을 펴주목을 받고 있거니와 그러나 크게 대별하면 문학의 갈래는 역시 韻文과 散文으로 구분되어진다.

이는 주지의 사실이고 이제는 극히 평범한 상식이 되었다.

이러함에도 불구하고 어느 때부터인가 이땅에는 詩와 산문을 뭉뚱그려 한갈래로 분류하고있음을 볼수있다.

兒童文學이라는 갈래 말이다.

아동문학이라는 갈래에 사전적 註釋을붙이면「주 독자인 아동을 대상으로한 문학」이라는 뜻으로 해석할수있다. 그러나 아동문학은 결코 아동에게 국한된 문학은 아니다. 동심을 바탕으로하되, 사랑과 幻想을전제로한 인간의본질적이고 원초적인 眞善美를 추구하는 가장순수하고 아름다운文學이다.

그런데도 아동문학에 대한편견은 대단히심하다. 그렇다면 심훈과같이 農民을 대상으로하여 작품활동을 해온 이는 농민문학가란 말인가?

童詩의 類型은 본질적으로 韻文인 詩요 童話는 小說과 똑같은 散文의 갈래이다. 여기에 한술 더 떠서 동극까지를 兒童文學이라는 갈래에 포함시키려는 경향이 있는데, 그렇다면 아동문학이란 문학의 갈래를 다 포괄하고 있다는 말인가? 결코 讀者를 대상으로 한 갈래란 있을 수 없다.

이런 發想이 언제부터 또 누구로부터 나온 것인지 잘 알수없지만 동화를 쓰는 나로서는 이해할 수 없다.

물론 童詩를 쓰는 詩人이 小說이나 희곡을 쓸 수는 있다. 고대 작가 아닌 요즈음에도 흔히 그런 文人들을 볼수있다. 그렇다고 갈은독자를 대상으로 한 이 작품을 을 한데 묶어 한갈래의 文學이라 볼수는 결코 없기때문이다.

갈래론 〈한밭춘추 · 「대전일보」〉

국도일보

기억에 남는 사랑하는 제자들

지난 83년 대전유천초등학교 운동장에서 아이들과 함께.

호수처럼 넓은 예당저수지로 흘러드는 샛강 중의 하나가 무한천이다. 그 무한천 중류에 아늑하게 자리잡고 있으면서 풋내기 교사인 나를 반겨 나래를 펼 수 있게 해 준 학교가 바로 홍성군 변두리에 위치한 반계초등학교다.

30여년전 햇병아리 교사시절을 회상하노라면 지금도 나는 곧잘 그 당시 아이들의 맑고 티없는 동심속으로 빠져들곤 한다. 지금은 이미 장성해 국가와 사회에 공헌하는 한 사람으로서, 그리고 가정을 꾸려나가며 각기 제 몫을 다하고 있지만 내 마음 속에 살아있는 제자들의 모습은 언제나 그들의 '유년'을 간직하고 있다.

지금까지 소식을 나누며 살고 있는 제자들은 그리 많지는 않지만 눈 감으면 환히 내 가슴 속에 다시 살아나는 그들이다. 영일 정숙 춘화 명숙 홍분 용자 은식 계희….

그러나 이들 말고도 내 가슴을 헤집고 들어오는 제자들이 몇 있다. 상용 승호 태용 지연이다. 그들은 나와 인연을 맺은 제자들 중에서 모태로부터 물려받은 선천적인 장애인들이었다. 이들 중 제일 처음 만났던 게 상용이다. 어느 해인가 초임지인 반계초등학교에서 5학년을 맡았을 때였다. 그때 상용이가 내게로 다가들었다. 상용이는 머리가 명석했다. 어떤 일에 대한 집념도 강했다. 그런데 그는 허리를 곧추세우고 걷질 못하는 장애인이었다. 걸을 때는 엉덩이를 실룩거리며 한 손으로 무릎을 짚어야 했다. 나는 체육시간에 늘 그에게 쉴 것을 권했지만 학교 뒷산으로 토끼몰이를 하러 가는데도 한사코 따라오겠단다. 끝내는 정상까지 올라갔던 상용이다. 지금은 모인쇄소에서 인쇄공으로 일하고 있어 몇 번 상면한 적이 있다. 그 때마다 밝은 얼굴로 나를 맞아 주었다.

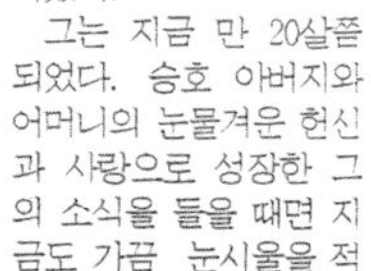

김영훈
〈중앙초등학교〉

정성과 사랑으로 돌봤던 그들… 장애자지만 '보통사람'과 같은 대우를 받으며 당당히 살아가기를

승호와 태용이는 내가 대전에 와서 인연을 맺은 제자들이다. 그러니까 그 해 나는 1학년 입학식에서 뇌성마비 지체장애아인 승호와 태용이가 내 반이라는 사실을 발견했다. 그들을 맡아 학년을 마감할 때까지 여러 난관과 우여곡절을 겪을 수 밖에 없었던 나날들이 지금도 잊혀지지 않는다. 대소변까지 가려줘야 하는 승호와는 1년의 인연으로 끝나지 않았다. 특수학교인 공주 정명학교와 대전 시내에 있는 모특수학교를 전전하는 동안 상담하고 이끌어 주는 지도를 계속했다.

그는 지금 만 20살쯤 되었다. 승호 아버지와 어머니의 눈물겨운 헌신과 사랑으로 성장한 그의 소식을 들을 때면 지금도 가끔 눈시울을 적신다.

한 나라가 선진국이냐를 가늠하는 척도는 장애인이 평상인과 똑같은 대우를 받느냐에 있다는 말을 자주 듣게된다. 지금은 내 품에서 벗어난 그들이지만 평상인과 똑같은 위치에 서서 '보통사람'이 되어 나름대로 자기 몫을 다해주기를 두 손 모아 빌고 있다.

뮤지컬·

대학 연극제 겨냥

박호순기자

대학 연극동아리마다 전국 대학연극제 무대를 향한 열기로 뜨겁게 달아오르고 있다.

올해로 19년째에 접어드는 전국 대학연극제에는 전국 38개 팀이 참가해 조별 예선을 거쳐 최종 9팀이 본선에 진출하게 된다.

13일부터 22일까지 서울 국립중앙극장에서 열리는 이 연극제 본선 참가를 위해 대전지역에서는 충남대를 비롯한 6개 팀이 지난달 중순 예선을 거친후 오는 5일 본선 진출 확정만을 기다리고 있다.

이 가운데 총 13번의 본선진출경험이 있는 충남대 시나브로 극회가 이번대회를 겨냥, 야심작으로 선택한 작품은 뮤지컬 창작극 「관심없어!」(박장규작).

이 작품은 현대를 살아가는 인간의 정신이 거짓과 위선, 개인주의로 피폐해가고 있는 현실을 꼬집고 있다.

대전대 연극동아리 페가서스-Ⅱ의 「그것은 목탁구멍속의 작은 어둠이었습니다」(이만희작)는 10여년전 동네깡패에게 아내가 강간당한 일로 괴로워하다가 두눈을 스스로 찌르고 해탈의 경지에 오른 도법과 불교적 깨달음을 얻고자하는 '탄성'과의 대화로 극의 시작과 끝이 연결되는 작품이다. 이 극은 불교적 사상보다는 이를 매개로 우리의

필자가 담임하고 있는 현규는 요즘 학업에 열심이다. 인문계 고등학교를 희망하고 있기 때문에 연합고사에 합격하려면 정신을 차려야 한다. 그러나 성적은 그다지 우수한 편이 아니어서 합격여부가 좀 불안한 상태다.

현규의 아버지는 몇 년째 병중으로 거동을 못할 정

수필단상 「사랑하는 제자들 (국도일보)」

【2】 1994년11월19일 토요일 〔제3종우편물(가)급인가〕 소 년 동 아 일 보

창작 동화

선생님, 갠 아직도 그 병을 앓고 있어요

김영훈

- 충남 청양 미당에서 태어남
- 아동문예 신인상 당선
- 충남 아동문학회장
- 한국 아동문학상/해강 아동문학상 받음
- 현재 대전 중앙국교 교사
- 지은 책으로 '꿈을 파는 가게'외 여러권이 있음

요즈음 들어 샛별 국민학교 양호실은 늘 아이들의 웃음 소리로 활기에 차 있다. 오늘도 청소 당번보다 더 많은 아이들이 재잘거리며 청소를 하고 있다. 호호, 정말 그래? 아이들은 호들갑을 떨고 있다. 어휴, 고 계집애 엉큼스럽긴, 5학년 때보다 몰라보게 숙성한 아이들의 웃음 소리는 생각보다 야살지다. 아이들은 열심히 바닥을 닦기도 하고, 침대 시트를 정리하기도 하는 중이다. 약 상자엔 먼지도 없이 말끔한데도 털기도 하고, 마른 걸레로 문지르기도 한다.

어휴, 양호 선생님은 언제 오시지?

글쎄 말이야. 우리 미현이가 기다리는 줄 도 모르시고….

양호 선생님은 지금 출장 중이시다. 그 선생님을 기다리고 있는 아이들의 가슴은 설렌다. 새 봄들어 더욱 얼굴이 도톰해진 아이들, 그들은 요즈음 양호 선생님과 친하다.

양호 선생님과의 시간을 지내고부터다.

'성장의 기쁨'. 양호 선생님이 맡으셨던 과목이다. 세 살 먹은 아들이 하나 있다는 양호 선생님, 늘 생글생글 웃는 밝은 미소, 얼굴도 복스럽다. 아이들을 바라보기 전부터 눈 웃음이 자르르 흐르는 분이다.

무슨 이야기든 다 털어놓을수 있어 인기높은 양호선생님

미현인 지금 그 양호 선생님을 무척 기다리고 있다. 비밀을 털어 놓고 싶어하며 아이들과 재잘거린다.

그래? 넌 너의 엄마께 무슨 말이라도 다 할 수 있다며? 그럼, 우리 엄만 다 받아주셔, 어휴, 부럽다. 얘, 공부만 하라시지 않고? 그렇다니까.

아이들은 모두 미현이를 부러워 했다. 우리 엄만 어림도 없어. 그래, 맞아 우리 엄마도 상우 오빠의 앨범을 사달라니까 펄쩍 뛰셔. 쬐그만 것이 발랑 까졌다는 거야. 그래? 나도 그 오빠가 좋은데….

아이들은 청소가 다 끝나자 모두들 쇼파 쪽으로 몰렸다. 그들의 눈은 샛별같이 빛나고 있다.

엄마들은 우리가 커가는 걸 모르시나봐. 맞아, 엄마들에게도 '성장의 기쁨'을 알려 드려야 한다니까. 뭘, 옛날에 다 겪으신 걸. 아이들의 재잘거림이 다시 시작되고 있을 바로 그 때, 양호 선생님이 소리없이 들어오셨다. 아니! 너희들 지금까지 돌아가지 않은 거야? 양호 선생님은 흰니를 드러내며 활짝 웃으셨다. 그러자 아이들이 야단들이다. 아니, 양호 선생님 우릴 쫓아내시는 거예요? 아냐, 그건 아니지만, 봄부터 우리 양호실에 환자가 많아졌다는 거야. 그 말에 양호 선생님은 흐뭇하게 웃으셨다. 환자가요? 아이들은 양호 선생님의 말씀에 눈을 흡뜨며 놀라고 있었다.

그래, 오늘 아침 교감 선생님께서 그러셨어. 양호실에 환자들이 예전보다 들끓고 있다고 말이야. 양호 선생님은 눈을 찡긋하셨다.

에이, 선생님도…. 아이들은 깔깔깔 웃어댄다. 양호 선생님도 함께 얼굴을 일그러뜨리며 웃으시더니 그제서야 아이들을 찬찬히 둘러보신다.

아니, 그런데 오늘도 미순이가 보이지 않는다. 웬일이지? 벌써 사흘째인데? 그 녀석이 정말 어디라도 아픈가?

양호 선생님이 고개를 갸웃하셨다.

개요? 미순이요? 그래, 미순인 양호실의 단골 손님이잖아? 그 때, 쪼르르 정희가 선생님께 다가들었다. 선생님 귀좀 빌려요. 귀? 양호 선생님은 멍두런해 하시면서도 귀를 빌려주신다.

선생님, 걘 아직도 그 병을 앓고 있어요. 뭐! 아직도? 미순이 엄마를 내가 좀 찾아 봐야겠구나.

양호 선생님은 염려스러운 표정이시다.

걘 아예 농구공을 꼭 껴안고 잔다구요. 그래요, 걘 그 오빠를 기어이 만난다는 거예요. 아이들은 계속 재잘거리고 있었다. 봇물이 터진듯이 말이다.

하지만 너희들 생각만이 옳지는 않거든. 엄마들은 늘 염려스럽단다.

양호 선생님의 얼굴에 잠간 웃음기가 사라지고 있었다. 아이들의 흩뜨러진 마음을 붙잡아 주어야 할 찬스였다.

너희들 선생님께 무슨 말이던지 다 할 수 있다고 했지? 그럼요. 우린 선생님을 좋아하니까요.

아이들이 합창을 하듯 입을 모았다.

엄마보다도? 선생님의 물음에 잠시 침묵이 흐르고 있었다. 그 봐, 엄마보단 선생님이 못하잖아? 그건 아니에요. 엄마는 우리에게 자유를 주시지 않잖아요. 그래요, 우리의 성장을 인정하지 않으시고 코흘리개로만 착각하고 계시거든요.

아이들의 불만이 쏟아지고 있었다.

남자 애한테서 쪽지를 받고 선생님과 비밀 이야기를 나누는 미현…

미현이는 예외라지만요. 미현이? 예.

아이들의 말에 양호 선생님은 미현이 쪽으로 눈길을 돌리셨다. 미현이가 배시시 웃었다. 미현이는 얼굴이 붉어진다. 미현이가 오늘 따라 더욱 예뻐 보인다.

정말? 미현이는 엄마한테 다 말할 수 있어? 예. 미현이가 배시시 웃는다. 성장의 비밀도? 예. 친구 이야기도? 예. 엄마하고 요즈음도 목욕을 함께 하는 걸요. 미현이는 자랑스럽게 말한다.

그래? 사춘기가 되면 아무리 엄마라지만 내 알몸을 보여드리는 것이 수줍던데. 호호호. 양호 선생님이 웃으셨다.

사실은요, 오늘 양호 선생님께 고백할게 있거든요. 고백? 아이들은 선생님과 미현이의 대화가 시작되자 모두 입을 다물었다. 그리고 긴장을 했다. 숨까지 죽인다.

좋아, 헌데 아이들 모두에게 알려도 좋으니? 양호 선생님의 물음에 미현이는 잠시 머뭇거리고 있었다.

아니에요. 우리들이 먼저 일어나기로 했으니 염려마세요. 아이들이 활짝 웃으며 모두 일어났다. 내일 쯤은 선생님과 미현이 사이에 나눈 이야기를 다 알 수 있을 거라는 믿음 때문이었다. 아이들은 모두 일어나 나갔다. 갑자기 양호실은 미현이와 선생님 단 둘이다. 잠시 망설이든 미현이가 입을 열었다.

선생님 저, 사실은요 오늘 수영이한테서 쪽지를 받았거든요. 쪽지? 예. 수영이 그 녀석, 괜찮은 녀석이지. 그래, 네 생각은 어떠니? 전 먼저 엄마한테 말씀드리고 싶은데…. 미현이가 망설인다. 그런데? 선생님이 물으신다. 사내 아이가 준 쪽지라서…. 미현이 얼굴이 다시 붉어진다.

넌 그 동안 엄마에게 비밀이 없었다면서? 예. 그건 엄마가 그 동안 너의 마음을 열도록 마음을 열어 주신 때문이야. 그러니까 당연히 말씀들여야지. 그러면 엄마께서 널 위해 가장 슬기로운 말씀을 해 주실 거거든.

양호 선생님은 정답게 미현이의 등을 두드렸다. 미현이는 그런 양호 선생님을 바라보며 빙그레 웃는다. 양호 선생님도 미현일 바라보며 웃어 주신다. 미현이는 엄마가 웃어 주시는 모습도 보이고 있었다.

그림 이범우

소년동아 매일영어

거울 속의 얼굴 5

▶ 거울을 들여다 보다 들킨 김서방은 거울을 얼른 장롱 안에 감추었습니다.

김서방: Nothing.
(아무것도 아니라니까.)
나 감자 캐러 가려던 참이었어.

아 내: 저 양반이 요즘 아무래도 수상해.

▶ 김서방이 방을 나가자 아내는 장롱을 뒤적거려 거울을 찾아 냈습니다.

아 내: 이게 뭐야? 에그머니나!
Who is this young woman?
(이 젊은 여자는 누구야?)

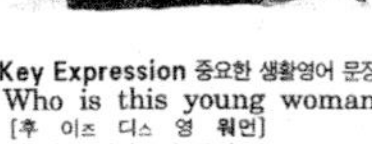

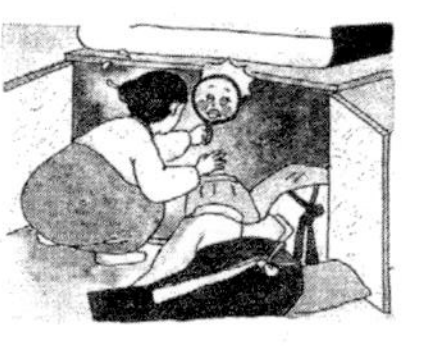

【Key Expression 중요한 생활영어 문장】
• Who is this young woman?
[후 이즈 디스 영 워먼]
이 젊은 여자는 누구지?

【Word for Today 오늘 나온 단어】
• young [jʌŋ 영] 어린, 젊은
• woman [wúmən 워먼] 여자

〈제공:(주)대교 부설 교육과학연구소 영어교재팀〉

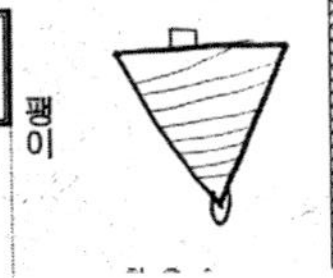

동화 「선생님 걔는 아직도 그 병을 앓고 있어요 (소년동아일보)」

(동)(화)

노란 은행잎의 꿈

김 영 훈 <야간제·국어교육·3>

갈바람이 찾아 왔읍니다.

갈바람은 교정의 구석구석을 핥으며 지나더니 이욱고 중정뜰에 자리 잡은 은행나무 가지 위에 살짝 올라 앉았읍니다. 그 바람에 노란 은행잎들은 퍼뜩 놀랐읍니다.

『아휴, 깜짝이야. 소리도 없이 찾아오시다니……』

노란 은행잎들은 바람아저씨에게 눈을 흘겼읍니다.

『아니, 내가 언제 온다 소릴 하곤 오던? 자, 이제 너희들을 데려가야 할 때구나.』

『우리들요? 벌써요?』

그 소릴 들은 노란 은행잎들은 가슴이 뜨끔했읍니다. 그래서 은행잎들을 엄마가지를 꽉 잡았읍니다. 그러나 갈바람은 이번에야말로 꼭 은행잎들을 데려가겠다는 듯이 떠나지 않고 주위를 맴돌았읍니다.

『엄마, 우릴 붙들어 주셔요.』

은행잎들은 엄마가지를 꽉 붙들고 어쩔 줄을 몰라했읍니다. 해묵은 은행나무는 노오란 은행잎을 놔주지 않을듯이 붙끌어 안으며 바람에게 사정했읍니다.

『바람아저씨, 조금만 기다려 주셔요.』

은행나무의 간절한 말에 바람아저씨는 어쩔 수 없었읍니다.

공부를 마치고 교문을 나서는 학생들의 잔등도 붉게 타고 있었읍니다.

그런 모습들을 지켜보며 벌써 수수백년을 살아온 은행나무였읍니다. 봄, 여름, 가을, 겨울을 한결같은 모습으로 살아온 은행나무지만 잎들이 한잎 두잎 자기 곁을 떠나는 지금이 제일 서운한 계절이었읍니다.

은행나무는 문득 말을 잃었읍니다.

『엄마.』

『응?』

은행나무는 노란 은행잎이 부르는 소리에 놀랐읍니다.

『무슨생각에 잠기셨어요?』

『너희들과 헤어질 생각을 했지. 그러나 만남과 헤어짐은 어쩔 수 없는 일이지. 우리 힘으로는…』

『엄마는 그날을 위해 꿈을 가꾸라 하셨잖아요.』

『그랬었지.』

은행나무는 사실 갈바람이 찾아 올 낌새를 알아차리면서부터 준비를 서둘러 왔었읍니다. 그래서 어린 아들 딸들을 아주 노오랗게 치장 시켰읍니다. 예쁘게 단장을 시켜 임금님이 사는 대궐 밖에 핀 복숭아 꽃보다 더 화려하게 꾸며 놓았었읍니다.

은행나무는 자신이 치장해 놓은 노란 은행잎을 바라보며 잠시 시름을 잊고 살며시 웃

마침 찾아온 바람 때문에 은행나무잎 들은 사각거리며 달빛보다 더 환하게 중정뜰을 비칠 수 있었읍니다.

『저쪽 음악관에서 꿈 많은 종란이, 복희, 경숙이가 이곳으로 오고 있는 걸 보고 이리로 오는 길입니다.』

갈바람은 노란 은행잎들의 웃음 속으로 뛰어들며 말했읍니다.

『아, 그들이라면 우리 아이들을 안심하고 맡길 수 있겠어요.』

『그래요?』

『그들은 벌써 세해 가을이나 이곳을 찾아 왔거든요. 우리들을 데리러.』

『참 다행스럽군요.』

갈바람은 마침내 한줄기의 강풍을 일으켰읍니다. 우수수―. 은행잎이 노란 꽃잎처럼 하늘거리며 땅 위로 쏟아지고 있었읍니다.

동화 「노란 은행잎의 꿈」 (공주교대학보)

부산파이프 1989.5

■ 엄마랑 함께 읽는 동화

시장님의 말씀

부산파이프 사보에 게재된 동화작품 「시장님의 말씀」

어린이날 특선동화

계수나무 밑 토끼는 누가 찾을까

하모니카 소리에 달님도 싱긋 "토끼가 산다는걸 증명할테야"

김 영 훈

지은이소개
- 충남 청양 미당 출생
- 「아동문예」로 등단
- 동화집 「꿈을 파는 가게」외 다수
- 현재 대전대신국교 교사

아이는 마루에 걸터 앉아 하모니카를 불고 있었습니다. 그러면서 달님이 떠오르기를 기다렸습니다. 아이는 달님을 무척 사랑했습니다. 아이의 그 마음을 알고 있다는 듯이 달님이 덩그렇게 동산 위로 떠올랐습니다.

「아, 달님!」

아이는 외쳤습니다. 달님은 아이의 외침을 들으며 빙실빙실 웃기 시작했습니다. 그 웃음은 노오란 달빛으로 변해 아이네 집안 구석구석까지를 비추어 주었습니다. 밝은 달빛은 아이의 하모니카 위에도 쏟아지고 있었습니다.

푸른 하늘 은하수 하얀 쪽배에

계수나무 한 나무 토끼 한 마리

아이는 달을 바라보며 신나게 하모니카를 불어댔습니다. 구슬픈듯 애처롭게 이어지는 하모니카 소리는 집안을 가득 메웠습니다.

「하모니카 부는 솜씨가 많이 늘었구나.」

그 때 부엌에서 아이의 어머니가 행주치마에 손을 닦으며 나왔습니다. 아이의 어머니는 환하게 웃었습니다. 아이도 어머니의 칭찬에 입이 헤 벌어졌습니다.

「엄마가 좋아하시는 노래잖아요?」

아이는 마루로 올라서는 어머니의 무릎위에 가얍은 않으며 품속으로 쏘옥 파고 들었습니다.

「그렇지, 좋아하지. 헌데 넌 지금도 저 달속의 토끼와 놀고 싶니?」

어머니는 무릎위의 아들을 두 팔로 감싸 안아 주었습니다.

「토끼와요?」

「그래, 넌 어렸을때 늘 달님 속의 토끼와 놀고 싶었잖아?」

「그럼요. 아직도 계수나무 밑의 토끼를 찾아내 놀고 싶은 걸요. 그래서 지금도 달님을 기다리고 있었어요.」

아이는 어머니의 젖무덤을 버릇처럼 더듬으며 시큿 웃었습니다.

「그래? 나도 너처럼 그런 꿈을 꾸었었지….」

「꿈이 아니에요. 지금도 토끼를 부르느라 하모니카로 반달을 불고 있는 중인 걸요.」

아이의 목소리는 아주 분명했습니다.

「달에는 토끼가 없다는데…? 물과 공기가 없어서 살수가 없다는데?」

어머니는 아이가 실망하지 않도록 조심스럽게 말했습니다. 그러나 아이는 고개를 살래살래 흔들었습니다.

「그건 우주인들의 얘기잖아요?」

「우주인? 그렇지. 그런데도 넌 달님속의 토끼를 찾는다는 거야?」

아이의 어머니는 조심스럽게 물었습니다.

「그럼요. 달님속에는 꼭 토끼가 살고 있을테니까요.」

아이는 잠시 말을 멈추고는 고개를 들어 다시 달님 쪽을 바라보았습니다.

달님은 어느새 아이네 마당 한가운데까지 와 있었습니다. 달님은 집채보다 훨씬 큰 감나무 가지 끝에 매달린채 아주 가깝게 내려 앉기 시작했습니다.

아이는 그 달님을 바라보며 다시 하모니카를 불었습니다.

샛대도 아니 달고 돛대도 없이

가기도 잘도 간다 서쪽 나라로

「어때요? 엄마, 이만하면 계수나무밑의 토끼도 귀가 번쩍하겠죠?」

「그래, 하지만….」

어머니는 여전히 말끝을 흐렸습니다.

「제가 토끼를 꼭 찾아낸 다니까요.」

「네가? 우주인도 못찾았는데?」

「아이 참, 우주인은 계수나무 언덕의 뒤편에 가 착륙했으니까 못찾았지요. 더구나 달나라 토끼가 물과 공기를 마시며 산다고 생각했으니….」

「그럼?」

「달나라의 토끼는 우리처럼 물과 공기를 먹고 사는 게 아닐 지도 모르잖아요. 지구의 토끼처럼 그렇게 순한 것도 아니고요. 내가 어른이 되면 꼭 그걸 알아보고 싶었어요. 우주선을 타고 달나라에 가 토끼를 찾은후, 토끼의 안내를 받으며 더 먼 별나라에도 갈 거고요.」

아이의 말은 힘에 꽉 차 있었습니다.

「그래, 꼭 그렇게 해 주렴. 엄마도 달나라의 토끼를 보는게 소원이니까.」

어머니는 아이를 꼬옥 안아 주며 흐뭇한 듯 미소를 흘렸습니다.

달님도 감나무 가지 끝에 걸린채로 아들과 어머니의 정다운 그 모습을 바라보며 계속 빙긋빙긋 웃어대고 있었습니다.

동화 「계수나무 밑 토끼는 누가 찾을까」 (중보일보)

문인들과 주고받은 글

나는 문인들과의 교유에도 힘썼다. 문학정보를 공유했고, 동화집을 내면 기증했다. 많은 문인들도 귀중한 저서를 보내주셨다. 그때마다 박경종[111] 선생님을 비롯한 많은 문인들이 여러 가지 경로를 통해 축하해주고 격려를 해왔다.

드린 글

팔월에 띄우는 편지 – 〈박화목 선생님을 추모하며〉[112]

8월에 띄우는 편지

박화목 선생님을 추모하며

김 영 훈(동화작가)

수호천사님, 우리는 지난 7월 9일 새벽에 동심의 텃밭을 일구어주신 위대한 아동문학가 한 분을 잃었습니다. 그래서 마음이 아주 울적했습니다.

일생을 동심으로 살면서 이땅의 어린이들에게 주옥같은 글을 선물한 분, 어린이에게뿐만 아니라 성인에게도 동심을 불러 일으키게 하고 동심을 노래한 '과수원 길' 을 이땅에 남기고 이승을 하직하였습니다.

우리 어른들에게도 영원히 잊지 못할 가곡인 '보리밭' 의 노랫말도 남기고 훌쩍 우리 곁을 떠났습니다. 사람은 가고, 이제 고인은 흙 아래로 영원히 묻혔지만 남긴 작품은 우리들 가슴에 오래도록 남아 정서를 순화시킬 것입니다.

예술혼을 불러 일으키며 내내 큰 감동을 주면서 정신문화의 유산으로 남을 것입니다.

수호천사님, 박화목 선생님은 이땅에 개화기가 오고 신문학이 도래한 이후 척박한 현실에서 어린이를 인격적으로 대우해 주지 않는 전통 속에서 선구자로서 문단을 이끌며 아동문학을 한 분입니다.

이땅에 어린이를 위한 문화 운동을 전개했고 고전으로 남을 작품을 많이 빚어냈습니다. 작사한 '과수원 길' 이나 '보리밭' 은 불러보셨겠지요? 음악을 좋아하시고, 학창시절에는 밴드부에서 플룻을 연주하신 분이니 이 노래에 익숙하시리라 믿습니다.

수호천사님, 박화목 선생님이 영면하던 날, 빈소인 연세대학교 세브란스 병원을 찾아 평소 함께 했던 아름다운 추억을 회상하며 고인의 넋을 추모했습니다. 늘 조용한 분, 아주 인자하여 파도가 일지 않는 바다와 같은 분, 고인은 언제인가 함께 들길을 걸으며 '과수원 길' 을 썼던 당시의 집필 배경을 이야기도 해주었습니다.

황해도 해주가 고향인 박화목 선생님은 어린 시절 외갓집에서 바라보았던 과수원을 찾아가면서 아카시아꽃이 활짝 핀 정경을 노래했다고 합니다.

이 동요 중에 '향긋한 솔 냄새가 실바람 타고 솔솔, 둘이서 말이 없네 얼굴 바라보며 생긋' 이라는 가사가 나오는데 사춘기를 맞은 소년과 소녀가 아카시아 꽃이 핀 과수원 길을 정답게 가는 정경이 떠오르는데 실제로는 선생님의 여동생이었다고 합니다.

'과수원 길' 을 지은 박화목 선생님

수호천사님, 작가나 시인은 자신이 죽기 전에 정말 이 땅 위에 오래오래 남을 작품 하나만이라도 남기기 위해 정말 혼신을 다해 노력하고 있습니다.

박화목 선생님은 동요 '과수원 길' 말고도 '보리밭' 이라는 명작을 우리에게 만들어 곡을 붙이게 하여 가곡으로 가슴 깊이 다가들게 했습니다.

뛰어난 창작력과 함께 붙여진 곡의 음악성이 좋아 그렇기도 하지만 노랫말을 쓴 시인의 아름다운 마음이, 뛰어난 예술성이 담겼기 때문이라고 생각합니다.

박화목 선생님은 해방 전인 1941년에 어린이 잡지 '아이 생활' 을 통해 문단에 나와 문학활동을 하였고 천명을 다하고 83세로 이승을 하직하였습니다.

한때 기독교 방송 교양부장과 한국방송회관 상무이사로서 언론에도 관여했고, 지금 한국아동문학회장으로서도 기여하였습니다.

기독교문학상, 대한민국문학상, 한국아동문화대상 등을 수상하며 문학성을 크게 인정받았고, 많은 후진들을 길러내기도 하였습니다

수호천사님, 박화목 선생님은 많은 연령 차이가 나고, 문학성으로 보아도 우러러 볼 수밖에 없는 분이지만 평소 한 단체에 속해 있었고, 또한 존경하는 분이라서 가깝게 지냈습니다. 대전에 초대해서 문인들과 함께 귀한 말씀도 듣고 또 회장일 때, '한국아동문학작가상' 을 수상한 인연도 있습니다.

오늘 멀리 서울 길을 달려 영전에 국화꽃 한 송이를 바쳤습니다. 사람도 결국은 모두가 생자필멸(生者必滅)할 수밖에 없는 존재라서 운명의 굴레 속에서 보내기 싫어도 세상 저 밖으로 보내 드릴 수밖에 없습니다.

한 사람의 위대한 아동문학가, 시인 박화목 선생님과 이별을 해야 합니다.

영전을 물러 나오면서 마음으로 '과수원 길' 을 불러 보았습니다.

수호천사님도 함께 박화목 선생님의 노래 '과수원 길' 을 불러 보지 않겠어요?

〈한국아동문학회 부회장〉

---

111) 박경종(1916 - 2006) 호는 내양. 함남 홍원 출생. 아동문학가. 1940년 동아일보 신춘문예를 통해 문단에 나왔으며, 1943년 '아이생활'을 편집 발간 동인 활동을 했고, 한국아동문학인협회장 등을 역임했다. 작품집으로 『하얀 풀꽃』, 『초록바다』, 『조그만 호수』 등이 있고, 한정동아동문학상, 이주홍아동문학상, 펜문학상, 한국문학상 등을 받았다. 나에게 저서를 받으시고 두 번 휘호를 써 주셨으며 충남아동문학지를 받고도 휘호를 써 주셨다. 사후에, 박경종아동문학상이 운영되고 있는데 2013년에 8회 수상자는 김완기 시인이었다.

112) 월간 「아동문예」(통권 343호: 2005년 8월) P.P18-19

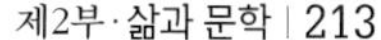

■ 정만영 동화작가에게 띄우는 글[113)]

10월에 띄우는 편지

성인과 함께 읽는 동화 창작을 위한 한마디

정만영 형, 어느덧 10월입니다. 지난여름 교감자격연수를 받느라 얼마나 애를 썼습니까? 나는 지금 정형께 어린이와 성인이 함께 읽는 동화 창작을 위한 한 마디를 하고자 합니다.

동화의 주 독자는 어린이입니다. 동화작가는 어린이의 신체적 성장이나 심리 발달 단계에 맞게 동화를 창작합니다. 그래서 동화는 주로 어린이들이 즐겨 읽으며, 재미있어 하고 꿈과 희망을 가꾸는 문학 장르로서 자리 매김을 한지 오래되었습니다. 그래서 지금까지 동화는 어린이의 전유물로 인식되어져 왔습니다.

물론 동화가 취급하고 있는 소재가 비교적 단순하고 구성면에서도 복잡하다거나 지나친 복선을 깔지 않고 있는 면은 있습니다. 그리고 동화 작품의 표현 상에서 리얼리티와 더불어 표현의 주종을 이루고 있는 판타지가 성인 소설에서는 그리 흔하게 쓰이지 않고 있다는 점도 지적할 수 있습니다. 또 지나치게 재미성을 추구한다든지 동화가 예술성이라는 본질에서 벗어나 인성 형성기에 있는 어린이를 대상으로 교훈성이나 도덕성을 강조하고 있다는 면에서 이러한 지적을 감수하고 있는 셈입니다.

---

113) 2001년 월간 「아동문예」 10월호 잡지 모두에 게재된 편지글

그러나 이러한 인식은 이제 되돌아보아야 할 시점에 와 있습니다. 인간이 모태에서 벗어나 갖는 원초적인 본성인 동심(童心)을 다시 불러일으킬 수 있고, 점점 성장하면서 어른이 되는 과정에서 혼탁해진 마음을 걸러내며 카다르시스할 수 있고, 문학적 감동을 느끼게 하는 역할을 하는 동화라면 굳이 어린이라는 특정 대상을 주 독자로 둘 필요가 없다고 보기 때문입니다.

그러나 아직도 몇몇 특정된 작품에 이외는 동화의 독자가 어린이에게 한정되어 있는 것이 사실입니다. 그러기에 동화 작가들은 어른 독자를 확보하기를 바라고 있고, 아동문학 잡지사들도 어른과 어린이가 함께 읽는 아동문학 작품을 게재하여 독자층을 확대시키는 쪽으로 편집 방향을 설정하고 있습니다.

다행이도 최근에 한 조사에서 대부분의 성인은 동화를 읽은 경험이 있고, 최근에도 많이 읽는 것으로 나타났습니다. 그런데 이들은 동화를 읽을 때는 문학성과 재미성을 추구한다는 의식이 깔려 있으면서도 막상 작가에게 창작을 요구할 때는 교육성이나 사실성을 기반으로 한 동화 쪽을 택하고 있다는 것은 매우 역설적인 현상입니다.

이는 성인이 동화를 읽을 때 문학적 감동성에 두고 있는 것과는 아주 상반된 응답이 아닌가 합니다. 이러한 결과는 성인이 된 어른 독자는 문학적 감동성을 추구하면서도 아직 미성숙기에 있는 자녀나 제자들을 향해서는 교육을 전제로 교훈성이나 도덕성이 높은 주제를 택해 동화가 집필되어야 한다는 어른의 시각이라고 해석됩니다.

즉 성인들은 동화를 순수 예술품만으로 수용하려 들지 않습니다. 아직 다 성장하지 않은 아이들, 그래서 인성이 형성되어지고 있는 아이들이 동화를 통해 교훈적이고 도덕적인 가치관을 형성시키려고 한다는 것입니다. 예술적인 감화 감동보다는 학습서로 여기는 경우가 있다는 것입니다.

따라서 지금은 우리 동화 작가들이 집필 자세를 가다듬어야 할 때라고 봅니다. 다양한 소재에 창의력 내지 상상력의 확대를 전제로 한 외국 동화가 직수입되고 있고, 게다가 동화가 동화 작가의 전유물로 여겨지던 때와는 달리 시인, 소설가도 예술성과 문학성 높은 작품을 전제로 한 동화 창작을 시도하는 시점에서 동화 작가가 작품성으로 살아남기 위해서는 집필 자세를 그 어느 때보다도 가다듬어야 한다고 봅니다.

이 시점에서 작가는 동화 집필 시에 도덕 교과서가 아닌 문학 작품성으로 승부를 걸어야 합니다. 일부 성인 독자가 동화를 교과서 글로 생각하는 고정 관념에서 교훈성과 도덕성을 전제로 한 이야기를 만들어 주기를 요구하고 있지만, 일차적으로 작가는 문학성에 중점을 두는 것이 우선이라고 보는 것입니다. 신선한 소재로 다양한 이야기들을 다루되 독자에게 진한 감동을 줄 수 있는 수준 높은 작품을 생산하는 일은 우리 동화작가의 당면한 문제이고 우리가 살아남을 수 있는 길입니다. 그래야 성인 독자를 확보할 수도 있습니다.

늘 강건하십시오. 건필을 빕니다.

받은 편지 (송명호[114], 장욱순[115], 박두순[116], 유영선[117])

金榮薰 詞伯님!

안녕하십니까?

玉著 「솔뫼마을에 부는 바람」 感謝합니다.

〈꽃을 파는 가게〉 에서 〈솔뫼마을에 부는 바람〉에 이르기까지 詞伯의 童話의 진솔하고 탁월한 테마, 타도, 들이 우리 文學史에 길이 빛나시기를…… 詞伯의 童話를 대할 때마다 人間의 원초적인 심성과 접하게 되는 즐거움과 감동을 느끼게 됩니다.

〈榮薰〉이라는 존함의 뜻처럼 「정신적인 향기를 풍요롭게 누리시며 또 童心을 그리워 하는 모든 이들에게 풍요로운 향기를 전파하소서!」 모쪼록 詞伯의 健筆과 宅內健康이 함께 하시길 祈願합니다.

戊辰 立春節 竹亭文友 陽岡 宋明鎬 드림.

김선생께

좋은 책 잘 받았읍니다.

좋은 작품들에 많이 흐뭇하게 감명 받았고,

내 고향에 훌륭한 문우들이 자랑스럽습니다.

더욱 큰 발전을 빌며….

1987. 9. 初秋

장욱순

---

114) 송명호(1938 - 2007) 함남 함흥 출생, 아동문학가, 한국아동문학회장과 한국문인협회아동문학분과회장 역임 1953년 소년태양신문, 1959년 국도신문 신춘문예에 동화가 당선되어 문단에 나왔으며, 작품집으로 장편소년소설 『전쟁과 소년』, 『다섯 계절의 노래』, 『마음의 등대』등 여러 권이 있다. 소천아동문학상, 한국문협작가상, 한국아동문학상, 펜문학상 등을 수상했다.

115) 장욱순(1938 -) 충남 연기(현 세종시)출생. 동화작가, 평화신문(1957과 연합신문 1958) 신춘문예에 동화가 당선되어 문단에 나왔으며, 동화집으로『들장미』, 『달따는 아이들』등이 있다. 제3회 세종아동문학상을 받았다.

116) 박두순(1950 -) 경북봉화 출생동시인. 1977년 월간 아동문예 및 계간 아동문학평론에 동시가 당선되어 문단에 나왔으며, 작품집으로 『풀잎과 이슬의 노래』, 『봄비』등 여러 권이 있다. 대한민국문학상 등을 수상했다.

117) 유영선(1953 -) 충북 청주 출생. 동화 작가, 1976년 「여성중앙」과 1978년 서울신문신춘문예에 동화가 당선되어 문단에 나왔으며 충청북도 예술상(창작부문), 현대아동문학상등을 수상했다. 작품집으로『종이배를 띄우는 아이』, 『노랑부리 휘파람새』등 여러 권이 있다.

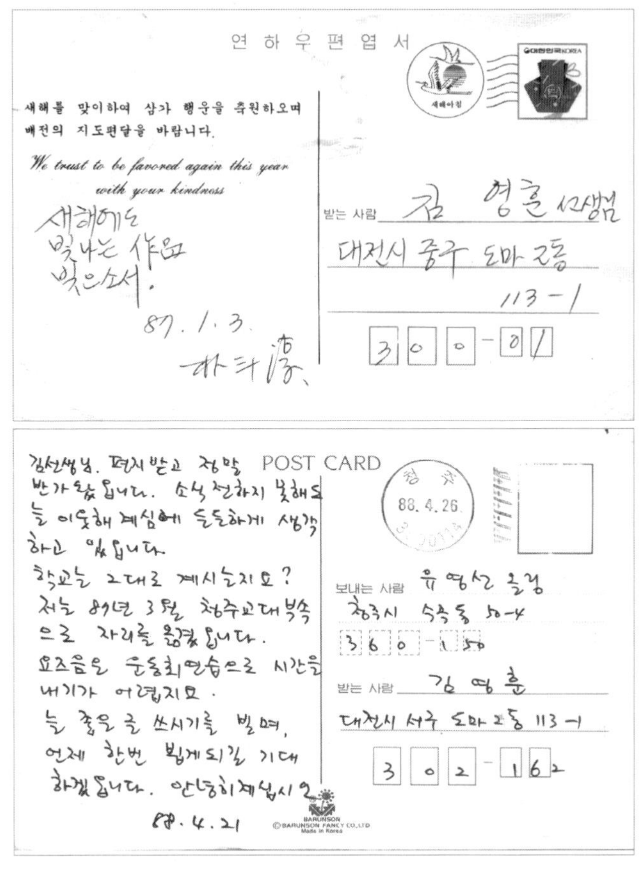
연하우편엽서

새해를 맞이하여 삼가 행운을 축원하오며
배전의 지도편달을 바랍니다.

We trust to be favored again this year
with your kindness

새해에도
빛나는 作品
빚으소서.
87. 1. 3.

받는 사람 김 영훈 선생님
대전시 중구 도마 2동
113-1
300-01

김선생님. 편지 받고 정말 POST CARD
반가웠읍니다. 소식 전하지 못해도
늘 이웃해 계심에 든든하게 생각
하고 있읍니다.
학교는 그대로 계시는지요?
저는 87년 3월 청주교대부속
으로 자리를 옮겼읍니다.
요즈음은 운동회연습으로 시간을
내기가 어렵지요.
늘 좋은 글 쓰시기를 빌며,
언제 한번 뵙게되길 기대
하겠읍니다. 안녕히계십시오.
88. 4. 21

청주 88. 4. 26.

보내는 사람 유 영선 올림
청주시 수곡동 50-4
360-150

받는 사람 김 영훈
대전시 서구 도마 2동 113-1
302-162

BARUNSON
©BARUNSON FANCY CO.,LTD
Made in Korea

이메일로 받은 편지

보낸사람: 박순길[118] 〈nuribark@paran.com〉 11.03.28

김영훈 박사님께

봄은 언제나 겨울을 이겨냅니다.

희망을 잃지않은 이에게 꿈으로 다가오듯

펜지 속에 봄의 화신이 손짓합니다.

강의 원고 잘 받았습니다.

118) 박순길(1951 -) 전남 장흥 출생, 1987년 월간 시문학 추천으로 문단에 나왔으며, 시집으로 『남해에서』, 『그리운이여』,와 동시집 『 노래하는 메아리』 등 여러 권이 있으며, 대전문학상을 수상했다.

자세한 것은 담당자에게 부탁했습니다.
당일 일찍 오시면 저와 점심 함께 합시다.
박순길 드림

김영훈 박사님께
지난 출판기념회 때 바쁘신 일 미뤄두고
참석해서 축하해주셔서 감사합니다.
덕분에 출판 기념회가 성황리에 끝난 것 같아
내심 기쁘고 고마울 뿐입니다.
좋은 글로 문집(동화의 숲 환상의 샘)을 빛내주셨는데
더욱이 찬조금까지 보태주셔서
어찌할 바를 모르겠습니다.
그날 황망 중에 인사도 제대로 못 드리고
며칠이 지났는데도 전화도 못 드려 죄송하기 그지없습니다.
선생님께 감사하는 저의 마음은 영원할 것입니다.
이제 또 성탄절이 다가오고
한해도 서서히 저물어 갑니다.
남은 날들 잘 마무리하시고
새해에는 더욱 건승하시고
좋은 글 많이 쓰시기 바랍니다.
감사합니다.
12월 18일 새벽
죽랑 박상재[119] 올림

119) 박상재(1956 -) 전북 장수 출생, 동화작가, 문학박사, 초등교감(현), 1984년 한국일보 신춘문예에 동화가 당선되어 문단에 나왔으며, 새벗문학상에도 당선되었다. 작품집으로 『꿈꾸는 대나무』, 『장수촌 만세』, 『허수아비가 된 허수아버지』, 『세상에서 가장 멋진 고양이』 등 여러 권이 있다. 방정환아동문학상, 박경종아동문학상 등을 받았다.

바보천사

김원석[120)]

알면서도
못들은 척

보고도
못 본 척

좋아도
안 좋은 척

맛있어도
없는 척

엄마는
우리를
그렇게
키웠다.

축하축하

보낸 날짜 : 2009년 11월 03일 화요일

보낸 사람 :김원석 〈kwseak@hanmail.net〉

김 선생님께

'밀집모자는 비밀을 알고 있다'
출간을 축하드립니다.
늘 건강하시고,
좋은 글 많이 보여 주시기를
기도드립니다.
고맙습니다.
2009년 11월 3일
– 김원석 드림

책 출간을 축하합니다.

보낸 날짜 : 2009년 10월 11일 일요일, 21시

120) 김원석(1947 -) 서울 출생, 아동문학가, 1975년 월간문학에 동시가 추천되어 문단에 나왔으며, 월간 소년에서 편집부장을 맡았다. 작품집으로『꽃밭에 서면』,『고추먹고 맴맴』,『누가 뭐래도 우리 엄마』 등 여러 권이 있으며, 한국아동문학상, 소천아동문학상 등을 받았다.

보낸 사람 : 이준관[121] 〈hambaknunjun@hanmail.net〉 09.10.11

안녕하세요. 가을 햇살이 참 맑은 날입니다.

보내주신 단편. 중편 동화집과 연구서 〈마해송 동화의 주제 연구〉

잘 받았습니다.

동화집 출간과 연구서 발간을 진심으로 축하합니다.

그리고 잊지 않고 귀한 저서 한꺼번에 보내주셔서 감사합니다.

좋은 동화를 쓰시는 작가로 늘 기억하고 있었습니다.

역시 작품을 보니 제 기억이 틀림없다는 것을 알 수 있었습니다.

동화를 쓰는 한편 동화의 학문적인 연구에도 관심을 갖고

박사 학위 공부를 하시고 연구 논저까지 내시다니 정말 놀랍습니다.

재미와 문학성을 함께 갖춘 동화는

아동문단과 아이들에게 좋은 반응을 얻을 것으로 기대가 됩니다.

연구논저는 마해송 동화연구에 큰 기여를 하리라고 봅니다.

다시 한 번 책 출간을 축하드리며

좋은 글 많이 빛으시기를 빕니다.

2009. 10. 11 이준관 드림

121) 이준관(1949 -) 전북 정읍 출생, 동시인 · 시인, 1971년 서울신문 신춘문예에 동시가 당선되어 문단에 나왔으며, 동시집으로 『크레파스화』, 『씀바귀꽃』, 시집 『황야』 등 여러 권이 있다. 창주문학상, 한국아동문학작가상, 대한민국문학상 등을 받았다.

심사에 참여해 신인을 키우다

심사명(구분)	심사자	주관기관(단체)	심사 시기	비고(당선자)
대전일보 신춘문예 (동화부문)	김영훈	대전일보사	1992	민병직(가작)
대전일보 신춘문예 (동화부문)	김영훈	대전일보사	1993	
대전일보 신춘문예 (동화부문)	김영훈	대전일보사	1994	송기덕(당선)
제19회 MBC창작동화 대상(장편·예심)	김영훈 외	MBC·금성문화재단	2010	
제19회 MBC창작동화 대상(장편·본심)	김영훈 외	MBC·금성문화재단	2011	한영미(당선) 김진희(가작)
제20회 MBC창작동화 대상(중편·본심)	김영훈 외	MBC·금성문화재단	2012	당선작없음 임선경(가작)
전국공무원문예대전 (동화부문)	김영훈 외	행정안전부	2011	작품 '부리리의 여행'
제123회 월간문학신인상	김영훈	한국문인협회	2012	당선작 없음
전국재능기부 수기공모전	김영훈 외	농림수산식품부 (농어촌공사)	2012	박소희(개인부대상) 최정원(단체부대상)
기록사랑전국학생 백일장	김영훈 외	국가기록원	2012	
세종시 사랑 글쓰기대회	김영훈 외	세종시·한글협회	2010	
통일안보 전국글짓기대회	김영훈 외	민족통일협의회	1987 - 1989	

심사명(구분)	심사자	주관기관(단체)	심사 시기	비고(당선자)
전국어린이·어머니 시낭송대회	김영훈 외	대전일보사	1997	
전국어린이·어머니 시낭송대회	김영훈 외	아침의 문학사	2008	
한밭전국백일장	김영훈 외	대전문인협회	1989 - 1999	
고전독후감발표대회	김영훈 외	대전시서부교육청	1999 - 2002	
통일안보글짓기대회	김영훈 외	대전광역시동·서부 교육청	1988 - 1999	
문종별글쓰기대회 및 백일장 독서감상문쓰기대회	김영훈 외	대전시동·서부 교육청	1983 - 1998	
대전학생글짓기대회	김영훈 외	대전아동문학회	2000 - 2007	
전국농어촌사랑 글잔치 응모작품 심사위원	김영훈	농협중앙회 충남지역본부	1994 - 2009	
동화구연대회 심사위원	김영훈 외	대전직할시 동부교육청	1994	
동화구연대회 심사위원	김영훈 외	대전광역시여성회관	1995	

심사명(구분)	심사자	주관기관(단체)	심사 시기	비고(당선자)
청소년심신수련 사생대회	김영훈 외	대전청소년 심신 수련회	1995	
환경보존글짓기대회	김영훈 외	밝은등지문화운동 대전지회	2008	
안산도서관 독후감쓰기대회	김영훈 외	안산도서관	1994 - 1999	
2002월드컵축구대회 글짓기대회	김영훈 외	2002월드컵축구대회 문화시민운동 대전협의회	2001	
인간성회복 일기쓰기대회	김영훈 외	인간성회복운동추진 본부(대전·충남)	1998	
불조심글짓기대회	김영훈	대전중부소방서	1998	
한밭박물관 견학기록문 쓰기대회	김영훈 외	한밭박물관	1994 - 1999	
학생도서관글쓰기 및 독후감쓰기대회	김영훈 외	학생도서관	1988 - 2000	
대전시립도서관 독후감쓰기대회	김영훈 외	대전시립도서관	1990 - 1999	
한밭도서관글쓰기 및 독후감쓰기대회	김영훈 외	한밭도서관	1990 - 1998	
수업연구대회 (국어: 예선 및 본선)	김영훈 외	대전광역시교육청	2002 - 2007	
	이하생략			

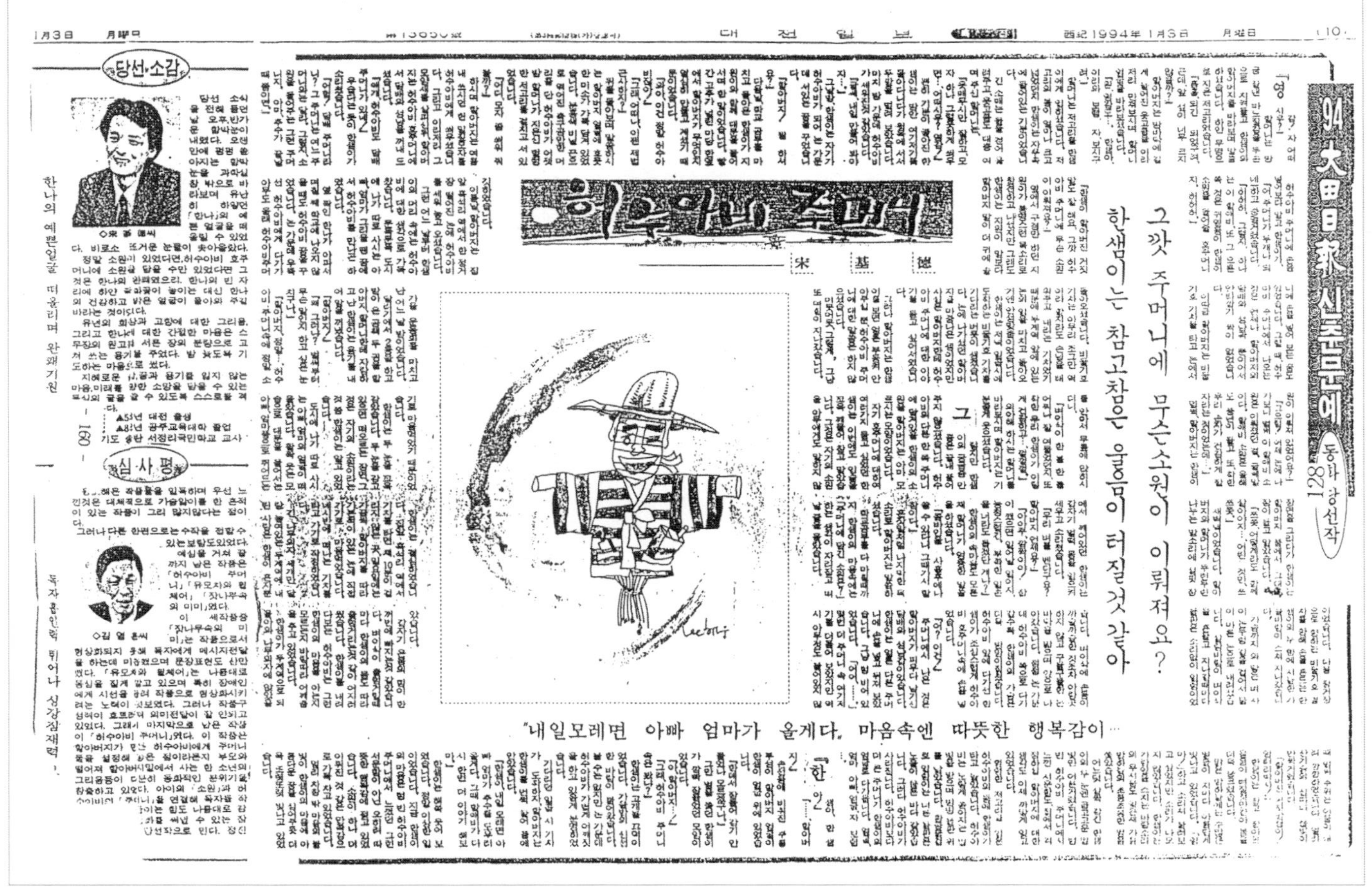

1月3日 月曜日 第13650號 大田日報 西紀1994年 1月3日 月曜日 (10)

'94 大田日報 신춘문예 동화 당선작

허수아비 주머니

宋 基 德

그깟 주머니에 무슨 소원이 이뤄져요?

한샘이는 참고 참은 울음이 터질것 같아

"내일모레면 아빠 엄마가 올게다. 마음속엔 따뜻한 행복감이…

당선 소감

한나의 예쁜얼굴 떠올리며 완쾌기원

◇宋基德씨

당선 소식을 전해 듣던 날 오후, 반가운 함박눈이 내렸다. 오랜만에 펑펑 쏟아지는 함박눈을 과학실 창 밖으로 바라보며 유난히 하얗던 「한나」의 예쁜 얼굴을 떠올릴 수 있었다. 비로소 뜨거운 눈물이 솟아올랐다.

정말 소원이 있었다면, 허수아비 호주머니에 소원을 담을 수만 있었다면 그것은 한나의 완쾌였으리. 한나의 빈 자리에 하얀 국화꽃이 놓이는 대신 한나의 건강하고 밝은 얼굴이 돌아와 주길 바라는 것이었다.

유년의 회상과 고향에 대한 그리움, 그리고 한나에 대한 간절한 마음은 스무장의 원고를 서른 장의 분량으로 고쳐 쓰는 용기를 주었다. 밤 늦도록 기도하는 마음으로 썼다.

지혜로운 마음과 용기를 잃지 않는 마음, 미래를 향한 소망을 담을 수 있는 동심의 글을 쓸 수 있도록 스스로를 격려한다.

▲53년 대전 출생
▲83년 공주교육대학 졸업
기도 송탄 서정리국민학교 교사

심사평

독자 흡인력 뛰어나 심강점재력

◇김열훈씨

응모해온 작품들을 일독하며 우선 느낀것은 대체적으로 가슴앓이를 한 흔적이 있는 작품이 그리 많지않다는 점이다.

그러나 다른 한편으로는 수작을 접할 수 있는 보람도 있었다.

예심을 거쳐 끝까지 남은 작품은 「허수아비 주머니」「유모차와 휠체어」「잣나무숲의 미미」였다.

이 세작품중 「잣나무숲의 미미」는 작품으로서 형상화되지 못해 독자에게 메시지전달을 하는데 미흡했으며 문장표현도 산만했다. 「유모차와 휠체어」는 나름대로 동심을 짙게 깔고 있으며 특히 장애인에게 시선을 돌려 작품으로 형상화시키려는 노력이 엿보였다. 그러나 작품구성력이 흐트러져 의미전달이 잘 안되고 있었다. 그래서 마지막으로 남은 작품이 「허수아비 주머니」였다. 이 작품은 할아버지가 만든 허수아비에게 주머니를 설정해 놓은 점이라든지 부모와 떨어져 할아버지집에서 사는 한 소년의 그리움등이 다분히 동화적인 분위기를 창출하고 있었다. 아이의 「소원」과 허수아비의 「주머니」를 연결해 독자를 하…이는 힘도 나름대로 감…화를 써낼 수 있는 잠…당선작으로 민다. 정신

대전일보 신춘문예 당선작과 심사평

19회 MBC창작동화대상 심사(본심)평

제19회 MBC창작동화대상 최종심에 오른 작품은 '나뭇잎성의 성주'를 비롯해 '돌아오라 지구로', '온도는 섬이다', '마칼빼커의 황금의자', '돌아라, 돈돌이! 날아라, 원돌이!', '엄지', '노자니 할배' 등 모두 7편이었다. 마지막까지 남은 작품은 '나뭇잎성의 성주', '엄지', '노자니 할배' 세 편으로 압축되었다.

이중에 동화 '노자니 할배'는 내용면에서 우리 얼과 정신이 깃든 소재 선택을 해 빚어낸 작품으로서 우리 한글 소설이 필사본으로 살아남는 과정을 형상화한 동화이다. 이는 소재의 범위와 동화 내용을 확충시킨 작품이라는 점에서 긍정적이었다. 더구나 주인공인 소년 유복이 유배 온 김만중과의 만남과 한글 해득과정이 나름대로 형성화되고 있다.

표현력 면에서는 문체가 간결하고 호흡도 짧아 동화 문장으로 적절하고 문장이 논리성도 갖추고 있다. 작중 두 인물이 유복자로 태어났다는 점에 초점을 맞추어 동질감을 갖게 하면서 당시에 우리 서민들이 문학을 소중히 한 결과로 후세까지 이를 지켜낼 수 있었다는 주제에 감동을 느낄 수 있는 작품이다.

그리고 동화 '엄지'는 사춘기가 시작되는 주인공 엄지가 둘러싸인 가족 즉, 장애아 동생 키우기에 집착하고 있는 엄마와 하던 일을 바꾸어 그릇을 굽기 위해 멀리 밖에 나가서 일하고 있는 아빠 그리고 캐나다인을 아버지로 한국인 어머니를 의사로 둔 남자친구 기훈과 사이에 벌어지는 섬세한 이야기들을 형상화한 작품으로서 흥미도가 매우 높고 진한 감동을 느끼게 한다.

이 작품은 주인공을 비롯한 인물들의 내면세계를 절묘하게 그리면서도 문체 면에서도 신선하면서도 간결하다. 또한 톡톡 튀는 문장 표현 때문에 독자를 흥미 있게 이야기 속으로 끌고 간다. 그리고 사건의 전개가 물 흐르듯이 펼쳐지면서도 곳곳에 복선과 암시를 깔아 긴장도를 높인다. 또한 짜임새 있는 구성으로 진실성을 확보하고 있다. 따라서 작품 '엄지'는 소재 선택, 조직을 포함한 내용생성 면이나 주제 담기 등에 걸쳐 완성도가 높다.

당선, 가작 수상자과 함께한 심사자 강정규·김영훈 (2011)

'나뭇잎성의 성주'는 세계문화유산인 수원 화성에서의 문화 행사 중에 과거 속의 인물을 등장시키는 판타지 기법을 도입한 성 축조과정과 맹목적일 만큼의 우리나라 어머니들의 교육열이 가져온 파행적인 사교육, 게다가 자동차 판매를 하는 아버지의 부질없는 욕심이 벌금형을 받게 되는 등 의미가 표출되는 내용으로 그려진다. 또한 이 작품은 현실세계와 판타지 세계를 적절히 조화시켜 표현함으로써 흥미도를 높이고 있다.

또한 이 작품은 소재를 우리 것에서 취했다는 강점을 가지고 있는 동화인데, 특히 표현 면에서 아주 자유롭고 유창성이 있는 문장이 돋보인다. 게다가 판타지 세계와 현실세계를 자연스럽게 이어주는 표현 기법을 동원하여 독자와의 공감대가 형성되고 있다는 점이 특이하다. 더 나아가 문장표현이 간결한데도 독자로 하여금 여운이 길게 남아 감동으로 이어진다는 점도 언급하지 않을 수 없다.

아울러 이 작품은 주제가 강하다는 것이 강점이다. 우리 얼과 정신이 깃든 소재를 취하고 과거와 현실을 연결하는 판타지 세계에서는 백성 사랑하는 애민정신과 함께 현실

세계에서는 사교육에 대한 맹목전인 신뢰에서 벗어난다는 두 복합적인 주제를 표출하고 있다.

이 세 작품은 우열을 가리기 힘들만큼 나름대로 강점을 지닌 작품들이었다. 이중에서 '노자니 할배'는 기존 작품 '초정리에서 온 편지'의 소재선택의 발상과 유사한아류라는 점이 지적되었고, 사건 진행과정이 지나치게 빨라 독자의 공감대를 확보한다는 측면에서 적절하지 못한 점도 논의되었다. 그리고 한글 습득과정과 주인공이 서포 김만중과 교감하는 장면이나 상황을 좀 더 짜임새 있게 구성하여 의미를 확실하게 담았으면 하는 아쉬움도 있다는 지적도 있어 일단 제외했다. 마지막 남은 두 작품 중에서 '나뭇잎성 성주'를 당선작으로 '엄지'를 가작으로 합의하는 데는 이견이 없었다. 선에 들은 두 작가에게 축하와 함께 앞으로 더욱 정진해 줄 것을 당부한다.

심사자 강정규[122], 김영훈

122) 강정규(1941 -) 만주에서 태어나 충남 보령에서 성장, 동화작가 ·소설가, 1975년 월간 「소년」에 동화, 1985년 월간 「현대문학」에 소설이 추천되어 문단에 나왔으며, 한국아동문학협회장을 역임했다. 작품집으로 『짱구네 집』, 『병아리의 꿈』, 『민들레와 달』, 『유배지에서 보낸 정약용의 편지』 등 여러 권이 있고., 한국아동문학상 , 방정환아동문학상 등을 수상했다. 현재 「시와 동화」발행인이다.

공무원 문예대전 심사 (심사 총평: 동화부문)

제14회 공무원 문예 대전에 응모한 동화 작품은 총 70편으로서 그 중 교사(원)의 작품이 35편, 비 교사(원) 작품이 35편이었다. 이 응모 작품을 심사규정에 따라 양분하여 예비 심사에서 교사 작품과 비 교사 작품 중에서 각각 5편씩 모두 10편을 본선에 올리기로 했다. 본선에 오른 작품을 윤독한 후에 최종 6편을 우선 선발하고, 나머지 4편은 후보작으로 남기기로 하였다. 그 중 상위 6편을 다시 읽어 마지막으로 금상, 은상, 동상의 순위를 결정하기로 합의했다.

그 결과 두 심사위원의 예선을 거친 후에 본심에 올라온 작품은 '이름 없이 자란다', '나무똥', '할머니의 비밀', '똑똑한 똘똘이의 반성', '백조가 사는 낚시터', '순덕이', '정미의 자리', '부리리의 여행', '은하철도 999', '백제의 미소' 등 총 10편이었다.

이 작품들을 내용의 예술성 및 교육성, 소재 선택의 신선도, 작품의 조직력, 문장 표현력, 마지막으로 문학 작품으로서 감동의 정도를 잣대로 정하여 심사했다. 이 10편중에서 다시 뽑힌 작품은 교사 작품 중 '백조가 사는 낚시터', '부리리의 여행', '은하철도 999'. 등 3편이었고, 비 교사 작품은 '이름 없이 자란다', '할머니의 비밀', '백제의 미소' 등 3편이었다.

이 여섯 편 중에는 교사 작품과 비 교사 작품을 구분하지 않고, 작품성을 중심으로 하여 마지막 순위인 금상 1편 은상 1편 동상 4편을 아래와 같이 선정하였는데 최종 심사 결과는 아래와 같다.

금상으로 결정된 작품은 '부리리의 여행'이다. 이 작품은 환상동화로서 부리리가 선천적으로 날개의 뼈가 작아 날지 못하는 데 엄마 새와 형제들이 나뭇잎 양탄자를 만들어 진료에 용하다고 소문난 푸랑 아저씨를 찾아서 나무막대를 만들어 치료를 가하는 내용이다. 그러나 영구적이지는 못하다. 이에 굴하지 않고 부리리는 독립하면서 노란 새와 여행을 떠나나 오래 날기 위해 먼 길을 걷기로 한다. 노란 새가 적극 협력하는 눈물겨운 이야기가 내용이 주제로 담겨 있어 독자에게 감동적으로 생성되고 있다. 어려운 자식이나 이웃을 버리지 않고 끝까지 함께하는 삶을 주제 정신으로 하는 점이 뚜렷하여 시사점이 강하게 담겨진 이야기이다.

제14회 공무원 문예대전 시상식에서 인사말씀을 하고 있는 맹현규 행정안전부 장관 (2011)

은상으로 뽑힌 작품은 '이름 없이 자란다'이다. 이 작품은 부산 UN묘지에서의 잠들어 있는 무명용사에 초점을 두어 참전용사의 손자를 나레이터로 활용하면서도 방문객인 참전용사의 회상과 나레이터인 손자의 시각을 절묘하게 합치시키면서 시사점을 강하게 주는 이야기이다.특히 동화 표현 기법이 탁월하여 서정적인 분위기를 연출하면서도 전쟁의 상흔을 치밀하게 다루면서 독자에게 가슴을 찡하게 하는 강한 메시지를 주고 있다는 면에서 선정되었다.

다음 동상으로 결정된 작품들은 각각 '백조가 사는 낚시터', '은하철도 999', '할머니의 비밀', '백제의 미소' 등 네 동화 작품이다. 이 작품들 또한 각각 감동적인 면이 엿보이는 가작들이었다.

그밖에 선에 들지 못한 작품들도 우수한 면이 엿보였으나 규정에 의해 선에 올리지 못한 것이 아쉽다. 뽑힌 작품이나 그렇지 못한 작품을 쓰기 위해 애쓴 모든 응모자 여러 분들에게 앞으로 더욱 정진하기를 바란다.

2011. 5. 3.

심사위원 안재식[123], 김영훈

123) 안재식(1943 -) 서울 출생. 소설가 아동문학가, 한국서적출판공사를 운영하며 환경도서를 출판했고, 지금은 중랑구 문화대학에서 문학을 강의하고 있다. 지은 책으로 『지구야, 웃어봐』, 『조갯터에서 생긴 일』, 『설화에게 길을 묻는다』 등 여러 권이 있다. 한국아동문학작가상을 받았다.

기록문화의 소중함을 나타낸 감동이 담긴 작품들…

기록문화의 소중함을 주제로 다룬 작품들을 뽑기 위하여 심사자는 여러 편의 동시를 읽었다. 이번에 대하게 된 작품들은 국가 기록원에서 개최한 기록사랑 전국 백일장에 참가한 동시들이다. 여기에 올라온 작품들은 모두가 한결같이 기록문화의 소중함을 나타내도록 나름대로 형상화한 동시들이었다.

심사자는 우선 공정한 심사를 하기 위하여 심사의 잣대를 다음과 같이 정하였다. 첫째, 내용이 참신하고 주제에 접근한 작품인가? 둘째, 작품이 창의적인가? 셋째 감동을 주는 시인가? 넷째 동시의 특성에 맞게 형상화된 작품인가? 라는 몇 가지 관점이다. 이에 맞추어 객관적인 심사를 하려고 노력했다.

심사자는 심사를 하는 동안 대부분의 작품들에서 곱고 아름답게 빚어진 시를 읽는 기쁨을 맛볼 수 있었다. 다만 시어로 다듬어지지 않은 일상적인 표현이나 이미지 구축이 덜된 시들이 있어 아쉬움이 있었다. 뿐만아니라 의미 전달이 미흡하거나 시의 특징을 살리지 못하고 산문식의 줄글도 더러 있어 운율감이나 내적 의미가 엷어 개선이 요구되기도 했다.

그런 중에도 우수한 시들이 눈에 띄어 반가웠다. 특히 앞에서 정한 관점과 심사 기준에 맞게 쓰여진 작품들을 만날 수 있었다. 바로 저학년부에서 「꿈을 향한 일기」 등 12편이었고, 고학년부에서 「유네스코에 등재되길…」 등 12편이었다. 심사자는 이 작품들을 중심으로 하여 꼼꼼히 따져 읽으며 여러 각도로 작품성을 헤아렸다

먼저 내용과 주제 면에서 살펴보았는데 '일기'라는 글제에 맞게 소재를 선택하여 작품으로 완성하고 있었다. 그 중에서도 엄마의 육아 일기가 대세를 이루고 있었다. 그밖

에도 장래의 꿈을 담거나 기록의 중요성을 깨닫게 한 유네스코문화 유산의 등재, 광주 민주항쟁에 관한 내용도 있었다. 학교에 갓 입학하여 처음 쓴 그림일기에 관해 회상한 내용도 있었는데 이 동시들은 주제에 접근하면서도 작품의 완성도를 높이면서 마지막에는 진한 감동까지 담고 있었다.

그 결과 최종적으로 남아 입상작으로 뽑힌 몇 작품을 들면 앞에서 소개한 「유네스코에 등재되길…」과 「꿈을 향한 일기」 이외에도 「엄마의 사랑」, 「위대한 세계기록 유산」, 「나의 보물일기」, 「엄마! 엄마!」, 「일기장 속의 나」 등 눈에 띄는 작품들이 입상작의 앞자리에 뽑힐 수 있었다. 그 중에서도 남한산성에 다녀온 내용을 소재로 잡아 시로 완성한 「유네스코에 등재되길…」을 대상 작품으로 선정한다.

심사의원 김영훈

내가 베푼 재능기부, 함께 공존하는 넉넉한 삶 일궈

우리는 21세기에 들어서면서 더욱 첨단과학과 기술 혁신시대 속에서 살고 있다. 특히 지식·정보화 사회를 맞아 살고 있는 오늘날의 사회 현상은 특이하다. 그동안 정체된 농경 사회 속에서는 경험과 농토가 중요했다. 산업사회에서는 자본과 기술이 세상을 지배했다. 그러나 오늘날은 그 판도가 전도되는 경우가 종종 발생되고 있다. 지식·정보가 곧바로 부의 축적으로 이어지고 있고, 스마트 폰으로 열어가는 세상은 순식간에 현상을 뒤집어 버리기도 한다.

그런 과정 속에서도 우리나라는 경제적으로 세계 10위권 안에 들만큼 윤택한 삶을 누리는 나라가 되었다. 놀라운 일이다. 생활이 이렇게 점점 풍요로워질수록 우리의 삶의 질도 당연히 높아지고 있다. 그런데도 우리 사회가 점점 더 양극화 현상을 보이고 있다는 것은 역설적이다. 가진 자와 못 가진 자, 배운 자와 못 배운 자, 사용자와 피사용자 그리고 장애자와 비장애자 거기다가 계층 간, 세대 간의 갈등, 도농 간의 격차, 가정의 붕괴로 인한 소외 의식 팽배, 또한 다문화를 수용해야 하는 어려움 속에서 우리 사회는 지금 많은 어려움을 안고 있다.

문화·과학·경제적 충격 속에서 변화하고 있는 새 페러다임의 양상은 기존에 누렸던 삶의 패턴을 바꾸면서 더욱 심각하게 편까지 가르고 있는 것이다. 새로운 산업이 부가 가치를 창출하기도 하고, 지금까지 추앙받던 일들이 사양화되기도 한다. 게다가 가속도가 붙은 사회 변화는 국제화 세계화의 물결 속에서 잠시도 우리를 안주할 수 없는 세상을 만들어가고 있다. 변모하는 세상에 대응하지 못한 채 재주를 기르지 않고 머물러 있는 다면 자기도 모르는 사이에 수면 밑으로 가라앉아 버린다. 어느 날 소외 계층이

나 빈곤층이라는 나락으로 떨어질 수도 있다는 말이다. 이런 현실 속에서 양극화가 날로 심화되고 있어 걱정이다.

농림수산식품부가 한국농어촌공사와 함께 낙후된 농어촌을 돕기 위해 IT 기술을 비롯한 각종 재능기부를 꾸준히 실천하고, 그 진행 과정과 결과를 담아내는 수기를 공모하는 사업도 이렇게 우리 사회가 양극화 되면서 낳은 어려운 상황을 최소화하면서, 함께 행복을 추구하기 위해서가 아닌가 한다. 진정성을 가지고 내가 가진 재능을 어려운 형편에 처해 있는 이나 소외 계층에게 나누어 줌으로써 함께 공존하는 넉넉한 삶을 일궈낼 수 있다고 보고 있기 때문이다.

이번 공모전에 응모된 작품들은 지난해에 비해 수적으로 괄목할 만큼 신장되었다. 그만큼 재능기부에 점점 관심을 기울이고 있다는 증표라 할 수 있다. 선자는 개인부문과 단체부문으로 나누어 모집된 이 재능기부 수기들을 한 편 한 편 읽어나가는 동안, 가슴이 뜨거워짐을 느꼈다. 물론 그중에는 수기라는 글의 형식을 이해하지 못하고 기사나 보고서 양식으로 기술된 작품도 많은 편이었는데 그 수기들 속에서도 나름대로 진정성은 다 깃들어 있었다.

그 중 개인 부문에서 대상을 수상한 박소희의 '우울한 두 소년의 성장기'는 감동적이었다. 유년시절 우울증을 앓았던 경험을 가지고 있는 재능 기부자가 같은 유형의 어려움을 겪고 있는 소녀의 학습을 도우면서 치유하는 봉사가 우리에게 큰 감명을 주고 있었다. 또한 단체 부분에서 대상을 받은 '대학생 염전 살리기 프로젝트-연(然)'은 서울대 SIFE 연 프로젝트팀의 최정원이, 사양화 되고 있는 천일염에 제조 및 판매와 인지도 높이기 등에 대해 일관성 있고, 밀도 짙게 완성한 작품이었다. 또한 개인부문에서 석춘화의 '섬김의 손' 과 또 단체부분에서 용인외고 코코스팀의 하경원이 작성한 벽화 그리기 '한여름 밤의 꿈'은, 읽는 이의 가슴을 뭉클하게 했다. 이 밖에 입선된 많은 작품들도 재능을 나누는 삶을 일반화시키는데 크게 공헌하고 있다는 점에서 박수를 보낸다. 앞으로도 더욱 정진하기를 빈다.

심사위원 김영훈

▣ 월간문학(동화부문)신인상 심사평 - 당선작 없음

창의성과 동심이 깃든 언어 사용의 맛깔스러움돋보였지만…

이번에 응모된 동화 중 최종심에 오른 작품은 「등나무 지팡이」, 「아카시아 나무」, 「세상에서 제일 좋은 과외선생님」 등 세 편이었다.

이 중 「아카시아 나무」는 동심으로 바탕으로 하나의 스토리를 갖추어야 한다는 동화의 내용생성 면에서 좀 부족했다. 인물과 인물간의 갈등 구조나 해결로 가는 조직도 약해 내려놓았다.

「등나무 지팡이」는 신화적인 기법으로 집필된 판타지 동화이다. 우선 작가가 독자에게 주려는 메시지가 전달은 되고 있다. 다만 작품으로 형상화하는 데는 아직 미흡했다. 보다 치열한 정신으로 습작기를 더 가질 필요가 있다고 보았다.

「세상에서 제일 좋은 과외선생님」은 아이의 눈높이에 맞추어 전개된 꿈과 희망을 담고 있다. 창의성이 뛰어나고, 언어 사용의 맛깔스러움이 엿보였다. 게다가 티없이 맑고 깨끗한 동심이 독자의 가슴에 전달되고 있다. 심사자는 이 작품을 당선작으로 밀고 싶었다.

그러나 이 작품을 응모한 작가는 이미 등단 과정이 완료된 것으로 밝혀져 규정상 접을 수밖에 없었다. 아쉽지만 다음을 기약하기로 한다.

심사위원 김영훈

각종 시상식에 참여한 솔뫼의 모습

전국어린이 독후감시상 시상식에서 수상자들과 함께 한 김영훈

대전광역시 글짓기 대회심사평을 하고 있는 김영훈

심사자로서 전국어린이 어머니시낭송대회 참석자들과 함께

문학과 저널리즘[124)]

지면	주제	글쓴이	게재일	비고
대전일보	젊은이의 양지 방관 아닌 관심을	김영훈	71. 1. 16	
대전일보	젊은이의 양지 바른 말 고운 노래를	김영훈	78. 11. 17	
대전일보	童劇·동화 어린 꿈의 산실 창작동화의 소재선택과 주제 의식	김영훈	83. 8. 25	충남아동문학회 세미나
대전일보	좋은 글 읽어야 좋은 글 쓴다.	김영훈	83. 11. 29	
대전일보	첫동화집 『꿈을 파는 가게』 펴낸 동화작가 金榮薰	김홍식 기자	83. 11. 30	
대전일보	愛情담긴 讀書 환경 중요	김영훈	84. 3. 1	
대전일보	어린이를 어린이답게	김영훈	86. 5. 4	어린이날 특집
대전일보	- 이 한권의 책 - 소박한 서정 꽃 물길처럼 남실	김영훈		
대전일보	지방문단 작품집 발간 김영훈 동화작가 「달섬에 닻을 내린 배」 펴내	김선미 기자	86.	
버들동산	김영훈 선생님 제2동화집 「달섬에 닻을 내린 배」 펴내	김영훈	86.	학교신문
대전일보	時論 어린이 날을 맞으며 맹목적인 사랑이 問題兒 만든다	김영훈	88. 5. 4	어린이날 시론
대전일보	과학동화 人間에 관심 가져야	김영훈	93. 7. 31	한국아동문예 세미나
중도일보	“동화 교육 중요”불구 교육 안돼	김영훈	94. 8. 22	한국아동문학회 세미나
대전일보	학부모 90% 취학전 동화 읽혀 - 한글 해득보다 정서함양 목적 -	김영훈	94. 8. 22	대전충남아동 문학세미나

124) 김영훈이 동화작가로서 문학 창작 그리고 감상 및 문학교육에 관하여 신문 등 언론 매체에 게재한 몇 편의 글 및 보도 자료를 이 난에 수록함.

지면	주제	글쓴이	게재일	비고
대전일보	옛날옛날 한 옛날에 전래 童話 어린이에게 가장 인기	윤여준 기자	9?. 8. 2?	한국아동문학회 세미나
중도일보	지역작가 테마기행 '때 묻지 않은 마음' 지금도 간직한다면	김영훈	96. 5. 16	
교원복지신보	김영훈 공산교육상수상	교육계동정	96. 11. 20	
대전일보	김영훈 공산교육상수상	사람사람들	96. 11. 26	
한국교육신문	김영훈 공산교육상수상	교육계동정	96. 11. 27	
대전일보	대전중앙초등학교 김영훈교사 꿈·희망 심어주는 동화창작가	김재철 기자		
	어린이 올바른 가치관 위해 "동화를 읽어주세요"	정용우 기자	01. 8. 14	대전충남아동 문학 세미나
대전일보	김영훈 대전광역시 문화상 수상	김영훈 외 (사람사람들)	06. 9. 10	
중도일보	김영훈 대전광역시 문화상 수상	김영훈외 (사람사람들)	06. 9. 10	
대전일보	기고 조직적인 글쓰기를 위한제언	김영훈	07. 12. 7	
대전일보	신문 속 사진 찾아 생각 키우기 "읽기·쓰기 자신감 생겼어요" 학교NIE수업을 찾아 - 대전변동초	강대묵 기자	07. 12. 7	대전변동초등 학교NIE교육

지면	주제	글쓴이	게재일	비고
대전일보	마해송동화 연구로 첫 박사학위 - 김영훈 대전변동초교장 -	백운희 기자	07. 12. 18	
대전일보	기고 글속에 담긴 의미 찾아내는 책 읽기	김영훈	08. 1. 11	
대전일보	기고 효과적인 독서 활동	김영훈	08. 2. 15	
대전일보	창작집 네 권 잇단 출간 '동화 쓰는 김영훈 교장선생님' 김영훈씨 "재미·교훈 주기 위해 스토리 고심 책읽어야 감성과 사고력 '쑥쑥'"	류용규 기자	09. 8. 13	
충청투데이	"학교 떠나도 동화로 학생들 만나겠다." - 김영훈 대전변동초 교장 이 달말 퇴직 -	진창현 기자	09. 8. 26	
대전일보	■아침광장 꿈과 희망, 그리고 동화 읽기	김영훈	09. 9. 5	
충청투데이	아동문학가 김영훈 제11회 '김영일아동문학상' 수상	김대환 기자	10. 4. 23	
국민일보	인물 - 사람들 김영훈 제11회 김영일 아동문학상 수상	인물 동정란	10. 5. 8	
	이하 생략			

문학과 저널리즘의 만남

맹목적 사랑이 問題兒 만든다

어린이날을 맞으며

時論

補償·기대심리 갖지말아야

모든問題 스스로 解決토록

金榮薰 <동화작가>

시론 - 어린이날을 맞으며
「맹목적인 사랑이 문제아 만든다 (대전일보)」

동화작가 金榮薰씨 세미나서 주장

"과학동화 人間에 관심가져야"

기술강조 지나쳐 소외 심화

첨단과학 시대에는 동화가 더욱 인간의 정서를 순화하고 삶의 가치를 긍정적 방향으로 옹호해야 한다는 지적이다. 또한 이 시대의 동화(특히 과학동화)는 흥미와 전율만을 추구할 것이 아니라 첨단과학으로 인한 인간소외 현상도 취급하는 한편, 나아가 과학을 선도하고 검증하는 역할까지 수행해야 한다는 것이다.

이같은 주장은 31일 유성 [illegible]호텔에서 [illegible]국아동문예작가회 93 한국 하계세미나에서 金榮薰씨에 의해 제시됐다.

金씨는 「동화문학에서의 첨단과학 수용」이란 주제 발표에서 최근들어 동화속에 로보트가 출현하거나 그것이 인간과 함께 공존하고 과학적 공상과 공포가 등장하는등 첨단과학의 수용이 빈번하다고 밝혔다.

金씨는 「이런 동화가 과학을 선도하고 어린이들에게 과학적 사고를 유발하거나 첨단과학을 수용하는데 공헌하고 있다」고 전제하고 「그러나 과학의 급진으로 인한 비인간화, 인간성소멸, 사고의 획일화, 인간소외들의 문제가 간과될 우려가 있는만큼 인간의 아름다운 인간성을 옹호하는데 게을리하지 말아야 할 것」이라고 밝혔다.

아동문예작가회 세미나 주제발표 (대전일보 · 1993)

【7】 1985년5월4일 (토요일) 대전

어린이를 어린이답게

——김 영 훈<동화작가>

父母의 지나친 要求는 금물

라일락이 흐드러지게 핀 5월.

이 싱그러운 계절에 꼬마아이들의 손목을 잡고 그들과함께 나무 이파리 활짝핀 숲속에라도 가고 싶어진다.

1년내내 그들에게 진빚을 조금이라도 갚고 싶다는 보상심리 작용 때문이리라.

우리는 엄마, 아빠라는 이름으로 그들에게 베풀어진것 그 이상으로 지나치게 기대를 가지고, 요구 (주문) 만하는때가 참 많았었다.

어른스럽길 원했고, 고학력을 유지하길 바랐으며 침착하길 원했다. 예의는 깍듯해야했고, 경우는 바르길 원했으며, 무슨일이든지 어떤 영역에서든지 남앞에서길 원했다.

져서는 안되고 경쟁에서는 꼭 이기길 바랬다.

물론 선의의 경쟁을 피할길은 없다해도 오히려 그 선의의 경쟁을 통해 어른들은 바람직한 교우관계를 맺는 계기를 마련해 주어야 했다. 그러나 우리들은 아이들의 심리적인 갈등이나 능력의 한계를염두에 두지 않고, 어린이들은 무한한 가능성을 가지고 있다고만 믿었다. 그래서 아이를 조숙한 애늙은이로 키우려 했던 자신을 한번쯤 자성하려는 기회를 갖고싶다.

오색풍선이라도 풀리워 신발이 우거진 골짜기에가 희희낙락하며 하루를 지내고 오면 아이들의 구겨졌던 마음들이 활짝 펴지리라 생각하니 신이 난다. 천방지축으로 까불어대며 감시 (?) 와 과보호에서 해방되고 공부도 잠시 잊게하여 자연에 귀의할수 있게만한다면 더 좋을수 없겠다.

자연과의 접촉이, 인성이형성돼가는 어린이들을 더욱 순박하고 어린이답게 해주는 지름길이라 믿으면서도 그런 기회 자주 갖지 못하는 것은 복잡하고 다원화된 현대 사회를 살아가는 우리들의아픔인가? 괜스레 허둥대며 생활에 쫓기고 얽매어 산다는 핑계인가? 얼른 대답할 수 없다. 그런논리로 볼 때 자연과 벗하며 살 수 있는 시골 어린이들은 그래도 행복한 편이다.

그래서 그런지 피곤한 모습으로 체르니 100번을 치는 아이를 보다는 마을어귀에서, 고샅길에서, 무리를 지어 천진스럽게 쏟아져 나오는 밝은 표정을 바라보노라면 참 싱싱하고 풋풋해서 좋다.

그들은 순수하고 정의스러워 어쩌다 작은 일에 곧잘 다투기도 하지만 금방 화해하고 다정해 진다. 그런 속에서도 엉악스럽게 진리를 탐구할 줄도 알고, 관찰을 날카롭게 하고, 자기 의사를 분명히 표현할 줄도 아는 어깨동무의 행렬, 「동무 동무 씨동무」를 목청껏 불러주는 아이들이 참귀엽다.

감춘것없이 다 드러내 놓은채로 떠러는 만화가게에서, 떠러는 전자오락실에서 까지 해부죽이 웃으며, 쌜쌜대며 겁없이 크는것이어린이들이다.

그들의 빛나는 눈망울 속에 피어오르는 웃음은 우리를 기쁘게 하고, 우리는 그들의 소상하고 아기자기한 손놀림까지를 우리의 보람으로 간직하고 싶어한다.

그래서 어른들은 어린이를을 소망중 가장 큰 소망으로 간직하고 싶어 하기 때문에그들을 도저히 친권을 포기할수 없는소유물로 착각하고있다.

그러나 그것은 분명한 오류다. 좋든 어린이들은 어른들이 살아온 삶을 되돌아보게하는 거울일수있고 자신이 헤쳐지나온 삶의 흔적을 그들의모습에서 유추해 낼수는 있지만 그들이 그대로 소유물이거나 축소된 어른이 아닌, 다른 세계가 분명한 소중한 존재들이다. 더구나 그들을 자라게 하는 것은 어른들이 아니다.

아직은 깊이도 사념도 여린 그들, 그들은 아직 요람을 이주 떠나서는 안된다. 그렇다고 과보호 해야할만큼 연약하지도않다. 작은 돌멈에 피어나는 억새꽃처럼 휘어질듯 다시 서는 굳건함이 그들에게는 명 있다.

우리는 다만 그들에게, 쏟아지는 햇살로 멱감게해주고 오염되지않은 자양분을 줄수 있는 부드러운 토양이 되어주는 세심한 배려를 할지언정 그들에게 지나친 요구를해서는 안되겠다.

평배된 지식의 모두를 흡수시키려 하는 우는 범하지말고 학습하는 방법을 학습시켜 미래사회에 적응할수있는기틀을 잡아주고, 입만살아 재잘거리는 아이로 키우기보다는 한번쯤 싱그러운 숲에라도 들어가 나무 이파리사이로 쏟아져 들어오는 양광을 즐기는 여유를 갖게하여 정감을 기르는 것이 차라리 좋겠다.

자연과 접하면서, 나무들이 겨우내 몸살하면서도 참고 견디어 단단한 표피를 뚫고나와 현실로 일대된 초록빛 이파리들을 피어낸 도약이 있었음을 배우게 하고, 그 나무들의 숨소리를 듣게 할지언정 5월의 행사에 어린이를 편승시키지는 말아야겠다.

유년시절에 꿈과 상상력을 마음껏 키워 풍성한 인성을가지는 어린이가 될때, 먼 훗날 어른이 되어 푸지고 영글은삶을 영위할 수 있으리라.

뛰자, 더 뛰자. 5월의 푸른 하늘을 바라보며 웃으며뛰자, 아이들아.

어린이날 특집 「어린이를 어린이답게」 (대전일보)

지역작가 테마紀行

'때묻지 않은 마음' 지금도 간직한다면…

동화작가 김영훈·동심

누구나 한번은 놀림받았을 「주워온 아이」 기억 향수 '자극'

영악하다는 요즘 아이들도 순수하기는 30년 전과 같아

그들 만의 독특한 생활·감각이해… 아름다운 꿈 심어줘

아름다운 풍경을 마주했을 때나 신비로움, 순수함을 대할 때 「동화같다」고 말한다. 동화의 이미지는 이렇듯 맑고 밝고 행복하다. 어린이들의 수채화같은 동심에서 출발한 것이 동화이기 때문이다.

동화작가 김영훈씨(49)는 30년 가까이 초등학교 교사로 어린이곁에 있으며 동심을 표현해 왔다.

X세대 형이나 누나들만큼 이기적이고 영악한 「요즘 아이들」이지만 원초적인 동심의 세계는 30년전 어린이들의 그것과 크게 다르지 않다는 것이 그의 시각이다.

중학교 재학시절 단편문학을 접하면서 「남들이 재미있게 읽을 수 있는 글을 썼으면」하던 작가의 꿈은 고교때 「팔각정」과 대학때 「청림」이라는 문학동인회 활동을 통해 나타나기 시작했다.

지난 94년 작고한 소설가 최상규선생에게 소설작법을 배우고 공주교대 소설공모에 「도토리 깍지」가 당선될 때만해도 소설가의 문을 두드리리라 생각했다.

교직에 발을 들여 놓고 어린이들의 세계에서 생활하면서 자연스레 동화작가로 길을 바꾸게 된다.

아동문학은 일반문학 이상의 가치기능을 지닌다. 어린이들의 성장기에 정서와 사고가 풍부하고 튼튼하게 해주는 「영양제」역할을 하기 때문이다. 더욱이 기성세대들이 동심을 간직했던 자신의 어린시절을 되돌아 보고 티없이 순수함으로 향할 수 있는 계기로도 작용한다.

동심을 간직하고 그려내는 그의 작품세계는 향토적이고 전원적인 소재를 주로 다뤄왔다.

「현이는 외마을 한다리 밑에서 주워왔대요.」「현이 아빠는 엿장수래요.」(중략) 그래서 현이는 그 소리만 들으면 떼를 쓰다가도 사실일지 모른다는 생각에 가슴이 철렁 내려앉았습니다.

처음에는 형과 누나들이 자기를 놀리는 시려니 했지만 요 [illegible]

잊혀진 고향의 얼을 동화로 전해 한국전통정서를 동심에 씨뿌린다는 의도가 깔려 있다. 특히 누구나 어린 시절에 한번쯤 놀림받았을 「주워 온 아이」라는 기억을 작품화해 향수어린 동심을 불러 내기도 한다.

동심은 어린시절부터·인생의 황혼기까지 우리곁을 떠나지 않는다. 이 역할의 많은 부분을 동화와 같은 아동문학이 맡고있다.

아동문학은 인간의 성장과정에서 삶의 밑바탕이 되는 사고를 이룬다.

어린이가 생각하고 이해할 수 있는 사유의 폭은 아동문학을 통해 자신이 터득한 경험세계와 걸맞게 넓어진다. 독서 체험 판단이 어우러 지면서 어린이는 성숙된 인격체로 자란다. 이같은 요인들로 인해 아동문학은 가장 고결한 목표와 아름다운 이상을 꿈고 있는 문학장르로 꼽힌다.

순수와 순결을 생명으로 지니며 동심을 지키고 가꾸는 동화에 그가 자리잡은 것도 이같은 때문이다.

어린이를 위한다며 5월에만 떠들썩한 세태도 마땅찮고 「통과의례식으로라도 한번씩 챙기는 것이 다행」이라는 의견도 불만이다.

어린 독자와 체험 사고 환경등에서 큰 격차를 갖는 아동문학은 자칫 작가의 경험을 잣대로 동심을 그리는 실수를 할 수 있다. 어린이 곁에서 30년 가까이 있어 온 그는 이러한 점을 어느 정도 벗어날 수 있다.

그는 어린이들만의 독특한 문화 생활 감각을 이해한다.

아파트에서 여자친구들끼리만 어울려? 내가 당연히 끼어야지 계집아이들끼리의 생일파티란게 별 수 있겠어. 뻔할 뻔자지 재미있는 게임을 할 리도 없지.(중략)

[illegible]

'언제나 어린아이처럼' 30년 가까이 동심과 함께 해온 동화작가 김영훈씨. 동심은 시대에 따라 흐르며 변하지만 그 근본은 변함없이 밝고 순수하다는 것을 작품으로 말한다.

영상매체의 현란한 색채와 음악이 어린이를 홀리는 「마술피리」로 작용한다거나 TV와 컴퓨터모니터가 어린 넋을 빼 [illegible]

학가는 어린이가 순수함과 언어 문화 지적 능력을 습득케 해 올바른 인성형성을 도와야 한다는 사고가 그의 창작활동 밑바탕에 흐르기 때문이다.

싫어요」를 펴냈다.

올해에는 환경과 선을 [illegible] 「쓰레기청소차 행진곡」 [illegible] 님이 들려준 천사랑이야 [illegible]

▩작가연보

47年 충남 청양군 장평면 미당리生

60年 미당초등학교卒

63年 정산중학교卒

67年 공주영명고교卒

69年 공주교대卒 홍성반계초등학교 부임

80年 [illegible]

86年 동화집 「달섬에 닻을 내린 배」 출간

88年 장편동화집 「솔뫼마을에 부는 바람」 출간

90年 동화집 「바람과 구름과 달님」 출간

91年 과학동화집 「생활 속의 발명이야기」 출간

지역작가테마기행 「때묻지 않은 마음 지금도 간직한다면…」 (중도일보)

대전일보 【7】 1983년11월29일 (화요일) 【第10566號】

"좋은글 읽어야 좋은글 쓴다"

가정에서의 어린이글짓기 指導

동화작가 金榮薰

日記는 비밀通念벗게

지나친 수식피해 말하듯 표현을

뽑힌글 스크랩 子女와 함께읽고

지속적 관심없이는 文章力신장 기대못해

책을 읽지 않고서는 좋은 글을 씀수가 없다. 학부모들은 자녀들에게 양서를 읽도록함은 물론 글짓기지도도 꾸준히 해야 하겠다.

김영훈씨

특별기고 - 가정에서의 어린이 글짓기 지도 「좋은 글 읽어야 좋은 글 쓴다」 (대전일보)

옛날 옛날 한옛날에…

전래童話 어린이에 가장 인기

김영훈 충남아동문학회장 학부모등 설문

대부분 취학前 접촉…정서안정 도움

창작·명랑·귀신이야기엔 관심 적어

◇김영훈씨

출판문학

姑婦간의 갈등

세미나 주제 발표문 「전래동화 어린이에게 가장 인기」 (대전일보)

大田日報 오피니언

■ 아침광장

꿈과 희망, 그리고 동화 읽기

김 영 훈

■삽화 雲米

생의 끝자락 한줌 재로 화함은 만고불변의 진리
평생 추구했던 부·권력도 이순간엔 필요없어
펜 따라 아이들 순수함 그대로 담아낸 동화는
오욕칠정에 얼룩진 우리네 삶에 한줄기 희망
숨가쁜 일상 잠시 잊고 '다독지락' 느껴보길…

적지 않은 소설가들이 말년에 동화를 집필하고 있다. 그중에 대표적인 작가가 톨스토이이다. '사람은 무엇으로 사는가' 라는 동화 등 그가 말년에 남긴 많은 동화들은 시공을 초월하여 지금 우리 현대인들에게까지 공감대를 형성한다. 우리나라도 몇몇 현존 작가들이 동화를 쓰고 있다. 그 이유는 어디에 있는 것일까를 밝혀 봄 직하다.

노인이 되면 아이로 돌아간다고 한다. 물론 물욕이나 명예욕 또는 정치욕 등을 향한 노욕이 지나쳐서 보는 이들을 안타깝게 하는 경우도 종종 있지만 대부분의 사람들은 나이가 들어 자연으로 회귀할 즈음엔 지금까지의 삶을 관조하며 무욕, 무소유의 경지에 들어서는 것이 일반적이다. 소박한 아이의 마음이 된다. 그래서 선과 악, 예술과 에로티시즘 등의 경계선상을 오가며 잡다한 인간군의 삶을 소설로 쓰던 작가들도 어느 날 갑자기 아름답고 순결한 이야기에 포커스를 맞추는 동화 쪽을 넘보는지도 모른다.

그렇다면 여기서 동화가 문학적으로 어떤 기능을 발휘하기에 소설가들이 말년에 이르러 동화 쓰기에 열중하는지를 더 구체적으로 규명할 필요가 있다. 동화를 비롯한 제 문학 장르의 기능은 크게 두 가지이다. 그 하나는 교훈성 즉 교시성이다. 그리고 다른 하나는 예술성이다. 이 두 기능이 상호작용을 하면서 인간(독자)의 마음을 정화하고 정서적으로 순치시키면서 감동의 세계로 이끈다. 그중 성인을 대상으로 한 소설은 인간군의 다양한 양태를 조명하며 그들이 빚어내는 정적이거나 부적인 삶 속에 질펀하게 깔린 이야기들이 소재이다. 그러한 소재들을 작품화하면서 교시성을 넘어 차원 높은 예술의 경지로 승화시키고 있는 것이다. 그러나 동화는 소설에 비해 차별화된다. 동화는, 인간이 모태에서 이 세상에 출현하면서 신(神)에게 부여받은 본성을 바탕으로 하여 작품이 창작되기 때문이다. 이 본성은 선(善)을 전제로 하고 있는 어린이의 마음이다.

이 본성이 바로 동심이라는 말이다. 그런데 이 깨끗하고 아름다운 본성 즉, 동심이 인간의 삶 속에서 어느 날부터인가 탐욕적으로 변질되면서 훼손되고 퇴색된다. 지나친 욕심으로 인하여 인간의 본마음인 순수성은 사라지고, 저마다의 각기 다른 자아실현 과정에서 변질되는 것이다. 오욕칠정에 얽매이며 부단하게 욕심을 부리는 동안 점점 오염·훼손되는 것이 일반적인 현상이다.

이때 이 잘못된 마음을 정화시키고 아름답게 하는 것이 동화 문학의 기능이다. 흔히들 동화의 주(主) 독자를 어린이라고 한다. 그건 틀린 말은 아니다. 그렇다고 맞는 말도 아니다. 인간이 유년 시절 신이 부여한 본성 즉 티 묻지 않은 동심을 바탕으로 하여 창작된 동화를 읽으면서 꿈과 희망을 가꾸어 나간다면 성장 후에도 결코 본마음을 잃지 않고 살 수 있다. 즉 인간성을 상실하지 않고, 남을 배려하는 따뜻한 마음을 가질 수 있다는 말이다. 뿐만 아니라 작품 속에서 환상의 세계와 리얼리티한 현실을 오가며 무한한 상상력을 키우는 동안 미래 사회를 주도할 수 있는 창의성을 기를 수도 있다. 그래서 어린이에게 동화 읽기를 권장한다. 그런 시각으로 보면 동화의 주 독자는 어린이일 수밖에 없다.

하지만 동화의 독자가 어린이에게만 머문다는 말에 결코 동의할 수는 없다. 동화의 독자가 그렇게 한정된다면 인간의 질곡의 삶을 소재로 다루던 소설가들이 말년에 동화 창작을 하지도 않을 것이다. 인간은 나이가 들면서 문득 지나온 삶이 허망하다는 것을 인식하게 마련이다. 노인이 되면 명예도 부도 권력도 부질없고, 인생은 결국 한 줌의 흙으로 돌아간다는 걸 누구나 잘 안다. 소설을 쓰는 작가도 이 범주에서 벗어날 수 없다. 그런 맥락에서 소설가는 인간의 본성을 잃어가고 있는 어른들에게 동화 읽기를 바라면서 순수하고 아름다운 이야기를 쓰는 것이 아닌가 한다.

그런 차원에서 보면 어린이에게는 꿈과 희망을 주고, 어른에게는 세상을 살아가는 동안 잃었던 동심 즉, 인간의 본성을 회복할 수 있게 하는 '동화 읽기'는 어린이보다 오히려 어른들에게 줄 청량제가 아닌가 한다. 찌든 삶과 상처받은 마음을 치유할 수 있는 역할을 하기 때문이다. 그런 뜻에서 문학의 하위 장르인 동화는 어린이에게는 물론 어른에게도 소중한 정신문화의 산물이다.

〈동화작가·한국아동문학연구소장〉

아침광장 「꿈과 희망, 그리고 동화 읽기」 (대전일보)

)08년 2월 15일 금요일 제17981호 15

기고

김 영 훈

(대전 변동초 교장·동화작가)

현행 교육과정에서 독서 과정은 크게 3단계로 구분된다. 글을 읽기 전 활동과 글 읽기 활동 그리고 글을 읽은 후의 활동이다. 이 단계별 독서 활동은 수업자인 교사에게 독서지도를 할 때 부분적 접근을 가능하게 한다. 또한 학습자들에게는 독서 방법을 구체적으로 제시하고 있다. 즉, 독서 과정 별, 단계별로 미세하게 나누어 독서 활동을 하도록 그 방향을 양자(兩者)에게 알려 줌으로써 학습자 자신은 물론 지도하는 교사들이나 학부모들에게도 독서지도를 용이하게 한다.

그러나 그동안에 교육 현장에서는 글 읽기 활동에 대한 지도를 총체적으로 해 왔다. 글 읽기 준비 과정은 염두에 두지 않은 채로 글을 곧바로 읽고는 이내 독후 활동에 해당되는 독서 감상문을 쓰도록 강요했다. 이 '솥뚜껑으로 자라 잡는' 식의 독서 지도가 유·소년기에 있는 초·중학생들의 독서 기피현상을 초래하게 하는 직접적인 원인을 만들었다.

아직 신체적·심리적·지적 발당과정에서 볼 때 논리적인 사고를 할 수 없는 유·소년기의 초등학생들에게 단계나 과정을 고려하지 않은 채로 논리성이 요구되는 논증적 표현을 강요함으로써 '책은 잘 읽는데

효과적인 독서활동

독서 감상문은 못써요' 라는 하소연을 하게 한 것이다. 이러한 접근은 교육적으로 보면 커다란 '우(愚)' 를 범한 셈이다. 아직도 고정관념에 사로잡힌 독서지도는 관행대로 이루어지고 있다는 사실이다. 일부 사교육 현장에서 그리고 학부모들 사이에 심지어는 공교육 기관에서도 독서 지도를 옛날식으로 하고 있다.

따라서 너무 성급하게 과정을 뛰어넘지 말고, 독서 입문기에 있는 저학년 어린이(학습자)들에게 우선 책을 선택하는 방법을 지도해야 한다. 차근차근 책의 제목과 표지, 차례 등을 보면서 전체적으로 내용을 예측해보게도 한다. 그리고 정신적·지적 발달 정도, 독서를 해낼 수 있는 수용능력, 독서 심리에 따른 독서 단계 등과 함께 배경지식이 어느 정도인가를 측정하면서 글 읽기 준비 단계를 면밀히 점검한다. 그 결과를 토대로 하여 제 2단계인 읽기 단계로 이동하는 것이 순리이다. 또한 막상 한 편의 글을 읽기 시작할 때에도 이글이 지식 정보를 전달하는 글인가 그렇지 않으면 논리적인 글인가를 구별할 수 있어야 한다. 물론 이 때 정서를 함양할 수 있는 글의 유형인가 친교를 위한 글인가도 파악해야 한다. 고학년부터는 글의 구조를 파악하면서 글을 읽어야 하며 스스로 질문지도 만들어 독서 협의나 토론 자료를 만들어보게도 한다. 나아가서 작품의 배경이나 글의 유형에 따른 지은이의 의중을 파악할 수 있으면 더욱 바람직하다. 그런 후에 독서 감상문을 쓰는 것이 순서이다. 이 때 작가의 생각에 자신의 생각을 넣어 '의미' 를 재구성, 재창조하면서 글을 기술하는 것이 독서 활동의 마지막인 제 3단계이다. 이에 유의하면서 과정별로 미세하게 접근하면서 글 읽기 활동을 하도록 해야 한다.

2007년 12월 7일 금요일 제17925호 15

기고

김 영 훈

(대전 변동초 교장·동화작가)

우리가 살아가는데 의사소통을 하기위해 필요한 것은 말과 글이다. 이 말과 글은 사람들이 서로 공동체를 이루면서 어울려 사는 동안 상호작용이 되는 수단이 된다. 이 때 말은 소리를 통해 전달하는 요지가 인지되고, 글은 문자를 조직하여 의미를 생성함으로써 인식할 수 있다.

그런데 이 말과 글은 상당히 다른 것 같으면서 인간의 의사소통 행위로 볼 때는 동일 선상에 있다.

다만 글은 말에 비하여 매우 논리적이어야 한다는 점에서 차별화된다.

말은 대화를 하는 동안 화자(話者)와 청자(聽者)가 동일 공간, 동일 시간대에 존재하지만, 글은 그렇지 않다. 즉, 작가(지은이)와 독자가 함께 하지 않는다. 말은 약간 비논리적이라 하더라도 화자와 청자가 서로 마주 바라보면서 대화를 하기 때문에 쉽게 의사소통이 가능하다. 그러나 글은 그러하지 못하다. 따라서 작가의 사상이나 경험이 독자에게 잘 전달되려면 조직력이 요구된다.

글은 얼굴 표정이나 몸짓으로 비논리적인 상황을 보충할 수도 없다. 의사 소통을 하는 대상이 정해져 있는 것도 아니다. 불특정다수를 향해 쓰는 것이며, 양자(兩者)가 시공을 함께 하며 모자란 부분을 채울 수 있는 길도 없다. 오르지 글을 매개체로 하여 독자는 작가를 만난다. 그러기 때문에 작가는 독자를 위하여 논리적인 글을 써야 한다.

조직적 글쓰기를 위한 제언

인간은 출생 이후 어머니의 품에 안겨 가족들과 어울려 같은 말을 수없이 청취하면서 귀가 뚫린다. 수천번 반복하여 같은 말을 청취하는 동안 입이 열린다. 사람은 누구든지 다 그러한 과정을 거치면서 모국어를 습득한다. 이렇게 무의식 속에서 말을 배워 필요한 말을 자연스럽게 구사하면서 의사소통을 하게 되는 것이다.

그러나 글쓰기는 문자를 해득해야 한다는 전제가 있다. 즉, 문자를 해득하기 위해서는 상당한 의식적 노력이 필요하다. 그렇게 획득한 문자로서 바로 글쓰기를 할 수 있는 것도 아니다. 글쓰기를 하려면 방향을 설정한 후에 반복적인 학습이 필요하다.

말의 습득과 구사가 아주 자연스럽고, 무의식적인데 비하여 글쓰기는 처음부터 노력이 요구된다는 말이다. 즉, 말을 배우는 데 어려웠다는 기억은 거의 없다. 하지만 글쓰기는 교육 현장에서 의도적인 노력이 요구된다. 한글의 합자 원리를 이해하면서 문자를 해득해야 하고, 단어를 순서 있게 배열하여 문장을 기술할 수 있어야 한다. 글쓰기는 여기서 그치지 않는다. 앞 문장과 뒤에 오는 문장이 조화롭게 조직되면서 최소의 의미를 생성하는 문단을 형성해야 한다. 그 최소 의미를 가진 문단들이 어울려 완벽한 의미를 가진 내용이 생성되었을 때 한편의 논리적인 글쓰기는 완성되는 것이다.

이러한 글쓰기는 학습에서 읽기와 셈하기와 더불어 교육현장에서 기초기본을 이루고 있는 학습요소이다. 자신의 경험이나 생각을 자연스럽게 말하듯이 조직적인 글을 쓸 수 있는 힘을 기르는 것은 미래사회를 주도할 수 있는 엘리트로서 성장하기 위한 지름길이다.

최근 대학입시에 논술 고사를 강조하면서 글쓰기 교육의 열풍이 불고 있다. 그러나 글쓰기는 대학 입시의 수단이 되어서는 안 된다. 의사소통을 원활하게 하고 더 나아가서 글쓰기를 통해 인간의 사고를 깊게 하며 조직화하기 위해서 학습해야 한다.

우리가 살아가는 동안 결코 말하기와 함께 글쓰기를 소홀히 할 수는 없다. 자기 표현의 수단이기 때문이다. 그래서 글쓰기 입문기에 들어서면 취학 이전에 획득한 모국어로써 목적적으로 글쓰기를 학습한다. 다만 이때 글쓰기는 조직적이어야 한다는 점에 다시 유의해야 한다.

기고문 두 편「효과적인 독서 활동&조직적인 글쓰기를 위한 제언」(대전일보)

대전일보 1983年8月25日 (木曜日) 【第10485號】

童劇·童話 어린꿈의 産室

충남 아동문학회 세미나

충남아동문학회(회장金연수)는 최근아동문학세미나를 가졌다. 세미나에서 발표된童劇작가卞상호씨의 「童劇의활성화방향」과童話작가金永薰씨의 「창작동화의소재선택과주제의식」 주제강연내용을간추려 소개한다.

童劇의 活性化 方向 童劇作家 卞

作家적고 외면당해 황무지

소박하고 끈질긴 努力필요

創作童話의 소재선택과主題意識 童話作家 金永薰

童話는 희망심는 愛情의 글

아동의 心理意識 인식 중요

◇김영훈씨

◇변상호씨

세미나 발표문 「동극 동화 어린꿈의 산실」 (대전일보)

대전 중앙초등교 金榮薰교사

창작동화 작가인 金榮薰교사는 그동안 9권의 창작동화집을 발표하며 어린이들에게 꿈과 희망,동심을 심어주고 있다. <金鍾星 기자>

꿈 · 희망 심어주는 동화창작가

창작집 9권 발표… 아동 정서교육 강조

「뿌우웅-뿌우웅. 남쪽으로 향하는 열차가 덤여오는 어둠을 뚫고 마을 앞으로 길게 달리고 있었습니다.지금쯤 역 대합실에는 올망졸망한 조무래기들이 한 떼 몰려 길다랗게 목을 느리고…」

초등학생이면 한번쯤 읽어 봤음직한 동화 「꿈을 파는 가게」중 「풍수소리」의 처음 부분이다.

현직교사이자 창작동화작가인 대전 중앙초등학교 金榮薰교사(49)는 창작동화집 「꿈을 파는 가게」를 시작으로 지난 83년부터 동화를 써오며 아이들의 순수한 동심을 키워주고 있다.

金교사는 대학때부터 소설을 써오다 초등학교 교사를 시작하며 어린이 잡지등에 창작동화를 기고해오다 「아이들에게 꿈을 주고 어른들에게는 동심을 회복시켜 주자」는 생각에 83년 불우한 산동네 아이들의 꿈과 희망을 그린 창작동화집 「꿈을 파는 가게」로 정식으로 문단에 데뷔했다.

또 그동안 「바람과 구름과 달님」, 「달선에 돛을 내린 배」, 「생활속의 발명이야기」,「위인전-장영실」등 9권의 창작동화를 발표했다.

이러한 활동이 알려지며 해강아동문학상, 한국아동문학작가상, 공산교육대상등을 수상했으며 대전일보 신춘문예 심사위원을 3번 역임했다.

金교사는 자신의 창작동화집을 모교인 청양군 미당초등학교와 고향마을에 보내는등 동화보급에도 열성을 보였다.

또 학생들의 글짓기 지도등 인성교육에 중점을 두고 교육자의 길을 걸어왔다.

요즘에는 비디오,만화물등이 범람하며 초등학생들이 동화를 멀리하는데 아쉬움을 느끼며 동화읽기를 적극 권장하고 있다.

『그래도 초등학생들은 책을 많이 읽는 편입니다. 아직은 희망이 있다는 것을 의미합니다.』

金교사는 동화를 읽으면 동화속에서 순수한 동심을 되살려줘 어린이들에게 순수한 꿈과 희망을 줄 수 있다고 강조한다.

이를 위해 金교사는 퇴근후나 방학때는 동화창작에 몰두한다.학교에서 보내는 시간외에는 대부분의 시간을 동화와 함께 보내고 있다.

『현재의 동심을 성인이 될 때까지 지켜가면 순수하고 착하게 살아갈수 있게 됩니다. 바로 이런 동심은 동화속에서 얻어지는 것입니다』라며 동화읽기를 재차 강조하는 金교사는 『앞으로도 더 좋은 창작동화를 만들기 위해 최선을 다하겠다』고 밝혔다. <金在喆 기자>

작가탐방 「꿈·희망 심어주는 동화 창작가」 (대전일보)

어린이 올바른 가치관 위해

"동화를 읽어주세요"

대전·충남 아동문학회 세미나

구전으로 전해지는 전래동화의 교훈성이 어린이들에게 올바른 가치관을 형성시켜준다는 주장이 나와 눈길을 끌고 있다.

4일부터 대천 임해수련장에서 열린 대전·충남아동문학회 합동 세미나에서 주제 발표자로 나선 김영훈씨는 「바른 인성 함양을 위한 동화 문학의 역할」 논문을 통해 유년기 어린이들이 가장 먼저 접하는 창작동화가 이들에게 바른 인성 함양은 물론 창의성 고취에도 도움을 주고 있다고 말했다.

김영훈씨

"유년기 문학 바른인성·창의성 고취 창작 과정 자체가 창의적 사고 유도"

이날 주제발표에서 김씨는 「문학은 인간의 내면의 정서와 상상의 언어로 형상화한 글로써 이런 차원에서 볼 때 동화의 역할은 매우 중요하다」며 「초등학생들이 학습대상으로 삼고 있는 교과서의 주제를 살펴보면 바른생활과 지혜, 선행, 우정 등의 유익한 내용이 담겨 있는 만큼 이를 공부하는 학생들은 저절로 바른 인성 함양을 하고 있는 것으로 볼 수 있다」고 밝혔다.

또 김씨는 「자라나는 어린이들에게 아동문학이 이런 영향을 미치는 만큼 작가들은 바른 인성과 가치관 형성을 위해 예술성을 가미한 창작활동이 요구된다」고 말했다.

이와함께 「창의성 개발과 시문학 교육」이란 주제로 논문을 발표한 류인걸씨는 창의성의 개념을 밝히는 동시에 시문학 교육과 연계시켜 동시 창작과정을 소개했다.

류인걸씨는 「어린이들에게 지도하고 있는 시 창작 과정 자체가 창의적 사고 과정을 유도하고 있는 것」이라며 「지식·정보화 사회에서 창의적인 인간상을 구현하기 위해서는 시문학 교육과정이 강화되야 한다」고 말했다.

한편 이날 열린 학술세미나에서는 대전아동문학지 회지인 푸른메아리 25집인 「나무도 이사 온다」의 출판 기념회와 대전시 어린이 글짓기 대회 최우수 작품을 감상하는 자리도 마련했다.

(정용우 기자)

나무도 이사 온다

류인걸씨

세미나 주제 발표문 「어린이 올바른 가치관을 위해 "동화를 읽어주세요"」 (대전일보)

大田日報

대전일보 第10644號

1984년 3월1일 (목요일)

愛情담긴 讀書환경 중요

나이따라 段階的 지도를

全集類 사주는것만으론 未洽

동화작가 金泳薰씨 가정의 童話읽기 指導

가정에서의 동화 읽기 지도 「愛情담긴 讀書 환경 중요」 (대전일보)

現場提言

한글문화시대를 열기 위하여

김 영 훈(대전 도마국 교사)

한글문화 시대를 열기위해 한자에 대한 미련을 버리고 한글을 세계화 하는데 노력해야

특별기고 「한글문화시대를 열기 위하여」 (충남교육신문)

심포지엄·세미나·포럼 주제 발표 상황

주제	발표자(필자)	발표 시기	장소	주관단체 및 행사명	비고
창작동화의 소재선택과 주제의식	김영훈 외	1983	공주 계룡산 갑사	제11회 충남아동문학회 세미나	주제발표
아동의 독서 실태와 동화 작가의 사면	김영훈 외	1990	대전 라이프 호텔	제18회 대전·충남 아동문학회세미나	〃
동화 문학에서의 첨단과학 수용	김영훈 외	1993	유성 무궁화관광호텔	한국아동문예 '93하계세미나	〃
〈충남아동문학회〉의 어제와 오늘	김영훈	1993	아동문학평론	아동문학평론	지역문단 탐방
인성형성을 위한 아동문학의 역할	김영훈 외	1994	계룡산 동학사	제24회 한국아동문학회세미나 제22회대전충남 아동문학회 세미나	주제발표
대전아동문학사(童話편)	김영훈	1995	대전문인협회	대전문학선집 제3권	지역문단 탐방
인성과 창의성 개발을 위한 아동문학의 역할	김영훈 외	2001	대천임해수련원	제28회대전아동문학회 및 충남아동문학회 합동세미나	주제발표
동화문학의 문제점과 새로운 방향	김영훈 외	2003	계룡산갑사 유스호스텔	제31회대전아동문학 세미나	〃

주제	발표자 (필자)	발표 시기	장소	주관단체 및 행사명	비고
남북한 창자동화·소년소설의 교육적 수용 실태 비교 연구	김영훈 외	2004	백령도	제34회 한국아동문학회 세미나	주제발표
남북한 창자동화·소년소설의 교육적 수용 실태 비교 연구	김영훈 외	2004	논산대둔산 수락계곡 아리아	제32회 대전아동문학회 세미나	〃
전승동화의 내용 생성과 주제 설정	김영훈 외	2008	수통골 유성유스호스텔	제36회 대전아동문학 세미나	〃
대전아동문단의 어제와 오늘 그리고 내일	김영훈 외	2008	글꽃중학교 세미나실	대전문인총영합회 심포지엄	〃 (토론자 박진용)
대전아동문단 현실과 미래	김영훈	2011	대둔산 산림휴양원	제39회 대전아동문학회 세미나	주제발표
학교 폭력 실태와 치유 방안	김영훈 (토론자)	2012	대전대학교	동구포럼(대전광역시 동구청·대전대학교 합동 주관)	토론
대전문학의 뿌리와 호서문학의 창간	김영훈 (토론자)	2013	대전문학관	호서문학 심포지엄	주제발표
동화작품화 과정에서의 소재 선택과 의미 담기의 상관성 조명	김영훈	2013	안양블루멘테리조트	한국아동문예작가회 심포지엄	〃

兒童文学評論

가을
第52號
韓國兒童文學研究院

忠南兒童文學會

〈忠南兒童文學會〉의 어제와 오늘

金 榮 薰

1. 태동기의 이모저모

. 예로부터 산 좋고 물 맑은, 그래서 인성이 너그럽고 어질다고 자타가 공인하는 청풍명월의 고장이 충청도이다.

이러한 지세와 산수(山水)탓인지 문인과 선비들이 크게 배출되었고, 우리는 지금도 그들의 후예임을 자랑스럽게 생각한다. 그래서 이 고장 문인들은 선열들의 정신 문화를 계승하고자 배전의 노력을 다 하고 있다.

우리 충남 아동 문학인도 이를 자각하여 늦게나마 눈을 떴다. 그러니까 1960년대 말이다. 그 무렵 아직은 아동 문학이라고 일컬을 수는 없었으나 이 지역에 아동 문학을 싹 틔우려는 열정으로 겨울 나무가 봄을 기다리는 심정의 선구자들이 나타나기 시작했다. 글짓기 지도를 중심으로 첫출발을 시작한 이들이다. 바로 송근영, 박철우, 도재희, 장욱순, 조중귀, 홍순태 그리고 오늘날의 충남 아동문단을 이룩해 놓는데 많은 공헌을 한 한상수, 구진서, 김영수 등이다. 그들은 어린이 신문을 발간하고 글 모음집 아기눈을 펴 내어 충남 도내 국민 학교에 배포하는 등 열과 성을 다 하였다. 대전일보와 중도일보의 측면적 지원도 받으며, 한편으로는 본인들의 습작 활동을 계속하면서 70년대로 넘어오게 된다.

그러다가 마침내 그들은 어린이에게 꿈과 희망을 주고 어른들에게는 잃었던 동심을 되찾아 순수하고 깨끗한 마음밭을 일구겠다는 심정으로 충남 아동 문학회를 조직한다. 1973년 7월 17일의 일이다.

그때까지 다른 장르에 비해 미개척 장르에 속했던 아동문학회가 동심과 질은 팬터지를 바탕으로 하는 아동문학의 깃발을 올리자, 이 지역 문인들은 따뜻한 시선으로 응시하며 사랑과 격려를 아낌없이 주었다.

당시 첫 멤버들은 한상수(동화), 구진서(동화), 김영수(동시), 변상호(동극), 정만영(동화), 유종슬(동시) 등이었는데, 그들은 한상수를 회장으로 구

金榮薰—161

51

〈충남아동문학회의 어제와 오늘〉

대전아동문단의 어제와 오늘 그리고 내일[125)]

1. 여는 말
2. 대전·충남아동문단의 태동 및 형성과 분리
3. 대전아동문단의 어제와 오늘
4. 대전 아동문단의 과제
5. 대전 아동문단의 전망

1. 여는 말

아동문학 작품은 독자층이 어린이로부터 노인에 이르기까지 다양하다. 그러나 그 중에도 어린이가 주 독자이다. 아동문학은 문학의 본질인 교시성과 예술성의 본질에 충실하면서도 미성숙한 어린이의 지적 수준, 신체적 심리적 발달에 맞추어 어린이를 대상으로 집필된 문학이기에 주 독자가 어린이 층이 주류를 이룰 수밖에 없다. 그러한 까닭으로 아동문학은 어린이를 독자대상으로 한 특수문학으로 정의되고 있다.[126)] 아동문학은 다시 동화, 아동소설, 동시, 동시조, 동극, 동수필 등의 하위 장르로 나뉘고 있다.

아동문학이 우리나라에 문학의 한 장르로 태동한 것은 1908년부터라는 시각이다. 즉, 최남선이 발간한 잡지 「소년」으로부터로 보고 있다. 육당 최남선이 발간한 잡지 「소년」지에 발표된 '해에게서 소년으로' 이래로 우리나라의 아동문학이 자리를 잡은 것이라는 주장이다.[127)]

그러나 초기에는 문학의 한 장르라는 의식보다는 방정환이 중심이 된 아동문화 운동

125) 대전문인총연합회가 주관하는 심포지엄 주제 발표문임.

126) 이재철, 「아동문학개론」, 서문당, 1990, p. 31

127) 이상현, '한국아동문학 100년, 어제와 오늘 그리고 내일', p.9

에 더 주력한 일면이 있다. 그러다가 1920년대와 1930년대에 걸쳐 마해송, 이원수, 윤석중, 강소천, 김영일, 이주홍 등 일군의 동시인과 동화 작가들이 등장하면서 아동문학 장르가 확립되었다. 그러면서 점진적으로 당시 일본 유학파들이 귀국하여 서울을 기점으로 시작한 아동문학 운동은 점진적으로 전국에 확산되었다.

이에 영향을 받은 이들이 바로 어린이들을 가르쳤던 초등학교 교사들이었다. 즉, 전국의 초등학교 교사들의 글짓기연구회 모임이다. 이들은 아동문단 형성의 모체 역할을 했다. 주 독자가 초등학교 학생이었기 때문에 그들의 관심이 제일 높을 수밖에 없었다.

우리 대전·충남의 경우도 초등 교사들이 아동문학 발전에 공헌한 바가 크다. 처음에 그들은 글짓기 지도 및 학교 신문 발행과 함께 스스로 창작의 불길을 짓 피우기 시작했다. 이러한 현상은 전국적인 것으로서 동일한 맥락을 이루고 있다. 그렇다고 우리 대전충남의 아동문학 작가들이 등장한 것이 타 지역에 비하여 그렇게 늦은 것만은 아니다.

"서석규는 1955년에 〈한국일보〉신춘문예로, 심경석은 1958년 〈동아일보〉신춘 문예로, 지동환은 월간 「소년」지를 통해 동화가 추천되어 나왔다. 장욱순은 1957년 〈평화신문〉과, 1958년에는 〈연합신문〉신춘 문예에 동화를 통해 등단하였는데 주로 환상적인 작품을 썼다."[128] 이렇게 보면 이들은 초기 대전 충남 아동문단을 이끈 선구자들인 셈이다.

이에 필자는 초기부터 현재에 이르기까지 내력을 캐내면서 우리 대전 충남의 아동문단을 정리한 후에 과제와 전망을 제시한다는 입장에서 대전충남의 아동문학에 관한 이모저모를 집중 조명하고자 한다. 즉, 그들의 개인적 문학 활동상, 문단의 형성과 중흥 그리고 현실을 짚어내기로 한다. 아울러 대전·충남의 아동문단이 가지고 있는 과제를 점검하고 이를 바탕으로 하여 대전 아동문학의 비젼을 제시하면서 내일을 전망하고자 한다.

128) 박명용(편), 『대전문학과 그 현장 · 〈하〉(정순진)』, 푸른사상, 2005, P.112

2. 대전·충남 아동문단의 태동 및 형성과 분리

가. 충남 아동문학시대

우리 대전·충남 지역에 아동 문학이 눈을 뜬 것은 앞장에서 언급한 선구자들의 활동에도 불구하고 실제적으로는 다른 지역보다 좀 늦은 편이다 그러니까 1960년대 말이었다. 그 무렵 대전·충남은 아동 문학이라는 장르가 확실히 자리를 잡지는 못하고 있었다. 그러나 이 지역에 아동 문학을 싹 틔우려는 열정을 가지고 겨울나무가 봄을 기다리는 심정의 선구자들이 나타나기 시작했다. 글짓기 지도를 중심으로 첫출발을 시작한 이들이 바로 그들이다. 이들을 살펴보면 앞장에서 언급된 50년대 등단 작가 시인들보다는 오히려 한상수[129)], 구진서, 정만영, 김영수[130)], 유동삼[131)], 송근영[132)], 변상호[133)], 홍재헌[134)], 박철우, 도재희, 장욱순, 조상국[135)], 조중귀, 홍순태 등이 중심을 이루고 있다.

그 이후 이들 중에서도 출향작가들이 생겨났지만 대신에 신진들이 대거 영입되었다. 이 중에서 오늘날의 대전·충남의 아동문단을 이룩해 놓는데 많은 공헌을 한 이는 초기

---

129) 한상수(1938 -) 충남금산출생, 동화작가, 문학박사, 대전대학교 명예교수, 1973 충남아동문학회를 조직하는 중심에 서 있었으며 1, 2, 3대 회장을 역임했다. 1965년 소년한국일보에 '어떤 돼지'를 발표하고 같은 해 동화집 「풍선먹은 사냥개」를 발간하면서 문단에 나왔으며 그 이후 「장남감 고양이」, 「숲속의 음악회」 등의 동화집을 펴냈다. 한국아돔학작가상을 수상했고, 충남문인협회 회장을 역임했다.

130) 김영수(1940 -) 충남 논산 출생, 동시인, 1984년 월간 「아동문예」신인상 동시부문 당선으로 문단에 나왔으며 동시집으로 「해님의 전화」, 「아기 새와 꽃바람」, 「그리움이 꽃피는 뜨락」 등이 있으며 안국아동문학작가상, 김영일아동문학상을 받았다.

131) 유동삼(1925 -) 대전시 서구출생, 중등학교장으로 정년을 함. 시조시인, 1962년 시조가 동아일보에 입선되어 문단에 나왔으며, 그동안 시조집으로 「유동삼시조집」, 「꽃마을」, 「집게손가락」 등 여러 권이 있다. 대일비호대상(문학부문), 정훈문학상 등을 받았다.

132) 송근영(1925 -) 동시인, 대전보운초등학교장으로 정년퇴직을 함, 1985년 대전일보 신춘문예와 1990년 월간 아동문예를 통해 문단에 나왔으며, 동시집으로 「까치소리」, 『좋으면 좋다고 하자』와 교육수상집으로 『우리 선생님의 환한 미소』가 있고, 대전시문화상(교육부문)과 대전문학상을 받았다.

133) 변상호(1937 -) 동극작가, 1972년 문화공보부 신인예술상 당선으로 문단에 나왔으며, 작품집으로 「잉어마을(공저)」이 있다.

134) 홍재헌(1927 - 2013) 충남연기 출생, 수필가, 대전백운초등학교장으로 정년을 했으며 1966년 수필집 「교사의 시선」으로 문단에 나왔다. 1990년에는 동양문학 신인상 수필 부문에 당선되었으며, 이후의 수필집으로는 「이유 있는 항변」, 「사랑이 있는 풍경」 등이 있고, 대전문학상을 수상했다.

135) 조상국(1919 - 2012) 강원 이천 출생, 1984년 현대시조와 시조문학 추천을 받아 문단에 나왔으며, 작품집으로 「토끼와 거북이의 두 번째 경주」가 있고, 대표작으로 '볼우물'이 있다.

에 한상수, 구진서, 김영수, 정만영, 송근영, 유동삼, 홍재헌, 박철우 등이고, 80년대 이후 새로 영입된 김영훈, 전영관, 박진용[136], 류인걸[137], 김정헌[138], 최정심[139], 김숙자[140], 김재수[141], 조혜식[142], 김지은, 이문희[143], 하인애[144], 이봉직[145], 신용숙[146], 이은강[147], 이

136) 박진용(1950 -) 충남 연기(현 세종시)출생, 동화작가, 1983년 월간「아동문예」신인상에 동화가 당선되어 문단에 나왔으며, 작품집으로『숙제 없는 나라의 왕자』,『별들이 사는 마을』,『하늘나라 과수원』,『말을 먹고 사는 새』등 여러 권이 있다. 그동안 어린이 도서상, 대전문학상, 동양문학상, 한국동화문학상, 한국아동문학작가상 등을 받았다.

137) 류인걸(1947 -) 충북 옥천 출생, 동시인, 1990년「한국시」신인문학상 당선으로 문단에 나왔으며 동시집으로「사랑이 머무르는 자리」가 있다. 한국아동문학작가상을 받았다.

138) 김정헌(1955 -) 충남 홍성 출생, 동화작가, 갈산초등학교장(현), 1987년「아동문예」신인상 당선으로 문단에 나왔으며 동화집으로『할머니와 누렁이』,『벙어리네 외아들 득한이』,『굴목걸이』등 여러 권이 있고, 홍주문학상 등을 받았다.

139) 최정심(1949 -) 충남 서천 출생, 동시인, 1986년 대전일보신춘문예 동시부문 당선으로 문단에 나왔고, 그 후에 계몽사어린이 문학상에 당선되기도 하였다. 지은 시집으로『눈 속에 갇힌 집』,『그림 그리는 할머니』,『겨울비 품에 안겨 잠드는 들녘』등이 있다.

140) 김숙자(1947 -) 전남 곡성 출생, 시(동)인, 초등교장으로 정년 1991년 월간「아동문학」에 동시가 당선되어 나왔으며 대전일보 신춘문예에도 당선하였다. 시집으로『모시울에 부는 바람』,『달님마저 반해버린 야생화』와 시집『비울수로 채워지는 향기』등이 있다. 박경종아동문학상, 대전문학상, 대전일보문학상등을 받았다.

141) 김재수(1935 -) 충남 서천 출생, 시조시인, 월간 아동문예 및 문학예술에 시조가 당선되어 문단에 나왔으며, 작품집으로『제비꽃 사랑』,『보운대의 새벽』,『자오선의 비밀』등이 있다. 전국공무원문학회장을 역임했으며, 대전문학상, 대전문화상을 받았다.

142) 조혜식(1933 -), 충북 옥천 출생, 시인. 1991년「문학공간」을 통해 문단에 나왔으며, 시집『흘러간 내 그림자』, 도시집『푸른 세상 푸른 꿈』, 동시조집『맑고 밝은 어린이』등 여러 권이 있다. 대전문학상, 한국현대동시조 문학상 등을 받았다.

143) 이문희(1959 -) 본명 이근옥, 대전 출생. 동시인, 1994년, 월간「아동문예」통해 문단에 나왔으며, 1996 조선일보 신춘문예 동시 부문에 당선하기도 했다. 동시집「눈 오는 날」,『해님이 보는 그림책』외 여러 권이 있으며 한국아동문학작가상을 받았으며, 대산창자기금을 수혜하기도 했다.

144) 하인혜(1959 -) 본명 한말숙. 충남 논산 출생, 동시인, 월간「아동문예」를 통해 문단에 나왔으며, 2002년 동아일보신춘문예에도 당선되었다. 동시집으로『엄마의 엽서』, 시집으로『분꽃과 어머니』등이 있고. 대산창작기금을 받았다.

145) 이봉직(1965 -) 충북 보은 출생, 동시인, 1992년 매일신문신춘문예에 당선되어 문단에 나왔으며, 동아일보 신춘문예에도 당선되었다. 작품집으로『어머니의 꽃밭』,『웃는 기와』,『부처님나라 개구쟁이들』등 여러 권이 있다. 눈높이아동문학상과 박경종아동문학상을 받았다.

146) 신용숙(1959 -) 강원도 춘천 출생, 1999년「아동문학연구」를 통해 문단에 나왔으며, 동화집『참 좋은 어깨동무』가 있다.

147) 이은강(1955 -) 충남출생, 동화작가, 초등학교 교사, 2001년 동아일보 신춘문예에 동화가 당선되어 문단에 나왔으며, 동화집으로『큰 누나 일순이』가 있다.

홍종[148], 채정순 등이다. 그리고 성인(일반)문학과 병행하여 작가적 역량을 발휘한 김명수[149], 리헌석, 박순길, 송계헌[150], 최일순[151]이 합세를 하면서 충남아동문단은 꽃을 활짝 피운다.

그중에서도 특히 초기 참여자들의 공헌도가 높다. 그들은 어린이 신문을 발간하고 글 모음집 '아기눈'을 펴내어 충남도내 국민 학교에 배포하는 등 열과 성을 다 하였다. 대전일보와 중도일보의 측면적 지원도 받으며, 한편으로는 본인들의 습작 활동을 계속하면서 70년대로 넘어오게 된다.

그러다가 마침내 이들은 어린이에게 꿈과 희망을 주고 어른들에게는 잃었던 동심을 되찾아 순수하고 깨끗한 마음 밭을 일구겠다는 심정으로 충남아동문학회를 조직한다. 바로 1973년 7월 17일의 일이었다.

그때까지 다른 장르에 비해 미개척 장르로 속했던 아동문학회가 동심과 짙은 판타지를 바탕으로 하는 아동문학의 깃발을 올리자, 이 지역 타 장르의 문인들은 따뜻한 시선으로 응시하며 사랑과 격려를 아낌없이 주었다.

당시 첫 임원들은 한상수(동화), 구진서(동화), 김영수(동시), 변상호(동극), 정만영(동화), 유종슬[152](동시) 등이었는데, 그들은 한상수를 회장으로 구진서를 부회장, 김영수를 사무국장으로 선임하고 이 지역에 아동문학이 그 뿌리를 내릴 수 있는 구체적인 방안을

148) 이홍종(1951 -) 충남서산출생, 동시인, 1995년 월간 「아동문예」를 통해 문단에 나왔으며, 시집으로는 『풀꽃들의 합창』이 있다.

149) 김명수(1949 -) 충남당진출생, 1983년 월간 「현대시학」에서 전봉건 시인의 추천으로 문단에 나왔으며, 시집으로 『어느 농부의 일기』, 『질경이 꽃』과 동시집 『배 쑥쑥 등 쌀쌀』 등 여러 권이 있다. 웅진문학상, 대일비호대상, 대전시인상 등을 받았다.

150) 송계헌(1948 -) 대전출생, 시인, 1989년 월간 「심상」에서 시, 월간 「아동문예」에서 동시가 당선되어 문단에 나왔으며, 시집으로 『모서리 슬픈 추억을 갖고 싶지 않다』, 『붉다 앞에 서다』 등이 있고, 대전시인상을 수상했다.

151) 최일순(1955 -) 충남 공주 출생, 수필가, 동화작가. 초등학교 교사, 1989년 월간 「아동문학」 동화 당선과 1990년 월간 「현대문학」수필 추천을 통해 문단에 나왔으며. 수필집으로 『지워질 발자국이라도』, 『페달을 밟으며』, 『마음에 뜰 하나 들여놓고』 등이 있고, 대전문학상을 수상했다.

152) 유종슬(1943 -) 충남 청양 출생, 1970년 월간문학으로 문단에 나왔으며, 작품집으로 「달이 된 고무풍선」, 「엄마 오늘 일기 뭘 써요」 등이 있고, 천등아동문학상, 한인현글짓기 지도상 등을 받았다. 대표동요곡으로 '숲속을 걸어요'가 있다.

모색하기 시작했다.[153)]

첫 사업으로 회보 푸른 메아리를 발간했고, 73년 10월에는 시내 시온 예식장에서 아동 문학의 밤을 개최했으며, 74년 1월에는 심포니 다방에서 회원의 자작 시화전을 가졌다. 의외로 반응이 좋아 여기서 얻은 수익금을 활동 자금으로 유익하게 쓸 수 있어 회원들은 용기를 얻었다. 그리고 74년 8월 2일에는 회지인「푸른 메아리」제1호를 출간하였다. 뒤이어 박화목을 발제자로 내세워 부여 영일대에서 제1회 충남아동문학세미나를 개최하면서 그 모양새를 갖추었다.

그러면서 앞에서 이미 언급된 서석규, 심경석, 지동환, 장욱순에 뒤이어 차세대 작가들이 나오기 시작했다. 개인적으로는 한상수가 동화집 '풍선 먹은 사냥개'로, 구진서가 조선일보 신춘문예, 변상호가 문공부 신인 예술상, 정만영, 김홍수가 동아일보 신춘문예를 통해 문단에 나오는 활약상을 보여주면서 본격적인 아동 문단은 형성되는 것이다. 그 후로도 한상수가 '숲속의 음악회' 등의 동화집을 구진서가 '별님이 흘린 눈물' 등 동화집, 정만영이 '신비의 거울' 등의 동화집을 발간해 내면서 초기의 멤버들이 아동문학의 초석을 탄탄하게 다져놓으면서 충남 아동문단이 형성되었다.

이렇게 형성된 충남아동문학회는 1989년 대전이 충남으로부터 행정구역이 분리된 후에도 명맥을 이어오면서 1997년도까지 지속되었는데 앞에서 언급한 김영훈, 전영관, 박진용, 류인걸, 김정헌, 최정심, 김숙자, 이문희, 하인애, 이봉직, 신용숙, 이은강, 이흥종, 채정순 등이 1980년대초부터 1990년대까지 시차를 두고 영입되면서 대전충남아동문학회는 중흥기를 맞는다.

나. 대전아동문학 시대

다음은 대전아동문학의 분리 형성과 현황을 조명한다. 대전 아동문단은 앞 절에서 지적한대로 행정구역상으로 대전이 충남에서 분리되고도 한동안 충남아동문학회의 이름으로 지속되어 왔다. 여타 일반(성인)문학 동인과는 달리 행정구역을 한 단위로 하고 있었던 아동문단은 충남 회원의 수와 활약상이 빈약하였다. 또한 운영 면에서도 자생

153) 김영훈, '대전아동문학사' 「대전문학선집」, 도서출판사 대훈, 1995, p.606

력을 갖추지 못한 탓에 분리를 서두르지 않았다. 즉, 1989년 1월 1일 대전시는 충청남도에서 분리되어 직할시로 승격되었고 새로운 도약이 시작되었으나 아동문학은 당분간 뿌리를 함께 하고 있었던 것이었다.

위와 같은 여건에다가 인위적인 행정구역 분리가 한 역사와 전통 속에서 빚어져 온 정신문화와 예술세계가 금방 양분될 수는 없었던 것도 분리가 늦어진 이유였다. 그래서 명칭도 '대전·충남아동문학회'로 남아 있었고, 대전 충남을 가리지 않고 '한솥밥'을 먹기로 합의가 되었다. 더구나 대전은 충남의 행정 중심지로서 경부선 철도 부설, 도청의 이전 등이 가져다 준 여건 때문에 자연히 행정구역이 분리되고도 오래도록 문화 활동 면에서는 충남 지역을 포괄하면서 문호 활동의 구심점이 되어온 것이 사실이다.

그러한 탓으로 대전·충남 분리 후에도 종전과 같이 아동문학회의 문단 활동은 대전을 중심으로 전개되어 왔다. 즉, 10여 년 간을 병합하여 운영하다가 1998년에 들어와서야 비로소 송근영·홍재헌·유동삼·조상국·박철우·김재수·조혜식[154] 등의 원로와 김영수·정만영·김지은·오소림·우순남·김영훈·전영관·박진용·류인걸·리헌석·김숙자·이흥종 등을 중심으로 한 대전아동문학회가, 소중애[155]를 회장으로 추대한 뒤에 잔류한 김정헌·최정심·안학수[156]·신석근 등 중심의 충남아동문학회에서 독립을 하게 되었다.

필자는 지금까지 대전아동문학의 약사를 서술하였다. 그러나 한 뿌리이면서 같은 원류인 충남아동문학회의 문단이 걸어온 길을 살펴보는 것이 먼저라고 생각한다. 그런 뜻에서 대전을 중심으로 한 대전아동문학회였지만 충남 문단 시대에 아동문학의 뿌리를

---

154) 조혜식(1933 -) 충북 괴산 출생. 초등교사로 퇴임, 1991년 월간 「문학 공간」을 통해 문단에 나왔으며, 작품집으로 『흘러간 내 그림자』, 『푸른 세상 푸른 꿈』등 20여권이 있다. 대전문학상, 대전시인상 등 여러 문학상을 받았다.

155) 소중애(1952 -) 충남 서산 출생, 동화작가, 1982년 계간 「아동문학평론」을 통해 문단에 나왔으며 동화집으로 『개미도 노래를 부른다』, 『거북이 행진곡』, 『개구장이 일기』등 여러 권이 있다. 해강아동문학상, 방정환아동문학상 외 여러 상을 받았다.

156) 안학수(1954 -) 충남 공주 출생. 동시인, 소설가, 1993년 대전일보 신춘문예를 동시 당선으로 문단에 나왔으며, 시집으로 『박하사탕 한 봉지』, 『낙지네 개흙잔치』, 『하늘까지 75센치미터』, 『부슬비 내리는 장날』 등 여러 권이 있다.

내리기 시작한 시점으로 거슬러 올라가 갈 수밖에 없었음을 밝히는 바이다.

대전 분리 후 현재는 대전아동문단은 도약의 시대를 맞고 있다. 충남과 대전 분리를 전후해서 역량 있는 신인들이 대거 확보되었기 때문이다. 그들이 바로 이문희, 하인애, 이봉직, 이은강, 신용숙, 신천희 등이다. 그 후에 김희주 · 김영범 · 김점옥[157], 김종진[158], 하복실, 김소정 그리고 최근에 조재석, 이종욱, 임종호, 한혜선 윤경자 등이 합류해 운영되고 있다. 이들은 창립 멤버와 화합하면서 회지 발간, 세미나 발표, 작품 품평회, 시낭송회 어린이 관련 문화 행사 등을 주도하면서 대전아동문단을 굳건히 하는데 기여를 하고 있다.

3. 대전아동문단의 어제와 오늘

가. 장르별 등단 현황

대전아동문학회의 등단 현황은 아래와 같다. 초기에는 한상수와 같이 창작집으로 등단한 경우와 변상호처럼 국가 공공 기관에서 예술상 공모에 응모하여 당선된 경우가 있다. 그 이후 70년대에 들어서는 구진서(국도일보), 정만영(東亞日報), 전영관(경향신문) 등과 같이 신문사에서 모집하는 신춘문예와 김영훈(아동문예), 소중애(兒童文學評論), 박진용(아동문예) 등과 같이 잡지의 추천 및 신인상 당선을 통해 분단에 등단한 것이 일반적인 등단 경로로 성인 문단과 동일하다. 다음 아래 〈표1〉은 우리 대전아동문학인의 등단 경로이다.

157) 김점옥(1959 -) 조치원(현세종시)출생. 충남 동시인, 2002년 계간 「아동문학시대」를 통해 문단에 나왔으며, 대표작으로는 '달팽이', '내 이름은 꼴찌' 등이 있다. 대전아동문학회 사무국장을 역임했다.

158) 김종진(1967 -) 충남 당진 출생, 동화작가, 시낭송가, 무대예술가, 2001년 계간 「아동문학시대」를 통해 문단에 나왔으며 대표작으로 동화 '선물'이 있다. 대전아동문학회 사무 간사를 역임했다.

〈표 1〉 등단 시기와 방법(출향작가 포함)[159)]

등단시기	등단방법			
	신춘문예(중앙·지방지)	추천·신인상(월간·계간)	창작집	기타
50년대	서석규(화), 심경석(화) 장욱순(화), 구진서(화)	지동환(화)		
60년대	김미영(화), 이희철(시) 김영순(화), 김일환(화)	성기정(화), 허인무(시조)	한상수(화) 서재균(화) 유동삼(시)	조상국(시)
70년대	강순아(화), 손수복(화) 정만영(화), 김홍수(시)	주경희(화), 남궁경숙(화) 김환식(시), 이서인(시) 유창근(시), 유동문(화) 이원구(시), 유한근(시) 임원재(시)	권순하(화) 이상기(화)	변상호(극)
80년대	김래호(화), 전영관(시) 임나라(화), 송근영(시) 김숙자(시), 이예복(화) 강복환(시), 최정심(시)	최주연(화), 강용규(화) 오철석(시), 김영훈(화) 박진용(화), 김정헌(화) 김영수(시), 남궁명옥(화) 최정심(시), 이 영(화) 소중애(화), 송계헌(시) 이주승(화), 최일순(화) 최주연(화), 리헌석(시) 홍재헌(수필), 신석근(화) 김명수(시), 박순길(시) 안학수(시), 박명희(화) 이 무(화), 이영두(화) 남락현(시), 성성모(시) 오필석(시)		
90년대	김진경(화), 신석근(화) 임은열(화), 김순화(화) 신천희(시), 이문희(시) 하인해(시), 김순란(화)	김두회(시), 유종슬(시) 정 순(화), 류인걸(시) 신용숙(화), 이홍종(시) 임종호(시), 조혜식(시) 박철우(시)		
00년대	이봉직(시), 이은강(화)	김종진(화), 김점옥(시) 김소정(화), 조재석(수필) 이종욱(화), 김영범(시) 윤경자(수필)		

159) 정만영, '충남아동문학사' 「충남문학선집」 (아동문학편), 1990, pp487 ~ 488.
김영훈, '대전아동문학사'「대전문학선집」, (권·3) 1995, p.697.
대전아동문학회, '시인의 채집상자', 「푸른 메아리·34」, 글 누리, 2010, pp246 ~ 264.

나. 회원 현황 및 역대 집행부 내력

현재 대전아동문학회 회원수는 2010년 현재 총 49명[160]이다. 이들은 다시 하위 장르별로 동시, 동시조, 동화, 동극. 동수필로 나뉘어 각기 자기 장르 문학 작품 창작 활동을 하고 있다. 이들을 이끌어온 역대 회장은 다음과 같다. 1, 2, 3대 한상수, 4대 구진서, 5대 이서인[161], 6, 7대 김영수, 8, 9대 정만영, 10, 11대 김영훈, 12, 13대 전영관, 14, 15대 박진용, 16, 17대 류인걸을 거쳐 19대 이문희에 이어 20대 채정순이 회장을 맡아서 대전 대전아동문학회를 이끌고 있다.

대전아동문학회원 임원 규정은 엄격하다. 회원으로 가입한 이후 창작 활동을 하다가 임원으로 들어오는 절차가 있다. 그 절차를 살펴보면 등단 년도, 작품의 문학성, 인지도, 인간적인 성실성, 대전아동문단에 대한 공헌도 등을 감안 하여 사무국장, 부회장을 먼저 거친다. 그런 후에 '회장 추대 선정 위원회'의 추천을 받아 총회에서 인준을 받는다. 이 규정을 창립 이래 현재까지 고수하고 있다.

다. 회지 발간

대전 아동문학회의 첫 사업은 회지 발간이었다. 대전 아동문학회가 충남아동문학회 시절부터 한 사업 중 가장 핵심적인 것은 크게 회지 발간으로 창작의욕을 고취시켰고, 세미나 발표를 통한 문학정보 공유와 회원의 문학적 자질 향상은 물론 회원 상호간의 화합과 결속이었다.

이 두 사업 중 대전 아동문학회(당시는 충남아동문학회)가 첫 회지를 발간한 것은 74년 8월이었다. 창간호인 이 회지로 제호는 『푸른 메아리』였다. 이 제호는 현재 제32집까지 지속적으로 사용되고 있다. 그러나 제8집까지는 제호로 직접 사용했고, 88년에 발행한 제9집 「숲속의 집배원」부터는 무크지 형식으로 제호를 달리하여 매해 발행했다. 하지만 『푸른 메아리』라는 상징적 이미지는 계속되고 있으며 회지에도 이 제호를 병기하여 활용하고 있다. 이 회지 『푸른 메아리』는 초기에 년 1권을 내지 못하는 경우

160) 대전아동문학회, '시인의 채집상자'.「푸른 메아리 · 34」, 문경출판사, 2010, pp265 ~ 266

161) 이서인(1929 -) 황해도 남천 출생, 동시인, 1958년 한국일보신춘문예 동시부문 입선, 1974년 월간문학 동시 신인문학상 당선으로 문단에 나왔으며. 충남아동문학회장을 역임했다.

도 있을 만큼 활동이 열악했었다.

그러나 그후 회원의 확장, 창작의욕의 고취 등으로 문학성 높은 작품을 볼륨 있는 잡지 형식으로 출간했다. 한 때는 행정구역상 대전과 충남이 분리된 이후에 한 해에 두 권씩 출간하다가 대전이 충남에서 완전히 독립한 후에는 다시 년 1권씩의 회지를 발간하고 있다.

이 동인지 『푸른 메아리』에는 동시, 동시조, 동화, 동극, 동수필, 아동문학평론 등 다양한 장르를 내용으로 작품을 발표하여 독자를 확보해 오고 있다. 뿐만 아니라 문학성 짙은 작품으로 대전 충남은 물론 전국적으로 아동문학 작품의 질 향상에 공헌하여 오고 있다. 매회 발행 시에 전국 문단 각종 도서관에 배포하여 자료적 가치를 확보하기도 한다. 아래〈표 2〉는 회지 발간 상황이다.

〈표 2〉회지 발간 상황[162]

호	년도	회지명	비고	호	년도	회지명	비고
1	1974	「푸른 메아리·1」		18	1995	푸른메아리·18 「달님이 엿보는 일기장」	
2	1976	「푸른 메아리·2」		19	1996	푸른메아리·19 「호랑이의 가죽신」	
3	1979	「푸른 메아리·3」		20	1997	푸른메아리·20 「별이 된 산나리 꽃」	
4	1982	「푸른 메아리·4」		21	1997	푸른메아리·21 「바다에 뜨는 별」	
5	1984	「푸른 메아리·5」		22	1998	푸른메아리·22 「바람을 타고 온 요정」	
6	1985	「푸른 메아리·6」		23	1999	푸른메아리·23 「감자꽃 피는 마을」	
7	1986	「푸른 메아리·7」		24	2000	푸른메아리·24 「아득한 그 옛날이」	
8	1987	「푸른 메아리·8」		25	2001	푸른메아리·25 「나무도 이사를 온다」	
9	1988	푸른 메아리·9 「숲 속의 집배원」		26	2002	푸른메아리·26 「별이 되고 싶은 아이」	
10	1989	푸른 메아리·10 「꽃의 나라」		27	2003	푸른메아리·27 「함께 있으니」	

162) 대전아동문학회, '시인의 채집상자 별' 「푸른 메아리」, 2010. pp246 ~ 264에서 발췌.

11	1990	푸른메아리·11 「구름 따러 가는 아이들」		28	2004	푸른메아리·28 「그림첩을 베고 잠든 아이」	
12	1991	푸른메아리·12 「꼬막손 예쁜 손」		29	2005	푸른 메아리·29 「얘들아, 하늘을 보자」	
13	1992	푸른메아리·13 「소리 나는 시계」		30	2006	푸른메아리·30 「바람따라 온 아기 새」	
14	1993	푸른메아리·14 「해를 보고 달을 보고」		31	2007	푸른메아리·31 「시골집은 누가 지켰나」	
15	1994	푸른메아리·15 「해님을 사랑한 거미」		32	2008	푸른메아리·32 「꿈을 키우는 별」	
16	1994	푸른메아리·16 「바람개비는바람을좋아한다」		33	2009	푸른메아리·33 「내 이름은 꼴찌」	
17	1995	푸른 메아리·17 「뜨락에 온 바람」		34	2010	푸른메아리·34 「시인의 채집 상자」	

라. 세미나 개최

대전아동문학회의 또 하나의 역점사업은 회지 발간과 함께 문학 세미나였다. 세미나 발표는 주제 발표 문학 작품 품평회, 시낭송회 등으로 구분지어 진다. 여기에서 주류를 이루고 있는 세미나의 형태는 주제 발표 중심의 세미나였다.

대전아동 문학 세미나는 창립 이후 지속적으로 실시했는데 지금까지 36회의 아동문학 세미나를 개최하였다. 주로 여름에 실시하였으며, 1박 2일의 일정으로 대전 과 충남의 일원을 개최지로 정하여 문학정보와 창작 실기론, 당시 문단의 이슈 등을 주제로 정하여 발제 강연 토론 등의 형식으로 진행했다.

세미나 개최 형식은 외부 강사 초청, 자체 발제자 선정, 한국아동문학회 합동 개최 등으로 구분되었다. 초기에는 외부 인사를 초청하여 개최했으나 현재는 회원중에서 자체로 발제자, 토론자들을 해결해 나가고 있다. 지금까지의 세미나 개최 상황은 아래 표와 같다.

〈표 3〉세미나 개최 현황[163]

년도	주제	발표자	비고	년도	주제	발표자	비고
1974	아동문학의 전망	박화목 한상수 이덕영 권순화	부여 영일루	1993	아동문학의 역할	박순길 이흥종	대전 평화장
1975	문학교육의 전망	김요섭 구진서 박화목 유종슬	부여 영일루	1994	인성교육과 아동문학의 효용 (합동)	이진호 김영훈 박숙희	계룡산 동학사
1976	아동문학의 향토성	김영일 권순하 정만영	동학사	1995	개방화시대의 아동문학의 역할	변상호 박진용 김정헌	계룡산장
1977	아동문학의 사회성	박화목 정만영	성모초	1996	아동문학의 새로운 방향	김숙자 이광희	대천 수련원
1978			동학사 원천장	1997	아동문학인은 누구인가	김미영 김성자	갑사
1979	아동문학의 당면과제	김요섭 정만영 한상수	동학사 원천장	1998	아동문학의 새로운 방향	체정순 김진경	대둔산
1980	새시대의 아동문학정립	김영일 정만영 유동삼 변상호	부여 영이루	1999			대전 뿌리공원
1981	아동문학과 유아교육	김재은 한상수 석용원 김영자	동학사	2000	아동문학의 바른 이해와 창작	박진용 이흥종	대전 뿌리공원
1982	아동문학의 수용성	장수철 전영관 변상호 오철석 박진용	갑사 (경내)	2001	인성과 창의성 개발을 위한 아동문학의 역할	김영훈 류인걸	대천 수련원
1983	창작동화의 소재선택과 주제의식	김영훈 변상호	대전 평화장	2002	디지털시대의 아동문학	김숙자 김정헌	대전 뿌리공원
1984	동화의 재미성과 교훈	박진용 김명수	대전 평화장	2003	어른도 함께 하는 아동문학	김영훈 이문희	계룡산 갑사

163) 대전아동문학회, '꿈을 키우는 별' 「푸른 메아리」, 2006. pp185 ~ 200에서 발췌.

1985	한국아동문학과 광복40년	한상수 유창근	동학사	2004	이 시대에 풀어야 할 아동문학의 과제	정만영 김영훈	수락계곡 아리아
1986	아동발달과 도시발달과정	김영수 홍재헌	대전 청운농장	2005	아동문학과 작가정신	하인혜 박진용	공주 마곡사
1987	아동 문학의 저변 확대	유동삼 박철우 김정헌	대전 청운농장	2006	어린이들의 정서함양에 기여하는 아동문학	신용숙 류인걸	서대산 이안하우스
1988	통일시대의 아동문학	김용섭 이준구 유창근 정만영	동학사	2007	학교폭력과 아동문학의 역할	전영관 외	동학사
1989	도덕성 회복과 아동문학	박철우 김영수 홍재헌 정만영	대전 평화장	2008	전승동화의 내용생성과 주제설정	김영훈	유성 유스호스텔
1990	90년대 아동문학의 사명	김영훈 박순길	대전 라이프호텔	2009	다문화 시대의 아동문학 역할	전영관	대전만인산푸른학습원
1991	도덕성회복을 위한 아동문학의 효용성	김영자 외2 (합동)	유성무궁화 관광호텔	2010	2000년대 생태·환경 동시의 수용 양상	이문희	충북영동 심천농원
1992	아동문학의 현실 진단	전영관 이예복 김정헌		2011	대전아동문학의 어제 오늘 그리고 내일	김영훈	충남 금산 진산수목원

마. 회원 개인 문집 발간 및 수상

대전아동문학회는 1973년 대전 충남 시절 아동문단을 형성한 이래 꾸준히 창작 활동을 펼쳤다. 개인차는 있지만 그동안 괄목할 만한 성과를 거두었다. 초기에는 동화 중심의 산문 문학이 활성화하다가 최근에 이르러서는 동시 중심의 운문 문학이 강세를 보이고 있다. 개인문집 발간도 최근에는 크게 활성화 되고 있다.

그동안 회원이 발표한 작품의 문학성도 크게 인정받아 한상수 이후 정만영, 전영관, 김영훈, 김재수, 김영수, 리헌석 등이 대전광역시 문화상을 수상하는 등 많은 회원들이 각종 문학상을 다수가 수상하고 있다. 대전 아동문학회원의 개인문집 발간 상황과 수상 상황은 아래〈표 4〉와 같다.

〈표 4〉회원개인문집 및 수상상황[164)]

이름	저서 (대표작·시집·동화집·수필집)	수상상황	이름	저서 (대표작·시집·동화집·수필집)	수상상황
우순남	대표작 '비 맞은 꿩'		신천희	「달을 삼킨 개구리」 외	
김명수	「배 쑥쑥 등 쌀쌀」 외	웅진문학상 외	유동삼	「유동삼 시조집」 외	정훈 문학상 외
김숙자	「모시울에 부는 바람」 외	박경종 아동문학상 외	이문희	「눈이 오는 날」 외	한국아동문학 작가상 외
김영범	「당신의 눈길」		김종진	대표작 '항아리 뚜껑'	한밭문학상
김영수	「해님의 전화」 외	김영일아동 문학상 외	이봉직	「어머니의 꽃밭」 외	눈높이문학상 외
김재수	「대추꽃 피는 마을」 외	대전광역시 문화상 외	이은강	「큰 누나 일순이」 외	
김지은	대표작 '기분 좋은 날'		전영관	「산골에서 온 편지」 외	박경종 아동문학상 외
김진경	「빈 섬의 비밀」		정만영	「꿈이 피는 나무」 외	대전광역시 문화상 외
김희주	「그리움 주고 간 자리」		조상국	「토끼와 거북이의 두번째 경주」	
남락현	「강을 사이에 두고」 외	녹색문학상	조혜식	「흘러간 내 그림자」 외	대전시인상 외
류인걸	「사랑이 머무르는 자리」	한국아동문학 작가상	채정순	「바람개비는 바람을 좋아하나봐」 외	한국동시조문학상
리헌석	「은이의 인형」 외	대전광역시 문화상 외	최일순	「지워질 발자국이라도」	대전문학상
박순길	「노래하는 메아리」 외	대전문학상	하인혜	「분꽃과 어머니」 외	
박진용	「우리들의 도깨비」 외	한국동화 문학상 외	홍재헌	「사랑이 있는 풍경」 외	대전문학상 외
변상호	「어린이 공화국」(공저)		이홍종	대표작 '감자 꽃 피는 마을'	
송근영	「까치나무」 외	대전광역시문화상 (교육부문)	김영훈	「꿈을 파는 가게」 외	해강아동문학상 외
신용숙	「참 좋은 어깨동무」 외		임종호	「엄마와 아기」 외	
오소림	「욕심 많은 다람쥐」 외		하복실	대표작 '하얀 꽃'	
김점옥	대표작 '파도' 외	한밭문학상	조재석	수상집 「학교에 다녀왔습니다」	
이종욱	대표작 '거미야' 외	공무원문예대전 수상	송계헌	시집 「모서리 슬픈 추억을 갖고 싶지 않다」	대전시인상 외

164) 대전아동문학회, '시인의 채집상자' 「푸른 메아리」, 2010. 246 ~ 264에서 발췌.

바. 특집 발간 및 등재 시인·작가 현황

한국문협충남지회와 행정 구역 분리 후에 결성된 한국문협대전지회가 시차를 두고 각각 지회 산하 초 장르 별로 문학선집을 출간하였다. 우리 대전 충남 문단도 출향작가를 포함해 전 회원이 이 특집 발간 사업에 참여하였다.

1) 충남문학선집 발간

한국문협충남지회는 아동문학편을 1990년 12월 20일에 권 3으로 출간했다. 제1부는 동시, 제2부는 동화·동극으로 나뉘어 있는데 동시부문에 강복환을 비롯한 40명이 참여했다. 제2부 동화 동극편은 강순아를 비롯하여 41명이 작품을 게재하였다. 당시 충남 거주 아동문학인과 출향 작가를 포함해 총 81명이 참여하였다. 편집위원으로는 김영수, 정만영, 김명수, 오철석, 강복환이 참여했다. 그 개별적인 명단과 작품명은 아래〈표 5〉와 같다.

〈표 5〉충남아동문학선집 참여 회원 및 작품명[165)]

장르	시인명	작품명	비고	장르	작가명	작품명	비고
동시	강복환	저녁노을 외		동화	강순아	비안네 방의 아이	
	구재기	나물캐기 외			강용규	키 큰 크레파스	
	김길순	꽃의 나라 외			강정규	크리스마스 선물	
	김동훈	우리꽃 심을래요 외			구진서	촛불 할아버지	
	김두희	반딧불 외			권순하	도둑 고양이	
	김명수	고추장떡하는 날 외			김미영	못난이 나무	
	김영수	어머님은 외			김순란	하얀풍선의 꿈	
	김환식	외딴집 노마 외			김영순	메주콩	
	김홍수	장마당의 과수원 외			김영훈	육손이 아저씨의 노래	
	나태주	외할머니 외			김일환	돌배섬	
	남락현	아침이슬 외			김정헌	굴목거리	
	류인걸	봄바람 외			남궁경숙	재균이 버릇 고친 이야기	
	리헌석	겨울 바다 외			남궁명옥	물고기가 되고 싶은아이	
	박순길	꽃 외			도재희	가랑잎이 들려준 이야기	
	박철우	산 외			박명희	임금님 나라	
	배기덕	물들은 알지 외			박진용	하늘나라 과수원	
	성성모	을숙도 외			서석규	느티나무 동산	

165) 충남문인협회, 『忠南文學選集(兒童文學篇)』, 대교출판사, 1990. PP9 ~ 12

분류	이름	작품		분류	이름	작품	
동시	송계헌	풀 외		동화	서재균	종달새와 나룻터	
	송근영	모란꽃 외			성기정	하늘처럼 큰 나무	
	양재명	눈 외			소중애	개미도 노래를 부른다	
	오철석	꽃·1 외			손수복	훈아를 따라간 뜨게실	
	오필석	옹달샘 외			심경석	곰나루의 봄	
	우순남	봄비 외			유문동	조가비를 가는 엄마	
	유동삼	집게손가락 외			이 무	잠자는 병아리	
	유종슬	맷돌 외			이상기	사람들의 고향	
	유창근	코스모스 외			이 영	하느님께 보내는 편지	
	유한근	황토길 외			이영두	노인과 바다	
	이덕영	가을기차를 타고 외			이예복	봄을 파는 아저씨에게	
	이문구	세발 자전거 외			이원구	할로	
	이서인	한약방 할아버지 외			이주승	눈 위에 핀 꽃	
	이희철	스무 사흘 달 외			임나라	하늘마을의 사랑	
	임원재	풍경			장욱순	날아간 두루미	
	임환군	아기 아픈 밤 외			정만영	광일이와 워리	
	전영관	연 외			주경희	비웅이의 하루	
	정진삼	가을 외			지동환	용용 아로루리	
	조근호	미루나무 외			최일순	사랑이 피워낸 꿈	
	조상국	볼우물 외			최주연	장난감들의 소동	
	조한풍	숲에서 외			한상수	풍선 먹은 사냥개	
	최정심	반딧불과 아기 외			홍재헌	숨 쉬는 운동화	
	홍순배	종소리 외		동극	변상호	꽃자리	
					최문휘	산골의 다정한 벗들	

2) 대전문학선집 발간

한국문협대전지회는 아동문학편을 1995년 2월 20일에 권 Ⅲ으로 출간했다. 이 책에는 아동문학 작품 말고도 시조와 수필도 함께 게재되어 있다. 동시 편과 동화 편으로 나뉘어 있는데 출향자를 제외하고 주로 대전 거주 회원에 한정된 점이 앞에 발행한 충남편과 다르다. 동시부문에 송근영을 비롯한 9명이 수록되어 있다. 동화 부문은 구진서를 비롯하여 8명이 작품을 게재하였다. 이는 직전에 발간한 충남 편에 비해 축소된 면이 있다. 단 동화의 편수를 세 편씩 할애하여 작가 중심으로 작품을 심도 있게 조명하였다. 대전아동문학회 측 편집위원으로는 리헌석, 류인걸, 전영관이 참여했다. 그 개별적인 수록 명단과 작품명은 아래〈표 6〉와 같다.

〈표 6〉대전아동문학선집 참여 회원 및 작품명[166]

장르	시인명	작품명	비고	장르	작가명	작품명	비고
동시	김두희	가을 외		동화	구진서	산울림 외	
	김숙자	봄 캐는 아이 외			김미영	해돋이마음 해넘이 마음 외	
	김영수	산 외			김영훈	퉁소 소리 외	
	류인걸	우정 외			김진경	기와 한 조각 외	
	박철우	새 얼굴 외			박진용	숙제 없는 나라의 왕자 외	
	송근영	어머님 외			이예복	산동네의 노래 외	
	유종슬	예쁜 것은 외			임은열	어항속의 도롱뇽	
	전영관	강·1 외			정만영	사랑의 무게 외	
	채정순	노을 외					

4. 대전아동문단의 과제

지금까지 대전아동문단의 태동기부터 분리기 및 중흥 그리고 현황을 살펴보았다. 동심을 바탕으로 한 아동문학은 이 지방을 지키고 있는 아동문학인들에 의하여 탄탄하게 유지되어왔다. 이들은 아동문학이 일반 성인문학에 비하여 특수문학으로서 이 지역에 뿌리를 내리도록 하면서 어린이들의 정신문화 창달에 공헌한 것은 주지하는 바와 같다. 아울러서 꾸준히 어린이들에게 읽을거리를 제공함으로써 독서 생활의 정착은 물론 정서 함양과 인간교육을 병행할 수 있는 자료를 제공해왔다. 그러나 최근에 들어 대전 지역의 아동문단에 다음과 같은 문제점들이 노출되고 있는 것도 사실이다. 이 과제를 해결해야 한다는 것이 현안 사항이다.

가. 신규회원의 확보 문제

대전 아동문학회의 회원수는 대전 충남 통합시대까지 꾸준히 증가하다가 최근 들어 답보상태에 있다. 이런 현상은 대전과 충남의 분리라는 물리적 현상 말고도 아동문학

166) 한국문인협회대전직할시지회, 『대전문학선집』, 도서출판 대훈사, 1995. p.5

작품을 창작하는 열정을 가진 회원을 확보하지 못하는데 있다.

따라서 대전아동문단의 현실적 과제로는 신규회원의 확보 문제이다. 대중매체의 포퓰리즘 현상으로 인해서인지 순수문학 지망생이 감소한다는 사실이다. 이러한 현상을 대전아동문학회원 확보에 직접적인 원인이 되고 있다. 젊은 피 수혈 문제는 아동문학뿐만 아니라 일반 문학을 포함하여 고된 예술 활동을 하는 전 영역에 걸쳐 대두되고 있다. 젊은이들이 고뇌하려는 삶보다는 대중적 인기나, 인터넷 포털 사이트에 접속을 원하고 있고, 오락 위주의 삶을 즐기려는 현상이 팽배되고 있다는 사실이다.

인간 욕구의 정점은 자기를 실현하는데 있다. 문학은 모든 문화 활동을 포괄하고 있는 기초예술로서 자리매김을 하고 있다. 그래서 인간은 청소년기에 누구든지 한번쯤은 글을 쓰는 사람이 되고 싶다는 욕망을 가진다는 것이 일반적인 견해이다. 이러한 욕구에도 불구하고 앞에서 대두되고 있는 문화 현상 때문인지 신규 회원 즉 아동문학 지망생이 점진적으로 감소하고 있다는 사실이다. 이는 당장 우리 대전 지역의 아동문학인 감소에 그치지 않고 나아가서는 한국 문화의 빈곤과 연결될 수밖에 없다는 우려를 낳고 있다.

나. 회원의 노화 현상과 임원 조직의 경색

다음으로는 현재 활동하고 있는 아동문학인들의 노화 현상이다. 유동삼, 송근영, 박철우, 변상호, 김영범, 김영수 회원 등이 고령화되었고, 뒤를 잇는 정만영, 김영훈, 류인걸, 김숙자 등도 이미 60대를 넘기고 있다. 이는 건강과 관련되어 창작 의욕의 저하, 모임 참석률의 저하로 이어지면서 자칫 대전 아동문단의 침체로 이어질 수밖에 없다는 문제점을 제기시킨다.

여기에 또 하나의 문제점은 후속타로 임원 역할을 담당할 회원이 빈곤해진다는 사실이다. 앞 절에서 지적한대로 젊은 피의 수혈이 거의 전무한 상태로 들어가면서 세대간의 화합과 결속이 중단된다는 위기의식을 불러일으키고 있는 것이다. 따라서 모임을 이끌러갈 집행진의 구성이 어려워진다는 것이 현실적인 과제이다.

다. 순수성의 희석 및 사고의 다양성 양상

대전 아동문단은 충남시대부터 순수성과 함께 가족과 같은 화합과 단결이 큰 강점이었다. 집행진을 구심점으로 하여 일사분란한 모습이었다. 회지 발간, 세미나 준비 및 진행, 문학기행, 어린이 축전, 대전 어린이 백일장, 본 꽃의 향연 아동문단외의 범 문학단체와의 결속 등에서 한 목소리를 내는 위세를 떨쳤다.

그러나 회원의 사고나 욕구가 다양해지고, 타 문학 단체와의 연계 및 임원 추대 선거 등에 대한 다양한 생각들이 표면화되면서 회원들의 사고가 이질화되는 면을 보이고 있다. 이는 전통적이고 소박한 가치관을 갖던 살던 시대에서 벗어나면서부터 문화 수준의 향상, 첨단과학의 대두, 대중문화의 폭발적인 표면화 현상, 생활수준의 향상, 지적수준의 평준화, 3D 업종 회피현상 등으로 피할 수 없는 현실로 나타나고 있다.

이러한 문화 현상의 다양화로 회원간의 결속과 화합이 점진적으로 엷어지고 있는 상황에서 나타난 것이다. 게다가 더 염려가 되는 것은 순수한 문학 창작 활동에서 목적적으로 변질되는 양상을 보이고 있다는 점이다. 문단정치에 개입하려는 요구가 팽배되고 있고 그 때마다 추대 중심이었던 문화는 사라지고 자기 이권이나 자기 형편에 따라 줄서기가 서슴없이 자행되고 있어 수십 년의 우정이나 문학적인 동지애가 와해될지도 모른다는 우려를 자아내게 하고 있다.

5. 대전 아동문단의 회상과 전망

대전 아동문단은 앞에서 제시한대로 여러 면에서 지금까지는 탄탄하게 자리를 잡아가고 있었다. 물론 '50년대에 전문 아동문학인이 각종 지면을 통하여 문단에 나왔으나 1970년대 초까지 활동이 매우 미약했다. 그러나 메마른 땅 위에서 여리게도 자랐었던 충남 아동 문단이 '80년대에는 중흥기를 맞는다. 그러나 1980년대 말엽에, 대전이 충남에서 행정구역상 독립이 됨으로써 대전아동문단이 분리되는 물리적 현상을 맞게 되었다. 그러나 이를 극복하고 오늘날처럼 대전지역에서 문단의 위치를 확고하게 자리 잡을 수 있고 주옥같은 작품들이 창작되고 있다. 많은 회원들이 작품집으로도 묶고 있기도 한다. 그에 그치지 않고 최근만 해도 김영훈, 전영관, 박진용, 김숙자, 김영수, 박순길, 류인걸, 이문희 이봉직 등이 문학성을 인정받아 각종 문학상들을 수상함으로써 대전아동문학의 위상을 높이고 있다. 이는 자긍심을 높일만한 우리 대전아동문단의 활동으로 평가할 수 있다고 본다.

이렇게 동화부문, 동시부문에서 주옥같은 작품을 빚어 문학성을 인정받아 수상을 했을 뿐만 아니라 이문희와 하인혜가 대산 창작지원금의 수혜자가 되기도 했다. 이렇게 대전아동문학인들은 한국 문단이나 대전 문단에서도 중심축에 서서 주도적인 활동을 하면서 대전아동문단의 위치를 정립시키는데 이바지하고 있다. 이러한 대전 아동문단의 활략은 우리 대전 충남 문단은 물론 한국 아동문단의 발전에 기여할 수 있을 뿐만 아니라 창작활동을 제고시켜 왔고, 어린이들의 읽을 거리를 제공해 주면서 정신문화 창달에 공헌했다고 본다.

그동안 대전아동문단에 속해 있던 회원 중 한상수와 정만영, 김영훈이 전영관이 한국아동문학회 부회장을 역임하면서 한국아동문학의 중심축에 섰었다 뿐만 아니라 현재는 박진용이 한국아동문학회 현 부회장으로서 선배들의 뒤를 이어 세미나 주제 발표, 전국 세미나 대전 유치, 대전 아동문인들을 대상으로 한 문학상 심사 등 대전과 한국아동문학 발달을 위해 꾸준히 공헌하고 있다.

그뿐만 아니다. 우리 대전 아동문단 회원 중 한상수가 충남문협 시절 충남 문인들을, 리헌석이 대전 문인들을 이끌어가는 문협지회장으로서 리더쉽을 발휘하면서 대전·충남 지역문단의 구심점에 서서 문단 활동을 주도하기도 했다. 물론 그때마다 드러난 문제점들이 많이 있다. 그러나 아동문학인이 문단활동의 핵심에 섰다는 것은 우리 대전 아동문단의 위상을 높이고 있다는 면에서는 일단 긍정적이라 할 수 있다.

또한 이러한 아동문학 활동에 그치지 않고 학문적인 면에서도 괄목할 만한 성과를 거두고 있다는 점에서도 간과할 수가 없다. 회원 중에는 아동문학 창작에 그치지 않고 아동문학을 학문적으로 접근하려는 시도를 하고 있다는 점에 주목을 받고 있다는 점이다. 정만영이 「한국 전래동화 연구」(1988)로 김정헌이 「마해송 동화에 나타난 저항의식 연구」(1996), 김영훈의 「초등학생의 묘사적 표현 지도방법 연구」(2002)로 대학원 과정을 마치고 석사 학위를 획득하면서 문학을 교육과 학문에 접목하기 시작했다. 일찍이 한상수가 「한국아동문학의 교육적 기능연구」(1988)로 박사 학위를 취득하면서 아동문학을 교육적으로 접근하며 후학들을 길러낸 바 있으며, 김영훈이 「마해송 동화 연구」(2008)로 박사 학위를 획득하면서 동화 문학에 대한 연구에 정진하고 있다. 또한 전영관이 「辛夕汀의 詩의 植物 이미지 硏究」(2009)로 문학 박사 학위를 취득했으며, 김숙자가 「초등학교 시 창작교육 연구」(2010)로 교육학 박사 학위를 취득하면서 아동문학을 창작하는데 그치지 않고 학문적으로 연구하면서 후진 양성에 노력을 함으로써 대전 아동문단의 전망을 더욱 밝게 하고 있다.

다만 앞에서 지적한 몇 가지 사항의 과제가 현실적으로 대두되고 있다. 그러나 이 문제 중 신규 회원의 확보는 문학 지망생을 위한 '창작교실'을 마련하는 한편 신인상 제도 마련, 대학 문예창작과 및 국어 국문과의 연계 등으로 자구책을 세우고 있다. 다음은 회원의 노화 문제는 신규 회원의 영입으로 원로 및 중진과 신인들이 조화와 화합을 이루면서 자연스럽게 세대교체가 되도록 할 예정이다. 끝으로 순수성의 희석 및 사고의 다양성 양상 문제는 회원의 상호 의사소통과 함께 문학하는 자세로써 초심을 회복하는 마음으로 문학 혼을 불러일으키게 하여 가작을 생산하도록 하면서 문학의 목적을 문학에 두도록 독려해야 한다고 본다.

회고해 보면 우리 대전 아동문단의 뿌리는 50년대 충남 문화권에서부터 시작되었다. 그러나 이제는 행정구역상으로는 대전과 충남이 분리 된지가 23년이 되었다. 전에 비하여 충남권과 대전권의 문화 교류가 소원해지고, 문단 형성의 양상, 변모된 상황에서 우리 대전 아동문단도 이미 대전을 중심으로 중흥의 발판을 확고하게 마련하였다. 그러나 앞으로 충남권에 잔류한 아동문학인과 정보를 교류하면서 그들과 함께 영원한 동심의 세계를 향유해야 하는 과제를 안고 있다. 어린이들의 정신이 늘 새롭게 하고, 또한 인성을 따뜻하게 할 수 있는 아동문학 즉 문학의 두 기능인 쾌락성(예술성)과 교시성(교육성)을 충족하는 작품을 창작하는 분위기를 창출하도록 돕는 것이 문단활동을 활성화 하는 우리 대전아동문학인들의 공통된 바람이다.

참고문헌

김영훈, 『마해송동화의 주제 연구』. 정인출판사. 2009.

----, 「마해송 동화연구」(박), 중부대학교대학원, 2008.

----, 「초등학생의 묘사적 표현 지도방법 연구」(석), 공주교육대학교, 2002.

김숙자, 「초등학교 시 창작 교육 연구」(박), 한남대학교대학원, 2010.

김정헌. 「馬海松 童話에 나타난 抵抗意識 硏究」(석) 1996.

대전문인협회, 「大田文學選集」 권3(시조 · 수필 · 아동문학), 도서출판 대훈사, 1995.

대전아동문학회, 「푸른 메아리 · 권 22~32」, 대교출판사 외, 1998~2008.

박명용, 「대전문학과 그 현장」, 푸른사상, 2005.

----, 「대전문학사」,한국예총대전지회 , 2000.

새벗출판사, '대전아동문학회 약사'(김영훈) 「새벗」, 새벗출판사, 1997,

아동문학평론사, '대전아동문학회의 이모저모'(김영훈)「兒童文學評論」, 아동문학평론사,1990.

이재철, 「아동문학개론」, 서문당, 1990.

전영관, 「辛夕汀의 詩의 植物 이미지 硏究」(박)

정만영, 「한국전래동화연구」(석), 공주사범대학교 대학원. 1988.

충남 아동문학회 「푸른 메아리 · 권 1~34」, 아동문예사 외, 1974~2010

충남문인협회, 「忠南文學選集 권3(兒童文學篇)」, 충남문인협회, 1990.

한국아동문학회(이상현), '한국 동시 199년, 어제와 오늘 그리고 내일' 「한국아동문학회 세미나 자료」, 한국아동문학회, 2008.

한상수, 「한국아동문학의 교육적 기능연구」(박) 단국대학교대학원, 1988년.

평론가가 본 김영훈 작가 · 작품론

작품 평설 리스트

평자 명	제목	수록책명	연도	비고
정만영	향토색 짙은 작품들이 돋보이는 작품 세계를 들여다본다.	'꿈을 파는 가게' 발문	1983	
김상훈	「꿈을 파는 가게」 속에 담긴 향토적 작품의 향기	해강아동문학 심사평	1984	심사위원장
정만영	「외갓집 가는 길」에 담긴 서정성	달섬에 닻을 내린 배 '서평'	1986	
김문홍	이달의 동화문학 · 서평 「장군의말씀」	아동문예	1985	
이효성	이달의 동화 · 동화작가-보다 진실한 이를 밝힌 '달섬에 닻을 내린 배'	아동문예	1985	
송명호	「주워온 아이」 한국예술진흥원-아동문학편	한국 예술지(권 20)	1985	
KBS 2TV	「달섬에 닻을 내린 배」 극화 방영	KBS 2TV	1986	영상물
장문식	동화 계간 총평 · 「혜햄훈장님이 준 복」	아동문학평론	1987	
리헌석	동심의 삼중주	푸른 메아리	1992	
김신철	「퉁소 소리」에 담긴 맑은 영혼의 소리	한국아동문학작가상 심사평	1993	심사위원장
이재철	한국의 예맥 - 아동문학편 - 한국아동문학의 계보	한국일보	1996	
이재철	韓國兒童文學의 現實과 未來	아동문학평론	1996	
아동문학 부문	「14세의 외출」 한국예술진흥원-아동문학편	한국문화예술진흥원	1996	
김문홍	이달의 동화작품 · 서평 - 어른들을 향한 풀냄새 향긋한 동화 - 「지애의 탑돌이」	아동문예	1998	

평자 명	제목	수록책명	연도	비고
김경원	독후감 - 김영훈 선생님이 쓴 동화 '은주의 일기'를 읽고	어린이 문예 (부산 MBC)	1998	
엄기원	월간문학 월평 「개미들의 사냥」	월간문학	1999	
김문홍	어린이들의 살아있는 모습과 인격을 깨쳐준 「주워 온 아이」	아동문학 계평	1996	
이상배	월간문학월평 - 아버지와 아들	월간문학	2001	
김자연	이달의 동화문학·서평 - 아버지와 아들	아동문예	2001	
박성배	이달의 동화작가 '꿀벌이 들려준 동화'	아동문예	2002	
정만영	김영훈의 작품 세계	출판기념회	2002	
이진우	양쪽 날을 잡고 선 올곧은 문학정신	호서문학	2008	소설 「화해론」
정만영	김영훈의 작품세계	출판기념회	2009	
오순택	「별이 된 꽃상여」에 담긴 문학성을 인식 하는 자리가 되기를	대한아동문학상 심사평	2009	심사위원장
박성배	이달의 동화작가 '별이 된 꽃상여'	아동문예	2009	
박성배	월간문학월평 '넷 빼기 둘은 하나'	월간문학	2010	
송백헌	'동화를 만나러 동화 숲에 가다'는 대전에서 동화 평론의 새 지평을 열다	문학시대문학상 심사평	2009	심사위원장
유창근	「밀짚모자는 비밀을 알고 있다」에 담긴 몇 편의 작품들 살피기	김영일아동문학 심사평	2010	심사위원장
엄기원	「별이 된 꽃상여」에 담긴 김영훈의 문학성을 평가하는 소감	천등아동문학싱 심사평	2011	심사위원장
정만영	김영훈 동화 소재 및 주제설정의 변이과정과 표현기법에 관한 소고	푸른메아리 제 36권	2012	
조대현	'보여주기'와 '설명하기'	월간문학	2013	

작가 김영훈의 작품론 신문·잡지 자료

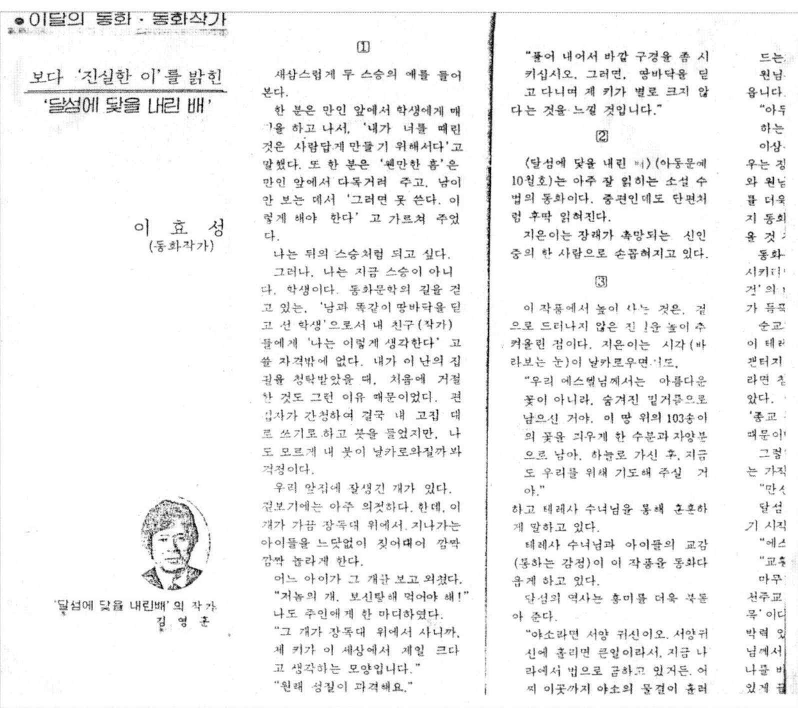

●이달의 동화 · 동화작가

보다 '진실한 이'를 밝힌

'달섬에 닻을 내린 배'

이 효 성
(동화작가)

'달섬에 닻을 내린배'의 작가
김 영 훈

①

새삼스럽게 두 스승의 예를 들어 본다.

한 분은 만인 앞에서 학생에게 매를 하고 나서, '내가 너를 때린 것은 사람답게 만들기 위해서다'고 말했다. 또 한 분은 '웬만한 흠'은 만인 앞에서 다독거려 주고, 남이 안 보는 데서 '그러면 못 쓴다. 이렇게 해야 한다' 고 가르쳐 주었다.

나는 뒤의 스승처럼 되고 싶다.

그러나, 나는 지금 스승이 아니다. 학생이다. 동화문학의 길을 걷고 있는, '남과 똑같이 땅바닥을 딛고 선 학생'으로서 내 친구(작가)들에게 '나는 이렇게 생각한다' 고 쓸 자격밖에 없다. 내가 이 난의 집필을 청탁받았을 때, 처음에 거절한 것도 그런 이유 때문이었다. 편집자가 간청하여 결국 내 고집 대로 쓰기로 하고 붓을 들었지만, 나도 모르게 내 붓이 날카로와질까 봐 걱정이다.

우리 앞집에 잘생긴 개가 있다. 겉보기에는 아주 의젓하다. 한데, 이 개가 가끔 장독대 위에서 지나가는 아이들을 느닷없이 짖어대어 깜짝깜짝 놀라게 한다.

어느 아이가 그 개를 보고 외쳤다.

"저놈의 개, 보신탕해 먹어야 해!"

나도 주인에게 한 마디하였다.

"그 개가 장독대 위에서 사니까, 제 키가 이 세상에서 제일 크다고 생각하는 모양입니다."

"원래 성질이 과격해요."

"풀어 내어서 바깥 구경을 좀 시키십시오. 그러면, 땅바닥을 딛고 다니며 제 키가 별로 크지 않다는 것을 느낄 것입니다."

②

〈달섬에 닻을 내린 배〉(아동문예 10월호)는 아주 잘 읽히는 소설 수법의 동화이다. 중편인데도 단편처럼 후딱 읽혀진다.

지은이는 장래가 촉망되는 신인 중의 한 사람으로 손꼽혀지고 있다.

③

이 작품에서 높이 사는 것은, 겉으로 드러나지 않은 진실을 높이 추켜올린 점이다. 지은이는 시각(바라보는 눈)이 날카로우면서도,

"우리 에스텔님께서는 아름다운 꽃이 아니라, 숨겨진 밑거름으로 남으신 거야. 이 땅 위의 103송이의 꽃을 피우게 한 수분과 자양분으로 남아, 하늘로 가신 후, 지금도 우리를 위해 기도해 주실 거야."

하고 테레사 수녀님을 통해 혼혼하게 말하고 있다.

테레사 수녀님과 아이들의 교감(통하는 감정)이 이 작품을 동화다웁게 하고 있다.

달섬의 역사는 흥미를 더욱 북돋아 준다.

"야소라면 서양 귀신이오. 서양귀신에 홀리면 큰일이라서, 지금 나라에서 법으로 금하고 있거든. 어찌 이곳까지 야소의 물결이 흘러

이달의 동화·동화작의 작가로 선정된 솔뫼 김영훈 (아동문예)

한국의 藝脈

우당·춘원이 뿌린 씨앗 소파 방정환이 본격 경작

윤극영 최초의 동요작곡집 '반달' 출간

윤석중은 아동문화운동 '새싹회' 창립

70년대 중반, 동시목적 싸고 일대 논쟁

이오덕·권정생등 리얼리즘 경향 도입

한국 아동문학의 계보

아동문학가 등단 80년대

총 900여명의 3분의2가 초등학교 교사

70년대 학번중심 대구教大출신 돋보여

한국의 예맥 - 김영훈이 한국일보에 80년대 등단작가로 소개된 자료

김영훈의 작품 총평

ㅇ 김영훈의 작품평

순수하고 깨끗한 동심의 승화
그윽한 흙냄새/물씬한 동화의 향기

「달섬에 닻을 내린 배」는 아주 잘 읽히는 소설수법의 동화다. 중편인데도 단편처럼 후딱 읽혀진다.

이 작품에서 높이 사는 것은 겉으로 드러나지 않은 진실을 높이 추켜 올린 점이다. 바라보는 시각이 날카로우면서도 테레사 수녀님과 아이들의 따뜻한 교감이 작품을 동화다웁게 하고 있다. 작품의 절정도 지은이는 박력있게 처리하고 있으며 마지막에 '테레사 수녀님께서는 아주 잔잔한 미소를 흘리며 나를 바라보고 있읍니다'로 긴 여운을 남기며 끝맺고 있는데 김영훈은 장래가 총망되는 작가 중의 한 사람이다.

이효성(동화작가)

「외가집 가는 길」은 향토적인 냄새가 물씬 풍기는 작품이다. 그의 대부분의 작품이 그렇듯이 농촌을 배경으로 이 이야기도 전개되는데 나는 김영훈의 작품을 대하면 늘 농촌의 풀냄새 흙냄새를 느낀다. 아마도 그의 몸에 그런 속성이 앙금처럼 가라앉아 있기 때문일 것이다.

그는 이 작품에서 명주실이 풀려나오는 듯한 유연한 문체로, 그러나 긴박한 변화를 의도적으로 배제하면서 아름답게 농촌을 수놓아 가고 있다.

정만영(동화작가)

「장군의 말씀」은 백제의 계백장군 이야기를 오늘의 시각에서 다루고 있는 작품이다. 우리 동화 작가들이 역사적인 사실을 오늘의 시각에서 다루기를 꺼려 하고 있는 척박한 현실에서 볼 때 이 작가의 이러한 시도는 그 의의가 크다.

다시 말해 역사물을 창작의 공간 속으로 끌어들여 형성화 시켰다는 작가의 의욕을 높이 사 줄 수 있는 작품이다.

김문홍(동화작가)

「김영훈」의 동화를 읽는 독자들은 주제나 작품상의 배경보다는 그의 깨끗한 동심의 세계에서 깊은 공감을 얻게 될 것이다. 그는 독자에게 어떤 교훈이나 사상을 심어 주려고 하지 않고 작품을 순수하게 내놓는다. 이야기 속에 교훈이나 사상이 아주 없는 것은 아니지만 그보다는 작품 자체의 예술성에 역점을 두었다고 하겠다.

또한 김영훈은 작품의 의미가 내면에는 담겨 있으나 겉으로 드러나지 않게 작품화 하고 있다는 점이다. 이러한 동화는 순수한 마음으로 순수하게 창작하지 않으면 안되는데 김영훈은 순수하고 깨끗한 동심을 지니고 있기 때문에 그의 작품 역시 그러한 성격을 띠게 되는 것이 아닐까?

리헌석(문학평론가)

그의 작품들은 전원을 바탕으로 하여 짙은 향토성을 심혼에 깊이 갈고 있음을 엿보게 된다. 작가들이 자기 목소리가 없다는 비난을 받고 있는 것과는 달리 김영훈 씨는 특유의 개성으로, 동화의 광맥을 파고 있다.

—정 만 영(동화작가)

작품평-달섬에 닻을 내린 배, 외가집 가는 길. 장군의 말씀과 인물 캐리커쳐

이달의 동화문학 서평

박 성 배

판타지동화, 의인화동화 그리고 생활동화에 대하여

'별이 된 꽃상어' '검정고무신을 신은 제비꽃' '뚝뚝뚝 동화가 놀러왔어요'

통상적으로 동화라는 장르의 집합(集合) 안에서 쉽게 떠올릴 수 있는 원소가 판타지동화, 의인화동화, 생활동화 등일 것이다. 사람에 따라서는 생활동화를 소년소설이라하여 동화의 범주에 넣지 않기도 하지만 현실과 환상세계를 공유하고 있는 어린이들의 세계를 인식한다면 꼭 그럴 필요는 없다고 생각한다. 왼발과 오른발을 교차하여 걷는 것처럼 현실과 환상을 교차하여 오가는 어린이들의 생활은 그 자체가 동화의 세계라고 보기 때문이다.

단지 어린이가 쓴 생활문처럼 평범하고 유치한 이야기가 되지 않도록 조심하고 공들여 써야 할 것이다. 약간만 방심하면 유치한 이야기가 되고 마는 것은 판타지동화나 의인화동화도 마찬가지이다. 동화라는 장르 자체가 누구나 쉽게 덤벼들 수 있고, 하다보면 어느 장르보다도 정교하고 어려운 작업이라는 것을 깨닫게 되는 것이다. 이걸 깨닫지 못하고 쉽게만 생각하는 작가들은 동화를 유치한 작문으로 전락시키고, 더 나아가 자기가 그렇게 한 줄도 모르고 작가 행세를 하는 것이다.

김영훈 작가의 『별이 된 꽃상어』는 6편의 중편동화를 모은 동화집이다. 이 중 「도치, 숲으로 사라지다」와 「바람과 구름과 달님」은 판타지동화의 범주에 속하는 동화들이다.

「도치, 숲으로 사라지다」는 외갓집이 있는 지족 마을에서 도치가 사라진 이야기에서부터 흥미를 유발하며 시작된다.

> 아, 드디어 비밀 문을 찾았다. 묘 날개 중 왼쪽이다. 나는 심호흡을 한다. 안에서는 누군가를 기다릴 것이 확실하다. 내가 도치와 약속된 시간은 묘시(05시에서 07시 사이)였다. 햇살이 찬란하게 퍼져 올라올 무렵에 입구에 와서 주문을 외워야 한다고 도치는 말했었다. 나는 도치가 알려주었던 대로 주문을 외기 시작했다.

김 영 훈

'별이 된 꽃상어'

판타지동화는 환상공간이 필요하다. 아울러 그 환상공간으로 들어가는 문이 있어야 한다.

김영훈 작가는 돌무덤 저편에 있다는 잃어버린 왕국을 환상의 공간으로 삼고 묘 날개 왼쪽을 그 공간으로 들어가는 문으로 삼았다. 나는 그 곳에서, 바다 건너에서 대왕이 오시기를 기다리는 촌장 일행을 만난다. 그들은 잃어버린 나라를 되찾으려는 꿈을 꾸고 있는 사람들이다.

> "그럼 나는……? 나는 어떻게 하고? 나는 어머니가 보고 싶은데……. 그리고 막내 외삼촌도……. 우리는 이곳에 잠깐 다녀가려고 한 것 뿐이잖아?"
> 나는 당황스러웠다. 어떻게 해야 될지 몰랐다.

무덤 안을 잠깐 살펴보고 싶었던 나는 도치가 그곳에 남겠다고 하자 갈등에 빠진다. 결국 도치는 그곳 사람들과 남기로 하고 나는 다시 비밀 통로를 통해 바깥 세상으로 나온다. 도치가 다시 현실 세계로 오지 않고 그곳에 남게 된 것은 조금 아쉬운 부분이다. 판타지동화는 등장 인물이 환상세계에 영원히 머무르게 해서는 안 된다. 그러나 주인공인 '나'가 바깥 세상으로 나와서 도치와의 약속을 지킨다는 설정은 환상세계와 더불어 그리움을 깔기 위한 작가의 의도라고 보아진다.

「바람과 구름과 달님」은 바람과 들꽃 이야기로 시작해서 모두 여덟 개의 이야기로 이어진다. 여섯 개의 이야기는 의인화 형식으로 진행되다가 일곱째 이야기에서는 타임머신을 타고 시간 속으로 여행하는 본격적인 판타지 형식을 취하고 있다.

> 이 달맞이골에 옛날 아주 오래전에 살았던 석공 세실부의 손자의 그 손자입니다. 그러니까 이 마을은 예로부터 돌일로 너무너무 유명한 동네입니다. (중략)

작품 - 박성배 평 - 김영훈 동화의 환상성 - 도치숲으로 사라지다 (아동문예)

동심의 삼중주

구진서, 정만영, 김영훈의 동화세계

리 헌 석

Ⅰ. 서(序)
Ⅱ. 작품분석(作品分析)
1. 관중이 누구에서……
2. 강파는 날
3. 꿈을 파는 가게
Ⅲ. 공통적 지향점
Ⅳ. 개인적 특질
1. 구진서
2. 정만영
3. 김영훈
Ⅴ. 결(結)

韓國藝術誌 二十券

김영훈의 작품평

大韓民國 藝術院

작가작품론 - 리헌석의 작품평 및 한국예술지 게재 작품 '주어온 아이'

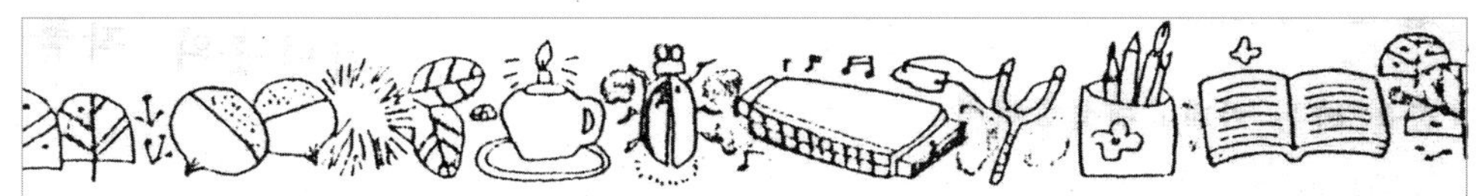

우수 독후 감상문

김 영훈 선생님이 쓴

'은주의 일기'를 읽고

부산 영덕국교 3의4 김 경원

은주 누나!

아빠 안계시다고 기죽지 말아요. 엄마 아빠 모두 안계신 아이들도 얼마나 많다구요.

우리 아빠는 넓은 바다를 누비는 마도로스 이지요. 그래서 1년에 한 번씩 만나요. 그러니까 [illegible] 우리 아빠는 손님이나 마찬가지예요.

아빠는 매년 나에게 말씀하시죠.

"아빠가 없다고 기죽지 말고 열심히 공부하여라."

은주 누나도 아빠없이 지내시는 엄마를 보아서라도 엄마를 더욱더 기쁘고 즐겁게 해드리세요. 그래야 착한 효녀가 되지요. 그럼 은주 누나 안녕!

김영훈 동화 '은주의 일기'를 읽고 (어린이 문예)

作家와 評者가 함께 쓰는 '동화 문학의 이론 줄기 세우기'

1. ○○○[167]월평 - '보여주기'와 '설명하기'

「○○문학」, 1월호와 「◇◇문학」 2012 겨울 호에 발표된 동화는 모두 6편이었다. 이번에는 실수요자인 어린이의 반응을 살펴보기 위해 옆집에 사는 4학년짜리 남자아이에게 먼저 읽혀보았다. 평소에 책을 빌리러 내 집에 자주 들락거리는 남자 아이다.(중략)

그런데 맨 마지막까지 남겨 읽기를 부담스러워 하는 작품이 있었다. 김영훈의 「○○돌이와 봉화」였다. 왜 이 작품을 맨 마지막까지 남겨 놓았냐고 물으니까 뒷머리를 긁으며 "지루해서요."라는 대답이 나왔다. 그래서 작품을 살펴보니 문장 서술이 지문 위주로 되어 있어서 지면 전체가 활자로 꽉 차 보였다. 그러니까 내용과는 관계없이 활자로 가득 찬 지면에 독자가 부담감이 앞선다는 뜻이었다. 아이의 이런 반응을 염두에 두고 아이가 골라 읽은 순서대로 세 작품을 먼저 읽어보았다.(중략)

이에 비하면 남은 3편의 작품은 독서심리 작동측면에서 불리할 수밖에 없는 문장을 서술하고 있었다. 앞에서도 언급한 「바람돌이와 봉화」는 작품 선체가 대화보다 지문으로 가득 채워져 있어 시각적으로 중압감을 주는데다가, 지문의 대부분을 국경마을 사람들과 바람돌이의 관계를 평면적으로 설명하는 데 할애하고 있어 더더욱 독서 욕구를 불

167) 평론자의 익명성 보호를 위하여 평론자 성명을 ○○○으로 처리함.

러일으키기 어려웠을 것이다. 이 작품은 이왕 설화 유래담 형식을 채택했으니 오늘날 남북으로 대치하고 있는 우리의 경우를 은유적으로 암시하는 판타지 물로 만들고, 바람돌이라는 가상적 캐릭터를 좀 더 매력적으로 그려 활동하게 했더라면 어린 독자들이 흥미롭게 다가가지 않았을까 하는 아쉬움이 든다.(중략)

이 글 앞부분에서 거론한 3편 작품의 서술 기법도 이런 시대변화에 적응하기 위하여 개발한 기법이라고 볼 수 있다. 장면 묘사도 스토리를 이끌어나가는 이런 기법은 영상화면에 길들여진 요즘 어린이들의 생활 리듬과도 일맥상통한다고 할 수 있다. 이에 비해 설명 위주로 줄거리를 이끌어간 뒤의 3편은 독자의 수용 심리를 고려하기보다 작가의 개성대로 쓴 작품이라고 하겠다. 앞의 것을 '보여주기(showing)' 기법이라고 한다면 뒤에 것은 '설명하기(telling)' 기법이라고 할 수 있겠는데. 과거에 많이 쓰던 설명하기 기법이 보여주기 기법으로 변화하고 있는 것은 시대적 추세에 따른 문장 서술의 진화현상이 아닐까 하는 생각이 든다. 신문기사도 요즘은 사건의 개요만 전하는 것이 아니라 '어디 사는 아무개씨는…' 하고 현장감을 살려 쓴 것을 보아도 이런 변화의 추이를 알 수 있다.(하략)

2. "○○○의 월평"에 대한 김영훈의 자성과 변명

○○○ 선생님,

○○문학 2월호(2013) 에 선생님께서 써 주신 제 작품 「○○돌이와 봉화」등 6편에 대한 월평 잘 읽었습니다. 부족한 점에 대하여 지적해주시어 감사합니다. 평소 작품성이 많이 약하고, 게다가 대전 지방에 거주하고 있는지라 서울 중심의 창작 활동과 문화현상으로 인해 여러 가지 제한된 점이 있어 주목 받지 못하던 차에 제 작품에까지 관심을 주신 선생님의 평을 읽고 매우 반가웠습니다.

이번에 선생님의 글을 읽으면서 저는 부끄러운 마음으로 스스로를 돌아보며 자성을 합니다. 선생님과 같은 평자가 아니라 해도 어느 익명의 독자에게서 '당신의 작품 잘 읽었습니다.' 라는 말만 들어도 갑자기 제가 발가벗겨진 몸 안에 감추어진 은밀한 치부를 내보이는 것처럼 얼굴이 화닥거렸던 저였었습니다. 하온데, 고명하신 선생님의 평을 읽으면서 어떻게 부끄럽지 않겠습니까?

선생님, 선생님께서는 초등학교 4학년생인 독자에게 작품을 읽혀보았는데 제 작품 「○○돌이와 봉화」가 비평 대상 작품인 여섯 동화 중에 읽기가 망설여지는 마지막 순위에 있었다는 지적을 하시면서 작품에 대한 평을 시작하셨습니다. 그러면서 읽혀지지 않는 원인이 우선 내용에 상관없이 바탕글(지문)만으로 문장을 서술한 점이 어린 독자에게 지루함을 낳게 했다고 평하셨습니다. 주 독자인 어리이의 독서 심리나 아동발단 단계를 염두에 두지 않았다는 말씀으로 인지되는군요. 맞습니다. 선생님의 지적에 동의합니다.

저는 초등학교에서 40년이 넘게 근무한지라 어린이들의 독서 발달 과정이나 독서 수준을 비교적 잘 알고 있습니다. 지적하신대로 '보여주기'가 아닌 '설명하기'로 일관해 상황이나 사건을 지나치게 오래도록 지루한 서술을 하였기 때문에 독자가 내용을 수용하기보다는 오히려 독서 기피 현상이 나타날 수 있다고 저도 생각합니다.

그러나 한편으로 보면 선생님께서 평해 주신대로 "앞의 것을 '보여주기(showing)' 기법이라고 한다면 뒤에 것은 '설명하기(telling)' 기법이라고 할 수 있겠는데, 과거에 많이 쓰던 설명하기 기법이 보여주기 기법으로 변화하고 있는 것은 시대적 추세에 따른 문장 서술의 진화현상"이라고 볼 수도 있지만 영상문화가 불러온 폐해라고도 볼 수도 있지 않을까요? 저는 영상문화에 젖어 인간이 깊이 사고하고, 또 상상력을 넓혀가는 과정에서의 탐구정신이 사라지면서 재미나 쾌락만을 추구하는 데에 대해 많은 우려를 표합니다. 이를 절감하면서 작가들은 오히려 즐거움을 갖게 '보여주기'보다는 사실이나 현상을 리얼하게 또는 환상적으로 나타내야 하는 표현을 통해 동화문학은, 쾌락성과 교시성이 함께 충족되어야 한다는 사실을 인식시켜 주어야 한다고 봅니다. 그런 면에서 볼 때 '설명하기'는 여전히 객관적 묘사라는 입장에서 표현의 기반이 되고 있지 않을까요?

물론 일반적으로 사건이나 상황의 템포가 빨라야 하고 문장이 짧고 긴박해야 독자가 긴장하는 것을 알고는 있습니다. 게다가 어린이의 문장 호흡이 짧다는 특성과 함께 선생님께서 지적하신대로 요즈음 독자들이 어른이나 아이 할 것 없이 영상문화에 익숙해 있어 활자 문화에 대해서는 조금의 지루함도 참지 못하는 경향이 있다는 것을 계속 부정하고 싶지는 않습니다.

하오나 인식 면에서 혹시 오해를 하실 수도 있다는 생각을 하며 차제에 이에 대한 변명을 감히 드리고자 합니다. 문학 작품을 포함한 모든 글은 그 글 속에 의미가 담겨져야 합니다. 창작(글쓰기)이란 생활 경험이나 있을 수 있는 가능한 세계에 상상력까지를 소재로 채택하고 확정 시켜서 그 속에 생각(철학), 즉 의미를 활자(문자)를 빌어 생성해내는 작업의 산물입니다. 의미가 담겨지지 않으면 아무리 표현 기법이 좋다 해도 그것은 '언어의 유희'에 불과하다고 봅니다. 그러함에도 우리 작가들은, 특히 동화를 쓰는 이들 중에 일부 작가들이 이를 간과하고 있는 것이 사실입니다. 문장훈련이 미흡한 채 작품을 쓰는 이들이 생각보다 많다는 말씀입니다. 그렇다고 앞에 모모와 모모 그리고 모모 등 세 작가의 동화가 그렇다는 말씀은 아닙니다만, 우선 먹기는 곶감이라는 식의 기발한 아이디어나 날렵한 표현으로 독자에게 다가들려고 합니다.

그러나 이런 현상은 작가의 잘못이라기보다 어린 시절 학습과정에서 '단락내지 문단을 조직' 하는 문장수련을 할 기회를 얻지 못한데서 왔다고 봅니다. 문장 조직이나 문체 익히기라는 면에서 볼 때, 우리 교육 현장에서는 오래도록 시행착오를 반복해 왔습니다. 최초의 제도권 교육에 입문하게 되는 초등학교 교육과정에 의해 제작된 1학년 국어(읽기)교과서를 살펴보면 줄글 쓰기로 일관해온 것이 대표적인 사례 중의 하나입니다. 내용을 생성하기 위해서서는 줄글(문장)이 조화롭게 모여 단락을 이루고 그 단락이 모여 문단을 형성하고 그 문단이 완성된 글을 만들어내어 확실한 의미가 생성된다는 사실을 염두에 두지 않고, 교육 입문 기에 처한 학생들에게 이를 가볍게 여기며 미분화된 아이들이니 이쯤으로 된다 생각하며 가르쳐온 것입니다. 그런 식의 교육을 받은 결과로 일반인은 물론 작가들까지도 조직력이 미완된 채로의 서술을 낳게 한게 아닌가 합니다.

제5차 교육과정에서부터인가요? 이를 시정해주기 시작했습니다. 현행교과서에서도 초등학교 1학년부터 분명하게 문장이 논리적으로 조직되어야 내용이나 의미가 담긴다는 걸 가르치고 있습니다. 지금 젊은 청년들은 이런 문장 조직 훈련을 받고 교육되어진 이들입니다. 그건 참 다행스런 일입니다. 저는 이를 염두에 두게 되면서 그동안의 줄글 중심의 동화나 지나치게 대화 수준으로 상황을 전개하면서 동화를 써 오던 문체를 바꾸었습니다.

저는 지금도 동화 독자들이 어린 시절부터 제대로 조직된 문장들이 의미를 만들어낸 동화를 읽게 함으로써 문학적 접근을 하게 함은 물론, 논리성과 함께 정서적으로도 순화되는 감동을 받게 할 수 있어야 한다고 생각합니다. 다만 저의 이런 시도가 아직 미숙한 상태이고, 동심과 함께 그 어린이들이 갖는 심리적 · 신체적 특성이 있는데, 이를 고려하지 않은 창작 과정에서의 표현 기법 면에서 선생님께 비판 받는 게 아닌가 하여 크게 자성을 하면서도 아울러 변명을 드리는 바입니다. 혹 제가 드린 이 변명이 오류를 범하고 있다면 용서하시기 바랍니다. 물론 저는 '지루한 동화'가 되었다는 지적을 선생님의 채찍으로 알고 겸허하게 받아들이겠습니다.

다음으로는 또 한 가지 변명을 드릴 게 있습니다. 제 작품 「○○돌이와 봉화」는 원래 의도하기를 바람과 구름이 해님의 도움을 받으면서 상호 간에 관계를 개선해나가는 인간의 삶을, 이야기로 쓰려는 의도가 있었다는 걸 밝힙니다. 이쪽에 관심과 애정이 깊어 저는 전에도 '동일한 소재'를 택해 연작동화, 아니 장편 형식의 작품을 써 온 바 있습니다. 앞으로도 이쪽에 무게를 두면서 제 작품 세계를 넓혀 볼까 합니다.

그러나 그런 저의 의도가 이렇게 선생님의 공감대를 형성시키지 못한 것은 작품으로 형상화시킬 수 있는 완성도면에서 작가적 역량을 보여드리지 못했기 때문이라고 생각합니다. 인간의 삶에 전폭적으로 영향을 주는 바람과 구름과 달님 그리고 해님들을 중심축에 놓고 이들 소재를 내세워 인간 삶의 모습을 환상적인 표현기법으로 창작을 한다는 시도가 좀 미흡했나 봅니다.

차제에 저는 부연 설명하고 싶은 것이 또 있습니다. 이 작품은, 정보와 통신 면에서 인간의 원시적인 삶에서부터 현대 첨단 통신 기기를 접하는 세상의 과정을 연작 형태로 작성해 최종적으로는 스마트한 도시로 가는 데까지의 이야기를 쓰려고 했던, 제 의도가 숨겨져 있는 작품입니다. 이 이야기는 두 번째 이야기인데 그래서 굳이 '봉화'를 일부러 설정한 것입니다. 선생님께서는 이를 남북분단 상황으로 이끌어갈 수 있었으면 하는 설화나 전승 동화 쪽으로 유추를 하셨군요. 작가의 의도를 알 수 없으셨던 선생님께서는 어쩜 당연한 걸로 생각이 됩니다.

저는 이미 바람과 구름과 달님이 주인공이 되어 평화로운 농어촌의 삶, 그리고 남북분단 문제라는 현실에서 확대해 고구려 광개토대왕비까지 거슬러 올라가는 가는 역사적 의식을 깔은 이야기를 다룬 적이 있습니다. 『스마트 시티로 가는 바람돌이』라는 큰

제목을 앞세우고 「○○돌이와 봉화」라는 작은 제목을 붙이고 쓰려다가 작의를 감춘 것이 선생님의 오해를 불러 일으켰나 생각하며 이렇게 사족을 달고 있습니다.

○○○ 선생님,

동화 읽기의 주 독자가 어린이임은 분명하나 평자는 성인입니다. 선생님께서 모양새를 갖추려는 의도를 가지고 이 번 평에 제 작품 「○○돌이와 봉화」이야기 등 여섯 편을 다루실 때 '초등학교 4학년 어린이'를 꿔 오셨습니다. 역시 4학년은 유년기를 벗어나 전(前)사춘기가 막 시작되는 아이에 불과합니다. 그러나 선생님의 비평 방법을 겸손하게 받아들이겠습니다. 물론 주독자인 어린이나 성인이 함께 인정해주고 선호하는 동화가 진정 좋은 작품입니다. 그건 동화작가들의 소망이기 때문입니다.

하지만 제가 논문을 쓰기 위해 조사 연구하는 과정에서 인식된 것은 어린 독자의 '재미성'과 동화의 '문학적 작품성'이 일치하기 쉽지 않다는 것입니다. 많은 차이가 있었습니다. 어린이는 '재미'를 뛰어넘어 작품에 대한 문학성을 파악하거나 가치관을 갖기에는 아직 미숙한 존재이기 때문입니다. 더구나 작품다움을 논리적으로 이론에 줄기를 세워 비평하는 힘은 절대 부족합니다. 그런 의미로 저는, 독자와 평자의 입장에서의 이 차이(갭)에 대해서도 어느 지면을 통해 이미 촌평으로 다룬 적이 있습니다.

○○○선생님,

선생님의 작품 평에 대해 긴 사족을 달아 죄송합니다. 스스로를 반성하고 자성하면서 더 좋은 작품을 쓰고자 하는 의욕과 열정으로 받아주시기 바랍니다. 저는 이런 일로 마음에 상처를 받지는 않습니다. 오히려 연단의 계기로 삼는 것이 제 문학적 접근 방식입니다. 참고로 아래에 "동화의 문체·문장에 대하여'라는 월간문학 월평을 한편 첨부합니다. 대수롭지 않은 글입니다만 읽어주시면 감사하겠습니다. 선생님, 더욱 강건하시고 늘 문운이 깃드시기를 기원합니다. 아울러 앞으로도 계속 지도 편달바랍니다, 안녕히 계십시오.

2013. 3. 1

대전에서 김영훈 올림

첨부 : 「월간문학」게재 월평[168)]

---

168) 이 월평에서 작가와 작품의 익명성을 위하여 ○○○의 『◇◇◇…』, ***의 「□□□□□…」, ○○○의 동화 「◇◇◇…」 등으로 표시함.

3. 동화의 문체·문장에 대하여

'글은 곧 사람이다'라는 말에서 정의된 의미를 반추하지 않더라도 문체(style)는 그 작가만이 갖는 개성이라고 본다. 문자 언어, 즉 글말을 사용하는 이의 성격의 발로로서의 개성이 바로 문체이다. 수사학 상으로는 흔히 간결체, 만연체, 강건체, 우유체, 화려체, 건조체 등으로 분류되기도 하지만 굳이 작가가 아니더라도 글 쓰는 이라면 누구나 갖는 특유의 문체가 있기 마련이다.

이 문체는 글쓰기에 있어서 작품 속에 감동적인 주제를 담는 일과 함께 표면적이기는 하지만 중요한 의미를 갖는다. 다만 문체는 작가 개인 개인마다가 갖는 표출적 특성이므로 어떠한 문체를 구사하느냐 하는 것은 그 작가에게 달려 있는 것이지 굳이 논의의 대상으로는 삼을 수는 없다고 지적하는 이가 있을 수 있다. 그러나 내용 또는 주제를 담기 위한 그 작가만의 문체는 기본적으로, 문장을 어떻게 조직하고 배열하느냐에 따라 달라지기 때문에 한 번쯤 집고 넘어갈 필요가 있다고 본다.

주지하다시피 글은 작가의 생각을 담는 그릇의 역할을 한다. 그런데 우리말은 첨가어로서 음운이 모여 음절을 이루고, 그 음절이 모여 단어를 구성한다. 그리고 그 단어가 다시 어절을 형성하며, 그 것들이 순서에 맞게 배열·조직되면서 문장을 이룬다. 이렇게 만들어진 문장 속에 최초로 의미나 생각이 담겨지게 된다. 그러나 한 문장만으로는 완전할 수가 없다.

글은, 한 문장이 아니라 한 문단으로 구성되면서 비로소 생각(의미)이 담겨진다는 말이다. 즉 두 세 문장 또는 그 이상의 문장이 집합되어 한 문단을 이루는데, 이때 완결된 사고를 전달하는 최소의 단위가 된다. 그러므로 문단을 구성하는 일은 글을 쓰는 작업을 하는 이들에게 아주 중요한 의미를 가지게 되며, 그 작가만이 갖는 문체를 형성하게 하는 요인이 되기도 한다.

물론 이 때 작가의 개성에 따라 문체가 다르게 나타나기 마련이지만 말이다. 수식어를 많이 사용하느냐, 그렇지 않느냐 라든지 문장의 길이가 간결하냐, 길으냐, 또는 느낌이 부드러운 문체를 사용하느냐, 강하냐에 따라 같은 주제를 다룬 작품이라도 독자에게 던져주는 감동은 다를 수도 있다.

그러므로 이러한 문장 표현과 문체 그리고 문단을 형성하는 일은 동화의 표현 기법이 리얼리티냐, 판타지냐 와는 상관없이 매우 중요하다고 본다. 우리는 흔히 동화의 주 독자인 어린이의 호흡이 짧으니 문장의 길이가 짧아야 한다, 또는 심리적으로 집중력이 떨어지므로 장면 변화나 사건의 흐름이 빨라야 한다 는 등 고정화된 생각을 가지고 있다. 물론 맞는 말이다.

그러나 동화 문학에 종사하는 작가들로는 이 생각들을 한 번쯤 집고 넘어가야 할 필요가 있다. 왜냐하면 문장이 간결한 것은 그렇다고 치고, 기본적으로 동화에 나타나는 문장이 한 문단을 형성하지 못하는 경우가 종종 눈에 띄어 유감스럽기 때문이다. 문단은 '문장의 집합체로 하나의 완결된 사고를 전달하는 최소 단위' 라는 지적대로 글쓰기의 기본이라는 점에 유의해야 한다. 글이 논리적이어야 한다는 범주에서 동화도 결코 벗어날 수는 없다는 지적을 안 할 수 없다.

물론 정서 표현을 하는 동화는 설득하는 글이나 지식·정보를 전달하는 글에 비해 조직력이 떨어질 수도 있다. 문단을 엄격하게 구분할 수 없는 경우도 있다. 잦은 대화체 문장의 출현, 그리고 반전이나 비약 게다가 빠른 템포로 이어지는 사건의 흐름 등으로 글이 비논리적일 수도 있다. 더러는 비문(非文)인데도 작가적 체험이 독자의 상상력을 촉발시키면서 오히려 뭉클한 감동으로 다가들게 할 수도 있다.

하지만 글은 일반적으로 논리성이 강조되어야 한다는 데에 대해서 부정할 사람은 없다. 대화 기법과는 좀 다르다. 화자와 청자가 대면하면서 나누는 대화는 설혹 논리성이 좀 떨어진다 해도 의사소통도 되고 설득도 가능하다. 그러나 동화는 작가와 독자의 일대 일 대면이 아니다. 불특정 다수에게 던져진다.

그래서 굳이 이 달 새해 벽두에 평자가 문장과 문체에 대해 화두로 삼는 것이다. 그런 의미에서 평자는 지난달에 발표된 동화를 중심으로 하여 그 작품 속에 담긴 감동적인 요소와 함께 좀 더 구체적으로 문체와 문장에 대해서 언급하고자 한다.

> "앗, 쭈구리 대왕님!"
> 앗쭈구리 대왕님이 아이들을 향해 손을 흔들었습니다.
> "앗쭈그리 대왕님, 우리가 쭈구리성을 쌓았어요."
> 아이들이 돌맹이로 쌓은 성을 가리켰습니다.

대왕님의 두 눈이 반달 모양으로 웃었습니다.

"멋있구나. 훌륭해"

"이리 나오세요."

아이들이 손짓했습니다.

"그래. 그래."

창문에서 대왕님 모습이 사라졌습니다.(하략)

위 글은 ○○○의 『◇◇◇성의 전설』(兒童文學評論 겨울호)에서 따온 일부이다. 이 작품은 꽤 긴 동화이다. 이 이야기를 읽다보면 어느새 환상으로 빠지게 된다. 그리고 시를 읽을 때처럼 운율도 느끼게 된다. 그런데 어찌다 보니 옛날 1학년 교과서를 읽는 착각에 빠진다. 중편에 가까운 꽤 긴 이야기가 거의 반복적으로 '한 문장 한 문단의 줄 바꾸기'가 전개되고 있기 때문이다.

평자는 이 작품을 읽으면서 작가의 동화를 빚는 재주가 탁월함을 느낀다. 그러면서도 한편으로는 이 작품에서 어떤 의미를 탐색하기에 앞서 문체 또는 형식이 먼저 다가들어야 함을 부정할 수도 없다. 내용은 글 속에 담겨져 있지만, 문체나 문장은 겉으로 드러나는 것이 빤히 보이기 때문이다.

그러기에 평자는, 작가가 실험적인 시도를 하고 있다고 긍정적으로 생각하면서도 산문으로서의 동화를 조직하는 면에서는 다시 재고를 하여야 하지 않을 까 하고 고개를 갸웃한다. 종전과는 달리 현행 초등학교 교과서에서도 1학년 때부터 문장을 조직적으로 서술하고, 문단을 형성하는 것을 염두에 두고 교재를 구성하고 있다는 사실에 주목해야 한다. 인간의 조직적인 사고나 창의력이 언어를 구사하고 조직하는 데서부터 출발한다고 주장하는 학자들의 견해도 만만치 않다. 유년 시절부터 우리 국어를 창의적으로 사용하면서 논리력을 키우게 하려는 배려가 동화의 예술성과 함께 병존해야 한다고 평자는 사족을 달고 싶다.

예시① 제갈 나라선생은 고개를 갸웃했습니다.

싸운 것이 분명한데 싸우지 않았다고 둘이서 똑같은 말을 하니 어리둥절했습니다.

예시② 아파 죽겠다고 휘창이는 죽는 시늉을 해 보였습니다.

얼굴이 시뻘개져 가지고 독이 있는 지네한테 목도 물리고 내 손도 물렸다고 깡충 깡충 뛰었습니다.

예시③ 버럭 소리를 지른 제갈나라 선생은 와살맞게 찬종이와 휘창의 뒤덜미를 잡아챘 습니다,

둘은 피를 흘리면서 마지못해 이끌려 일어섰습니다.

위 작품은 ***의 「ㅁ ㅁ ㅁ ㅁ ㅁ는 그 비밀을 알고 있을까?」(아동문예 12월호)에서 문체, 또는 문단의 형성을 염두에 두고 따온 예문이다. 이 작가 ***은 앞서 언급한 ○○○의 『◇◇◇성의 전설』과는 다른 측면에서의 비중이 있는 중편 동화 한 편을 선뵈고 있다. 그는 이 글을 모두 457문장으로 구성하고 있다. 그 중에서 대화체 문장이 228문장이다. 그리고 지문으로 깐 바탕글 문장은 229문장이다. 대화체가 주종을 이루는 작품이라는 것을 한 눈에 간파할 수 있다. 그런데 작가 ***은 작품의 절반이 대화체 문장이기에 굳이 문단을 따로 가를 필요 없다고 보는 걸까?

이 작품에서 229개의 지문 중 두 문장 이상으로 구성 된 문단 형식은 고작 스물 넷 뿐이다. 그리고 나머지 205문장은 대화체 문장의 틈새에 끼어 한 문장으로 서술되면서 대화체를 잇는 징검다리 역할을 하고 있을 뿐이다. 이런 문장 구성 방법이 ***의 동화 표현 기법이다. 애초부터 문단 구성을 염두에 둔 작품이 아니란 것을 인지할 수 있다. 하지만 작가는 대화체 중심의 작품을 집필하면서도 의미를 생성하고, 나아가서는 여기에 주제를 담아서 독자를 감동의 세계로 이끌어 가고 있는 것을 일단은 인정해야 한다.

다만 평자의 견해로는 이 작품에서 각각 한 문장이 아닌 두 문장 이상으로서의 문단을 구성할 수 있는 여지가 있는 데도 그는 굳이 한 문장씩 벌려 썼다는 점에서 문단 구성상 아쉬움이 있다. 물론 작가의 의도를 인정하면서도 말이다. 그런 뜻에서 작품에서 따온 위 세 예시문의 경우도 두 문장을 각각 따로 서술하지 말고, 한 문단으로 구성해야 하지 않을까 하고 생각한다.

아이들이 모두 집으로 돌아가 버린 텅 빈 교실은 고요하다.

조금전 까지만 해도 귀가 멍할 정도로 떠들썩했던 교실이었다는 게 믿어지지 않을 만큼 조용하다.

운동장에서 놀고 있는 아이들의 목소리도, 방망이에 맞은 야구공의 탄력 있는 소리도 꼭꼭 닫아 놓은 창문을 통해 들으니 아득히 먼 곳에서 들려오는 거 같다.

위 글은 ○○○의 「◇ 친구 ◇◇이」(월간 문학 12월호)의 앞부분에서 따왔다. 이 예시에서도 작가 ○○○는 모두 한 문장이 한 문단을 형성하게 하고 있다. 그러나 '고요하다'는 의미를 담는 이 글은 세 문단으로가 아니라 각각의 문장 셋이 한 문단으로 조직되어야 고요함을 더 잘 나타낼 수 있는 '의미'를 생성할 수 있다고 본다. 여러 문장이 집합되어 뭉뚱그러진 한 생각을 창출한다는 점을 처음부터 작가는 배려하지 않았음을 알 수 있다.

① 영어 학원에서 돌아온 종일이는 화장실에 들어가 손만 대충 씻었습니다. 그리고 우유와 식빵으로 점심을 대충 먹었습니다.

엄마가 없으면 이렇게 대충대충 해치우는 것이 종일이의 버릇입니다.

② 거실로 나온 종일이는 벽에 붙어 있는 뻐꾸기 시계를 봅니다. 12시 정각입니다. 시침과 분침이 모두 12시에 모아졌습니다.

이제 뻐꾸기가 시계문 밖으로 나와서 열 두번을 '뻐꾹 뻐꾹!……'하고 읊을 시각입니다.(하략)(번호① ②는 평자가 임의로 붙임)

위 글은 ○○○의 「◇◇◇과 콩롱새」(월간 문학 12월호)의 앞부분이다. 위 ①글에서 첫 문단은 두 문장으로 되어 있는 반면에, 둘째 문단은 한 문장으로 구성되어 있다. 이 세 문장을 한데 묶어 '한 문단'으로 구성해야 하지 않을까? 그런 현상은 바로 뒤에 오는 ②에서도 마찬가지이다. 앞 세 문장은 한 문단을 이루고 있으나, 네 번째 문장은 독립된 채로 다시 한 문단을 이루고 있는데, 평자의 생각으로는 이 문장들도 한데 묶어 '한 문단'으로 조직해야 한다고 본다. 이러한 현상은 ○○○의 동화 「◇◇◇과 콩롱새」가

끝날 때까지 여러 번 나타나고 있다.

이밖에도 격월간지 '어린이 문예' 등 많은 잡지, 또는 계간지 '아동문학연구' 그리고 동인지에 수록된 작품들에서도 더러 문장의 조직 그리고 문체 면에서 논의의 대상이 될 수 있는 작품을 발견했다. 그러나 지면 관계로 더 논의할 수 없음을 아쉽게 생각한다. 다만 우리 동화 작가들이 그 동안 내용이나 메시지 전달에 비중을 두었음을 솔직히 인정하고, 글 쓰기의 기본에 유의해야 하지 않을까 하는 생각으로 이런 제언을 할 뿐이다.

모두에서 밝힌 바와 같이 문체와 문장은 작가 각 개인의 특성이요, 개성의 발로이다. 그러나 다시 말하지만 문장의 구성은 글을 쓰는 밑바탕이 되고, 문체를 결정하는 기본이 된다. 평자는, 작가가 모양새가 완전하게 갖춰진 틀(형식)에다가 맛있는(?) 주제나 감동을 담을 수 있는 내용의 동화를 집필하기 바란다. 그러는 동안 독자는 훨씬더 동화를 사랑하게 될 것이고, 어린이는 꿈과 희망을 성인은 잃었던 동심을 회복하게 하는 가작들도 많이 나오게 될 것이라고 생각하며, 감히 동화의 구성의 기본이 되는 문장과 문체에 대해 잠깐 다루었다.

4. ○○○ 평론자의 편지

김영훈 詞兄

답신이 늦어졌습니다. 실은 김형의 메일을 받고 한동안 정신이 멍한 상태였습니다. 남의 가슴에 지울 수 없는 큰 상처를 입혔구나 하는 자책감 때문이었습니다. 그렇다고 전화로 위로를 드리자니 내 허물을 얼버무리는 꼴이 될 것 같고, 그래서 기왕에 김형이 글로써 소신을 피력하셨으니 나도 글로써 화답하는 것이 예의이겠다 싶어 이 생각 저 생각을 하다 보니 어느새 한 달이 훌쩍 지나가 버렸습니다. 서둘러 화답을 하지 못한 점 대단히 미안합니다.

그동안 여러 가지로 생각해 보고 스스로 내린 결론은 내 접근 방식이 졸렬했다는 것이었습니다. 아무리 사심 없이 쓴 글이라도 결과적으로 작품에 서열을 메기는 듯한 인상을 주면, 글 쓴 본인의 본의와도 다르게 당사자인 작가에게 큰 타격을 입히게 되는 법인데 그 때 왜 거기까지 생각이 미치지 못했는지 후회스럽기 짝이 없습니다. 아마 김형이 이런 장문의 메일을 보냈을 만큼 심경이 상하신 것도 바로 이 점 때문이 아닐까 생각하면서, 내 생각이 한참 모자랐음을 자인하고 진심으로 사과를 드립니다.

그리고 김형이 서운한 마음에도 불구하고 감정에 치우치지 않고 진지하게 소신을 밝혀주신 점에 대해서도 고맙게 생각합니다. 김형이 피력하신 글 내용은 대부분 공감하는 것이라 따로 토를 달 생각은 없습니다만, 모처럼 긴 글을 주셨으니 화답하는 의미에서 몇 가지 논점에 대해 내 견해와 입장을 덧붙이도록 하겠습니다.

첫째, '보여주기'와 '설명하기' 문제에 대해

김형이 문제에 대해서 상당한 연구가 있었다는 것을 알았습니다. 요즘 아이들이 길게 이어지는 지문에 대해 독서 부담감을 갖게 된 것이 영상문화와 잘못된 교육의 피해라는 진단과, 그럼에도 불구하고 '설명하기' 기법은 문장 표현의 기반이 된다는 주장에 조금도 이의가 없습니다.

다만 나는 요즘 아이들의 독서 심리가 보여주기 식 문체에 익숙해졌고, 그런 흐름을 쉽게 바꿀 수 없는 이상 동화 작가들도 변화된 아동 독서 심리에 부합할 수 있는 문장 표현 기법에 신경을 쓰면 좋겠다는 의견을 말하고 싶었을 뿐입니다. 그러니까 『○○문학』 2월호의 내 글은, 김형의 주장을 부정하는 것이 아니라 작가의 표현 기법과 독자의 수용 심리 사이에 접합점을 잘 찾아 애써 쓴 작품이 될 수 있었으면, 많이 읽힐 수 있겠다는 주장쯤으로 이해해 주셨으면 좋겠습니다.

한 가지 더 사족을 붙이자면 지문이 좀 길어도 그 내용이 행동 묘사처럼 생동감과 현장감이 넘치고 변화되는 모습이 동적으로 그려져 있다면 독서 흡인력 유발에 별 무리가 없다고 봅니다. 왜 이런 생각을 하느냐 하면, 가끔 내가 젊었을 때 쓴 작품과 60代 후반 이후에 쓴 작품을 비교해보면 확연히 차이가 나는 것을 발견하기 때문입니다. 젊었을 때 쓴 작품은 지문이 길어도 문장에 박력이 있고 묘사에 동적 감각이 살아 있어 그런대로 읽을 맛이 나는데, 나이 들어 쓴 작품을 보면 문장이 관념적으로 흐르고 중언부언이 많아 자신이 읽어도 맥이 빠지고 지루하다는 느낌이 듭니다. 불과 2~3년 전에 쓴 글인데도 다시 읽다보면 그 글을 쓸 당시 내가 괜히 혼자 흥분해 자기도취에 빠졌었구나 하는 생각이 들 때가 많습니다. 그래서 동화를 쓰기가 어렵다는 생각을 합니다.

둘째, 「○○돌이와 봉화」에서 남북문제를 유추한 까닭

김형 말대로 나는 독립된 한 편의 단편 동화인 줄 알았습니다. 그래서 오늘과 같은 시대에 왜 봉화의 발생 유래담과 같은 작품을 쓰셨을까 의문을 가졌던 것이 사실입니다. 더구나 배경이 서로 적대시 하는 국경 마을이고, '바람돌이' 라는 주인공이 양국 사이를 자유롭게 넘나들 수 있는 캐릭터라, 이런 설정이라면 차라리 오늘의 남북문제를 주제로 다루는 것이 더 시의적이고 의미기 있지 않을까 하는 생각이 든 것입니다.

그런데 연작의 한 부분이라는 해명을 듣고 나니 내가 작가의 의도를 모르고 엉뚱한 상상력을 발휘(?)했구나하는 생각에 저절로 쓴 웃음이 나옵니다. 내 의견을 한 바탕 해프닝으로 치부하시고 구상하신 의도대로 계속 후속 작을 써 나가시기 바랍니다.

셋째, '재미성'과 '문학성'에 대해

아동문학에서 참으로 중요한 논의인데 이 두 가지 조건을 충족시키는 작품을 쓰기가 그렇게나 어렵습니다. 어른들은 문학성이 높다 평가하고, 그래서 문학상까지 주는 작품인데 정작 아이들은 그런 작품을 재미없다고 외면하는 것이 현 단계 우리 동화 문학의 현주소입니다.

이런 문제에 직면할 때마다 나는 쉘 슬버스타인의 『아낌없이 주는 나무』나 트리나 플러스의 『꽃들에게 희망을』같은 작품을 연상합니다. 이런 작품은 어른에게도 의미가 있게 읽히지만 아이들도 재미있게 읽습니다. 그리고 두 세번 읽어도 싫증이 나지 않고, 읽을 때마다 새로운 깨달음에 많은 생각을 하게 됩니다. 나는 이런 작품이야말로 진짜 동화요, 우리도 이런 류의 작품 개발에 심혈을 기우여야 한다고 생각합니다.

넷째, 문단 구성과 줄바꾸기에 대하여

김형께서는 『월간문학』 월평에서 매우 적절한 지적을 하셨다고 봅니다. 성인문학 작가들은 그렇지 않은데 유독 아동문학 작가들 가운데 한 문단으로 처리해야 할 내용을 문장마다 줄을 바꾸어 씀으로써 글 전체를 산만하게 만드는 작가들이 많습니다. 역시

문학수업을 제대로 거치지 않았기 때문이라는 김형 진단에 전적으로 동의합니다.

쓰다 보니 글이 체계없이 길어졌는데 김형이 제게 한 논점을 제대로 짚어 화답을 했는지 모르겠습니다. 남은 문제가 있다면 직접 만나 이야기로 푸는 것이 좋겠습니다. 마침 김형도 도와주신 『마해송문학전집』중 첫 번째 책인 '단편동화 모음집'이 5월 하순이나 6월 초순쯤에는 나올 것 같습니다. 그 책이 나오면 내가 직접 대전에 가던가, 아니면 김형이 서울에 오실 때 만나 회포를 푸는 기회를 만들도록 하겠습니다. 글도 중요하지만 내게는 그보다 인간관계가 더 중요하니까요. 같이 술이라도 한 잔 나누면서 마음의 앙금을 씻어 내야 나도 마음이 가벼울 것 같습니다.

마음을 상하게 해 드린 점, 다시 한번 사과를 드리면서 亂筆을 놓습니다. 기온차가 심한 환절기에 건강 잘 챙기시고 항상 의욕에 찬 나날을 보내시기 바랍니다.

2013. 4. 15

○ ○ ○ 배

5. 평론자 ○○○선생님께 드리는 글

○○○선생님, 안녕하세요? 주신 글 잘 읽었습니다.

작가가 자신의 작품에 평을 해주신 평자에게 당돌하게 편지를 올려 죄송했었습니다. 하온데도 좋은 뜻으로 받아주시고, 답장까지 쓰시면서 제 견해에 대해 일부분 동의까지 해주신다고 하오니 오히려 제가 무안합니다. 게다가 사과의 뜻까지 밝히셨는데 그건 당치도 않은 말씀입니다. 당연하신 지적입니다.

하오나 한편으로는 선생님과 제가 주고받은 이 편지들이 제 작품이 아닌, 우리 아동문학 작품에 대해 진지하게 논의하는 걸로 생각하며 뜻 있는 일이라고 생각합니다. 일반문학인 성인문학에 비하여 특수 문학의 범주에 속하는 아동문학에 대한 이론적인 줄기가 아직도 미흡한 면이 있는 게 사실입니다. 이런 상황에서 차제에 동화작품에 대해 함께 생각하며 창작 전반에 걸쳐 논의하고, 이론을 세우는 대화는 아동문학 발전을 위해서도 아주 뜻 있는 일이라고 생각합니다.

○○○선생님,

고맙습니다. 선생님께서는 서울신문 신춘문예 당선을 통해 일찍이 1960년대 문단에 나오셔서 작품 면에서나 작품 평론 쪽에서 우리 아동문학을 이끌어 가시는 분입니다. 아동문학계의 큰 어른이신 선생님과 제 작품을 통해 우연찮게 나눈 이 교신이, 제 작품을 거듭나는 계기가 되게 하리라 확신합니다. 앞으로 선생님의 평에 유의하면서 정말 어린이에게는 꿈과 희망을, 어른에게는 잃었던 동심을 회복할 수 있는 동화를 쓰는 작가가 되기 위해 노력하겠습니다.

마침 올해는 제가 긴 습작기를 거쳐 아동문단에 나와 동화를 쓴지 30주년을 맞는 해입니다. 그러지 않아도 동화, 아동소설, 청소년 소설, (일반)소설, 수필, 아동문학평론 등의 장르에 걸쳐 문단에서의 저의 작은 흔적들을, 그동안 살아온 생애와 아울러 교직 생활과도 연관을 지어 작은 문집 만들려고 하는 중이었는데, 선생님의 뜻이 담긴 이 편지 자료들도 함께 넣고 싶습니다. 허락해 주실 줄로 믿겠습니다. 다만 고명하신 선생님의 존함을 밝히는 것이, 혹시라도 선생님께 누가 될 것 같아 드러내지는 않으려고 합니다.

마침 선생님께서 주관하고 계신 『마해송아동문학전집』 발간 사업 중에 첫 번째 책이 나온다고 하니까 그 무렵에 서울이나 대전 중에서 한 곳을 정해 선생님 직접 뵙고, 좋은 말씀을 듣기로 하겠습니다. 우리나라 최초의 현대동화를 쓰신 마해송 작가와 그 작품을 연구해 박사 학위를 얻은 저로서는 매우 반가운 일입니다. 더구나 선생님을 직접 뵐 수 있다면 더욱 영광스럽고, 기쁜 자리라고 생각합니다. 그럼 선생님 그 때 뵙겠습니다. 안녕히 계십시오.

2013. 4. 22
김영훈 올림

김영훈 동화 소재 및 주제설정의 변이과정과 표현기법에 관한 소고

정만영

〈목차〉

1. 들어가는 말

솔뫼 김영훈은 충청권에서 향토적인 소재를 들고 나온 동화 작가이다. 주지하는 바와 같이 충청권은 한국 현대 아동문학의 시발점이나 문단 형성이 늦은 지역 중의 하나이다. 충청권은 70년대 초에 와서야 아동문단이 형성되어 동화 동시 동극작가들이 활동을 개시한다. 그중에서도 동화 장르는 한상수, 구진서, 정만영이 선진그룹을 형성하면서 창작 활동을 해왔다. 그러던 중에 김영훈은 80년대 초 36세의 나이로 월간 '아동문예'에 아동소설 「꿈을 파는 가게」가 신인상에 당선되면서 얼굴을 내민다. 그는 늦은 출발에 비하여 활동은 비교적 왕성한 편이다.

그는 특유의 집념과 성실성을 보이면서 다작을 해온 작가로 알려져 있다. 또한 작품 창작에 전력투구하면서 자기만의 작품 세계를 구축하는 성과도 얻었다. 그는 등단 초부터 발표 지면을 널리 확보하면서 작품 활동을 활발히 했다. 월간 '아동문예'를 비롯한 '아동문학평론', '어린이문예' 등 문학 전문지와 '소년', '새벗', '어린이세계' 등을 위시한 월간 '불교' 등 종합잡지 그리고 '전자통신연구소' 사보 등 널리 지면을 확보하여 부지런히 작품을 발표하면서 다양한 소재 선택과 주제를 설정해 빚어낸 동화로서 독자를 확보했고, 작품 세계를 점점 넓혀 나간다.

모두에서 지적한대로 그의 초기 동화를 살펴보면 친자연적인 내용의 동화나 소년 소설이 주류를 이루고 있다. 그의 첫 동화집 『꿈을 파는 가게』[169]를 펼쳐보면 이런 경향을 잘 알 수 있다. 바로 김영훈이 초기에 발표한 이들 동화를 읽다보면 동화의 원류인 판타지 동화보다 서사적 구조 형식을 빌은 아동소설이 주류를 이루고 있음을 알 수 있다. 그 이유는 뒤에서도 좀 더 고찰이 되겠지만 그가 동화를 쓰기보다는 먼저 소설 창작으로 습작기를 보냈기 때문이 아닌가 한다.

그는 동화 창작의 연륜이 쌓이며 점진적으로 판타지 동화로 바뀌면서 창작 기법을 달리하는 변이 현상을 보인다. 두 번째 발간된 동화집 『달섬에 닻을 내린 배』에 게재된 「장군의 말씀」을 읽으면 역사적 인물을 설정해 환상적인 표현 기법으로 주제를 표출하려는 집념을 보이기 시작한다. 그 후 발표된 작품은, 아동 소설과 함께 판타지 동화 세계를 더욱 확장하려는 노력을 경주하고 있다. 그의 동화집 『꿀벌이 들려준 동화』에 이르러서는 수록된 동화 「아기토끼의 달님」 등 21편의 작품이 모두 판타지 동화로 일관되고 있음을 보여 준다.

여기서 그의 동화에서 주목할 수 있는 것은 표출하려고 하는 주제 의식이다. 초기에 향토적인 소재와 친자연적인 소재를 선택해 빚어낸 작품 속에 우리 것을 소중히 하면서 자연과 부합하려는 의미를 작품 속에 담아 왔다. 그런데 차츰 그의 작품 소재 선택과 주제 설정이 점점 다양해지며 변환되는 양상을 보여줌을 알 수 있다.

그의 동화들의 이러한 변환과정을 필자는 이 지면에서 집중 분석하고자 한다. 즉, 솔뫼 김영훈이 즐겨 쓴 소재들은 어떠하며 그 소재 선택은 어떻게 변모되어 가고 있는가, 그리고 주제 설정은 어떻게 다양화되고 있는지를 창작기법과 함께 살펴보고자 한다. 그의 동화를 읽는 독자들에게 작품 세계를 이해하게 하기 위해서이다.

단, 이 작업에 앞서 김영훈의 생애를 포괄적으로 탐색하면서 그의 동화 창작과 어떻게 연관되고 있는지 그 상관관계를 규명하고자 한다. 그 이유는 김영훈의 동화와 아동

169) 김영훈의 첫 동화집, 아동문예(1983)간, 이 동화집으로 제4회 해강아동문학상 수상(1984)을 함.

소설을 이해하기 위해서는 작품 세계에 직접 들어가기보다는 그의 생애를 먼저 살펴보는 역사주의적 관점이 우선이라고 보기 때문이다. 일반적으로 작품 세계는 작가의 성장 과정과 관계가 매우 깊다. 그런 뜻에서 필자는 작가 김영훈의 작품 세계는 그의 성장 배경에서부터 비롯되며 유년의 벽을 넘지 못한다는 가설을 세워본다.

2. 생애와 문학

김영훈은 1947년 충남 청양군에 소재한 칠갑산 기슭에 위치한 장평면 미당리 290번지에서 부친 김선태와 모친 조애연 사이에서 태어난다. 해방이 되고 2년 후이며, 한국 전쟁이 일어나기 세 해 전이다. 그야말로 역사적 전환기에 직면해 남북 분단과 이념의 대립으로 어수선할 무렵이었다. 그러나 그의 출생지 미당은 유교적 전통과 함께 아직도 집성촌이 존재하던 때였는데, 그는 그 곳에서 비교적 넉넉한 중농의 집안에서 출생한다.

김영훈은 그 후 향리에서 농업 중심의 경제 체제 속에서 대가족이 함께 어울리면서 양육되었다. 김해 김씨 집성촌 일가친척과 함께 농업 공동체를 이루는 체제 속에서 성장하는 것이다.

게다가 특이한 것은, 그가 유년 시절을 보낸 미당은 청양군의 중심부에 우뚝 서 있는 칠갑산 자락의 시골 마을이라는 점이다. 농촌이면서도 산촌이라는 지리적 특성을 갖고 있는 곳이다. 칠갑산은 충남의 알프스로 일컬을 만큼 험하지만, 지금은 오히려 친자연적인 청정지역이다.

김영훈의 초기 동화들이 순박한 농촌에서 소재를 선정한 것은 이러한 자연환경에서 성장했기 때문이라고 보아도 틀리지 않는다. 물론 그의 유년시절은 시대적으로는 일본 강점기에 벗어나면서 국가는 이념 분쟁과 테러가 상존해왔던 시절이라는 점을 강조하지 않을 수 없다. 해방 후의 어수선함과 좌우 대립, 남북분단, 한국 전쟁, 3.15부정 선거, 4.19와 5.16 혁명에 이르기까지의 정치적인 수난기였다.

그러함에도 불구하고 김영훈이 태어난 미당, 그중에서도 '벌터' 부락은 당시 인심이 순박한 곳이었다. 물산도 풍부했다. 특히 칠갑산에서 생산되는 목재와 땔나무에 산채와 버섯, 산과일 그리고 약재들이 많았다. 그런가 하면 금강변의 장평들에서 생산되는 농산물이 풍부해 인근 공주, 부여, 청양에서 미당 장날이 되면 많은 사람들이 모여들었다. 인근에 중석광과 함께 금을 파내는 광산도 두 곳이나 있어 한때는 제법 흥청거리기도 했다.

김영훈이 금광을 소재로 발표한 동화 「별나라로 간 소년」이 초기에 생산된 것도 우연이 아니다. 뿐만 아니라 칠갑산을 무대로 한 동화도 만만하지 않다. 그 중에 단편 「칠갑산 이야기」 그리고 장편 소년소설 「석촌 마을에 뜬 무지개」에서는 직접 칠갑산이 잘 묘사되고 있다.

이렇게 김영훈의 출생지 미당은 1970년대 중반까지도 전형적인 충청도 인심에 전통적인 유교사회의 모습을 그대로 간직하고 대대로 살아온 농촌 마을이요, 산촌이며 광산촌까지 겸하고 있었다. 그만큼 칠갑산은 아궁이 개량 이전의 시대에는 건축과 난방 및 취사의 핵이었고, 한옥 구조의 주생활에 절대적 영향을 끼치고 있었다. 그렇기 때문에 광산촌이라는 특성은 있었지만 김영훈은 둘러싸인 산을 닮아 순박하고 인성이 원만하게 형성된 것이 아닌가 한다.

그는 6.25 전쟁이 끝난 그 이듬해, 청남초등학교에 입학한다. 하지만 그는 지금도 전쟁 중에 불탄 학교를 다시 세우기 위해 찍고 구운 기와와 벽돌은 나르던 기억을 떠올릴 만큼 전후의 어려운 여건 속에서 성장한 아픈 추억을 가지고 있다. 그는 초등학교 2학년으로 올라왔던 3월, 미당초등학교가 설립 · 개교되어 전학을 하게 된다. 그의 의식이 자리를 잡던 대부분의 유소년 시절을 집성촌인 '벌터'라는 자연부락과 그가 다닌 미당초등학교, 그리고 유통 경제의 집산지였던 미당장터가 근간이 됨을 알 수 있다.

김영훈에게 그보다 더 중요한 사안은 한국 전쟁 중에, 일제 시 측량 기사를 했고, 해방 후 잠시 경찰에 몸담았던, 부친을 다섯 살 때 여의었다는 사실이다. 그 후부터 그는 조모 김애순의 슬하에서, 그리고 백부 김상태, 김사건의 보살핌 속에서 자라났다. 또한 사촌형제들 그리고 막내 숙부가 함께 어울려 중학교를 마칠 때까지 대가족 중심의 가정에서 성장했다는 점이다. 여기서 특이한 것은 신교육을 받은 백모에게 여러 면으로 영향을 받았고, 조모에게서 다양한 구전 동화를 들으면서 자라났다는 점이다. 이 두 사람의 영향이 자의식이 깨어나게 했으며 작가로서의 길을 걷게 되었다고 그는 후일에 술회를 한 적이 있다.

그중 다행인 것은 동화작가 김영훈이 당시 친구들의 집안에 비해 농사를 짓는 일을 돕는 것보다 학업을 중시하는 중농에서 태어났다는 점이다. 당시로서 그것은 큰 복이었다. 그 탓에 초등학교 때부터 학업에 매진하는 분위기에서 성장하였다. 그밖에도 초등학교 5학년 때 사랑을 느끼는 조숙한 면을 보이기도 할 만큼 감성적이었다는 점이다. 이런 실상은 그의 중편 아동 소설 「소나기」류의 작품에서 잘 드러나고 있다.

그는 그의 유소년 시절 일과에 대해 소에게 꼴을 먹이는 일이었고, 쇠죽을 쒀서 퍼 나르는 일이었다고 술회한다. 그는 농삿일을 한 기억은 거의 없었다고 한다. 작품 「소나기」나 「석촌마을에 뜬 무지개」의 전편에 소 이야기가 깔리는 것은 우연이 아니라고 볼 수 있다. 장편 「솔뫼마을에 부는 바람」에서도 전원적인 배경에서 자란 그의 유년을 느낄 수 있다.

김영훈은 초등학교를 마치고 인근에 있는 정산중학교로 진학을 한다. 정산중학교는 6㎞를 걸어야 하는 거리에 있었다. 그러나 하루에 서울과 대전에 각각 단 한 번씩 다니는 버스를 탈 엄두도 못 내었고, 모두가 그랬듯이 도보 통학을 하였다. 그에게 문학의 혼이 심어진 것은 이 무렵이었다. 열악한 독서 환경에서 성장한 탓에 유소년 시절에 책을 접하지 못했던 김영훈은, 이 무렵 우연히 한국 단편 문학전집을 읽게 된다. 김동인의 「감자」, 김유정의 「봄」, 이효석의 「메밀꽃 필 무렵」 주요한의 「사랑방 손님과 어머니」 등을 비롯해 이광수, 전영택, 유진오 등을 만난다. 여기서 조모의 전래 동화와, 백모에게 받은 시대의식과 융합되면서 문학에 대한 열망을 갖게 되는 계기를 맞게 된다.

이때의 초·중학교 생활모습이나 그의 의식이 잘 드러난 중편 아동 소설이 있는데 바로 자전소설 「혜햄훈장님이 준 복」이다. 그는 자신의 가정 형편과 시대적인 상황인 3.15부정 선거 그리고 4.19혁명을 배경으로 하여 이 소설을 발표했는데, 여기서 그는 문사로서의 삶을 암시한 작품을 완성하고 있다. 이 소설 속에서는 작가 김영훈의 유·소년의 삶 그리고 청소년기의 의식과 함께 고뇌를 분명하게 느낄 수 있다.

그런 탓에 김영훈은 동화보다는 소설 창작 쪽에 먼저 입문을 하게 된다. 고등학교 진학 후에 문학 동인 '팔각정'을 결성하고 스스로 회장이 되어 구심점을 세운 것도 이 한국 단편 문학전집을 읽으면서 싹튼 문학적인 인식 때문이라고 그는 술회하고 있다. 김영훈은 이 때의 기억을 더듬으면서 문학청년기의 상황을 대전일보 제13546호 지면에 게재한 문화면 기사인 '이 한 권의 책'[170]에서 구체적으로 제시하고 있다. 그는 고교시절 개교 60주년 문집 발행의 주체가 되어 편집을 맡는 역할을 하면서 그 곳에 소설 「포도원의 회상」을 발표하기도 한다. 그때 김영훈이 결성한 동인 출신 작가가 본인인 김영훈을 비롯해 시인이면서 아동문학가인 전영관, 시인이면서 문학평론가인 리헌석 그리고 시인인 엄기창 등이 현역에서 활동하고 있는 것은 간과할 수 없는 일이다.

그러나 막상 김영훈의 고등학교 시절은 우울함과 좌절의 연속이었다. 두 해에 걸쳐 고교 입시에 실패를 하고 입학한 고등학교에서의 학창생활에서 그는 부적응 상태였다. 그의 수필 「계룡산에 오르며」에는 이때의 삶의 모습이 아주 투명하게 나타나고 있다. 그 무렵에 그는 이런 허무함과 번뇌 속에서 아픔을 겪지만 대신에 다른 한편으로는 소설을 쓰는 내적 동기가 유발된다.

그가 소설 쓰기에 더욱 애정을 보인 것은 공주교육대학교 진학 후였다. 영어교육과 교수로 재직하던 '포인트'의 작가 최상규를 스승으로 만나고부터이다. 그는 이 무렵에 대학 신문에 소설과 수필을 발표하면서 습작기를 보냈는데 1968년에는 소설 '도토리 깍지'가 대학 공모 소설부문에 당선(최상규 심사)되기도 한다. 교직에 몸담은 이후에도 얼마 동안은 스승 최상규의 가르침을 받다가 그와 결별 상태가 된 것은 김영훈이 동화를 쓰던 1970년대 말부터였다. 그후 최상규와는 1980년대 말에 다시 끈이 닿아 말년까지 모셨고, 1994년 임종까지도 지켜보지만 소설로는 스승 최상규와 더 인연을 이어나가지는 못한다는 아쉬움이 있다.

그는 초등학교에 재직한 한 후 동화 창작에 몰두한다. 즉, 반계초등학교 근무했던 말년인 70년대 말부터 교단잡지인 『새교육』과 『교육자료』 두 지면을 통해 동화 창작의 습작기를 보내다가 대전에 전입한 후인 1982년에 월간 『새 교실』에 2회 추천, 월간 『교육자료』에는 이원수와 엄기원의 추천으로 3회 천료를 받는다. 이어서 대전유천초등학교에서 재직할 무렵인 1983년 3월에 월간 『아동문예』에 아동소설 「꿈을 파는 가게」가 동

170) 대전일보 제 13546호 (1991년 *월*일) '이 한 권의 책'에 소개한 한국 단편 문학 전집에서 이효석의 소설 등을 들어 「소박한 서정 꽃물길처럼 넘실」이라는 제목으로 어린 마음에 문학혼을 불러 일깨 워 준 젊은 날의 독서 경험을 기사화 자료임

화부문(장수철 심사)에 당선되어 문단에 나온다.

그는, 1982년에는 당시 한국아동문단의 신진 작가 및 시인들이었던 이상배, 이영, 손기원, 양점열, 이창건, 김관식, 조명제, 송남선 등 9명이 모여 동인 '써레'를 결성한다. 충남아동문학회 회원으로 가입한 것도 1982년의 일이며, 한국아동문학회와 한국문협 충남지회에 가입한 것은 1983년의 일이다. 그는 등단을 전후해서 문학 단체들에 가입하면서 더욱 아동문학 작품 창작에 몸을 바쳐 헌신하는 열정을 보인다.

그러한 노력의 결정이, 바로 등단한 해에 펴낸 동화집이 앞에서 언급한 『꿈을 파는 가게』이다. 그는 습작기에 쓴 작품까지를 모아 1983년 10월에 이 동화집을 출간한다. 여기에 수록된 작품은 모두 14편인데 230쪽으로 당시로서는 획기적인 볼륨이었다. 이 동화집 『꿈을 파는 가게』는 이듬해 1984년 제4회 해강아동문학상을 수상하는 영예를 누리면서 문단의 주목을 받는다. 이어서 두 해 뒤인 1986년 5월에 출간한 동화집 『달섬에 닻을 내린 배』의 표제작인 「달섬에 닻을 내린 배」는 KBS 제2 TV방송에서 드라마화하여 방영되는 등 문학성을 인정받게 된다.

그 후로 발표 지면을 늘려가면서 김영훈은 장편동화집 『솔뫼마을에 부는 바람』(1988)을 펴내고, 이어서 『바람과 구름과 달님』(1990), 과학 동화 『생활속의 발명 이야기』(1990), 『퉁소 소리』(1992), 환경 장편동화 『공해는 정말 싫어요』(1995)를 출간한다. 그리고 『아기토끼의 달님』(1993)을 발표하면서 이 동화집으로 제15회 한국아동문학작가상을 수상한다. 그후 대덕초등학교 교감으로 재직하는 동안 『꿀벌이 들려준 동화』(2003), 『우리들의 산타클로스』(2003)를 펴내는 등 왕성한 창작 활동을 전개한다.

필자는 여기서 김영훈이 동화 창작에 머물지 않고 청년 습작기에 열정을 보이던 소설 창작에도 의욕을 다시 보인다는 점에 주목하지 않을 수 없다. 주로 대전에 근간을 두고 있는 '호서 문학'과 '문학시대' 두 지면을 통해 소설을 발표했는데 문학전문지인 계간 『문학세계』에 소설을 발표하기도 한다. 그는 이 무렵 소설 「화해론」으로 호서문학회가 주는 호서문학상(2008년)을 수상하는 문운을 누리기도 한다. 주로 동화와 소년 소설을 집필하던 그가 소설 창작의 열정 속으로 빠져드는 것은 자신이 원래 추구하던 장르로 회귀하고 싶었던 귀소본능이 작용한 것이 아닐까 하고 유추해본다.

다른 한편으로 그는 학문에도 집념을 보이면서 공주교육대학교 교육대학원에 입학해 수학하면서 논문 '초등학생의 묘사적 표현 지도 방법 연구'로 교육학 석사를 얻는다. 이어서 중부대학교 대학원에서 박사과정을 수학하면서 논문 '마해송 동화 연구'로 문학 박사 학위를 획득한다. 대전광역시문화상(문학부문:2006년)을 수상하는 것도 이 무렵이다.

교감, 교장 승진 그리고 학위 취득으로 인해 잠시 멈칫했던 그가 창작의 열정을 다시 살려낸 것은 대전동광초등학교장으로 재직하던 2004년 전후였다. 그는 대전변동초등학교로 자리를 옮겨 정년을 할 무렵에 그동안 발표한 작품을 모아 네 권의 저서를 동시에 출간한다. 바로 동화집 『밀짚모자는 비밀을 알고 있다』(2009), 중편 동화를 따로 모은 『별이 된 꽃상여』(2009)와 아동문학평론집 『동화를 만나러 동화 숲에 가다』(2009)와 학술서 『마해송 동화의 주제 연구』(2009)의 출간이다. 이 저서들의 출간으로 대한아동문학상(2009), 문학시대 문학대상(2009), 김영일 아동문학상(2010), 천등아동문학상(2011)을 수상하는 영광을 안기도 한다.

또한 그는 일찍이 '아동문학시대'[171]에 계평을 맡아 작품을 논하더니 근래에 들어서는 '월간 문학'과 월간 '아동문예' 등 잡지에서 월평이나 서평을 통해서 작품 비평에 눈길을 돌리기도 한다. 다른 한편으로 그는 2002년도부터 그는 중부대학교에 출강해 '아동문학론'을 강의했고, 공주교대에 출강해 '국어교육방법론'과 '아동문학의 이해'에 관한 강의를 현재까지 하고 있다.

동화와 소설의 창작, 비평, 대학 출강 등에 정열을 쏟는 한편 그는 일찍이 대전충남아동문학회장과 한국아동문학회 부회장을 맡으면서 문단에 크게 기여를 한 바도 있다. 현재도 한국문인협회 이사, 대전문인총연합회 부회장을 맡아 한국문학 발전을 위한 노력을 하고 있다.

지금까지 필자는 김영훈의 작품을 읽으면서 그의 생애와 문학 그리고 문단 활동, 학문연구 등에 대해 개략적으로 고찰하였다. 그 결과 그의 생애는 작품 하나하나가 다 문학적인 삶과 관련되어 있고, 작품 세계와도 밀접하게 연관되고 있음을 알 수 있었다.

171) 아동문학시대, 대전에서 2001년 창간하여 한동안 발간되다가 폐간된 잡지로서 동시인인 전영관이 주간으로 잡지의 기획, 출판 보급을 책임졌던 순수 아동문학 전문 잡지로서 계간으로 발행되었으며, 이 잡지에 김영훈은 계평을 맡았다. 문경아동문학상을 제정하여 제2회까지 시상한 바 있다.

특히 유소년의 성장 배경이 된 시대적 상황이나 농촌·산촌·광산촌이라는 공간적인 배경은 그의 작품 세계와 뗄 수 없음이 인지되었다. 이를 바탕으로 하여 필자는 지금부터 좀 더 구체적으로 그의 작품 세계에 대하여 고찰하기로 한다.

3. 동화 소재와 주제 설정 및 표현 기법 들여다보기

앞장에서 언급한 바 있지만 김영훈은 등단하던 해인 1983년에 동화집 『꿈을 파는 가게』를 출간한다. 이곳에 수록되어 있는 동화는 「퉁소 소리」 등 모두 14편의 동화들은 친 자연전인 경향 및 향토성의 내재라는 특색을 보이고 있다. 동일한 소재라 해도 작가에 의해 창조되는 세계로 형상화되는 창작물이라는 맥락에서 필자는 그의 초기 동화에 향토성을 특징적인 것으로 지적하고자 한다.

이어서 필자는 그의 초기 동화를 읽으면서 소재 선택 면과 주제 설정 그리고 표현기법의 세 측면에서 다양화 되는 과정을 고찰하기로 한다. 또한 중기에 발표된 동화 그리고 최근에 발표한 후기 동화들의 소재 선택과 주제 의식이 어떻게 달라졌는지를 살펴본 결과를 아래와 같이 진술하고자 한다.

첫째, 김영훈의 초기 작품들은 동화 「소나기」, 「외갓집 가는 길」, 「퉁소 소리」, 「산신당 할머니」 등 대부분이 소재 면에서 농촌과 산촌을 주 무대로 하고 일어난 이야기라서 자연친화적이라는 점이다. 이는 앞에서도 언급했지만 작가 김영훈이 칠갑산 기슭의 농촌에서 출생하여 거기서 성장한 배경이 원인의 하나가 된 것으로 필자는 보고 있다.

김영훈은 대화에 나오는 인물의 언어까지도 충청도 사투리를 즐겨 사용하면서 충청도의 전형적인 농촌 모습을 잘 드러내고 있다. 그것은 자연을 배경으로 하는 서정적인 분위기, 때 묻지 않은 순수한 인간성 여기에 훈훈한 인심을 작품으로 끌어들이기 위한 의도적인 장치가 아닌가 한다. 그는 극단적인 이기주의, 돈을 가치의 최고로 아는 작금의 황금만능주의, 그에 따른 인간성 상실 등을 대표로 하는 도시 의식을 배제하고 있다.

둘째, 그의 초기 작품 경향은 향토성이 짙다는 점이다. 작품 「육손이 아저씨」에서의 주인공인 육손이 아저씨와 소년인 '나'와 같은 등장인물의 사고나 행동은 그가 성장한

1960년대의 전통이나 관습을 바탕으로 하고 있어 시골 냄새가 물씬 풍긴다.

대부분의 작품 배경은 구름과 바람, 산과 들과 강이고 그것들이 조화를 이루면서 서정적으로 펼쳐지며 배경에 알맞은 인물이 등장한다. 그들은 순박하고 청순해서 때로는 우직함을 느끼게도 한다. 그래서 〈동백꽃〉의 작가 김유정이 즐겨 설정한 인물을 연상하게도 한다. 현대 문명에 때 묻은 도시인과는 다른 순수한 인간을 주요 등장인물로 캐릭터화해서 설정하고 있다.

셋째, 그의 작품 경향은 샤머니즘이다. 등장인물의 한과 소원은 이 샤머니즘에 의해 표출되고 해결된다. 신앙의 대상이 되는 것은 성황당이 될 수도 있고, 때로는 장독대, 우물, 바위도 될 수 있다. 등장인물에게는 소망이 성취되느냐 않느냐는 중요하지 않고 간절하고 진실한 믿음을 토로하는 자체를 중요시하고 있다. 이 샤머니즘은 한국 사상의 큰 줄기로서 신앙은 물론 예술에서도 맥을 이어오는 우리의 얼이요 혼이다. 작품 「산신당 할머니」와 같은 동화가 대표적이나 그밖에도 「반달곰의 눈물」등에서 그는 무속적인 소재를 즐겨 선택해 작품화하고 있다.

이상에서 언급한 것과 같이 김영훈의 초기 작품은 형식적인 면에서 대부분이 자연친화적이며 향토성과 샤머니즘이 강하다는 세 가지를 지적해 보았다. 바꾸어 말해서 김영훈은 초기에 한국적인 작품의 광맥을 집요하게 파고드는 작가로 평가하고자 한다.

이와 같은 김영훈의 작품 경향은 초기 작품 말고도 후기에 해당되는 최근의 동화에서도 많은 작품들이 농촌 또는 산촌을 배경으로 하고 있다. 그것은 작가가 칠갑산이 근접한 농·산촌에서 출생하여 거기서 성장한 것이 원인이 된 것으로 판단된다는 점을 이미 지적한 바 있다. 그리고 여기서 필자는 작가가 성장한 유소년 시절을 극복할 수 없었음을 다시 확인하는 바이다. 이를 검증하기 위하여 비교적 후기 작품에 속하는 동화 「순이 할아버지의 딸기밭」의 예를 중심으로 살펴보자. 먼저 그 줄거리를 요약해 소개하고자 한다.

> 순이 할아버지네 딸기 비닐하우스에 눈이 펑펑 내립니다. 비닐하우스가 붕괴되어 딸기밭을 망가뜨리면 큰일입니다. '우리 평촌 사람들이 이까짓 눈에 질줄 알았어? 우루과이인가가 와도 꿈쩍도 안 할거구먼.' 할아버지는 추운 겨울 한밤중인데도

이렇게 외치면서 할머니와 함께 밖으로 나와 전등불을 켜들고 비닐하우스에 덮인 눈을 쓸어내린다.

이 작품 말고도 「밀짚모자는 비밀을 알고 있다」 그리고 「가을산 이야기」도 같은 맥락의 작품이다. 김영훈은 이렇게 자연을 배경으로 하는 서정적인 분위기, 때 묻지 않은 순수한 인간, 그리고 훈훈한 인심 등을 캐릭터화하고 있다.

지금부터 필자는 그가 즐겨 선택하고 있는 작품 소재가 차츰 어떻게 다양해지고 있는지에 대해서 좀 더 구체적으로 고찰하기로 한다. 그의 작품 소재는 초기에 향토적이고 토속적인 이야기였고 주제도 그에 알맞게 담았었다. 그러나 차츰 가정이나 학교생활에서 빚어낸 생활상의 이야기가 작품의 소재로 확산된다. 그 중에 몇 편을 고찰해 보기로 한다. 먼저 가정생활에서 택한 소재로는 「물이 없는 나라」, 「우리 딸이 최고야」 등이다. 그리고 학교에서 택한 소재로는 「남사당패 삼도 풍물 만세」, 「순이가 그린 집」 등이다.

「물이 없는 나라」는 가정에서 일어난 이야기로써, 하수도관을 교체하기 위해 20시간을 단수한다는 소식이 전해지면서 겪게 되는 불편을 담은 이야기로 물의 소중함을 강조한 동화이다. 「남사당패 삼도 풍물 만세」는 학교에서 일어난 이야기로써, 내년 봄에 일본으로 유학 가는 재영이가 떠나기 전에 우리의 것을 일본 아이들에게 홍보하기 위해서 학교의 사물놀이 반에 들어간다. 이선옥 선생님의 지도로 열심히 배워 가을 축제 때 무대에 올라갈 멤버에 끼게 될 가능성이 있다는 말에 재영이는 풍물놀이에 푹 빠져버린다는 이야기를 담은 동화이다.

김영훈은 이렇게 생활 주변에 산재해 있는 평범한 소재를 이용해서 아주 특별한 의미를 만들어내고 있다. 이러한 현상은 소재 선택이 특별한 것에서 일반적인 것으로 확장되고 범주화한다는 해석이 가능해진다.

다음으로 작품 표현 기법 면에 변화 과정을 분석하기로 한다. 김영훈의 작품 기법은 초기와는 달리 점점 판타지 기법을 많이 활용하는 쪽으로 변모해간다. 그는 이 판타지 표현 기법을 십분 살려 현실 불가능한 사건을 꿈의 세계나 비인간을 주인공으로 등장시켜 사건을 전개한다. 이 방법은 일반적으로 동화작가가 독자에게 상상력을 고취시키기 위하여 자주 도입하고 있는데 활용되어 왔다. 이솝의 우화가 대표적이라 할 수 있겠다.

이 표현기법의 전개 방법은 첫째 처음부터 끝까지 환상으로 이끄는 방법이 있고, 둘째 현실로 시작하여 환상으로 마무리하는 방법이 있으며, 셋째 환상으로 시작하여 현실로 마무리하는 방법 등 다양한 기법이 있다. 김영훈의 동화 중에는 「굴참나무와 사슴이 이야기」, 「꽃샘 바람」, 「아기토끼네의 겨울나기」 등은 첫째에 해당하는 작품이고, 「도치, 숲으로 사라지다」는 둘째에 해당하는 작품이다.

앞에서 살펴본 바와 같이 김영훈의 동화에서 소재 선택이나 주제 설정은 점진적으로 변이 되고 있으며 다양화한다. 또한 리얼리티 중심에서 판타지 동화로 변이되면서 표현기법도 달라지고 있다. 그러면서도 작품 중에는 그가 태어나 성장한 공간이나 시대적인 제한에서 벗어나지 못하고 있는 것 또한 사실이다. 이는 작가의 유년 시절에 기거한 공간 그리고 자리를 잡은 의식이 쉽게 변할 수 없기 때문이 아닌가 한다. 이런 경향은 작가 김영훈에게도 예외없이 적용되고 있다.

4. 다양하게 변이하는 소재와 주제 설정의 양상들

앞장에서 필자는 김영훈의 동화가 중기로 넘어 오면서 많은 작품들이 향토적인 소재에서 벗어나며 일상적인 이야기로 전환됨을 지적한 바 있다. 그런데 그는 이 이야기 속의 주인공으로 하여금 간절한 소망들이 작은 것에서부터 큰 것으로 확장하게 하고 있다는 점을 발견할 수 있다. 즉, 주제가 작고, 가볍고, 아기자기한 것들로부터 무겁고 큰 것으로 바뀐다. 그가 이러한 주제 담기에 변환 작업을 하는 까닭은 무엇일까 주목하면서 필자는 이를 직접 그의 작품 속에서 구체적으로 밝히기 위하여 2003년에 출간된 『꿀벌이 들려준 동화』와 『우리들의 산타클로스』에 수록된 동화들을 일독했다.

그 결과 김영훈의 동화에서 소재 선택과 주제 담기에서의 변환은 단편보다 중·장편 동화에서 더욱 다양하게 확대되고 있음이 인지되었다. 필자는, 우선 작품의 동화 내용 생성과정을 구체적으로 살펴보았다. 시간적 공간적 배경과 함께 사건의 흐름을 확인하기 위해 조직 과정을 분석하기도 했다. 동시에 등장인물의 대립과 갈등 이에 따른 성격

창조가 되는 캐릭터 형성과정도 고찰하였다. 마지막으로 주제를 담기 위한 작가의 창작 의도와 창작 기법을 살피면서 그의 동화를 탐색하는데 방향키를 세웠다.

김영훈은 초기에 향토적인 것에서 소재를 취하여 생활동화인 리얼리티 동화를 즐겨 쓴 작가이다. 그런데 이 『꿀벌이 들려준 동화』는 앞에서 말한대로 몽땅 판타지로 쓴 동화들이다. 이는 표현 기법 면에서 앞으로도 변화가 크게 있을 수 있을 것이라는 가능성을 예고해준다고 유추하면서 필자는 이들 작품들에서 내용생성을 위한 소재 선택 그리고 조직 쪽보다 주제 설정과 함께 표현 기법을 좀 더 구체적으로 살펴보았다. 아울러서 그의 다른 중·장편 작품과 비교하면서 주제담기의 일면을 심층적으로 고찰했다. 그 결과를 아래와 같이 제시한다.

첫째로 김영훈의 동화가, 여기 판타지 동화에서는 초기 동화에서 보이던 향토성이나 친자연적인 소박함보다는 '소망'이라는 주제를 담아내며 이야기를 전개하고 있다는 점을 발견했다. 초기의 동화 주제와 그 양상이 매우 비교된다. 그 중에 「아기토끼의 달님」이 그 대표적인 예인데 줄거리를 요약하면 다음과 같다.

> 달구경을 좋아하는 아기토끼는 엄마와 함께 동산에 오른다. 숲속 나라를 환히 비추는 달을 보자 갖고 싶다면서 엄마를 조른다. 그의 동심과 간절함을 이기지 못한 엄마는 아빠를 불러 장대로 달을 따 달라고 한다. 아빠는 장대를 가지고 굴참나무꼭대기까지 올라가 따려 했으나 달이 따질 리가 없다. 그 때 신령님이 나타나 소원을 들어주겠다면서 아기토끼를 데리고 맑은 옹달샘가로 간다. 맑고 잔잔한 샘물에서는 하늘의 달님이 비춰져 벙싯벙싯 웃고 있었다. 아기토끼는 소원이 성취되어 '아, 달님!' 하고 소리친다.

달을 딴다는 것은 불가능한 일이나 요구자가 아기토끼라는 점에서는 가능하다는 것을 이해할 수 있는 작품이다. 이 작품「아기토끼의 달님」 말고도 같은 판타지 동화작품 「아기새의 첫나들이」에서도 작가의 이런 작고 아기자기한 '소망'을 주제로 분명히 드러내고 있다.

아기새는 산봉우리까지 나는 게 꿈이다. 산 아래 펼쳐지는 아름다운 광경도 보고 싶고, 무진장 있다고 하는 먹이도 잡아먹고 싶기 때문이다. 그러나 어미새와 할미새는 아기새의 이런 외출을 반대한다. 아직은 어려 길을 잃을 수도 있고, 독수리에게 채어 죽음을 당할 수도 있기 때문이다. 그러나 아빠새는 달라 가족들 몰래 마침내 함께 모험의 길을 떠난다. 얼마쯤 올라가니 산이 가팔라지고 앞이 콱 가로막힌다. 있는 힘을 다해 마침내 산마루에 오른다. '장하다, 장해.' 뒤따라오는 아빠새는 아기새와 함께 참으로 기뻐한다.

그의 작품 속에 나타난 이런 소망은, 때가 묻지 않은 소망이라는 점에서 우리가 지향하는 순수한 동심의 바탕을 발견할 수 있다. 그리고 때 묻지 않은 동심이야말로 우리가 추구해야 할 참 가치가 아닌가한다.

둘째로, 김영훈의 동화가 기존의 리얼리티에서 점진적으로 판타지로 변환되고 있다는 점이다. 이 점은 앞에서도 지적한 바 있는데 그중에서도 중·장편 작품에 비해서 단편동화들의 판타지는 주로 동물을 의인화했다는 점도 특이사항 중 하나다. 「고개 숙인 장미꽃」, 「부서진 꿈」, 「햇살 목걸이」, 「구름나라 이야기」, 「아기요정 꿈돌이의 별」, 「한줌의 흙」, 「솔바람, 그리고 소나무와의 이별」, 「다박솔나무의 노래」를 제외한 13편이 동물을 주인공으로 하고 있다. 그리고 그 동물은 토끼, 텃새, 말, 꿀벌, 개구리 등의 우리 생활주변에서 흔히 볼 수 있는 동물을 등장시켜 독자로 하여금 친밀감을 더해주며 아기자기한 재미를 주고 있다.

그러나 그보다 더 주목할 작품들은 역시 이 동화집 『꿀벌이 들려준 동화』에 수록된 소품들보다는 역사의식을 제기하고 있는 중·장편 동화들이 판타지 기법으로 표현되고 있다는 점에 유의하게 된다. 그 작품 중 하나가 「장군의 말씀」이다. 이 작품은 원고지 100매가 넘는 중편 동화인데 그는 계백이라는 역사적 인물을 주인공으로 캐릭터화하고 있다. 백제의 멸망 시점을 공간적 배경으로 고뇌하는 인물을 내세워 독자에게 주제의식을 '힘'에 두고 메시지로 전하고 있다. 그는 작품 속에서 '나라는 힘이 있는 자만이 지킬 수 있다.'는 메시지를 던지고 있다.

이런 류의 판타지 동화작품 중 다른 하나가 바로 열두 번째 작품집에 수록된 「도치,

숲으로 사라지다」이다. 이 작품도 판타지 표현 기법의 중편 동화이다. 그는 「장군의 말씀」에서처럼 힘의 논리를 주제로 담고 있다. 멸망한 백제 부흥군이 아직까지도 지키고 있는 나라, 그 땅에 두 소년이 들어가 나라를 다스리고 있는 촌장을 만난다는 이야기이다. 그들은 이웃나라에 볼모로 잡혀 간 대왕을 아직도 애타게 기다리고 있었는데, 그 촌장의 말씀도 바로 동화 「장군의 말씀」에서 장군이 하던 바로 그 말씀이다. '힘이 있는 자만이 나라를 지킬 수 있다.'는 것이다. 작가 김영훈은 이 두 작품에서 '힘'이란 주제를 독자에게 각인시키고 있다.

동일한 주제의 작품을 하나 더 들면 최근에 발표한 장편 아동 소설인 「석촌마을에 뜬 무지개」이다. 이 작품은 표현 기법 상으로는 리얼리티 동화이나 주제는 '힘과 정의는 어느 쪽이 먼저 선행되는 것이냐' 하는 주제를 화두로 삼고 있는 아동 소설이다. 이와 같이 김영훈의 동화는 소재 면이나 주제 설정 면에서 친자연적이고 향토적인 것에서 벗어나 다양해지고 확장되어지고 있는 것이다.

여기서 그의 장편 환상 동화인 「바람과 구름과 달님」과 같은 작품에 이르면 소재 선택의 다양성 면에서 확장된 또 다른 일면을 보여주고 있다. 뿐만 아니라 주제가 역사 인식으로 확대된다. 표제가 암시해주듯이 바람과 구름과 달님이 함께 여행하면서 보고 듣고 겪는 이야기들인데 여기서 다루어지는 내용들이 퍽 이채롭다. 작품의 배경이 되는 공간도 머나먼 남쪽나라 바다에서부터 북쪽 대륙에 돌비가 서 있는 광야에 이를 만큼 광대하다. 시간 적인 배경도 현대에서 몇 천 년 전으로 거슬러 올라갔다가 다시 현대로 환원되는 등 제한을 받지 아니한다.

그는 이 작품을 통해 한 집단 아니, 한 민족의 삶의 과정을 상징적으로 묘사하고 있다. 그리고 그 삶을 통해서 추구해야 할 지향점을 아이들 눈높이에 맞추어 메시지화하면서 묵시적으로 제시하고 있다. 작가 김영훈은 봄을 맞는 따뜻한 달맞이 동산이랑, 태풍으로 찢겨지며 아파하는 이들의 상처 난 가슴에도 포커스를 맞춘다. 그는 여기서 그치지 않고 흰눈이 뒤덮인 동서로 하여 철초망을 방어벽으로 삼고 나라를 지키고 있는 병사들의 이야기도 다룬다. 바람과 구름은 계속 북쪽으로 이동하면서 돌비를 다듬는 현장에 그의 아들이 꼬마 석공을 오게 하는 등 환상의 세계를 마음껏 휘저으며 다니도록 하면서 독자들을 향하여 우리가 살아야 할 역사의식과 삶에 방향타를 잡아주려고 한다.

셋째로 살펴볼 작품들은 그의 동화집 『우리들의 산타클로스』에 수록되어 있는 총 12편의 작품들의 주제의식이다. 초등학교 고학년 내지 중학생을 의식해서 창작된 것으로 보이는데, 가장 많이 다루고 있는 작품이 사춘기의 심리를 다루고 있는 작품들이다.

그 중에 작품 「14세의 외출」은 부모의 과보호로 인해서 생긴 반발심을, 「선생님, 걘 아직도 그 병을 앓고 있어요」는 남자 친구가 보내온 쪽지편지로 인해서 생긴 당황스러움을, 「소년의 설렘」은 성중이가 여학생으로부터 받은 생일초대장을 받은 것으로 연유된 설렘을, 「지애의 탑돌이」는 아버지 병환이 안 좋아 탑돌이를 나선 지애와 수민이가 동행하는 과정에서 느껴지는 야릇한 감정을 다루고 있다. 시대적으로 갈수록 조숙하여 초등학교 어린이도 신체 변화와 함께 사춘기적 현상이 일찍 나타나는데 이런 청소년의 심리와 또래집단의 상황을 묘사적으로 리얼하게 다루고 있다. 그 중에 「소년의 설렘」의 줄거리를 요약해 소개한다.

> 오월도 중순으로 접어들어 등꽃이 만발할 즈음 성중이는 뜻밖에도 한 장의 생일초대장을 받는다. 마음속으로 꼬불쳐놓은 윤희에게서 온 초대장이므로 성중이는 마음이 설렌다. 그리고 교실에 혼자 앉아서 선물을 무얼로 할까로 고민에 빠진 성중이는 테니스를 하고 들어오시는 담임선생님과 마주친다. 선생님은 연필이나 크레파스쯤으로 하면 어떻겠느냐고 하면서 대수롭지 않게 말씀하신다. '아휴, 그걸 어떻게…….'라고 말하니까 마음만 전하면 되는 거 아니냐고 되물으신다. 성중이는 마음속에 특별히 관심을 두고 있는 윤희라서 마음이 설렌다는 사실을 말씀드리자 선생님은 이미 알고 있었노라고 한다. 성중이는 오히려 부끄러워서 어쩔 줄을 모른다.

이는 사춘기가 되면 누구나 통과의례로 겪게 되는 과정으로서 일종의 성장 동화라 할 수 있다. 한 어린이가 겪게 되는 이성경험을 교실 안에서 교사와 학생이 자연스럽게 문제를 해결하며 성장하는 모습을 보여준다. 이런 점은 김영훈의 첫동화집인 『꿈을 파는 가게』에 수록된 아동소설 「소나기」에서도 맥을 같이 하고 있다.

넷째로는 민족 분단으로 인해 겪고 있는 아픔을 소재로 하고 있는 작품들이다. 이 작품들은 당연히 이념 문제나 통일을 기원하는 주제가 설정된다. 유년시절의 슬픔이 담긴 고향의 원형동굴을 아들 윤석이와 함께 찾아간다는 그의 열두 번째 동화집에 실려 있는 작품 「아버지와 아들」과 「할아버지별과 소년」류의 작품이 눈에 띈다. 이 작품은 주제가 무겁다. 국토의 분단으로 인하여 빚어지는 슬픔을 넘어 좌우 이념에까지 접근하려 하기 때문이다. 최근 작품으로 선을 보인 판타지 동화 「여섯 빼기 넷이면 하나이지요」은 소품인데도 이런 맥락의 작품이다. 주변이 강한 동물 나라에 둘러싸인 두 나라가 다시 본래대로 합쳐져야 한다는 메시지를 주제로 설정하고 있다.

다섯째로 이밖에 다양한 주제를 다룬 작품들도 많다는 사실이다. 어린이 축구경기에서 승승장구하여 한민족 체육대회의 축구부에 병호가 마침내 국가대표로 뽑혀간다는 「만리장성으로 보내는 축하 메시지」, 전교 어린이 회장단에 당선되기 위해 벌이는 치밀하고도 기발한 아이디어를 창출하는 「미리미리미리로」 등의 작품도 나름대로의 특색을 창출하면서 문학성이 있는 작품으로 소화해 내고 있다. 주독자인 어린이들에게 재미있는 읽을거리를 제공하고 있다. 그만큼 주제도 다양하다.

특히 눈에 띄는 작품은 「우리들의 산타클로스」이다. 매년 크리스마스 무렵이면 불쑥 나타나 선물과 함께 어린이들과 재미있게 놀아주는, 식사로 솔잎이나 질겅질겅 씹어 먹는, 나이도 이름도 모르는 두리벙어리와 마을 어린이가 함께 엮어나가는「우리들의 산타클로스」는 읽어갈수록 신비로움과 흥미를 더해 주어 독자로 하여금 궁금증을 불러일으키고 있다. 이 아동소설은 문학적으로 성공한 작품이라고 해도 좋을 만큼 독자를 흡입시키고 있다.

5. 글을 나가면서 남기는 몇 마디

지금까지 필자는 김영훈의 동화와 아동소설을 중심으로 그가 즐겨 선택하는 소재와 주제 설정 그리고 표현 기법 등을 고찰했다. 그 결과, 소재나 설정하는 주제가 무한대로 확장될 조짐을 보일 정도로 다양화되고 있음이 발견되었다. 그런데 이런 그의 동화 소재 선택 및 주제 설정 등 창작 작업을 필자는 그의 성장과정과 연계하여 살펴보는 동안 양자의 관계가 깊다는 점을 발견했다. 이에 필자는 작가가 즐겨 선택하는 소재와 주제 설정이 성장 배경과 무관하지 않다는 점을 다시 제시한다. 아울러 그의 동화와 아동소설이 갖고 있는 문제점을 중심으로 하여 지양되어야 할 점도 지적하고자 한다.

필자는 앞 제2장 '생애와 문학'에서 우선 김영훈의 성장지가 전형적인 시골 농촌 그리고 칠갑산을 배경으로 한 산촌이라는 점을 이미 밝혔다. 따라서 그가 즐겨 선택한 초기 동화의 소재는 그의 성장 배경과 연관하여 자연친화적인 것이 당연하다고도 언급한 바 있다. 또한 그가 시골 학교에서 교사로서 학생들을 가르친 교직 경험이 있다는 점에도 유의하지 않을 수 없었다. 작가 자신이 자연친화적인 환경에서의 성장했기에 그의 동화도 시골을 배경으로 하고 있고, 인물 설정 면에서 캐릭터가 대부분 순수하고 맑으며 아름답게 창조되고 있음을 알 수 있었다. 또한 그가 늘 어린 영혼과 호흡하는 교직이라는 직업을 가지고 있어 창작 장르를 소설에서 동화로 바꿀 만큼 김영훈이 하는 동화 창작 작업은 그의 삶과 밀접하게 연계되고 있다.

작가가 어린이들의 발달 단계 면에서 드러나는 행동 특성이나 언어들을 작가가 직접 접할 수 있었기에 전원적인 시골이나 학교를 작품 소재로 선택하는 것은 필연적이었다. 또한 사춘기적인 순수한 사랑이 바탕이 깔리는 작품 또한 그가 소년 시절 조숙한 면을 보여 짝사랑을 한 경험이 직접 있다든지 작품 창작 시점에서 초등학교 고학년을 직접 담임해 그들의 성장과정을 체험한다는 면에서 보면 그의 작품 세계의 구축 과정이 실제의 삶과 연계된 다는 점이 충분히 이해된다.

여기서 유의해야 할 점은 시대적 배경을 확장하면서 「석촌마을에 뜬 무지개」류에서는 사춘기에 가질 수 있는 청순한 사랑과 함께 힘과 정의, 그리고 「아버지와 아들」, 「여섯 빼기 넷이면 하나이지요」류의 작품에서처럼 좌우 이념에 대한 주제를 표출하고 있다는 점에 주목해야 한다. 이런 면도 자세히 살펴보면 작가 자신의 성장 배경이 해방 전후의 어수선함, 좌우이념 대립 그리고 4.19 혁명에 이르기까지 감수성이 예민한 유소년 시절을, 시대적 변환기에 성장했다는 점이다.

이중에서도 필자는 유년시절인 5세 때인 한국 전쟁 중에 부친을 여의었다는 사실에 다시 주목하게 된다. 이렇게 보면 그가 추구하고 있는 작품세계를 만들기 위한 소재 선택과 주제 설정은 그의 삶과 연관됨을 잘 드러내주고 있고, 어쩌면 필연적이라고도 할 수 있다.

다음으로 그의 동화가 가 가지고 있는 문제점 즉, 지양되어야 할 것들을 짚어보기로 한다. 김영훈은 열정적으로 동화를 집필하는 동안 점진적으로 소재를 확장하고, 주제 설정이 다양화되면서 독자들에게 다가가려는 노력을 경주한 점은 인정을 한다. 그는 표현 기법 면에서도 종래 즐겨 쓰던 리얼리티에서 벗어나 환상의 세계를 넘나들며 설정된 주제로 독자에게 공감대를 갖게 노력을 한 점도 인정한다. 그러면서도 그의 동화가 갖는 약점이 있다. 필자는 이 약점들을 지적하여 그의 동화가 거듭날 수 있기를 바란다.

이러한 지적은 필자가 작가 김영훈에게 보내는 애정이 섞인 충언이라는 점을 밝힌다. 김영훈은 문단에 나온 이래 30년에 걸쳐 동화 창작과 아동 소설 쓰기에 힘을 써온 작가이다. 아울러서 비평 그리고 아동문학을 이론적으로 접근하려는 학문적 접근을 한 공적도 있다. 다른 한편으로는 청년 시절에 열정을 태웠던 소설 창작에 이르기까지 다방면에서 문학에 대한 성실성을 보여 온 작가이다.

그동안 그는 문학성을 인정을 받기도 했고, 문단에 기여한 바도 큰 작가이다. 그러나 이 시점에서 동화를 창작하는 원초적인 기법 그 중에서도 조직 면과 함께 동화는 동심을 바탕으로 집필되어야 한다는 점을 강조하면서 아래와 같이 두 가지 문제점을 지적하는 바이다.

첫째, 김영훈의 동화는 완만한 서사구조를 지니고 있다는 점이다. 그의 작품은 극적인 상황 설정이나 사건 전개에 속도감이 별로 없어 이야기 구조가 대체로 완만하다. 특히 장편이나 중편 동화 또는 아동소설에서보다 단편 동화에서 그러한 일면이 엿보인다. 이는 픽션물이 발단, 전개, 위기, 절정, 결말이라는 일반적인 모형을 가지고 있다는 점을 고려할 때, 위기, 절정이 약하면 감동도 약하다는 것과, 동화가 빠른 템포라는 속성을 지니고 있다는 점에서 본다면 그의 작품은 약점이 될 수도 있다.

그러나 김영훈의 작품관이 생활 주변에서 벌어지는 잔잔하고 훈훈한 이야기를 담고 있다는 점을 감안한다면 이는 오히려 당연한 귀결이다. 이러한 이야기는 어머니가 들려주는 이야기 같이 독자에게 친밀감을 더해주면서 시사점을 제시하는 장점이 있어 많은 작가들이 즐겨 사용하고 있다. 이 문제는 동화가 주 독자가 어린이라는 특성을 감안한다면 지양되어야할 구성 즉, 플로트 상의 보완점이라고 보는 것이 필자의 견해이다. 극적인 반전이 필요하기도 하다. 어린 독자는 극적인 반전에 환호하는 속성이 있다는 점을 잊어서는 안 된다.

둘째, 지나친 소재의 다양성과 주제 설정의 확장이다. 주독자인 어린이의 관심 대상이 되는 동화나 아동 소설의 소재가 한정될 필요는 없다. 하지만 역사 인식을 주제로 담고 있는 소재나, 남북분단의 슬픔이나 통일을 염원하는 주제를 넘어 이념 문제를 다루려고 하는 듯한 느낌을 준다는 점을 지적하지 않을 수 없다. 바로 아동 소설 「아버지와 아들」, 「할아버지 별과 소년」, 「여섯 빼기 넷은 하나이지요」류의 작품이 그렇다.

이런 작품은 자칫 동심을 상실할 수 있다고 지적한다. 또한 '힘의 향방', '정의란 무엇인가' 라는 문제를 들고 나온 중편 동화 「장군의 말씀」과 장편 아동소설 「석촌마을에 뜬 무지개」 등은 맑고 깨끗하고 순순한 동심의 세계가 자칫 훼손 될 수도 있다고 본다. 필자는 이런 경향이 김영훈이 청년 시절에 동화보다 소설 창작으로 습작기를 보낸 탓으로 인해 야기되는 현상이 아니기를 바란다. 즉, 동화는 장르상 소설과 다르다는 면을 인정해야 한다.

한 작가가 자신 특유의 작품 세계를 갖는 것은 그만이 구축할 수 있는 필연적일 만큼 고유권한이다. 그래서 어쩌면 독특한 그만의 작품 세계를 인정하는 것은 당연한 일이다. 그러나 이는 어디까지나 글의 특성과 글을 읽는 주독자의 지적, 신체적, 심리적 발달에 맞는 언어 수준에 맞도록 창작되어야 작품으로서 빛을 발할 수 있다. 따라서 동화는 주독자인 동심을 바탕으로 하여 창작되어야 한다. 그러함에도 불구하고 지나치게 주제를 확장해서 어른들이 즐겨 수용할 수 있는 힘과 정의 그리고 이념 등이 걸러지지 않은 상태에서 원색적으로 드러나 어린이에게 다가드는 현상은, 동화 창작에서 지양되어야 한다.

필자는 이러한 지적을 하면서도 김영훈은 충청권에서 동화 창작과 문단 활동을 하고 있는 아동문단의 문인들 중에 족적을 남기고자 노력하는 작가 중 한 사람이라는 걸 내세운다. 다만 김영훈이 더욱 정진해서 주옥같은 작품을 남기는 작가가 될 것을 바라는 정성어린 마음도 아울러 전한다. 작가는 죽어 흙에 묻혀도 그가 남긴 작품은 흙 위에 드러나 먼 훗날까지 잊혀지지 않고 지속적으로 읽혀지기를 바라는 마음은 필자나 작가나 한결같기 때문이다. 더욱 정진하기를 빈다.

참고문헌

김사건, 『김사건 고희문집』, 문경출판사, 1994.

김영훈, 『꿈을 파는 가게』, 아동문예사, 1984.

______, 『달섬에 닻을 내린 배』, 써레, 1986.

______, 『솔뫼마을에 부는 바람』, 아동문예사, 1988.

______, 『바람과 구름과 달님』, 대교출판사, 1990.

______, 『생활속의 발명이야기』, 지경사, 1990.

______, 『퉁소소리』, 도서출판 용진, 1992.

______, 『아기토끼의 달님』, 한국파스테르, 1993.

______, 『공해는 정말 싫어요』, 한국서적공사, 1995.

______, 「초등학생의 묘사적 표현 지도 방법 연구」, 공주교육대학교(석), 2002.

______, 『꿀벌이 들려준 동화』, 아동문예사, 2003.

______, 『우리들의 산타클로스』, 아동문예사, 2003.

문학과 교육의 연계

강의 일시	기관명	강의대상	강의 내용	강사명 (지격)	비고
2002~2012	공주교육대학교	대학생	국어교육Ⅰ·Ⅱ 아동문학의 이해	초등학교감·교장 김영훈(작가·박사)	
2004~2007	중부대학교	대학생	아동문학론	초등학교장 김영훈(동화작가)	
1997~2002	대전교육연수원	교원	문학 교육 국어교육 (말하기·듣기·읽기·쓰기) 독서지도 및 도서관 운영	초등학교 교사·교감 김영훈(동화작가)	
2012 - 2학기	대전변동 초등학교	학부모	국어과 문학교재 읽기지도	김영훈(동화작가)	
2013. 4. 27	기성초등학교	학생 학부모	책의 날 축제 작가와의 만남강사	김영훈(동화작가)	
2012. 10. 17	대전대신 초등학교	초·중등 교장	학력향상 창의경영 학교장포럼	김영훈 (한국문협 이사)	
2012. 9. 21	대전변동 초등학교	교원	2012대전서부교육지원청 제8지구교수학습방법 개선 세미나	김영훈 (공주교대강사)	
2012. 5. 4	대전하기 초등학교	학부모	어린이 글쓰기지도를 위한 연수	김영훈(동화작가)	
2012. 6. 5	법무보호 복지공단	출소자	사람과 사람의 만남 관계는 소중하다 -인생의 새출발을 위한 말씀-	김영훈(법무보호복지공단 교육전문위원)	
2011. 12. 21	세종시 연남초등학교	학생	글쓰기 구상 및 표현의 실제	김영훈(문학박사)	

강의 일시	기관명	강의대상	강의 내용	강사명 (지격)	비고
2011. 11. 1	대전시동부교육지원청국어교과연구회	교사	국어과교수학습방법 개선을 위한 연수(읽가교육을 중심으로)	김영훈(전변동초등학교장·문학박사)	
2011. 5. 10	수촌초등학교	학생	글쓰기에서의 소재 선택과 주제설정 방법 알기	김영훈(동화작가)	
2010.12. 20	나주초등학교	학생	책의 날 축제 - 작가와의 만남	김영훈(동화작가)	
2010. 5	대전 KBS	시청자	540스튜디오 가정에서의 자녀 독서지도방법	김영훈(동화작가)	
2010 - 2학기	대전평생학습과 (구 여성회관)	일반 성인	글쓰기 논술 지도자 과정 특강	초등학교장 김영훈(작가·박사)	
2010. 7. 21	충남초등특수교육연구회	충남초등특수교육연구회원 (교원)	문학과 교육자의 삶	한국아동문학연구소장 김영훈 (문학박사)	충청남도
2010. 7. 21	예산군교육청	초등학생	학력향상을 위한 독서논술캠프 강의명 : 글쓰기와 독서	공주교대강사 김영훈(문학박사)	충남 예산군
2010. 2. 20	한민교회	한민교회 교우(성인)	가정에서의 글쓰기 및 독서지도 방안	김영훈(문학박사)	침례교회
2009.12. 17	대전변동초등학교	초등학생	도서축제의 날 행사 (작가와의 만남)	김영훈(문학박사)	

강의 일시	기관명	강의대상	강의 내용	강사명 (지격)	비고
2009. 10. 26	대전송림 초등학교	초등학생	송림도서관축제 글쓰기교실 (생활문및논설문 쓰기지도)	공주교대 강사 김영훈(문학박사)	
2009. 10. 19	봉암초등학교	초등학생	독서축제 (작가와의 만남)	공주교대강사 김영훈(문학박사)	대전
2009. 7. 8	대전유평 초등학교	초등학생	저자와의 만남 (독서 지도)	대전변동초등학교장 김영훈(문학박사)	
2009. 6. 22	계룡초등학교	교원 학부모	초등학생을 대상으로 한 글쓰기 (논술) 및 독서 지도 전략	대전변동초등학교장 김영훈(문학박사)	충남 공주시
2009. 6. 13	임자초등학교	초등학생	작가와의 만남	대전변동초등학교장 김영훈(문학박사)	전남 신안군
2008 - 1학기	대전변동 초등학교	학부모	학부모 독서논술강좌	대전변동초등학교장 김영훈(동화작가)	30시간
2008. 10. 8	대전전민 초등학교	교원	교실수업개선 공동연수 (독서논술 지도 전략)	대전변동초등학교장 김영훈(동화작가)	
2007 - 2학기 (30시간)	대전변동 초등학교	학부모	학부모 글쓰기 강좌	대전변동초등학교장 김영훈(동화작가)	문집'갓골 동산'출간
2007. 10. 5	담양초등학교	초등학생	책의 날 축제 (작가와의 만남)	대전변동초등학교장 김영훈(동화작가)	전남 담양군

강의 일시	기관명	강의대상	강의 내용	강사명 (지격)	비고
2007. 7. 5	대전원평 초등학교	교원	교실수업개선 공동 연수 (글쓰기 독서 지도 방안)	대전변동초등학교장 김영훈(동화작가)	
2006. 10. 21	대전문창 초등학교	교원	교실수업개선 공동 연수 (글쓰기 독서 지도 방안)	대전동광초등학교장 김영훈(동화작가)	
2006. 10. 21	담양초등학교	초등학생	책의 날 축제 (작가와의 만남)	대전동광초등학교장 김영훈(동화작가)	
2006. 9. 21	대전초등교사 독서연구회	교원	초등학생 독서지도의 방향	대전동광초등학교장 김영훈(동화작가)	
2006. 5	대전평생학습과 (구 여성회관)	일반 성인	글쓰기 논술 지도자 과정 (특강)	동광초등학교장 김영훈(동화작가)	
2005 - 1학기	대전동광 초등학교	학부모	학부모 독서논술강좌	대전동광초등학교장 김영훈(동화작가)	30시간
2004 - 1학기	대전동광 초등학교	학부모	학부모 글쓰기강좌	대전동광초등학교장 김영훈(동화작가)	30시간
2005. 11	대전노은 초등학교	학부모	가정에서의 자녀 글쓰기 논술 지도 전략	대전동광초등학교장 동화작가 김영훈	

강의 일시	기관명	강의대상	강의내용	강사명 (자격)	비고
2002 7. 21	대전샘머리 초등학교	학생	책의 날 축제 작가와의 대화	대덕초등학교 교감 동화작가 김영훈	
2002. 5	청양군 국어교과연구회	교사	글쓰기 입문기 초등학생들의 글짓기 지도방안	대덕초등학교 교감 동화작가 김영훈	
2002. 5	인표어린이 도서관	학부모	글쓰기 및 독서 지도 전략	대덕초등학교 교감 동화작가 김영훈	
1998 - 2000	YWCA 일하는 집	주부(여성)	글쓰기 논술 지도자 양성 과정 출강	대전중앙초등학교 교사, 김영훈 (동화작가)	
2001.9. 15	대덕초등학교	학부모	가정에서 자녀들 글쓰기 지도 어떻게 할 것인가?	대덕초등학교 교감 동화작가 김영훈	
1999 - 2학기	대덕초등학교	학부모 사서교사	독서지도 및 도서관 운영	대덕초등학교 교감 김영훈(동화작가)	15시간
1994 - 1999	대전중앙 초등학교	학생	글쓰기 및 논술지도 강좌 개설 강의	초등학교 교사 김영훈(동화작가)	글쓰기 상설반
1990 - 1999	학생도서관	학생	교실수업개선 공동연수 (독서논술 지도전략)	초등학교 교사 김영훈(동화작가)	
1990 - 1999	한밭도서관	학부모 및 사서	학부모 글쓰기 강좌	초등학교 교사 김영훈(동화작가)	

강의 일시	기관명	강의대상	강의내용	강사명 (자격)	비고
1990 - 1999	대전시립도서관	학생	책의 날 축제 (작가와의 만남)	초등학교 교사 김영훈(동화작가)	
1997 - 1999	갈마도서관	학생	교실수업개선 공동 연수 (글쓰기 독서 지도 방안)	초등학교 교사 김영훈(동화작가)	
1996 - 1998	안산도서관	학생	교실수업개선 공동 연수 (글쓰기 독서 지도 방안)	초등학교 교사 김영훈(동화작가)	
1996 - 1998	새싹문화회	학생	글쓰기 지도	초등학교 교사 김영훈(동화작가)	
1990 - 1998	YWCA	학생	글쓰기 지도	초등학교 교사 김영훈(동화작가)	
1990 - 1997	YMCA	학생 학부모	자녀와 함께 하는 글쓰기 교실 강좌 출강	초등학교 교사 김영훈(동화작가)	
1995. 5	한밭박물관	학생	글쓰기 및 독서 지도	초등학교 교사 김영훈(동화작가)	
1994. 7	대전문인협회	학생	근로청소년 문학강좌	초등학교 교사 김영훈(동화작가)	
		이하 생략			

강사 위촉장

위 촉 장

소 속 : 대덕초등학교
직 위 : 교감
성 명 : 김 영 훈

귀하를 2002년도 본 연수원의 강사로 위촉합니다.

2002년 4 월 25 일

대전교육연수원장

위촉장 - 대전교육연수원장

위 촉 장

소 속 : 대전동광초등학교
직 위 : 교장
성 명 : 김 영 훈

귀하를 2007 교실수업개선 시범단지 제7지구 협력학교 공동 연수의 강사로 위촉합니다.

2007. 7. 5

대 전 원 평 초 등 학 교 장

위촉장 - 대전원평초등학교장

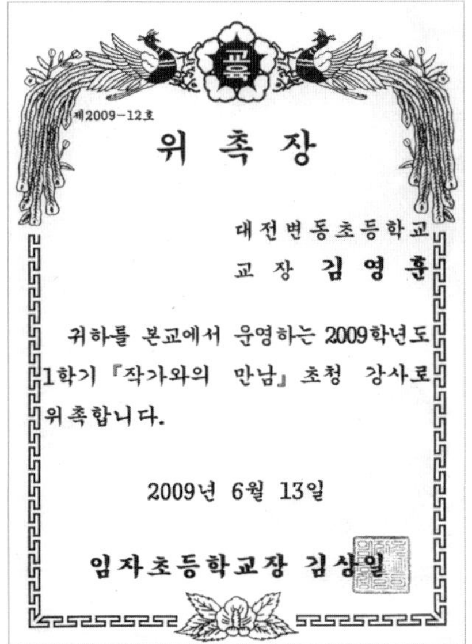

제2009-12호

위 촉 장

대전변동초등학교
교 장 김 영 훈

귀하를 본교에서 운영하는 2009학년도 1학기 『작가와의 만남』 초청 강사로 위촉합니다.

2009년 6월 13일

임자초등학교장 김상일

위촉장 - 임자초등학교장

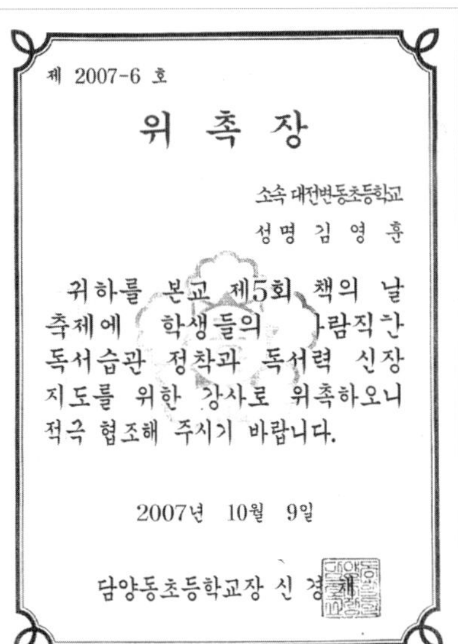

제 2007-6 호

위 촉 장

소속 대전변동초등학교
성명 김 영 훈

귀하를 본교 제5회 책의 날 축제에 학생들의 바람직한 독서습관 정착과 독서력 신장 지도를 위한 강사로 위촉하오니 적극 협조해 주시기 바랍니다.

2007년 10월 9일

담양동초등학교장 신 경 재

위촉장 - 담양동초등학교장

위 촉 장

대전변동초등학교장
김 영 훈

귀하를 『초등학생을 대상으로 한 글쓰기(논술) 및 독서 지도 전략』에 관한 교사 및 학부모 연수 강사로 위촉합니다.

2009. 6. 22

계룡초등학교장 김정진

위촉장 - 계룡초등학교장

위 촉 장

소속 대전중앙국민학교
직 교 사
성명 김 영 훈

위 분을 '95년 지역문화학교 문예교실('95. 12. 21 ~ 12. 30)문예 지도 강사로 위촉합니다.

1995년 12월 7일

한밭교육박물관장 박건하

위촉장 - 한밭박물관장

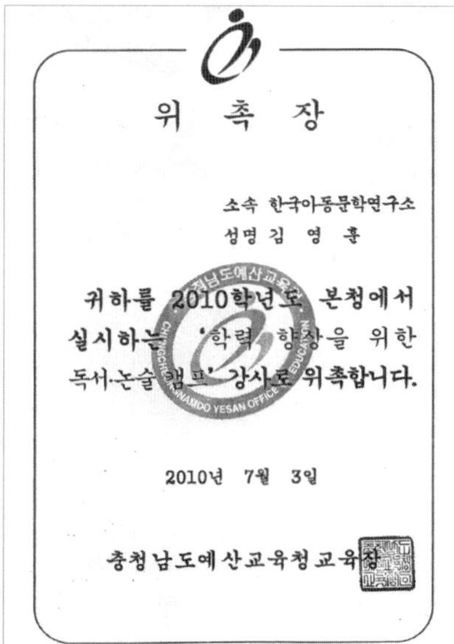

위 촉 장

소속 한국아동문학연구소
성명 김 영 훈

귀하를 2010학년도 본청에서 실시하는 '학력 향상을 위한 독서·논술 캠프' 강사로 위촉합니다.

2010년 7월 3일

충청남도예산교육청교육장

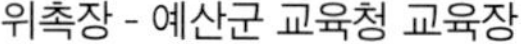

위촉장 - 예산군 교육청 교육장

위 촉 장

동화작가 김 영 훈

귀하를 2010학년도 본교에서 실시하는 책의 날 축제에 '작가와의 만남' 강사로 위촉합니다.

2010년 12월 18일

문 평 초 등 학 교 장

위촉장 - 문평초등학교장

동화 작가로서의 강의 모습

한밭문화학교 문예교실 강의를 하는 솔뫼 (1995)

대전광역시문인협회 주최 '근로청소년 문예 강좌' 강의를 하는 솔뫼 (1996)

대전광역시동부교육청 초등국어연구회에서 강의를 하는 솔뫼 (1994)

김영훈 동화작가 초청연수

글쓰기 어떻게 하면 될까, 그게 궁금해요 - 연남초, 교육전문성 및 학생 글쓰기 능력 향상을 위한 초청 컨설팅 연수 - 〈「세종의 소리」에 게재된 기사〉

세종시 연남초등학교(교장 이치구)는 지난 21일 3-5학년 학생과 교원을 대상으로 교원전문성 및 학생 글쓰기 능력 향상을 위해 김영훈 동화작가를 초청하여 컨설팅연수를 실시했다.

이번 연수는 창의적인 교육 과정 운영과 교원의 수업 질 개선을 위해 전문가의 컨설팅을 상설화해 학교 교육력의 근간이 되는 학교교육과정을 창의적으로 기획하며 교원의 수업 질 개선과 전문 영역에 대한 능력 개발을 지원함으로써 실질적인 학교 변화를 유도하고자 실시됐다.

문학박사, 창작동화작가, 대전충남아동문학회장, 공주교대 출강 등의 다양한 경력으로 학부모 학생 및 일반인 대상으로 유익한 강의 활동을 하고 있는 김영훈 동화작가를 초청해 '글쓰기 구상 및 표현의 실제'라는 주제로 연수를 가졌다.

김영훈 동화작가는 "글은 말과 함께 우리들의 생각과 느낌을 서로 주고받을 수 있는 중요한 표현 활동으로 자기 경험에 생각과 느낌을 담아 글을 쓰는 방법을 학습하는 것은 아주 중요하다"며 "특히 우리 어린이들에게는 자기 생활을 글로 담으면서 즐거움을 맛볼 수도 있고 마음도 아름답게 하는 구실을 하는 것이 글쓰기"라고 강조했다.

강의를 들은 6학년 서예솔 학생은 "글 쓰는 것은 너무 힘들어서 하기가 싫을 때가 많았는데 이번 수업을 듣고 나니 글쓰기를 어떻게 하면 될까? 라는 궁금증이 해결되었다. 앞으로 글 쓰는데 많은 도움이 됐다"며 글쓰기에 자신감을 나타냈다.

한편 김영훈 동화작가는 본교에 본인이 지은 "꿈을 파는 가게" 외 20여권의 동화책을 기증하여 학생들이 글쓰는 창의력 개발에 아낌없는 지원을 했다.

대전동광초등학교 개교 70주년 기념비에 글을 새기다

그리고 동문 안명호시인의 시로, 동창 회원들의 도움을 받아 '동문찬가비'도 만들다

대전동광초등학교장으로서 기념비에 쓴 글

우리의 모교 東光은 일제 침략 저항기인 1936. 4. 13 외남공립보통학교로 당시 조선 어린이 교육을 위해 문을 열었다. 1941년. 4. 1 대전동광국민학교로 개칭하고 1996. 3. 1에는 대전동광초등학교로 교명을 다시 바꾸었다.

개교 이래 이 고장의 어린이들이, 어른이 되어 행복한 삶을 추구하며 자아실현을 할 수 있음은 물론 널리 이웃을 이롭게 할 수 있는 인격을 갖추며, 사람다운 사람으로 거듭나게 하기 위해 기초 기본 교육을 베풀어 왔다.

이러한 숭고한 뜻으로 우리의 東光이 초등 교육을 시작한지 七○돌이 되었음을 기념하기 위해 오늘 이 터에 돌비를 세운다.

김영훈 교장과 동광 개교 70주년 기념비

동문찬가비 (대전동광초등학교 · 안명호 시인 글 · 2006)

개교 70주년 행사 기념사를 하는 김영훈 교장

동광 70주년 기념비 (앞면 · 2006)

동광 70주년 기념비 · 글 솔뫼 김영훈 (뒷면 · 2006)

문인·학부모와 함께하는 문학 기행

문학기행지	문학기행코스	문학기행 일시	주관단체	비고
황순원 문학관	서울→양평숲속의 집→황순원문학관→서울	2012. 8. 3~4	한국문인협회	한국문인협회 심포지엄
박경리 문학관	대전→이효석문학관→박경리문학관 →대전	2009. 4. 30	대전변동초등학교	학부모 창작지도반 문학관 탐방팀
정지용·오장환 문학관	대전→정지용 문학관→육영수여사 생가→속리산법주사→오장환문학관→대전	208. 11. 30	대전변동초등학교	학부모 창작지도반 문학관 탐방팀
육사문학관	대전→안동하회마을→육사문학관→봉정사→대전	2008. 4. 30	대전동광초등학교	학부모 창작지도반 문학관 탐방팀
김영랑 문학관	대전→문익점기념관→김영랑 생가→대전	2010. 8. 3	대전문인총연합회	대전문인총연합회 문학관탐방팀
서정주 문학관	대전→**스님생가→서정주문학관→국화축제장 →대전	2007. 11. 3	대전동광초등학교	학부모 창작지도반 문학관 탐방팀
정지용·오장환 문학관	대전→정지용 문학관→육영수여사생가→속리산법주사→오장환문학관→대전	2011. 6. 3	대전동광초등학교	학부모 창작지도반 문학관 탐방팀
다산기념관	대전→내소사→다산 정약용기념관→대전	2005. 10. 3	대전문인총연합회	대전문인협회 문학관 탐방팀
이효석 문학관	대전→이효석문학관→박경리문학관 →대전	2004. 4. 30	대전동광초등학교	학부모 독서지도반 문학관탐방팀

학부모들과의 문학기행

대전동광초등학교 학부모 독서강좌를 마치고 미당 서정주 문학관을 찾아서 (2006)

이효석문학관을 찾아서 기념촬영을 한 모습 (대전변동초등학교 · 2008)

정지용 · 오장환문학관을 다녀와서

석태연 (변동초 방지윤의 어머니)

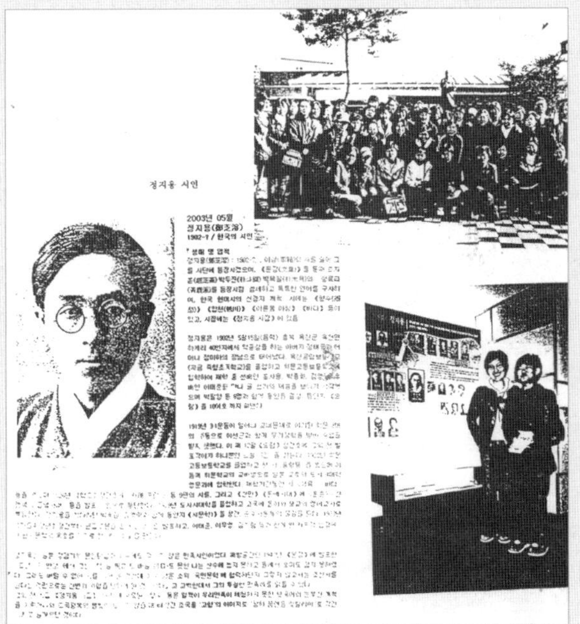

주부의 하루 일상 탈출은, 아침부터 동동거림으로 시작하였다. 두 딸은 또 왜 이리 늑장인지…. 설레는 엄마 마음을 아는지 모르는지…. 후다닥 학교로 등 떠밀고 나는 뒤이어 일행들이 기다리는 운동장으로 갔다. 나름 멋을 부린 학부모님들이 뚝 떨어진 아침 기온에 움츠리며 삼삼오오 두런거리고 있었다. 한때는 시집을 끼고 온 밤을 지새우던 문학소녀들이 '이제는 돌아와 거울 앞에 선 누님'처럼 아무렇지도 않고 예쁠 것도 없는 사철 발 벗은 주부가 되어 문학 기행이란 이름으로 출발을 기다리고 있었다.

얼마 후, 교감선생님과 운영위원장님의 배웅을 받으면서 버스는 첫 번째 목적지인 정지용 시인 생가로 향했다. 늘 보던 가로수들도 단풍이 아름답기는 했지만 여행길에 오른 들뜬 마음에는 또 한 번의 가을일 따름인 창밖 풍경들이 더 아름답고 감격스러웠다.

한 시절을 마감하듯 붉은 단풍은 절정의 모습으로 자태를 불태우고 있었다. 산기슭의 활엽수들은 이미 거추장스러운 것들을 버릴 준비를 마치고 있었다. 흔들리는 버스

안에서의 정지용시 낭송은 아름다운 시어와 멋진 계절이 어우러져 삭막했던 가슴에 싸아- 하니 감동을 주었다. 전날 딸아이와 감상에 젖어들었던 가수 박인수의 '향수'가 입가에서 맴돌고 주옥 같은 시인의 시 몇 편이 모두 낭송되었을 즈음 옥천에 닿았다.

실개천을 옆에 끼고 나지막이 자리한 시인의 생가가 보였다. 추수를 막 끝낸 들녘이 자연의 일부인양 순종하듯 펼쳐져 있었다. 아담한 규모의 전시실과 체험실은 정지용 시인을 이해하기에 부족함이 없었다. 어렴풋이 짐작만 하던 시어들을 검색한 후에 여러 편의 시를 감상했다. 해설사님의 열띤 해설을 들으니 1950년대까지 현대시의 발전과 함께 해온 시인의 업적과 위상에 다시 한 번 머리가 숙여졌다.

우리는 아이들과 꼭 한 번 방문하리라 다짐하며 다음 목적지인 오장환 문학관으로 가기 전에 잠깐 속리산으로 향했다. 법주사를 들린다는 것이다. 인솔자 김영훈 교장선생님의 작은 배려였다. 문학 기행에 사찰 관람을 얹어 주시는 뜻이 고마웠다.

산자락의 낙엽들이 바스락거리는 소리, 세속의 티끌을 말끔히 씻어 줄 것 같은 깨끗한 바람을 맞으며 속리산 경내로 들어가는 길은 무욕, 무념, 무상의 세계로 가는 길이었다. 길가의 우람한 나무들은 신라 때부터 이어온 사찰의 전통을 말해주듯 세월의 두께를 말없이 드러내고 있었다. 어릴 적 기억엔 큰 불상이 하늘을 닿을 듯 서 있었는데 지금 보니 그리 높지만은 않은, 오히려 자비로운 미소를 띤 친근한 부처의 모습으로 보였다.

문화재 해설사님의 도움으로 현존하는 한국의 목조탑 중 가장 높은 국보 제55호인 팔상전을 비롯하여 쌍사자 석등, 대웅보전 등 사찰 내 보물들은 둘러보았다. 팔상전 안의 '100일 기도 접수처'가 치열한 입시 경쟁의 현실로 나를 돌아보게 했다. 자식을 위해 지극한 정성을 바치는 부모의 마음을 부처님은 널리 보살피고 그 뜻을 모두 이루어 주시리라. 우리는 잘 익은 단풍과 코발트 빛 하늘을 산사와 함께 놔두고 다음 행선지인 보은읍에 위치한 오장환문학관으로 향했다,

나는 솔직히 말해서 오장환 시인을 잘 알지 못했던 터라 시인의 생애와 작품을 보고 부끄러움이 앞섰다. 시대의 격동기에 아픔을 고스란히 견디면서 아름다운 작품들을 창조할 수 있었음에 경의를 표하지 않을 수가 없었다. 처음 접한 오장환시인의 동시 '나비', '설날' 등에서는 시인의 천진함과 희망을 읽을 수가 있었다. 광복 후, 40여 년간 논

의조차 불가능했던 시인의 업적들이 이제야 제대로 평가받고 2005년 이곳에 문학관 건립 사업이 시작되었다고 한다. 문학 작품 조차도 이념의 잣대로 재단되었으니 이 또한 우리 민족의 아픔이 아닌가.

이른 아침 나온 집으로 이제 마음은 벌써 달려가고 있었던 오후 4시, 늦가을 햇살은 인색함을 드러내며 길손들의 발길을 재촉하고 있었다. 아이들 양육과 집안일에 갇혀있던 일상에서 잠들었던 의식을 깨운 문학 기행의 하루가 서서히 저물고 있었다.

학부모님들의 멋진 체험을 위하여 지원을 아끼지 않으신 김영훈 교장선생님께 감사를 드린다. 아울러 여러 가지 자료를 준비하여 사전 지식을 갖게 해주신 임영주 선생님, 그리고 한 치의 빈틈도 없이 완벽한 준비를 해 주신 도서실 회장님께도 감사를 드린다.

(「갓골문예」 대전변동초등학교 발행 · 2008)

학부모와 함께한 문학탐방 (이효석 문학관 · 2008)

솔뫼의 문학 · 역사기행 이모습 저모습

한국문인협회 심포지엄을 끝내고 회원들과 함께 황순원 문학관을 찾은 김영훈 (2012)

대전변동초등학교 학부모 독서강좌를 마치고
이효석 문학관을 찾아서 (2008)

대전동광초등학교 직원들과의 신라 역사 탐방 (2006)

교육·창작 및 독서 관련 수상 감사패·공로패

수상명	공적내용	수상자	수상시기	수상자 (수상기관)
황조근정훈장	초등 교원으로서 40년 6개월간 교사, 교감, 교장으로 근무하며 교육 발전에 기여함	김영훈	2009	대통령
한국교원단체 회장 표창	교육공로상(제99700호)	김영훈	2001	한국교원단체 총연합회장
봉사장	스카우트 봉사장	김영훈	2009	한국스카우트연맹
훈장증 - 아람단	청소년 홍익장	김영훈	2009	한국청소년연맹
모범공무원증	모범근무 공무원	김영훈	1997	국무총리
장관표창	독서문화진흥유공(94-21호)	김영훈	1994	문화체육부장관
장관 상	현장교육연구 전국1등급(제714호)	김영훈	1993	교육부장관장관
장관 표창	통일의지 함양(제8490호)	김영훈	1988	국토통일원장관
공산교육상	예술(문학) 교육 유공	김영훈	1996	동아재단
홍성군교육대상	정신문화 함양	김영훈	1980	홍성군교육장
교육감표창	교수·학습방법 유공(제303호)	김영훈	2004	대전시교육감
교육감표창	통일안보글짓기지도 유공(제2320호)	김영훈	1997	대전시교육감
교육감표창	한글문화 선양(제2808호)	김영훈	1988	대전시교육감

수상명	공적내용	수상자	수상시기	수상자 (수상기관)
교육감표창	독서지도유공(제4279호)	김영훈	1992	대전시교육감
교육감표창	청소년지도 유공	김영훈	1987	대전시교육감
교육감표창	에너지절약글쓰기 지도 유공(제5179호)	김영훈	1998	대전시교육감
교육감표창	청소년 지도 우수	김영훈	1987	충청남도교육감
교육감표창	학생 건전의식함양유공 (제1676호)	김영훈	1985	충청남도교육감
교육감표창	어린이 글짓기 지도	김영훈	1985	충청남도교육감
예총회장	창작활동 및 문화예술 진흥 유공	김영훈	1992	한국예총대전지회
공로패	교육발전 및 정년퇴임	김영훈	2009	대전변동초등학교 교육가족
감사패	통일의지 함양	김영훈	1986	민족통일중앙 협의장
감사패	통일의지 함양	김영훈	1994	민족통일 대전지부
감사장	자연보호	김영훈	1985	자연보호중앙 협회장

수상명	공적내용	수상자	수상시기	수상자 (수상기관)
공적패	대전시축구발전	김영훈	2009	대전시축구협회
감사패	교육전문위원으로서의 공적	김영훈	2009	굿네이버스
감사패	과대표로서의 리더쉽 발휘	김영훈	1988	공주교대학우회
감사패	회장으로서 대전초등 국어 교육 발전 및 회원의 화합 유공	김영훈	1996	대전동부교육청 국어교육연구회
교육연수원장표창	직무연수 지도성 발휘	김영훈	2004	대전교육연수원장
교육연수원장표창	일반연수과정 우수	김영훈	1997	대전교육연수원장
교육장표창	스승상 정립(제613호)	김영훈	1986	대전시교육장
교육구청장표창	교과연구부문 - 교육방전 유공(제350호)	김영훈	1989	대전시서부교육 구청장
교육장표창	통일안보글쓰기지도유공 (제946호)	김영훈	1992	대전시동부교육장
교육장표창	교육발전유공(제1313호)	김영훈	1992	대전시동부교육장
교육장표창	통일안보글쓰기지도유공 (제1486호)	김영훈	1993	대전시동부교육장
교육장표창	교수학습지도방법 개선유공(제1910호)	김영훈	1993	대전시동부교육장

수상명	공적내용	수상자	수상시기	수상자 (수상기관)
교육장표창	문종별글쓰기지도유공 (제1838호)	김영훈	1993	대전시동부교육장
교육장표창	문종별글쓰기지도유공 (제2119호)	김영훈	1994	대전시동부교육장
교육장표창	현장교육발전유공 (제2430호)	김영훈	1994	대전시동부교육장
교육장표창	통일안보글쓰기 유공 (제2580호)	김영훈	1995	대전시동부교육장
교육장표창	문종별글쓰기지도유공 (제2921호)	김영훈	1995	대전시동부교육장
교육장표창	현장교육발전유공 (제3094호)	김영훈	1995	대전시동부교육장
교육장표창	문종별글쓰기지도유공 (제3559호)	김영훈	1996	대전시동부교육장
교육장표창	통일안보글짓기지도 유공 (제4051호)	김영훈	1997	대전시동부교육장
교육장표창	현장교유개선유공 (제5523호)	김영훈	1994	대전시동부교육장
교육장표창	현장교육연구유공	김영훈	1973	홍성군교육장
교육장표창	현장교육연구유공	김영훈	1980	홍성군교육장

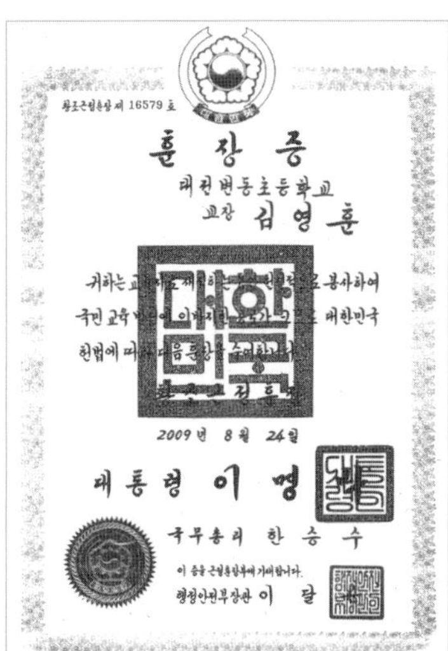

황조근정훈장 제 16579 호

훈 장 증

대전변동초등학교
교장 김 영 훈

귀하는 교[illegible] 공사하여
국민 교육 [illegible] 대한민국
헌법에 따라 다음 훈장을 수여합니다.

황조근정훈장

2009년 8월 24일

대통령 이 명

국무총리 한 승 수

이 증을 근정훈장부에 기재합니다.
행정안전부장관 이 달

황조근정훈장증 (대통령 · 2009)

황조근정훈장 (대통령 · 2009)

제 26853 호

모범공무원증

대전중앙초등학교
교사 김 영 훈

귀하는 공무원으로서 맡은바 직무에
정려하여 타의 귀감이되어 1997년도
모범공무원으로 선발되었기 모범공무원
규정에 의하여 이 증서를 수여함

1997년 6월 30일

국무총리 고

-23-

모범공무원증 (국무총리 · 1997)

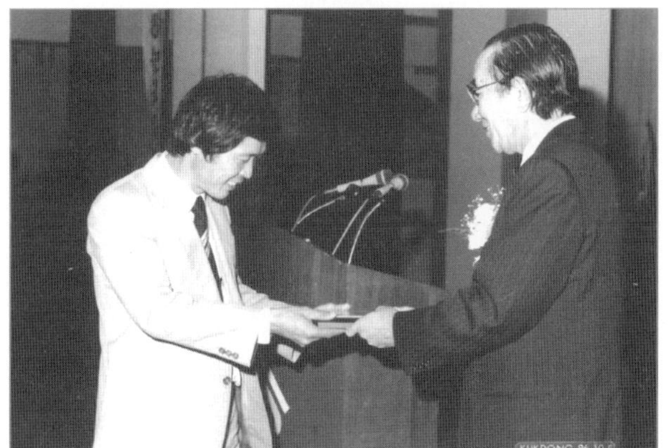

홍성철 통일원 장관으로부터 표창을 받는 모습 (1988)

감사패 : 민족통일중앙위원장 (1986)

감사패 : 대전동부교육청국어교과연구회 (1996)

교육·문학관련 현장 연구 논문

연구영역	연구내용	수상 등급	수상 시기	연구주관기관
제15회 현장연구대회	장학행정부문	시·도대회 1등급	2003	대전교원단체연합회
제14회 현장연구대회	장학행정부문	시·도대회 2등급	2002	대전교원단체연합회
제45회 현장연구대회	장학행정부문	전국대회 2등급	2001	한국교원단체 총연합회
제6회 인성교육사례 발표대회	인성지도 부문	시·도대회 2등급	2000	대전광역시 교육청
제6회 연구위원 연구대회	장학자료 개발	시·도대회 2등급	1999	대전광역시교원 단체연합회
제4회 연구위원 연구대회	장학자료 개발	시·도대회 3등급	1997	한국교원단체 총연합회
제39회 현장연구대회	국어한문분과 연구부문	전국대회 3등급	1995	전국교원단체 총연합회
제6회 현장연구대회	국어한문분과 연구부문	시·도대회 2등급	1994	대전교원단체연합회
제37회 현장연구대회	국어한문분과 연구부문	전국대회 1등급	1993	한국교원단체 총연합회
제1회 현장연구대회	국어한문분과 연구부문	시·도대회 1등급	1989	대전교원단체연합회
제32회 현장연구대회	국어한문분과 연구부문	시·도대회 1등급	1988	충남교원단체연합회
제31회 현장연구대회	국어한문분과 연구부문	시·도대회 2등급	1987	충남교원단체 총연합회

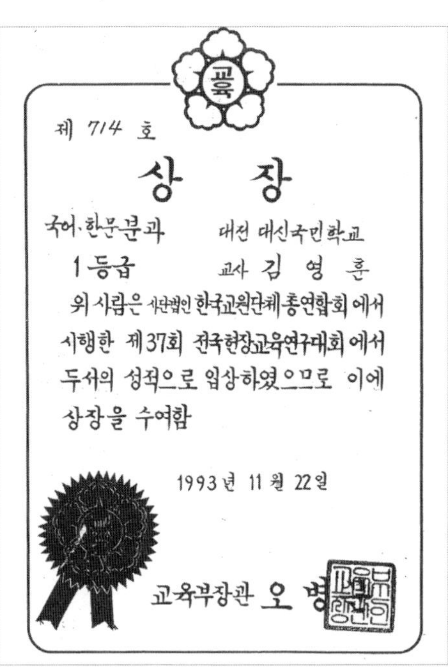

제 714 호

상 장

국어·한문분과 대전 대신국민학교
1등급 교사 김 영 훈

위 사람은 사단법인 한국교원단체총연합회 에서 시행한 제37회 전국현장교육연구대회 에서 두서의 성적으로 입상하였으므로 이에 상장을 수여함

1993년 11월 22일

교육부장관 오 병

현장연구 교육부장관상 (1993)

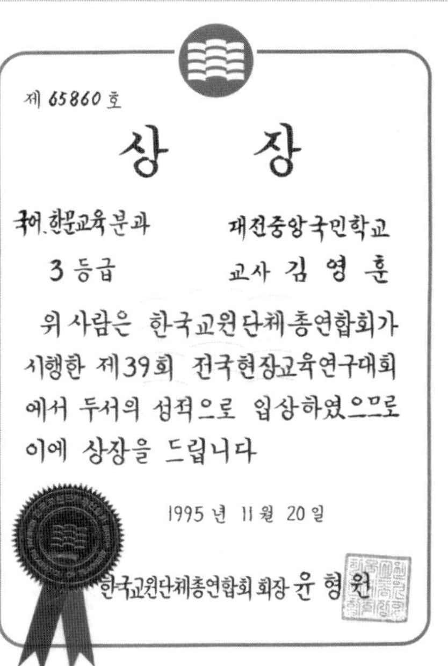

제 65860 호

상 장

국어·한문교육분과 대전중앙국민학교
3등급 교사 김 영 훈

위 사람은 한국교원단체총연합회가 시행한 제39회 전국현장교육연구대회 에서 두서의 성적으로 입상하였으므로 이에 상장을 드립니다

1995년 11월 20일

한국교원단체총연합회 회장 윤 형 원

전국현장교육연구대회 (전국대회 3등급) (1995)

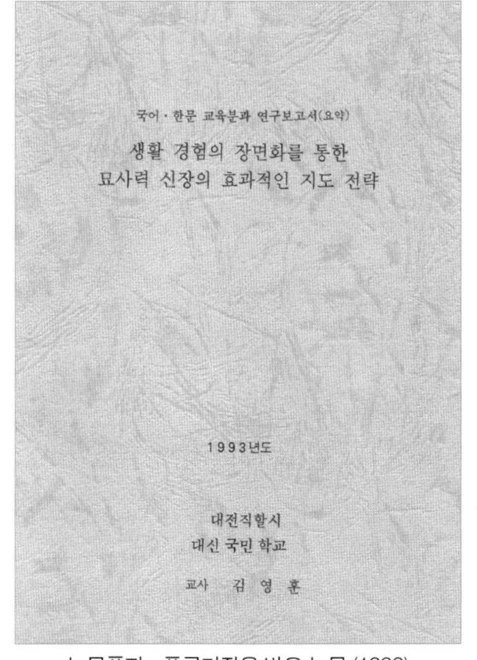

국어·한문 교육분과 연구보고서(요약)

생활 경험의 장면화를 통한
묘사력 신장의 효과적인 지도 전략

1993년도

대전직할시
대신 국민 학교

교사 김 영 훈

논문표지 - 푸른기장을 받은 논문 (1993)

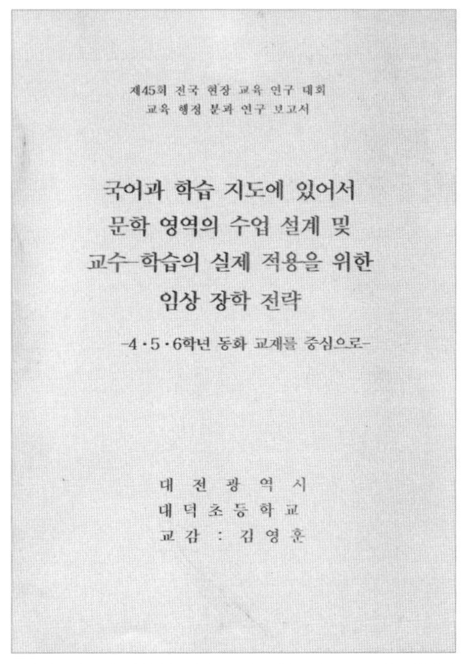

제45회 전국 현장 교육 연구 대회
교육 행정 분과 연구 보고서

국어과 학습 지도에 있어서
문학 영역의 수업 설계 및
교수-학습의 실제 적용을 위한
임상 장학 전략

-4·5·6학년 동화 교재를 중심으로-

대 전 광 역 시
내 덕 초 등 학 교
교 감 : 김 영 훈

논문표지 - 장학행정부문 논문 (전국대회 2등급·2001)

교육과정 편성·집필 및 교육자료 개발

구분	주요 업무 및 자료명	참여자	개발 시기	주관기관 및 단체	비고
교육과정 편성 및 자료개발	초등학교 1학년 입문기 통합 교과서(학생) 우리들은 1학년	김영훈 외	1993 - 1994	대전광역시 교육청	일본교육계 시찰
교육과정 편성 및 자료개발	초등학교 1학년 입문기 통합 교사용 교과서 우리들은 1학년 지도서	김영훈 외	1993 - 1994	대전광역시 교육청	
진로지도 읽기자료	학습과 일의 세계	김영훈 외	1986	한국교육 개발원	전국자료 개발위원 세미나
진로지도 교사지도자료	학습과 일의 세계	김영훈 외	1986	학국교육 개발원	
평가자료	국어평자지 작성 및 선제	김영훈 외	1989, 2002 - 2003	대전광역시 교육청	
독서학습자료	독서 학습자료 개발 및 심의 -책을 펼치면 생각이 자라요-	김영훈 외	2002 - 2003	대전광역시 교육청	
장학자료	장학자료 발간	김영훈 외	1993	대전시동부 교육청	
장학자료	기본생활습관 지도자료	김영훈 외	1990	대전직할시 교육청	
장학자료	장학자료 집필 위원	김영훈 외	1991	대전직할시 교육청	
장학자료	「자랑스러운 우리 한밭」 기획 및 집필	김영훈 외	1991	대전시동부 교육청	

구분	주요 업무 및 자료명	참여자	개발 시기	주관기관 및 단체	비고
장학자료	장학자료 바르고 굳센 어린이 발간	김영훈 외	1992	대전시동부 교육청	
장학자료	초등학교 우수 일기문 집 발간	김영훈 외	1995	대전시동부 교육청	
장학자료	장학협력위원	김영훈 외	1990	대전시동부 교육청	
장학자료	효행실천 우수사례문 발간	김영훈 외	1996	대전시동부 교육청	
장학자료	협력장학위원	김영훈 외	1997	대전시동부 교육청	
장학자료	장학자료 개발 「충남교육」	김영훈 외	1985	충청남도 교육청	
기획 및 자료발간	굿네이버스 교육전문 위원으로서 현지 운동회 프로그램작성 지도 자료 발간 및 봉사	김영훈 외	2004 - 2009	시민단체 굿네이버스	방글라데시 현장봉사
기획 및 자료 발간	「대전 소재 초·중·고·대학교 교가에 깃들여 있는 대전정신 탐구」 프로젝트에 참여함.	김영훈 외	2013	대전문인총연합회	

발간 자료 및 사진

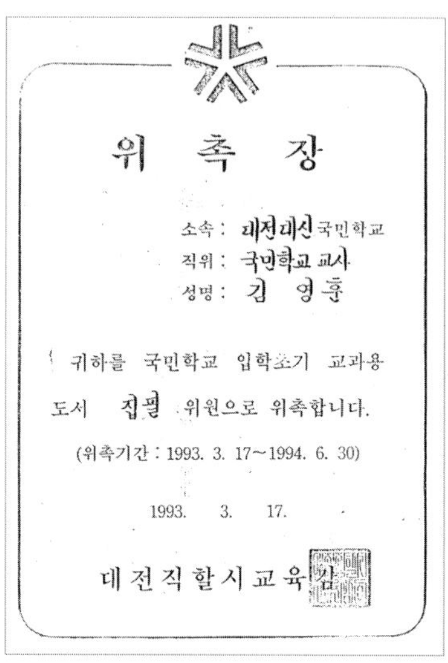

위 촉 장

소속 : 대전대신국민학교
직위 : 국민학교 교사
성명 : 김 영 훈

귀하를 국민학교 입학초기 교과용 도서 집필 위원으로 위촉합니다.

(위촉기간 : 1993. 3. 17~1994. 6. 30)

1993. 3. 17.

대 전 직 할 시 교 육 감

위촉장 : 국민학교초기교과용집필위원

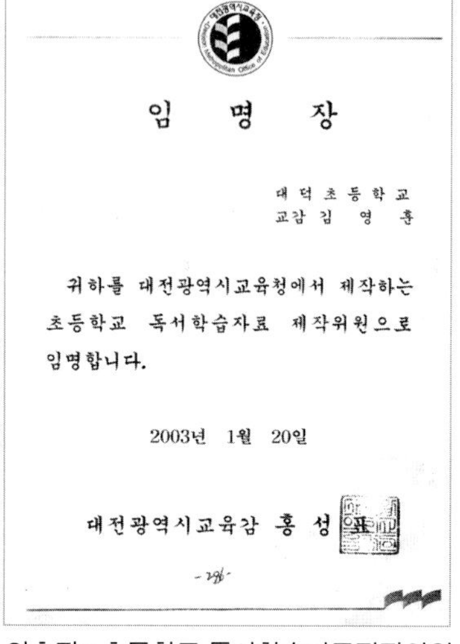

임 명 장

대 덕 초 등 학 교
교감 김 영 훈

귀하를 대전광역시교육청에서 제작하는 초등학교 독서학습자료 제작위원으로 임명합니다.

2003년 1월 20일

대전광역시교육감 홍 성

위촉장 : 초등학교 독서학습자료집필위원

일본공로연수 - 초등학교에서(교과서 개발 · 2004)

일본공로연수관광 - 해지옥에서(교과서 개발 · 2004)

방글라데시국 봉사활동(고아원 · 2008)

방글라데시국 봉사활동 출발전에 찍은 사진 (2008)

초등 학교 교사용 지도서

즐거운 학교 생활

김 영 훈

대전 광역시 교육청

즐거운 학교 생활 - 지도교사용
(1993 - 1994)

교육개발원 진로교육자료 (1986)

장학자료 발간에 참여하여 만든 자료 (1991)

충남교육 장학자료 (발간 참여 · 1986)

김영훈 초등국어교과연구회 현직 연수 강사 모습
(대전시 동부교육청 · 1995)

충남국어교육연구회 임원들과 (1987)

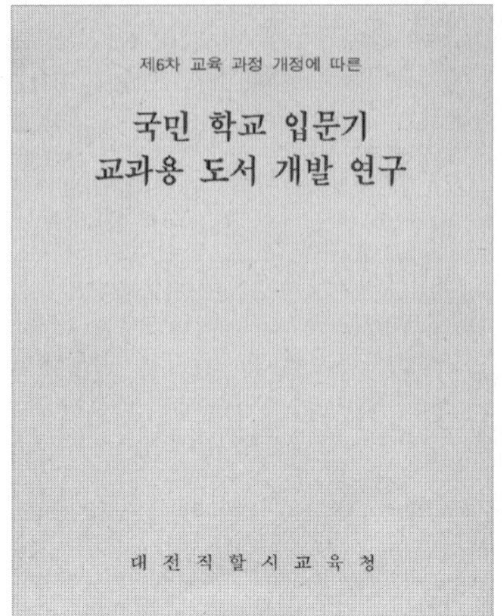

국민학교 입문기 교과용 도서 개발자료
(1993 - 1994)

국어교육 자료 발간
(동부교육청 국어과연구회 · 1989-1996)

대덕초교 과학 동아리 활동자료 (2004)

학부모 문집발간 (대전변동초교 · 2008)

초등학교 독서학습 자료개발 (대전시교육청 · 2003)

동부교육청 우수일기 문집개발 (1995)

제3부

자천 작품 몇 편

시 금가람가에서

아동 소설 해님을 모는 기관사 | 주워 온 아이

동화 반달곰의 눈물

청소년 소설 애벌레 사육장 | 14세의 외출 | 달섬에 닻을 내린 배

소설 익명의 섬에 서다

수필 따뜻한 동행

아동문학 평론 동화 속에 내재된 의미를 찾는 기쁨

작가 · 작품론 리얼리티와 판타지의 조화가 절묘하게 이루어내는 재미와 감동

■ 시

금가람가에서[172)]

어매는 백강나루 건너
저자거리에 나가고
누이는
강 저편에
달래 캐러 간 오후

아이는
천년을, 흘러흘러
들녘을 적셔온
금가람가에 앉아
낚시 줄 드리우고
피라미를 잡는다.

낙화암 아래로
꽃이파리가 되어
지금도
쏟아져 내리는
삼천궁녀의 넋이

172) 사보 '보험뉴스'(1982)에 발표한 작품

춤추는
금가람가에서

아이는 꽃피라미 대신
할매가 들려주는 옛날이야기 속으로 묻혀버린
이무기를 낚아 올리고 있다.

■ 아동 소설

해님을 모는 기관사[173)]

석이 아빠가 모는 택시가 시내를 벗어나고 있었다. 곧장 뻗은 고속도로를 달리는 석이네 차는 진초록 빛 들판을 신나게 가로지른다. 뒷좌석엔 석이와 석이 엄마가 타고 있었다. 방동 유원지로 가는 길이다.

시내보다는 좀 시원했지만 이 곳 역시 해님은 싱그러운 들판 속으로 풍덩 빠져 들어와 불이라도 놓겠다고 야단이다. 이렇듯 해님이 온 세상을 태우려고 끓어오르니 무덥기만 했다.

아빠가 집에서 쉬는 날, 푸른 숲 속을 달려 방동 유원지로 가겠다던 약속이 오늘에야 이루어진 셈이었다. 석이는 기분이 좋았다. 유치원에 갈 때보다 훨씬 즐거웠다. 석이는 아빠가 모는 차가 다른 자동차들을 따라잡을 때마다 신이 나서 떠들어 댔다.

석이는 마음이 많이 많이 들떠 있었다.

“야, 우리 아빠 차가 제일 빠르다.”

석이는 두 팔까지를 들어 올리며 야단이었다.

“그럼, 그렇고말고, 아빠의 운전 솜씨가 보통이 아니신데…….”

석이 엄마도 기분이 좋은지 빙그레 웃으며 석이의 등을 토닥여 주었다.

173) ‘해님을 모는 기관사’, 월간 「새벗」(1987)에 발표한 초등학교 저학년용 동화로서 동화집 『밀집모자는 비밀을 알고 있다』에 수록되어 있음.

“아빠, 그런데…….”

석이는 백미러 속의 아빠를 바라보며 문득 생각났다는 듯이 말했다.

“너, 석이 무슨 뚱딴지같은 말을 하려는 거지?”

전에도 툭하면 엉뚱한 짓을 한 석이였기 때문이다. 그래서 엄마는 석이가 혹시 운전을 방해나 할까봐 석이의 잔 등을 잡아 앉히려 했다. 그러나 석이는 막무가내였다.

“아빠아–.”

대답이 없자 이번에는 목청을 돋우어 아빠를 더 크게 불러댔다.

“응? 뭐?”

석이 아빠는 대수롭지 않다는 듯이 고개도 돌리지 않은 채 그냥 백미러 속에서 대답했다.

“아빠 차가 이 세상에서 제일 빨라?”

석이 엄마도 그제야 그 정도의 말은 큰 방해가 되지 않으리라고 안심하고 피식 웃었다.

“그러엄, 자 봐라. 아빠가 모는 우리 차가 다른 차들을 모두 따라잡지 않니? 이렇게…….”

석이 아빠가 백미러 속에서 빙그레 웃으며 차를 더 빠르게 변속하여 속력을 냈다. 앞서 가던 차가 이내 뒤로 밀려났다. 길가에 늘어선 가로수들이 팽팽 뒤로 달아났다. 잘 닦여진 고속도로 위를 석이네 차는 씽씽 잘도 달렸다.

“아이고, 석이하고 별짓을 다 하시네. ‘오늘도 무사히’를 잊으셨어요?”

석이 엄마가 나무라듯이 참견을 했다. 염려가 되고 조마조마한 모양이었다. 석이 아빠가 새벽에 차를 몰고 나가면 한밤에 돌아올 때까지 마음을 놓지 못하는 석이 엄마였다.

“염려 마시오. 무사고 13년째야.”

석이 아빠는 유쾌한 듯이 핸들에서 왼손을 떼어 치켜들며 엄지손가락을 세웠다.

“아빠가 최고야? 이거야? 이거?”

석이도 아빠를 따라 앙증스러운 엄지손가락을 세웠다. 석이 엄마는 그러는 석이를 바라보며 빙그레 웃었다. 석이 엄마도 아직까지 한 번도 실수가 없었던 아빠의 솜씨를 믿고는 있었다.

“아빠, 그렇지–이? 일등이지?”

"그럼. 아빠가 일등이지."

석이 아빠는 석이에게 말대꾸를 해주면서 다시 버릇처럼 왼손을 번쩍 치켜들었다. 지난해까지만 해도 피곤한 아빠께 달려들어 목마를 태워달라던 석이였다. 아빠 역시 그 때마다 석이의 비위를 꼬박꼬박 맞춰 주던 아빠였다.

"아빠 차가 고속버스보다도 빨라?"

저만큼 앞서가는 고속버스를 가리키며 석이가 다시 재재거렸다.

"그러엄. 고속버스보다 빠르지."

아빠는 싱글벙글하면서 석이의 말끝을 흉내 내어 대답했다.

"속력이나 줄이고 말씀하세요."

아무래도 엄마는 불안한 듯이 아빠에게 말했다. 그러나 석이 아빠는 여전히 속력을 줄이지 않았다. 차가 점점 빨라지자 석이는 기분이 좋은지 차창을 스치고 지나가는 풍경들을 바라보며 콧노래를 불렀다. 멀리 보이는 여름은 그저 푸름 뿐이었다. 볏논에서는 금방이라도 볏목이 팰 듯이 무성하게 우거져 있었다.

석이는 살그머니 차창을 아래로 내렸다. 벌어진 창틈으로 초록빛 바람이 칼날같이 비집고 들어왔다. 그때 마침 철로 위에 열차가 지나갔다.

"야, 열차다. 열차가 간다. 아빠, 아빠 차가 저 열차보다도 빠르지?"

석이는 차창으로 밀려드는 바람에 머리칼을 흩날리며 또 조잘댔다.

"그렇고말고. 일등으로 빠르지."

"그럼 비행기보다 빨라?"

"그러엄, 그렇고말고. 아빠 차가 이 세상에서 제일 빠르지."

석이 엄마는 이제 숫제 기가 막힌 지 피식 웃었다.

"그럼 아빠가 최고네?"

"거러엄, 최고지."

석이 아빠는 여전히 핸들을 꽉 잡은 채로 백미러 속에서 석이 엄마를 향해 눈을 찡긋했다.

"아빤 고속버스 운전사보다도 최고겠네?"

"그럼, 그렇다니까. 최고고 말고."

“그러엄 기차를 모는 기관사보다도 최고야?”

“아무렴, 저 지네같이 꿈틀거리는 열차를 모는 기관사보다야 훨씬 멋있지. 안 그래? 석이야.”

“야! 그럼 비행기를 모는 조종사보다도?”

“아무렴. 최고로 훌륭하지.”

석이 아빠는 눈도 깜박이지 않고 말했다. 그러나 석이는 이번 대답에만은 고개를 갸웃했다. 아무리 생각해도 땅 위를 달리는 택시를 모는 운전사보다도 비행기를 모는 조종사가 최고일 것 같았다. 석이가 제일 좋아하는 것은 비행기였다. 하늘을 나는 비행기를 모는 비행사가 되는 것이 꿈이었다. 그것은 석이의 엄마도 잘 알고 있었다. 유치원에서 그림을 그릴 때도 비행기를 제일 크게 그렸다. 배나 열차보다 세 배는 크게 그렸다.

“그럼 아빠가 해님을 모는 기관사보다도 최고야?”

“해님을 모는 기관사?”

석이 아빠는 석이의 엉뚱한 말에 고개를 갸우뚱했다.

“응, 나는 이 다음에 비행기를 몰고 해님에게까지 가서 해님을 모는 기관사님을 만나고 올거야.”

석이 아빠는 석이의 말에 놀랐다. 석이 엄마도 놀랐다.

“오라! 그래서 네가 조종사가 되겠다고 했었구나.”

“응.”

엄마의 말에 석이는 고개를 끄덕였다.

“해님을 모는 기관사가 누군데?”

석이 아빠는 정색을 하며 물었다. 그러면서 서서히 속력을 늦추었다. 백미러 속의 석이 엄마와 아빠의 얼굴에서 웃음이 살짝 걷히고 있었다. 그러나 석이는 대답은 하지 않고 더욱 의기양양해 했다. 이제는 아주 뻐기듯이 몸까지 곧추 세웠다.

“어떻든 아빠가 모는 차가 해님보다 빨르냐 말야?”

석이의 물음이 계속 쏟아졌다.

“그야 뭐 아빠가 모는 이 택시가 해님보다야 빠르지만서두…….”

아빠의 대답에 석이는 의외라는 듯이 깜짝 놀라 긴장하며 대들었다.

"정말? 정말이야?"

"그럼, 해님이야 하루종일 가도 저 동쪽에 있는 식장산에서 저 서쪽에 있는 구봉산까지 밖에 못 가잖아? 그렇지만 아빠 차는 아마 하루에 식장산에서 구봉산까지 열 번은 왕복할게다. 그러니 스무 배는 빠른 셈이지."

석이는 아빠의 말을 들으니 그런 것도 같았다. 아침에 일찍 일어나면 그때야 해님은 저 동쪽 식장산 너머에서 자다가 기지개를 켜고 일어나는 것을 석이는 여러 번 보았다. 석이는 눈을 깜박이며 생각했다.

아빠 말을 듣고 보니, 해님은 하루종일 가야 겨우 서쪽 밤나무 숲이 우거진 구봉산으로 넘어가는 것이 확실했다. 석이는 다시 고개를 갸웃했다.

'헌데 순이랑 윤이랑 하나랑 모두 그렇지 않다고 했는데……?'

석이는 갑자기 시무룩해졌다.

"그럼 해님을 모는 기관사는 누구라던?"

"누군 누구야? 엄마는 여태껏 그것도 몰라? 나도 아는데."

석이는 다시 호통을 치듯이 말하면서 눈을 크게 떴다.

"누군지 모르겠는데……?"

석이 엄마는 조금 전의 석이처럼 고개를 갸웃했다.

"해님을 모는 기관사님은 천 년, 아니 만 년 동안이라도 무사고야."

"무사고? 무사고 기관사님이야?"

"그럼, 그 솜씨가 얼마나 기막히신데."

"그래?!"

"아빠는 겨우 13년 동안 무사고라고 했잖아."

"아하, 하하하! 우리 석이가 아빠에게 한 방 먹이는데. 하하하!"

석이 아빠는 13년 무사고라고 뽐내며 엄지손가락을 폈던 자신의 말에 한 방 먹이는 석이가 밉지 않았다.

"그뿐인 줄 알아요? 그 분은 밤이면 달님과 별님까지 몰고 다니시느라 한 잠도 못 주무신다던데."

"그래? 그럼 낮에는 해님, 밤에는 달님, 별님을 모느라 바쁘시겠다."

"그뿐이겠냐? 교통순경 아저씨도 없는 복잡한 하늘에서 얼마나 어려우시겠니?"

"그럼. 너무 피곤하실 거야. 아빠보다도 열 배는 어려우실 거야."

아빠 차는 어느새 고속도로를 벗어나 사이 길을 달리기 시작했다. 넓고 푸르른 방동 저수지를 향해 길은 곧게 나 있었다.

석이 아빠는 아주 천천히 차를 몰며 석이 쪽을 향해 입을 열었다.

"석이야, 해님을 모는 기관사님에게 기도를 해주렴."

그 말에 석이는 기대어 앉았던 자리에서 무릎을 꿇었다.

"그래, 아빠도 해님을 모는 기관사처럼 절대로 사고가 나지 않고 오래오래 무사고로 운전하시도록 보호해 달라고 기도하자."

석이 엄마도 석이처럼 눈을 감았다.

"스르르르르르륵—."

기도하는 석이와 엄마를 백미러로 바라보면서 석이 아빠가 모는 택시는 언덕배기 아래로 미끄러져 내려갔다.

소나무가 듬성듬성 서 있는 숲 사이로 8월의 해님은 은혜로운 햇살을 쏟아 부었다. 쏟아지는 햇살은 멀리 보이는 방동 저수지의 물에도 되비치어 눈부시게 반짝거리고 있었다.

주워 온 아이[174)]

현이는 마을에서 소문난 개구쟁이입니다. 어찌나 성질이 팔팔한지 마을 사람들이 모두 현이만 보면 혀를 내둘렀습니다. 힘도 세어 제 또래 아이들을 늘 잡아놓고 골목대장 노릇은 도맡아 합니다. 아이들도 툭하면 때렸습니다. 그래서 아이들은 현이와 잘 놀려고 하지 않았습니다. 그래서 현이는 외톨이가 되었습니다.

마을 어른들은 현이를 유별난 아이라고 했습니다.

현이의 별명도 가지가지입니다. 심술첨지를 비롯하여, 이마가 앞으로 톡 튀어나온 데다 눈은 푹 들어가서 '앞도끼'라고도 했습니다. 성질이 워낙 괴팍스러워 한번 대들기 시작하면 어른한테까지 찐득찐득하게 늘어붙어 찰거머리라고도 했고, 떼가 심하여 떼보라고도 불렀습니다. 그러나 어지간한 말을 해도 기가 죽지 않는 현이라서 오히려 오기를 더 부렸습니다.

그런 현이를 맥도 못추게 하는 방법이 딱 한 가지 있었습니다. 웃마을 '한 다리' 밑에서 주워왔다고 놀려먹으면 그렇게 성질이 팔팔한 현이도 질색하고 풀이 죽었습니다.

그렇지 않아도 집에서 툭하면 형과 누나들에게 주워 온 아이라는 소리를 자주 듣는 현이였습니다. 마을 아이들이 그런 낌새를 알아차리고부터 그렇게 놀려먹기로 작정한

174) '주워 온 아이', 월간 「아동문예」(1983)에 발표했으며, 대한미국예술원선정 '한국예술지' 게재 동화로 지정되었다. 동화집 『꿈을 파는 가게』(1984)에 수록되어 있음

것입니다.

"현이는 주워 온 아이래요."

"아빠는 엿장수이고요."

"엄마는 애꾸눈이래요."

현이의 부하 노릇을 하다가 견디지 못한 아이들은 합창이라도 하듯이 고살길이 시끌벅석하게 놀려먹으면 현이는 그만 풀이 죽어 버립니다.

아이들은 쏜살같이 제 집으로 도망가 버리고 현이는 혼자서 퉁퉁 부은 채 씩씩거리며 집으로 돌아올 수밖에 없었습니다.

"엄마 – 앙 –."

그때마다 현이는 사립문을 들어서자마자 앙–하고 울어 버립니다.

현이 엄마는 벌써 눈치를 채고 피익피익 웃고 있습니다.

"그러니까 착하게 놀아야지."

엄마가 현이를 꼭 끌어안으며 뽀뽀를 해주어야 마음이 풀어지는 현이입니다. 그런데 현이가 참을 수 없는 것은 형이랑 누나들이 놀려먹을 때입니다.

"현이는 웃마을 한 다리 밑에서 주워 왔대요."

"현이 아빠는 엿장수래요."

"현이 엄마는 애꾸눈이고요."

더욱 분한 것은 형과 누나들이 현이를 놀려댈 때 이상스럽게도 엄마랑 아빠랑 말려주지 않고 빙글빙글 웃고만 있는 것입니다.

그래서 현이는 요즈음 그 소리만 들으면 갑자기 떼를 쓰다가도 사실인지 모른다는 생각에 가슴이 철렁 내려앉았습니다.

처음에는 형과 누나들이 자기를 놀리려니 했지만, 요즈음은 그렇지도 않았습니다. 더구나 엄마 아빠까지 싱글싱글 웃고만 계신 것을 보면, 정말 자기가 엿장수의 아이가 아닐까 하는 의심이 들어 가슴이 두근거렸습니다.

마을에 엿장수 아저씨가 가위를 쨀그럭거리며 찾아오면 다른 아이들은 쪼르르 빈병이랑 비료 푸대를 들고 몰려들지만 현이는 가지 않았습니다.

"어흠, 이놈. 우리 현이가 아닌가."

하고, 엿목판 위에다 올려놓고 당장 데리고 갈지도 모르는 일이기 때문입니다.

그래서 엿이 먹고 싶었지만, 멀리서 아이들이 작은 키를 발돋움하며 엿목판에 목매달고 있는 뒷모습만 바라볼 뿐 가까이 가지 않았습니다.

그러던 어느 날이었습니다.

그날은 마침 집에 아무도 없었습니다. 현이 혼자였습니다. 형은 학교에 가고 쌍둥이 누나 둘이는 새로 생긴 새마을 유치원으로 무용을 배우러 갔습니다. 엄마도 아빠도 산밭에 일하러 나가고 집 안에 덩그러니 현이 혼자만 있었습니다. 그런데도 현이는 집을 나가지 않았습니다.

요즈음 엿장수들이 유난히 마을로 많이 들어오면서부터 현이는 밖에 나가질 않았습니다. 아이들하고 놀고 싶었지만 속으론 금방이라도 엿장수 아저씨가 데려갈 것만 같아서 두려웠습니다.

현이는 사립문을 꽉 닫아 놓고 예쁜 페츄니아꽃들이 가득 핀 꽃밭에서 엄마가 올 때까지 나가지 않기로 했습니다. 꽃밭에는 페츄니아 말고도 봉숭아, 맨드라미, 채송화들이 꽃망울을 터뜨리려고 싱싱하게 자라고 있었습니다.

여름 해님이 현이의 머리 위에서 쨍쨍 볕을 내리쬐고 있습니다 .

그때였습니다.

사립문 밖에서 쩔그럭쩔그럭 하는 소리가 현이의 귓 속으로 파고 들어왔습니다. 또 엿장수가 온 모양입니다. 가위 소리를 듣는 순간 현이의 가슴은 철렁 내려앉았습니다.

엿장수의 가위 소리만 들으면 가슴이 늘 콩콩 뛰는 현이였는데, 마침 아무도 없는 틈에 나타난 엿장수가 두려웠습니다. 현이는 아이들이 빈병을 가지고 엿을 사러 오는지 살금살금 사립문 쪽을 내다보았습니다. 궁금해서 견딜 수가 없었습니다.

사립문 밖을 내다보았습니다. 그런데 이상했습니다. 그날따라 조무래기들은 하나도 몰려들지 않았습니다. 아무도 없고 고샅길에서 엿장수 혼자서 신나게 가위를 쩔그럭거리고 있을 뿐입니다.

현이는 아이들이 없는 것이 다행스러웠습니다. 아무래도 한 번은 엿장수 아저씨를 만나 물어보고 싶었던 현이였습니다.

이때다, 싶어 현이는 슬그머니 사립문을 밀고 엿장수에게 갔습니다.

"짤그락, 짤그락."

엿장수는 현이가 나오자 더욱 신명나 가위를 쳐댔습니다. 현이가 엿을 사러 나온 줄로 아는지 얼굴에는 환한 웃음까지 지었습니다. 현이는 엿장수에게 바짝 다가섰습니다. 그리고는 사방을 휘휘 둘러보다가는 가만히 입을 열었습니다.

"아저씨 어디 사세요?"

엿장수는 현이의 엉뚱한 물음에 엉거주춤하다가는 그만 웃음을 지었습니다.

"왜 묻니?"

"글쎄요. 혹시 웃마을 한 다리 밑에서 안 사세요?"

"아니다."

아저씨는 고개를 설레설레 흔들었습니다. 현이는 휴 하고 한숨을 쉬었습니다.

"아니면 그만 두세요."

"관두라니? 허, 그놈 참 똘똘하게 생겼구나. 내 아들이라면 좋겠네."

엿장수는 아들이 없는지 입맛을 쩝쩝 다시며 말했습니다.

현이는 그 말에 또 가슴이 철렁했습니다. 그래 다시 몸을 홱 돌이켜 엿장수를 찬찬히 바라보았습니다.

"오라, 네가 엿이 먹고 싶은 게로구나. 옛다."

엿장수는 엿목판에서 엿을 한 도막 뚝 떼어 현이에게 주었습니다. 현이는 엿을 받지 않고 물끄러미 엿장수를 바라만 보았습니다.

"아, 괜찮다. 돈 안 받을 테니 어서 먹어라. 윗마을 한 다리에서 만든 엿은 울릉도 호박엿보다 오히려 맛이 좋지."

현이는 그 말에 또 한 번 흠칫 놀랐습니다. 소문대로 정말 한 다리 밑에는 엿장수들이 많은가 봅니다. 그 중에 한 사람이 어쩌면 자기 아빠일지도 모를 일이었습니다.

현이는 엿장수가 고샅길을 돌아 멀리 사라지고 나서도 집으로 들어가지 않고 그 자리에 서 있었습니다. 그리고는 웃마을 쪽으로 천천히 걷기 시작했습니다.

현이의 걸음걸이는 점점 빨라졌습니다. 잘 닦여진 마을길로 접어들어서는 있는 힘을 다해 달렸습니다. 길가 양 옆으로 코스모스들이 무성하게 자라고 있었습니다.

초가을의 햇살이 현이의 머리 위로 담뚝 쏟아지고 있었습니다. 포플라 이파리들이 햇살을 받아 살랑살랑거리는 둑길을 현이는 정신없이 달렸습니다. 이마에는 송글송글 땀방울이 맺혔습니다. 그래도 현이는 마구 달렸습니다.

"현아– 현아–."

멀리 산밭에서 일하고 있던 아빠와 엄마가 쏜살같이 달려가는 현이를 발견하고 웬 일인가 하고 불렀습니다. 현이는 아빠 엄마가 부르는 소리도 듣지 못했습니다. 다만 웃마을 한 다리 쪽을 향해 마구 달릴 뿐이었습니다.

■ 동화

반달곰의 눈물[175)]

깊고 깊은 숲 속 나라에 반달곰네가 살고 있었다.

반달곰에게는 두 아들 반달곰과 딸 반달곰 그렇게 삼남매가 있었다. 반달곰네는 행복했다. 몇 해 전 아빠 반달곰이 사냥꾼에게 잡혀가는 바람에 오래도록 슬픔에 잠겼었지만 이제는 슬픔을 삭이면서 엄마 반달곰은 삼남매를 기르는 재미로 웃음을 되찾고 있었다. 그러니까 엄마 반달곰에게는 이 어린 산남매가 보람이었다. 큰 기쁨이었다. 너무너무 잘생긴 아들 둘에다, 이 세상 어디에다 내놓아도 뒤지지 않을 딸은 엄마 반달곰의 큰 자랑이었다.

숲 속 동물들도 반달곰에 삼남매를 모두 부러워했다. 그랬던 반달곰네 집에 어느 날 찾아든 불행은 바람처럼 소리없이 다가들었다. 잠깐 놀러나갔던 막내둥이 반달곰이 집에 돌아오지 않았기 때문이었다.

엄마 반달곰은 그 날 밤잠을 잘 수가 없었다. 숲 속을 이리저리 뒤졌지만 막내둥이 반달곰은 그 어디에도 없었다. 엄마 반달곰은 가슴이 두근거리고 간이 콩알 만해졌다. 아직 혼자 살기에는 여린 막내둥이다. 물론 혼자서 먹이를 구할 수도 없었다.

이튿날, 엄마 반달곰은 막내둥이를 찾으러 아침부터 저녁까지 헤매었다. 숲 속 동물

175) 푸른메아리에 수록된 우의적 판타지동화로서 동화집 『꿀벌이 들려 준 동화』(2003)에 수록되어 있음.

들은 어리둥절했다. 늘 삼남매를 거느리고 행복하게 다니던 엄마 반달곰이 혼자서 심상치 않은 표정으로 다니기 때문이었다.

"오늘은 웬일이에요?"

사슴은 두 눈에 가득 웃음을 담으며 아는 체를 했다.

"예, 잠깐 볼 일이 있어서……."

엄마 반달곰은 그대로 얼버무리며 총총히 사라졌다. 엄마 반달곰은 숲 속 동물들에게 막내둥이가 없어진 것을 알리고 싶지 않았다. 그렇잖아도 몇 해 전 남편을 잃은 슬픔이 되살아나는데, 아들까지 사라져 이웃들에게 동정을 받고 싶지 않았다. 그래서 벙어리인양 엄마 반달곰은 입을 굳게 다물었다.

사흘째 되는 날도 엄마 반달곰은 하루종일 숲 속을 헤매다가 저녁 무렵에야 어깨를 축 늘어뜨리고 집으로 돌아오고 있었다.

"반달곰 아줌마, 오늘도 혼자세요?"

엄마 반달곰이 마악 집으로 들어가는데 다람쥐 형제가 상수리나무 가지에 앉아 있다가 인사를 했다.

"응, 너희들 상수리를 따고 있구나."

엄마 반달곰은 다람쥐 형제를 바라보며 고개를 끄덕이곤 다람쥐가 눈치 챌세라 집으로 얼른 들어갔다.

"엄마, 오늘도 찾지 못하셨군요?"

"그렇단다. 이 녀석이 어디에 가 있는지……."

엄마 반달곰은 무너지듯 털썩 주저앉으며 한숨을 쉬었다. 그리고는 흐느껴 울기 시작했다.

"엄마, 울음을 그치세요. 내일부터는 저희도 함께 동생을 찾아 나서겠어요."

"아니다. 오히려 마을에 좋지 않은 소문만 날 뿐이다."

"아니에요. 엄마, 동생을 찾으려면 멀리까지 소문을 내야 해요."

남매는 번갈아가며 엄마 반달곰을 위로했다.

"그러잖아도 건너 마을 무당 너구리 아줌마가 다녀가셨어요."

"뭐? 너구리 무당이?"

엄마 반달곰은 너구리 무당이라는 말에 깜짝 놀랐다. 역시 너구리가 냄새를 맡은 것이 분명했다.

"이따 밤에 다시 온다고 했어요."

"뭐? 이따 밤에?"

"예."

엄마 반달곰은 더욱 당황했다. 그러나 이제는 할 수 없었다. 부끄러워도 할 수 없었고, 동정을 받아도 할 수 없었다. 너구리 무당에게라도 도움을 청하지 않고는 못 배길 처지에 와 있었기 때문이었다.

엄마 반달곰은 그렇게 마음으로 다짐하고 있는 중인데 벌써 밖에서 사립문을 흔드는 소리가 들려왔다.

딸랑딸랑-.

사립문 위쪽에 매단 방울이 흔들렸다.

엄마 반달곰은 얼른 밖으로 나갔다. 역시 너구리 무당이었다.

"에구, 막내둥이 때문에 얼마나 마음 아프셔?"

너구리 무당은 혀를 차며 반달곰을 위로했다. 역시 눈치빠른 너구리 무당이었다. 엄마 반달곰은 고개를 푹 숙이고 아무 말도 못했다. 다시 눈물만 핑- 돌았다.

"……."

"괜찮아요. 이런 일일수록 숲 속 마을 모두에게 알려야 해요."

너구리 무당의 말에 그제야 엄마 반달곰은 고개를 배시시 들었다.

"어떻게 우리 막내둥이 소식을 들었어요?"

여전히 엄마 반달곰의 목소리는 기어 들어가고 있었다. 반달곰의 말에 너구리 무당은 빙그레 웃었다.

"내가 모르는 일이 어디 있어요. 우리 마을이 어떻게 돌아가는지 다 알지. 신령님을 모시고 사는 내가 모르면 누가 알아요."

"유괴나 당하지 않았으면 좋으련마는……."

"유괴? 아니요."

"그럼?"

"이건 분명 신령님이 노한거여. 그 젊은 나이에 변을 당한 아빠 반달곰의 넋을 위로 했어야 하는 건데 또 사냥꾼이……."

"사냥꾼이요?"

엄마 반달곰은 사냥꾼이라는 말에 몸을 부르르 떨었다.

"그래요. 아빠 반달곰의 넋이 그만……. 하지만 아직은 사냥꾼이 잡아간 것은 아닐 테니까 어서 서둘러 굿을 해야 한다니까요."

너구리 무당은 금방이라도 굿을 할 듯이 서둘러댔다. 메고 온 북을 둥둥둥 쳐대기 시작했다. 꽹과리도 쳐댔다.

"아, 아니에요."

엄마 반달곰은 깜짝 놀라 얼굴이 파랗게 질렸다.

"아니긴 뭐가 아니에요. 그렇게 착하던 녀석이 왜 그럼 갑자기 이렇게 사라졌느냐 이 말이에요."

너구리 무당은 막무가내였다. 그리고는 북과 꽹과리를 계속 쳐댔다. 그 바람에 조용했던 숲이 갑자기 흔들렸다. 숲 속의 동물들은 그 소리에 깜짝 놀랐다. 그 소리만 들어도 누가 치는지 훤히 아는 숲 속 마을의 동물들이었다.

그러나 그 소리가 그렇게도 조용하고 단란하게 살던 반달곰네 집에서 난다는 것을 알고는 모두 눈이 둥그래졌다. 그들은 놀랐다. 하나 둘 동물들이 모여들기 시작했다. 밤눈이 밝은 부엉이가 제일 먼저 왔다. 그 다음은 여우였다. 토끼도 오소리도 왔다. 마지막에는 호랑이까지 왔다. 동물들이 뜰에 가득했다.

그들은 반달곰네 사립문 앞뜰에 앉아서 걱정을 하기 시작했다.

"참 큰일이군."

"글쎄 말이야. 그 착한 막내둥이가 온데간데없이 사라졌으니 말이야."

"이건 틀림없는 유괴야."

"유괴?"

동물들은 저마다 한마디씩 했다.

"누군가 산채로 반달곰을 잡아다 부자집에 팔아버리려는 음모가 서려 있는 거야."

"맞아, 그 웅담이 탐이 났던 거야."

숲 속의 동물들은 모두 걱정이 되어 어쩔 줄을 몰라 했다.

"유괴된 것은 아니라니까요."

그때 너구리 무당이 무리 속으로 들어오며 자신 있게 말했다

"그럼?"

산토끼가 귀를 곧추세우며 다가들었다.

"신령님이 제 아빠 반달곰의 넋을 통해 밖으로 끌어낸 것이라니까."

"아빠 반달곰이?"

늑대가 날카로운 이빨을 지그시 깨물며 말을 되받았다.

"그래요, 아빠 반달곰이 너무 젊은 나이에 갔거든."

"그럴리가 없어, 허무맹랑한 소릴 하지 마."

사슴이 앞으로 나서며 고개를 흔들어댔다. 다른 동물들도 고개를 갸웃했다.

"허무맹랑하다고? 내일 보면 될게 아냐? 오늘 신령님께 빌어 올리면 내일 막내가 틀림없이 돌아온다니까."

너구리 무당은 아주 자신이 있다는 듯이 당당했다. 고개를 끄덕이는 동물들도 생기기 시작했다. 하지만 엄마 반달곰의 흐느낌은 아직까지도 그칠 줄 몰랐다. 너구리 무당의 말을 믿고 싶지도 않았다. 그 흐느낌을 제일 가엾게 생각하는 것은 착한 사슴이었다.

"자, 우리 이렇게 시간을 헛되이 보내지 말고 막내를 찾으러 가자고요."

사슴의 말에 제일 먼저 따라 나선 것은 토끼였다.

"그래요. 어디 낭떠러지에라도 갔다가 발을 헛디뎌 골짜기에 떨어져 지금 신음하고 있을지도 모르니……."

"어허, 이 숲 속의 동물들이 내 말을 믿질 못하는구먼. 아무래도 굿을 빨리 시작해야겠어."

너구리 무당은 숲 속의 동물들이 자리를 떠나려 하자 서둘러 북과 꽹과리를 치기 시작했다. 숲 속 동물들은 일어서지도 앉지도 못한 채 엉거주춤하며 서 있을 수밖에 없었다.

꽹과깽 깨갱깽 꽹과깽.

둥둥둥 두둥둥 탁 둥둥둥

너구리 무당이 치는 북과 꽹과리 소리가 또 숲을 흔들기 시작했다.

– 불쌍하다. 불쌍하다. 제 목숨을 다하지 못하고 사냥꾼의 총에 맞아 저승길 떠난 반달곰인데 또, 어찌하여 또 다시 막내둥이를 건드느냐.

꽹꽈깽 깨갱깽 꽹과갱.
둥둥둥 두둥둥 탁 둥둥둥.

어둠이 깔린 채로 무겁게 내려앉은 숲은 온통 너구리 무당의 굿 매김 소리로 말미암아 뒤집히고 있었다. 하지만 엄마 반달곰의 귀에는 아무 소리도 들리지 않았다. 그냥 선하게 떠오르는 막내둥이 모습뿐이었다. 그래서 막내둥이를 금방 찾기나 할 것처럼 허우적거리고 있었다. 볼에는 눈물만 소리 없이 흐르고 있었다.

"엄마, 정신을 차리세요."

두 남매가 양쪽에서 가엾은 엄마 반달곰의 손을 부추기며 함께 울고 있었다. 엄마 반달곰도 두 남매를 꼭 끌어안으며 볼을 비벼댔다. 그 모습이 너무나 슬퍼 보여 숲 속의 동물들은 어떻게 위로할 줄을 몰라 했다. 함께 눈물을 흘릴 뿐이었다.

그러는 중에도 너구리 무당의 굿 매김 소리는 끊어질 듯 슬프게 계속 이어지고 있었다.

– 가련하다. 가련하다. 어찌하여 그 젊은 나이에 혼자서 저승길로 가더니만.

애벌레 사육장[176)]

여민이는 바지런히 우성이산에 오른다. 솔바람이 불어오는데도 땀이 흐른다. 그래도 산에 올라가야 한다. 여민이는 손등으로 이마의 땀을 쓰윽 밀어낸다. 오늘은 얼마쯤 애벌레가 자랐을까? 궁금하다. 사각사각 갉아먹는 연녹색 애벌레가 보고 싶다. 꼼지락 꼼지락 그 가느다란 몸을 폈다 굽혔다 해가며 갈참나무 잎의 앞 뒷면을 기어다니는 모습이 신기했다. '언제쯤 고치가 될까?' 애벌레는 자기 입에서 솔솔 풀어낸 실로 제 몸을 감아 집을 짓는다고 한다. 그리곤 곧 나비 아니, 나방이가 되겠지. 그러니 얼른 올라가 애벌레가 실을 뽑아 제 집을 짓는 것을 보고 싶다고 여민이는 생각한다.

여민이는 아버지가 아주 대수롭지 않고 또 하찮은 것까지도 관찰하며 깊이 생각하는 버릇을 가지라고 늘 말씀 하시던걸 다시 떠올린다. 아버지는 물리학을 하지만, 여민이는 생물에 관심이 있다. 아버지는 땅속에서 별을 찾고 있으면서 지구 속 깊은 곳에서 땅을 꿰뚫고 찍어낸 태양 사진을 통해 분석하는 연구를 오늘도 하고 있을 것이 틀림없다. 요즈음은 특히 지난해 노벨 물리학상을 탄분의 연구를 살피면서 중성자 연구에 빠져있는 아버지이다. 그러나 여민이는 아주 작은 생물을 연구하는 생물학자가 되고 싶다고

---

176) 아동소설 '애벌레 사육장'은 계간「아동문학평론」(2002)지에 발표한 작품으로서 미국거주를 하다가 귀국한 학생의 한국 문화 적응 과정과 정체성을 중심내용으로 하고 있는데, 동화집『밀집모자는 비밀을 알고 있다』에 수록되어 있음.

생각하며 열심히 오솔길을 따라 지금 걷고 있다.

그때였다. 다시 좀 전보다 더 확실한 바람 한줄기가 솔숲을 뚫고 달려온다. 바람은 이내 여민이의 옷깃 안으로 파고든다. 땀이 날 것 같던 조금 전과는 달리 상쾌하다. 싱그러운 바람이 여민이를 휙 감쌌기 때문이다. 그런데, 아! 그 바람은 분명 시카코의 바람이다. 그렇다. 아버지가 근무하던 시카코 연구소 낮으막한 뒷동산으로 감아 오르며 불어댔던 그 바람이다.

여민이는 눈을 감는다. 미국에서의 풍경들이 추억의 필름이 되어 선하게 떠오른다. 미국 친구들도 눈에 선하다. 지금쯤 제일 가깝게 지내던 친구 마이클은 무엇을 하고 있을까? 자전거 타기를 무척도 좋아했던 마이클이었다. 늘 축구공을 가지고 골목을 헤집고 다녔던 친구 마이클이었다.

"너의 아버지 나라로 돌아가면 이제 다시 만날 수 없는 거야?"

마이클은 그 날 이별을 매우 서글퍼 했었다. 아주 명랑 쾌활하기만 한 줄 알았는데 그 날 마이클은 여민이에게 눈물을 보였다.

"아냐, 다시 이곳으로 오게 될 건데……. 뭐."

여민이는 말끝을 흐리면서 주저거렸다. 그때 정말 여민이는 시카코를 떠나기 싫었었다. 아버지나라에 간다는 설렘은 있었지만, 가슴이 뛰지는 않았다. 잠간 여행하는 기분이었을 뿐이다. 그러한 기분에 사로잡혀 있던 바로 그때, 마이클은 혼잣말처럼 중얼거렸었다.

"하긴 넌 이곳 시민권을 가지고 있으니까 다시 올 수도 있겠지."

그 말에 여민이는 가슴이 뜨끔했다. 미국에서 태어났으니 시민권을 갖는 것은 당연하다. 그러나 마음을 감추고 싶었다. 그래서 애써 빙그레 웃었다. 마이클도 따라 빙그레 웃었다. 그러면서 마이클은 속삭이듯 낮은 목소리로 '굿바이'라며 여민이에게 마지막 손을 내밀었다. 여민이도 '시 유 어게인'하면서 마이클의 손을 꼬옥 잡았다. 마이클을 생각하노라니 더욱 시카코 교외에서 뛰놀던 그 거리가 여민이의 눈에 삼삼하게 떠오른다. 코끝이 찡해진다. 여민이는 집에 돌아가면 마이클에게 이메일을 띄우리라고 작정한다. 오늘 싱그러운 바람을 타고 네가 이 우성이산까지 왔었다는 내용으로 말이다. 너의 따뜻한 미소가 내 가슴속에 내려앉았다고도 쓰고 싶었다. 여민이는 그렇게 생각하면서도 걸음을 재촉했다. 애벌레가 이제는 실을 뽑아내어 제 집을 짓는 장면을 확인하고 싶은 것이 우선은 더 급했기 때문이다.

그러는 사이 바로 앞으로 팔각정이 눈에 들어온다. 팔각정을 지나야 애벌레 관찰장이 나온다. 거기까지는 단숨에 갈 것 같았다. 그래서 여민이는 콩콩콩 달리기 시작했다. 그 때였다. 산 밑 학교 쪽에서 함성이 울려 퍼지는 소리가 들려왔다. 여민이는 문득 걸음을 멈춘다. 그리고 오던 길을 바라보았다. 바로 산 아래로 학교가 보인다. 아이들이 운동장에서 놀고 있다. 멀리 윤성이가 눈에 들어온다. 확실하지 않지만 축구공을 모는 솜씨가 역시 날센돌이 윤성이가 틀림없는 것 같다. 윤성이만큼 축구를 잘하는 아이가 없으니까 볼을 찰 때는 단연 돋보일 수밖에 없다. 함성이 다시 들려온다.

여민이는 그 함성을 들으면서 갑자기 가슴이 내려앉음을 느꼈다. 언제쯤 윤성이와 그리고 아이들과 친해질 수가 있을까? 하지만 아직은 아니다. 여민이 자신이 생각해도 아니다. 이러다가는 마이클이 있는 시카코로 다시 돌아가야 할 것 같았다. 언어도 낯설고, 풍경도 낯설고, 습관도 다르다.

아이들과 친해지고 싶어도 우선은 말이 잘 통하지 않는다. 아직은 한국어가 어눌하다. 어휘도 다르고, 개념 정의도 잘 안 된다. 생각하는 방법도 많이 다르다. 그러니까 아이들과 친해지고 싶어도 속마음을 열 수가 없다. 마이클에게 전했던 것처럼 속마음을 전하고 싶은데 늘 마음만 급하다. 특별 학급에 귀국 학생 몇이라도 없었더라면 견디기 어려웠을지도 모른다. 영 자신이 없다. 여민이는 가라앉은 기분으로 운동장 아이들에게서 눈을 돌리고 천천히 애벌레 관찰장을 향해 발걸음을 마악 돌렸다.

"여민아, 여민아 거기 서 있어. 나와 함께 가."

그때, 뒤에서 누군가가 여민이를 부르는 소리가 들려왔다. '응?! 누가 날 부르지' 여민이는 놀랐다. 그래서 막 뒤돌아 옮기려던 발걸음을 멈추고는 소리가 나는 쪽을 바라보았다. 뜻밖에도 이미경 선생님이었다. 다행히 원적반(원래 애당초 배정을 받은 본반)을 담임하신 선생님은 아니었다. 특별학급 선생님이다. '아, 이를 어쩌나?' 여민이는 이미경 선생님의 모습을 바라보는 순간 반갑기도 했지만 당황스러웠다. '말씀도 드리지 않았는데 어떻게 내가 여기 온 걸 아셨을까?'

그러나 이미경 선생님은 싱긋싱긋 웃으시면서 머쓱하니 서 있는 여민이에게 천천히 다가왔다. 그러면서 손을 살래살래 내저었다. 여민이는 더욱 황망스러웠다.

"너 애벌래 관찰장으로 가는 거야?"

이미경 선생님의 물음에 여민이는 대답 대신 고개를 끄덕일 수밖에 없었다.

"그래? 그럴 줄 알았다. 선생님도 함께 가자."

이미경 선생님은 여민이에게 다가와 손을 다정하게 잡아주었다. 선생님 손이 따뜻했다. 마이클 손과는 또 달리 안기고 싶은 마음이 들게 하는 포근한 손이었다. 선생님이 고마웠다. 시카코에 다시 돌아가고 싶을 때, 그래서 불안해 할 때마다 사실은 이미경 선생님이 용기를 주셨다.

"선생님, 제가 여기 오는 걸 아셨어요?"

"그럼, 알고말고. 넌 생물학자가 꿈이라고 했잖아. 허니 넌 지금 선생님이 낸 과제를 아주 잘 수행하고 있는 거야."

이미경 선생님은 흰 이를 드러내며 환하게 웃었다. 어머니와 같은 나이라서 더욱 어머니 같은 선생님이다. 여민이는 선생님이 어머니에게 우리 문화와 정서에 조기 적응하도록 마음을 쓰는 것이 중요하다고 충고하는 것을 여러 번 들어 잘 알고 있었다.

"선생님, 명심하겠어요. 어서 가세요."

"그래, 빨리 가보자."

여민이는 선생님 손을 잡고 천천히 발걸음을 옮기기 시작했다. 기분이 들떴다. 그런데도 반대로 마음은 포근해졌다. 그랬다. 시카코 교외의 그 동산이 그립고, 마이클이 보고 싶을때 이미경 선생님이 있어 다행이도 덜 외로웠었다. 처음 한국말이 어눌했을 때, 어머니보다 오히려 안타까워한 분도 바로 이미경 선생님이다

"여민아, 어서 우리말을 익혀야지. 한국어는 너의 모국어야."

선생님의 간절한 말씀에 여민이는 처음엔 생각 없이 불쑥불쑥 내뱉었다.

"하지만……. 그래도 영어가 편해요."

"물론이다. 그곳에서 익숙해진 말인데……. 네 아버지께서 영어로 네 생각을 펼치도록 의도적인 교육을 하셨다는 걸 난 잘 알아. 그러니 당연히 그렇겠지. 하지만 노력해야지."

여민이가 귀국 학생 특별 학급에 편입학하고 얼마 안 될 때 간곡하게 하신 말씀을 지

금도 잊지 않고 있다. 물론 여민이는 처음에 그게 무슨 말인지 이해할 수가 없었다. 마이클이 원하는 대로 언젠가는 다시 시카코에 갈 거로만 생각했었다. 그러나 미국에서 돌아오던 날 비행기 안에서 아버지와 어머니의 말씀과 한국에 돌아와 할아버지의 말씀을 듣고는 영구 귀국한다는 것을 처음 알았다.

"여민아, 뭘 생각하는 거야?"

잠자코 따라오던 이미경 선생님은 여민이의 어깨를 감싸 안으며 물었다. 영어 구사력이 뛰어 난 선생님이라는 걸 봉숭아반 귀국 학생들이라면 다 안다. 그런데도 언제나 한국말로만 이야기하자는 선생님이 여민이는 처음에 미웠었다.

"예?! 윤성이를 생각하고 있었어요."

여민이는 갑작스런 물음에 얼마쯤을 망설이다가 둘러댔다. 그러나 사실 궁한 대답이었다. 윤성이를 보면 마이클이 생각나고, 마이클을 생각하면 다시 시카코에 가고 싶은 것이 여민이었기 때문에 나온 대답이었다.

"윤성이를 생각 했어?"

이미경 선생님은 좀 의외라는 듯이 턱을 치켜들며 눈을 까막거렸다.

"예. 원적반에 함께 공부하는 윤성이요. 윤성이는 시키코의 마이클처럼 명랑하고 축구도 잘하니까요. 지금도 운동장에서 축구를 하고 있는 걸요."

"그랬었구나. 그래서 윤성이가 아이들과 함께 이곳으로 널 따라 올라온다고 했었구나."

"윤성이가요?"

여민이는 이미경 선생님의 그 말씀에 자기 귀를 의심했다.

"그래. 축구를 곧 끝내고 아이들이랑 함께 애벌레 관찰장으로 온다고 했어. 선생님은 여민이 네가 빨리 아이들과 잘 어울리고, 우리말에 익숙해져 원적반으로 환급되기를 바래. 아이들도 너를 친구로 받아들여 준다는 징표를 오늘 보여주고 있잖아"

선생님은 여민이 손목을 다시 한 번 꽉 잡았다.

"선생님, 고마워요. 노력하겠어요."

"그래. 여민아, 너의 아버지가 별을 연구하는 우리나라 최고의 과학자인 것처럼 너도 자라서 작은 생물을 연구하는 위대한 사람이 될 것으로 믿는다."

이미경 선생님의 말에는 힘이 들어 있었다. 여민이는 선생님의 말을 들으면서 용기가 생겼다. 그래서 여민이도 선생님의 손을 더욱 꼭 잡고 걸었다. 그러면서 여민이는 이제부터 시카코에서의 추억에만 얽매이지 말고 열심히 공부도 하고, 친구들과 사귀어야 하겠다고 다짐했다. 집에 돌아가면 마이클에게 전할 이메일의 내용도 조금쯤은 수정해서 보내야겠다고도 생각하며 여민이는 이미경 선생님과 애벌레 관찰장을 향해 걸음을 재촉했다.

그때, 다시 한줄기의 상쾌한 솔바람이 여민이의 옷깃 안으로 파고들고 있었다.

■ 청소년 소설

14세의 외출[177)]

소년은 터벅터벅 걷고 있다. 이미 밤은 깊어가고 있었다. 거리는 조용하다. 이따금 승용차가 헤드라이트를 눈부시게 밝히며 지나가고 있다. 사람들의 발걸음도 뜸하다. 소년은 그냥 비어 있는 거리를 걷고 있다.

'지금쯤 집에서는 어머니가 나를 얼마나 기다리고 있을까?'

소년은 문득 어머니를 생각한다. 어머니의 잔잔한 얼굴이 떠오른다. 어머니의 얼굴이 그려진다. 그러나 소년은 집으로 곧장 들어가고 싶지 않다. 그냥 더 거리를 걷고 싶었다. 손에 든 책가방. 책가방은 긴 끈으로 소년의 손에 이어졌다. 아스팔트길에 스치듯 찰랑거리며 책가방은 소년을 쫓아오고 있다.

'어머니는 내가 지금쯤 독서실에 있는 걸로 알까?'

소년은 머리를 설레설레 흔든다. 답답하다. 가슴이 답답하다. 아버지의 얼굴도 떠오른다. 형도 소년을 지켜보고 있다. 누나도 소년을 가엾은 눈길로 바라보고 있다.

"아버지와 나는 너에게 마지막 기대를 거는 거야. 너는 우리들의 마지막 희망이야."

어머니의 목소리가 들린다. 학교에 갈 때마다 등에 대고 하는 어머니의 목소리다. 오늘 아침에도 어김없이 소년의 등에 대고 하는 어머니가 그 말을 하셨다. 소년이 독서실

177) 「14세의 외출」, 『월간문학(1996)』에 수록된 청소년소설로서 1996년 한국문화예술진흥원 게재 작품으로 선정되었으며 동화집 『우리들의 산타클로스』에 수록되어 있음.

에 갈 때도 물론 어머니는 그 말을 잊지 않았다. 그러나 소년은 그게 짐이다. 어깨를 짓누르는 짐이다.

대학 입시에 두 번이나 실패하고, 군에 입대한 형의 얼굴이 다시 떠오른다. 형이 입대하던 지난해 봄, 그날 어머니는 하루종일 눈물을 흘렸다. 가운데 누나는 일찌감치 상고로 진학을 했다. 그러니 정말 어머니 말씀대로 어쩌면 소년이 그분들의 마지막 희망인 셈이다. 그래서 어머니는 이제 갓 중학교 2학년에 올라온 소년을 자꾸 어루만지며 애착을 보이고 있는지도 모른다.

소년은 이제 만으로 14세일뿐이다. 그 소년에게 유일한 기대를 거는 아버지와 어머니이다. 물론 그 기대만큼 소년은 열심히 공부를 했다. 성적도 뒤지지 않았다.

“아이고, 내 새끼. 막내로 널 낳기를 얼마나 잘했는지 모른다.”

어머니는 틈이 날 때마다 소년을 보듬어 안아주었다. 그러나 소년은 그게 싫다.

두 해 전까지만 해도 소년은 어머니 품이 좋았다. 그래서 그 품에 안겼다. 그러나 이제 턱 밑에 보송보송했던 솜털이 새카매진지 오래인데 어머니는 늘 소년을 어린아이로만 취급하다. 늘 막내둥이란다. 그 말부터가 이제는 싫었다.

소년은 머리를 흔들며 터벅터벅 걷는다. 밤바람이 차가웠다. 소년은 한손으로 옷깃을 여민다. 여전히 다른 한 손에는 책가방이 무겁게 매달리고 있었다. 문득 바람이 분다. 도시의 밤바람은 아스팔트의 냉기까지 모두 훑어 가지고 소년의 옷깃 안으로 파고들고 있다. 소름이 돋는다.

벌써 독서실에서 나온 지는 2시간도 넘는다. 하긴 미련스럽게 독서실에 앉아 있어도 학교 성적은 그저 별로 나아진 적이 없었다. 소년은 뒤돌아 독서실이 있는 쪽을 바라보다 집이 있는 쪽도 더러 바라본다. 그러면서 계속 터벅터벅 걷는다. 걸어도 걸어도 도시의 끝이 나올 것 같지는 않았다.

소년은 차라리 유등천에라도 나가 툭 터진 간이 축구장을 열 바퀴쯤 돌고 싶다고 생각한다. 집으로 돌아가기는 해야 할 것 같은데 아직도 소년은 집이 있는 방향이 아닌 엉뚱한 곳으로 터벅터벅 걷는 것이다.

가로등이 밝다. 그 불빛이 너무 밝아서 갑자기 몸이 움츠려진다. 독서실을 일찌감치 빠져나와 헤매고 있는 자신을 가로등이 쫓아다니고 있는 것만 같았다.

소년은 가로등 밑에서 벗어나려고 잰걸음을 걷는다. 마음이 조급해진다. 소년은 얼른 대로변에서 오른쪽으로 휘돌아 골목으로 접어들었다. 대로변보다는 밝지 않았다. 마음이 좀 놓인다. 다행이다.

'그랬어. 역시 대로변 가로등 밑은 너무 밝았어.'

소년은 빙긋이 웃었다. 소년은 조금 안심을 하며 좁은 도로의 좌우를 살핀다. 그런데 어? 예사 골목이 아니다. 간판이 잔뜩 어우러진 번화가이다. 전파사가 있고 한 집 건너 합동 신발가게 그리고 LG전자대리점, 또 사계절 상품 할인 매장이 눈에 띈다. 어지럽다.

얼마 후 부터는 슈퍼마켓과 24시 편의점이 마주 서 있는 곳을 지나니 호프집이 눈에 띈다. 생맥주 그리고 꼬치 집. 아버지에게서 얻어 마셔본 맥주였다. 아버지는 그 쓴 맥주를 달큼한 설탕물을 마시듯 잘도 마셔대셨다. 그러나 소년은 그 아버지의 쓴 맥주를 마시는 모습에 늘 고개를 갸웃했었다. 그보다 소년은 차라리 꼬치가 좋다. 학교 앞에도 꼬치집은 있다. 일금 500원. 500원이면 꼬치 하나를 먹을 수 있다. 그러나 하나 둘 먹어서는 간도 차지 않는다. 고소한 그 고기 맛, 방과 후 자율학습을 끝낸 아이들이 시장한 참에 모여드는 곳이 바로 그 꼬치집이었다.

소년은 그 꼬치 집을 떠올리니 미숙이의 모습도 떠오른다. 언제나 그 곳은 계집아이들로 북적거린다. 그래서 소년은 꼬치 집 아주머니가 구워내는 꼬치를 먹으려면 한동안 군침을 흘리며 기다려야 한다. 계집아이들에게 막혀서 말이다. 하지만 소년이 여전히 즐겨 찾는 꼬치집이다.

"야, 너 군침 흘리지 말고 이거 먼저 먹어 봐."

꽁무니에서 기다리고 있었던 소년에게 다가와 꼬치를 내민 것은 미숙이었다. 초등학교 6학년 때 한반이었던 미숙이다. 미숙이가 꽁무니에 서 있던 소년을 바라보고 다가왔었던 것이다. 눈이 큰 미숙이, 갈색 눈동자. 미숙이를 바라보노라면 소년의 가슴이 설레곤 했었다.

미숙이는 언제나 빨아들일 듯이 초롱초롱한 눈빛으로 소년의 가슴을 헤집어 놓는다. 다른 아이들의 시선을 의식하지도 않고 내민 꼬치 한 개. 떨렸다. 어쩌다 복도에서 마주칠 때마다 흘리던 그 미소가 꼬치와 함께 달려들고 있었다.

소년은 미숙이에게 꼬치를 받아들었다. 지금 소년의 가슴 속으로 그날의 미숙이 얼굴이 자꾸 스며들고 있는 것이다. 소년은 얼굴이 붉어진다. 누구에게인가 또 자신의 마음을 들킨 것 같다. 아무도 보지 않는데 얼굴이 달아오른다. 얼얼해진다. 머리털까지 쭈뼛거려진다. 빨리 이 꼬치집을 벗어나고 싶었다.

소년은 긴 끈의 가방을 추스르면서 서둘러 잰걸음을 걷는다. 그러나 여전히 주변에는 군데군데 간판이 보였고, 그 간판들의 불빛과 함께 가로등까지 빛을 발하고 있다.

소년은 이 길이 자신이 걸을 길이 아니라고 생각한다. 좀 더 조용한 길을 걷고 싶었다. 어둠이 깔린 골목길을 지칠 때까지 걷고 또 걷다가 집으로 돌아가려고 했는데 시작부터가 너무 큰길이었고 화려했다. 소년은 다시 얼른 왼쪽으로 휘돌아 좁은 골목으로 접어든다.

그러나 이게 웬 일인가! 그 곳은 불빛이 더욱 밝았다. 일월집, 공주집, 버드내집. 아, 어지럽다. 술집이다. 이거 완전히 잘못 들어섰다. 미니 차림에 쭉 뻗은 다리를 가진 누나들이 소년을 바라보고 웃고 있다. 화장이 짙다. 눈썹이 유난히도 검다. 지나가는 행인들이 없으니 소년은 더욱 눈에 잘 띌 것이다.

소년은 겁이 더럭 난다. 그래서 가방을 끌어올려 옆구리에 끼고는 달리기 시작한다. 그런데도 소년의 머릿속에는 누나들의 쭉 뻗은 다리가 어른거린다. 그 누나들이 뒤에서 자기를 보고 깔깔대고 있을 것 같았다. 그는 더욱 속력을 내어 체력장 연습 때, 100m달리기를 할 때처럼 쏜살같이 달리기 시작한다. 얼마를 지나서야 겨우 어둠이 깃든 골목길로 접어들기 시작한다. 이제 정말 조용한 밤이 더욱 조용해지고 있었다.

소년은 문득 걸음을 멈추며 팔목에 찬 시계를 바라본다. 10시 25분을 가리키고 있었다. 다시 어머니의 얼굴이 떠올려졌다.

"너는 아버지와 나의 마지막 기대란다."

어머니의 목소리가 들린다. 군에 입대해서 어렵게 훈련을 받고 있을 형의 얼굴도 보인다. 일등병. 형의 계급이다. 소년의 형이 훈련을 받다 말고 소년을 보고 싱긋 웃고 있다.

'넌 말이야 이 형처럼 재수, 3수 하다가 대한민국 육군 쫄때기가 되어서는 안 된단 말이야.'

소년의 형이 첫 휴가 때 나와 소년에게 한 말이다. 얼굴이 새카맣게 그을린 형이 흰 이를 드러내며 웃고 있던 그 모습이 지금 소년의 머리에 다시 떠오르고 있다.

'나도 군대에 꼭 갈 거란 말이야. 그래서 MI 소총을 들고……'

'그러니까 넌 대학에 붙어서 ROTC장교가 되어 군에 오란 말이야.'

자기의 모자를 뒤집어쓰며 웃는 모습을 바라보면서 소년의 형은 소년의 어깨를 툭 쳤었다. 그 형이 소년의 눈에 어른거린다. 누나의 얼굴도 보인다. 열심히 컴퓨터 키보드를 눌러대는 누나의 얼굴이 보인다. 은행에 다니는 아버지가 상고에 다닐 때 튕겨대던 수판알 대신 누나는 컴퓨터 키보드를 눌러댄다. 어느새 유능한 경력사원인 은행원 누나였다.

그러나 형도 누나도 해내지 못한 대학 입시, 그런 한이 맺힌 까닭에 아버지도 어머니도 소년에게 기대하고 있는 걸 소년은 안다. 어쩌면 그것은 당연하다. 그러나 소년은 그것이 자신의 어깨를 짓누르고 있음도 안다.

사고력의 증진, 소인수 분해, 탐구력, 수학 능력 고사, 자기 중심 학습 그것들이 어깨를 짓누른다. 소년의 머리가 복잡해진다. 그래서 오늘 이 밤, 독서실을 뛰쳐나온 것이다. 소년은 바람을 쏘이고 싶었다. 케이지에 갇히듯 독서실에 친구들과 분리되어 있어야 하는 그 독서실이 답답했었다. 그래서 오늘 밤은 훨훨 거리를 누비며 밤바람을 마음껏 쏘이고 싶었다.

미숙이의 얼굴이 다시 떠오른다. 눈이 큰 아이, 갈색 눈동자. 헤프리만큼 웃음을 잘 흘리는 아이, 지금쯤 미숙이는 책상머리에 붙어 앉아 영어 단어를 암기하고 있을지도 모른다. 그렇지 않으면 자기 자신처럼 짓눌리는 어깨를 펴느라 베란다에 나와 서성이며 별을 바라보고 있을 지도 모른다.

그런 모습의 미숙이의 얼굴이 자꾸 떠오른다. 별을 바라보던 미숙이가 자기에게 시선을 던지며 웃고 있다. 별을 바라보다가 별이 된 미숙이가 다시 웃고 있다. 꼬치를 내밀며 마알간 웃음을 내밀던 미숙이의 모습과 함께 말이다.

소년은 잠시 멈췄던 걸음을 다시 재촉한다. 한 걸음, 두 걸음. 이제는 거리의 그 흔한 간판도 보이지 않는다. 조용하다. 그와 동시에 갑자기 어둠이 몰려든다. 그러나 기분은 산뜻하다.

밤바람이 소년을 오싹하게는 했지만 가슴은 탁 트이고 있었다. 앞을 가리는 빌딩도 보이지 않고, 눈앞까지 확 트이는 이 순간. 가슴과 함께 시야가 다 확 트이고 있었다.

'여기가 어딜까?'

소년은 갑자기 자신이 서 있는 곳에 대한 불안감과 공포가 시작되고 있다. 소년은 전혀 가늠할 수가 없었다. 어둠이 소년의 방향 감각을 갑자기 잃게 하고 있었던 것이다.

소년은 두리번거린다. 그러나 전혀 낯설다. 소년은 두려웠다. 그래서 할 수 없이 그 두려움을 떨어내기라도 할 듯이 앞으로 내달렸다.

조금 전 미니를 입고 각선미를 자랑하던 누나들이 웃으며 서 있던 그 술집 앞을 벗어나기 위해 달리듯이 있는 힘을 다해 달린다. 얼마만큼이나 달렸을까? 다시 불빛이 보인다. 군데군데 가로등의 불빛도 보인다. 그 불빛들을 바라보자 소년의 가슴이 놓인다.

어둠 속에서 조용히 걷고 싶었는데 갑자기 어둠에 갇히니 두려운 것은 웬 일일까? 다행히 가로등 불빛들이 소년에게서 두려움을 한꺼번에 거두어 가고 있었다. 뿐만이 아니다. 소년이 지금 어디에 서 있는지를 금방 깨닫게 해주고 있었다. 바로 유등천가였다.

도심을 가로지르는 유등천, 아버지를 따라 아침 산책을 나왔던 유등천이었다. 간이 축구장이 있고, 다리 밑쪽으로 자동차 운전면허 시험을 치르기 위한 연습장이 있는 그 유등천가였다. 소년은 반가웠다. 가슴이 답답해서 나와 보고 싶었던 바로 그 곳이었다. 잃었던 길을 겨우 찾았다 생각하니 안심이 된다.

어느 날 아침인가 한 번은 아버지와 함께 배드민턴을 치러 이곳까지 나온 적이 있었다. 소년은 천천히 냇둑으로 올라섰다. 강변로였다. 승용차 한 대가 지나고 있었다. 불빛이 밝다. 소년은 자동차를 피해 버드나무가 늘어선 둑으로 갔다.

둑길에 벤치가 있었다. 소년은 벤치에 앉는다. 물이 흐르고 있는 것이 보인다. 도심을 가로지르며 흐르는 시냇물. 그 물이 맑지 않음을 소년은 잘 알고 있다. 소년은 내려다보며 한동안 앉아있었다. 시냇물 건너 저 멀리 시냇가 쪽 불빛은 더욱 밝았다.

가로등 불빛은 그렇게 밤새 꺼질 줄 모르고 어둠을 사르겠지. 그런데 가로등 불빛만이 아니다. 교회 첨탑에 솟아 있는 십자가도 하늘을 찌를 듯이 군데군데 빛을 발하고 있다.

소년은 그 십자가들을 물끄러미 올려도 본다. 밤하늘이 보인다. 초롱초롱 빛나는 별이 쏟아지는 밤하늘이 보인다. 그 사이로 문득 할머니의 얼굴이 떠오른다.

초등학교 5학년 때까지 살았던 고향에 계신 할머니이다. 소년은 하늘을 바라보며, 문득 고향 마을의 밤하늘을 떠올려 보는 것이다. 초롱초롱 떠 있던 별들이 쏟아질 듯이 빛나던 고향 마을. 그러나 이곳은 별이 없다. 누가 다 그 많은 별들을 훔쳐가고 몇 개 힘없이 저렇게 깜박이고 있는 것일까?

할머니의 얼굴에 겹쳐 다시 어머니의 얼굴이 떠오른다. 어서 집으로 돌아오렴. 소년의 어머니가 소년을 부른다. 소년은 천천히 벤치에서 일어났다. 손목시계를 바라본다. 11시 40분이다. 소년은 새삼스럽게 놀란다. 12시가 되기 전에는 집으로 돌아가야 한다고 생각하는 소년이다. 소년은 겁이 났다.

'어머니가 독서실에 전화를 거신 것은 아닐까?'

그렇게 생각하니 소년의 마음이 더욱 급해진다. 소년은 서둘러 걷기 시작했다. 그소년은 집을 향해 마구 달리기 시작한다. 조금 전 이곳에 올 때보다 훨씬 조용하다. 모두들 잠든 도시는 내일이 되어도 깨어나지 않을 것만 같았다.

'하지만 내일은 또 다시 소란스러운 도시로 살아나겠지.'

소년은 그렇게 생각하며 달린다. 다리가 후들거린다. 그래도 달린다. 아이는 집으로 가는 지름길을 잘 알고 있었다. 아버지와 유등천을 오갈 때 익혀 두었던 길이다.

얼마쯤 달리니 만화가게가 나온다. 늘 독서실에 갈 때마다 소년을 유혹했던 만화가게이다. 아직도 불이 켜져 있다. 그러나 그 곳에 눈길을 줄 수는 없다. 소년은 달린다. 얼마를 달리니 비디오방도 보인다.

소년의 같은 반 누구인가가 야한 비디오 필름을 보았다며 낄낄거리던 그 비디오방이다. 그 곳도 불이 켜져 있다. 그 옆에는 전자오락실이다. 하지만 그 곳은 잠들어 있었다.

창문이 굳게 닫힌 전자오락실에서는 아무 소리도 들리지 않는다. 뿅뿅 거리던 그 곳에서의 전자오락 게임도 소년을 툭하면 유혹하곤 했었다. 그러나 소년은 지금 아무 곳에도 눈길을 팔수가 없었다.

'정말 두어 시간쯤 바람을 쐬려고 했을 뿐인데……. 12시가 되도록 거리를 돌아다니려고 한 것은 아니었는데…….'

소년은 더욱 불안해지고 있다. 그럴수록 걸음을 빨리 할 수밖에 없었다. 소년은 헉헉

거리며 달렸다. 드디어 소년이 사는 마을 입구까지 와 닿았다. 소년은 다시 시계를 바라본다. 11시 50분을 넘어가고 있었다. 다행히 12시 안에는 들어갈 것 같았다.

소년은 다시 걸음을 멈추며 긴장을 푼다. 그리고 집 있는 쪽으로 천천히 걷기 시작한다. 천천히 갈려고 마음을 먹었는데도 다시 걸음이 빨라졌다. 그때였다. 누군가가 어둠 속에서 불쑥 나타나고 있었다. 소년은 놀란다. 어머니였다.

"아이고, 우리 막내둥이 오늘은 늦었네. 공부하느라고 얼마나 어렵니? 수고했다. 어서 들어가자꾸나."

소년은 어머니의 말씀에 갑자기 숨이 멎는다. 어머니가 이곳에 나타날 것을 예상하지 못한 소년이다. 전에는 늘 대문 앞에서 소년을 기다렸던 어머니였다. 그런데 오늘은 기다리다 못해 여기까지 나오신 것 같았다.

"어렵지?"

"……."

소년은 어머니의 물음에 입을 열 수가 없었다. 입이 굳어 떨어지질 않는다. 가슴만 두근거린다.

"얘가 왜 이래. 너무 피곤해서 그런 모양이구나. 어이구. 가엾어라. 우리 막내둥이. 가방이나 이리 다오."

어머니의 목소리가 다정다감하다. 어둠 속에서이지만 분명 어머니는 흡족한 표정이었다. 어머니는 소년의 손에 들린 가방을 기어이 빼앗아 들고는 앞장 서 걷는다. 소년은 갑자기 눈앞이 캄캄해짐을 느낀다. 하지만 그런 채로, 소년은 어머니를 따라 집을 향해 걸음을 옮길 수밖에 없었다.

달섬에 닻을 내린 배[178)]

1

내일이면 교황님께서 드디어 이 땅에 빛을 주시려고 발을 내딛게 되는 날이었다. 그러니까 5월 초 이튿날이었다. 이곳 달섬 사람들은 모두가 가슴을 설레고 있었다. 나는 다른 날보다 일찍 저녁을 먹고 집을 나섰다. 테레사 수녀님과의 약속을 지키려고 성당에 평화롭게 자리를 잡은 병사봉 쪽으로 향했다. 벌써 저녁이 가까워서인지 물 쪽에서 상쾌한 흙냄새를 가득 실은 바람이 살랑살랑 불어와 나의 양 볼을 스치며 지나갔다.

5월의 산들바람은 참으로 향긋했다. 나는 그 향긋한 5월을 가슴에 안고 부지런히 병사봉으로 향했다. 병사봉은 우리 달섬에서는 제일 높은 언덕이다. 그렇다고 그리 높은 봉우리는 아니었다. 해묵은 전나무가 군데군데 서 있고 에스텔님께서 고이 잠든 둔덕을 마주 바라보며 빨간 벽돌로 탄탄하게 쌓아 올린 성당 건물은 우리 달섬을 상징하는 가장 성스럽고 거룩한 곳이었다.

이곳은 내가 다니는 학교 다음으로 우리에게 중요한 곳이었다. 학교라야 전교생을 모두 합해 50명 남짓한 작은 소꿉놀이를 생각나게 하는 학교였지만 그래도 그 학교 다

178) 「달섬에 닻을 내린 배」, 월간 『아동문예』 발표(1985), 제2동화집 『달섬에 닻을 내린 배(1986)』에 수록되었으며, 구한말 천주교 박해와 순교에 관한 내용을 형상화한 작품으로서 KBS 2TV에서 극화 방영(1986)되었다.

음으로 우리가 늘 모여 놀고, 일요일이면 미사를 드리고 교리도 공부하며 더러는 신부님의 가르침도 받고, 테레사 수녀님께 재미있는 이야기를 듣는 곳이기도 했다.

그 병사봉에 올라서면 동서남북 어느 쪽의 바다이든 한눈으로 바라볼 수 있어 상쾌했고, 철석거리는 파도소리도 아주 가깝게 들려 기분이 좋았다. 그래서 우리들은 바닷가에 갯조개를 줍거나, 망둥이 낚시를 즐기거나, 게를 잡는 날이 아니면 곧잘 이곳에 올라왔다. 게다가 멀리 고기잡이를 떠난 아빠들이 만선의 깃발을 휘날리며 돌아오는 것을 기다리기에는 아주 안성맞춤인 곳이어서 우리는 더욱 이곳을 좋아했다.

"이번 조기잡이는 만선을 셈이구먼."

아버지는 고기잡이를 떠나던 날 엄마에게 너털웃음을 웃으며 자신만만해 하셨다.

"교황님이 다녀가시고 난 후에 바다에 나가면 안 될까요?"

"웬 소리여? 풍어제까지 다 올린 우린데 한몫 잡아야 되잖여?"

"그래도 천주님을 우리 마음속에 잘 모셔야 축복을 받을 수 있어 고기잡이도 잘될 거요."

어머니는 늘 천주님을 가슴속에 모시고 사는 분이었다. 그러나 그렇게 말하는 엄마를 뒤로 하고 아버지는 그대로 횡하니 어구를 챙겨 사립문을 나선 지 벌써 사흘이나 되었다. 나는 테레사 수녀님과의 약속 말고도 그곳에서 아버지를 기다릴 수 있어 병사봉으로 올라가는 기분은 마냥 즐거웠다. 병사봉 성당으로 향해 올라가는 길은 참으로 깨끗하게 잘 닦여져 있었다. 게다가 코스모스가 얼마 전까지만 해도 길 양옆으로 아주 앙증스럽게 돋아나는가 싶더니 이제는 어느새 싱싱한 이파리가 실바람에 흔들리고 있었다. 벌써 5월이니 나무 이파리고 풀 이파리고 싱그러울 수밖에 없었다. 그 싱그러운 풀냄새들이 짭짜름한 바닷바람에 실려 내 코끝을 간지럽혀 주고는 푸른 바다가 남실거리는 저쪽으로 횡하니 내달았다.

내가 부지런히 걸어올라 성당의 육중한 대문을 밀었을 때 성당의 안뜰에는 벌써 여러 사람들이 모여 있었다. 어쩌면 섬마을 사람들 전부라도 올라온 듯한 느낌이었다. 그들은 성당 안뜰의 한가운데 우뚝 서 있는 성마리아의 상 앞에 대부분 모여 있었고 또 그 오른쪽으로 나란히 서 있는 에스텔님과 요셉의 상 앞에도 꽤 여럿이 무릎을 꿇고 두 손을 조용히 모아 기도를 드리고 있었다.

나는 전에 보지 못했던 풍경이라서 놀라 어리둥절할 수밖에 없었다. 교황님의 우리나라 방문이 발표되면서부터 달섬 사람들이 성당에 모이는 일이 잦아진 것은 사실이었다. 전에는 이맘때쯤 내 또래 아이들 몇이서 멀리 바다를 향해 아버지들을 기다리며 재잘거리는 소리가 뜰 안을 가득히 채워 버렸던 것이 고작이었다. 그런데 오늘은 황신부님께서도 사람들과 함께 서 있었고, 테레사 수녀님도 이리저리 사람들 사이에서 돌아다니며 함께 어울리고 있었다.

나는 사람들 사이를 헤집으면서 테레사 수녀님 곁으로 다가섰다. 수녀님은 나를 바라보며 아주 반가운 미소를 지었다. 흰 이를 살짝 드러내 보이는 가벼운 웃음을 짓고 내 손을 가만히 잡았다.

"일찍 올라왔구나."

"예, 그런데 웬 마을 사람들이 이렇게 많이 모였어요. 교황님을 위한 특별 미사라도 드리는 가요?"

"아니란다. 미사가 없는데도 내일 오실 교황님을 빈 마음으로 맞을 준비로 이렇게들 모이셨구나."

"그래요?"

"그렇단다. 교황님의 은총은 받는 이들이 더 힘껏 애쓰고 목마르게 기다릴수록 축복이 크게 내리겠지."

나는 수녀님의 말씀을 들으며 둘레둘레 마을 사람들을 바라보았다. 그러면서 아빠도 고기잡이를 뒤로 미루고 함께 교황님을 맞을 빈 마음이 되어 섬에 머물면서 바닷바람에 억세진 가슴을 깨끗하게 닦아내었으면 하고 생각하니 좀 아쉬웠다. 그러나 어쩌면 내 뒤를 따라 엄마만이라도 이곳에 올라올지도 모른다고 생각하며 나는 아이들이 모여 있는 뜰 아래로 향했다.

뜰에는 아이들이 꽤 여럿이 모여 있었다. 명호, 동수도 눈에 띄었다. 그들의 아버지들 역시 우리 아버지와 함께 고기잡이를 떠난 지 사흘이 되었으니 아이들의 마음도 나와 비슷하리라 생각했다.

"정규야, 먼저 가 있어. 이곳에서 일을 마치고 곧 너희들에게 갈 테니."

나는 수녀님이 하는 말을 귓가로 흘리며 아이들을 향해 힘껏 달렸다. 시간이 지나면서 사람들이 점점 더 성당 뜰 안을 메우고 있었다. 교황님의 우리나라 방문이 가까워지면서부터 우리 달섬은 확실히 술렁거렸다. 그들은 교황님의 방문 중에 우리 달섬에 커다란 기적이 있길 바라고 있었다.

나는 에스텔님께서 맨 처음 베드로 신부님을 받아들여 천주님과 성마리아를 모심으로써 우리 달섬이 열렸다는 소리를 이미 여러 번 들어 알고 있었다. 그렇다고 어른들이 들떠서 돌아다니는 것을 나는 그렇게 달갑지 않게 생각했다. 어쩌면 우리 아버지처럼 묵묵히 고기를 잡으러 떠나는 편이 훨씬 좋을지도 모른다고 생각했다. 그러나 어쨌든 달섬 사람들은 부둣가에서나 고깃배 위에서나, 선술집에서나, 어디서든지 둘만 모이면 교황님에 대해서 말하고 있었다.

"이번 에스텔님게서 성인의 반열에 들지 못하신다며?"

"그렇다나 봐요."

"우리 신부님께서 뭘 하시는 거여?"

"아, 신부님 힘으로 그게 되겠어요. 벌써 다 정해진 일인데."

"그러니 에스텔님에게 기적이 일어나야 한다고요."

"그러면 얼마나 좋겠어요."

정말 달섬 사람들은 교황이 오시는 날이 가까워질수록 이렇게 아예 일손도 멈추고 고깃배도 타지 않았다. 그들은 하나 둘 성당으로 모이기 시작했다. 보통 때는 성당에 잘 나오지 않던 사람들도 덩달아 함께 자리를 같이 하였다. 그들은 하늘에는 영광이 이 달섬에는 평화가 깃들어 내려주기를 간절히 기도하고 있었다.

2

내가 아이들 속으로 뛰어들어 재잘거리며 바다를 바라보고 있던 얼마 후 테레사 수녀님은 어른들과 대화를 나누다가는 늦으막해서야 우리들에게로 왔다. 수녀님께서는 우리들을 향해 함박웃음을 던졌다. 그렇게 웃는 수녀님의 얼굴은 천사처럼 아름답고 인자하게 보였다. 우리들은 수녀님 곁으로 우르르 몰려들었다. 수녀님은 우리들을 맞이하자 더욱 활짝 웃었다.

그분은 우리들에게만 다정한 천사가 아니었다. 억센 바닷바람에 찌들며 갯조개를 줍고, 김발을 매며 바위틈을 뒤져 굴을 따는 우리들의 어머니들에게도 언제나 깨끗하고 밝은 미소를 던져 주었다. 그런 테레사 수녀님의 그늘에 묻힌 우리 달섬은 늘 포근하고, 부드럽고, 사랑으로 가득 차 있었다.

"정규야, 아빠 아직 돌아오시지 않았지?"

자리를 잡고 잔디 위에 다소곳이 앉자마자 테레사 수녀님은 나에게 눈길을 던지며 아버지의 안부부터 물으셨다.

"예, 2, 3일은 더 기다려야 될 것 같아요."

나는 금방이라도 저 북쪽 바다에서 만선의 깃발을 휘날리며 바닷물을 힘차게 가르고 아빠가 나타나 줄 것을 바랐지만 대답은 그렇게 했다.

"그래, 우리 바다에 나가신 아빠들을 위해 천주님께 기도드리자."

우리는 테레사 수녀님의 말씀에 따라 눈을 모두 조용히 감았다. 그리고 아버지들이 무사히 만선의 기쁨으로 돌아오길 기도했다. 누구도 입을 벌리지는 않았지만 우리들의 마음은 모두 아버지에게 향해 있었고, 그 아버지들을 위해 기도했다.

교황께서 우리나라에 발을 내딛고 하느님의 은총을 내려 주시기로 한 며칠 동안 고기잡이를 미루자는 마을 사람들의 만류를 뿌리치고 바다로 나간 분들이었지만 테레사 수녀님은 그들을 위해 진심으로 기도했다. 바다는 저 서쪽 수평선으로 떨어지는 해님으로 말미암아 바다는 황금처럼 반짝거렸고, 귤빛 노을이 달섬 모두를 삼켜버릴 듯이 혀를 날름거리고 있었다. 그래서 우리들이 앉아 있는 병사봉은 더욱 아름다웠다. 그 노을 속에 묻혀 조용히 기도하고 있는 테레사 수녀님의 모습은 정말 거룩하게 보였다. 우리도 기도를 드렸다.

"철썩철썩."

나는 짧게 기도를 끝내고 멀리 수평선 너머 아버지들이 고기를 잡고 있을 그곳으로 눈길을 던지며 파도가 철썩거리는 바다를 응시했다. 그 바다는 밀물이 막 밀려들기 시작하려는 바다이다. 밀려드는 파도는 깨끗한 모래사장을 향해 조금씩 스멀거려가면서 소리를 지르기 시작해 주위를 더욱 신비롭게 했다.

테레사 수녀님은 한참만에야 조용히 눈을 뜨고는 우리들을 하나하나 살폈다. 우리들의 기도는 언제나 짧았기 때문에 벌서부터 감았던 눈을 뜨고 또리방거리는 두 눈을 빛내면서 테레사 수녀님만 말없이 바라만 보고 있었다.

"너희들 아빠는 우리 성모 마리아께서 그리고 에스텔님께서도 지켜주고 계실 거야."

그렇게 말하는 테레사 수녀님의 말씀은 우리들의 아빠 기다리는 마음을 눈 녹이듯이 달래 주었다. 그렇게 늘 마음의 위로를 받아서인지 달섬의 어른들도 테레사 수녀님을 다시 나타나신 에스텔님으로 믿고 따랐다. 에스텔님에 의해서 열려진 달섬은 테레사 수녀님에 의해서 빛나고 있었기 때문이다.

"오늘은 에스텔님의 성스러운 이야기를 마무리 짓기로 한 날이었지. 해마다 부활절을 전후하여 너희들의 형들에게도 들려준 이야기지만 교황님이 오시는 때, 에스텔님의 순교에 대해서 말할 수 있어 더욱 뜻이 있구나. 너희들이 다 아는, 아니 달섬 사람들이라면 모두 자랑스럽게 여기고 가슴속에 간직하는 에스텔님의 순교이시지만 내일 교황께서 이 땅에 오시는 것도 다 에스텔님과 같은 분들의 성혈을 흘리셨기 때문이야."

테레사 수녀님의 목소리는 아주 낭랑하고 맑았지만 우리들의 기분은 어른들과 마찬가지로 에스텔님이 성인의 반열에 들어가지 못하여 푹 가라앉아 있었다. 그러면서도 수녀님의 눈망울이 저 높은 하늘을 향해 맑게 빛나고 있는 것을 조용히 바라보았다. 그 테레사 수녀님의 눈에서 흘러나오는 신비로운 빛이 꿰미가 되어 우울한 우리들의 마음을 하나하나 아가미를 벌려 고기를 꿰듯이 낚기 시작했다.

그 무렵, 달섬은 마침 황혼이 사라져가고 옅은 어둠 속에서 마지막으로 빛나는 노을도 그대로 우리들의 마음을 낚아서, 하늘로 감아 올린 신비로운 어둠 속으로 끌어들이려 하고 있었다.

"철썩철썩."

조금 전보다 좀더 가까운 소리로 파도가 밀려들고 있었다.

"에스텔님께선 성인의 반열에 못 끼신다면서요?"

그때 그 신비스러운 분위기를 깬 것은 성질이 팔팔한 명호였다. 그는 불만스러운 듯이 입을 실룩거리며 툭 내뱉듯이 말했다. 우리들이 모두 품고 있던 불만을 명호는 잘도 털어 놓았다.

"너희들도 그것이 불만이구나."

"그럼요. 우리 달섬에 사는 사람들이라면 누구든지 다 그렇게 생각할거예요."

우리들은 명호의 마음과 정말 꼭 같았다. 이 달섬에 사는 모든 사람들은 처음, 어쩌면 에스텔님이 성인의 반열에 늦게나마 함께 낄지도 모른다는 기대 때문에 섬 전체가 술렁거렸던 것도 사실이었다.

수녀님은 우리들의 얼굴을 찬찬히 살피기 시작했다. 모두 시무룩해 있는 얼굴을 훑으면서 또다시 가느다랗게 미소를 흘렸다. 그리고는 다시 명호에게 눈길을 돌리며 입을 열었다.

"명호야."

"예."

"길가에 핀 아름다운 꽃을 본 적이 있지?"

"예…? 우리 성당 뜰에도 예쁜 꽃들이 많이 피어 있지 않아요?"

"그래, 그렇다. 꽃은 아름답지. 그러나 그 꽃은 그대로 핀 것이 아니란다. 뿌리를 박을 수 있는 흙이 있어야 하고 수분과 자양분이 필요한 거야."

그러나 우리는 테레사 수녀님의 말씀을 얼른 알아들을 수 없었다. 수녀님께서는 모두들 어정쩡한 모습으로 엉거주춤한 채 어리벙벙해 하는 우리들을 향해 다시 살짝 흰 이를 드러내 보이며 말을 이었다.

"우리 에스텔님게서는 아름다운 꽃이 아니라 숨겨진 밑거름으로 남으신 거야. 이 땅 위에 103송이의 꽃을 피우게 한 수분과 자양분으로 남아 하늘로 가신 후 지금도 우리를 위해 기도해 주실 거야."

우리들 모두 테레사 수녀님의 그 말씀에 다시 말을 잃고는 다만 다가드는 어둠 속에 묻히면서 더욱 테레사 수녀님께로 바짝 다가앉았다. 어느새 성급한 별님 몇개가 하늘에서 반짝반짝 빛나기 시작했고 그렇게 고요속으로 치닫는 밤으로 가는 길목에서 앉아 있어서인지 예사로운 때보다 더욱 바닷물의 철썩거림은 우리들의 가슴속까지 파고들었다.

이제 성마리아상과 에스텔님 모녀상 앞에 둘레둘레 모여 있던 어른들도 하나 둘 성당 안으로 들어갔고 더러는 마을 쪽으로 내려가면서 병사봉 전나무 숲엔 테레사 수녀님과 우리들만이 남아 있었다.

"에스텔님께서는 나타나려 하시는 분이 아니고 겸손하게 꽃을 피우게 한 밑거름으로 남는 뜨거운 역할을 하셨지만 그렇다고 우리들은 그분을 잊고 그대로 스쳐 지나가서는 안 되겠지요."

우리를 향하여 그렇게 말하는 테레사 수녀님의 얼굴은 붉게 상기되어 있었다. 수녀님의 상기된 얼굴은 옅은 어둠을 물리치기에 충분했다. 우리는 아직껏 한 번도 수녀님의 얼굴이 그렇게 상기되는 모습을 본 적이 없었다. 우리 아이들이 이 세상에 태어나기 훨씬 전, 이곳 달섬에서 20년 전부터 오로지 가난하고 고되게 살아가는 사람들의 영혼과 목마르고 슬프게 살아가는 이들의 마음속에서 늘 한편이 되어 주신 테레사 수녀님이다.

그 테레사 수녀님은 섬마을 사람들과는 달리 좀처럼 흥분하여 속의 마음을 겉으로 드러내지는 않았다. 언제나 그대로 담담하고 평온한 가운데 빛이시고 거울이고 사랑으로 남는 분이었다.

"지금부터 백년도 훨씬 전인 어느 해 베드로 신부님께서 타고 오신 배가 우리 달섬에 닻을 내린 것이 우리 달섬이 문을 연 시작이었고, 그때만 해도 이곳 달섬에서는 에스텔님과 그의 아들은 요셉만이 외롭게 살으셨지."

테레사 수녀님께서 전에도 더러 우리에게 교리를 가르쳐 주는 틈을 이용해서 에스텔님 모자에 관한 성스러운 순교를 이야기를 했지만 오늘은 그 모두를 다 털어 놓겠다는 약속을 곡 지키겠다는 마음가짐이었다. 테레사 수녀님은 섬 모퉁이에 서 있는 등대에 반짝 불이 켜지는 것을 바라보며 말을 계속했다.

이제 정말 어둠은 우리를 삼키고 있었고 별들은 초롱초롱 빛나고 있었다. 들과 바위를 부셔서라도 댈 듯한 파도소리만이 아주 가깝게 들리면서 수녀님의 이야기를 한층 돋구어 주는 음악이 되고 있었다. 우리는 이미 수녀님의 이야기 속으로 뛰어들가 있었고, 시간이 갈수록 점점 더 수녀님이 말하는 그 이야기의 속으로 빠져 들어가고 있었다.

3

요즈음 아이들도 그렇듯이 그즈음에도 아이들은 툭하면 폐선이 다된 낡은 배를 끌고 나가 바다낚시를 즐기곤 했단다. 기껏 낑낑거리며 노를 저어 바둥거려 보았자 달섬까지라도 오면 다행이었지만 말이야.

그러던 어느 날 용이네 마을 아이들이 폐선이 다 된 낡은 낚시배를 타고 나갔다가 아주 이상스러운 배를 발견했다는 소문이 이내 온 마을에 퍼졌지. 아이들은 너무나 엄청나게 큰 배가 텅텅거리며 달섬에 닻을 내리는 것을 보고는 그만 기겁을 하고 마을로 돌아왔다는 거야. 처음 어른들 몰래 폐선을 슬그머니 타고 바다에 나갈 때만 해도 그들은 달섬에 사는 용구를 만나 바다낚시로 망둥이나 갯장어들을 몇 마리 낚아 보겠다는 욕심으로 바다에 나갔었단다.

그러나 그 엄청난 배를 보고 아이들은 기가 팍 죽어 돌아왔고, 얼마 후에 마을 어른들이 다시 나가 그 신비롭게 생긴 배를 확인하고 온 뒤부터 마을이 벌컥 뒤집혀 버릴 수밖에 없었지. 용이 아버지와 돌배 아버지, 칠성이 아버지 그리고 또 몇몇이 아이들의 말을 듣고 달섬 쪽으로 급히 배를 띄웠을 때만 해도 그들은 대수롭지 않게 생각했었단다.

그들은 아이들이 뭔가 잘못 본 것일 거라면서 마음이 태평한 채 배위에서 노닥거리다가는 멀리 수평선 너머로 뱃머리가 조금씩 드러나자 그것이 낯선 배인 것을 알고는 당황했단다. 그렇잖아도 그즈음에 몇 차례 인천 앞바다에 왜놈들의 배가 닻을 내렸다는 소문이 용이네 마을까지 파다하게 퍼져 있었던 참이라 모두들 예삿일이 아니라고 생각하며, 용이네 사랑채로 모였지. 물론 아이들도 어른들 틈 사이에서 호기심에에 찬 눈동자를 굴리고 있었단다.

"일본 배 같던감?"

마을 사람들은 바다에 나갔다 들어온 사람들에게 걱정스러운 듯이 물었단다.

"글쎄, 모르겠어유, 하도 엄청나게 크니께."

아이들도 어른들의 말에 한몫 끼어들었단다.

"텅텅거리는 소리가 워찌 큰지유, 그리고 말유, 그 배가 휙 달섬 쪽으로 물살을 가르고 오는 바람에 우리들이 탄 배가 하마터면 뒤집힐 뻔했어요."

칠성이가 호들갑을 떨며 말하는 거야. 다른 때 같으면 폐선을 끌고 나갔다고 어른들에게 불호령이 떨어졌겠지만 지금은 그것이 문제가 아니라 모두 두려움으로 벌벌 떨 뿐이었단다.

"이거 큰일이구먼."

용이 할아버지가 혀끝을 차며 걱정을 할 수밖에 없었어.

"어떻게들 할 셈이여?"

"우선 원님께 빨리 알려야 되겠잖유."

돌배 아버지의 말에 모두들 그렇게 하자고 말했단다. 그때 마을 사람들은 말을 탈 줄 아는 덕만이 아버지를 뽑아 원님이 사는 고을로 파발을 보냈지.

"그러나 저러나 큰일이구먼. 우리 마을 쪽으로 대포를 들이대면 어떻게 하지유."

"아따, 죄 없는 우리에게 무슨 웬수진 일 있다고 대포를 쏠라구유."

파발을 보내고도 용이네 마을 사람들은 걱정이 되어 집으로 돌아갈 술을 몰랐단다.

"달섬에 닻을 내린 것을 보면 오늘 떠나지는 않을 모양이잖여? 그러나 저러나 달섬에 사는 용구네가 걱정이구먼."

용이네 할아버지가 제일 근심스러운 듯이 말했단다.

"글세 말이어유. 조금 조기가 한참 몰려올 철인디 이거 큰일났구먼유."

"어젯밤에 가득히 만선을 한 꿈을 꾸었는디 다 글렀구먼유."

촌장격인 용이 할아버지를 둘러 싼 마을 사람들도 모두 한 숨만 쉴 뿐이었지. 대책을 세울 수가 없었던 거였어.

"그게 걱정이어유. 잘못하다가 한 식구 같은 용이네가 목숨이 날아갈 참인디."

용구 아버지가 배를 타고 가서 고기를 함께 잡다 용이 아버지를 끝내 바다에 남겨두고 겨우 혼자서 살아온 병삼이 아버지도 하늘을 바라보며 한숨을 쉴 뿐이었지.

마을 사람들은 큰 배에 대한 두려움과 용구네 걱정으로 발만 동동거렸단다. 모두 땅이 꺼질 듯이 한숨만 쉬었지. 마을 사람들은 어찌할 줄 몰랐단다. 게다가 파발을 보낸 쪽에서는 기별도 없었고 말이야.

"자, 이러지들 말고 집으로 돌아가서 낫이랑 쇠스랑이랑 아니 뭐든지 가지고 나와서 우리마을이나 지켜야 할 것 아녀?"

"그까짓 것 가지고 펑펑 쏴대는 대포를 당할 수가 있겠슈?"

"그럼 어쩔 심여? 이렇게 앉아만 있을 겨?"

마을 사람들은 용이 할아버지의 호통에 제각기들 집으로 가서 연장을 둘러메고 다시 모였단다. 날이 저물어 가기 시작했는데도 파발을 떠나보낸 덕만이 아버지에게서는 아직까지 소식이 없었단다. 마을 사람들은 모두 근심에 싸여 어쩔 줄 몰랐지.

"아니, 웬 불이여? 도깨비불이잖여?"

그 때 사람들은 칠성이 아버지가 외치는 소리에 깜짝 놀라 달섬을 바라보았단다. 달섬 쪽에서 도깨비처럼 커다란 불이 갑자기 비치기 시작했지.

"아니, 낮에 닻을 내린 배에서 켜놓은 불이구먼."

"웬 불이 저렇게 큰 거여?"

사람들이 놀라 여기저기서 수군거렸단다. 용이도 아이들과 함께 달섬 쪽에서 비쳐오는 불빛을 바라보면서 어른들의 근심 속에 묻혀 있을 수밖에 없었단다.

"다그닥 다그닥……."

그때 멀리서 말발굽 소리가 들려왔다. 사람들은 반가운 듯이 말발굽 소리가 나는 쪽을 바라보았지.

"원님께 고하고 돌아오는 모양이구먼."

용이 할아버지가 조금 마음이 놓이는지 벌떡 자리에서 일어나셨단다. 사람들도 따라 일어섰지. 덕만이 아버지는 혼자 오지 않고 원님과 함께 군사들을 데리고 왔단다.

"달섬에 이상한 배가 나타났다고?"

원님도 걱정이 되는지 말에서 내리자마자 앞에 선 용이 할아버지께 물으셨단다.

"저 달섬을 바라 보셔유. 도깨비불처럼 빛나고 있잖어유."

"흐흠, 흠?"

원님은 불빛을 바라보며 큰 한숨을 쉴 수밖에 없었지. 그리고 밤이 깊었으나 마을 사람들은 잘 수도 없었단다. 원님은 마을 사람들을 모두 마을 뒷산으로 옮기게 했지. 그리고 큰 참나무를 두 개나 베어다가 모닥불을 피우고 둘러앉아 달섬의 배를 지켜봤단다. 아낙네들은 원님과 군사들의 밤참을 해서 대느라 더욱 바빴고 말이야. 물론 용이도 칠성이랑 덕배랑 그리고 모든 마을 아이들과 함께 산으로 올라갔단다. 마침 어른들은 원님과 함께 이 낯선 배를 어떻게 물리칠까를 의논하고 있었단다. 원님이 물었지.

"저 달섬에는 사람들이 몇 가구가 사는고?"

"용구네라고 그 애비는 지난여름 바다에 나갔다가 태풍에 밀려 죽고 어미와 둘이서 사는 한 가구뿐이어요."

"흐흠, 그래. 그럼 이 밤을 틈타 달섬 쪽으로 가서 용구네와 연락하면 그 낯선 배의 사정을 알 수 있을 것 같구먼."

"예?"

마을 사람들 모두 깜짝 놀랐단다. 그러나 그 배의 사정을 알아내는 데는 원님의 말에 따르는 것이 좋겠다고 생각했단다. 하지만 선뜻 달섬으로 가겠다는 사람들은 나타나지 않았단다. 서로들 서로 얼굴만 바라볼 뿐이었지. 모두 무서워서 벌벌 떨기만 했단다.

"우리들이 가면 안될까유?"

그때, 아이들이 불쑥 일어나서 자기들이 가겠다고 나섰단다.

"아니, 너희들이?"

원님도 마을사람들도 모두 깜짝 놀랐지. 그즈음 일본이나 서양에서 들어오는 배는 무시무시한 대포를 지니고 들어온다는 소문을 들어온 원님이었단다. 그래서 원님은 아이들을 말릴 수밖에 없었지.

"당치도 않은 소리다."

"아니어유. 용구는 우리 친구이구유. 우린 배도 부릴 줄 알아유."

그러나 용이 할아버지도 펄쩍펄쩍 뛰면서 아이들을 보내는 것을 반대하였단다. 모두 어떻게 해야 할지를 몰랐지. 한참 후에야 원님이 결정을 내렸단다.

"그럼, 이렇게 하자. 아이 둘과 이 앞바다 물길을 잘 아는 어른 둘, 그리고 관군 둘, 이렇게 모두 여섯이 달섬으로 가기로 하자."

산 위에 있는 사람들은 원님의 명령에 따르기로 하였단다. 달섬에 닿아 용구와 만나기는 역시 아이들이 좋다고 생각했기 때문이었지. 그래서 용이와 칠성이, 용이 아빠와 덕만이 아빠에다가 관군 둘이 뽑혀 드디어 바다에 배를 띄웠단다.

달은 휘영청 밝았단다. 고요가 깔린 바다 위를 그들은 말을 잃은 채 노를 젓고 있었지. 시커먼 바다 위를 삐거덕거리며 낙엽처럼 떠가고 있었단다. 그들은 배를 섬의 뒤켠에다 대기로 했지. 앞쪽에는 그 낯선 배가 너무나 밝은 불을 비추고 있었기 때문이야. 용이와 칠성이보다 어른들이 훨씬 더 두려워하며 배를 저었단다. 다행이도 파도가 일지 않아 바다는 아주 잔잔했지.

"그들이 대포를 들이대면 어쩌지?"

관군 아저씨 중 한 명이 아무래도 마음이 내키지 않는지 용이 아버지에게 말을 했단다.

"염려 말어유. 우리가 아주 안전한 뒤쪽으로 배를 댈 테니께유."

"얼른 배의 형편만 알고 돌아오는 건디 별일 있겠슈."

덕만이 아버지도 두려움을 참으며 거들었단다. 용이와 칠성이도 달빛에 가려 희미하게 빛나는 별들을 바라보며 용구네 집을 어떻게 들어갈 것인가를 골똘히 생각했단다. 드디어 달섬의 뒤쪽에 배가 조용히 닿았단다.

"우리 넷이 얼른 용구네를 찾아가 배의 형편을 알아보고 올 테니 두 분은 여기 계셔유."

두려움에 떠는 관군 둘만을 배 위에 남기고 그들은 넷이서 달섬에 올라갔지. 내 집 드나들 듯 훤한 달섬의 지리였단다. 그들은 용구네 집에 가면 배에 탄 사람이라든지 무기, 또는 이 섬에 닻을 내린 목적 등을 자세히 알 수 있으리라 생각하며 살금살금 기어갔단다. 섬은 생각보다 아무 일도 없는 듯 조용했단다.

그들은 드디어 불빛이 희미하게 비치는 용구네 집에 도착해서 사립문을 밀치고 조용히 마당에 들어섰지. 우선 용이와 칠성이가 살살 기듯 걸어 용구네 토방으로 갔단다. 뒤따라 용구 아버지랑 덕만이 아버지가 손에 긴 창을 든 채 가만가만 따라왔지.

"오시느라 얼마나 수고하셨어유?"

그들 넷은 방안에서 도란도란 들리는 용구 엄마인 달섬댁의 다정한 말소리에 문득 굳어 버리듯이 토방에 섰단다. 다시 방안에서 용구 어머니의 목소리가 들렸으니 말이다.

"이번엔 어찌 우리 달섬까지 오셨어유?"

"성경 말씀을 조선말로 번역하여 가져왔습니다. 만나는 사람마다 전해 주셔요."

"알았어유."

너무나 생각지도 않았던 일이 방안에서 벌어지고 있어 그들은 입만 벌렸단다. 그러다가 더 이상 참지 못하고 용이 아빠가 문을 화다닥 열었단다.

"꼼짝들 마시유. 움직이면 이 창이 가만히 있지 않을 거유."

덕만이 아버지가 소리를 쳤단다. 갑작스럽게 소리치자 방안에서는 너무나 놀라 어쩔 줄을 몰라했지.

"오우, 노노. 우리는 여러분의 적이 아닙니다. 친구하러 왔습니다."

용이 아버지는 낯선 남자의 목소리에 긴 창을 다시 한번 움켜쥐었단다.

"빨리들 돌아가셔유. 뭍에서 날이 새면 관군들이 몰려올 거유."

"우리 여러분과 친구하러 왔는데 왜 관군이 오나요?"

"친구?"

"나는 나쁜 사람이 아니고 여러분 나라에 야소 전하러 온 베드로 신부 입니다."

"야소?"

"예, 우리 죄를 대신해서 못 박히신 야소 전하러 왔습니다."

"아니! 야소? 야소라면 서양 귀신 아녀?"

용이 아버지와 덕만이 아버지는 후다닥 방안으로 뛰어 들어갔단다. 짚신도 벗지 않은 채였지.

"오우, 노노. 이러지들 마시오."

마을에서 그렇게 무서워 벌벌 떨며 원님까지도 근심스러워하며 두려워하는 그들은 뜻밖에도 갑옷이나 투구도 그리고 어떤 무기도 안 가진 아주 낯선 얼굴을 한 사람들이었단다. 코가 유난히 뾰족하고 눈은 쑥 들어간데다가, 눈빛은 파랬고 둘 중이 하나는 머리가 금발이었단다. 정말 이상스럽게 생긴 사람들이었지. 그들은 용이 아버지와 덕만이 아버지가 들이댄 창에 잔뜩 겁을 먹었단다.

"이러지들 마시오 우리는 여러분의 적이 아닙니다."

둘 중의 하나는 너무나 우리말을 잘했단다.

"빨리 이곳을 떠나시유. 지금 뭍에선 관군이 와 있으니께. 그들이 이곳에 오면 당신네들은 다 죽어요."

"알고 있습니다. 곧 떠납니다. 그러나 다시 오겠습니다. 이것은 야소의 말씀을 적은 책인데 여러분들께 선물하겠습니다."

그들은 수백 권도 넘는 책을 내려놓았단다. 그리고 초콜렛과 설탕이 든 보따리도 한 아름 내놓았단다.

"이 밤으로 달섬을 떠나시유."

용이 아버지가 그들에게 명령을 하듯 말했단다. 지금 북쪽으로 올라가는 조기떼들을 놓치고 싶지도 않았으니까. 그러려면 빨리 이 서양 사람들이 떠나야 했단다.

"뭘 꾸물거리고 있어유. 날이 밝으면 궁궐에서 상감님이 보내시는 관군이 합세할지도 모르는디."

"예, 알았습니다. 그러나 우리 야소님이 여러분을 구원해 주시기를 바랍니다."

그들이 일어서자 용구네 식구까지 모두 여섯은 배가 닻을 내린 곳까지 그들을 배웅하려고 따라 나갔단다. 두 사람이 배에 올라타고 얼마 후에, 그 크고 신기한 배는 서서히 움직이기 시작했지. 드디어 길게 뱃고동을 울리며 아주 평화스럽게 어두운 바다를 헤치며 사라져 가고 있었단다.

용이와 칠성이, 용구, 그리고 어른들도 함께 떠나는 배를 향하여 손을 흔들어 주었단다. 방금 용구네 집에 왔던 베드로 신부님도 갑판에 올라와 달섬을 향해 손을 흔들었지.

4

뱃고동 소리를 듣고 돛단배에 남아 있던 관군 둘이 뒤쫓아 온 것은 바로 그때였단다. 베드로 신부를 태운 배는 이미 저만큼 어둠 속으로 사라져 가고 있었지. 용구와 달섬댁이 배를 향해 손을 흔들어대고 있었고 말이야. 나머지 아이들 둘, 어른 둘 그렇게 넷도 배를 향해 손을 흔들었단다.

"무엇을 하는 거요?"

관군 중의 하나가 눈을 부라리며 말했지.

"그들은 떠났어요."

"떠나다니요?"

"제 나라로 돌아갔다는 말이유."

용이 아버지가 관군들에게 말했단다.

"그대로 그들을 놓아 주었단 말이요?"

관군 중의 또 하나가 불쑥 나서며 창을 곧추세우고 큰 소리로 을러댔단다. 마치 책임이라도 묻겠다는 듯이 사람들을 윽박질렀지. 배를 달섬에 대었을 때만 해도 겁에 질려 섬으로 오르지 않고 배를 지키겠다는 그들이 말이야.

"그들을 놓아준 책임을 면할 수 없을 것이오. 원님께서는 여러분들에게 책임을 물을 것이오."

관군들의 호통에 분위기는 갑자기 침울하게 가라앉았단다. 그렇게 어두운 기분으로 그들 여섯은 곧 달섬을 떠나 뭍으로 향했지. 뭍에서는 모닥불을 군데 군데 피우고 달섬에서의 소식을 애타게 기다리고 있었단다.

"삐그덕 삐그덕."

노젓는 소리가 가까워지자 마을 사람들과 관군들은 일제히 산에서부터 내려와 배 쪽으로 우르르 달려들었단다. 용이 할아버지도 긴 한숨을 내쉬며 반가워했단다. 그들은 배에서 내리는 이들을 얼싸안으며 기뻐했지.

"모두 무사해서 다행이구먼. 배가 떠나는 소리가 길게 나며 조용히 사라지기에 안심을 했지. 어서 원님께로 가자구."

용이 할아버지는 아들과 손주의 손을 잡으며 그들을 원님 앞으로 인도했단다. 그들은 많은 사람들을 헤치면서 원님 앞으로 갔지. 원님도 반가운 표정으로 그들을 맞이했단다.

"그 양놈들을 몰아내고 왔습니다."

같이 달섬에 갔던 관군 중의 하나가 사람들에게 들어보라는 듯이 떠벌리며 원님께 말했단다.

"그래 수고했구나. 그들이 순수히 물러나드냐?"

"예, 그들은 싸울 의사가 전혀 없었어요. 그들은 다만 야소를 전하러 왔다고 했어유."

용이 아버지가 조용히 고개를 숙여 섬에서 있었던 일을 처음부터 끝까지 낱낱이 고했단다.

"무엇이? 야소라고?"

순간 원님은 야소라는 말에 낯색이 파래지며 벌떡 자리에서 일어섰단다.

"그들을 잡지 않고 그대로 돌려보냈단 말이오?"

"예, 그들은 양같이 순했고, 우리들의 말에 잘 따랐어유."

그러나 원님은 용이 아버지의 말을 듣는 둥 마는 둥하며 눈길을 관군들에게 돌렸단다. 원님의 말에 때는 이때라는 듯이 달섬에서 눈을 부라리던 관군이 앞으로 불쑥 나섰단다. 그리고 함께 배를 탔던 용이 아버지, 덕만이 아버지를 가리키며 말했단다.

"저들이 그들을 그대로 돌려보낸 줄 아옵니다."

"그렇다면 너희들은 무엇을 했는가?"

원님의 꾸중에 앞으로 나섰던 관군이 그대로 목을 움츠리면서 어찌할 바를 몰랐지.

"참으셔유. 그들이 순순히 물러선 것이 불행 중 다행이어유."

용이 할아버지가 원님의 화를 가라앉히려고 조심스럽게 나섰단다.

"야소라면 서양 귀신이오. 서양 귀신에 홀리면 큰일이라서 지금 나라에서 법으로 금하고 있거늘…. 아, 어찌 이곳까지 야소의 물결이 흘러드는고?"

원님은 땅이 꺼질 듯이 걱정하였단다.

"아무래도 달섬댁을 붙잡아 심문하는 것이 옳은 줄 아옵니다."

다시 관군 중 하나가 나섰단다.

"달섬댁?"

"예, 저 달섬에서 사는 용구 에미를 그렇게 부르는구먼유."

"아, 그렇다면 내일 당장 그 달섬댁을 동헌으로 불러들이도록 하여라."

원님은 아직도 겁에 질려 있었지. 하지만 걱정이 풀리지 않고 근심에 쌓인 채 그 밤으로 관군들을 데리고 일단은 돌아갔단다. 용이네 마을 사람들도 더 이상 큰 난리가 마을에서 나지 않았음을 참으로 다행스럽게 생각했지. 그러나 당장 달섬댁이 원님께 끌려

가게 되어 안타까웠단다.

이튿날 용이 아버지는 달섬으로 들어가 달섬댁을 데리고 원님이 사는 관아로 향했지. 원님은 서슬이 파래가지고 동헌이 떠나가라 소리쳤단다.

"어찌하여 너는 국법으로 막는 서양 귀신을 불러들이느냐?"

그러나 달섬댁은 조금도 떨지 않고 차분하고 조용했단다.

"야소께선 귀신이 아니오라 온 백성의 죄를 대신하러 이 세상에 오신 하느님의 아들이어유."

"무엇이? 저 여인네가 무엇이라 말하느냐?"

원님은 펄펄 뛰면서 노발대발하였지.

"사또께서도 이 말씀을 읽고 천주님의 사랑으로 멱을 감으셔유."

달섬댁은 어젯밤 베드로 신부께 받은 성경을 내놓았단다.

"뭐라구? 저 발칙한 것, 너는 죽어도 좋단 말이냐? 서양 귀신을 불러들이는 자는 목숨을 부지하지 못하리라."

"하나의 밀알이 썩지 않고 어찌 많은 수확을 바라겠어유? 또한 저의 죽음이 헛되지 않는다면 어찌 죽음을 두려워 하겠어유."

"어허, 저것이 서양 귀신에 단단히 홀렸구나. 저것들을 하옥하거라."

원님은 달섬댁과 그 아들 용구를 감옥에 처넣었단다. 그리고 며칠 동안을 구슬리기도 하고 윽박지르기도 했지만 여전했단다. 원님은 자기 고을에 서양 배가 들어온 소식이 임금이 계신 한양에까지 전해지면 화를 면치 못할까봐 쉬쉬하면서 어떻게든지 달섬댁을 달래어 마음을 돌려보려 했지만 이미 그의 마음은 돌같이 굳어져 있었지.

그러던 어느 날 원님은 직접 부하 하나만을 데리고는 감옥에 나왔단다.

"달섬댁과 용구는 이리로 나오너라. 사또님의 행차시다."

아직도 몸가짐과 마음가짐이 흐뜨러지지 않은 달섬댁은 고개를 들어 원님을 조용히 바라보았단다.

"달섬댁이라 부르지 말고 에스텔이라 부르셔유. 그리고 나의 아들은 요셉이어유."

"에스텔? 요셉? 어찌하여 너는 조상 대대로 물려받은 이름까지도 마다하느냐?"

"천주님 앞에서는 온 백성이 한 형제요, 한 자매이어유. 하오나 본래의 제 이름은 없을뿐더러 제 성을 버린 적도 없어유. 다만 야소 안에서 거듭난다는 뜻으로 다시 받은 영세명이어유."

"영세명? 아무래도 이 여인네가 단단히 미쳐버렸구나."

원님은 다시 그들 모자를 감옥에 몰아넣었단다. 원님은 고을의 모든 사람들에게 서양 배가 달섬에 닻을 내렸던 사실을 숨기도록 명령했지. 그리고 베드로 신부가 달섬에 전해 준, 책과 초콜렛과 설탕을 모두 불살라 버렸단다. 그러나 밀씨가 하나 땅에 떨어지면 싹이 움트듯 용이네 마을에선 달섬댁이 원님에게 붙들려 가면서 일으킨 바람이 좀처럼 사라지지 않고 끈질기게 마을 주변을 맴돌았단다.

용이 아버지도 덕만이 아버지도 베드로 신부가 준, 책을 한 줄씩 읽었고, 그 책 속의 진리는 머슴들의 사랑방에서도 길쌈을 하는 여자들의 베틀 위에서도 살아서 꿈틀거리기 시작했단다.

원님은 그 기미를 알아차리고 더욱 어찌할 줄을 모르며 당황했지. 그대로 놔두면 자꾸자꾸 번지어 자신의 힘으로도 어쩔 수 없음을 생각하며 그는 다시 달섬댁을 불러냈단다. 기리고 그들을 회유하기 위하여 목소리를 부드럽게 낮추어 그들을 위로 했단다.

"무척 고생스럽겠지?"

"아니어유. 주님의 품안에서 평안해유."

그러나 달섬댁은 변한 것이 없었단다. 용구까지도 아주 평온한 얼굴이었지.

"평안하다? 정히 그대가 그렇게 나오면 죽음을 면치 못할 것이다."

그러나 원님의 그 말에도 여전히 달섬댁인 에스텔의 얼굴은 평화스러웠단다. 그러자 원님은 이번에는 용구에게 얼굴을 돌렸지. 아들을 통해 어미의 마음을 돌리려는 속셈이었단다.

"이제껏 서양배가 몇 번이나 너의 달섬에 다녀갔는고?"

"네 번째 다녀갔어유."

"무엇이, 네 번? 흠 그런데 어찌 관아에 알리지 않았단 말이냐? 그 죄 죽어 마땅하니라."

"저희들 마음은 이미 천주님을 위해 죽을 결심이어유."

원님은 용구에게서 네 번이나 달섬에 배가 드나들었다는 말에 너무나 놀라 소리를 질렀단다.

"에이, 독한 것들 아들도 어미와 똑같구나. 저들을 매로 매우 쳐라."

곧 달섬댁 모자에게 심한 매질이 시작되었단다. 그러나 그들은 노래를 불렀지. 몸에서 피가 흐르고 상처가 나도 그 고통을 잘도 참아 내었지. 조금도 두려움 없는 낯빛으로 달섬댁은 조용히 미소를 흘렸단다. 원님은 달섬댁의 그 웃음에 기가 눌렸단다. 더 이상 그들의 마음을 움직이기 어려움을 깨달은 거야.

"이제부터 저들에게 음식을 금하고 잘못을 뉘우칠 때까지 누구든지 음식을 주는 자는 엄벌을 면치 못하리라."

결국 몇 날을 버티던 달섬댁인 에스텔은 끝내 음식을 들지 않고 슬프게도 숨을 거두었단다. 용구만이 기진맥진하여 숨을 거둔 어머니 에스텔의 품속에서 서럽게 또 서럽게 울었단다. 그때 원님은 에스텔의 죽음을 두려워하며 부하들에게 다시 명령하였지.

"이 여인네의 시신을 달섬 병사봉 제일 높은 곳에 가져다 몰래 버리고 이 어린 것은 우리 고을에서 멀리 쫓아내거라. 그리고 이후로 다시는 달섬에 서양배가 닻을 내리지 못하도록 굳게 지키거라."

그 후 달섬의 병사봉엔 오래도록 에스텔의 죽은 시신이 바위 위에 내동댕이쳐져 있었단다.

5

드디어 수녀님의 에스텔님 이야기가 끝이 나고 있었다. 이야기는 끝이 나고 있었지만 아이들의 눈은 반짝반짝 빛나고 있었다. 그런 아들을 향하여 수녀님은 이야기를 다시 정리하기 시작하였다.

"그 후 자유롭게 천주님을 모실 수 있을 만큼 긴 세월이 흐른 후 용이네 마을사람들과 또 다른 많은 사람들이 우리 달섬에 옮겨 살게 되었지. 그들은 에스텔님의 무덤을 양지바른 곳에 마련하고……."

수녀님의 이야기를 마쳤을 때, 어느덧 밤은 깊어가고 있었다. 그러나 우리는 테레사 수녀님 곁에서 밤이 무르익어 가는 것도 전혀 잊은 채로 그냥 옹기종기 붙어 있었다. 우리는 에스텔님과 용구에 관한 수녀님의 이야기로 인하여 너무나 가슴 두드리는 슬픔이 몸에 배어 들어옴을 느꼈다. 결코 잊을 수 없는 깊은 감동이 우리의 맥박에까지 닿아오고 있었던 것이다.

우리들은 얼마 후 테레사 수녀님의 긴 이야기의 사슬에서 풀려날 수 있었다. 우리들은 긴박감과 재미에 빠져 있다가 그제서야 오싹하는 밤바람의 냉기를 느낄 정도였으니까 말이다. 달도 없는 밤에 별들만이 무리지어 빛나고 있는 5월 초이튿날의 밤바람은 참으로 차가왔다. 다행히 몇 해 전부터 자가 발전기를 돌려 켤 수 있는 전등불들이 섬의 여기저기를 환하게 밝히고 있어 어둠이 짙지는 않았다.

성당에서는 아직까지도 어른들이 내려가지 않았는지 안쪽에서 불빛이 흘러나왔다. 우리들은 어른들윽 가다리지는 않았다. 감동에 젖은 채 그냥 서로 말도 나누지 않으며 그냥 가슴속에 에스텔님만을 조심스럽게 모시고는 마을로 내려가려 했을 뿐이다.

"정규야, 정규야."

내가 마악 아래로 방향을 틀어 계단을 내려가고 있을 그때 성당 쪽으로부터 어머니가 내 이름을 부르는 소리가 들려왔다. 내가 생각한대로 어머니도 내일 교황님을 정성껏 모시려 했던 것이다. 그런 마음으로 이 세상에서 묻은 때와 먼지를 다 떨구어 내고 빈 마음이 되려고 이곳으로 올라와 기도를 드렸음이 분명했다.

나는 어머니가 너무 반가웠다. 그래서 어머니에게 뛰어가 와락 그 품에 안겼다. 그 어느 때보다 어머니 품은 따뜻하고 포근했다. 어머니와 나는 쏟아지는 별빛을 받으며 또 파도소리를 들으며 총총히 발길을 돌려 집으로 향했다.

이튿날 정오부터 성당에서는 교황님을 위한 특별 미사가 올려졌다. 성당은 많은 사람들로 붐볐고, 병사봉 성당으로 올라가는 코스모스길은 사람들의 물결로 출렁거렸다.

나도 어머니의 손을 잡고 성당으로 향했다. 어머니는 길을 가면서도 기도를 올렸다. 만나는 사람들마다 서로 공손히 성호를 그었다. 아마도 고기잡이를 떠난 아버지들 말고는 달섬 사람들이라면 아이나 어른이나 모두 한 사람도 빠짐없이 성당으로 몰려드는 것 같았다.

미사는 다른 때보다 참으로 엄숙했다. 아이들과 할머니 할아버지들도 함께 드린 미사였지만 너무나 조용한 가운데 치루어졌다. 황신부님께서는 너무나 감격하여 차분한 음성으로 처음부터 끝까지 미사를 집전하였다. 그러나 그들은 미사가 다 끝나고도 조금도 움직이지 않고 있었다. 신부님은 달섬 사람들의 그 마음을 너무나 잘 알고 있었다.

그들의 마음은 한결같이 기적을 원하고 있었다. 그러기에 황신부님의 마음은 안타까웠다. 예전엔 그저 겸손하게 빈 마음으로 하늘의 은총을 받으려던 이들이 지금은 자꾸만 기적만을 바라고 있었지만 그는 내버려 두기로 했다. 황신부님은 다만 안타까운 마음으로 머리를 들어 유리창 너머 파란 하늘을 바라보았다.

5월의 맑은 햇살이 유리창을 통하여 해맑게 들어왔다. 그 맑은 햇살 속에서 달섬 사람들은 여전히 손을 모으고 간절히 빌었다. 황신부님은 어린 양들이 부르짖음을 말리지는 않았다. 나도 어마 곁에 나란히 앉아 힘을 다하고 뜻을 다하며 에스텔님의 영혼을 위하여 열심히 기도했다.

"우리 천주교 200년 역사에 길이 빛날 교황님의 방문을 맞이하여 여러분들은 우리 달섬에 에스텔님에겐 어떤 기적을 바라고 있습니다만 제 생각으론 이미 기적은 이루었나이다. 에스텔님의 값진 피가 교황님을 바디칸으로부터 서울로 오시도록 했나이다. 그보다 더 큰 기적이 어디 있겠습니까. 자, 일어섭시다."

황신부님의 엄숙한 말씀이 성당 안을 가득 채웠다. 달섬 사람들은 그제서야 황신부님의 말씀에 순종하며 조용히 일어났다. 나 역시 어머니의 뒤를 따라 성당문을 열고 앞뜰로 나왔다. 바다 쪽에서 불어오는 해풍이 내 옷깃 속으로 파고 들었다.

밖으로 나온 사람들은 다시 에스텔님상 앞으로 모여들었다. 그리고 무릎을 꿇었다. 물론 나도 에스텔님상 앞에서 무릅을 꿇었다. 그러면서 나는 내 바로 앞에 테레사 수녀님께서도 조용히 서 있는 모습을 발견하였다.

내 눈에 비친 테레사 수녀님의 모습은 너무나 거룩해 보였다. 나는 테레사 수녀님 곁으로 다가가서 오래도록 눈을 감고 그렇게 앉아있었다. 바로 그때였다.

"배가 돌아온다. 만선의 깃발이 휘날린다."

누군가가 외치는 그 소리와 함께 주위는 갑자기 웅성거리기 시작했다. 나는 그 소리에 깜짝 놀라 눈을 떴다. 순간 나는 자지러지듯이 놀랐다. 내 눈 바로 앞에서 조용히 서 있는 에스텔님이 나를 향해 부드러운 미소를 흘렸다. 그 미소는 어제 저녁 테레사 수녀님이 짓던 미소처럼 맑고 신비로웠다.

"아, 에스텔님!"

어느새 그 에스텔님의 눈에서는 찬란한 빛이 하늘을 향해 뻗어 나가기 시작하였다. 그 빛은 찬란한 일곱 빛깔 무지개가 되어 하늘로 쭉쭉 뻗어 나갔다. 나는 벌떡 일어나 고꾸라질 듯이 에스텔님 상을 붙들어 안으며 마구 소리를 쳤다.

"빛이다. 일곱 빛깔 무지개다."

내 주위에 있던 달섬 사람들은 나의 외침을 듣고서야 내 등뒤로 마구 쏟아질 듯이 무너지면서 에스텔님 상을 얼싸안았다. 그러나 이미 에스텔님 상은 차디찬 쇳덩어리로 남아 있을 뿐이었고 그 에스텔님 뒤에선 다만 테레사 수녀님만이 부드러운 미소를 흘리며 서 있었을 뿐이었다.

그 테레사 수녀님의 눈에서는 조금 전에 에스텔님의 눈에서 찬란하게 빛나던 일곱 빛 무지개가 뻗어 나갈 때처럼, 그분의 눈동자는 이글이글 타오르고 있었다.

"아, 테레사 수녀님!"

나는 다시 쓰러질 듯한 몸을 테레사 수녀님께로 던지면서 와락 대들었다. 테레사 수녀님은 나를 포근히 안아주었다. 참으로 감미로웠다. 나는 그 수녀님의 품안에서 바다를 바라보았다. 저멀리 북쪽에서 달섬을 향해 오는 배들이 수없이 많은 만선의 깃발을 휘날리며 바닷물 위로 미끄러지듯이 달려오고 있었다.

"만선이다, 만선이다."

달섬 사람들은 이제 완전히 들뜨기 시작하며 소리를 질러댔다.

"에스텔님 만세!"

사람들은 배가 닿을 어항 쪽으로 마구 달려 내려갔다. 나는 그들을 바라보며 테레사 수녀님의 품안에서 빠져나와 멍하니 바다를 둘러보았다. 바다는 참으로 잔잔했다. 나는 다시 하늘을 바라보았다. 바다를 향해 뻗쳤던 일곱 빛 무지개는 거짓말처럼 사라졌고 하늘은 티 없이 맑을 뿐 구름 한점 없었다.

벌써 마을에선 징과 꽹과리 소리가 울리기 시작했다. 북과 장고소리도 신나는 새납의 소리도 빈 달섬을 가득 채우기라도 할 듯이 요란하게 울려 퍼졌다. 나는 지금까지 이렇게 만선의 깃발이 많이 휘날리는 것도, 흥청거리며 만선을 신나게 맞이하는 것도 본 적이 없었다.

다른 때 같으면 제일 먼저 아버지를 맞이하러 바다로 달려 나갔겠지만 그러나 나는 아직도 조금 전의 감격을 잊을 수 없어 그냥 에스텔님 상의 주위를 맴돌며 있었다. 금방이라도 다시 미소를 지을 듯한 에스텔님 앞에서 점점 가까워지는 아버지의 배를 바라만 보았다.

"정규야, 빨리 내려가거라. 만선으로 돌아오시는 아버지를 맞이해야지."

내 등 뒤에서 들리는 테레사 수녀님의 목소리에 나는 조용히 고개를 돌렸다. 테레사 수녀님께서 잔잔한 아주 잔잔한 미소를 흘리며 나를 바라보고 있었다.

익명의 섬에 서다[179)]

내가 새벽에 잠자리에서 눈을 떴을 때, 남편은 내 곁에 누워 있질 않았다. 부스스 눈을 뜨고는 양팔로 남편을 끌어안으려 했는데 잡히지 않는다. 나는 남편이 요뇨를 느껴 화장실에 다녀오겠거니 하고 다시 눈을 스르르 감는다. 몸이 나른하다. 하지만 나는 아직도 어젯밤의 감미로움에서 벗어나지 못하고 있다. 나는 이 침대 위에서 부드러운 시트에 몸을 포옥 감싸인 채로, 어젯밤 남편과 함께 둘이서 하는 환희를 만끽했었다. 나는 그 행복감을 지금까지도 계속 누리고 싶은 욕심이 다시 생긴다.

남편은, 간밤에 나를 황홀하게 했었다. 그러니 내가 오랜만에 느껴보는 만족감을 지금 또 누리고 싶어 하는 것은 어쩌면 당연하다. 그래서 눈을 감고는 남편이 돌아와 나를 다시 안아주기를 바라고 있는 것이다. 이 기대는 내가 특별한 여행지에서의 즐거움을 누리고 싶어 하는, 마흔을 훌쩍 넘긴 여자로서의 소박한 욕심이지 결코 음욕은 아니다. 맞다. 내가 정욕에 휩싸인 여자는 결코 아니다. 누구나 바라는 욕망일 뿐이지 기대 이상의 욕정은 아니다.

더구나 남편은 중년을 넘기면서도 내게 늘 유연한 몸짓으로 애정을 표하는 남자였

179) 호서문학회가 발간한 반연간지 「호서문학(제45호:2010)」발표한 작품으로서 현대 부부들의 자기 소외 현상과 잊혀지는 과정을 어느 익명의 섬에 표류해 들어가는 장면을 설정해서 스스로의 자아를 찾아 해매는 여인을 중심으로 하여 부부 관계를 조명함.

다. 나는 지금도 그가 내게 향하는 열정이 식기는커녕 지속적으로 샘솟고 있다고 믿고 있다. 그 쪽으로는 일점의 의혹도 없다. 그래서 나는 어젯밤에도 나의 온몸을 남편에게 맡겼었다. 남편 역시 만족한 얼굴로 치기가 느껴지는 표정까지 지으며 나를 탐했다. 그의 애무는 나를 허물어뜨리기에 충분했다.

그는 곧잘 나에게 모성애를 느낀다면서 스스로 어린아이가 되고 싶어 했다. 그래서인지 남편이 내게 다가들 때는 나의 젖무덤부터 야금야금 파고드는 걸 좋아했다. 그는 배냇짓 웃음을 지으며 돌출된 두 개의 유두를 애무하곤 했다. 평소에 문화적 컨텐츠를 만들자면서 고도의 정신적 충족을 하기 위한 음악회라도 갈라치면 그땐 옷깃을 세우고는 애써 엄숙한 모습이다. 그러나 남편은 옷을 벗으면 전혀 다른 모습으로 다가든다.

나 역시 남편이 정갈하게 정장을 입은 모습일 때보다는 원초적인 본능으로 허물을 벗고 내게 다가서기를 바란다. 나는 그렇게 가끔은 남편과 성희를 즐기기를 원한다. 더구나 이미 나는 오래 전부터 남편과 함께 이런 여행을 해왔었다. 기대한 대로 남편은 그때마다 나의 요구에 순순히 응했다. 그러나 언제나 남편은 서둘지 않았다. 내게 포만감을 느끼고도 남을 만큼 넉넉한 시간을 향유하도록 배려해주었다. 그래서 지금도 남편이 내 침대로 다가와 시트를 젖히고는 나의 전신을 다시 아주 완만하게 애무해 주기를 바라고 있다.

그렇게 생각하니 나의 마음이 좀 급해진다. 이만큼 기다렸으면 남편은 화장실 문을 열고 방으로, 아니 침대 위로 돌아와야 한다. 하지만 남편이 가 있다고 믿는 그 화장실 문이 아직 닫혀있다. 열리지 않고 있다. 나는 심통이 난다. 그래서 눈을 살그머니 떠야겠다고 생각한다. 사실 나는 지금 눈을 지그시 감은 채로 남편을 맞고 싶었다. 이제는 남편이 나오면 가벼운 앙탈을 부려볼 심산이다. 집도 아닌 낯선 공간에서 남편이 나를 혼자 외롭게 하는 것은 납득할 수 없는 일이다.

더구나 아직도 어젯밤의 감미로움이 이어지고 있는 이 분위기에서 남편이 지나치게 긴 시간을 잠적하면서 침대를 비우는 것은 말이 안 된다. 나는 가만히 눈을 뜬다. 천장이 보인다. 제일 먼저 내게로 다가든 것은 천정이었다. 정자세로 바로 누웠으니 당연하다. 노오란 봉황이 디자인되어 있는 베이지 색 천장이다. 순간 난 고개를 갸우뚱한다. 어젯밤 기억으로는 무늬가 봉황이 아니었다. 핑크빛 장미, 사방연속무늬의 분홍 장미가 나를 내려다보고 있었다. 나는 눈을 깜박이며 다시 확인한다. 분명 봉황을 담은 사방연속 무늬이다. 위스키를 한잔 마신 몽롱한 상태였었지만 어젯밤은, 분명 분홍색 장미 무늬였었다. 내가 꽃 중에서 제일 아끼는 꽃이 장미였기에 그 걸 분명 기억한다.

나는 긴장이 된다. 그래서 벌떡 윗몸을 일으킨다. 시트에 가렸던 몸이 드러난다. 쉰에 가까운 나이지만 아직 볼륨이 있는 두 개의 탄력 있는 젖무덤, 그리고 탱탱한 유두가 밖으로 서슴없이 노출된다. 뿐만이 아니다. 부드러운 어깨선이 마주 보이는 거울 속에 적나라하게 드러난다. 혼자 황홀해하면서 나는 재빨리 시트로 몸을 가린다. 순간적으로 다시 나는 놀란다. 어젯밤에는 분명 부드러운 꽃무늬 융단을 재질로 한 시트였었다. 헌데 지금은 아니다. 호랑나비가 너울너울 춤추는 모직 울이다. 믿어지지 않는다. 당황스럽다. 아니 두렵다. 나는 서둘러 잠옷을 입는다. 다행히 잠옷은 어제 그대로다. 어제 여행 가방에서 꺼내 입었던 그 잠옷이다.

나는 잠옷 바람으로 침대에서 벌떡 일어났다. 그런데 침대 역시 어제 잠자리에 들던 그 침대가 아니다. 정말 소스라치게 놀랄 수밖에 없다. 갈색 톤의 이국적 풍경이 연상되는 원목 더블 침대였었다. 헌데 지금은 그게 아니다. 검정색 바탕에 용머리가 장식으로 붙어 있는 고전적인 침대이다. 나는 계속 당황한다. 어제 난 약간 취기가 있었던 것은 사실이었다. 하지만 남편과 잠자리에 들기 전까지의 이 방 구석구석의 기억은 뚜렷하다.

나는 급히 화장실로 간다. 똑독똑—. 노크를 한다. 그러나 기척이 없다. 겁에 질린다. 살그머니 화장실 문을 연다. 안은 텅 비어 있다. 남편은 없다. 분홍색 변기와 욕조가 나의 눈을 자극할 뿐이다. 욕조의 풍경도 다르다. 어젯밤은 분명 욕조랑 변기가 다 화이트였다. 그런데 지금은 타일 벽면까지도 분홍색이다. 시렁에 걸려 있는 타올까지도 핑크 빛이다. 욕실 안은 그 것이 다였다. 내가 찾는 남편은 없다. 황당하다. 밤새 찐득찐득하게 늘어 붙어있던 남편의 그 체취가 아직도 내 몸에 배어있다는 것은 확실한데 남편은 없다.

나는 잠깐 마음을 안정시키기로 한다. 그렇게 마음을 정하니 여유가 생긴다. 잠들어 있는 아내를 깨우기가 민망해, 나를 남겨 두고는 밖으로 잠깐 산책을 나갔을 거라고 남편을 변명해 준다. 그러면서 다시 한 번 확인하듯 방을 휘— 둘러본다. 방안 풍경이 어제와 너무 다르다. 알코올 기운 때문에 어제는 착시 현상을 이루었던 거라고 확신한다. 나는 얼른 자리로 돌아와 서둘러 옷을 갈아입기 시작한다. 단단히 화가 난다. 변명을 해주면서도 남편을 용서할 수 없을 만큼 화가 난다. 아내를 놔두고 임의로 방을 비우는 남편의 행위를 용서할 수는 없다.

나는 어제 해가 기울 무렵에 남편과 화기애애하게 집을 나섰었다. 반도체 오디오 부품 칩을 만드는 남편은 토요일이나 일요일도 늘 바쁘다. 컴퓨터 제작에 요긴하게 쓰이는 칩이다. 요즈음 다 불황인데 남편 회사는 비교적 호황이다. 나는 바쁜 남편에게 좀 미안했지만, 그에게 시간을 비워둘 것을 요청했었다. 남편은 나의 요구에 순순히 응했다. 나는 지금, 어제 집을 떠나면서부터 이 호텔에 들 때까지의 여정을 차근차근 점검하고 있는 것이다. 그래야 남편과 함께 했었다는 알리바이를 세울 수 있다고 생각했기 때문이다.

남편은 어제 손수 운전을 하고 싶다고 했었다. 그래서 나는 핸들을 그에게 맡겼다. 내가 최근에 새로 구입한 뉴 SM 7이다. 남편은 더 나은 차종을 구입하라고 했지만 나는 소박한 모델을 택했었다. 남편과 함께 여행할 때는 그때마다 내가 핸들을 잡는 것이 상례였다. 나는 그만큼 운전을 즐겼다. 질주하는 쾌감은 늘 나의 전신에 쾌락을 주었다. 그러나 어제는 남편에게 핸들을 넘겨주었었다. 그런 수순을 밟으며 우리는 집을 출발해 곧장 이곳으로 왔다. 호수를 한 눈에 바라볼 수 있는 이 곳을 나는 오래도록 마음에 간직하고 있었다.

전에도 나는 이 곳에 가끔 들렸었다. 유년의 추억을 상기할 수 있는 곳이다. 나는 어린 시절 이 곳 강가에서 강물을 바라보며 성장했다. 그러다가 댐이 막히고 나서 마을 사람들과 우리 가족은 이주민이 되었다. 하루아침에 실향민이 되었다. 그러나 내 의식 속에는 성장 후에도 늘 유년의 강은 흐르고 있었다. 그래서 그 유년의 강 대신에 안개가 짙게 드리우는 이 호수를 보고 싶을 때는, 혼자서라도 잠깐잠깐 들리곤 했었다. 그래야 마음이 편해졌다. 전에도 아이들과도 몇 번인가 들리곤 했었다. 제 어미가 유년을 회상하고 싶다니까 기꺼이 따라나섰었다. 이곳은 아직도 그때의 소나무 숲이 남아 있다. 사슴벌레를 잡던 참나무 숲도 그대로이다. 하지만 나는 참나무 숲보다 소나무 숲을 더 좋아한다. 풋풋한 솔향기가 풍기는 호숫가는 향수를 불러일으키기에 충분했다. 그런 까닭이 있었기에 전에도 더러 그랬었던 것처럼 어제 오후에 남편과 서둘러 집을 나선 것이다.

그러니까 내가 행복에 취한 채, 남편이 모는 승용차에 올라탄 것은 정확하게 어제 오후 6시 경이었다. 일몰이 점점 빨라지는 가을로 다가서는 무렵이어서 출발 당시 마악 어둠이 드리우고 있을 때였다. 우린 그 후, 두 시간 여를 달려 이 곳에 온 것으로 기억된다. 호텔에 도착해 1층 로비 바로 옆에 있는 레스토랑에서 살짝 구운 스테이크를 즐겼다. 위스키를 곁들인 식사는 나를 들뜨게 했다. 야채와 과일도 신선했다. 행복감에 취해 있어도 좋을 만큼 남편은 너그러웠었다.

그러나 호수를 보고 싶다는 나를 향해 남편은 밤이 너무 야심해졌다고 하면서 굳이 침실로 유도했다. 10시 무렵으로 기억된다. 우린 침실에서 성희를 즐기기 전에 참 많은 이야기를 했다. 시어머니 이야기도 하고, 아이들 이야기도 했다. 미국에 가 있는 시누이 이야기도 했다. 모처럼 기분이 아주 좋았다. 그랬었는데…….

그런데 지금 엉뚱한 상황이 연출되고 있다. 황당해진 나는 서둘러 옷을 챙겨 입을 수밖에 없다. 하지만 핸드백을 들고 급히 나오면서도 키를 챙기기는 걸 잊지는 않는다. 도어를 연다. 문을 열자 길게 복도로 이어진 통로가 나타난다. 통로가 제법 길다. 어제 들어온 바로 그 통로인지 그게 궁금했다. 그러나 나는 위스키에 취해 있었고, 게다가 남편과 함께 하는 즐거움에 취해 있었기 때문에 들어올 때의 통로를 인식할 수 없었을 거라고 스스로 단정한다. 그래서 어젯밤 기억을 떨궈버리면서 급히 엘리베이터 입구 쪽으로 향한다. 일단 로비로 가면 남편의 행적을 알 수 있을 거 같았다. 나는 어젯밤만 해도 내가 남편의 행방을 찾아야 한다는 경우가 연출되리라고는 전혀 예상하지 못했었다. 나는 남편을 찾을 때까지 긴장을 해야 한다.

나는 서둘러 엘리베이터 홀로 간다, 입구에 도착하자마자 버튼을 가볍게 누른다. 아직 새벽이라서인지 엘리베이터는 1층에서 잠을 자고 있었다. 엘리베이터는 내가 호출을 명하자 재빠르게 상승하고 있다. 7층. 내가 서 있는 엘리베이터 홀을 향해 상승하고 있다. 그 순간도 나는 외롭다. 이 새벽에 낯선 호텔에서 남편 없이 혼자서 엘리베이터를 기다린다는 것이 쓸쓸하고 적막하다. 짧은 순간인데도 길게 느껴진다. 그나마 다행인 것은 엘리베이터가 이내 발끝에 와 머물고 있다는 점이다.

문이 스르르 열린다. 재빨리 엘리베이터 안으로 들어가 올라탄다. 문이 닫힌다. 나는 급히 1번을 누른다. 로비가 1층이니 당연히 1번을 눌러야 한다. 다시 쓸쓸해진다. 어젯밤 남편과 함께 엘리베이터를 탈 때, 나는 당당했었다. 그런데 지금은 아니다. 스스로 초라하다. 누가 나를 주목하지 않는데도 누구에게인가 이 초라함을 엿보이고 있는 것 같아 기분이 언짢아진다. 그나마 사면의 벽으로 차단되어 있는 것이 다행스럽다. 전에는 엘리베이터의 벽면이, 나를 외부와 차단해버려 소외시킨다는 걸 인식한 적이 한 번도 없었다.

나를 태운 엘리베이터가 급강하한다. 7층에서 1층까지는 순간적이다. 그런데도 초조한 마음이라서인지 길게 느껴진다. 남편이 궁금하다. 그리고 이 낯선 호텔에서 나 혼자 밤을 새웠을지도 모르는 그 사실에 대해서 부끄럽다. 나는 애써 그걸 부정한다. 다행이 누군가가 중간층에서 버튼을 누르지 않는다. 나는 엘리베이터가 1층에 도착하자마자 문이 열리기를 기다리지 못하고 열림 버튼을 급히 누른다. 문이 열린다. 1층 로비가 확 눈에 들어온다. 아늑한 실내등이 내 마음을 조금쯤 가라앉혀 준다. 프런트에만 가면 지배인이나 카운터 보이들 중 누군가가 쫓아와 남편의 행방을 알려 줄 것 같아 마음이 급해진다.

나는 엘리베이터에서 내린다. 그리고는 급히 로비를 둘러본다. 그런데, 그런데……. 로비 풍경 역시 어제와 같지 않다. 좀 전에 룸에서처럼 낯설기는 마찬가지이다. 카펫 색깔이 꽃 자주 색이 아니다. 황금색 바탕에 용이 비상하는 모습이 디자인되어 있었다. 카운터에 서 있는 이들도 아가씨들뿐이다. 어제는 분명 잘생긴 꽃미남들이 네 명 있었다. 그 중 한 청년이 남편의 외투를 정중하게 받아들고 숙박부에 사인하는 걸 기다려주었었다.

나는 프런트 쪽으로 간다. 마음이 급해진다. 아가씨들 중에 하나가 내 속마음을 알아차리고 있다는 듯이 친절하게 다가온다. 늘씬하다. 눈을 초롱초롱 빛내면서 의례적인 눈웃음을 보낸다. 그녀는 살짝 고개를 숙이며 목례로 예의를 갖추면서 가볍게 입을 연다.

"무얼 도와드릴까요?"

나는 들은 체 만 체하면서 프런트 쪽으로 향한다. 지금 늘씬한 아가씨의 몸매를 바라볼 기분이 아니다. 눈웃음도 반갑지 않다. 그녀와는 대화를 하고 싶지 않아 직접 프런트로 뚜벅뚜벅 걸어간다. 오르지 남편이 궁금할 뿐이다. 가능하다면 내가 왜 이 낯선 호텔에 지금 남편을 잃고 혼자 있는 지도 알고 싶다.

"남편을 찾는데요. 혹시…? 체크가 되었나요? 아마 새벽 산책을 하러 간 모양인데……."

나는 침착하게 마음을 가라앉히면서 입을 연다. 내면의 불안감을 그들에게 들켜서는 안 되기 때문이다. 그래서 품위를 유지하며 아주 점잖게 말한다.

"남편을요? 몇 호실이지요? 하지만 지금까지 우리에게 말씀을 하고 나가신 분은 없는데요?"

프런트에 서 있던 아가씨 중 하나가 덩두런해 하면서 대답한다. 나는 그제서야 겸연쩍은 얼굴로 키를 내민다. 7125. 내가 내민 키에 새겨진 숫자이다. 키 카드를 받아든 아가씨는 급히 숙박부를 꺼내든다. 그리고는 몇 장의 장부 갈피를 펴고 확인한다.

"성함이 어떻게 되시지요?"

"남편 이름요? 예, 이기빈입니다. 그리고 내 이름은 김효숙이고요."

나는 묻지도 않은 내 이름까지를 댄다. 가슴이 조마조마해진다. 저들이 남편의 행방을 모른다고 하면 어쩌나 하며 가슴을 졸인다. 나는 이미 미궁에 빠져 있지 않은가! 호텔 방에서부터 심상치 않았었다. 화장실에 있었어야 할 남편이 잠적했던 때부터였다. 호텔 방 침대도, 그 위에 깔려 있던 시트도 그리고 벽지와 천장 도배지도 다 나를 미궁 속으로 몰아넣고 있었다. 역시 그걸 숙박부를 든 아가씨가 최종적으로 확인해 준다.

"아주머니, 7125호에는 숙박자가 한 분뿐인데요? 김효숙씨 말고는……. 그래요. 맞아요. 아주머니가 김효숙씨라고 하셨지요?"

"예!?"

나는 경악한다. 그렇다면 어제 남편이 숙박부를 적을 때 내 이름만 적었다는 말이 된다. 프런트 아가씨의 말에 나는 떨 수밖에 없다. 그럴 리가 없다. 아직도 남편의 체취가 내 몸 구석구석에 남아 있는데 어젯밤 이후 새벽부터 나 혼자 호텔 방을 지켰을 리가 없다. 이건 큰 착오다. 나는 아가씨의 말을 들으며 내 몸이 와르르 함몰되고 있음을 느꼈다. 게다가 나는 나이 어린 프런트 아가씨들이 바라보는 시선을 감당하기도 어려웠다. 그러나 그녀들의 말을 그대로 접수할 수 없어 허우적거리는 기분으로 애써 변명하듯이 입을 연다.

"무슨 소리를 하는 거요? 아마 어젯밤 남편이 숙박부를 적지 않았을 거예요. 분명 남편은 아침 일찍 일어나 호숫가로 산책을 나갔어요."

"호숫가요? 아주머니, 여기는 호수가 없는데요? 바다를 호수로 착각하고 계신거에요?"

"맞아요. 여기는 섬이거든요."

옆에서 다른 아가씨가 거든다. 조금 전 내게 예의바른 모습으로 호의를 베풀던 아가씨이다.

"섬요? 여기가……?"

나는 순간 뒤통수를 얻어맞은 듯 했다. 머리가 온통 띵하다. 나는 아가씨들을 뒤로 하고 튕기치듯이 호텔을 나올 수밖에 없었다. 이미 이 프런트는 내가 설, 자리가 아니다. 더구나 로비에 그대로 머물 수도 없다. 그렇담 남편이, 나를 이 낯선 곳에 유기해 버리고 갔다는 말이 된다. 믿어지지 않는다. 그럴만한 이유가 없다. 나는 아직도 남편의 어젯밤 그 감미로운 키스를 기억하고 있다. 스테이크 맛도 아직 내게 군침을 흐르게 한다. 남편의 애무도 아직 그냥 내 몸 속에 녹아 잔잔히 흐르고 있다. 나는 남편의 건장한 체구에 기댄 채로 호텔 방을 향해 설레는 마음으로 들어갔고 내내 환희에 차 있었다.

아무래도 프런트에서의 그녀들의 말이 믿어지지 않는다. 나는 쫓기듯이 호텔 밖으로 나온다. 프런트를 지키는 아가씨의 말대로 호수는 없나보다. 검푸른 바다가 빛바랜 새벽별빛을 받으며 눈앞으로 쫘악 펼쳐진다. 그렇다. 아직은 어둠이 깃든 새벽이다. 해변에는 사람이 없다. 이 시각에 사람들이 나와 있을 리가 없다. 막막하다. 그러나 일단은 호텔에서 멀리멀리 격리되고 싶다. 프런트의 그녀들과는 함께 있고 싶지 않다. 그녀들과 있으면 주눅이 들 것 같다.

나는 뛰듯이 잰걸음으로 바다로 향한다. 한 번도 와보지 않았던 바닷가란다. 그러니 낯설 수밖에 없다. 바다는 출렁이며 나를 반기고 있지만 하나도 반갑지 않다. 남편이 궁금할 뿐이다. 아니 나 자신이 스스로 궁금하다. 나는 내 실체를 확인하기 위해 얼굴을 만진다. 웃옷도 아래 스커트도 만져본다. 스타킹이랑 검정색 구두도 바라본다. 결혼

20주년 기념일에 남편에게 받은 1캘럿트 다이어 반지도 확인한다. 다 그대로이다. 내가 서 있는 곳만 낯설고, 일상에서 일탈된 상황이다. 그보다 남편이 없지 않은가!

아! 아, 나는 며칠 전부터 남편과 함께 유년의 강이 흘렀었던 그 자리에서 호수를 바라보고 싶었었다. 안개에 휩싸인 채로 호숫가로 나아가 향수에 젖고 싶었다. 머얼리 호수 너머로 울울창창하게 서 있는 조선 소나무들로부터 풍겨 오는 솔 냄새를 맡고 싶었다. 아이들도 다 떨쳐버리고 남편과 손을 맞잡고, 호숫가 곳곳에 길길이 자란 갈대숲으로 들어가 바람에 서걱거리는 갈 숲 소릴 즐기고도 싶었다. 그건 어쩌면 유년을 추억하고 싶은 향수말고도, 머지않아 쉰으로 치달을 거라는 사추기를 남편과 함께 하고 싶었기 때문이었을 지도 모른다.

그런데 나는 예기치도 않은 상황에서 갑자기 남편에게, 아니다. 어쩌면 자신에게 버림받은 미아가 되었다. 어느 익명의 섬일 수도 있는 한적한 바닷가에 유기된 채로, 아침을 맞을 수밖에 없는 처지가 믿어지질 않는다. 아직은 새벽이 어둠을 다 밀어내지도 않은 상태이다. 그러니 나는 지금이라도 서둘러 남편을 찾아야 한다. 그것이 현실적 과제이다.

그 남편 말고도 아이 둘을 찾아야 하고, 새로 구입한 SM 7의 소재도 파악해야 한다. 이곳이 섬이라면 승용차는 남편이 의도대로, 어젯밤 연 육교로 진입했을 수도 있다. 나는 남편에게 의혹을 보내면서 방금 쫓기듯이 나온 호텔을 바라본다. 어디쯤에서 나의 승용차가 주인을 기다릴 수도 있다고 상상하며 뒤를 돌아본다. 그런데 호텔이 보이지 않는다. 호텔이 시야에서 사라졌다. 분명 있어야 할 호텔의 흔적이 없다. 잘못 본 것이 아닌가 하여 다시 확인했지만 네온사인 불빛도 없고, 화려한 호텔 네임 간판도 다 사라졌다. 옅은 어둠뿐이다. 나는 다시 경악한다.

호텔 대신 한적한 시골 풍경이 희미하게 눈 안으로 들어온다. 여관이 두서너 개 있을 법하고, 슈퍼마켓이 한 곳쯤 있을 만한 시골이다. 다만 새벽여명에 쫓기는 고샅길의 가로등 불빛만이 외롭다. 내가 간밤을 보낸 곳이 어디쯤인지 짐작이 안 된다. 민박집도 있을 것 같지 않다. 보이는 것이 없다. 너무나 황당하다. 이 곳이 어딘지 또 왜 내가 여기에 와 있는지도 모르니 나 스스로가 당황스러운 것은 당연하다. 다만 확실한 것은 바닷가라는 것 뿐이다. 나는 완전히 미궁에 빠져 있다.

그렇게 생각하면 할수록 엄청나게 남편이 밉다. 아니다. 그가 그립다. 나는 남편을 사랑한다. 또한 남편의 사랑을 한 번도 의심한 적도 없다. 그러니 더욱 남편이 원망스럽다. 이럴 줄 알았으면 함께 여행하자고 조르지 말걸 그랬다. 하지만 이 바닷가에서 나는 무기력하다. 어쩌면 지금 남편이 오히려 나를 찾을 지도 모른다고 하며 나를 스스로 위로해본다. 정말 실종된 아내를 찾느라 밤새 뜬눈으로 새우고 있는 지도 모른다고 생각한다. 걱정이 된다. 치기가 감도는 모습으로 나를 애무해 주던 어젯밤의 남편 얼굴이 확 다가든다. 군대에 가기로 하고 휴학한 채, 집에 와 머무는 아들의 얼굴도 그립다. 학교에 갈려고 지금쯤 머리를 감고 있을 딸도 보고 싶다.

나는 이 감당하기 어려운 현실을 벗어나기 위해서라도 우선은 달려야 할 것 같았다. 그래서 나는 바다 쪽으로 달리 듯이 걷는다. 역시 사람은 없다. 바닷물만 철썩일 뿐이다. 점점 어둠이 벗겨지고 있었다. 아침 바람이 차갑다. 아주 쌀랑하다. 나는 그 바람을 안고 바닷물이 닿을 만큼의 바다에까지 가까이 나간다. 어제까지만 해도 나는 정말 당당했었다. 중소기업을 경영하는 유망한 50대 초반의 벤처 사장을 남편으로 둔, 별 부족함을 느끼지 않던 여자였다.

그런데 나는 지금 가여운 여자가 되었다. 갑자기 모든 걸 상실한 불쌍한 여자이다. 더구나 나는 지금 바다로 가지만 바다에는 익숙하지도 못하다. 나의 가슴에는 유년의 강이 흐를 뿐이다. 바다는 없다. 하지만 내가 나의 실체를 인정받기 위해서 바다로 가 바닷물이라도 만져야 할 것 같았다. 아침 산책을 나온 사람이 있으면 나는 그를 붙들고 나를 확인하고 싶었다. 그리고 하소연을 해야 하겠다고 생각한다. 나는 남편을 찾아야 하고, 아이 둘도 만나야 하는 여자라고 떼를 써야 하겠다. 그리고는 섬을 빠져 나아가야 할 길을 물어야 하겠다.

순간 핸드폰이 생각난다. 나는 핸드백에서 급히 핸드폰을 꺼낸다. 왜 지금까지 핸드폰을 생각해내지 못했는지 그게 바보스럽다. 너무 경황이 없어 내가 어리석어졌나보다. 나는 누구와도 툭하면 핸드폰으로 이야기를 곧잘 했었다. 그랬었는데 지금은 당황해서 핸드폰을 이용한다는 생각에 미치지 못했었던 것 같다. 나는 갑자기 핸드폰이 구세주가 될 거로 확신하기 시작한다. 핸드폰이 생명선으로 여겨진다. 전화를 걸면 바로 남편이 내게로 쫓아 올 거로 믿는다. 아이 둘과 함께 쫓아와 이 낯선 바닷가에서 반가운 상면이 이루어질 거로 생각한다. 그 경황에도 방을 나올 때 핸드백을 챙겨 가지고 온 것은 참 잘한 일이다.

나는 숫자를 누르기 시작한다. 011-407-984×. 남편의 핸드폰 전화번호이다. 뚜우 뚜우 뚜우-. 신호음이 간다. 나는 이내 남편의 반가운 목소리가 무선 전화기를 타고 들려올 걸 기대한다. 잠시 멈추는 듯했지만 다시 신호음이 간다. 뚜우 뚜우 뚜우-. 그러나 이내 핸드폰에서 메시지가 아나운스먼트 되고 있다. '귀하가 누르신 번호는 없는 번호입니다.' 나는 놀란다. 이 번호는 남편의 손전화의 번호가 틀림없다. 나는 혹시 해서 다시 전화를 건다. 실수하지 않기 위해 숫자를 하나하나를 콕콕 찍는다. 그러나 메시지는 좀 전과 마찬가지로 아나운스먼트 되고 있다. 5년을 넘게 소유하고 있는 남편의 고유 번호이다. 남편은 나를 이 익명의 섬으로 유기하고 나서 즉시 전화번호를 바꾼 것인가? 의심이 간다. 그럴 이유가 없다. 나는 남편을 지극히 사랑했고, 남편도 나를 지극히 아껴주었었다.

나는 와르르 무너지듯이 해변가 모래사장에 주저앉는다. 오늘 새벽 벌어지는 이 일련의 사태들을 나는 감당할 수가 없다. 내가 어젯밤 그 감미로운 기억에서 깨어나 남편을 찾을 때만 해도 행복했었다. 어제 집을 떠나던 오후 6시 경의 기억도 뚜렷하다. 그때는 더욱 행복했었고, 가슴이 설레었다. 그런데 지금은 나 혼자 바닷가에 와 있다. 스스로 실종된 채로 일출이 시작되려는 바닷가에서 기운이 쇠잔한 모습으로 함몰되고 있다.

혼자서 맞는 바닷가는 외롭다고 말하기보다는 엄청나게 참담하다. 나는 엉뚱하게 섬을 원망한다. 그리고 사라진 호텔을 원망하고 있다. 혹시 남편이 마음이 바뀌어 다시 찾아와도 호텔이 없어져 나를 찾을 수 없다면 큰일이다. 나는 그렇게 절망에 빠지면서 바다를 바라본다. 다행이 일출이 시작되고 있다. 붉은 해 덩어리가 바다를 저 멀리 수평선 깊은 심해부터 부글부글 끓게 하고 있다. 찬란하다는 표현만으로는 모자랄 지경이다.

일출은 그렇게 계속 나의 절망과는 전혀 상관도 없이 치밀하게 연출되고 있다. 바다는 온통 금빛이다. 은빛이다. 오색찬란하다. 물결이 출렁일 때마다 시시각각으로 용이 여의주를 뱉어내고 있다. 나는 지금까지 저렇게 아름다운 일출을 본적이 없다. 나는 상실된 채 허물어져 가고 있는데, 일출만 눈이 부시다. 하늘에는 구름 한 점 없다. 바다는, 이런 새벽에 종종 희뿌연 한 안개가 끼기 마련인데 그냥 청명할 뿐이다. 가족과 함께 바라볼 수 있어야 했던 일출이었다. 그런데 나 혼자 일출을 바라본다. 실의에 빠진 채로, 순간마다 바다가 태양과 함께 연출해 내는 황홀한 장관을 나는 멀거니 관망한다.

나는 잠시 호흡을 가다듬으며, 일출이 지속되는 동안 그 일출을 우두거니 바라보며, 남편이 실종되었는지 내가 남편으로부터 잠적이 되었는지를 계속 꼼꼼히 따져보기로 한다. 판단이 서지 않는다. 사람이 하나도 없어 내 판단에 대해 조언을 구할 수도 없다. 이럴 때 의사소통이 되는 사람을 만났으면 좋겠다. 그래서 나의 전후 사정을 다 털어놓고 이 곳을 탈출할 수 있는 방법을 모색할 수 있었으면 한다. 누구를 붙잡고 통사정이라도 하면서 집으로 가는 길을 찾아야 하겠는데 이 바닷가에는 인적이 없다. 일출만 황홀할 뿐이다. 몸이 지친다. 서서히 내 몸과 함께 내 의식도 점점 까마득히 무너지고 있다. 그렇게 시간만 흐르고 있다.

"여보시오. 여보시오."

희미한 목소리가 들려온다. 얼마쯤이나 지난 것일까? 누군가가 저만큼 앞에서 나를 부르고 있는 것이다. 일출을 바라보다 쓰러진 나를 부른다. 나는 우선 반갑다. 사람의 목소리가 나다니 참 반갑다. 나는 부스스 눈을 뜬다. 분명 사람이다. 바로 10m쯤 전방이다. 바닷가에는 지금까지 사람이 없었는데 신기하게 사람이 보인다. 머리가 하얗게 센 노인이다. 또 허상일지도 모른다. 호텔에서처럼 사라질 허상일 지도 모른다고 생각한다. 나는 노인에게서 눈길을 돌려 호텔이 있었던 쪽을 다시 바라본다. 호텔은 흔적도 없다. 마을의 흔적도 없다. 멀리 산과 나무와 바위가 야트막하게 내 시야로 펼쳐질 뿐이다. 고샅길에 가로등은 있었는데…? 내가 어젯밤 겪은 것은 다 꿈이었나 보다.

다시 나는 노인을 바라본다. 그렇다면 역시 나를 바라보고 있는 백발노인도 실체가 아니고 허구 속의 신령님일지도 모른다. 그러니까 저렇게 백발로 내게 다가오는 것이다. 그래도 우선은 반갑다. 사람을 만나니까 내 실체가 좀 느껴진다. 노인은 개를 한 마리 데리고 있다. 애완견이다. 노인은 백발에 비해 얼굴색이 건강해 보인다. 노인은 나에게 다가와 손을 내민다. 나는 그 손이 구원처럼 느껴진다. 그래서 노인의 손을 잡는다. 노인이 내 손을 잡아 일으켜 준다. 생각보다 노인의 손이 따뜻하다. 그리고 부드럽다. 허상이 아닌가보다. 이렇게 따뜻하고 부드러운 걸 보면 실체가 확실하다. 나는 이 노인을 절대로 놓치지 말아야 한다고 생각한다.

"할아버지, 저를 도와주십시오. 제 남편을 찾고 싶습니다."

나의 첫마디였다. 나는 애원을 하듯이 다시 노인의 손을 꼬옥 잡는다. 나는 백발노인이 남편의 행방을 알 리 없다는 걸 안다. 다만 남편이 지금 제일 만나고 싶은 사람이라는 걸 말하고 싶을 뿐이다. 그래서 그 요구부터 한다. 하지만 백발노인은 웃을 뿐이다. 대답을 하지도 않은 채 인자한 웃음을 내게 줄뿐이다. 웃음이 참 넉넉하다. 나는 다급한데 노인의 얼굴은 편하다.

"부인은 남편을 찾고 있군요. 내가 내 아내를 찾고 있듯이……. 그러나 여기서 남편을 찾을 수는 없어요. 이곳은 잊혀진 섬이요."

"잊쳐진 섬이라고요? 역시 섬이 확실하군요. 그렇다면 어제 그 아가씨들이 말 한 것이 모두 사실인가요? 하지만 섬에서 뭍으로 나갈 수 있는 길은 나 있지 않겠어요?"

"그래요. 여기는 섬입니다. 하지만 부인은 어제 허상을 보았군요. 아가씨들을 보았다니 말이요. 하지만 이곳이 섬인 것인건만은 확실해요. 그리고 섬으로 통하는 길은 많지요. 일상적으로 뱃길도 있고, 구조 함정을 탈 수도 있고, 연 육교도 있을 수 있고……. 그러나……."

"어젯밤의 그 아가씨들이 허상이었다고요? 호텔까지도 다 허상이었다고요? 아. 믿을 수가 없어요."

나는 노인의 말에 다시 혼란이 온다. 뭐가 무슨 말인지 뒤죽박죽이다. 어떻게 보면 나의 의구심이 한꺼번에 확인되는 순간이다. 나는 다급해진다. 어디서부터 실마리를 풀어야 할지 종잡을 수가 없다. 백발노인은 말을 계속한다.

"그래요. 부인이 지금 하는 말이 모두 맞아요. 모든 것이 허구예요. 다만 부인이 이미 세상 사람들에게 잃어버린 것만 사실이지요. 이 세상, 아니 그보다 저 바깥세상이라고 해야 할까요? 그 세상에서 일탈된 분이라고나 해야 할까요. 이 섬에는 가끔 부인과 같은 사람이 오지요. 나 역시도 부인처럼 내 아내로부터 모든 걸 다 상실 당한 사람 중에 하나이니까요. 우리들은 지금 가장 믿는 이들에게 배신을 당하며 사는 형편없는 세상에서 살고 있잖아요. 그러나 나는 오늘도 그 아내를 기다리고 있는 중입니다."

"아내를요? 노인께서는 부인을 기다리신다고요?"

"예, 나는 아내가 그립습니다. 방금 나타날 것 같은데 아내는 끝내 내게 오질 않는군요. 오래 전에 아내는 나를 이 섬에 유기시켜 버렸거든요. 내가 보기엔 당신도 당신의 남편에게 유기당한 게 틀림없어요."

나는 나를 이해할 수 없듯이 노인의 말도 이해할 수 없었다. 그러나 그 노인의 입에서 나오는 말 한 마디, 마디가 다 나를 겁나게 한다. 무섭다. 나는 남편을 떠나서 살 수 없는, 사랑에 목마른 여자이다. 그리고 입영을 하려고 하는 아들까지 지금 집에 와 있다. 가서 그를 돌보아 주어야 한다. 그 뿐만이 아니다. 대학입시를 앞두고 있는 딸이, 지금쯤 애타게 나를 기다리고 있을 것이다, 나는 그들에게서 결코 일탈된 사람이 아니다. 정상 궤도에서 머물면서 그들에게 꼭 필요한 존재이다. 그래서 나는 노인에게 간절하게 애원한다.

"저는 그렇지 않아요. 남편이 저를 유기할 리가 없어요, 사랑하는 남편은 꼭 저를 데리러 올 것입니다. 아이도 둘이나 저를 기다릴 거고요. 남편은 저를 사랑합니다. 남편도 자금 저를 애타게 찾을 거예요. 남편이 저를 이 익명의 섬에 유기할 이유가 결코 없어요. 어제만 해도 남편은 저를 이리로 데리고 여행을 왔었는데……? 제 향수가 배여 있는 고향마을 호수가 있는 그 소나무 숲으로 왔었는데……. 그만 이렇게 엉망이 되어버렸지만 말이에요. 저는 지금 남편을 찾아야 합니다."

"그래요? 하지만 어쩌면 부인은 남편을 영원히 만나지 못할 지도 모릅니다. 여기는 세상으로부터 상실된 채로 사람이 사는 세상과 절연된 섬인걸요. 허어, 나 역시 가장 사랑하던 아내에게 격리를 당한 채 여기 머물고 있다니까요."

노인은 좀 전과는 달리 차가웠다. 나의 애절한 마음과는 달리 백발노인은 아주 냉정했다. 처음에 인자하고 부드럽게 느꼈던 모습과는 달리 나오는 말마다 내 가슴에 비수를 꼽고 있다.

"그건 나에게 너무 가혹합니다. 아! 아, 저는 지금이라도 당장 집으로 돌아가고 싶습니다. 길을 알려 주십시오."

나는 노인에게 애원한다. 그러나 노인은 대꾸도 하지 않고 있다. 딴청을 피운다. 실제로 그렇지 않은지 몰라도 내게는 그렇게 느껴진다. 그런데도 노인은 오히려 나를 설득한다.

"부인, 참 답답하시군요. 나도 부인께 귀향할 수 있도록 도와주고 싶어요. 하지만 나 역시 집으로 돌아가는 길을 잃어버린 처지요. 어쩌면 우리 가족은 오래 전에 나를 실종신고를 해버렸는지도 모르지요. 아마 나는 지금쯤 세상에 서 잊혀진 사람이 되어버렸을 거요. 당신도 세월이 갈수록 차츰 잊혀질 거구요. 이 세상은 참 묘하죠. 전혀 그렇지 않을 사람이라고 믿는 이에게 버림을 당하니 말이요."

노인은 아주 침착하게 말하고 있었다. 논리적인 언어를 구사하면서 나를 설득시키려 하고 있었다. 나는 말을 잃고 백발노인의 말을 경청한다. 그의 말이 진실일지도 모른다고 생각한다. 나는 나의 처지를 잊으면서 오히려 그 백발노인에게 갑자기 연민의 정을 느낄 수밖에 없다. 그러면서도 백발노인, 그에게 지금 나는 조금씩 설득 당하고 있다.

"노인께서도 저처럼……. 그렇다면 노인께서는 노인이 그러하듯이 결국 저 역시도 뭍으로 나갈 수 없다는 말이군요."

나는 허물러지면서 백발노인의 말에 처음으로 긍정적인 몸짓으로 응수했다.

"그렇소. 나도 잊혀진 사람이오. 어차피 뭍, 아니 바깥세상으로 나갈 길은 이미 닫혀버렸으니까. 다시 말하지만 부인이 이 섬에 도착한 순간 바깥세상과 단절되어 버렸소."

나는 그 말에 다시 절망한다. 그러면서도 계속 남편이 그립다. 아이들이 보고 싶다. 친구들도 생각난다. 난 결코 세상과 절연할 수 없는 사람이다. 그래서 노인에게 다시 애원을 한다.

"그렇다면 이곳에서 평생을 보내야 한다는 말씀예요?"

"그렇소. 부인, 조금 지나면 익숙해 질 겁니다. 나도 처음에는 부인처럼 황당 했었거든요."

"아, 저는 아니에요. 그건 너무 가혹해요."

나는 절규한다. 그러면서 백발노인의 바지 자락을 움켜쥔다. 노인을 생명선으로 삼을 수밖에 없다.

"부인, 참 딱하시오. 나는 부인의 구세주가 아니에요. 오히려 상실이라는 배를 함께 탄 한 가족일 뿐이요. 나는 부인에게 결코 도움을 줄 수 없어요. 그러니 이 녀석을 친구 삼아 얼마 동안 마음을 가라앉히세요. 아마도 이 녀석이 좋은 친구가 되어 줄 겁니다."

백발노인은 한 걸음 물러서면서 애완견을 나에게 건네준다. 그리고는 서둘러 자리를 떠나고 있다. 나는 다시 겁이 난다. 갑자기 막막해진다.

"할아버지, 저와 함께 가요. 저를 데리고 가세요."

나는 슬픈 목소리로 울먹인다. 그러나 백발노인은 한 마디로 거절한다. 아주 매몰찼다. 정이 떨어질 만큼 냉정하다.

"아니오, 좀더 여기서 계셔요. 내가 부인을 모시러 다시 오리다. 아니 그보다 부인께서 저 숲으로 오시든지. 그 곳에 가면 나 말고도 또 몇 사람 좋은 말동무가 될 부인들이 있으니……."

노인은 벌써 저만큼 걸어가고 있다. 나를 남겨 두고 말이다. 이 바닷가에는 나와 노인의 애완견만이 남아있다. 파도소리와 함께….

■ 수필

따뜻한 동행[180)]

따르릉, 따르릉 따르릉—

전화기 벨이 울린다. 지난 봄 꽃샘추위가 채 가시지 않은 어느 날이었다. 나는 수화기를 급히 들었다.

"저—, 류정숙이에요."

전화 속의 주인공은 바로 장애인 딸이 소장으로 있는 자립생활센터 '문화날개' 사무국장 류선생이었다.

"아, 류선생? 잘 있었어요!?"

나는 반갑게 그녀를 맞는다. 목소리를 듣는 순간 그녀의 소녀같이 맑은 눈망울이 전화선 저 밖에서 아른거린다. 아니, 잔주름은 졌지만 곱살하게 늙은 얼굴이 선명하게 다가든다. 아직도 고운 얼굴…, 그러나 그 뒤에는 짙은 우수도 드리워져 있었다. 정치인을 남편으로 둔 여인의 애환을 익히 잘 알고 있는 나였다. 게다가 은일이의…. 하지만 그날 그녀의 목소리는 아주 밝고도 청량했다.

"요즈음도 바뻐요?"

"바쁘긴 뭐가 바뻐. 백수가……."

---

180) 위 '따뜻한 동행'은 대전문인총연협회가 발간하는 계간 「문학시대」(2012) 발표한 작품으로서 장애인의 삶과 은퇴 후의 자기 이야기를 관계 지으며 쓴 수필임.

나는 응답하면서 그때서야 고개를 갸웃했다. 얼마 전 남편 일이 잘 되었다는 소식은 들은 터라 큰 걱정이 되지는 않았다. 그렇담 혹시 아이들 결혼이 임박했다는 소식을 전하려고 하는 것은 아닐까? 그렇지 않고야 류선생의 목소리가 저렇게 들뜰 수가 없었다. 하지만 류선생은 그날따라 서두르진 않았다. 한참을 더 이것저것 안부부터 확인했다. 점점 더 궁금해진다.

"우리 은일이 일로 좀 상의할 일이…."

마침내 류선생 입에서 은일이의 이름이 나온다. 그제서야 궁금증이 해소되었다.

"아하, 은일이…. 그래, 장애인자립생활센터 일은 잘되고?"

3년 전 은일이는 장애인자립생활센터인 '문화날개'를 설립했다. 쌍둥이 중 하나인 은일이가 선천성 장애를 가지고 태어난 것은 34년 전 일이었다. 그러잖아도 남편의 정치 역정 때문에 영욕의 생활이 거듭되는 동안 은일이는 류선생에게 지워진 또 하나의 십자가였다. 그녀는 은일이를 하느님이 주신 특별하고도 귀한 선물이라고 말하고 있다. 하지만 질곡을 느끼게 하는 그녀의 삶을 옆에서 오래도록 지켜보아온 나였다.

"송파 구청에서 주는 사업자금이 확정되었어요."

"그래? 어떤 사업인데…?"

나는 여름 가뭄에 소나기를 맞는 기분으로 반갑게 물었다.

"장애인을 대상으로 하는 백일장대회를 개최하는 사업인데 지원금 5백만원을 받았어요. 이 돈을 써야겠는데 김교장이 도와주었으면 해서…."

"알았어요. 백수에게 이렇게 뜻있는 봉사 요청을 해 주니 영광이구먼."

난 바로 승낙을 했다. 거절할 일이 아니었다. 류선생이, 모임 때마다 은일이가 설립한 장애인 센터에서 하는 일을 소상하게 전해주어 나를 비롯한 청림 회원은 '문화날개'에 대하여 익히 잘 알고 있었다.

'문화날개'는, 중국어 강좌 · 영어강좌 · 글쓰기 강좌와 그밖에 비장애인과 함께 하는 각종 문화 체험을 통해 장애인들의 삶의 질을 높이기 위한 일들을 하는 은일이의 일터였다. 추진하는 이나 강사들은 거의 자원봉사자들을 활용한다고 했다. 나도 본격적인 자원봉사자가 되는 순간이었다.

젊은 시절 공주교대 1학년 재학 중에 뜻을 같이 하는 친구들과 함께 만든 모임이 '청림' 이다. 인생의 후반기를 넘어서면서 애사와 경사를 비롯해서 서로 간의 삶에도 깊이 관여하게 하면서 질긴 끈의 역할을 해주는 모임이랄까? 그 중에서도 은일이 일은 우리들에게 아주 특별했다. 나를 비롯해 우리 청림 회원 모두는 '문화날개'의 후원자요, 자원 봉사자였다.

전화를 받은 일주일 후에 난 서울로 향했다. 열차에 몸을 실은 나는 조용히 눈을 감고 은일이를 떠올렸다. 장애를 딛고 일어서면서 더 단단해진 은일이다. 대학을 마친 후, 이젠 나름대로 제 일을 해내고 있는 것이다. 그 은일이가 나에게 교직에서 은퇴한 후에 자원봉사를 할 수 있는 기회를 제공해주고 있는 셈이었다. 가슴이 뭉클했다. 난 이미 서울로 향하는 열차를 타기 전에 내 카페에 글부터 올렸었다.

> '서울시 송파구 방이동에 가면 장애인자립생활센터 '문화날개'가 있어요. 그곳에 가서 송은일 소장을 만나요. 송은일은 스스로 장애를 가지고 있지만 오히려 장애우들을 위해 문화마당을 열었어요. 분명한 의지를 가진 멋지고 아름다운 사람, 열정 있는 젊은이예요. 김영훈이 그 '문화날개' 송은일 소장을 찾아가요.'

류선생은 지하철 8호선 몽촌토성역에서 내리라 했다. 2번 출구로 나와서 인근에 소재한, 청호빌딩 112호 '문화날개' 사무실로 오라 했다. 찾아가는 것은 그날이 처음이었지만 나는 '문화날개'에 그동안 성금도 조금쯤 전달했었다. 동화집 수십 권을 협찬하기도 했다. 하지만 직접 사무실로 은일이를 찾아간다 생각하니 가슴이 울렁거렸다. 대전광역시 문창동에 소재하고 있는 장애인주간보호센터 '예지연'이 현직에 있는 동안 맺어진 소외계층과의 인연이라면 '문화날개'는 퇴직 후에 내 삶에 전기가 되어 줄 소중한 곳이었다.

돌이켜보면 나는 교직에 몸담고 있는 동안에도 장애우들과의 인연이 깊은 편이었다. 청년교사 시절인 70년대 초에 맡았던 지체장애우 한상용이 그 첫 시작이다. 그는 현재 대전에서 인장업을 한다. 지금도 다음 카페를 통해 사제 간에 살아가는 이야기를 긴밀하게 주고받는 사이이다. 80년대 중반에는 대전유천초등학교에 1학년 14반 담임을 하면서 만난 중증 장애인 유창호도 있다. 근래에 난 그를 찾아 눈물겨운 상봉을 한 적이 있다. 또 있다. 80년대 말 대전도마초등학교에서의 정신지체 장애를 가진 지연이와의 인연이 정점을 이룬다.

바로 그 지연이 모친이 대전시청의 정식 인허가를 맡은 후, 봉사자들의 협조를 받아 운영하는 곳이 '예지연'이다. 나는 정년 후에도 한 달에 한두 번씩 그 시설을 찾고 있다. 정성된 마음으로 후원금을 보태는 것은 작은 보람이었고, 소외된 이들과 함께 하는 것은 삶의 기쁨이었다.

40년 6개월간의 교직을 떠났지만 그동안 내가 부은 적립금에 국가에서 노후 생활을 안정되게 해주는 제도로 나는 연금수혜자가 되었다. 이제는 마음에 여유를 가지고 '문화날개'나 '예지연'에 봉사하며 그들과 따뜻한 동행을 하라 하시는 신의 뜻을 수용할 수 있는 시점에 와 있는 거라며 난, 스스로의 마음을 동여맸다.

퇴직 후, 씀씀이를 좀 줄여 대학 후배사랑 장학금을 출현하고 있는 일이나 고등학교 후배들을 돕는 일도 적극적으로 기획하고 있지 않은가! 굿네이버스의 후원자로서 결연을 한 후에, 방글라데시 현지 봉사를 하며 그 곳에서 200명 학생과 운동회를 열었을 때 진행을 주도했던 기억도 떠오른다.

이것이 다 연금이라는 백그라운드가 있어 가능하지만, 나는 분수에 맞는 수준에서 내 삶의 마지막을 '봉사하는 삶'으로 아름답게 마무리하고 싶다. 그렇게 스스로의 마음을 가다듬고 옷깃을 여미면서 내가 '문화날개'에 도착했을 때, 류선생과 은일이는 반갑게, 아주 반갑게 맞아 주었다.

"선새엥니임– 만나아고 싶어~었어요."

세 호흡쯤 아니, 다섯 호흡쯤 더딘 은일이의 인사말이 나의 가슴을 아리게 파고들었다. 난 은일이의 어깨를 꼬옥 잡고 안아주었다. 은일이가 얼굴을 심하게 일그러뜨린 채 내 품에서 활짝 웃는다.

"김개똥 선새엥님, 선새앵님 사랑해요."

얼마 전 문창동 '예지연'에서, 이젠 서른이 넘은 장애인 제자 지연이가 그렇게 말하면서 나를 끌어안고 포옹했을 때 느꼈던 체취가, 은일이에게서도 풍겨왔다. 지연이는 초등학교 1학년 때 호칭하던 대로, 지금도 나를 '김개똥 선생님'이라 부른다.

하지만 은일인 지연이와는 전혀 달랐다. 지적인 성숙도 면에서는 아직도 정신연령이 여덟 살인 지연이에 비해, 은일이는 완벽했다. 대학 재학 중 백일장에 입상했을 만큼의 시적 재능을 가진 은일이었다. '문화날개'에 대한 집념도 대단했다.

은일이는 똑 부러지게 '문화날개' 경영의지를 펼쳤다. 그러나 자신이 하는 일을 설명하면서 짓는 은일이의 뇌성마비 특유의 일그러진 표정이나 안면 근육의 떨림이 다시 나의 가슴 속을 아프게 헤집고 있었다.

우린 얼마 후에 기획위원회를 열었다. 송은일 소장과 류선생, 그리고 청년 자원봉사자 장선생, 그러나 그날 이종화 교장, 송정락 선생은 사정이 있어 자리를 함께 하지 못했다. 먼저 '문화날개'가 하는 구체적인 사업 전반에 걸쳐 사무국장 류정숙선생의 설명을 들었다. 예상한 대로 사업이 만만치가 않았다.

곧 이어서 장애인 백일장에 관한 안건이 부의되었다. 대회 전반에 대하여 협의를 했다. 개최 장소, 개최일, 참석 대상 및 범위, 시상규모, 상품 수준, 당일 행사를 위한 자원 봉사자, 식전행사와 뒤풀이 그리고 송파구청으로부터의 추가 협조 문제 등 무엇하나도 그냥 스쳐 지나서는 안 되는 것이었다. 비장애인이 아닌 장애인을 대상으로 하는 사업이라 더 치밀한 계획이 요구되었다.

그날 나는, 회의를 끝내고나서야 류선생과 일상을 얘기할 수 있었다. 남편의 소식도 궁금했고, '문화날개' 말고도 그녀의 근황에 대한 대화도 나누고 싶었다. 하지만 얼른 화제를 그쪽으로 끌어낸다는 것이 용이하지 않았다. 다행이도 류선생이 먼저 입을 열어주었다.

"김교장도 전액을 다 연금으로 수령하신다고 했지요?"

"그럼요. 연금이 우리집 쌀독이에요. 그 덕에 이렇게 가슴을 펴고 살지 않소? 자손들에게 손 벌리지 않고…, 여유를 가지고 은일이 일을 도울 수 있는 것도 다 연금 덕이요. 강의하는 일이든 등짐을 지는 일이든 하라는 대로 다 할 테니 시켜만 줘요. 그런데 참, 이젠 의원님께서도 연금 수령이 되실 텐데…."

나는 내 속 마음을 감추면서 조용히 물었다. 다행이도 류선생은 내 물음을 회피하지는 않았다. 담담한 표정이었다.

"그래요. 그동안도 그랬지만 이젠 둘이 타는 연금이 더욱 큰 힘이 되겠지요. 앞으로는 마음 다 접고 은일이이의 일에만 전념할래요."

류선생의 교직 총 경력은 27년이라 했다. 그녀는 많지 않은 연금 수령으로 남편이 어려움을 겪을 때 헤쳐 나갈 수 있었다고 고백했다. 정말 다행스러웠다. 생각해보면 류선생이나 나나 노후로 접어들수록 연금은 점점 더 큰 의미이고, 혜택이었다.

20일 후, 우리는 강남터미널 근처 커피점에서 이종화 교장도 참석해 2차 기획위원회를 다시 열었다. '문화날개'의 백일장 계획이 구체화되었다. 은일이와 장선생은 장소와 일정을 확정한 후에 포스터를 만들고, 지원자 섭외, 대회 홍보를 하는 등 일에 열심이었다.

그 후, 나는 내가 도울 일이 있을 때마다 상경을 하곤 했다. 그 중에서도 예선 통과자들을 대상으로 한 여의도 국회의사당 앞 빌딩에서의 문학 강좌는 특히 의미가 있었다. 그들의 열정은 대단했다. 비록 몸이 불편하고 정신이 맑지 못했지만 영혼은 순수하고 아름다웠다. 나는 그들 하나하나에게 애정을 쏟아 부으면서 개별로 맞춤식 강의를 했다.

이제 두 달 후면 본선을 치룬다. 시상식과 이벤트성 행사도 해야 한다. 입상작을 모아 문집도 만들어야한다고 한다. 할 일이 누적되어 있었다. 나는 지금 그들을 다시 만나는 날을 기다리며 가슴을 설레고 있다. 모든 일이 잘 되어 은일이가 '문화날개'를 활짝 펴고 훨훨 날기를 빌어본다. 조만간에 문창동 '예지연'에도 또 들려 지연이의 포옹을 받으면서 내 여생을 아름답게 하기 위해서라도, 어려움에 처한 모든 이들과 함께 하는 따뜻한 동행을 계속해 나갈 것을, 다시 한 번 다짐해야 하겠다고 생각하며 문득 하늘을 바라본다. 흰 구름이 5월의 신록과 어우러져 한 폭의 그림으로 다가든다.

동화 속에 내재된 의미를 찾는 기쁨[181)]

글쓰기는 작가의 경험과 생각을 문자로 표현하는 양식을 통한 '의미 담기'이다. 이때 문학적인 글은, 독자에게 감동을 주는 의미를 담기 위해서, 그 내용을 생성한다. 동화도 이 범주에서 벗어나지 않는다. 물론 정서 표현을 하는 문학적인 글을 비롯하여 지식이나 정보를 전달하는 글, 설득하는 글, 상호작용을 위한 글 등이 모두 나름대로 '의미 담기'이다. 그러나 동화를 비롯한 정서표현의 글쓰기는 의미담기 면에서 볼 때, 여타 비문학 유형의 글과 구별된다.

정서 표현 글은 독자를 감동의 세계로 빠뜨리기 위한 작업이기 때문이다. 이 감동은 이해·설득·친교보다 더 인간에게 친화력이 있어야 하고, 느낌이 절실해야 한다. 이해나 설득을 위한 글은 지적인 선상에서 머리(이성)를 향해 논리성을 발휘하고, 친교 차원에서의 상호작용을 위한 글은 현실 세계에서 인간관계를 맺기 위한 친교나 이해득실을 전제로 한다. 하지만 정서표현을 위한 글쓰기에서의 감동은 가슴을 적시는 마력이 있어야 한다.

문학적 작품에서의 감동은 '내재된 의미'에서 오고, 이 의미는 그 글을 읽는 한 인간의 내면에 자리를 잡아 가치화되면서 바람직한 행동 변화를 수반하는 요인으로 작용한

181) 한국문인협회가 발행하는 월간문학(2007)에 발표한 월평으로서 아동문학평론집 『동화를 만나러 동화숲에 가다』에 수록되어 있음.

다. 그래서 문학의 힘은 위대하다. 작가가 창조해놓은 가공된 진실은 진실보다 더 강한 진실이 되어 생명력이 있게 독자의 가슴속으로 파고들기 때문이다. 고전적인 작품이 시공간을 초월하여 긴 생명력을 가진 유기체로 남아 독자의 마음에 남는 것은, 문학이 주는 바로 이 감동 때문이다. 이를 위하여 작가는 혼신의 힘을 다하여 작품을 빚어내고 있다.

그러한 맥락에서 동화 작가도 감동을 주기 위한 글쓰기 작업을 계속한다. 개화기 초, 한때 시대적인 상황 때문에 아동문화운동의 차원에서 어린이 인격 내지 개성존중이나 계몽 문학으로서 동화가 활용되던 시절은 이를 간과한 적이 있다. 그리고 그 이후에도 더러 아동문학이 지나치게 교훈성을 강조한 입장에서 예술성이 부족한 도덕 지침서라는 오해를 불러일으키기도 했다. 그러나 이러한 시각이 사라진지는 오래되었다.

광복 전후와 한국전쟁의 어려움을 겪는 동안 동화의 대중성과 상업성이 통하던 과도기를 지나 60년대 이후의 본격 아동문학 시대가 비롯되고 있지만 동화 정신은 최근에 이르러 더욱 강조되고 있다. 즉, 동화 작가는 독자를 감동의 나락으로 빠뜨릴 수 있는 유의미한 메시지를 담기 위하여 조직적으로 내용을 생성하여 의미를 담고 있는 것이다. 신선한 소재를 선택해 치밀한 구성과 조직으로 사건과 인물의 대립과 갈등을 첨예하게 하면서 의미를 담아낸 가작들을 대할 수 있다는 것은 독자의 입장에서 보면 퍽 다행스런 일이다.

이러한 가작들을 창작하기 위하여 동화 작가는 아이들의 눈높이에 맞추어 동심의 세계를 밑그림으로 그린 후에 아름다운 채색으로 작품을 완성하고 있다. 물론 어린이의 지적 수준이나 심리적·정신적인 발달 단계를 고려하면서 흥미 있는 이야기로 어린 독자들에게 다가갈 수 있는 내용을 생성하는 일은 그리 만만치 않는 작업이다. 그러함에도 동화라는 장르가 어린이들 곁에서 그들의 꿈과 희망을 가꾸면서 지적 상상력을 확대해나가는 아동문학의 대표적인 장르로서 자리를 잡고 있는 것은 사실이다.

이 달에 각 지면을 통해 발표된 동화 작품들만 보아도 다양한 소재를 선택해 애써 내용을 조직 생성하여 그 내면에 의미를 담고 있음을 엿볼 수 있었다. 바로 이효성의 「알짜배기」(月刊文學 10월호), 서재균의 「장난꾸러기와 천제님」(月刊文學 10월호)이다. 그리고 류근원의 「오카리나」(兒童文學評論 가을호)와 이성자의 「자장자장, 애기똥풀」(兒童文

學評論 가을호)이다. 또 조현술의 「엄마의 얼굴」(어린이문예 9·10월호) 김은숙의 「초대받은 꽃반디」(새싹문학 가을치) 등이다.

이효성은 그의 동화 「알짜배기」에서 실직한 아버지를 주인공으로 내세운다. 그는 절망의 늪에서 좌절하지 않고 세 가지 기적을 통하여 주 독자인 어린이들에게 희망의 화살을 쏘아 올리게 하고 있다. 그는 이 작품에서 동화가 꿈과 희망을 가꾸는 문학의 전형임을 보여주고 있는 셈이다. 올림픽 수영부문에서 금메달을 따는 이야기는 이 동화의 흐름과 상관없는 주변 상황인데도 아버지가 실직해 청소원이 되는 첫 번째 기적과 절묘한 매치를 하면서 두 번째 기적으로 불러들인다.

주인공 아버지는 비록 실직했지만 좌절하지 않고 사회에 공헌하기 위하여 자신이 해야 할 일을 찾는다. 그래서 부지런히 담배 공초를 줍는다. 그로 인해 청소원으로 일할 자리를 얻는 첫 번째 기적을 만든다. 여기까지는 아버지의 이야기이다. 그러나 정작 세 번째 기적은 아들 셋과 연결된다. 이때 채권자인 노신사가 출현한다. 그의 출현이 이 동화의 절정이다. 그런데 빚을 독촉하러 온 노신사에게서 오히려 아들들을 교육하기 위한 학비를 장학금으로 받을 수 있게 하는 세 번째 기적을 마들어낸다. 빚을 받으러 와 '아, 이를 어쩌나' 하고 조바심하고 있는 독자들의 긴장을 일시에 해소하게 하는 장면이다.

이효성은, 평소에 알짜배기 어린이임을 아는 노신사로 하여금 둘째아들과 동심이 깃든 게임을 하게 하면서 빚을 독촉하는 작품의 긴장된 분위기를 확 이완시킨다. 화자인 아들의 시각도 아주 재미있게 사건과 장면에 포커스를 맞추고 있다.

서재균의 「장난꾸러기와 천제님」은 화롯가에서 할머니가 들려주는 전래동화를 듣는 느낌이 들만큼 재미가 있다. 유인력이 있어 독자들은 다음 장면이 어떻게 전개될지 매우 궁금해진다. 동시에 독자에게 분수를 알고 함부로 행동해서는 안 된다는 의미를 담고 있어 주제가 돋보인다. 이 동화는 신선이 되고 싶은 석이의 이야기이다. 주인공 석이는 조부로부터 들은 책바위의 전설 속으로 빠져든다.

이때쯤이면 독자도 서재균이 몽환 환타지를 십분 활용하여 생성한 이 동화 속으로 함께 빠져들 수밖에 없다. 석이는 7년 동안 도를 닦아 신선이 된다. 하늘에 올라가기 직전 마을로 내려와 배가 고파 친구 덕구네 집에 간다. 밥을 주지 않자 도술을 부려 친구네 집을 연못으로 황폐화 시킨다. 그리고 신선의 몸으로 벌거벗고 그곳에 들어가 목욕을 하다가 천제님의 진노를 산다. 노한 천제님에게 다시 7년 수도를 명받는다. 또다시 도를 닦아 신선이 된 석이가 하늘로 가서 천제님을 만나는 쯤에 몽환 판타지에서 벗어난다. 현실의 세계로 나와 조부를 만나는데 바로 그 천제님의 얼굴이 조부 얼굴이었다는 내용이다. 서재균은 핵가족화 되어 조부모에게 들을 수 없는 옛이야기를 대신 해주고 있다.

류근원의 「오카리나」는 애절한 내용으로 생성된 작품이다. 고기잡이 중 바다 풍랑에 부모를 잃어 조손 가정이 된 이야기를 애절한 동화로 만들고 있다. 한적한 섬을 공간적 배경으로 하고 있는데, 이 작품은 가을 음악제에 나갈 오카리나 곡을, 주인공인 고아 박순돌이 조개껍데기로 불던 곡 '섬집아기'로 선곡하면서 외로움을 더욱 절실하게 하고 있다. 오카리나 연주 연습을 하면서 끈으로 엮이는 선생님의 제자에 대한 사랑이 배경음악으로 깔리면서 그 사제간의 사랑과 주인공인 소년 박순돌이 겪는 외로움을 조화시켜 독자를 매료시키고 있다.

조현술의 「엄마의 얼굴」도 앞에서 관찰된 류근원의 「오카리나」와 맥을 같이 하는 작품으로 눈길을 끈다. 학급 아이들에게 마냥 못된 짓 만하는 주인공 민서의 이면을 담임선생님이 파헤치는 과정을 읽으면서 독자는 깊은 슬픔에 빠져든다. 상대적 박탈감과 부모로부터 받은 상흔으로 인해 돌출행동을 할 수밖에 없는 원인 규명이 되면서 독자는 눈시울을 적실 수밖에 없다. 애잔한 느낌을 주는 가작으로 내재된 의미가 감동으로 다가온다. 다만 주인공의 돌출 행동이 여과없이 나타나 있는 것이 흠이다. 아이들의 고자질이 지나치게 원색적이어서 좀 더 다듬어졌으면 하는 아쉬움도 있다.

이성자의 동화 「자장, 애기똥풀」은 서사적 골격이 확실한 어린이 소설이다. 용기아저씨와 재민이의 출현이 이 글의 발단이다. 화자인 나, 즉 동민이가 나레이션하는 형식으로 한 회상체 소설이다. 화자의 할머니의 기억을 더듬으면서 대화체 형식으로 펼쳐지는데 미스터리를 파헤치는 호기심과 긴장감을 함께 주고 있는 가작이다.

6년 전 눈이 내리는 어느 날 불쑥 찾아온 병색이 짙은 여인을 할머니는 받아들이고, 그 여인은 결국 가족이 되어 동거를 한다. 여인은 할머니의 보살핌으로 남자를 만나 결혼을 하게 되고 재민이를 낳는다. 그러나 폐결핵을 앓는 엄마 밑에 아이를 키울 수 없다는 재민이 할머니가 아이를 떼어 가고 재민이 아빠도 떠나간다. 아들을 그리다 세약해진 재민이 엄마는 끝내 '대밭에 들어가 애기똥풀을 뜯어 재민이가 똥을 쌌다고 헤실헤실 웃다가 숨진다.' 그런 상황에서 제사 때 아들을 데리고 그 용기 아저씨가 내려오는데서 회상체는 끝이 난다. 어린 영혼을 위해 그냥 재민이에게 제 엄마를 만날 수 있다는 여지를 남긴다. 그러나 말미에서 수민이가 애기똥풀을 꺾어 수액을 짜내며 "정말 애기가 싸놓은 똥이 이렇게 생겼을까?"하는 장면을 읽노라면 독자는 눈시울이 뜨거워질 수밖에 없다.

다만 이 작품에서 흠이 있다면 비슷한 성인 소설을 축소해놓은 듯해 참신성이 많이 떨어진다는 점이다. 그리고 화자의 나레이션이 대화형식으로 되어 있어 동화 속의 실제 대화와 혼동이 된다. 읽을 때 아주 부자연스럽다는 점을 지적하지 않을 수 없다.

김은숙의 「초대 받은 꽃반디」도 주제가 매우 강한 가작이다. 아름다운 꽃반디가 반디골 마을의 반디들에게 초대를 받는 이야기인데 동화 전체가 그림처럼 아름답다. 이야기의 끝부분에서 아름다운 꽃반디와 아름답지는 못하나 등불을 켤 수 있는 반디골 반디가 서로 날개를 합치고 한 몸이 되어 비행을 하는 장면은 실로 아름답다. 사람들이 어떻게 살아야 하는지를, 아주 작은 이야기를 통해 큰 의미를 담아내고 있다.

이달에는 여러 편의 동화 속에 내재된 의미를 찾는 기쁨을 맛보았다. 앞으로도 작가들이 더욱 정진하여 금강석보다 열배도 더 소중한 메시지를 던져주는 작품이 많이 생산되었으면 하는 마음이다. 재미있는 동화를 읽으면서 감동의 나락 속으로 푹 빠져보고 싶은 것은 독자나 평자 모두의 소망이다.

■ 박성배[182] 작가 · 작품론

리얼리티와 판타지의 조화가 절묘하게 이루어내는 재미와 감동[183]

1. 들어가는 말

박성배는 동화 창작에 열정을 가지고 있는 작가이다. 동시에 동화 창작에 천부적인 자질을 발휘하고 있는 이야기꾼 중 하나이다. 그의 동화를 읽으면 독자는 바로 그가 빚어낸 '동화라는 틀의 허구' 속에 빠져든다. 신선한 소재와 치밀하게 조직된 구성 그리고 밀도 있는 문장이 만들어낸 그의 이야기 속에 젖어버린다. 재미 역시 만만치가 않다. 게다가 평이한 문장으로 서술했는데도 늘 강한 메시지를 던진다. 그런 점들이 그의 동화가 갖는 강점이다.

그런데 그의 대표적인 동화 중 하나인 「외짝 꽃신의 꿈」[184]을 비롯한 대부분의 작품은, 소설의 하위 장르인 리얼리티 표현 기법의 아동(소년)소설 쪽보다 동화의 본류인 환

182) 박성배(1946-) 전남 무안 출생, 동화작가, 한국문협부이사장, 1978년 서울신문 신춘문예 동화부문에 당선되어 문단에 나왔다. 작품집으로「새싹한테서 온 전화」, 「달밤에 탄 스케이트」, 「천사의 눈」, 「행복한 비밀 하나」등 여러 권이 있다. 초등학교 교과서에 9편의 동화가 수로되어 있으며, 한국아동문학작가상 등을 수상했다.

183) 김영훈, 계간 「시와 동화(2013봄호:63호)」(2013)에 발표한 '박성배 작품론'에서 옮겨 게재함. p.p358-389

184) 박성배, 『행복한 비밀하나』, 2011, p.10-21.(제7차교육과정초등학교 4-1〈읽기〉 교과서에 「꽃신의 꿈」으로 수록).

상성 동화가 주류를 이루고 있다. 그 판타지 속에서 인물의 캐릭터를 확실하게 창조한다. 그는 동화 내용을 생성하기 위한 소재 선택과 그 소재를 이야기로 전개해 나가는 조직 과정에서 작품상으로 만들어진 인물이, 실존하는 느낌을 강하게 받도록 캐릭터화 하는 능력을 발휘하는 작가이다. 그만큼 그의 작품은 독자를 자기가 빚어낸 이야기 속으로 빠져들게 하는 마력이 있다.

뿐만 아니다. 박성배는 이야기를 전개해나가는 서사 구조를 확실하게 하면서 작품을 일관성 있게 사건을 전개함으로써 진실성을 확보한다. 생성된 내용의 발단과 전개 위기, 절정, 결말의 조직이 분명하여 구성을 확실하게 하는 조직을 함으로써 필연성이 있는 이야기 세계를 펼쳐나가기 때문이다. 그런 탓에 박성배의 작품은 환상성이 짙은 동화라는 강점과 함께 리얼리티 표현 기법의 소설적인 요소까지를 갖춰 작품을 발표하는 작가로 알려질 수 있었다.

박성배는 1976년에 동화 「선아만의 비밀」이 서울신문 신춘문예에 당선되면서 문단에 나온다. 그 이후 40년 가까이 동화를 발표하면서도 그는 창작과정에서의 맥을 확실히 하는 환상성과 함께 서사성이 짙은 작품 세계를 구축하면서 감동과 재미를 창출하고 있는 것이다.

독자의 입장에서 그가 창조해 낸 작품 속에 들어가 등장하는 인물들의 행동과 대화 그리고 사건의 진행을 쫓다보면 어느새, 등장인물들에게 동화되어 감동을 받을 수밖에 없다. 필자는 이제부터 이러한 박성배의 문학작품들을, 그의 생애와 함께 조명하면서 좀 더 깊이 살펴보기로 한다. 그의 동화 숲 속으로 들어가 내용 생성과정, 표현기법, 주제 담기에 대한 고찰을 해보고자 하는 것이다. 아울러서 분석한 그 자료를 바탕으로 하여 결론 부문에서 특징을 좀 더 구체적으로 정리한다.

2. 박성배의 생애와 문학

박성배는 스스로가 "고향을 떠나 산 지 50여년이 다 되어가지만 나의 문학의 고향은 퇴색되거나 변질될 수 없다. 스펜더의 말처럼 세월의 흐름에 상관없이 신선함 그대로 언제나 재생되며, 월터 데라메의 말처럼 '그때의 마음과 그때의 감각 그대로 생생하게'

작품을 쓰는 과정에서 반짝하는 순간에 재생되곤 한다."[185]고 고백하고 있다.

그의 고백이 아니더라도 흔히들 한 작가의 작품 세계는 자신이 향유했던 유년의 벽을 넘지 못한다고 말한다. L·H 스미드도 그의 저서 아동문학론에서 "어린 날의 인상은 영속(永續)한다. 그리고 이 인상이 축적되다가 성인이 되었을 때 나타나는 인격의 패턴이 되는 것이다."[186]라고 말하고 있다. 범속한 자연인을 포함해 언어 예술 행위를 수행하는 작가 아니, 그 누구에게도 적용되는 말이다. 어쩌면 L·H 스미드의 이 주장은, 지금부터 필자가 논하려고 하는 박성배의 동화와 아동소설이라는 작품 세계가 어린 날의 인상이나 추억과 어떻게 연관되어 작품으로 형상화되고 있는 지를 이해하기 위해서 가장 적절한 말이 아닌가 한다.

그러한 의미에서 필자는 박성배의 작품 세계를 직접 논하기보다 그의 생애를 살펴보는 것이 선행되어야 할 작업이라고 생각한다. 이에 지금부터 박성배의 인성 형성기인 유·소년 시절의 삶을 간략하게나마 반추하고자 한다. 나아가서 그의 생애를 문학과 연관을 지어 작품 세계가 어떻게 구축되어지고 있는지 그 인과성을 살펴본다. 일단 필자는 그의 작품들에서 담고 있는 주제의식이나 표출하고 싶어 하는 세계가 유·소년기에 형성된 성격 형성 및 인생관이나 세계관과 무관하지 않을 거라는 가설을 세운다.

박성배는, 해방 이듬해인 1946년 전남 무안에서 부친 박현국을 부친으로, 정봉덕을 모친으로 하여 출생한다. 바로 전남 무안군 무안면 매곡리 수반마을이다. 감방산을 중심으로 옥녀봉과 임자봉이 소반을 받친 모양이라 하여 반곡(盤谷)이라 부르다가 후에 수반(水盤)으로 개칭된 전형적인 시골 마을[187]이다. 그는 그곳에서 자라나 만 6세에 삼향초등학교에 입학한다. 그후 교도관을 하는 부친의 임지에 따라 초등학교를 두 번 더 옮긴다. 그는 어린 시절에 목포에서 초등학교를 다니면서, 방학이면 외가인 임성리와 친가인 수반마을을 오가며 성장했는데 목포유달중학교와 문태고등학교를 거친 후, 1966년에는 목포를 떠나 서울교육대학교로 유학하게 된다.

그런데 그는 19세 때 고향을 떠나 서울 유학을 했고, 그 이후 내내 수도 서울에서 생

185) 무안신문사, 「무안신문(2011. 5. 9)」, 제7면.

186) 앞에 신문.

187) 박성배,『아동문학 야사(옥미조 엮음)』, p. 402-403.

활을 했음에도 불구하고 유년에 대한 기억을 떨쳐버리지 못한다. "나는 고향에서의 경험들과 함께, 스위스의 심리학자 융(Jung)이 말한 것과 같이, 결코 개인적으로 습득된 것이 아닌 전적으로 유전에 의해서 존재하는 원시적 심성도 내 문학에 영향을 주고 있다는 생각을 갖고 있다. 즉 고절리 무안박씨 박익경의 증손이 을사사화 이후 수반 마을로 내려와 정착하였다고 전해지는데 바로 죽헌정에서 제자들을 가르치며 시와 글을 읊조린 그 감성이 나의 문학 작품에도 흐르고 있다."[188]고 말하는 걸 보면 그의 고향에 대한 추억은 보다 근원적이라 할 수 있다.

박성배의 동화를 읽는 독자는, 그의 이 말을 그대로 흘려버릴 수 없다. 그러함에도 불구하고 박성배의 유·소년의 실제 삶은 반드시 전통적이고 향토성 짙은 것만도 아니었다. 이 시기에 그는 전환적인 계기를 맞이하게 되는데 교도관을 하던 부친이 삶의 방향을 선회하여 목회자로서 살게 된다는 사실이다. 기독교 윤리는 전통적인 유교적 생각들과 문화적으로 충돌하게 되는데 그는 혼재된 가치 속에서 유소년 시절을 보냈을 거로 유추된다. 이러한 요인으로 인하여 그는 일생을 기독교 정신을 바탕으로 한 믿음이 돈독한 신앙인으로서 학교와 교회를 삶의 두 기둥으로 받들며 살게 된다. 그는 평생을 교육자로서 어린이를 가르치며 살았고, 교회에서 중요한 직분을 맡으며 지냈는데 바로 그 삶이 그의 문학과 깊게 연관되어 작품 곳곳에 스며들고 있다고 본다.

그러나 그는 아직도 여전히 "휘발유 냄새 나는 버스에서 멀미에 시달리며 마을에 들어섰을 때 반겨주던 고모의 예쁜 미소며 할머니의 구부정한 그러나 정겨운 모습, 마을을 감싸고 있던 대나무 숲, 그 뒤로 정겹게 이웃마을로 이어진 좁다란 길들, 소나기 내리던 여름 날 달리던 논둑길, 짓궂은 막내 삼촌이 20미터는 넘을 기다란 대나무를 쥐어주고 또래 아이들과 마당 양쪽에 서서 칼싸움을 시켜 손가락에 피가 나서 울었던 일, 아침이면 마을 앞 샘터에서 햇살처럼 쏟아지던 여인들의 말소리, 웃음소리, 등잔불 아래서 막내 삼촌을 비롯한 마을 청년들이 모여 하던 시 낭송, 겨울이면 사다리를 타고 올라 초가지붕에서 참새를 잡던 일, 마을 어귀를 나가는 상여 행렬, 무슨 일인지는 몰라도 둘째 숙부님께서 고래고래 소리를 지르며 쫓아가고 막대 삼촌이 뒷산 소나무 사이로

188) 무안신문사, 「무안신문(2011. 5. 9)」,제7면.

도망가던 일까지, 그리고 구체적으로 생각나지 않은 어떤 느낌이나 분위기나 언뜻 스친 감정까지도 내 문학의 세계에 살아있다."[189]고 회상하며 그 시절을 추억하고 있다.

다음 장에서 본격적으로 논의되겠지만 초등학교 제5차 교육과정이후 교육과정이 바뀔 때마다 제작된 국어교과서에 게재된 「달밤에 탄 스케이트」등 일곱 편의 동화가 주는 교육성 내지 문학성은 이미 검증된 바 있다. 또한 작품집 『목사님의 아들』, 『천사를 만난 바람』에 게재된 동화들은 생활 자세, 그리고 사람으로서 지켜야 할 도덕이나 나아가서 종교적인 사랑을 주제로 하고 있음을 잘 알 수 있다.

이러한 그의 작품 경향은 그가 성장한 배경이 되는 전남 무안의 친자연적인 고향 마을과 목포를 중심으로 한 소도시적인 공간적 배경 그리고 기독교 집안에서 성장하는 종교적인 성향, 게다가 해방 이후 이념의 대립이나 한국 전쟁 등 어수선함 속에서 성장하지만 충효를 근간으로 하는 유교적 덕목 안에서, 그리고 농촌이라는 서정적이고 순박한 배경 속에서 살아온 성장 경험과 무관하지 않다고 본다.

박성배는 앞에서 밝혔듯이 목포에서 청소년기까지를 마감한 후 서울교육대학교를 졸업한다. 그 이후 서울송정초등학교에 첫발을 내딛으면서부터는 40년이 넘게 서울에 소재한 초등학교 현장에서 교사, 교감, 교장으로서의 교직생활을 한다. 그러면서 동화와 아동 소설 창작을 하게 된다. 그는 1976년 서울 신문 신춘문예에 동화 「선아만의 비밀」로 당선을 한 이후 지금까지 꾸준히 창작에 열정을 보이고 있는 작가이다. 한양대학교 대학원에서 상담심리 전공 석사과정을 수료하고 학위를 취득하는 학구열을 보인다. 그러면서도 그의 동화 창작은 그칠 줄 모르는 열정으로 일관해 왔고, 그만이 가지고 있는 작품 세계를 구축하게 된다.

박성배는 지금까지 『새싹한테서 온 전화』(1981 · 교학사), 『천사의 눈』(1984 · 꿈나무), 『꿈꾸는 아이』(1988 · 아동문예), 『천사를 만난 바람』(1993 · 동아출판), 『부러운 연애편지』(1993 · 상서각), 『나팔꽃의 사랑』(1995 · 꿈동산), 『초록색 초대장』(1997 · 민지사), 『외짝 꽃신의 꿈』(2005 · 훼멩웨이), 『아빠 구두 닦는 행복을 아세요』(2008 · 지팡이), 『행복한 비밀 하나』(2011 · 푸른책들) 등 30여권에 가까운 순수 창작집과 그 밖에 『글짓기 교실』

189) 앞에 신문.

(2001 · 교학사) 등 많은 저작물을 가지고 있다.

그뿐만 아니라 그는 아동문학 전문지인 격월간 '아동문예', 한국문인협회가 발행하는 '월간문학' 말고도 여러 지면을 통하여 농도 짙은 월평 · 서평 및 작가론과 작품론을 담당하게 되는데 그는 동화 작품을 분명한 잣대를 세워 날카로운 비평을 하는 역량을, 동화 창작에 못지않게 선보여 왔다.

이렇게 박성배는 꾸준한 창작과 평론으로 문학성을 인정받아 각종 문학상을 수상하는 영광도 얻는다. 한국아동문학작가상(1986), 대한민국문학상(1988), 한국동화문학상(1994), 천등아동문학상(2005) 등이다. 그리고 초등학교 교과서에 일곱 편의 동화가 11회나 수록되는 영예를 얻기도 한다. 또한 그는 1976년 손수복, 권오훈, 노원호, 유창근, 최영재, 이상교, 김숙희, 남궁경숙 등과 함께 '서울아동문학동인회'를 결성하기도 했다. 현재도 한국문인협회 부이사장을 맡아 한국문단의 발전에도 헌신을 하고 있는 작가이다.

3. 환상동화가 빚어내는 아름다운 동화 세상

앞에서 박성배의 동화의 특징에 대해 개략적으로 언급한 바 있지만 그의 작품을 한마디로 압축하라고 하면 '판타지'라는 키워드로 표현할 수 있을 만큼 환상동화 쪽에 강하다, 뿐만 아니라 그는, 동화의 원류인 판타지 표현 기법에 대한 신념이 확실한 작가이다. 그만큼 그는 그의 작품 세계를 주도할 수 있는 동화 표현 기법으로서의 판타지동화를 선호하고 있다.

그는 판타지 표현기법에 대하여 스스로 이렇게 말하고 있다. "메다포와 이 판타지의 기능은 거의 비슷하며, 하나의 생명력 있는 세계를 구축하여 에너지를 발산한다는 의미에서 판타지가 메타포보다 집합체의 바깥에 위치한다고 볼 수 있다. 동화 작가는 이 최상의 문학을 향유할 수 있는 자리에 서 있다."[190]고 말이다. 그만큼 판타지 동화를 신봉하고 있는 셈이다. 이와 같이 그는 동화 창작의 집필과정에서 뿐만 아니라 이론적인 측면에서까지 무장하고 있는 셈이다.

---

190) 박성배, 『무안문학』(제24호), 2011, P.77

실제로도 박성배는 서울신문 신문문예를 통한 등단작인 「선아의 비밀」에서 부터 판타지 동화를 들고 나왔다. 그는 판타지 세계를 통하여 형상화한 초기 데뷰작에서부터 아주 잔잔한 감동을 자아내고 있는 것이다.

> 어두운 숲속이었습니다. 선아는 하늘을 까맣게 가려선 나무들 사이로 날개를 파닥이며 날았습니다. 숲이 끝나는 저 멀리에서는 환한 햇살이 내려 비치고 갖가지 꽃들이 가득 피어 있었습니다. 그 속에는 여러 아이들이 예쁜 날개를 달고 하느적거리고 있었습니다.
>
> 선아는 날개 짓을 멈추면 어두운 숲속에서 혼자 남게 된다는 두려운 생각에 사로잡혀 힘든 줄도 모르고 계속 날개짓을 했습니다. 나중에는 날개 죽지가 떨어져 나가는 것 같았습니다. 그래도 쉴 수가 없었습니다. 날개짓을 그만 두면 금방 혼자 외톨이로 남게 된다는 무서운 생각이 어두운 숲속보다 더 새까맣게 선아를 감싸고 있었기 때문입니다.
>
> 겨우 숲 속을 빠져나오자 선아는 피곤한 날개를 쉬기 위하여 날개를 접으며 꽃밭으로 내려갔습니다. 꽃밭 위에는 아름다운 무지개가 걸려 있었습니다.
>
> "얘, 안 돼! 거기 앉으면 안 돼!"
>
> 날개를 하느적거리며 꽃밭 주위에서 놀던 아이들이 앙칼지게 소리쳤습니다.
>
> "……?"
>
> "얘, 네 날개를 봐. 그런 날개로 감히 무지개 위에 앉으려고 해?"[191]

위 인용문은 그의 동화 「선아의 비밀」의 일부인데 당시 심사 위원이었던 김요섭은 동화 "'선아만의 비밀'은 불에 덴 자국이라는 어린이의 현실을 환상을 통해 극복하는 과정이 비교적 산뜻하게 형상화 되어 있다. 그 과정이 어린이의 현실로서는 좀 복잡하지 않은가도 싶지만 입체감이 느껴진다. 과욕하지 않고 아이다운 문제를 제 나름으로 열심히 밀고 나간 점이 결국 이 작품을 당선시키게 만들었다. 밤중에 병원 밖에서 환상

191) 박성배, 『선아의 비밀』 서울신문(1978.1.1.).

속으로 몰입하는 과정의 묘사는 뛰어난 데가 있다. 그의 동화는 순수하게 환상에서 시작되고 환상에서 끝난다."[192]는 심사평을 남기고 있다.

그는 이후에도 판타지표현 기법으로 문학성이 뛰어난 동화로서 독자들에게 다가든다. 일일이 그 작품들을 헤아릴 수 없을 지경이다. 그 중에서도 「외짝 꽃신의 꿈」, 「여름까지 산 꼬마 눈사람」, 「새싹한테 온 전화」, 「고추장자리 꿈쟁이의 흔적」, 「무엇이 꽃으로 피니」, 「아기 햇살이 피운 코스모스」 등은 판타지 동화로서 주옥같은 작품이다. 이밖에도 「노랑 종이배」, 장편 환상 동화인 「꿈꾸는 아이」, 「천사를 만나 바람」 등은 기억되는 동화들이라 할 수 있다.

그 중 모두에서 소개된 「외짝 꽃신의 꿈」의 경우는 농익은 판타지 세계를 열어가고 있는 것을 볼 수 있다. 아기의 발에서 벗어나 풀밭에 떨어진 꽃신 한 짝, 여기에 담겨진 빗물이 이 동화를 이끌어가는 인물이다. 바람이 잠깐 다녀갈 뿐이다. 장치는 아주 단순하다. 그러나 작가는 이 동화 속에서 아주 귀한 꿈을 담는다. 하늘에서 내려온 빗물의 꿈은 많았다. 샘물이 되고 싶었고 푸른 들을 만들 풀들을 키우고 싶었다. 고기를 키워주는 시냇물이 되고 싶기도 했고, 예쁜 꽃밭으로 가 꽃을 키우고도 싶었다. 그러한 빗물이 꽃신에 담기면서부터 꽃신과 조금은 불만스런 대화를 나누면서 이야기가 전개 된다.

> "너도 꿈이 있었니?"
> 빗물들이 착 가라앉은 분위기를 바꾸려는 듯 물었습니다.
> "꼬마의 귀여운 발을 품고 있을 때는 다른 꿈이 없었었어. 난 꼬마의 예쁜 발을 품고 사는 것으로 행복했었거든."
> "그럼 지금은 다른 꿈이 생겼다는 말이냐?"
> "응! 아주 작은 꿈이야."
> "어떤 꿈인데?"
> "꼬마가 나를 잊지 않고 생각해 주었으면 하는 꿈이야."
> "그래, 누군가의 기억에 남을 수 있다는 것은 행복한 일이지"

192) 김요섭, '신춘문예 심사평, 서울신문(1978.1.1.).

마침 지나가던 바람이 외짝 꽃신의 말에 끼어들었습니다.[193)]

박성배는 어려운 환경에 처해 있는 동화 속의 주인공들에게 꿈을 좌절하지 않도록 배려하고 있다. 뜻하지 않게 정착되는 낯선 환경 속에서 빗물은 빗물 대로, 꽃신은 꽃신대로 새로운 꿈을 갖도록 하고 있다. 급기야는 빗물들이 다시 하늘에 올라가게 되고 해님에 의해서 만들어진 무지개를 바라보며 아기가 꽃신을 기억해낸다는, 그래서 풀밭의 꽃신이 소원대로 '누구에게 인가에게 행복하게 기억'된다는 판타지 세계는 참으로 아름답다. 작가는 결말로 가면서 이 글을 읽는 독자에게 좌절하지 말고 새로운 꿈에 도전할 것을 메시지로 제시하고 있다. 그가 이러한 작품을 창작해낼 수 있었던 것은 그의 꿈 많은 유년의 삶과 무관하다고 볼 수가 없다.

동화 「여름까지 산 꼬마 눈사람」도 그의 판타지 동화에서 언급되어야 할 작품이다. 이 작품은 찬호가 만든 아주 작은 꼬마 눈사람이 냉장고에 보관되어 여름까지 견딘다는 설정이다. 이 눈사람은 찬호의 친구에게 공개되며 모두들 신기하게 느끼게 된다. 그 눈사람이 여름 어느 날 갑작스런 발열 증세를 보이며 앓게 되는 찬호의 이마 위에서 몸을 녹이는 희생으로 찬호의 병을 나을 수 있게 한다는 이야기이다.

"눈사람도 찬호를 위해서라면 기꺼이 희생할 거요. 그렇지. 꼬마 눈사람아?"
찬호 아버지께서 나를 꺼내며 속삭였습니다.
나는 깨끗한 수건에 싸여 찬호의 뜨거운 이마에 얹혔습니다.
나는 그제야 모든 걸 알았습니다. 찬호가 갑자기 열이 많이 나 우선 열을내릴 수 있는 얼음이 필요했던 것입니다.
(중략)
"찬호야, 그동안 고마웠어. 너를 위해 녹게 되어서 다행이야."[194)]

193) 박성배, 『행복한 비밀하나』(외짝 꽃신의 꿈), 2011, p.15-16.
194) 박성배, 위의 책, p28-29.

박성배는 '눈사람을 만들어 냉장고에 보관하기'라는 아주 작고, 사소하고, 낯선 이야기를 통해 우리들에게 특별한 느낌을 준다. 그는 꼭 필요할 때 긴요하게 쓰이는 상황을 의미 있게 제시해 주고 있는 것이다. 이 작품에서 그는 어린이의 눈높이에 맞추어 사고하고, 그들의 언어 수준에 맞추어 주 독자인 어린이를 이야기 속으로 끌어들이는 감동을 만들어내고 있다. 독자를 긴장시키는 재미도 있다. 박성배만이 할 수 있는 발상이요, 그 만이 쓸 수 있는 언어의 연금술을 발휘하고 있는 것이다. 이 이야기는 찬호네 가족과 눈사람 사이에 따뜻하게 교감되는 차원에서 진한 감동을 자아내게 하고 있다고 보겠다.

판타지 표현 기법을 동원한 동화를 다시 한 작품을 더 든다면 동화 「새싹에게 온 전화」도 빠뜨릴 수 없는 작품이다. 이 이야기는 '세월'이 무슨 의미인지도 모르는 취학 전의 꼬마 준미와 할머니가 만들어내는 이야기이다. 겨우내 웅크리고 있다가 봄을 맞아 뜰에 월동을 한 나무들의 덧옷을 벗겨버리고 꽃밭을 꾸미는 장면이 동화를 읽는 독자에게 상큼하게 다가든다. 할머니가 잠시 안으로 들어간 사이 춘곤증에 스르르 잠이 드는 준미는 흙 속에 묻혀 있다가 움트려는 새싹들에게 전화를 받는다. 몽환 판타지라는 장치를 통해 유년기의 어린이와 새싹들을 대화하게 하는 설정으로 봄에 대한 소망을 표출해내고 있다.

> "여보세요? 거기 준미 맞나요?"
> "예! 제가 준미인데요."
> "야, 준미다! 겨울 동안 잘 있었니? 우린 새싹들이야!"
> "새싹들!"
> "흙속은 너무 갑갑하고 지루해. 아까 꽃밭의 흙을 고르는 소리가 나던데 우리들이 나가도 되겠니?"
> "그래 어서 나와. 너희들이 잘 나올 수 있도록 할머니랑 흙을 잘 골라 두었어."[195]

---

195) 박성배, 위의 책, p.31.

박성배는 이 작품 「새싹한테서 온 전화」에서 어린이의 독서 심리를 발달 단계에 맞추어 대화할 수 있는 상황을 빚어낸다. 주인공 '준미'와 새싹들의 대화 속에서 주제를 분명하게 드러나도록 묘사하고 있는 것이다. '준미'와 같이 어린 나이의 독자들은 이 세상에 존재하는 모든 것은 말하고 행동하고 생각을 하는 것을 인정한다. 아동 발달 과정에서 생물은 물론 무생물도 말하고 행동함은 물론 영혼을 소유하고 있다고 믿는다. 작가가 animatism 및 animism적 생각을 밑바탕에 깔면서 새싹과의 대화를 가능하게 할 뿐만 아니라 봄날을 맞는 기쁨과 소망을 주제로 담고 있는 가작을 만들어 내고 있다. 이 작품 속에는 교육자로서, 미래를 열어갈 어린 독자에게 묻는 작가 박성배의 소망도 함께 농익어 있다.

작품 「노랑 종이배」[196]도 기억될만한 동화 중의 하나이다. 이 작품은 작가 박성배 스스로가 대표작으로 자천을 하고도 있지만 이 작품에는 도깨비가 출현한다. 기독교인인 그가 도깨비를 수용한다는 것이 우선 특이하다. 우리가 근대화되는 과정이 유교적인 사상이나 불교적인 문화가 기독교 문화와 충돌하는 과정에서, 상호 간에 트라우마 현상을 겪으면서 혼합된 채로 정착되는 특징을 가지고 있는데, 도깨비 이야기는 오히려 종교적인 것보다는 우리 민중에게 널리 깔려있는 의식 속의 존재이다.

그러나 기독교인으로서 도깨비를 인정을 할 수 있어 작품화 할 수 있다는 것은 종교 외적으로 받아들일 수 있었다는 징조이다. 이 작품 말고도 그는 다른 동화에서도 도깨비를 등장시키는 판타지 동화를 발표하고 있는데, 실제로는 그가 도깨비를 부인하고 있다는 것을 다음에서 알 수 있다.

그는 이 작품에 대하여 "나는 도깨비를 인정하지 않는다. 그러면서도 나의 동화 중에 이 작품을 포함해 4편 정도의 도깨비 이야기가 있다. 이 도깨비는 귀신으로서의 도깨비가 아니라 순수한 자연물로서의 도깨비로 그리고 있다. 말하자면 물질문명이 발달하고, 하천을 개발하고, 골프장을 만드는 등 자연 파괴의 현실에서는 옛날의 도깨비가 존재할 수 없다는 차원에서 도깨비를 그리워한다. 순수한 자연 그대로의 환경에서만이 도깨비가 존재할 수 있는데 지금은 도깨비가 존재할 수 있는 환경이 없다는 경종을 울

196) 박성배, '동화문학(제5호)' , 1991. P.49-62.

리고 싶은 내용들이다."[197]라고 언급한다.

"넌 친구가 없니?"
준호는 노란 종이배 셋을 꺼내 흔들어 보였습니다.
"우리 친구하자."
준호는 말을 않는 자기에게 어머니께서 하듯이 부드럽게
"우리 친구하자."
준호는 말을 않는 자기에게 어머니께서 하듯이 부드럽게 말했습니다.
그러자 꼬마 도깨비가 조심스럽게 말했습니다.
"네가 무서워 할까봐 겁나."
"넌 네가 안 무서워."[198]

이 작품 「노란 종이배」는 작가의 말대로 "도깨비와 같은 순수한 자연을 접하면서 말더듬을 극복해 가는 아이의 모습을 그린 동화이다. 즉, 인간의 본심을 회복하는 문학이라는 기본 생각이 깔린 작품이다"[199] 그는 이 작품에서 주인공 '준호'를 말더듬이라는 장애우로 설정한다. 그는 이 작품에서 주인공이 도깨비와 교감하는 마법 판타지 표현기법을 활용해 '자기를 자각하고 자신감을 회복' 한다는 주제를 담고 있다

그런데 여기서 작품의 조직상 이야기의 흐름에 대하여 장문식은 "이어지는 사건들이 매우 긴밀하여 아주 자연스러운 연쇄를 이루고 있다.(중략) 준호와 유사한 성격의 도깨비를 설정함으로써 준호로 하여금 자신을 자각하게 만든 것은 공감을 쉽게 얻을 수 있어 좋았다. 그러니까 박성배 작가는 아주 자연스럽게 주인공 '준호'와 도깨비를 잇고 있는 셈이다. 이는 현실과 환상의 세계를 같은 비중으로 다루고 있다."[200]고 평하고 있다.

197) 박성배, 『아동문학 야사(옥미조 엮음)』, 순리원, p. 412.
198) 박성배, '동화문학(제5호)' , 1991. P.59.
199) 박성배, 『아동문학 야사(옥미조 엮음)』, 순리원, p. 412.
200) 장문식, 『아동문예(상상에서 환상으로)』(7월호), 1991, P.169.

이상에서 살펴본 동화 말고도 「고추잠자리 꿈쟁이의 흔적」이 더 있다. 이 작품 역시 박성배 작가 자신이 아끼는 작품일 뿐만 아니라 독자를 널리 확보하고 있다. 이 동화 작품은 모 출판사에서 기획 출판했는데 〈백년 후에도 읽고 싶은 세계명작동화〉[201]로 선정되기도 했다.

이 작품 역시 초등학교 7차 교육과정에 의해 제작된 5학년 읽기 교과서에 수록 작품이기도 하다. 중심인물을 고추잠자리를 의인화하고 있는 우의 판타지 동화로서, 자기의 흔적을 남기고 싶어 하는 고추잠자리의 노력과 고뇌와 깨달음을 곱씹을 수 있는 동화이다. 작가는 고추잠자리의 삶을 통해서 사람(독자)은 무엇을 위하여 어떻게 살아야 하는지를 메시지로 제시하고 있다. '소설의 하위 장르로 분류되는 소년소설이 대부분인 아동문단'에서 동화의 진수를 보여주며, 소설로서는 나타낼 수 없는 동화 고유의 가치를 보여주는 작품 중의 하나이다.

이밖에도 판타지 표현 기법의 장편 동화는 작품집으로 나와 있는 『꿈꾸는 아이』 그리고 『천사를 만난 바람』이다. 이 두 동화는 그의 판타지 동화 세계를 한층 더 확장해주고 있으며 내용생성 면에서나 탄탄한 조직력 그리고 주제 담기를 확실히 하고 있다.

먼저 장편 동화 『꿈꾸는 아이』는 월간 '아동문예'에 연재 발표했던 작품으로 본격적으로 시도한 장편 환상동화이다. 박성배는 동화의 본질은 판타지 동화여야 한다고 생각하고 집필에 심혈을 기울인 작품이라서 대단한 애착을 보이고 있다고 말하고 있는데, 그는 이 작품으로 1988년 대한민국아동문학상을 수상한다. 그런데 이 동화에 대하여 박상재는 "현실과 환상의 세계를 이어주는 고리가 비교적 튼튼하게 성립되어 동화에 생명력을 획득하고 있다."[202]고 논하고 있다. 작가 자신도 "지역이나 국가나 이념은 물론 시대를 초월하여 더 나은 내일을 위하여 희망과 꿈을 가꾸고 있는 내용을 담고 있는데 주 독자인 그들에게 자신이 그려내고 있는 '꿈'을 주제로 하여 시사점을 던져 주고 싶어 집필한 작품"[203]이라고 술회하고 있다.

---

201) 예림당, 예림당이 2004년에 창립 30주년을 맞아 1923년부터 1991년까지의 작품 60편을 가려 뽑아 두 권에 수록하였다.

202) 박상재, 「아동문학평론(朴聖培論-疏外된 이웃들에 대한 사랑의 發見-) 」, (제97호). 2000. P.37.

203) 박성배, 『아동문학 야사(옥미조 엮음)』, 순리원, 2011, p. 411.

또 한편의 판타지 장편동화는 『천사를 만난 바람』이다. 박성배는 생명경시 현상에 경종을 울리고, 생명의 소중함을 외치기 위한 의인화동화로서 우의 판타지 기법으로 작품을 완성하고 있다. 이 작품 역시 비교적 독자들의 좋은 호응을 얻은 작품이다. 박상재는 앞의 『꿈꾸는 아이』에 이어 이 동화에 대해 호평을 하고 있다. 그는 "이 작품은 사람의 혼을 안고 살아가는 바람을 의인화한 우의적 판타지임에도 불구하고 탁월한 문학성에 힘입어 완성도가 돋보이는 가작이다. 그것은 유려한 필체와 짜임새 있게 전개되는 작품의 구성력에 기인한다."[204]고 했다.

또한 이 동화를 읽고 추천하는 글에서 강팔강은 "사랑하는 마음, 남을 위해 희생하는 노력에서만 느낄 수 있는 즐거움, 양심의 소리를 들을 수 있는 정의로움, 사리에 맞게 판단하여 행동할 수 있는 용기를 생각하게 해 주었다. 잠시 사람의 영혼을 안고 살다간 '바람'의 이야기가 우리 모두에게 세상을 달리 보는 눈을 선사해 주는 작품"[205]라고 했다.

필자의 견해도 위 두 사람의 생각과 일치하고 있다. 이 작품은 '생명'이란 무엇인가? 왜 귀중한가? 어떻게 살아야 하는가? 등에 대한 고민을 함께 하면서 끝내는 명쾌한 해답을 독자들 스스로 얻게 하는 박성배의 장편동화로서 그의 작품 세계를 명료하게 하는 대표 작품 중의 하나로 꼽을 만하다고 본다.

4. 아동소설의 리얼리즘이 주는 재미와 감동

박성배의 리어리틱한 표현 기법의 동화 역시 환상 동화 못지않게 재미와 감동을 주고 있다. 그 중에도 「달밤에 탄 스케이트」는 일찍이 초등학교 교과서에 수록되어 많은 독자들의 가슴 속에 남겨져 있는 동화이다. 1987년부터 시행된 제5차 교육과정에 의해 만들어진 5학년 교과서에 텍스트화되어 수록된 이 작품은 이 땅의 어린이들이 초등학교 시절에 학습에 의해 각인될 수밖에 없었다.

204) 박상재, 「아동문학평론(朴聖培論-疏外된 이웃들에 대한 사랑의 發見-) 」, (제97호). 2000. P.43.

205) 강팔강, 「어린이와 讀書(우리 이웃이 추천한 책)」(제15집), 1994, P.125.

밤에 스케이트장을 둘러보기 위해 나온 아저씨에 의해 발견된 소아마비 소년 민호가 이 동화의 주인공이다. 엉덩방아를 찧어대면서도 스케이트를 타는 연습을 계속하는 소년의 이야기이다. 박성배는 자기의 신체적 결함에 굴하지 않고 마침내 스케이트 타기에 성공하는 한 소년의 의지를 감동적으로 그려내고 있다. 독자는 "다음 날도, 또 다음 날도 민호는 계속 밤늦게 나와서 오뚝이처럼 넘어졌다가 일어나기를 반복했습니다."라고 묘사한 부분은 읽노라면 가슴이 아려옴이 느껴진다.

> "그래 잘 한다. 조금 더 저런…, 저런. 또 넘어졌군."
> 어느새 아저씨는 민호를 응원하고 있습니다.
> 나흘째 되는 날 밤이었습니다.
> '오늘은 안 넘어지고 잘 탈 수 있을 것 같아.'
> 아저씨는 잔뜩 기대를 가지고 논둑에 앉아 민호를 기다렸습니다. 그러나올 시간이 지나도 민호가 나타나지 않습니다.
> '포기해 버린 것일까? 조그만 연습하면 잘 탈 수 있을 것 같은데…….'[206)]

아저씨는 민호를 계속 응원을 한다. 그러나 민호는 너무 열심히 스케이트 연습을 하다가 몸살이 난다. 하지만 이에 굴하지 않고 다시 나와 연습을 계속 거듭해 마침내 스케이트 타기에 성공을 한다. 동수, 미선이 등 친한 친구들도 다리를 저는 민호에게 스케이트를 함께 타자는 말도 안 했지만 그는 왕따를 극복하며 좌절하지 않고 연습을 하고 또 해 마침내 성취하게 한다. 물론 이는 작가가 주제를 담아내기 위한 전략적인 조직이지만 독자는 그 작의를 느끼지 못할 만큼 리얼하다.

이 주인공의 의지에 감동한 아저씨는 민호 몰래 '스케이트를 잘 타게 된 것을 축하하여 이 스케으트를 선물해. 밤마다 지켜본 달님이' 라는 쪽지와 함께 스케이트를 선물한다. 아저씨는 또 민호의 친한 짝 친구 미선이게도 '달빛 밝은 밤에 거울처럼 빛나는 어름판에서 공주님처럼 스케이트를 타고 싶은 생각은 없니? 오늘 밤 달이 떠오르면 나오

---

206) 박성배, 『행복한 비밀하나』(달밤에 탄 스케이트), 2011, p.86.

렴. 달님이.' 라는 쪽지를 보낸다. 민호과 미선이는 궁금증으로 가슴을 설레며 스케이트장으로 나오고, 마침내 그들 둘이는 스케이트장에서 서로 감격적으로 만나 함께 어울려 달빛을 받으며 스케이트를 탄다. 독자에게 그 둘이 달밤에 스케이트를 타는 장면이 그림과 같이 다가들기 마련이고, 그만큼 감동도 클 수밖에 없다.

동화 「행복한 비밀하나」도 박성배의 작품 세계에서 스쳐지나갈 수 없다. 사춘기 전기[207]가 시작되고 있는 초등학교의 교실 현장에서 어린이들 간에 일어나는 대립과 갈등 상황이 눈에 보일 듯이 다가드는 작품이다. 환경 정리를 하기 위해 부쳐 놓은 아이들 사진 중에 주인공인 성미 사진이 갑자기 사라진 것이 알려지면서 '과연 누가 이 사진을 떼어 갔느냐?' 하며 궁금해 하는 장면이 이야기의 시작이다.

힘이 세나 좀 폭력적인 영만이, 그리고 겁은 많은 편이나 모범생인 민철이 사이에 일어나는 대결 구조가 리얼리티로 다가들면서 독자의 시선을 확 잡아당긴다. 상황을 묘사한 리얼리틱한 표현이지만 이렇게 생생한 장면으로 읽는 이의 가슴 속에 파고드는 감동을 줄 수 있다는 것이 놀랍다.

> "잘했어. 이유 없이 괴롭히면 그렇게 해 주는 거야. 이 사진은 너 가져도 좋아."
> 나는 내 사진을 수첩 속에 넣어 민철이의 손에 쥐어 주었다. 민철이의 얼굴이 금방 환해졌다.
> 나는 기분이 좋아졌다. 그리고 행복했다. 실은 남모르는 비밀이 하나 생겼기 때문이다.
> 나는 수첩 한 장 가득히 시처럼 써 놓은 글들을 언뜻 보았다.
> 성미 좋아, 성미 천사, 성미 좋아, 성미 천사…….[208]

위 인용문은 이 동화의 마지막 부분이다. 이런 저런 얽힘이 흐른 후에 결국 사진을

207) 인간의 발달과정에서 제2차 성징이 일어나고, 심리적으로 독립을 시작하면서 부모나 선생님과의 수직적인 인간관계에서 친구간의 수평적 인간관계도 함께 중요시 되는 시기로 동성 또는 이성 친구에게 관심을 표하기 시작하는 데 보통 초등학교 4학년을 전후해 발생하는 것으로 보고 있음.

208) 박성배, 『행복한 비밀하나』(행복한 비밀 하나), 2011, P.119.

떼어 간 것은 민철이로 밝혀지는데, 그 과정에서 뜻밖에도 서로 엉켜 싸워 코피가 터진 아이는 호전적인 영만이었다 그러나 주인공 성미는 평소 약해보였던 민철이 편이 되고 오히려 자기 사진을 그에게 꼬옥 쥐어 주는 것으로 결미를 장식한다. 리얼리틱한 아동소설이 마치 한편의 환상동화처럼 높은 판타지를 깔며 문학성 짙게 감동을 수반하며 독자에게 다가들며 잔영을 남긴다.

동화 「행복한 짹짹 콩콩이」도 재미가 있다. 주인공 승호가 꽃밭으로 테니스공을 찾으러 갔다가 참새 새끼 한 마리를 발견하면서 이야기가 펼쳐지는 리얼리티 표현 기법의 아동소설이다. 짹짹콩콩이라 작명된 참새 한 마리를 놓고 학급 친구와 담임선생님까지 함께 힘을 모아 사육 방법을 찾아내면서 기르게 된다는 내용이다.

> "야 요놈아, 찻길로 뛰어들면 어떡해."
> 놀란 아저씨와 아줌마들이 차창 밖으로 고개를 내밀고 소리를 쳤습니다. 승호는 아랑곳없이 파닥거리는 아기 참새를 손바닥으로 감싸 쥐었습니다.
> "허 참새 때문이었군."
> (중략)
> "아기 참새를 어떡하지?"
> 승호가 걱정스럽게 물었습니다.
> "잘 날지도 못하니까 날려줘서는 안 돼."
> (중략)
> 선생님은 승호가 내민 참새를 받아 손바닥 위에 올려놓았습니다.
> "아기 참새를 교실에서 키워요."
> "그래요. 저희 집에 안 쓰는 새장이 있거들랑요."[209)]

처음에 아이들은 참새를 자연으로의 방사를 시도했으나 도시에서 너무 어린 참새가 화를 당할 수 도 있다고 생각하며 학급에서 공동 사육을 하기로 한다. 동물 사랑의 극치

209) 박성배, 『행복한 비밀하나』(행복한 짹짹콩콩이), 2011, p.100-101.

를 보여주는 장면이다. 결국 참새는 교실에서 사육하기로 한다. 그러나 승호는 집에 돌아와서도 참새가 걱정이 되어 밤에 교실로 간다. 그 교실에는 같은 걱정으로 몰려온 아이들로 교실이 붐빈다. 결국 하루씩 참새를 맡아 기를 당번을 정하자고 한다. 첫 당번은 승호였다.

> 오늘은 승호 손이 짹짹콩콩이 엄마다.
> "잘 키워서 진짜 엄마한테 보내줘야 하니까 부모지."
> 짹짹콩콩이는 정말 엄마 품에 있는 것처럼 행복해 보였습니다.[210)]

필자는 박성배가 이 작품에서 왜 참새에게 애정을 쏟는 작품을 굳이 창작해내고 있는 걸까를 따져보는 것도 흥미롭다고 본다. 그는 필자가 전장에서 밝혔듯이 소년 시절 시골 형들을 따라 추녀 밑에서 참새를 꺼내어 참새구이를 한 점 얻어먹은 적이 있다. 그는 그 날을 회상하면서 참새에게 참회를 하는 걸 수도 있다. 그의 의식 속에 잠들어 있던 속죄감이 참새 사랑이라는 주제를 담는 동화를 창작하게 되었다는 유추도 가능해진다.

또한 비교적 최근에 발표한 작품 중 인상적인 작품은 동화 「핸드폰」이다. 부모의 이혼으로 조부모와 함께 사는 주인공인 결손 상태의 승찬이와 담임선생님과의 교감을 그린 동화이다. 박성배는 요즈음 여러 가지 원인으로 결손 가정이 늘어나면서 어린 자녀들의 양육 문제가 심각해지고 있는 상황에서 소재를 얻어 교육적이면서도 문학성 높은 작품으로 형상화하고 있다.

핸드폰은 지식 · 정보화 사회를 상징하는 가장 대표적인 산물 중에 하나이다. 선생님은 자신의 이 귀중한 핸드폰을 승찬이에게 건네준다. 제자와 대화의 끈을 이어가기 위한 전략이다. 가정에서 정착하지 못하고 벌써 일곱 번째 가출을 하는 승찬이의 마음을 어루만지며 그를 감화시켜 바로잡으려는 뜻이 핸드폰 속에 담겨 있다.

> "머나먼 곳에서는 날 오라 하여도……."

---

210) 박성배, 『행복한 비밀하나(외짝 꽃신의 꿈)』, 2011, p.105.

승찬이는 무심코 노래 가사를 따라 흥얼거렸다. 그러다가 그 노랫소리가 자기의 주머니에서 나는 것을 깨닫고 얼른 선생님의 휴대폰을 꺼냈다.

"어디니?"

"예?"

"네가 가장 편하다고 생각하는 곳이 어디이지 알고 싶을 뿐이야."

선생님이 지나가는 말투로 물었다. 그 말투가 너무나 자연스러워서 승찬이는 엉겁결에 지금 누워 있는 장소를 말했다.[211)]

이 작품에 대해서 "박성배는(중략) 교단에서 40여년 간 어린이를 직접 지도하는 한편(중략) 교회에서는 장로의 직분을 가진 신실한 신자이기도 하다. 그의 작품에서 기독교 사상의 중심인 '사랑의 실천'을 골간으로 세운 동화와 소년 소설을 자주 대하게 된다. 이번 '핸드폰에서도 그런 사랑의 실천과 세심자정을 확인할 수 있다.'[212)]고 김영순은 평한다.

그리고 또 김자연도 "이 작품은 부모의 이혼으로 가출을 일삼는 승환이에 대한 선생님의 사랑을 따뜻하게 형상화한 소년소설이다. 부모가 없는 집에서 어린이들은 허전할 수밖에 없을 것이다. 더구나 부모가 이혼한 경우, 아이들이 받게 되는 정신적 충격과 불안감은 상상외로 크다. 이 작품에 등장하는 승찬이 역시 그러한 면을 보여준다."[213)]며 관심을 표명하고 있다. 그렇다면 필자 역시 박성배가 교육자로서 그리고 종교인으로서의 소외된 인간을 보듬어 주어 바로잡아야 하겠다는 의지가 농밀하게 녹아 있는 작품이라고 보는데 있어서 동의가 가능해진다.

동화 「만화경 속의 새해」도 주목을 받을 수 있는 작품이다. 이 작품은 새해를 맞이하는 시점인 섣달 마지막 날 밤 11시가 넘어서면서부터 이야기가 전개된다. 「노란 종이배」에서처럼 리얼리틱한 표현으로 시작했는데 어느새 매직적인 판타지로 전환되면서 두 표현 기법이 절묘하게 조화를 이루면서 독자에게 환상을 주고 나아가서 작가가 표출

---

211) 박성배, 『아동문예(핸드폰)』, (6월호), 2001, p.12-17.

212) 김영순, 『아동문예(세심자정의 자세)』(7월호), 2001, p.154.

213) 김자연,『아동문예(현재와 여기)』(7월호), 2001, p.156.

하려 하는 주제 속에 갇혀 감동을 느끼게 된다. 흥미도 진하게 창출되고 있다.

이 동화 속의 세계에서 열한 살을 넘기는 주인공 '나'는 자정 무렵 오빠와 함께 거리로 나선다. 그들은 분명 처음은 리얼리티로 시작했는데 말미로 가서 매직 판타지 세계를 보여주고 있는 것이다.

> "어? 우리가 언제 이리로 들어왔지?"
>
> 오빠와 난 눈이 둥그레졌습니다. 우린 어느새 만화경 속에 들어와 있었습니다. 그런데 만화경을 들여다보는 우리가 있고, 만화경 속에 있는 우리가 따로 있습니다.
>
> "어떻게 우리가 둘이 될 수 있지?"
>
> (중략)
>
> "만화경 속에 있는 건 너희들의 생각이란다. 꿈속에서 너희들의 생각이 나타나는 것과 같은 이치지."[214)]

박명희는 위에 제시된 동화 「만화경 속의 새해」에 관심을 표하면서 "이 작품은 주인공 '나'와 오빠 그리고 내면적인 인물을 의미하는 할아버지가 등장한다. 피아노경연대회 떨어진 나와 대학 입시에서 실패한 오빠가 거리로 나가 할아버지를 만난다. 할아버지는 한 해의 끝과 새해의 시작을 보여주겠다며 만화경을 보라고 하고, '나'와 오빠는 그 대가로 눈사람을 만들어 준다. 작가는 남에게 줄 수 있다는 것이 기쁨이라는 걸 넌지시 알려주려 하고 있다"[215)]고 전제하면서 이 이야기를 '재미있고 감동적인 동화'로 소개하고 있다.

박상재 역시 "동화에서는 비현실적인 원시성의 내포가 불가피하며 현실적이기보다는 이상성이 보다 많이 요구된다. 이상성이란 '꿈'의 세계요 '있어야 될' 세계를 추구하는 영원한 향수의 세계이다"[216)]라고 전제하면서 이 작품에 대하여 긍정적인 평가를 내리고 있다. 이들 두 평자들의 생각도 그렇지만 필자 역시 이 작품은 각각 좌

---

214) 박성배, 『새벗(만화경 속의 새해)』(1월호), 1993, p.122-132.

215) 박명희, 『아동문예(재미와 교훈인 있는 작품)』(2월호), 1993, p.144.

216) 박상재, 『아동문학평론(마술적 사고)』(봄호), 1993, p.207.

절한 경험을 갖고 있는 두 주인공에게 만화경이라는 장치를 통해 '새로운 전진을 위해서는 낡은 것을 버려야 한다.'는 교훈을 주고 있다. 재미와 함께 감동을 주는 작품이다.

박성배의 동화들이 이렇게 독자에게 선호되고 평자들의 눈길을 끄는 데는 이유가 있다. 더구나 아동소설이 그의 판타지 동화 못지않게 많은 독자나 평자들이 간과 하지 않는 이유라면 역시 그의 작품에 담겨 있는 문학성이다. 감동을 주면서 재미를 준다면 굳이 메르헨으로 지칭되는 동화만을 '동화의 원류'라 고집할 필요가 없음을 그는 보여 주고 있는 것이다.

이밖에 박성배의 리얼틱한 표현 기법의 아동소설이 많지만 교육성과 함께 기독교 정신을 발현하고 있는 작품집을 그대로 흘려보낼 수 없다, 바로 노인의 동심 회복에 초점을 맞춰 어린이와 노인을 두 축으로 하여 전개한 동화 「신골오두막집의 설날」등 열 한 편의 아동소설과 목사님의 아들로서 착한 마음으로 양보하고 참으며 자기를 다스리는 내용의 동화 『목사님의 아들』에 담겨 있는 「마음 졸이신 예수님」등 아홉 편의 아동 소설이다.

노인을 소재한 동화 중 「신골오두막집의 설날」은 설 전날 대처에 나가 있는 아들네 식구를 간절히 기다리는 노부부의 이야기이다. 눈은 하얗게 쌓이고 다람쥐와 토끼가 먹이를 찾아 내려오는 깊은 산속 두 노인 사는 집에, 아들네 가족 대신 소포를 배달하기 위해 집배원이 찾아온다. 그는 외로운 두 노부부를 위로하기 위해 아들네 식구 수만큼 눈사람을 만들어 놓고 간다는 이야기이다.

독자가 이 작품을 읽다보면 마음이 숙연해지고 서글퍼진다. 자손을 도시로 다 떠나보내고 외롭기만 산촌, 그곳에 소외된 노인들의 외로운 삶이 눈에 선하다. 자식을 보고 싶어 하는 마음을 그린 이 아동 소설은 독자들의 마음속까지를 가슴 시리게 한다. 노인을 소재로 한 동화는 이 밖에도 동심으로 살아가는 노인, 어린이와 함께 생각을 공유하는 내용은 물론 「어슬렁 할아버지의 비밀」처럼 아내의 생일 파티를 위해 초등학교 교실에 몰래 들어가 아이들과 선생님께 초대장을 보내는 이야기도 있다. 또「달밤에 나는 목마」처럼 노인은 노인대로 어린이는 어린이대로 두고 온 고향에 대한 그리움을 주제로 담고 있는 이야기도 눈물겹다. 그는 이 이야기들에서 인간의 삶을 반추하고 또 사람이 이 세상을 어떻게, 어떤 마음으로 살아가야 하는 지를 주제로 하고 있는데, 그의 이런 이야기들은 늘 재미있고 새롭고 감동적이다.

동화집 『목사님의 아들』에 수록된 작품들은 연작 형태로 주인공 기쁨이의 신앙 생활을 소재로 한 이야기이다. 그 중에 「마음 졸이신 예수님」을 살펴보면 목사님 아들로서의 삶을 이야기하고 있다. 실제로도 목사님의 아들이었던 박성배는 주일(일요일)날 여러 가지 상황으로 예배시간 도중에 슬그머니 나와 축구를 한다. 해트트릭을 세워 축구에는 이기지만 집에 돌아와 예수님과 대화를 한다. 그런데 자신이 축구를 하는 사이에 어머니가 교통사고를 당하는 화를 입는다. 주일 예배를 지키지 못하고 어머니가 교통사고까지 당한다는 목사님의 아들 이야기를 형상화한 작품이다. 또한 동화 「예수님이 가르쳐 주신 신나는 일」은 사랑과 용서를 주제로 하고 있는 동화이다.

이처럼 이 작품집에 나와 있는 이야기들은 주인공이 목사님의 아들로서 살아가야 하는 멍에를 작품으로 승화시키고 있다. 여기서 다루어지는 주제는 양보의 미덕이나 우정, 용서 위문, 존경 등의 덕목이다. 그의 유소년 시절 교회에서 겪었을 법한 이야기들 그리고 어른이 된 후에 기독교인으로 비교독교인과 더불어 살아가면서 체험했을 법한 이야기가 전개된다. 이는 종교인이 아니면 쉽게 선택할 수 없는 소재이지만 그 속에 그는 선 한 삶이나 기독교적 윤리로 이웃을 사랑하는 이야기들로 독자에게 다가들고 있다는 사실이 중요하다.

박성배는 스스로 자기가 기독교인임을 표방한다. "나는 기독교인이다. 그러다보니 자연스럽게 기독교적인 사상이나 신앙인의 모습이 동화에 나타날 수 있다고 본다. 그러나 동화는 독자인 어린이들 모두가 거부감 없이 빠져들어 읽을 수 있는 것이어야 한다는 기본적인 생각을 놓치지 않으려고 애쓰고 있다. 동화는 오직 '동화'일 뿐이다. 말하자면 어린이들에게 환희와 경이와 솟구치는 기쁨을 주는 문학이어야 한다. 이런 동화를 위해 광산에서 금을 캐듯 동화를 쓰고 싶다."[217]고 말이다.

217) 박성배, 『아동문학 야사(옥미조 엮음)』, 순리원, 2011, p. 414.

5. 맺는 말

지금까지 박성배의 생애와 문학 그리고 그의 환상 동화와 아동소설 몇 편을 분석적으로 고찰했다. 그 분석 결과를 그의 생애와 관련하면서 다시 살펴보기도 했다. 그의 생애, 특히 유년 시절의 성장과정 그리고 직업, 종교 등과 관련하여 그 의식이나 추억이 내밀하게 스며들고 있는지를 탐색하여 본 것이다. 이제 그의 동화와 아동소설의 두드러진 특징과 작품성을 결론적으로 요약해 제시한다.

박성배의 동화가 갖는 특성 중 두드러지는 것은 다음과 같다. 다시 말하지만 이 결과는 그의 동화와 아동 소설의 내용을 생성을 위한 소재 선택 및 조직과 표현 기법 그리고 담겨져 있는 주제를 그의 생애와 연관을 지어 고찰한 결과이다. 이를 아래와 같이 명시적으로 제시한다.

첫째로, 박성배 동화가 갖는 환상성이다. 그는 작품을 창작하는 과정에서 리얼리티와 판타지 세계를 절묘하게 조화시킴으로서 진한 감동을 일으키게 한다. 서사적인 구조가 확실한 이야기로 만들고 있으면서도 환상성이 높다는 강점이 있다. 게다가 안으로 흐르는 내면적인 윤율과 리듬감, 언어의 섬세성이 서정성과 어울려 한 폭의 수채화를 감상하는 느낌을 준다.

이와 같은 그의 동화의 환상성은 판타지 동화에서의 재미와 감동으로 나타난다. 그뿐만이 아니라 리얼리티 기법을 활용한 동화 「달밤에 탄 스케이트」의 경우에서처럼 환상성이 잘 나타난다. 이 작품은 분명히 리얼리틱한 묘사인데도 실제로는 환상적인 분위기를 자아내게 하는 경지를 만들어내고 있다. 이 작품을 읽으면서 그의 동화가 판타지 기법을 활용한 동화는 물론 리얼리티 속에서도 환상성이 돋보일 수 있음을 표방해 주고 있다.

둘째로, 그의 작품은 늘 동심의 내재 내지 회복을 강조하고 있다. 동화가 동심을 바탕으로 창작되어져야 한다는 것은 주지하는 바와 같이 상식에 속한다. 이를 잘 인지하고 있는 그는 창작과정에서 이를 철저히 준수하고 있다. 그의 동화 속에는 일차적으로 원시적이고도 순수한 동심, 맑고 아름다운 동심이 내재되어 있다. 작품마다 이 사심이 없는 어린이 세계가 투명하게 나타난다.

그는 이 동심을 어린이들의 마음 바탕에 깔려고만 하지 않는다, 성인, 그 중에서도 노인에게서의 동심을 회복시키려는 의지를 보이고 있다. 작품 속에서 등장하는 인물인 노인이 어린이와 교감하면서 우리가 살아가는 데 있어서 으뜸 덕목들이 되는 주제를 담아 메시지로 내놓으면서도 동심이라는 바탕을 다지고 있다. 노인을 소재로 한 동화「산골오두막집의 설날」등의 작품 속에 녹아 있는 이야기를 대하다 보면 인간이 태어날 때 신으로부터 부여 받은 본마음인 천심 즉, 동심이 어떠한 것인지를 극명하게 나타나고 있음을 인지하게 된다.

셋째로, 그의 동화는 교육적이면서도 기독교적인 윤리 의식을 분명히 하고 있다. 작품이 친자연적이고 서정적인 분위기를 창출하면서, 그 곳에는 교육자로서 그리고 종교인으로서의 가치관과 인생관이 녹아 있음을 알 수 있다. 작품집『행복한 비밀 하나』에 수록된 작품과 노인을 소재로 한 이야기들에서의 교육성은 대단하다. 그러면서도 교과서적이지 않고, 동화가 요구하는 대로 독자를 긴장시키는 흥미도 역시 매우 높다.

또한 작품집『목사님의 아들』에 수록된「혜미의 날개」등에서 보듯이 사람이 살아가는 데 있어서 윤리적인 바탕과 기독교 정신이 분명하게 깔려 있다. 작품 속에서 사건이 전개되는 동안 등장하는 중심인물의 캐릭터가 늘 양보하고, 참고, 배려하는 행동을 하도록 하고 있다. 이것이 바로 '예수정신'을 바탕으로 하면서 삶의 방향과 푯대를 선하게 세우고 있는 것이 아닌가 한다.

그런데 필자는 이 작품들이 그의 어린 시절의 성장기 속에서 형성된 따뜻한 인성이나 경험했던 추억들과 연관되고 있음을 인지할 수 있었다. 뿐만아니라 잠재된 무의식 세계가 발현되어 유년의 삶과 의식을 현재 어린이들의 독서 욕구를 충족하도록 하나하나 작품들의 주제로 나타고 있는 것이 곳곳에서 발견되었다. 여기에 박성배의 교육관과 인생관 그리고 종교의식이 함께 어우러져 형성된 철학이, 그의 작품성을 더욱 알차고 견고하게 제고시켜주고 있었다.

앞으로도 박성배 작가는 각고의 노력을 다하여 이 땅의 어린이들을 비롯해 그의 작품을 읽는 모든 독자에게 정신적 양식을 제공할 것이다. 주 독자인 어린 벗들과 동심을 회복하면서 자신의 삶을 하늘이 준 천심으로 살아가고 싶어 하는 모든 독자들에게 자양분을 흠뻑 쏟아 부을 수 있는 작품들이 더욱 많이 발표될 수 있기를 기대한다.

(「시와 동화」 봄호 · 2013)

참고문헌

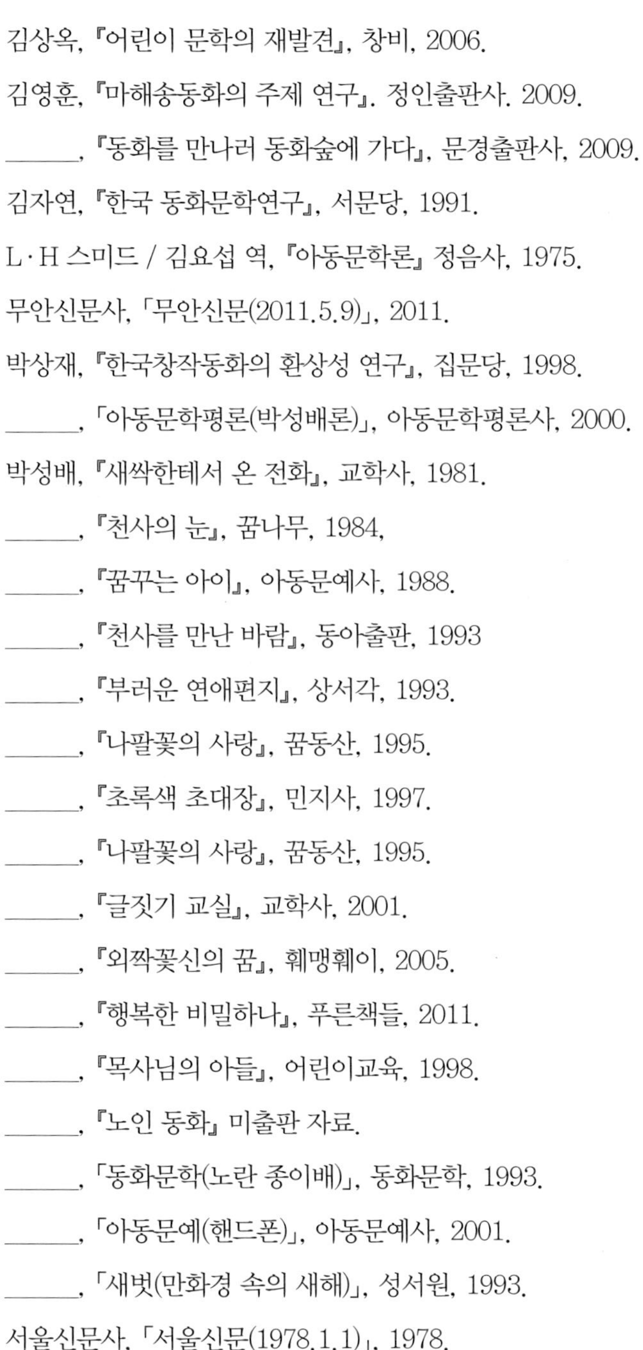

김상옥, 『어린이 문학의 재발견』, 창비, 2006.

김영훈, 『마해송동화의 주제 연구』. 정인출판사. 2009.

______, 『동화를 만나러 동화숲에 가다』, 문경출판사, 2009.

김자연, 『한국 동화문학연구』, 서문당, 1991.

L·H 스미드 / 김요섭 역, 『아동문학론』 정음사, 1975.

무안신문사, 「무안신문(2011.5.9)」, 2011.

박상재, 『한국창작동화의 환상성 연구』, 집문당, 1998.

______, 「아동문학평론(박성배론)」, 아동문학평론사, 2000.

박성배, 『새싹한테서 온 전화』, 교학사, 1981.

______, 『천사의 눈』, 꿈나무, 1984,

______, 『꿈꾸는 아이』, 아동문예사, 1988.

______, 『천사를 만난 바람』, 동아출판, 1993

______, 『부러운 연애편지』, 상서각, 1993.

______, 『나팔꽃의 사랑』, 꿈동산, 1995.

______, 『초록색 초대장』, 민지사, 1997.

______, 『나팔꽃의 사랑』, 꿈동산, 1995.

______, 『글짓기 교실』, 교학사, 2001.

______, 『외짝꽃신의 꿈』, 훼맹훼이, 2005.

______, 『행복한 비밀하나』, 푸른책들, 2011.

______, 『목사님의 아들』, 어린이교육, 1998.

______, 『노인 동화』 미출판 자료.

______, 「동화문학(노란 종이배)」, 동화문학, 1993.

______, 「아동문예(핸드폰)」, 아동문예사, 2001.

______, 「새벗(만화경 속의 새해)」, 성서원, 1993.

서울신문사, 「서울신문(1978.1.1)」, 1978.

C·C 융 / 설영환 역, 『무의식 분석』, 선영사, 1986.

옥미조 엮음, 『아동문학야사』, 순리원, 2011.

장문식,「아동문학평론(계평)」, 아동문학평론사, 1989.

한국명작동화선정위원회 엮음, 『100년 후에도 읽고 싶은 한국명작동화』, 예림당, 2004.

한국문인협회무안지부, 『무안문학(제24호)』, 무안문협편집부, 2011.

제4부

김영훈 평전

김영훈 약력

김영훈 평전

- 생애 및 문학과 교육을 중심으로

1947.02.09. (음력으로는 1. 19) 김해김씨 석성공파 후손으로 조선 중엽에 낙향한 국보공 할아버지의 제13대 후손으로 부친 선(字)태(字)와 모친 풍양 조씨 애(字) 연(字) 사이에 외아들로 태어남. 출생지는 충청남도 청양군 장평면 미당리 290번지임.

1947.06.05. 충청남도 청양군 장평면사무소에 출생신고를 마치고 법적인 생년원일을 얻게 됨.

1952.02.11. (음력) 6.25 한국 전쟁 중인 5세 때에 아버지를 잃음

1954.04.01. 청남초등학교 입학하여 왕복 8㎞를 걸어 통학하였는데 6.25전쟁으로 불탄 학교를 재건축하는 작업에 벽돌과 기와를 날랐었던 기억이 제일 확실하게 남음.

1955.04.01. 미당초등학교 신설로 2학년 때 전입학을 했는데 인근 3개 초등학교인 정산, 적곡(현 장곡), 청남초등학교 학생들이 함께 전입학 했음.

1956.05. 모친과 헤어져 김애순 조모님과 김상태 중백부님과 김사건 중백모님의 슬하로 옮겨 성장하였으며, 유·소년 시절 조모에게 자주 듣는 전래동화에 깊이 빠짐.

1959.04. 미당초등학교 6학년 재학 중 6.25 전쟁 중에 학교를 쉬었다 복학한 나이

많은 학우들과 함께 공부해 사춘기가 더 빨리 왔으며, 선생님의 인솔로 재일교포 북송반대에 참여, 이승만 정권의 장기 집권으로 인한 민주화 과정 등 혼란한 사회에서 성장한 기억을 가지고 있음.

1960.04.01. 미당초등학교를 졸업하고, 정산중학교에 입학하여 왕복 12㎞를 걸어 통학함.

1960.04.19. 대전고등학교에서 중학교 입시 우수입학자를 대상으로 한 장학생 선발시험을 치르려고 넷째 숙부와 교문 앞에까지 갔다가 '장학생선발고사 무기연기'라는 고지를 보면서 돌아서는 순간 중무장한 군인들을 태운 트럭과 마주침. 중1 때 4.19의거를 대전에서 맞으면서 시대 변화에 대한 생애 첫 충격을 받았음.

1961.05.16. 박정희, 김종필 등 군인들이 주동이 되어 일으킨 5.16 혁명을 맞으면서 마을 시냇가에 서서 신여성이셨던 중백모님의 영향으로 한 시대를 마감하는 전환점을 인식할 수 있었고, 그 이후에 3.15부정 선거 4.19의거와 5.16 혁명이라는 역사의 순환을 알게 되었으며, 최초로 사춘기 소년으로서 자의식도 생김.

1962.05. 한국단편문학전집을 읽으면서 이광수, 김동인, 이효석, 전영택, 김유정, 이상, 유진오 등의 작가들을 만났고, 이들의 작품 세계 속에서 꿈과 희망을 가꾸면서 작가의 꿈을 키우면서 6㎞의 먼 통학길을 걸는 동안에 학우인 이공재[218]에게 작가가 될 것을, 그는 나에게 의사가 될 것을 다짐하였음.

1863.02. 정산중학교를 졸업하고 나서 대전고등학교 입학시험을 보았으나 실패함.

1963.06. 고등학교 진학 시험에 실패한 이후, 대전시 대사동 보문산 기슭 목사관에서 거주하고 있던 대전 김규태 넷째 숙부님과 오세홍[219] 숙모님 밑에서

218) 이공재(1947 -) 김영훈과 초·중학교 동기로서 관계에 진출해 재무부 산하에서 근무하다가 조달청 국장을 마지막으로 퇴직했고, 산업은행 감사 맡았다가 공직을 마감했다. 나는 이 친구에게 중학교 시절 장래에 대한 작가의 꿈과 희망을 말하였다.

219) 오세홍(1935 -) 김영훈의 넷째 숙모, 산파. 대전여상 국어교사로서 나의 숙부 김규태에게 헌신적으로 내조를 하였고, 장남 김영범(현: CBS기독교방송국실장)을 목사로, 차남 김영진(현: 대전대학교 재직)을 교수, 국제변호사로, 3남 김영권(현: 한마음치과 개업)을 치과 의사로 키웠다.

재수하면서 도시 생활을 처음 접했으며 자주 원동 중앙시장 내에 있는 헌 책방에 들려 문학 서적을 찾아 읽었음.

1964.03.03 경복고등학교 입시에 실패하고, 공주영명고등학교에 입학하였으나, 학교생활에 적응이 되지 않은 채로 방황의 계절을 보내게 되면서 더욱 문학에 접근하였음. 그 무렵에 한국문학, 세계문학 작품을 접하면서 독서에 열중하였고, 1, 2학년과 3학년 1학기 국어를 가르치던 임강빈시인과 사제지간의 인연을 맺음.

1964.05. 청주에서 외롭게 살고 있는 모친과 왕래를 시작함.

1966.03. 문학동인 '팔각정'을 창립하고 회장으로서 역할 분담을 할 무렵 유병학 은사와 사제의 연을 맺었고, 당시 학교 설립 60주년 회갑기념 문집인 교지 '영명' 60호를 편집하였으며 최초의 습작 소설 '포도원의 회상'을 발표함. (이때 함께 동인활동을 한 1년 후배 전영관이 현재 동시인으로서 활동하고 있으며, 같은 문학회 출신이며 4년 후배인 리헌석, 엄기창이 시인으로서 문단 활동을 왕성히 하고 있음. 또 동기 동창인 문희봉은 현재 대전문인협회지회장 직을 맡으면서 시인 및 수필가로 활동하고 있음.)

1967.03.01. 공주교육대학교에 입학하여 수학하는 동안 동아리 '청림'을 결성하였으며, 학교 교지, 학교 신문 등에 소설과 수필을 발표하였음.

1968.10.31. 대학공모 문예전에서 소설 '도토리깎지'가 당선되었으며, 이를 계기로 하여 1956년 월간 「문학예술」지 추천을 거쳐 나온 '포인트', '악령의 늪'의 작가 최상규 교수와 사제의 연을 더 깊게 맺고 소설습작을 계속함.

1969.02.15. 수업 연한 2년간의 학업을 마치고 공주교육대학교 졸업함.

1969.02.15. 초등학교 2급 정교사 자격을 얻음.

1969.03.01. 충남 홍성군 장곡면 천태리에 소재한 반계초등학교 교사로 첫 부임하면서 교장 백종갑[220]의 학교 경영의 틀 안에서 교직의 길에 들어섬.

1970.03.01. ~ 1976.08.31. 대전일보 등의 지면에 작품을 투고하면서 습작기를 보내

220) 백종갑 : 초임지인 반계초등학교 시절에 처음 만난 권위주의적인 학교경영자로서의 교장으로, 재직 중에 건강을 잃어 세상을 떴다.

는 동안 다른 한편으로는 학교도서관 운영 및 독서지도, 학교 신문 편집을 맡는 한편 학생 글쓰기(창작) 지도를 하여 충청남도 교육감기 쟁탈 백일장에 단체 우승을 하는 등 실적을 거양함.

1972.03.05. 병역법 21조 2항에 의거 단대독자[221]로 병역을 면제 받음.

1973.01.20. 전주이씨 명字의 字와 순흥안씨 정字환字 사이에 태어난 2남 4녀 중의 장녀 이기순과 혼인함.

1973.12.27. 장남 창겸 출생함.

1975.04. 충청북도 청주에 생애 최초로 주택을 구입하여 모친에게 위탁하여 그 곳에서 거주하게 하면서 관리하게 함.

1975.06.20. 저축추진중앙위위원회에서 공모한 저축생활 넌픽션(수기) 부문에 입상함.

1975.09.15. 초등학교 1급 정교사 자격을 얻음.

1975.12.06. 장녀 소현 출생함.

1976.09.01. 홍성군 광천읍에 소재한 광신초등학교로 전입하여 학생을 가르치는 동안 동화 및 소설 습작을 강화하면서 신문 잡지에 투고를 계속함.

1978.01.18. 차남 준겸 출생함,

1978.04.05. 6.25 한국 전쟁 중 27세로 요절한 부친의 선영을 돌보면서 묘역에 돌비에 비문[222]을 새겨 세움.

1978. 교육 잡지월간 「새교실」, 「교육자료」와 대전일보, 보험신문 등 일간지 및 월간 지면에 작품 투고를 강화함.

1979.03.01. 1981. 02. 28. 광신초등학교에서 반계초등학교로 재 전입하여 교무주임(부장)교사로 2년간 학교장을 도우면서 학교 경영의 최일선에서 참여함.

1980.03.01. 월간 교육 잡지 '새교실'과 월간 '교육 자료'에 동화를 발표하며 추천을 받기 시작함.

---

221) 대를 이을 수 없는 독자로서 부선망 단대독자는 병역법 21조에 의해 병역을 면제해주었음. 그 당시에는 초등학교 교사가 부족하여 병역을 면제 받는 제도도 있었음.

222) 시대의 소용돌이 속에서 짧은 삶을 살다간 아버지의 넋을 추모하며 이 자리에 삼가 돌비를 세웁니다.' 라는 내용을 국전특선 작가 임길환의 글씨를 받아 새겨서 돌비를 세움.

1980.12.05. 국민정신교육부문에 공이 있어 홍성군교육대상을 수상함.

1981.03.01. 대전성남초등학교로 전임하며 교사로서 대전 생활을 시작함.

1982.03.01. 대전유천초등학교로 전입하여 교단에 섰으며 학생의 문예지도, 학교 신문 편집에 힘씀.

1982.03.01. 월간 교육 잡지 '새교실'에 동화 2회 추천, 월간 '교육 자료'에 동화 3회 천료 되었음,

1982.04.10. 충남아동문학회원으로 가입함.

1982.08.15. 한국아동문학회원으로 가입함

1982.06. 월간 '새벗'에서 공모한 제1회 새벗문학상 장편 동화에 응모했으나 당선작 없는 결선 최종심에서 가장 우수하다는 평을 받았으며. 이를 계기로 하여 월간 「아동문예」를 찾게 되었고, 신진 문인인 이상배 등 8인을 만나게 됨.

1983.03. 월간 '아동문예'에 아동소설 "꿈을 파는 가게"가 당선(심사위원 박종현, 장수철)되어 문단에 나옴.

1983.03.26. 이상배, 이영, 손기원, 양점열, 이창건,송남선, 김관식, 조명제 등 9인이 대전시 서구 도마2동 113-1인 김영훈 본인의 자택에서 박종현, 정만영, 김문홍, 김목을 초대한 자리에서 동인 『써레』를 결성하며 창작을 활발히 할 것을 결의함.

1983.08.14. 충남아동문학회 제10회 여름세미나에서 「동화 창작 과정에서의 소재 선택과 주제 설정」이라는 주제 발표를 하였으며, 그 자리에서 사무국장으로 선임됨.

1983.10.24. 경향 각지에서 발간되는 신문과 잡지에 발표한 동화와 습작기 써놓았던 동화를 모아 첫동화집 『꿈을 파는 가게(아동문예사)』를 발간하였는데 독자의 호응이 좋아 재판에 돌입하였고, 문공부 우수도서로 지정되었음.

1984.05.25. 첫동화집 『꿈을 파는 가게』가 제4회 해강아동문학상을 수상함.

1985.05.01. ~ 12.20. 한국교육개발원에서 진로교육을 위한 교육과정 편성 운영 위

원으로 위촉되어 진로 교육자료[223]를 개발함.

1086.10.05. 자연보호중앙협의회장으로부터 자연보호 정신 함양과 의식 고취에 공로가 있어 감사장을 받음.

1988.01.01. ~ 2000.12.31. 대전광역시 교육청 및 동·서부 지역 교육청으로부터 백일장, 문졸별 글쓰기 대회, 통일글짓기, 독후감 쓰기대회, 고전독후감 발표대회. 동화구연 대회 미래과학 독후감쓰기대회 등 각종 대회 심사위원으로 위촉되었음.

1991.03.01. ~ 1994.02.28 교육 잡지인 월간 「교육자료」 집필위원으로 위촉되어 국어과교수·학습 과정안을 작성해 게재함으로써 국어과교수·학습방법 개선에 공헌함.

1986.03.01. 대전유천초등학교 윤리주임(부장) 교사로 임용됨.

1986.05. 두 번째 동화집 『달섬에 닻을 내린 배(써레)』 출간함.

1986.12.24. 동화집 『달섬에 닻을 내린 배』에 수록된 동화 작품 '달섬에 닻을 내린 배'가 KBS 제2TV에서 극화 방영됨.

1987.08.30. ~ 1999.12.31. 충남 및 대전문인협회가 주관하는 한밭 백일장 심사위원으로 매년 위촉되어 활동하였음.

1987.03.01. 대전도마초등학로 자리를 옮겨 근무를 시작했으며, 공주교육대학교 3학년에 편입학함(야간).

1987.06.12. 민족통일 통일문예 작품 심사위원으로 위촉됨(민족통일 충청남도 협의회장)

1987.12.04. 청소년 건전의식 함양지도 유공실적으로 표창(충청남도교육감)받음.

1987~2003. 학국교육총연합회가 공모한 전국현장 연구대회에서 전국 1등급(푸른기장) 수상하여 교육부장관상을 받는 등 총11회에 걸쳐 교수학습방법의 개선, 교육과정 개발, 인성교육 영역에 관한 현장연구 논문 작성에 힘써 입상 실적을 쌓음.

---

223) 한국교육개발원에서 발행한 청소년 진로 교육과정을 바탕으로 하여 제작된 도서로서 전질 8권과 교사 지도지침서로 구분되는데 김영훈이 개발 및 집필 위원으로 참석하였으며「진로 지도용 읽기 자료」작품을 저술하였다.

1988.03.01. 대전도마초등학교 연구주임(부장)교사로 임용됨.

1988.10.27. 글쓰기 지도 및 통일문예 전국 심사위원 활동한 실적 및 통일 교육 유공으로 통일원 장관 표창을 받음.

1988.05.25. 월간 「아동문예」에 장편 연재를 마친 후에 세 번째 동화집 『솔뫼마을에 부는 바람』을 출간하였으며, 이 작품집이 문공부 우수도서로 지정되었고, 이를 계기로 하여 아호를 '솔뫼'로 정함.

1989.03.01. 충남아동문학회부회장 피선 및 한국아동문학회 이사로 위촉됨.

1989.06.02. 학력경기대회 출제 및 선제(국어과)위원으로 위촉되어 충제함.

1989.09.26. '89학년도 학력평가 출제 의원(초등 국어과)으로 위촉됨.

1990.02.14. 공주교육대학교 4학년 졸업(교육학사)을 함.

1990.03.01. ~ 1994.03.31. 대전대신초등학교로 자리를 옮겨 근무하면서 학생들의 창작 및 독서 지도와 연구학교 업무 추진에 힘씀.

1990.05.10. 핵가족화로 인해 조부모들로부터 들을 수 없게 된 옛날이야기를 들려주는 차원에서 귀신동화집 『공포의 유령대소동(공저)』을 발간하여 어린이들에게 읽을거리를 제공한 바, 어린이 부문 베스트셀러 2위에 오름(조선일보)

1990.05.19. 유성구청 주관 동화구연대회 심사위원으로 위촉 받아 성사함.

1990.08.25. 제4창작동화집 『바람과 구름과 달님』을 발간함.

1990.12.01. 대전직할시 기본생활 습관지도자료 개발 집필위원으로 위촉되었음.

1991.07.22. 대전직할시 장학자료 제2호 발간을 위한 집필위원으로 위촉됨.

1991.07.23. 대전직할시 동부교육청에서 발간하는 한밭어린이 발간 집필위원으로 임명됨.

1991.09.19. ~ 2002.12.27. 대전광역시 학생도서관(현: 학생 문화원) 독서 지도 강사 및 독후감 쓰기 대회, 글짓기대회 심사위원으로 위촉 받아 활동하였음.

1992.03.01. 대전대신초등학교 새마을 부장교사로 임용되어 학생지도 및 새마을 업무 추진하였으며, 입국, 소국, 대륜대작 등의 국화 재배를 함.

1992.09.15. 대전직할시 동부교육청에서 발간되는 『바르고 굳센 어린이』 발간을 위한 편집위원으로 위촉됨.

1992.10.09. 한글 선양 유공 표창(대전직할시교육감)을 받음.

1992.10.20. 창작 및 향토문화예술 진흥에 기여한 공로로 한국예총대전시회장 표창을 받음.

1992.12. 대전일보신춘문예 심사위원(동화부문)으로 위촉되어 신인 발굴을 함.

1992.12.24. 독서교육에 진력하여 교육의 질을 향상시킨 공으로 표창장(대전광역시교육감)을 받음.

1993.01.05. 대전광역시동부교육청 93학년도 장학자료 발간위원으로 위촉되어 항략함.

1993.03.01. 대전대신초등학교 연구부장교사로 임용되어 대전광역시 지정 연구학교 업무 수행함

1993.03.01. 동화집 『퉁소 소리』를 발간함.

1993.03.01. 한국문인협회 대전지회 아동문학분과 이사로 선임됨.

1993.03.15. ~ 2009.06.30. 농협중앙회 전국사생대회(농어촌사랑글짓기부문) 충남예선대회 심사위원으로 활동하였음.

1993.03.17. 초등학교 입학초기 교과용 도서 집필 위원으로 위촉되어 집필함.

1993.04.13. 학교 도서관 운영 및 독서지도 업무 유공 및 한글선양 유공으로 교육감 표창을 받음.

1993.06.15. 동화집 『퉁소 소리』로 제15회 학국아동문학작가상을 수상함.

1993.08.01. 대전충남아동문학회장으로 피선됨.

1993.11.22. 제37회 전국현장교육연구대회 1등급으로 입상하여 푸른기장증과 교육부장관상 수상함.

1993.12. 대전일보신춘문예 심사위원(동화부문)으로 위촉되어 신인 발굴 활동을 함.

1993.11.01. ~ 1998.09.27. 한밭교육박물관 견학소감문 쓰기 대회 심사위원으로 위촉받아 상사함.

1994.03.25. 독서지도유공으로 체육문화부장관상을 수상함.

1994.04.01. ~ 1999.08.31. 대전중앙초등학교로 자리를 옮겨 교수학습방법 개선을 위해 힘썼으며, 공주교육대학교 교육실습 학생을 현장 지도함.

1994~1995. 대전광역시 교육과정 심의·편성위원으로 위촉되어 『즐거운 학교생활』

을 기획, 편성하는데 참여하여 1학년 적응기교과서 및 교사용 지도서를 개발했으며, 그 실적으로 대전광역시 교육청에서 일본 교육계를 시찰 및 연수를 하도록 하는 수혜를 받았음.

1994.04.05. 제24회 한국아동문학회 세미나(계룡산 동학사) 시에 '인성형성을 위한 아동문학의 역할'이라는 주제 발표를 함,

1994.04.05. 대전교단문학회장에 추대됨.

1994.04.10. 대전광역시동부교육청 국어교과연구회장으로 추대됨.

1994.09.30. 대전동부교육청 국어교과 연구협의회 강사로 위촉되어 창작지도에 관한 특강을 함

1994.11.17. 대전광역시교육청 관내 대전교원연수원 강사(국어과)로 위촉되어 강의함.

1994.12. 대전일보신춘문예 심사위원(동화부문)으로 위촉되어 신인 발굴에 힘씀.

1994.05.15. 단국대학 교수이며 한국 아동문학 이론을 정립한 이재철 교수가 정리한 자료 '한국아동문학계보'에 80년대 등단한 대표 작가로 등재되었음.(한국일보 · 아동문학평론)

1994.06.10. 과학동화집『생활 속의 발명이야기』를 인세 출간한 결과 독자들의 호응을 크게 받아 판을 거듭해 발행하였음.

1995.03.01. 한국문인협회 회원이 됨.

1995.05.16. 제1회 대전 청소년심신 수련 사생대회 심사위원으로 위촉 받아 심사함.

1995.06.05. 환경동화집(장편)『공해는 정말 싫어요(한국서적공사)』발간하여 환경독서 감상문쓰기 지정도서로 선정됨.

1993.06. ~ 2000.08.26. 대전 시립 도서관 독서교실 지도 강사 및 독후감 심사 위원으로 위촉을 받음

1995.11.06. 1995학년도 초등학교 일기문집 발간위원으로 위촉됨.

1995.12.07. 한밭교육박물관장으로부터 95학년도 지역문화학교 문예 교실 지도 강사로 위촉 받고 강의하였음.

1996.03.01. 대전광역시 동부교육청 장학 협력위원으로 위촉되어 활약함.

1996.06.26. 대전광역시 동부교육청 국어과협의회 강사로 위촉되어 특강을 실시함.

1996.08.20. 대전 YWCA에서 다년간 어린이 및 어머니 글쓰기 강사로 위촉되어 강의하였음을 확인하는 증명서를 발행해 주었음.

1996.11.15. 대전광역시동부교육청 초등학교 효행실천 우수사례모음집 발간 위원으로 위촉됨.

1996.11.26. 교수학습방법 개선 및 문학·예술 교육 및 후진 양성 유공으로 동아재단에서 주는 제10회 「공산교육상」을 받음.

1997.03.01. 대전중앙초등학교 교무부장교사로 보직되어 학교 운영에 중추적 역할을 함.

1997.03.01. 97학년도 대전광역시 동부교육청 장학협력위원으로 위촉 받음.

1997.06.12. 충청남도 통일문예 심사위원으로 위촉받음(충청남도 민족통일 협의회).

1997.06.25. 통일안보글짓기 우수지도 실적으로 표창을 받음(대전광역시교육감).

1997.06.27. 제2회 충청권 시낭송대회 심사 위원으로 위촉을 받음.(대전일보사)

1997.06.30. 교수학습 개선 및 창작지도와 독서지도 유공으로 국무총리로부터 모범공무원증(상) 받음.(제26853호)

1997.07.22. 인간성 회복을 위한 '사랑의 일기 쓰기 대회' 심사위원으로 위촉을 받음.

1997.08.01. ~ 1999.01.22. YWCA일하는 여성의 집 강사로 위촉받음.

1997.11.18. '97학년도 대전광역시 동부교육청 '통신장학' 책자 발간 위원으로 위촉받음.

1998.11.24. 에너지 절약 대전시 백일장 지도 유공 표창(대전광역교육감)을 받음.

1999.03.01. 공주교육대학교 교육대학원에 입학함(초등국어교육).

1999.07.28. 초등학교 교감 자격증을 받음.

1999.09.01. 과학 연구단지인 대덕 밸리를 학구로 하고 있는 대덕초등학교 교감으로 승진하여 부임함.

1999.09.15. ~ 10.28. 학부모 사서를 대상으로 한 '독서 교육 및 도서관 운영 방안' 연수강의를 함(총 20시간).

2000.01.28. 대전광역시교육청 수업 장학 요원으로 위촉되어 장학활동을 함.

2000.06.21. 대전교육연수원 강사 위촉장을 받고 강의함.

2000.08.16. 한국아동문학회부회장으로 당선됨.

2000.06.27. 대전교육연수원 강사 위촉장을 받고 강의함.

2001.02.01. 대전광역시교유과정심의회 교과별 소위원회 의원으로 위촉장을 받고 활동함.

2001.05.15. 교육공로 표창을 받음(한국교원단체총연합회장).

2001.09.15. 대덕초등학교 학부모를 대상으로 한 '가정에서의 읽기와 쓰기 교수·학습방법 차원에서의 독서교육과 창작교육 연계 방안'을 강의함.

2001.10.26. 월드컵개최 백일장 심사위원으로 위촉을 받음

2002.03.01. ~ 2012.08.31. 공주교육대학교에 출강 "국어교육방법론" 강좌를 맡아 강의함.

2002.02.21. 공주교육대학교 교육대학원 졸업하였으며' 논문 '초등학생의 묘사적 쓰기 지도 방안'으로 교육학석사(지도교수: 유병학)학위를 받음.

2002.03.15. 대전광역시에서 개발한 독서지도 자료 『책을 펼치면 생각이 자라요』 5·6학년용 교재 발간 개발 및 심의 위원으로 참여함.

2002.04.25. 대전교육연수원 강사 위촉장을 받고 강의하였음.

2002.07.11. 대전교육과학연연구원 출제 학업성취도 평가 선제 위원 위촉장을 받음.

2002.07.19. 대전샘머리초등학교 학생을 대상으로 한 '독서 교육의 중요성과 동화 읽기 방법 대해 강의함.

2002.09.27. 대전광역시교육청주관 초등교사 수업연구대횐 심사위원으로 임명받음.

2002.11.01. 창작동화집 『꿀벌이 들려준 동화(아동문예사)』 및 아동 소설집 『우리들의 산타클로스(아동문예사)』를 간행하고 대덕초등학교 강당에서 출판기념회를 하였음.

2002.12.23. 2003학년도 대전광역시 학업성취도 평가 선제 위원으로 위촉되어 활동함.

2002.12.30. 대전광역시 교육청에서 제작하는 초등학교 도서목록 검토위원으로 위촉됨.

2003.01.20. 대전광역시교육청이 제작하는 초등학교 독서학습 자료 제작 위원으로 임명됨.

2003.05.11. 청양군교육청 국어교과협의회 연수 강사로 위촉되어 창작지도 및 독서 지도에 과한 강의를 함.

2003.05.24. 인표도서관 강사로 위촉되어 학부모를 대상으로 한 독서교육을 함.

2003.07.15. 초등학교 교장 자격증을 받음.

2003.10.01. 대전광역시교육청 제작 초등학교 3, 4학년용 독서 학습자료 개발 위원으로 임명 받음.

2003.10.18. 한국아동문학회 부회장(2003. 8 – 2006. 8)으로 추대됨.

2004.01.01. 동화 및 아동소설 창작과 더불어 소설 창작에 힘을 쓰면서 호서문학회가 발간하는 '호서문학'과 대전문인총연합회가 발간하는 '문학시대'에 꾸준히 단편 소설을 발표하기 시작함.

2004.01.10. 학생 지도 및 교수·학습방법 개선 유공 표창장을 받음(대전광역시교육감).

2004.03.01. 초등학교장에 임하는 발령장과 동시에 대전시 교육감이 지정하는 학교 근무를 명받음(대통령).

2004.03.01. 초등교장으로 승진하여 대전동광초등학교장으로 부임함.

2004.03.01. ~ 2007.08.31. 중부대학교 출강하여 「아동문학론」강좌를 맡아 강의함.

2004.03.01. 동화를 집필하면서 동시에 아동문학평론 부문에 관심을 갖고 문인협회 발행 '월간 문학'지와 월간 '아동문예', 계간 '아동문학 시대' 등의 잡지 및 동인지에 문학평론 및 월평, 서평 등을 하면서 동화 읽기의 분석적 접근을 시도함.

2004.08. 한국아동문학회 제34회 세미나에서 '남북한 창작 동화 및 소년소설의 교육적 수용 실태 비교 연구'로 주제발표를 함.

2004.11.01. 제10회 대전광역시 주관 초등교사 수업연구대회 심사위원으로 위촉받음.

2005.03.01. 중부대학교 대학원 박사과정에 입학하여 신웅순을 지도 교수로 정해 수학하기 시작함.

2005.11.14. 대전노은초등학교 학부모 교육 강사로 위촉 받아 '가정에서의 자녀 독서 지도 방안 탐색' 이라는 주제로 강의를 함.

2006.06.09. 혁신역량강화 직무연수 과정 중 지도성 발휘를 한 공로로 표창장을 받음(대전교육연수원장).

2006.09.30. 대전광역시가 주는 제18회 대전문화상(문학부문)을 받음.

2006.10.21. 전라남도 담양동초등학교 책의 날 축제에 강사로 위촉되어 '작가와의 만남' 시간을 가짐.

2007.01.12. 한국아동문학작가상 심사위원장을 맡았음.

2007.03.29. 굿네이버스 교육전문위원으로 위촉받음.(굿네이버스 이터네셔날 회장)

2007.07.05. 대전원평초등학교 교실수업개선 제7지구 협력학교 공동 연수 강사 위촉장을 받고 강의함.

2007.09.01. 대전변동초등학교장으로 부임함.

2007.10.09. 전남 담양동초등학교 '책의 날 축제' 강사로 위촉 받고, '작가와의 만남의 시간'을 가졌음.

2007.11. 굿네이버스 교육전문위원으로 활동하면서 방글라데시국 현지방문 시찰단의 일원으로 봉사 활동을 함.

2008.02.14. 중부대학교 대학원을 수료하면서 논문 '마해송 동화 연구'로 문학박사 학위를 받음

2008.03.01. 초등학교 교장에 중임되고, 대전광역시 교육감이 명하는 초등학교 근무를 명받음.(대통령)

2008.05.20. 제8회 전국시낭송대회 심사 위원으로 위촉 받음(아침의 문학사).

2008.03.01. ~ 2012.08.31. 공주교육대학교 출강하여 '국어교육방법론'과 함께 '아동문학의 이해' 과목을 강의함.

2008.10.01. 제1회 환경보존글짓기대회 심사위원으로 위촉받음.(밝은등지문화운동대전지회)

2008.11. '대전·충남아동문학의 어제와 오늘 그리고 내일'이라는 주제로 대전문인총연합회가 주관하는 심포지엄에 주제발표자로서 대전·충남 아동문학의 태동 중흥 그리고 전망에 대해 고찰을 했고 대전충남 아동문학 문인들의 작가 작품론을 작성하였음.

2008.12.28. 소설 작품 '화해론'으로 호서문학상운영위원회가 주는 제13회 「호서문학상」을 받음.

2009.04.30. 중부대학교 학술지 및 문인협회 발행 월간 '월간문학'과 '아동문예작가회

회지' 계간 '아동문학 시대' 등에 발표한 평론, 월평, 서평을 모아 아동문학평론집 『동화를 만나러 동화 숲에 가다』(문경출판사)를 간행함.

2009.04.30. 박사논문 '마해송의 동화 연구'를 수정 보완하여 학술지 『마해송 동화의 주제 연구』(정인출판사)를 간행함

2009.05.01. 동화와 소년소설을 모아 창작동화집 『우리들의 산타클로스(아동문예사)』, 『밀짚모자는 비밀을 알고 있다(아동문예사)』 간행함.

2009.06.13. 전라남도 신안군 임자초등학교 '작가와의 만남' 강사 위촉장을 받고 강의했음.

2009.06.22. 충청남도 공주군 소재 계룡초등학교 글쓰기 논술 및 독서지도 전략에 관한 연수강사 위촉장 받고 강의함.

2009.06.29. 대전전민초등학교 책의 날 축제 '저자와의 만남 시간'을 갖고 펜 사인회를 함.

2009.07.08. 대전유평초등학교 책의 날 축제 '저자와의 만남 시간' 강사 위촉되어 강의하였음.

2009.07.11. 대전변동초등학교에서 '저자와의 만남의 시간'을 갖고 펜 사인회를 함.

2009.08.29. 40년 6개월의 교직생활을 끝으로 정년퇴임하면서 대전시 서구 배재로 106번지(도마동) 솔뫼마을 502호에 한국아동문학연구소를 차리고, 아동문학의 이론 연구와 동화 창작의 기반을 닦고 있으며, 부설로 '김영훈 동화 마을'을 꾸릴 수 있도록 하는 기초 작업을 완료하였음.

2009.08.29. 40년 6개월의 교직생활을 끝으로 정년퇴임하면서 정부가 주는 「황조근조훈장」을 받음(대통령)

2009.08.29. 정년퇴임을 하면서 근무지인 대전변동초등학교 교정에 사비를 털어 '책을 펼치면 생각이 자라요 미래가 보여요'라는 문구가 새긴 돌비를 세운 후에 같은 날 솔뫼 김영훈 교장 정년퇴임 및 기념비 제막식 겸 출판기념회를 개최함.

2009.10.19. 대전시 소재 봉암초등학교 독서축제 초청강사로 위촉되어 강의함.

2009.10.26. 대전송림초등학교 도서관 축제 학생글쓰기 강사로 위촉되어 강의함.

2009.12.12. 아동문학평론집 『동화를 만나러 동화 숲에 가다』로 제2회 「문학시대 문학대상」을 받음(대전문인총연합회)

2009.12.17. 대전변동초등학교 '작가와의 만남' 시간 강사로 위촉되어 강의함.

2009.12.28. 작품집 '별이 된 꽃상여'로 제2회 대한아동문학상(동화부문) 받음. 〈아동문예사〉

2010.04.08. 대전광역시 소재 한민교회에서 특별 문학 강좌를 열고 '저자와의 만남의 시간' 동안에 창작 강의를 하였음.

2010.05.15. 스승의 날 대전 변동초등학교에서 '스승과의 만남' 강사로 위촉되어 강의함.

2010.08.15. 정만영 작가 작품론을 푸른 메아리지에 발표함.

2010.12. 대전문인총연합회 부회장으로 선임됨.

2010.02.28. MBC 창작동화대상 심사위원(예심 : 장편동화부문)으로 선임됨.

2010.07.03. 충청남도 예산교육청에서 관내 초등학생을 대상으로 하여 실시하는 '학력향상을 위한 독서 논술' 강사로 위촉된 후에 강의함.

2010.05.08. 동화집 『밀짚모자는 비밀을 알고 있다』로 제11회 김영일아동문학상(동화부문)받음.

2010.07.09. 충청남도 초등특수교육연구회(특수교사) 정기 총회 및 자질향상을 위한 연수 시 강사로 위촉되어 문학 강연을 하였음.

2010.08.07. 한국아동문학회 지도위원(2010. 8 – 2012. 8)으로 추대되었음.

2010.09.02. 대전광역시평생교육원문화센터 교수로 위촉되어 한 학기 동안 강의함.

2010.11.29. (사)한국아동문학작가회가 발행하는 격월간 「아동문예」 기획위원으로 선임됨.

2010.12.18. 전남 나주시 소재 문평초등학교 책의 날 '작가와의 만남' 강사로 위촉되어 강의함.

2010.04.17. 대전대학교 지역협력연구원 자문위원으로 위촉됨.

2010.12.27. 공주영명고등학교 총동창회 이사로 위촉됨.

2011.01.04. 대전광역시평생교육원문화센터 교수로 위촉되어 한 학기 동안 강의함.

2011.02.28. MBC 창작동화대상 심사위원(본심 : 장편동화 부문)으로 선임되어 신인 발

굴을 함.

2011.03.02. 한국문인협회 이사로 선임됨.

2011.03.28. 전국공무원문예대전 심사위원(행정안전부 : 동화부문)으로 선임되어 성사함.

2011.04.04. 대전하기초등학교 교수·학습방법 개선을 위한 독서·논술강사로 위촉되어 강의함.

2011.04.06. 작품집 '별이 된 꽃상여'로 천등아동문학상운영위원회가 주는 제10회 「천등아동문학상」을 받음.

2011.08.15. 박진용 작가 작품론을 발표하였음.

2011.09.22. 충남 공주군 소재 수촌초등학교 독서·논술 지도 강사로 위촉되어 강의함.

2011.11.01. 대전광역시 동부교육청 국어교과협의회 강사로 위촉되어 동화·소년소설 읽기를 중심으로 하여 '국어과 교수학습방법개선' 관한 연수 특강을 대전매봉초등학교에서 하였음.

2011.11.21. 수촌초등학교 교수·학습 방법 개선 및 글쓰기 신장을 위한 컨설팅 지도강사로 위촉되어 강의함.

2012.02.28. MBC 창작동화대상 심사위원(본심 : 중편 동화부문)으로 선임되어 신인 발굴을 함.

2012.02.28. 한국법무보호복지공단 교육위원으로 위촉되어 출소자 교양교육을 맡음.

2012.04.17. 대전대학교 지역협력연구원 자문위원으로 위촉됨.

2012.05.01. 기록사랑 전국 백일장 심사위원(국가기록원 : 초등학교 동시부문)으로 위촉되어 심사함.

2012.05.04. 동구청과 대전대학교에서 실시하는 동구 포럼에서 주제인 '학교 폭력 실태와 치유 방안'에 대한 토론자로 나섬

2012.06.15. 대전문정초등학교 독서교육역량강화연수 초청강사로 위촉되어 강의함.

2012.08.03. 한국아동문학회 지도 위원(2012. 8 – 2014. 8)으로 선임됨.

2012.09.01. 한국문인협회가 발행하는 「월간문학」에서 공모하는 제123회 월간 문학 신인상(동화부분) 심사위원으로 위촉됨.

2012.09.20. 대전변동초등학교학부모 교육 강사로 위촉되어 한 학기 동안 강의함.

2012.09.21. 대전서부교육지원청 협력장학협의회 강사로 위촉되어 대전 변동초등학교 학교에서 독서지도를 통한 교수학습 개선 방법에 관한 연수 강의를 함.

2012.10.01. 농림수산식품부 공모 전국 재능 나눔 수기 부문 심사위원으로 선임됨.

2012.10.17. 2012년 학력향상 창의 경영 학교장 포럼 연수 강사로 위촉되어 대전대신초등학교에서 강의함.

2013.01.21. 한국아동문학연구회(회장 : 엄기원) 이사로 추대됨.

2013.03.01. 박성배 작가작품론을 「시와 동화(2013봄호 : 63호)」에 발표함.

2013.04.17. 「대전 소재 초·중·고·대학교 교가에 깃들여 있는 대전정신 탐구」 프로젝트에 참여함.

2013.04.27. 기성초등학교 책의 날 축제 '작가와의 만남' 강사로 위촉됨.

2013.06.29. 호서문학 심포지엄 토론자로 나섬.

2013.06.30. 문집 『솔뫼의 삶과 문학 이야기』를 출간함.

2013.08.17. 사단법인 한국아동문예 작가회에서 주관하는 문학심포지엄에서 "동화작품화 과정에서의 소재 선택과 의미 담기의 상관성 조명"이라는 주제를 가지고 발제 강연함.

김영훈 약력

주　소 : 대전광역시 서구 도마 2동 113-1(솔뫼마을 401호)

신주소 : 대전광역시 서구 배재로 106(도마동)(솔뫼마을 401호)

전　화 : (042)522-2083, 손전화 010-2470-2848

이메일 : hoon0113@hanmail.net

다음카페 : 김영훈동화마을

- 1947. 6. 5 충남 청양군 장평면 미당이 290번지에서 출생
- 미당초등학교졸업
- 정산중학교 3학년 재학당시 『한국단편문학전집』을 읽고 작가의 꿈을 키움(1962)
- 정산중학교 졸업
- 공주영명고등학교 재학시 문학동인 「팔각정」결성
- 공주영명고등학교 졸업
- 공주교육대학교 공모 소설부문 당선(심사위원 : 최상규 · 1968)
- 공주교대 및 동대학원졸업(교육학석사)
- 충남 홍성군 반계초등학교 교사로 첫 부임
- 중부대학교대학원 졸업(아동문학전공 · 문학박사)
- 월간 「교육자료」 3회 천료(심사위원 : 이원수, 엄기원)
- 월간 「아동문예」에 아동소설 〈꿈을 파는 가게〉가 당선되어 문단에 나옴(1983)

- 동화집 : 『꿈을 파는가게』(1983), 『달섬에 닻을 내린 배』(1986), 『솔뫼마을에 부는 바람』(1988), 『바람과 구름과 달님』(1990), 『퉁소 소리』(1993), 『생활속의 발명 이야기』(1994), 『공해는 정말 싫어요』(1995), 『아기토끼의 달님』(1996), 『꿀벌이 들려준 동화』(2003), 『우리들의 산타클로스』(2003), 『밀짚모자는 비밀을 알고 있다』(2009), 『별이 된 꽃상여』(2009),
- 아동문학평론집 『동화를 만나러 동화 숲에 가다』(2009)
- 학술서 『마해송 동화의 주제 연구』(2009)
- 문집 『솔뫼의 삶과 문학 이야기』(2013)
- 「써레」동인 결성(이상배, 이영, 김영훈, 이창건, 양점열, 김관식, 조명제, 손기원)
- 동화 『달섬에 닻을 내린 배』 극화 방영(KBS · 2)
- 문학상 : 제4회 해강아동문학상(동화) 수상(1984), 제15회 한국아동문학작가상(동화) 수상(1993), 제18회 대전광역시문화상(문학부문) 수상(2006), 제13회 호서문학상(소설) 수상(2008), 제2회 대한아동문학상(동화) 수상(2009), 제2회 문학시대문학대상(아동문학평론) 수상(2009), 제11회 김영일아동문학상(동화)수상(2010), 제11회 천등아동문학상 수상(2011)
- 제11회 공산교육대상(예술부문)수상(1996), 모범공무원증(국무총리) 받음(1997), 정부포상 황조훈장(대통령) 받음(2009)
- 대전 · 충남아동문학회 사무국장, 부회장, 회장
- 한국아동문학회 부회장
- 대전교단문단회장
- 서구문학회 부회장
- 한국문인협회대전지회 이사
- 대덕초등학교 교감
- 대전동광 · 변동초등학교장
- 공주교육대학교 강사(국어교육 · 아동문학의 이해)
- 중부대학교 강사(아동문학론)
- 대전교육연수원강사(국어교육)

- 대전일보사 신춘문예 심사위원(동화부문 : 연 3회))
- MBC창작동화대상 심사위원(장편동화부문 : 연 3회)
- 전국시낭송대회 심사위원(대전일보사)
- 전국공무원문예 대전심사위원(동화무분 : 행정안전부)
- 국가기록전국학생글쓰기대회 심사위원(국가기록원)
- 전국농어촌재능기부활동수기공모전 심사위원(농림수산식품부)
- 법무부 법률구조공단 교육전문위원(현)
- 대전청소년문화원 이사(현)
- 대전문인총연합회 이사·감사·부회장(현)
- 한국문인협회 이사(현)
- 한국아동문학연구회 이사(현)
- 한국아동문학회 지도위원(현)
- 대전대학교지역협력연구원 자문위원(현)
- 주요 논문 「생활경험의 장면화를 통한 묘사적 글쓰기 지도 전략」, 「남북한 동화·소년소설의 교육적 수용에 관한 비교 분석 연구」, 「초등학생의 묘사적 글쓰기 지도 방안」, 마해송동화연구